Ley de Propiedad Intelectual

Biblioteca de Textos Legales

CONSEJO ASESOR

Ignacio Arroyo Martínez
Rodrigo Bercovitz Rodríguez-Cano
Enrique Gimbernat Ordeig
Juan Martín Queralt

Ley de Propiedad Intelectual

Real Decreto Legislativo 1/1996, de 12 de abril

Edición preparada por
SEBASTIÁN LÓPEZ MAZA
Profesor Titular de Derecho Civil
de la Universidad Autónoma de Madrid
y GEMMA MINERO ALEJANDRE
Profesora contratada-doctora de Derecho Civil
de la Universidad Autónoma de Madrid

Bajo la dirección de
ALFONSO GONZÁLEZ GOZALO
Doctor en Derecho Civil y Abogado especialista
en Propiedad Intelectual

SEXTA EDICIÓN

tecnos

1.ª edición, 2015
2.ª edición, 2017
3.ª edición, 2018
4.ª edición, 2019
5.ª edición, 2023
6.ª edición, 2024

Diseño de cubierta: J. M. Domínguez y J. Sánchez Cuenca

PAPEL DE FIBRA
CERTIFICADA

ISBN: 978-84-309-9105-1
Depósito Legal: M-14791-2024

Printed in Spain

ÍNDICE SISTEMÁTICO

PRÓLOGO

La presente edición de la *Ley de Propiedad Intelectual* contiene la vigente redacción del Texto Refundido de la Ley de Propiedad Intelectual, con las modificaciones introducidas por el Real Decreto-ley 24/2021, al transponer a nuestro ordenamiento la Directiva 2019/789, de 17 de abril, por la que se establecen normas para el ejercicio de los derechos de autor y derechos afines aplicables a determinadas transmisiones en línea de los organismos de radiodifusión y a las retransmisiones de programas de radio y televisión, y por la que se modifica la Directiva 93/83/CEE, y la Directiva 2019/790, de 17 de abril, sobre los derechos de autor y derechos afines en el mercado único digital, y por la que se modifican las Directivas 96/9/CE y 2001/29/CE.

Incluye igualmente el Libro IV del citado Real Decreto-ley 24/2021. Como es sabido, este Real Decreto-ley rompió con la unidad que debería presidir nuestra legislación sobre propiedad intelectual, al no trasladar en su totalidad a la Ley de Propiedad Intelectual las modificaciones impuestas por la transposición de las directivas comunitarias anteriormente mencionadas. El artículo 80 del Real Decreto-ley introduce diversas modificaciones en los artículos 20.2.*f*), 32.2, 47, 48 bis, 58, 110, 129 bis, 130, 194 y Disp. Trans. 20.ª de la Ley de Propiedad Intelectual, pero no hace lo propio con las disposiciones contenidas en los artículos 65 a 79 del Real Decreto-ley, que quedan así en otro cuerpo normativo, sin que haya motivo para ello. Por tanto, nuestra legislación de propiedad intelectual comprende tanto la Ley de Propiedad Intelectual como los artículos 65 a 79 del Real Decreto-ley 24/2021.

Se esperaba que esta indeseable anomalía hubiera sido corregida en la pasada legislatura, dado que, tras su convalidación por el Parlamento, se acordó tramitar el Real Decreto-ley 24/2021 como proyecto de ley. Sin embargo, tras innumerables prórrogas de los plazos para formular enmiendas durante año y medio, el final abrupto de la XIV Legislatura trajo consigo la caducidad del proyecto. Igual suerte corrió el Proyecto de Ley del Cine y la Cultura Audiovisual, que preveía en su Disp. Final 4.ª una modificación del artículo 32 de la Ley de Propiedad Intelectual dirigida a aclarar que el artículo 68 del Real Decreto-ley 24/2021, no deroga el derecho de remuneración de los autores y editores por los usos digitales parciales de sus obras con fines de ilustración de la enseñanza. Como también decayó, por el mismo motivo, el Proyecto de Ley de creación de la Oficina Española de Derechos de Autor y Conexos. Este último es el único de los citados proyectos que, a día de hoy, ha vuelto a ser aprobado por el Gobierno e iniciado su tramitación en las Cortes (vid. *BOCG* de 8 de marzo de 2024), con el fin de crear un organismo autónomo adscrito al Ministerio de Cultura que asuma las competencias que a día de hoy tiene encomendadas el Ministerio, entre ellas las funciones de conceder y revocar la autorización para la constitución de entidades de gestión y de supervisarlas.

Esta nueva edición incorpora también cinco reales decretos: el Real Decreto 1.023/2015, de 13 de noviembre, por el que se desarrolla reglamentariamente la composición, organización y ejercicio de funciones de la Sección Primera de la Comisión de Propiedad Intelectual; el Real Decreto 1.398/2018, de 23 de noviembre, por el que se desarrolla el artículo 25 TRLPI; el Real Decreto 209/2023, de 28 de marzo, por el que se establece la relación de equipos y soportes sujetos a la compensación equitativa por copia privada; el Real Decreto 611/2023, de 11 de julio, que se aprueba el Reglamento del Registro de la Propiedad Intelectual; y el Real Decreto 1.130/2023, de 19 de diciembre, por el que se desarrollan la composición y el funcionamiento de la Sección Segunda de la Comisión de Propiedad Intelectual y por el que se modifica el Real Decreto 1.023/2015, de 13 de noviembre, por el que se desarrolla reglamentariamente la composición, organización y ejercicio de funciones de la Sección Primera de la Comisión de Propiedad Intelectual.

De los cinco reales decretos mencionados, los que desarrollan reglamentariamente la composición y el funcionamiento de las dos Secciones de la Comisión de Propiedad Intelectual se incorporan, por primera vez, en esta nueva edición de la *Ley de Propiedad Intelectual.*

Como es sabido, la Ley 2/2011, de 4 de marzo, de Economía Sostenible (la conocida como *Ley Sinde*), modificó el entonces artículo 158 de la Ley de Propiedad Intelectual, organizando la Comisión de Propiedad Intelectual (hasta ese momento, Comisión Mediadora y Arbitral de la Propiedad Intelectual) en dos secciones. A la Sección Primera le atribuyó las funciones de mediación y arbitraje que tradicionalmente había venido asumiendo la Comisión. A la Sección Segunda le encomendó el ejercicio de las funciones previstas en los artículos 8 y concordantes de la Ley

34/2002, de 11 de julio, de Servicios de la Sociedad de la Información y de Comercio Electrónico, para la salvaguarda de los derechos de propiedad intelectual frente a su vulneración por los prestadores de servicios de la sociedad de la información.

Meses más tarde se dictó el Real Decreto 1.889/2011, de 30 de diciembre, por el que se regula el funcionamiento de la Comisión de Propiedad Intelectual, a través del cual se vino a desarrollar reglamentariamente, tal y como exigía el entonces artículo 158 de la Ley de Propiedad Intelectual (hoy arts. 193 a 195), la composición y el funcionamiento de las dos Secciones de la Comisión de Propiedad Intelectual.

La Ley 21/2014, de 4 de noviembre, que modificó la Ley de Propiedad Intelectual y la Ley de Enjuiciamiento Civil, amplió las funciones de la Sección Primera de la Comisión de Propiedad Intelectual, incorporando las funciones de determinación de las tarifas para la explotación de los derechos objeto de gestión colectiva y de control de las tarifas generales de las entidades de gestión. Ello exigió la actualización del desarrollo reglamentario de la Sección Primera, motivando la aprobación del Real Decreto 1.023/2015, el cual derogó los artículos 2 a 12 del Real Decreto 1.889/2011.

El Real Decreto 1.023/2015 se compone de ocho capítulos.

Los tres primeros capítulos tienen un carácter general. El Capítulo I define el objeto del Real Decreto (art. 1). El Capítulo II especifica las funciones, el régimen jurídico, y la composición, organización y funcionamiento de la Sección Primera (arts. 2 y 3). Y el Capítulo III establece los principios generales de los procedimientos de la Sección Primera, contemplando algunos aspectos comunes a todos ellos (Secc. 1.ª), tales como sus principios rectores, reglas de abstención y recusación, uso preferente de medios electrónicos, establecimiento del lugar de las actuaciones (arts. 4 a 7), y ciertos aspectos comunes a los procedimientos de mediación y arbitraje (Secc. 2.ª), entre ellos su relación con los procedimientos judiciales, la competencia de la Sección Primera para decidir sobra su propia competencia para tramitar un concreto procedimiento de mediación o arbitraje, o las reglas de acumulación y prevalencia de procedimientos (arts. 8 a 10).

En el Capítulo IV se desarrolla el procedimiento de mediación previsto en el artículo 194.1 de la Ley de Propiedad Intelectual, que requiere previo sometimiento voluntario de las partes. Se establecen los requisitos de la solicitud de mediación y su respuesta por la parte instada (art. 11) y se regula su tramitación y terminación (arts. 12 y 13).

El Capítulo V se dedica al procedimiento de arbitraje general conforme al artículo 194.2 de la Ley de Propiedad Intelectual, el cual igualmente requiere, lógicamente, sumisión voluntaria de las partes. Como en el procedimiento de mediación, se precisan los requisitos que ha de reunir la solicitud de arbitraje y su respuesta por la parte demandada (art. 14), y se establecen las reglas generales de tramitación y terminación del procedimiento (arts. 15 y 16). Mediante Real Decreto 1.130/2023 se ha incorporado, además, un nuevo artículo 16 bis, que desarrolla el procedimiento aplicable a las cuestiones litigiosas sobre los acuerdos para autorizar los usos en línea de las publicaciones de prensa entre las editoriales de estas publicaciones y agencias de noticias, como titulares del correspondiente derecho conexo, y los prestadores de servicios de la sociedad de la información, como usuarios, en el marco de lo dispuesto por el artículo 129 bis.3 de la Ley de Propiedad Intelectual, que constituye una de las novedades introducidas en nuestra legislación por el Real Decreto-ley 24/2021.

El Capítulo VI regula el procedimiento de arbitraje de sustitución de tarifas, aplicable cuando una entidad de gestión, una asociación de usuarios, una entidad de radiodifusión o un usuario afectado especialmente significativo hace uso, con la aceptación de la otra parte, de la facultad prevista en el artículo 194.2.*b*) de la Ley de Propiedad Intelectual, al objeto de fijar una cantidad sustitutoria de las tarifas generales establecidas por la entidad de gestión a los efectos del artículo 163.4 de la Ley (pago bajo reserva o consignación judicial de dicho importe, con el fin de que se entienda concedida la autorización de la entidad de gestión). Remite al procedimiento de arbitraje general del Capítulo V, con ciertas especialidades en cuanto a la solicitud de arbitraje, respuesta de la parte demandada y tramitación (arts. 17-19).

El procedimiento de determinación de las tarifas al que alude el artículo 194.3 de la Ley de Propiedad Intelectual, que tanta trascendencia práctica ha adquirido en los últimos años, se disciplina de forma exhaustiva en el Capítulo VII. Se establecen en primer lugar los requisitos que debe cumplir la solicitud de determinación de tarifas (art. 20), precisando cuándo ha de considerarse iniciada formalmente la negociación (apdos. 4 y 5 del art. 20), a los efectos de verificar si han transcurrido o no los seis meses de negociación infructuosa que el artículo 194.3 de la Ley exige para poder instar el inicio de este procedimiento. Se regula, a continuación, la tramitación del procedimiento (arts. 21 a 24), en el curso de la cual la Sección Primera podrá adoptar medidas provisionales tendentes a asegurar la eficacia de la resolución que pueda dictar, en especial, el pago a cuenta por parte de los usuarios de un determinado porcentaje de las tarifas (art. 22), como también podrían las partes llegar a un acuerdo tarifario (art. 25). La resolución que le ponga fin es directamente recurrible en vía contencioso-administrativa, sin perjuicio del recurso potestativo de reposición que pueda interponerse frente a la misma (art. 27).

El Capítulo VIII, por último, se refiere al procedimiento de control de tarifas previsto en el artículo 194.4 de la Ley de Propiedad Intelectual, que podrá iniciarse por propia iniciativa de la Sección Primera o por denuncia de los usuarios que tengan que pagar una tarifa general, o de las asociaciones de las que formen parte; denuncia que deberá cumplir los requisitos establecidos por el artículo 28. Si la Sección Primera apreciara que las tarifas generales analizadas no cumplen con los requisitos de equidad y no discriminación de acuerdo con los criterios establecidos en el artículo 164.3 de la Ley de Propiedad Intelectual, lo comunicará a los efectos oportunos a la Comisión Nacional de los Mercados y la Competencia, a la que remitirá toda la información recabada (art. 30).

Por lo que respecta al Real Decreto 1.130/2023, ha venido a derogar los artículos que quedaban subsistentes del Real Decreto 1.889/2011, con el fin de adaptar el régimen de la Sección Segunda de la Comisión de Propiedad Intelectual a las modificaciones introducidas en la Ley de Propiedad Intelectual desde la Ley 2/2011, particularmente las operadas por la Ley 14/2021, a través de la cual se pretendió agilizar este procedimiento, además de atajar nuevas formas de piratería mediante la extensión de su ámbito de aplicación a nuevos prestadores de servicios de la sociedad de la información (los de difusión de televisión por protocolo de Internet [IPTV] y los prestadores de servicios en línea que faciliten la elusión de la protección de los derechos de propiedad intelectual).

El Real Decreto 1.130/2023 se compone de tres capítulos.

El Capítulo I contiene las disposiciones generales, relativas a su objeto y al régimen jurídico de la Sección Segunda de la Comisión de Propiedad Intelectual.

El Capítulo II desarrolla la composición de la Sección Segunda (art. 3), define su función de salvaguarda de los derechos de propiedad intelectual en el ámbito de la sociedad de la información en términos similares a los previstos en el artículo 195 de la Ley de Propiedad Intelectual (art. 4), precisa las actuaciones que puede llevar a cabo para el cumplimiento de su función (art. 5) y especifica su funcionamiento interno (art. 6).

El Capítulo III, el más extenso, regula el procedimiento de restablecimiento de la legalidad para la salvaguarda de los derechos de propiedad intelectual.

En su Sección Primera establece las disposiciones generales del procedimiento: define su ámbito de aplicación (art. 7), expone sus principios rectores (art. 8), concreta quiénes tendrán la consideración de interesados (art. 9), desarrolla el deber de colaboración de los prestadores de servicios intermediarios previsto en el artículo 195.6 de la Ley de Propiedad Intelectual (art. 10), especifica los plazos para iniciar y resolver el procedimiento (art. 11) y recuerda que es un procedimiento compatible con otras acciones (entre ellas, civiles y penales) que los titulares de los derechos supuestamente infringidos estimen oportunas.

La Sección Segunda del Capítulo III regula el procedimiento ordinario, para aquellos supuestos en los que el titular de los derechos conoce la identidad del prestador de servicios supuestamente infractor. De conformidad con lo dispuesto en el artículo 195.3 de la Ley de Propiedad Intelectual, recuerda que la iniciación de estos procedimientos, que se tramitarán electrónicamente como regla general, requiere denuncia previa ante la Sección Segunda por parte del titular (art. 13), que deberá cumplir ciertos requisitos para su admisión (art. 15), entre ellos haber requerido con anterioridad al prestador al que vaya a denunciar para que retire los contenidos específicos ofrecidos sin autorización (art. 14). Notificado el acuerdo de inicio del procedimiento (art. 17), podrá el prestador del servicio, como dispone el artículo 195.4 de la Ley, bien interrumpir el servicio o retirar los contenidos señalados en dicho acuerdo de forma voluntaria, poniendo así fin al procedimiento (casi el 40 por 100 de las denuncias respecto de las cuales se acuerda el inicio del procedimiento conducen a la retirada voluntaria de contenidos o cierre de la web por sus responsables), sin perjuicio de la posibilidad que se abra uno nuevo si reanudara la actividad presuntamente infractora (art. 20), bien presentar alegaciones y proponer prueba de la licitud de su conducta, que se tramitará, conforme a lo dispuesto en el artículo 21, y que concluirá con una resolución que, si considerara acreditada la infracción, motivará y concretará las medidas de ejecución obligatoria a adoptar por el prestador de servicios (art. 22), que solo podrá ser objeto de ejecución subsidiaria (*i.e.* forzosa) en los términos del artículo 24 previa autorización judicial (art. 23). La resolución de la Sección Segunda de la Comisión de Propiedad Intelectual pone fin a la vía administrativa y es susceptible de recurso contencioso-administrativo directo ante la Audiencia Nacional, sin perjuicio del previo recurso potestativo de reposición (art. 22.5).

La Sección Tercera del Capítulo III desarrolla, finalmente, el procedimiento especial del artículo 195.5 de la Ley de Propiedad Intelectual, más sencillo, que es el que con más frecuencia se aplica en la práctica (todos los procedimientos iniciados en 2023 se han tramitado por el procedimiento especial), en el caso de servicios presuntamente infractores anónimos, es decir, aquellos cuyo titular no cumple con la obligación de

informar sobre su nombre o denominación social conforme al artículo 10.1.*a*) de la Ley 34/2002, de 11 de julio, de servicios de la sociedad de
la información y de comercio electrónico. En el procedimiento especial,
el acuerdo de inicio se transforma automáticamente en propuesta de
resolución, que se remitirá a los Juzgados para que autoricen su ejecución
si el responsable no retira los contenidos ni se formulan alegaciones por
parte de los interesados.

ALFONSO GONZÁLEZ GOZALO

Mayo de 2024

§ 1. REAL DECRETO LEGISLATIVO 1/1996, DE 12 DE ABRIL, POR EL QUE SE APRUEBA EL TEXTO REFUNDIDO DE LA LEY DE PROPIEDAD INTELECTUAL, REGULARIZANDO, ACLARANDO Y ARMONIZANDO LAS DISPOSICIONES LEGALES VIGENTES SOBRE LA MATERIA*

(*BOE* n.º 97, de 22 de abril de 1996)

La disposición final segunda de la Ley 27/1995, de 11 de octubre, de incorporación al Derecho español de la Directiva 93/98/CEE, del Consejo, de 29 de octubre, relativa a la armonización del plazo de protec-

---

* La redacción de los preceptos que integran este Texto Refundido se corresponde con la proveniente de incorporar directamente al mismo la Directiva 96/9/CE como se dispone en la Ley 5/1998, de 6 de marzo (*BOE* n.º 57, de 7 de marzo). Asimismo, en este texto se ha incluido la nueva redacción de algunos preceptos que han sido modificados o derogados por la Ley 1/2000, de 7 de enero, de Enjuiciamiento Civil, y la Ley 22/2003, de 9 de julio, Concursal. También se han incluido directamente en el texto las modificaciones introducidas por la Ley 19/2006, de 5 de junio, por la que se amplían los medios de tutela de los derechos de propiedad intelectual e industrial y se establecen normas procesales para facilitar la aplicación de diversos reglamentos comunitarios (*BOE* n.º 134, de 6 de julio); por la Ley 23/2006, de 7 de julio, por la que se modifica el Texto Refundido de la Ley de Propiedad Intelectual, aprobado por el Real Decreto Legislativo 1/1996, de 12 de abril (*BOE* n.º 162, de 8 de julio); por la Ley 10/2007, de 22 de junio, de la lectura, del libro y de las bibliotecas (*BOE* n.º 150, de 23 de junio); por la Ley 21/2014, de 4 de noviembre, por la que se modifica el Texto Refundido de la Ley de Propiedad Intelectual, aprobado por Real Decreto Legislativo 1/1996, de 12 de abril, y la Ley 1/2000, de 7 de enero, de Enjuiciamiento Civil (*BOE* n.º 268, de 5 de noviembre); por el Real Decreto-ley 12/2017, de 3 de julio, por el que se modifica el Texto Refundido de la Ley de Propiedad Intelectual, en cuanto al sistema de compensación equitativa por copia privada (*BOE* n.º 158, de 4 de julio); por el Real Decreto-ley 2/2018, de 13 de abril, por el que se modifica el Texto Refundido de la Ley de Propiedad Intelectual, aprobado por el Real Decreto Legislativo 1/1996, de 12 de abril, y por el que se incorporan al ordenamiento jurídico español la Directiva 2014/26/UE del Parlamento Europeo y del Consejo, de 26 de febrero de 2014, y la Directiva (UE) 2017/1564 del Parlamento Europeo y del Consejo, de 13 de septiembre de 2017 (*BOE* n.º 91, de 13 de abril); por la Ley 2/2019, de 1 de

ción del derecho de autor y de determinados derechos afines, autorizó al Gobierno para que, antes del 30 de junio de 1996, aprobara un texto que refundiese las disposiciones legales vigentes en materia de propiedad intelectual, regularizando, aclarando y armonizando los textos que hubieran de ser refundidos. El alcance temporal de esta habilitación legislativa es el relativo a las disposiciones legales que se encontrarán vigentes a 30 de junio de 1996.

En consecuencia, se ha elaborado un texto refundido que se incorpora como anexo a este Real Decreto Legislativo, y que tiene por objeto dar cumplimiento al mandato legal.

En su virtud, a propuesta de la Ministra de Cultura, de acuerdo con el Consejo de Estado y previa deliberación del Consejo de Ministros en su reunión del día 12 de abril de 1996, dispongo:

Artículo único. *Objeto de la norma.*—Se aprueba el texto refundido de la Ley de Propiedad Intelectual, regularizando, aclarando y armonizando las disposiciones legales vigentes sobre la materia, que figura como anexo al presente Real Decreto Legislativo.

DISPOSICIÓN DEROGATORIA

Única. *Derogación normativa.*—Quedan derogadas las siguientes Leyes:

1. Ley 22/1987, de 11 de noviembre, de Propiedad Intelectual.

2. Ley 20/1992, de 7 de julio, de modificación de la Ley 22/1987, de 11 de noviembre, de Propiedad Intelectual.

3. Ley 16/1993, de 23 de diciembre, de incorporación al Derecho español de la Directiva 91/250/CEE, de 14 de mayo, sobre la protección jurídica de programas de ordenador.

4. Ley 43/1994, de 30 de diciembre, de incorporación al De-

---

marzo, por la que se modifica el Texto Refundido de la Ley de Propiedad Intelectual, aprobado por el Real Decreto Legislativo 1/1996, de 12 de abril, y por el que se incorporan al ordenamiento jurídico español la Directiva 2014/26/UE del Parlamento Europeo y del Consejo, de 26 de febrero de 2014, y la Directiva (UE) 2017/1564 del Parlamento Europeo y del Consejo, de 13 de septiembre de 2017 (*BOE* n.º 53, de 2 de marzo); por la Ley 14/2021, de 11 de octubre, por la que se modifica el Real Decreto-ley 17/2020, de 5 de mayo, por el que se aprueban medidas de apoyo al sector cultural y de carácter tributario para hacer frente al impacto económico y social del COVID-2019 (*BOE* n.º 244, de 12 de octubre) y por el Real Decreto-ley 24/2021, de 2 de noviembre, de transposición de directivas de la Unión Europea en las materias de bonos garantizados, distribución transfronteriza de organismos de inversión colectiva, datos abiertos y reutilización de la información del sector público, ejercicio de derechos de autor y derechos afines aplicables a determinadas transmisiones en línea y a las retransmisiones de programas de radio y televisión, exenciones temporales a determinadas importaciones y suministros, de personas consumidoras y para la promoción de vehículos de transporte por carretera limpios y energéticamente eficientes (*BOE* n.º 263, de 3 de noviembre). A fin de conocer cuáles son esas modificaciones se han insertado en las normas afectadas las notas pertinentes.

recho español de la Directiva 92/100/CEE, de 19 de noviembre, sobre derechos de alquiler y préstamo y otros derechos afines a los derechos de autor en el ámbito de la propiedad intelectual.

5. Ley 27/1995, de 11 de octubre, de incorporación al Derecho español de la Directiva 93/98/CEE del Consejo, de 29 de octubre, relativa a la armonización del plazo de protección del derecho de autor y de determinados derechos afines.

6. Ley 28/1995, de 11 de octubre, de incorporación al Derecho español de la Directiva 93/83/CEE del Consejo, de 27 de septiembre, sobre coordinación de determinadas disposiciones relativas a los derechos de autor y derechos afines a los derechos de autor en el ámbito de la radiodifusión vía satélite y de la distribución por cable.

DISPOSICIÓN FINAL

Única. *Entrada en vigor.—* Este Real Decreto Legislativo entrará en vigor el día siguiente al de su publicación en el *Boletín Oficial del Estado.*

TEXTO REFUNDIDO DE LA LEY DE PROPIEDAD INTELECTUAL

LIBRO PRIMERO

De los derechos de autor

TÍTULO PRIMERO

Disposiciones generales

Artículo 1.º *Hecho generador.—*La propiedad intelectual de una obra literaria, artística o científica corresponde al autor por el solo hecho de su creación.

Art. 1.º: Vid. art. 3.º del Real Decreto de 3 de septiembre de 1880, por el que se aprueba el Reglamento para la ejecución de la Ley de 10 de enero de 1879, de Propiedad Intelectual, y arts. 1.º, 9 a 17 del Real Decreto 611/2023, de 11 de julio, por el que se aprueba el Reglamento del Registro de la Propiedad Intelectual (§ 6). Según el art. 149.1.1.ª de la Constitución, corresponde al Estado la competencia.

Art. 2.º *Contenido.*—La propiedad intelectual está integrada por derechos de carácter personal y patrimonial, que atribuyen al autor la plena disposición y el derecho exclusivo a la explotación de la obra, sin más limitaciones que las establecidas en la Ley.

Art. 3.º *Características.*—Los derechos de autor son independientes, compatibles y acumulables con:

1.º La propiedad y otros derechos que tengan por objeto la cosa material a la que está incorporada la creación intelectual.

2.º Los derechos de propiedad industrial que puedan existir sobre la obra.

3.º Los otros derechos de propiedad intelectual reconocidos en el Libro II de la presente Ley.

Art. 4.º *Divulgación y publicación.*—A efectos de lo dispuesto en la presente Ley, se entiende por divulgación de una obra toda expresión de la misma que, con el

---

Art. 2.º: Vid. arts. 14, 17 y ss. y 40 bis de este Texto Refundido; arts. 6.º bis, 11, 11 bis, 11 ter y 12 del Convenio de Berna; arts. 2.º y 9.º del Acuerdo por el que se establece la Organización Mundial del Comercio (Anexo 1C: Acuerdo sobre los Aspectos de los Derechos de Propiedad Intelectual relacionados con el Comercio); art. 20.1.*b*) de la Constitución; arts. 348, 428 y 429 del Código Civil; y arts. 1.º y 11 del Real Decreto 611/2023, de 11 de julio, por el que se aprueba el Reglamento del Registro de la Propiedad Intelectual (§ 6).

Art. 3.º1.º: Vid. arts. 353 y ss. del Código Civil.

Art. 3.º2.º: Vid. arts. 96.3, 104, 133.4 y 137 de este Texto Refundido; Ley 24/2015, de 24 de julio, de Patentes (*BOE* n.º 177, de 25 de julio); art. 3.º de la Directiva 2009/24/CE del Parlamento Europeo y del Consejo, de 23 de abril de 2009, sobre la protección jurídica de los programas de ordenador (versión codificada de la antigua Directiva 91/250/CEE del Consejo, de 14 de mayo de 1991); art. 9.º de la Directiva 2001/29/CE del Parlamento Europeo y del Consejo, de 22 de mayo, relativa a la armonización de determinados aspectos de los derechos de autor y derechos afines a los derechos de autor en la sociedad de la información.

Art. 3.º3.º: Vid. arts. 105 y ss., 131, 132, 133.4 y 137 de este Texto Refundido; art. 2.º7 del Convenio de Berna; art. 1.º de la Convención Internacional sobre Protección de los Artistas Intérpretes o Ejecutantes, los Productores de Fonogramas y los Organismos de Radiodifusión; art. 14 de la Directiva 2006/115/CE del Parlamento Europeo y del Consejo, de 12 de diciembre de 2006, sobre derechos de alquiler y préstamo y otros derechos afines a los derechos de autor en el ámbito de la propiedad intelectual (versión codificada de la Directiva 92/100/CE, de 19 de noviembre de 1992); art. 5.º de la Directiva 93/83/CEE del Consejo, de 27 de septiembre de 1993, sobre coordinación de determinadas disposiciones relativas a los derechos de autor y derechos afines a los derechos de autor en el ámbito de la radiodifusión vía satélite y de la distribución por cable; art. 7.4 de la Directiva 96/9/CE del Parlamento Europeo y del Consejo, de 11 de marzo de 1996, sobre la protección jurídica de las bases de datos.

Art. 4.º: Vid. arts. 6.º, 7.º, 8.º, 14.1, 15, 27 y 40 de este Texto Refundido. Sobre la publicación de obras, art. 3.º3 del Convenio de Berna; arts. V.1 y VI de la Convención Universal sobre los Derechos de Autor. Respecto de la divulgación, art. 3.º*d*) de la Convención Internacional sobre la Protección de los Artistas Intérpretes o Ejecutantes, los Productores de Fonogramas y los Organismos de Radiodifusión. Vid. también art. 6.º del Tratado de la Organización Mundial de la Propiedad Intelectual sobre Derecho de Autor y arts. 8.º y 12 del Tratado de la Organización Mundial de la Propiedad Intelectual sobre Interpretación o Ejecución de Fonogramas.

consentimiento del autor, la haga accesible por primera vez al público en cualquier forma; y por publicación, la divulgación que se realice mediante la puesta a disposición del público de un número de ejemplares de la obra que satisfaga razonablemente sus necesidades estimadas de acuerdo con la naturaleza y finalidad de la misma.

TÍTULO II

Sujeto, objeto y contenido*

CAPÍTULO PRIMERO

Sujetos

Art. 5.º *Autores y otros beneficiarios.*—1. Se considera autor a la persona natural que crea alguna obra literaria, artística o científica.

2. No obstante, de la protección que esta Ley concede al autor se podrán beneficiar personas jurídicas en los casos expresamente previstos en ella.

Art. 6.º *Presunción de autoría, obras anónimas o seudónimas.*—

---

* Vid. el Tratado de la Organización Mundial de la Propiedad Intelectual sobre Derecho de Autor.

Art. 5.º1: Vid. arts. 6.º, 7.º, 87 y 97 de este Texto Refundido; art. 2.º del Real Decreto de 3 de septiembre de 1880, por el que se aprueba el Reglamento para la ejecución de la Ley de 10 de enero de 1879, de Propiedad Intelectual; arts. 9 a 14 del Real Decreto 611/2023, de 11 de julio, por el que se aprueba el Reglamento del Registro de la Propiedad Intelectual (§ 6); arts. 3.º a 5.º del Convenio de Berna; art. 2.º1 de la Directiva 2009/24/CE del Parlamento Europeo y del Consejo, de 23 de abril de 2009, sobre la protección jurídica de los programas de ordenador (versión codificada de la antigua Directiva 91/250/CEE del Consejo, de 14 de mayo de 1991), y art. 2.º2 de la Directiva 2006/115/CE del Parlamento Europeo y del Consejo, de 12 de diciembre de 2006, sobre derechos de alquiler y préstamo y otros derechos afines a los derechos de autor en el ámbito de la propiedad intelectual (versión codificada de la Directiva 92/100/CE, de 19 de noviembre de 1992). Vid. art. 4.º de la Directiva 96/9/CE del Parlamento Europeo y del Consejo, de 11 de marzo de 1996, sobre la protección jurídica de las bases de datos.

Art. 5.º2: Vid. arts. 8.º, 51 y 97.2, 4 y 5, y Disp. Trans. 2.ª de este Texto Refundido; art. 3.º de la Directiva 2009/24/CE del Parlamento Europeo y del Consejo, de 23 de abril de 2009, sobre la protección jurídica de los programas de ordenador (versión codificada de la antigua Directiva 91/250/CEE del Consejo, de 14 de mayo de 1991); arts. 12 a 14 del Real Decreto 611/2023, de 11 de julio, por el que se aprueba el Reglamento del Registro de la Propiedad Intelectual (§ 6), y art. 4.º1 de la Directiva 96/9/CE del Parlamento Europeo y del Consejo, de 11 de marzo de 1996, sobre la protección jurídica de las bases de datos.

Art. 6.º: Vid. arts. 14.2, 27 y 132 de este Texto Refundido; arts. 3.º y 7.º del Real Decreto de 3 de septiembre de 1880, por el que se aprueba el Reglamento para la ejecución de la Ley de 10 de enero de 1879, de Propiedad Intelectual; arts. 7.º3, 15.1 y 15.3 del Convenio de Ber-

1. Se presumirá autor, salvo prueba en contrario, a quien aparezca como tal en la obra, mediante su nombre, firma o signo que lo identifique.

2. Cuando la obra se divulgue en forma anónima o bajo seudónimo o signo, el ejercicio de los derechos de propiedad intelectual corresponderá a la persona natural o jurídica que la saque a la luz con el consentimiento del autor, mientras éste no revele su identidad.

Art. 7.º *Obra en colaboración.*—1. Los derechos sobre una obra que sea resultado unitario de la colaboración de varios autores corresponden a todos ellos.

2. Para divulgar y modificar la obra se requiere el consentimiento de todos los coautores. En defecto de acuerdo, el Juez resolverá.

Una vez divulgada la obra, ningún coautor puede rehusar injustificadamente su consentimiento para su explotación en la forma en que se divulgó.

3. A reserva de lo pactado entre los coautores de la obra en colaboración, éstos podrán explotar separadamente sus aportaciones, salvo que causen perjuicio a la explotación común.

4. Los derechos de propiedad intelectual sobre una obra en colaboración corresponden a todos los autores en la proporción que ellos determinen. En lo no previsto en esta Ley, se aplicarán a estas obras las reglas establecidas en el Código Civil para la comunidad de bienes.

Art. 8.º *Obra colectiva.*—Se considera obra colectiva la creada

na, y arts. 12 a 14 del Real Decreto 611/2023, de 11 de julio, por el que se aprueba el Reglamento del Registro de la Propiedad Intelectual (§ 6).

Art. 7.º1: Vid. arts. 28.1 y 87 de este Texto Refundido; art. 2.º2 de la Directiva 2009/24/CE del Parlamento Europeo y del Consejo, de 23 de abril de 2009, sobre la protección jurídica de los programas de ordenador (versión codificada de la antigua Directiva 91/250/CEE del Consejo, de 14 de mayo de 1991); arts. 12 a 14 del Real Decreto 611/2023, de 11 de julio, por el que se aprueba el Reglamento del Registro de la Propiedad Intelectual (§ 6), y art. 4.º3 de la Directiva 96/9/CE del Parlamento Europeo y del Consejo, de 11 de marzo de 1996, sobre la protección jurídica de las bases de datos.

Art. 7.º3: Vid. art. 88.2 de este Texto Refundido.

Art. 7.º4: Vid. nota del art. 7.º1; art. 87 de este Texto Refundido sobre los coautores de la obra audiovisual; arts. 72, 111 y 112 del Real Decreto de 3 de septiembre de 1880, por el que se aprueba el Reglamento para la ejecución de la Ley de 10 de enero de 1879, de Propiedad Intelectual; art. 2.º2 de la Directiva 2006/115/CE del Parlamento Europeo y del Consejo, de 12 de diciembre de 2006, sobre derechos de alquiler y préstamo y otros derechos afines a los derechos de autor en el ámbito de la propiedad intelectual (versión codificada de la Directiva 92/100/CE, de 19 de noviembre de 1992). En relación con las composiciones musicales con letra, vid. el nuevo art. 1.º7 de la Directiva 2006/116/CE, tal y como ha sido modificado por la Directiva 2011/77/UE, art. 1.º1.

La remisión al Código Civil se entiende a los arts. 392 a 406.

Art. 8.º: En el art. 8.º de la Ley 22/1987, de 11 de noviembre, de Propiedad Intelectual, se decía «edita y publica»; hoy el Texto Refundido sustituye el segundo término por el de «divulga». Vid. art. 97 de este Texto Refundido; arts. 2.º y 3.º de la Directiva 2009/24/CE del Parlamento

por la iniciativa y bajo la coordinación de una persona natural o jurídica que la edita y divulga bajo su nombre y está constituida por la reunión de aportaciones de diferentes autores cuya contribución personal se funde en una creación única y autónoma, para la cual haya sido concebida sin que sea posible atribuir separadamente a cualquiera de ellos un derecho sobre el conjunto de la obra realizada.

Salvo pacto en contrario, los derechos sobre la obra colectiva corresponderán a la persona que la edite y divulgue bajo su nombre.

Art. 9.º *Obra compuesta e independiente.*—1. Se considerará

obra compuesta la obra nueva que incorpore una obra preexistente sin la colaboración del autor de esta última, sin perjuicio de los derechos que a éste correspondan y de su necesaria autorización.

2. La obra que constituya creación autónoma se considerará independiente, aunque se publique conjuntamente con otras.

CAPÍTULO II

Objeto

Art. 10. *Obras y títulos originales.*—1. Son objeto de propiedad intelectual todas las creaciones

---

Europeo y del Consejo, de 23 de abril de 2009, sobre la protección jurídica de los programas de ordenador (versión codificada de la antigua Directiva 91/250/CEE del Consejo, de 14 de mayo de 1991), y art. 13.*a*) del Real Decreto 611/2023, de 11 de julio, por el que se aprueba el Reglamento del Registro de la Propiedad Intelectual (§ 6). Sobre representación colectiva de los artistas intérpretes o ejecutantes, vid. arts. 28.2 y 110 de este Texto Refundido.

Art. 9.º1: Vid. arts. 11, 12 y 21 de este Texto Refundido; art. 13.*b*) del Real Decreto 611/2023, de 11 de julio, por el que se aprueba el Reglamento del Registro de la Propiedad Intelectual (§ 6), y art. 2.º3) del Convenio de Berna.

Art. 9.º2: Su redacción difiere de la del texto del art. 9.º de la Ley 22/1987, de 11 de noviembre, de Propiedad Intelectual. Vid. art. 29 de este Texto Refundido, y art. 1.º5) de la Directiva 93/98/CEE del Consejo, de 29 de octubre de 1993, relativa a la armonización del plazo de protección de los derechos de autor y de determinados derechos afines, cuyo texto codificado se encuentra en la Directiva 2006/116/CE del Parlamento Europeo y del Consejo, de 12 de diciembre de 2006 (versión codificada de la antigua Directiva 93/98/CEE del Consejo, de 29 de octubre de 1993).

Art. 10.1: Vid. art. 1.º del Real Decreto de 3 de septiembre de 1880, por el que se aprueba el Reglamento para la ejecución de la Ley de 10 de enero de 1879, de Propiedad Intelectual; art. 2.ºVIII del Convenio OMPI; art. 2.º1) a 3) del Convenio de Berna; art. 3.º de la Directiva 96/9/CE del Parlamento Europeo y del Consejo, de 11 de marzo de 1996, sobre la protección jurídica de las bases de datos; arts. 1.º2 y 10 del Acuerdo por el que se establece la Organización Mundial del Comercio (Anexo 1C: Acuerdo sobre los Aspectos de los Derechos de Propiedad Intelectual relacionados con el Comercio); art. 2.º del Tratado de la Organización Mundial de la Propiedad Intelectual sobre Derecho de Autor; art. 1.º de la Directiva 2001/29/CE del Parlamento Europeo y del Consejo, de 22 de mayo de 2001, relativa a la armonización de determinados aspectos de los derechos de autor y derechos afines a los derechos de autor en la sociedad de la información, y arts. 11.1.*a*), 12 y 14 del Real Decreto 611/2023, de 11 de julio, por el que se aprueba el Reglamento del Registro de la Propiedad Intelectual (§ 6).

originales literarias, artísticas o científicas expresadas por cualquier medio o soporte, tangible o intangible, actualmente conocido o que se invente en el futuro, comprendiéndose entre ellas:

a)   Los libros, folletos, impresos, epistolarios, escritos, discursos y alocuciones, conferencias, informes forenses, explicaciones de cátedra y cualesquiera otras obras de la misma naturaleza.

b)   Las composiciones musicales, con o sin letra.

c)   Las obras dramáticas y dramático-musicales, las coreografías, las pantomimas y, en general, las obras teatrales.

d)   Las obras cinematográficas y cualesquiera otras obras audiovisuales.

e)   Las esculturas y las obras de pintura, dibujo, grabado, litografía y las historietas gráficas, tebeos o cómics, así como sus ensayos o bocetos y las demás obras plásticas, sean o no aplicadas.

f)   Los proyectos, planos, maquetas y diseños de obras arquitectónicas y de ingeniería.

g)   Los gráficos, mapas y diseños relativos a la topografía, la geografía y, en general, a la ciencia.

h)   Las obras fotográficas y las expresadas por procedimiento análogo a la fotografía.

i)   Los programas de ordenador.

2.   El título de una obra, cuando sea original, quedará protegido como parte de ella.

Art. 10.1.a): Vid. arts. 11 bis y 11 ter del Convenio de Berna; Decreto 2.984/1972, de 2 de noviembre, por el que se establece la obligación de consignar en toda clase de libros y folletos el número de ISBN (*BOE* n.º 265, de 4 de noviembre); Real Decreto 2.063/2008, de 12 de diciembre, por el que se desarrolla la Ley 10/2007, de 22 de junio, de la lectura, del libro y de las bibliotecas, en lo relativo al ISBN (*BOE* n.º 10, de 12 de enero de 2009).

Art. 10.1.b): Vid. arts. 74 y ss. de este Texto Refundido, y arts. 61 y ss. del Real Decreto de 3 de septiembre de 1880, por el que se aprueba el Reglamento para la ejecución de la Ley de 10 de enero de 1879, de Propiedad Intelectual.

Art. 10.1.c): Vid. arts. 11 y 13 del Convenio de Berna.

Art. 10.1.d): Vid. arts. 86 y ss. de este Texto Refundido, y art. 14 bis del Convenio de Berna.

Art. 10.1.h): Vid. art. 128 de este Texto Refundido.

Art. 10.1.i): Vid. arts. 95 y 96 de este Texto Refundido, y art. 12.3, cuya redacción proviene del art. 1.º de la Ley 5/1998, de 6 de marzo, de incorporación al Derecho español de la Directiva 96/9/CE, sobre protección jurídica de bases de datos (*BOE* n.º 57, de 7 de marzo); art. 1.º de la Directiva 2009/24/CE del Parlamento Europeo y del Consejo, de 23 de abril de 2009, sobre la protección jurídica de los programas de ordenador (versión codificada de la antigua Directiva 91/250/CEE del Consejo, de 14 de mayo de 1991); art. 10 del Acuerdo por el que se establece la Organización Mundial del Comercio (Anexo 1C: Acuerdo sobre los Aspectos de los Derechos de Propiedad Intelectual relacionados con el Comercio) y art. 4.º del Tratado de la Organización Mundial de la Propiedad Intelectual sobre el Derecho de Autor.

Art. 10.2: Vid. art. 64 del del Real Decreto de 3 de septiembre de 1880, por el que se aprueba el Reglamento para la ejecución de la Ley de 10 de enero de 1879, de Propiedad Intelectual, y art. 23 de la Ley 34/1988, de 11 de noviembre, General de Publicidad (*BOE* de 15 de noviembre).

Art. 11. *Obras derivadas.*— Sin perjuicio de los derechos de autor sobre la obra original, también son objeto de propiedad intelectual:

1.º Las traducciones y adaptaciones.

2.º Las revisiones, actualizaciones y anotaciones.

3.º Los compendios, resúmenes y extractos.

4.º Los arreglos musicales.

5.º Cualesquiera transformaciones de una obra literaria, artística o científica.

Art. 12. *Colecciones. Bases de datos.*—1. También son objeto de propiedad intelectual, en los términos del Libro I de la presente Ley, las colecciones de obras ajenas, de datos o de otros elementos independientes como las antologías y las bases de datos que por la selección o disposición de sus contenidos constituyan creaciones intelectuales, sin perjuicio, en su caso, de los derechos que pudieran subsistir sobre dichos contenidos.

La protección reconocida en el presente artículo a estas colecciones se refiere únicamente a su estructura en cuanto forma de expresión de la selección o disposición de sus contenidos, no siendo extensiva a éstos.

2. A efectos de la presente Ley, y sin perjuicio de lo dispuesto en el apartado anterior, se consideran bases de datos las colecciones

---

Art. 11.1.º: Vid. arts. 13, 21 y 46.2.*d*) de este Texto Refundido; art. 4.º del Real Decreto de 3 de septiembre de 1880, por el que se aprueba el Reglamento para la ejecución de la Ley de 10 de enero de 1879, de Propiedad Intelectual, y arts. 2.º3) y 8.º del Convenio de Berna.

Art. 11.3.º: Vid. art. 4.º del Real Decreto de 3 de septiembre de 1880, por el que se aprueba el Reglamento para la ejecución de la Ley de 10 de enero de 1879, de Propiedad Intelectual.

Art. 11.4.º: Vid. art. 66 del Real Decreto de 3 de septiembre de 1880, por el que se aprueba el Reglamento para la ejecución de la Ley de 10 de enero de 1879, de Propiedad Intelectual.

Art. 11.5.º: Vid. arts. 21, 39, 64.1, 78.2, 92 y 99.*b*) de este Texto Refundido; arts. 67, 68 y 87 del Real Decreto de 3 de septiembre de 1880, por el que se aprueba el Reglamento para la ejecución de la Ley de 10 de enero de 1879, de Propiedad Intelectual, y art. 2.º3 del Convenio de Berna. Respecto de los programas de ordenador, vid. art. 4.º de la Directiva 2009/24/CE del Parlamento Europeo y del Consejo, de 23 de abril de 2009, sobre la protección jurídica de los programas de ordenador (versión codificada de la antigua Directiva 91/250/CEE del Consejo, de 14 de mayo de 1991).

Art. 12: Su redacción actual proviene del art. 1.º de la Ley 5/1998, de 6 de marzo, de incorporación al Derecho español de la Directiva 96/9/CE del Parlamento Europeo y del Consejo, de 11 de marzo de 1996, sobre la protección jurídica de las bases de datos (*BOE* n.º 57, de 7 de marzo). Vid. arts. 21, 22, 23, 32, 33, 34 y 40 ter, y Disps. Trans. 15.ª y 18.ª de este Texto Refundido; arts. 2.º y 21 del Real Decreto de 3 de septiembre de 1880, por el que se aprueba el Reglamento para la ejecución de la Ley de 10 de enero de 1879, de Propiedad Intelectual; arts. 2.º5) y 2.º bis.3) del Convenio de Berna; art. 3.º de la Directiva 96/9/CE del Parlamento Europeo y del Consejo, de 11 de marzo de 1996, sobre la protección jurídica de las bases de datos, y art. 5.º del Tratado de la Organización Mundial de la Propiedad Intelectual sobre Derecho de Autor.

Art. 12.2.º: Vid. art. 133.1.II de este Texto Refundido.

de obras, de datos, o de otros elementos independientes dispuestos de manera sistemática o metódica y accesibles individualmente por medios electrónicos o de otra forma.

3. La protección reconocida a las bases de datos en virtud del presente artículo no se aplicará a los programas de ordenador utilizados en la fabricación o en el funcionamiento de bases de datos accesibles por medios electrónicos.

Art. 13. *Exclusiones.*—No son objeto de propiedad intelectual las disposiciones legales o reglamentarias y sus correspondientes proyectos, las resoluciones de los órganos jurisdiccionales y los actos, acuerdos, deliberaciones y dictámenes de los organismos públicos, así como las traducciones oficiales de todos los textos anteriores.

CAPÍTULO III

CONTENIDO

SECCIÓN 1.ª

Derecho moral

Art. 14. *Contenido y características del derecho moral.*—Corresponden al autor los siguientes derechos irrenunciables e inalienables:

1.º Decidir si su obra ha de ser divulgada y en qué forma.

2.º Determinar si tal divulgación ha de hacerse con su nombre, bajo seudónimo o signo, o anónimamente.

3.º Exigir el reconocimiento de su condición de autor de la obra.

4.º Exigir el respeto a la integridad de la obra e impedir cualquier deformación, modificación, alteración o atentado contra ella

---

Art. 13: Vid. art. 2.º4 del Convenio de Berna.

Art. 14: Vid. arts. 15, 16, 78, 93 y 113 y Disp. Trans. 6.ª de este Texto Refundido; art. 6.º bis del Convenio de Berna; art. 9.º del Convenio de 14 de julio de 1967, que establece la Organización Mundial de la Propiedad Intelectual; art. 9.º del Acuerdo por el que se establece la Organización Mundial del Comercio y Acuerdos anejos (Anexo 1C: Acuerdos sobre los aspectos de los derechos de propiedad intelectual relacionados con el comercio), y art. 5.º del Tratado de la Organización Mundial de la Propiedad Intelectual sobre Interpretación o Ejecución de Fonogramas.

Art. 14.1.º: Vid. arts. 4.º, 7.º, 15.2, 16, 40, 91 y 92 de este Texto Refundido.

Art. 14.2.º: Vid. art. 37 bis.3 de este Texto Refundido.

Art. 14.4.º: Vid. art. 92.2.II de este Texto Refundido; art. 66 del Real Decreto de 3 de septiembre de 1880, por el que se aprueba el Reglamento para la ejecución de la Ley de 10 de enero de 1879, de Propiedad Intelectual; art. 13.3, 4 y 6 a 8 y art. 14.3 de la Ley 22/1999, de 7 de junio, de modificación de la Ley 25/1994, de 12 de julio, por la que se incorpora al ordenamiento jurídico español la Directiva 89/552/CEE, sobre la coordinación de disposiciones legales, reglamentarias y administrativas de los Estados miembros relativos al ejercicio de actividades de radiodifusión televisiva (*BOE* n.º 136, de 8 de junio de 1999), y art. 6.º bis.1) del Convenio de Berna.

que suponga perjuicio a sus legítimos intereses o menoscabo a su reputación.

5.º Modificar la obra respetando los derechos adquiridos por terceros y las exigencias de protección de bienes de interés cultural.

6.º Retirar la obra del comercio, por cambio de sus convicciones intelectuales o morales, previa indemnización de daños y perjuicios a los titulares de derechos de explotación.

Si, posteriormente, el autor decide reemprender la explotación de su obra deberá ofrecer preferentemente los correspondientes derechos al anterior titular de los mismos y en condiciones razonablemente similares a las originarias.

7.º Acceder al ejemplar único o raro de la obra, cuando se halle en poder de otro, a fin de ejercitar el derecho de divulgación o cualquier otro que le corresponda.

Este derecho no permitirá exigir el desplazamiento de la obra y el acceso a la misma se llevará a efecto en el lugar y forma que ocasionen menos incomodidades al poseedor, al que se indemnizará, en su caso, por los daños y perjuicios que se le irroguen.

Art. 15. *Supuestos de legitimación* mortis causa.—1. Al fallecimiento del autor, el ejercicio de los derechos mencionados en los apartados 3.º y 4.º del artículo anterior corresponde, sin límite de tiempo, a la persona natural o jurídica a la que el autor se lo haya confiado expresamente por disposición de última voluntad. En su defecto, el ejercicio de estos derechos corresponderá a los herederos.

2. Las mismas personas señaladas en el número anterior y en el mismo orden que en él se indica,

---

Art. 14.5.º: Los bienes de interés cultural están regulados en los arts. 9.º y 14 de la Ley 16/1985, de 24 de junio, de Patrimonio Histórico Artístico (*BOE* n.º 154, de 28 de junio), y en los arts. 21 a 23 del Decreto 111/1986, de 10 de enero (*BOE* n.ºs 23 y 24, de 27 y 28 de enero). Vid. la Disp. Final 1.ª de la Ley 2/2019, de 1 de marzo (*BOE* n.º 53, de 2 de marzo), que modifica el artículo 32.2 de la Ley de Patrimonio Histórico. Vid., igualmente, la Convención de París de 17 de noviembre de 1970, sobre bienes culturales, ratificada por España el 13 de diciembre de 1985 (*BOE* n.º 31, de 5 de febrero de 1986).

Art. 14.6.º: Vid. arts. 91 a 93 del Real Decreto de 3 de septiembre de 1880, por el que se aprueba el Reglamento para la ejecución de la Ley de 10 de enero de 1879, de Propiedad Intelectual.

Art. 15.1: Vid. arts. 26, 27 y 40, y Disp. Trans. 6.ª de este Texto Refundido; art. 9.º de la Directiva 93/98/CEE del Consejo, de 29 de octubre de 1993, relativa a la armonización del plazo de protección del derecho de autor y de determinados derechos afines, cuyo texto codificado se encuentra en la Directiva 2006/116/CE del Parlamento Europeo y del Consejo, de 12 de diciembre de 2006 (versión codificada de la antigua Directiva 93/98/CEE del Consejo, de 29 de octubre de 1993).

Art. 15.2: Vid. art. 26 de este Texto Refundido; art. 6.º bis.2) del Convenio de Berna y art. 9.º de la Directiva 93/98/CEE del Consejo, de 29 de octubre de 1993, relativa a la armonización del plazo de protección del derecho de autor y de determinados derechos afines, cuyo texto

podrán ejercer el derecho previsto en el apartado 1.º del artículo 14, en relación con la obra no divulgada en vida de su autor y durante un plazo de setenta años desde su muerte o declaración de fallecimiento, sin perjuicio de lo establecido en el artículo 40.

Art. 16. *Sustitución en la legitimación* mortis causa.—Siempre que no existan las personas mencionadas en el artículo anterior, o se ignore su paradero, el Estado, las

Comunidades Autónomas, las Corporaciones locales y las instituciones públicas de carácter cultural estarán legitimados para ejercer los derechos previstos en el mismo.

SECCIÓN 2.ª

*Derechos de explotación**

Art. 17. *Derecho exclusivo de explotación y sus modalidades.—* Corresponde al autor el ejerci-

---

codificado se encuentra en la Directiva 2006/116/CE del Parlamento Europeo y del Consejo, de 12 de diciembre de 2006 (versión codificada de la antigua Directiva 93/98/CEE del Consejo, de 29 de octubre de 1993).

Art. 16: Vid. Disp. Trans. 6.ª de este Texto Refundido.

* Vid. arts. 1.º, 2.º y 7.º de la Ley 5/1998, de 6 de marzo, de incorporación al Derecho español de la Directiva 96/9/ CE del Parlamento Europeo y del Consejo, de 11 de marzo de 1996, sobre la protección jurídica de bases de datos (*BOE* n.º 57, de 7 de marzo); Directiva 93/83/CEE del Consejo, de 27 de septiembre de 1993, sobre coordinación de determinadas disposiciones relativas a los derechos de autor y derechos afines a los derechos de autor en el ámbito de la radiodifusión vía satélite y de la distribución por cable; Directiva 2006/115/CE del Parlamento Europeo y del Consejo, de 12 de diciembre de 2006, sobre derechos de alquiler y préstamo y otros derechos afines a los derechos de autor en el ámbito de la propiedad intelectual (versión codificada de la Directiva 92/100/CE, de 19 de noviembre de 1992); arts. 6.º a 8.º del Tratado de la Organización Mundial de la Propiedad Intelectual sobre Derecho de Autor; art. 6.º del Tratado de la Organización Mundial de la Propiedad Intelectual sobre Interpretación o Ejecución de Fonogramas y arts. 2.º a 4.º de la Directiva 2001/29/CE del Parlamento Europeo y del Consejo, de 22 de mayo de 2001, relativa a la armonización de determinados aspectos de los derechos de autor y derechos afines a los derechos de autor en la sociedad de la información.

Art. 17: Vid. Disps. Trans. 10.ª de este Texto Refundido, y 15.ª, 17.ª y 18.ª, introducidas por la Ley 5/1998, de 6 de marzo (*BOE* n.º 57, de 7 de marzo). En relación con el Libro II del Texto Refundido, los arts. 106 a 109, 115 a 117, 120 a 124 y 129. Al margen de lo establecido en los artículos siguientes, vid. art. 5.º del Real Decreto de 3 de septiembre de 1880, por el que se aprueba el Reglamento para la ejecución de la Ley de 10 de enero de 1879, de Propiedad Intelectual; arts. 8.º a 15 del Convenio de Berna; arts. 4.º bis y 5.º de la Convención Universal sobre los Derechos de Autor; arts. 4.º a 6.º de la Directiva 2009/24/CE del Parlamento Europeo y del Consejo, de 23 de abril de 2009, sobre la protección jurídica de los programas de ordenador (versión codificada de la antigua Directiva 91/250/CEE del Consejo, de 14 de mayo de 1991); art. 2.º1 de la Directiva 2006/115/CE del Parlamento Europeo y del Consejo, de 12 de diciembre de 2006, sobre derechos de alquiler y préstamo y otros derechos afines a los derechos de autor en el ámbito de la propiedad intelectual (versión codificada de la Directiva 92/100/CE, de 19 de noviembre de 1992); arts. 2.º a 4.º de la Directiva 2001/29/CE, del Parlamento Europeo y del Consejo, de 22 de mayo de 2001,

cio exclusivo de los derechos de explotación de su obra en cualquier forma y, en especial, los derechos de reproducción, distribución, comunicación pública y transformación, que no podrán ser realizadas sin su autorización, salvo en los casos previstos en la presente Ley.

Art. 18. *Reproducción.*—Se entiende por reproducción la fijación directa o indirecta, provisional o permanente, por cualquier medio y en cualquier forma, de toda la obra o de parte de ella, que permita su comunicación o la obtención de copias.

---

relativa a la armonización de determinados aspectos de los derechos de autor y derechos afines a los derechos de autor en la sociedad de la información; art. 2.º de la Directiva 93/83/CEE del Consejo, de 27 de septiembre de 1993, sobre coordinación de determinadas disposiciones relativas a los derechos de autor y derechos afines a los derechos de autor en el ámbito de la radiodifusión vía satélite y de la distribución por cable; arts. 9.º y 11 del Convenio de 14 de julio de 1967, que establece la Organización Mundial de la Propiedad Intelectual; art. 9.º del Acuerdo por el que se establece la Organización Mundial del Comercio (Anexo 1C: Acuerdo sobre los Aspectos de los Derechos de Propiedad Intelectual relacionados con el Comercio); art. 5.º de la Directiva 96/9/CE del Parlamento Europeo y del Consejo, de 11 de marzo de 1996, sobre la protección jurídica de las bases de datos, y arts. 6.º a 8.º del Tratado de la Organización Mundial de la Propiedad Intelectual sobre Derechos de Autor.
    Art. 18: Su actual redacción proviene de la Ley 23/2006, de 7 de julio, por la que se modifica el Texto Refundido de la Ley de Propiedad Intelectual, aprobado por el Real Decreto Legislativo 1/1996, de 12 de abril (*BOE* n.º 162, de 8 de julio). Dicha norma incorpora al Derecho español la Directiva 2001/29/CE del Parlamento Europeo y del Consejo, de 22 de mayo de 2001, relativa a la armonización de determinados aspectos de los derechos de autor y derechos afines a los derechos de autor en la sociedad de la información, y en concreto, el art. 2.º de la citada Directiva.
    Vid. arts. 9.º y 10 bis del Convenio de Berna. Sobre reproducción de determinadas creaciones intelectuales, arts. 52 (publicaciones periódicas), 88.1 (obras audiovisuales), 99.*a*) (programas de ordenador), 107 (artistas intérpretes o ejecutantes), 115 (fonogramas), 121 (grabaciones audiovisuales), 126.1.*b*) (entidades de radiodifusión), 128 (de las meras fotografías) y 129.2 (determinadas producciones editoriales) de este Texto Refundido. Respecto de las interpretaciones y ejecuciones y de los fonogramas, vid. arts. 7.º y 11 del Tratado de la Organización Mundial de la Propiedad Intelectual sobre Interpretación o Ejecución de Fonogramas; los arts. 31, 31 bis, 33 y 37 recogen limitaciones del derecho de autor en esta materia; sobre las medidas de protección, art. 139.1.*d*). Vid. también arts. 4.º*a*), 5.º*a*) y 6.º de la Directiva 2009/24/CE del Parlamento Europeo y del Consejo, de 23 de abril de 2009, sobre la protección jurídica de los programas de ordenador (versión codificada de la antigua Directiva 91/250/CEE del Consejo, de 14 de mayo de 1991); art. 7.º de la Directiva 2006/115/CE del Parlamento Europeo y del Consejo, de 12 de diciembre de 2006, sobre derechos de alquiler y préstamo y otros derechos afines a los derechos de autor en el ámbito de la propiedad intelectual (versión codificada de la Directiva 92/100/CE, de 19 de noviembre de 1992); arts. 5.º*a*) y 7.º2 de la Directiva 96/9/CE del Parlamento Europeo y del Consejo, de 11 de marzo de 1996, sobre la protección jurídica de las bases de datos, y arts. 6.º y 7.º de la Directiva 2001/29/CE del Parlamento Europeo y del Consejo, de 22 de mayo de 2001, relativa a la armonización de determinados aspectos de los derechos de autor y derechos afines a los derechos de autor en la sociedad de la información.

Art. 19. *Distribución.*—1. Se entiende por distribución la puesta a disposición del público del original o de las copias de la obra, en un soporte tangible, mediante su venta, alquiler, préstamo o de cualquier otra forma.

2. Cuando la distribución se efectúe mediante venta u otro título de transmisión de la propiedad,

---

Art. 19: La actual redacción de sus apdos. 1 y 2 proviene de la Ley 23/2006, de 7 de julio, por la que se modifica el Texto Refundido de la Ley de Propiedad Intelectual, aprobado por el Real Decreto Legislativo 1/1996, de 12 de abril (*BOE* n.º 162, de 8 de julio). Dicha norma incorpora al Derecho español la Directiva 2001/29/CE del Parlamento Europeo y del Consejo, de 22 de mayo de 2001, relativa a la armonización de determinados aspectos de los derechos de autor y derechos afines a los derechos de autor en la sociedad de la información, y en concreto el art. 4.º de la Directiva. La del apdo. 4 proviene de la Ley 10/2007, de 22 de junio, de la lectura, del libro y de las bibliotecas (*BOE* n.º 150, de 23 de junio).

Compárese este precepto con el contenido en la Ley 22/1987, de 11 de noviembre, de Propiedad Intelectual (*BOE* n.º 275, de 17 de noviembre). Vid. art. 123.1 y Disp. Trans. 9.ª de este Texto Refundido; art. 6.º del Tratado de la Organización Mundial de la Propiedad Intelectual sobre Derecho de Autor y arts. 8.º y 12 del Tratado de la Organización Mundial de la Propiedad Intelectual sobre Interpretación o Ejecución de Fonogramas.

Art. 19.1: Su actual redacción proviene de la Ley 23/2006, de 7 de julio, por la que se modifica el Texto Refundido de la Ley de Propiedad Intelectual, aprobado por el Real Decreto Legislativo 1/1996, de 12 de abril (*BOE* n.º 162, de 8 de julio). Dicha norma incorpora al Derecho español la Directiva 2001/29/CE del Parlamento Europeo y del Consejo, de 22 de mayo de 2001, relativa a la armonización de determinados aspectos de los derechos de autor y derechos afines a los derechos de autor en la sociedad de la información, y en concreto, el art. 4.º de dicha Directiva.

El art. 2.º*d*) de la Ley 10/2007, de 22 de junio, de la lectura, del libro y de las bibliotecas (*BOE* n.º 150, de 23 de junio), ofrece el concepto de distribuidor. Vid. también art. 8.º del Decreto 2.984/1972, de 2 de noviembre, por el que se establece la obligación de consignar en toda clase de libros y folletos el número de ISBN (*BOE* n.º 265, de 4 de noviembre). En relación con programas de ordenador, art. 99.*c*) de este Texto Refundido. Vid. art. 6.º del Tratado de la Organización Mundial de la Propiedad Intelectual sobre Derecho de Autor. Respecto de los artistas intérpretes o ejecutantes, art. 109. Sobre la distribución de fonogramas, art. 117.1; arts. 1.º*d*) y 2.º del Convenio para la protección de productores de fonogramas. Vid. arts. 8.º y 12 del Tratado de la Organización Mundial de la Propiedad Intelectual sobre Interpretación o Ejecución de Fonogramas y art. 4.º1 de la Directiva 2001/29/CE del Parlamento Europeo y del Consejo, de 22 de mayo de 2001, relativa a la armonización de determinados aspectos de los derechos de autor y derechos afines a los derechos de autor en la sociedad de la información. Sobre la distribución de grabaciones audiovisuales, art. 123.1; sobre las entidades de radiodifusión, art. 126.1.*f*). Respecto de las meras fotografías, art. 128, y el art. 129, referido a determinadas producciones editoriales. Asimismo, el art. 133.3.*c*) de este Texto Refundido, relativo al derecho *sui generis* sobre las bases de datos. Vid. también el concepto de distribución del art. 9.º de la Directiva 2006/115/CE del Parlamento Europeo y del Consejo, de 12 de diciembre de 2006, sobre derechos de alquiler y préstamo y otros derechos afines a los derechos de autor en el ámbito de la propiedad intelectual (versión codificada de la Directiva 92/100/CE, de 19 de noviembre de 1992). Asimismo, vid. art. 5.º de la Directiva 96/9/CE del Parlamento Europeo y del Consejo, de 11 de marzo de 1996, sobre la protección jurídica de las bases de datos, y art. 11 del Acuerdo por el que se establece la Organización Mundial del Comercio (Anexo 1C: Acuerdo sobre los Aspectos de los Derechos de Propiedad Intelectual relacionados con el Comercio).

Art. 19.2: Su actual redacción proviene de la Ley 23/2006, de 7 de julio, por la que se modifica el Texto Refundido de la Ley de Propiedad Intelectual, aprobado por el Real Decreto

en el ámbito de la Unión Europea, por el propio titular del derecho o con su consentimiento, este derecho se agotará con la primera, si bien sólo para las ventas y transmisiones de propiedad sucesivas que se realicen en dicho ámbito territorial.

3. Se entiende por alquiler la puesta a disposición de los originales y copias de una obra para su uso por tiempo limitado y con un beneficio económico o comercial directo o indirecto.

Quedan excluidas del concepto de alquiler la puesta a disposición con fines de exposición, de comunicación pública a partir de fonogramas o de grabaciones audiovisuales, incluso de fragmentos de unos y otras, y la que se realice para consulta *in situ*.

4. Se entiende por préstamo la puesta a disposición de originales y copias de una obra para su uso por tiempo limitado sin beneficio económico o comercial directo ni indirecto, siempre que dicho préstamo se lleve a cabo a través de establecimientos accesibles al público.

Se entenderá que no existe beneficio económico o comercial directo ni indirecto cuando el préstamo efectuado por un establecimiento accesible al público dé lugar al pago de una cantidad que no exceda de lo necesario para cubrir los gastos

---

Legislativo 1/1996, de 12 de abril (*BOE* n.º 162, de 8 de julio). Dicha norma incorpora al Derecho español la Directiva 2001/29/CE del Parlamento Europeo y del Consejo, de 22 de mayo de 2001, relativa a la armonización de determinados aspectos de los derechos de autor y derechos afines a los derechos de autor en la sociedad de la información, y en concreto, el art. 4.º de dicha Directiva. Vid. art. 133.3.c) de este Texto Refundido.

Art. 19.3: Vid. arts. 109.3, 117.4, 123.3 y 133.3.c) de este Texto Refundido; art. 1.º2 de la Directiva 2006/115/CE del Parlamento Europeo y del Consejo, de 12 de diciembre de 2006, sobre derechos de alquiler y préstamo y otros derechos afines a los derechos de autor en el ámbito de la propiedad intelectual (versión codificada de la Directiva 92/100/CE, de 19 de noviembre de 1992); art. 7.º del Tratado de la Organización Mundial de la Propiedad Intelectual sobre Derecho de Autor y arts. 9.º y 13 del Tratado de la Organización Mundial de la Propiedad Intelectual sobre Interpretación o Ejecución de Fonogramas.

Art. 19.4: Apartado modificado por el art. 1.º1 de la Ley 21/2014, de 4 de noviembre, por la que se modifica el Texto Refundido de la Ley de Propiedad Intelectual, aprobado por Real Decreto Legislativo 1/1996, de 12 de abril, y la Ley 1/2000, de 7 de enero, de Enjuiciamiento Civil (*BOE* n.º 268, de 5 de noviembre). Su anterior redacción provenía de la Disp. Final 1.ª de la Ley 10/2007, de 22 de junio, de la lectura, del libro y de las bibliotecas (*BOE* n.º 150, de 23 de junio). Dicha Ley modificó el apdo. 4 del Texto Refundido, dedicado al préstamo, en sus dos primeros párrafos, y derogó, acaso inadvertidamente, el tercero de ellos, que tenía el siguiente tenor: «Quedan excluidas del concepto de préstamo las operaciones mencionadas en el párrafo segundo del anterior apartado 3 y las que se efectúen entre establecimientos accesibles al público.»

Vid. arts. 109.4, 117.5 y 123.4 de este Texto Refundido, y art. 1.º3 de la Directiva 2006/115/ CE del Parlamento Europeo y del Consejo, de 12 de diciembre de 2006, sobre derechos de alquiler y préstamo y otros derechos afines a los derechos de autor en el ámbito de la propiedad intelectual (versión codificada de la Directiva 92/100/CE, de 19 de noviembre de 1992).

de funcionamiento. Esta cantidad no podrá incluir total o parcialmente el importe del derecho de remuneración que deba satisfacerse a los titulares de derechos de propiedad intelectual conforme a lo dispuesto en el artículo 37.2.

Quedan excluidas del concepto de préstamo las operaciones mencionadas en el párrafo segundo del apartado 3 y las que se efectúen entre establecimientos accesibles al público.

5. Lo dispuesto en este artículo en cuanto al alquiler y al préstamo no se aplicará a los edificios ni a las obras de artes aplicadas.

Art. 20. *Comunicación pública.*—1. Se entenderá por comunicación pública todo acto por el cual una pluralidad de personas

---

Art. 20: Su actual redacción proviene de la Ley 23/2006, de 7 de julio, por la que se modifica el Texto Refundido de la Ley de Propiedad Intelectual, aprobado por el Real Decreto Legislativo 1/1996, de 12 de abril (*BOE* n.º 162, de 8 de julio). Dicha norma incorpora al Derecho español la Directiva 2001/29/CE del Parlamento Europeo y del Consejo, de 22 de mayo de 2001, relativa a la armonización de determinados aspectos de los derechos de autor y derechos afines a los derechos de autor en la sociedad de la información, y en concreto, el art. 3.º de dicha Directiva. La modificación de la Ley ha consistido en añadir un nuevo párr. *i*) al apdo. 2 de este art. 20, con el consiguiente desplazamiento de los anteriores párrs. *i*) y *j*), que pasan a ser los párrs. *j*) y *k*), respectivamente.

Debe tenerse en cuenta que, ya antes, el art. 2.º y la Disp. Derog. 1.ª de la Ley 5/1998, de 6 de marzo, de incorporación al Derecho español de la Directiva 96/9/CE del Parlamento Europeo y del Consejo, de 11 de marzo de 1996, sobre protección jurídica de bases de datos (*BOE* n.º 57, de 7 de marzo), habían modificado la redacción del Texto Refundido. Conviene señalar que la citada Disp. Derog. suprimió la que era la letra *c*) del apdo. 3 del Texto Refundido antes de la integración de la Ley 5/1998.

A la comunicación pública en el Libro I de este Texto Refundido se refieren los arts. 33, 35, 36, 38, 74, 78, 84, 88 y 89; en el Libro II, vid. arts. 108, 110, 116, 122, 126.*e*), 128 y 129. Vid. Disps. Trans. 10.ª a 12.ª de este Texto Refundido; arts. 62 y 63 del Real Decreto de 3 de septiembre de 1880, por el que se aprueba el Reglamento para la ejecución de la Ley de 10 de enero de 1879, de Propiedad Intelectual; Real Decreto 448/1988, de 22 de abril, por el que se regula la difusión de películas cinematográficas y otras obras audiovisuales recogidas en soporte videográfico (*BOE* n.º 116, de 14 de mayo); Ley 55/2007, de 28 de diciembre, del cine (*BOE* n.º 312, de 29 de diciembre), y Real Decreto 1.084/2015, de 4 de diciembre, por el que se desarrolla la Ley 55/2007, de 28 de diciembre, del Cine (*BOE* n.º 291, de 5 de diciembre).

Vid. Ley 9/2014, de 9 de mayo, General de Telecomunicaciones (*BOE* n.º 114, de 10 de mayo), que ha venido a derogar la Ley 11/1998, de 24 de abril, General de Telecomunicaciones, y Ley 32/2003, de 3 de noviembre, General de Telecomunicaciones. Asimismo, vid. Ley 37/1995, de 12 de diciembre, de Telecomunicaciones por Satélite (*BOE* n.º 297, de 13 de diciembre); Ley 7/2010, de 31 de marzo, General de la Comunicación Audiovisual (*BOE* n.º 79, de 1 de abril), y Ley 42/1995, de 22 de diciembre, de las telecomunicaciones por cable (*BOE* n.º 306, de 23 de diciembre).

Vid., también, art. 1.º1 y 3 de la Directiva 93/83/CEE del Consejo, de 27 de septiembre de 1993, sobre coordinación de determinadas disposiciones relativas a los derechos de autor y derechos afines a los derechos de autor en el ámbito de la radiodifusión vía satélite y de la distribución por cable.

Vid. Directiva 97/6/CE de la Comisión, de 30 de enero de 1997, por la que se modifica la Directiva 89/552/CEE, sobre la coordinación de determinadas disposiciones legales, regla-

pueda tener acceso a la obra sin previa distribución de ejemplares a cada una de ellas.

No se considerará pública la comunicación cuando se celebre dentro de un ámbito estrictamente doméstico que no esté integrado o conectado a una red de difusión de cualquier tipo.

2. Especialmente, son actos de comunicación pública:

a) Las representaciones escénicas, recitaciones, disertaciones y ejecuciones públicas de las obras dramáticas, dramático-musicales, literarias y musicales mediante cualquier medio o procedimiento.

b) La proyección o exhibición pública de las obras cinematográficas y de las demás audiovisuales.

c) La emisión de cualesquiera obras por radiodifusión o por

---

mentarias y administrativas de los Estados miembros relativas al ejercicio de actividades de radiodifusión televisiva (*DOCE* n.º L 202, de 30 de julio); Ley 22/1999, de 7 de junio, de modificación de la Ley 25/1994, de 12 de julio, por la que se incorpora al ordenamiento jurídico español la Directiva 89/552/CEE, sobre la coordinación de disposiciones legales, reglamentarias y administrativas de los Estados miembros relativas al ejercicio de actividades de radiodifusión televisiva (*BOE* n.º 136, de 8 de junio); art. 8.º de la Directiva 2006/115/CE del Parlamento Europeo y del Consejo, de 12 de diciembre de 2006, sobre derechos de alquiler y préstamo y otros derechos afines a los derechos de autor en el ámbito de la propiedad intelectual (versión codificada de la Directiva 92/100/CE, de 19 de noviembre de 1992).

Sobre estaciones de aficionados, vid. la Orden IET/1.311/2013, de 9 de julio, por la que se aprueba el Reglamento de uso del dominio público radioeléctrico por radioaficionados.

En el ámbito internacional pueden consultarse: Acuerdo de 20 de agosto de 1971 relativo al Organismo Internacional de Telecomunicaciones por Satélite (INTELSAT), ratificado por España el 16 de noviembre de 1972 (*BOE* n.º 66, de 17 de marzo de 1973); Convenio Internacional de Telecomunicaciones de 25 de octubre de 1973, ratificado el 20 de marzo de 1976 (*BOE* n.ºˢ 204 y 205, de 25 y 26 de agosto); Instrumento de ratificación sobre principios, exenciones e inmunidades de INTELSAT, de 26 de enero de 1981 (*BOE* n.º 81, de 4 de abril); Instrumento de ratificación de 9 de enero de 1985 del Convenio de 15 de julio de 1982 que establece la Organización Europea de Telecomunicación por Satélite, y Acuerdo de Explotación relativa a la Organización Europea de Telecomunicaciones por Satélite (EUTELSAT), hechos en París, y Protocolo de modificación de 15 de diciembre de 1983 (*BOE* n.º 235, de 1 de octubre de 1985); Acuerdo Europeo para la protección de emisiones de televisión de 22 de junio de 1960, modificado por el Protocolo de 22 de enero de 1965 y Protocolo de 21 de marzo de 1983 (*BOE* n.º 103, de 30 de abril de 1985), y Convenio Internacional de Comunicaciones de Nairobi, de 6 de noviembre de 1982, ratificado el 20 de noviembre de 1985 (*BOE* n.º 96, de 22 de abril de 1986).

Atienden al derecho de comunicación pública los arts. 11, 11 ter, 14 y 14 bis del Convenio de Berna; art. IV bis de la Convención Universal sobre los Derechos de Autor; art. 8.º del Tratado de la Organización Mundial de la Propiedad Intelectual sobre Derecho de Autor; arts. 10 y 14 del Tratado de la Organización Mundial de la Propiedad Intelectual sobre Interpretación o Ejecución de Fonogramas, y art. 3.º de la Directiva 2001/29/CE del Parlamento Europeo y del Consejo, de 22 de mayo de 2001, relativa a la armonización de determinados aspectos de los derechos de autor y derechos afines a los derechos de autor en la sociedad de la información.

Art. 20.2.a): Vid. arts. 74, 78.1 y 84 de este Texto Refundido.

Art. 20.2.b): Vid. arts. 88 y 89 de este Texto Refundido.

Art. 20.2.c): Vid. arts. 36.2.*c*) y 126.2 de este Texto Refundido.

cualquier otro medio que sirva para la difusión inalámbrica de signos, sonidos o imágenes. El concepto de emisión comprende la producción de señales portadoras de programas hacia un satélite, cuando la recepción de las mismas por el público no es posible sino a través de entidad distinta de la de origen.

d) La radiodifusión o comunicación al público vía satélite de cualesquiera obras, es decir, el acto de introducir, bajo el control y la responsabilidad de la entidad radiodifusora, las señales portadoras de programas, destinadas a la recepción por el público en una cadena ininterrumpida de comunicación que vaya al satélite y desde éste a la tierra. Los procesos técnicos normales relativos a las señales portadoras de programas no se consideran interrupciones de la cadena de comunicación.

Cuando las señales portadoras de programas se emitan de manera codificada existirá comunicación al público vía satélite siempre que se pongan a disposición del público por la entidad radiodifusora, o con su consentimiento, medios de descodificación.

A efectos de lo dispuesto en los dos párrafos anteriores, se entenderá por satélite cualquiera que opere en bandas de frecuencia reservadas por la legislación de telecomunicaciones a la difusión de señales para la recepción por el público o para la comunicación individual no pública, siempre que, en este último caso, las circunstancias en las que se lleve a efecto la recepción individual de las señales sean comparables a las que se aplican en el primer caso.

e) La transmisión de cualesquiera obras al público por hilo, cable, fibra óptica u otro procedimiento análogo, sea o no mediante abono.

f) La retransmisión, por cualquiera de los medios citados en los

---

Art. 20.2.d): Vid. art. 36 de este Texto Refundido; arts. 1.º y 4.º de la Ley 37/1995, de 12 de diciembre, de Telecomunicaciones por Satélite (*BOE* n.º 297, de 13 de diciembre). Vid. art. 1.º1 de la Directiva 93/83/CEE del Consejo, de 27 de septiembre de 1993, sobre coordinación de determinadas disposiciones relativas a los derechos de autor y derechos afines a los derechos de autor en el ámbito de la radiodifusión vía satélite y de la distribución por cable.

Art. 20.2.e): Vid. art. 126.2 de este Texto Refundido, y art. 1.º de la Ley 7/2010, de 31 de marzo, General de la Comunicación Audiovisual (*BOE* n.º 79, de 1 de abril).

Art. 20.2.f): Esta letra *f)* ha sido modificada por el art. 80.1 del Real Decreto-ley 24/2021, de 2 de noviembre, de transposición de directivas de la Unión Europea en las materias de bonos garantizados, distribución transfronteriza de organismos de inversión colectiva, datos abiertos y reutilización de la información del sector público, ejercicio de derechos de autor y derechos afines aplicables a determinadas transmisiones en línea y a las retransmisiones de programas de radio y televisión, exenciones temporales a determinadas importaciones y suministros, de personas consumidoras y para la promoción de vehículos de transporte por carretera limpios y energéticamente eficientes (*BOE* n.º 263, de 3 de noviembre). Vid. arts. 108.5 y 122 de este

apartados anteriores y por entidad distinta de la de origen, de la obra radiodifundida.

Se entiende por distribución por cable la retransmisión simultánea, inalterada e íntegra por cable o microondas, para su recepción por el público, de una transmisión inicial de otro Estado miembro, alámbrica o inalámbrica, incluida vía satélite, de programas de radio o televisión destinados a su recepción por el público, independientemente de la manera en que el operador de un servicio de retransmisión por cable obtenga del organismo de radiodifusión las señales portadoras de programas con fines de retransmisión.

g) La emisión o transmisión, en lugar accesible al público, mediante cualquier instrumento idóneo, de la obra radiodifundida.

h) La exposición pública de obras de arte o sus reproducciones.

i) La puesta a disposición del público de obras, por procedimientos alámbricos o inalámbricos, de tal forma que cualquier persona pueda acceder a ellas desde el lugar y en el momento que elija.

j) El acceso público en cualquier forma a las obras incorpora-

---

Texto Refundido; arts. 66.8 y 77 a 79 del Real Decreto-ley 24/2021, de 2 de noviembre (§ 4); arts. 2.º.2 y 7.º de la Directiva (UE) 2019/789, del Parlamento Europeo y del Consejo, de 17 de abril de 2019, por la que se establecen normas sobre el ejercicio de los derechos de autor y derechos afines aplicables a determinadas transmisiones en línea de los organismos de radiodifusión y a las retransmisiones de programas de radio y televisión; y arts. 1.º3 y 8.º de la Directiva 93/83/CEE del Consejo, de 27 de septiembre de 1993, sobre coordinación de determinadas disposiciones relativas a los derechos de autor y derechos afines a los derechos de autor en el ámbito de la radiodifusión vía satélite y de la distribución por cable.

Art. 20.2.g): Vid. arts. 108.5 y 122 de este Texto Refundido.

Art. 20.2.i): Su actual redacción proviene de la Ley 23/2006, de 7 de julio, por la que se modifica el Texto Refundido de la Ley de Propiedad Intelectual, aprobado por el Real Decreto Legislativo 1/1996, de 12 de abril (*BOE* n.º 162, de 8 de julio). Dicha norma incorpora al Derecho español la Directiva 2001/29/CE del Parlamento Europeo y del Consejo, de 22 de mayo de 2001, relativa a la armonización de determinados aspectos de los derechos de autor y derechos afines a los derechos de autor en la sociedad de la información, y en concreto, el art. 3.º de dicha Directiva. La modificación de la Ley ha consistido en añadir un nuevo párr. *i)* al apdo. 2 de este art. 20, con el consiguiente desplazamiento de los anteriores párrs. *i)* y *j)*, que pasan a ser los párrs. *j)* y *k)*, respectivamente. Vid. arts. 31.3.*a)*, 37 bis.4, 90.4, 108, 110 bis, 116.1.I y 116.2 de este Texto Refundido, y art. 73 del Real Decreto-ley 24/2021, de 2 de noviembre (§ 4).

Art. 20.2.j): Debe tenerse en cuenta que la Ley 23/2006, de 7 de julio, por la que se modifica el Texto Refundido de la Ley de Propiedad Intelectual, aprobado por el Real Decreto Legislativo 1/1996, de 12 de abril (*BOE* n.º 162, de 8 de julio), incorporó un nuevo párr. *i)* al apdo. 2 del art. 20, lo que supuso el desplazamiento del anterior 20.2.*i)*, que es ahora este 20.2.*j)*. La redacción del texto proviene del art. 2.º1 de la Ley 5/1998, de 6 de marzo, de incorporación al Derecho español de la Directiva 96/9/CE del Parlamento Europeo y del Consejo, de 11 de marzo de 1996, sobre la protección jurídica de bases de datos (*BOE* n.º 57, de 7 de marzo). La citada incorporación se realizó directamente al Texto Refundido en el anterior art. 20.2.*i)*, que ahora es el 20.2.*j)*.

das a una base de datos, aunque dicha base de datos no esté protegida por las disposiciones del Libro I de la presente Ley.

k) La realización de cualquiera de los actos anteriores, respecto a una base de datos protegida por el Libro I de la presente Ley.

3. La comunicación al público vía satélite en el territorio de la Unión Europea se regirá por las siguientes disposiciones:

a) La comunicación al público vía satélite se producirá únicamente en el Estado miembro de la Unión Europea en que, bajo el control y responsabilidad de la entidad radiodifusora, las señales portadoras de programas se introduzcan en la cadena ininterrumpida de comunicación a la que se refiere el párrafo d) del apartado 2 de este artículo.

b) Cuando la comunicación al público vía satélite se produzca en el territorio de un Estado no perteneciente a la Unión Europea donde no exista el nivel de protección que para dicho sistema de comunicación al público establece este apartado 3, se tendrá en cuenta lo siguiente:

1.º Si la señal portadora del programa se envía al satélite desde una estación de señal ascendente situada en un Estado miembro se considerará que la comunicación al público vía satélite se ha producido en dicho Estado miembro. En tal caso, los derechos que se establecen relativos a la radiodifusión vía satélite podrán ejercitarse frente a la persona que opere la estación que emite la señal ascendente.

2.º Si no se utiliza una estación de señal ascendente situada en un Estado miembro pero una entidad de radiodifusión establecida en un Estado miembro ha encargado la emisión vía satélite, se considerará que dicho acto se ha producido en el Estado miembro en el que la entidad de radiodifusión tenga su establecimiento principal. En tal caso, los derechos que se establecen relativos a la radiodifusión vía satélite podrán ejercitarse frente a la entidad de radiodifusión.

Art. 20.2.k): Debe tenerse en cuenta que la Ley 23/2006, de 7 de julio, por la que se modifica el Texto Refundido de la Ley de Propiedad Intelectual, aprobado por el Real Decreto Legislativo 1/1996, de 12 de abril (*BOE* n.º 162, de 8 de julio), incorporó un nuevo párr. *i*) al apdo. 2 del art. 20, lo que supuso el desplazamiento del anterior 20.2.*j*), que es ahora este 20.2.*k*). La redacción del texto proviene del art. 2.º de la Ley 5/1998, de 6 de marzo, de incorporación al Derecho español de la Directiva 96/9/CE del Parlamento Europeo y del Consejo, de 11 de marzo de 1996, sobre la protección jurídica de bases de datos (*BOE* n.º 57, de 7 de marzo).

Art. 20.3: Esta norma contenía un párr. *c*) que ha sido derogado por la Disp. Derog. 1.ª de la Ley 5/1998, de 6 de marzo, de incorporación al Derecho español de la Directiva 96/9/CE del Parlamento Europeo y del Consejo, de 11 de marzo de 1996, sobre la protección jurídica de bases de datos (*BOE* n.º 57, de 7 de marzo).Vid. arts. 108, 116.1.II y 126.*d*) de este Texto Refundido, y arts. 76 a 79 y Disp. Trans. 4.ª del Real Decreto-ley 24/2021, de 2 de noviembre (§ 4).

4. La retransmisión por cable definida en el párrafo segundo del apartado 2.*f*) de este artículo, dentro del territorio de la Unión Europea, se regirá por las siguientes disposiciones:

a) La retransmisión en territorio español de emisiones, radiodifusiones vía satélite o transmisiones iniciales de programas procedentes de otros Estados miembros de la Unión Europea se realizará, en lo relativo a los derechos de autor, de acuerdo con lo dispuesto en la presente Ley y con arreglo a lo establecido en los acuerdos contractuales, individuales o colectivos, firmados entre los titulares de derechos y las empresas de retransmisión por cable.

b) El derecho que asiste a los titulares de derechos de autor de autorizar la retransmisión por cable se ejercerá, exclusivamente, a través de una entidad de gestión de derechos de propiedad intelectual.

c) En el caso de titulares que no hubieran encomendado la gestión de sus derechos a una entidad de gestión de derechos de propiedad intelectual, los mismos se harán efectivos a través de la entidad que gestione derechos de la misma categoría.

Cuando existiere más de una entidad de gestión de los derechos de la referida categoría, sus titulares podrán encomendar la gestión de los mismos a cualquiera de las entidades.

Los titulares a que se refiere esta letra *c*) gozarán de los derechos y quedarán sujetos a las obligaciones derivadas del acuerdo celebrado entre la empresa de retransmisión por cable y la entidad en la que se considere hayan delegado la gestión de sus derechos, en igualdad de condiciones con los titulares de derechos que hayan encomendado la gestión de los mismos a tal entidad. Asimismo, podrán reclamar a la entidad de gestión a la que se refieren los párrafos anteriores de esta letra *c*), sus derechos en los términos del artículo 177.

Art. 20.4: Vid. arts. 108, 116.1.II, 122.1 y 126 de este Texto Refundido, y arts. 76 a 79 y Disp. Trans. 4.ª del Real Decreto-ley 24/2021, de 2 de noviembre (§ 4). Téngase en cuenta la Ley 9/2014, de 9 de mayo, General de Telecomunicaciones (*BOE* n.º 114, de 10 de mayo), en especial las definiciones de su Anexo II.

Art. 20.4.a): Vid. art. 1.º3 de la Directiva 93/83/CEE del Consejo, de 27 de septiembre de 1993, sobre coordinación de determinadas disposiciones relativas a los derechos de autor y derechos afines a los derechos de autor en el ámbito de la radiodifusión vía satélite y de la distribución por cable.

Art. 20.4.b) y c): Vid. arts. 1.º4, 9.º y 10 de la Directiva 93/83/CEE del Consejo, de 27 de septiembre de 1993, sobre coordinación de determinadas disposiciones relativas a los derechos de autor y derechos afines a los derechos de autor en el ámbito de la radiodifusión vía satélite y de la distribución por cable. El tercer párrafo de la letra *c*) fue modificado por el Real Decreto-ley 2/2018, de 13 de abril (*BOE* n.º 91, de 14 de abril), reiterándose después por la Ley 2/2019, de 1 de marzo (*BOE* n.º 53, de 2 de marzo).

d) Cuando el titular de derechos autorice la emisión, radiodifusión vía satélite o transmisión inicial en territorio español de una obra protegida, se presumirá que consiente en no ejercitar, a título individual, sus derechos para, en su caso, la retransmisión por cable de la misma, sino a ejercitarlos con arreglo a lo dispuesto en este apartado 4.

e) Lo dispuesto en los párrafos *b)*, *c)* y *d)* de este apartado 4 no se aplicará a los derechos ejercidos por las entidades de radiodifusión respecto de sus propias emisiones, radiodifusiones vía satélite o transmisiones, con independencia de que los referidos derechos sean suyos o les hayan sido transferidos por otros titulares de derechos de autor.

f) Cuando, por falta de acuerdo entre las partes, no se llegue a celebrar un contrato para la autorización de la retransmisión por cable, las partes podrán acceder, por vía de mediación, a la Comisión Mediadora y Arbitral de la Propiedad Intelectual.

Será aplicable a la mediación contemplada en el párrafo anterior lo previsto en el artículo 193 y en el real decreto de desarrollo de dicha disposición.

g) Cuando alguna de las partes, en abuso de su posición negociadora, impida la iniciación o prosecución de buena fe de las negociaciones para la autorización de la retransmisión por cable, u obstaculice, sin justificación válida, las negociaciones o la mediación a que se refiere el párrafo anterior, se aplicará lo dispuesto en el Título I, Capítulo I, de la Ley 16/1989, de 17 de julio, de Defensa de la Competencia.

Art. 21. *Transformación.—*
1. La transformación de una

Art. 20.4.d): Vid. arts. 1.º4, 9.º y 10 de la Directiva 93/83/CEE del Consejo, de 27 de septiembre de 1993, sobre coordinación de determinadas disposiciones relativas a los derechos de autor y derechos afines a los derechos de autor en el ámbito de la radiodifusión vía satélite y de la distribución por cable.

Art. 20.4.f): Vid. art. 11 de la Directiva 93/83/CEE del Consejo, de 27 de septiembre de 1993, sobre coordinación de determinadas disposiciones relativas a los derechos de autor y derechos afines a los derechos de autor en el ámbito de la radiodifusión vía satélite y de la distribución por cable. La letra *f)* fue modificada por el Real Decreto-ley 2/2018, de 13 de abril (*BOE* n.º 91, de 14 de abril), reiterándose después por la Ley 2/2019, de 1 de marzo (*BOE* n.º 53, de 2 de marzo).

Art. 20.4.g): Vid. art. 12 de la Directiva 93/83/CEE del Consejo, de 27 de septiembre de 1993, sobre coordinación de determinadas disposiciones relativas a los derechos de autor y derechos afines a los derechos de autor en el ámbito de la radiodifusión vía satélite y de la distribución por cable.

Art. 21.1: La redacción del párr. 2.º proviene del art. 3.º de la Ley 5/1998, de 6 de marzo, de incorporación al Derecho español de la Directiva 96/9/CE del Parlamento Europeo y del

obra comprende su traducción, adaptación y cualquier otra modificación en su forma de la que se derive una obra diferente.

Cuando se trate de una base de datos a la que hace referencia el artículo 12 de la presente Ley se considerará también transformación la reordenación de la misma.

2. Los derechos de propiedad intelectual de la obra resultado de la transformación corresponderán al autor de esta última, sin perjuicio del derecho del autor de la obra preexistente de autorizar, durante todo el plazo de protección de sus derechos sobre ésta, la explotación de esos resultados en cualquier forma y en especial mediante su reproducción, distribución, comunicación pública o nueva transformación.

Art. 22. *Colecciones escogidas u obras completas.*—La cesión de los derechos de explotación sobre sus obras no impedirá al autor publicarlas reunidas en colección escogida o completa.

Art. 23. *Independencia de derechos.*—Los derechos de explotación regulados en esta Sección son independientes entre sí.

SECCIÓN 3.ª

Otros derechos

Art. 24. *Derecho de participación.*—1. Los autores de obras de arte gráficas o plásticas, tales como los cuadros, *collages*, pinturas, dibujos, grabados, estampas, litogra-

Consejo, de 11 de marzo de 1996, sobre la protección jurídica de bases de datos (*BOE* n.º 57, de 7 de marzo).

A la transformación de la obra se refieren los arts. 39, 64.1, 78.2, 92 y 99.*b*) de este Texto Refundido; arts. 8.º, 12 y 14 del Convenio de Berna; art. 4.º*b*) de la Directiva 2009/24/CE del Parlamento Europeo y del Consejo, de 23 de abril de 2009, sobre la protección jurídica de los programas de ordenador (versión codificada de la antigua Directiva 91/250/CEE del Consejo, de 14 de mayo de 1991), y arts. 1.º1 y 5.º*b*) de la Directiva 96/9/CE del Parlamento Europeo y del Consejo, de 11 de marzo de 1996, sobre la protección jurídica de las bases de datos.

Art. 21.2: Su redacción proviene del art. 3.º de la Ley 5/1998, de 6 de marzo, de incorporación al Derecho español de la Directiva 96/9/CE del Parlamento Europeo y del Consejo, de 11 de marzo de 1996, sobre la protección jurídica de bases de datos (*BOE* n.º 57, de 7 de marzo). Vid. nota anterior.

Art. 22: Vid. art. 33.2 de este Texto Refundido; arts. 20 y 21 del Real Decreto de 3 de septiembre de 1880, por el que se aprueba el Reglamento para la ejecución de la Ley de 10 de enero de 1879, de Propiedad Intelectual, y art. 2.º bis.3 del Convenio de Berna.

Art. 24: Primeramente, fue derogado por la Ley 3/2008, de 23 de diciembre, relativa al derecho de participación en beneficio del autor de una obra de arte original, que incorpora a nuestro ordenamiento la Directiva 2001/84/CE del Parlamento Europeo y del Consejo, de 27 de septiembre (*BOE* n.º 310, de 25 de diciembre). La Ley 2/2019, de 1 de marzo (*BOE* n.º 53, de 2 de marzo) vuelve a añadirlo (art. único, apdo. 2) y deroga la Ley 3/2008 a través de su Disp. Derog. 2.ª. Los apartados 10, 11, 12, 14, 15, 17, 18 y 19 han sido modificados por la Disp. Final 11.ª1 del Real Decreto-ley 17/2020, de 5 de mayo, por el que se aprueban me-

fías, esculturas, tapices, cerámicas, objetos de cristal, fotografías y piezas de videoarte, tendrán derecho a percibir del vendedor una participación en el precio de toda reventa que de las mismas se realice tras la primera cesión realizada por el autor. Los ejemplares de obras de arte objeto de este derecho que hayan sido realizados por el propio autor o bajo su autoridad se considerarán obras de arte originales. Dichos ejemplares estarán numerados, firmados o debidamente autorizados por el autor.

2. El derecho de participación se reconoce al autor de la obra y a sus derechohabientes tras la muerte o declaración de fallecimiento.

3. La protección del derecho de participación se reconoce a los autores españoles, a los autores nacionales de otros Estados miembros de la Unión Europea, así como a los nacionales de terceros países con residencia habitual en España. Para los autores que sean nacionales de terceros países y no tengan residencia habitual en España, el derecho de participación se reconocerá únicamente cuando la legislación del país de que el autor sea nacional reconozca a su vez el derecho de participación a los autores de los Estados miembros de la Unión Europea y a sus derechohabientes.

4. El derecho se aplicará a todas las reventas en las que participen, como vendedores, compradores o intermediarios, profesionales del mercado del arte tales como salas de venta, salas de subastas, galerías de arte, marchantes de obras de arte y, en general, cualquier persona física o jurídica que realice habitualmente actividades de intermediación en este mercado.

5. El derecho se aplicará igualmente cuando los profesionales del mercado del arte lleven a cabo las actividades descritas a través de prestadores de servicios de la sociedad de la información, de conformidad con lo establecido en la Ley 34/2002, de 11 de julio, de Servicios de la Sociedad de la Información y de Comercio Electrónico.

6. Se exceptúan de los apartados 4 y 5 los actos de reventa de la obra que haya sido comprada por una galería de arte directamente al autor, siempre que el período transcurrido entre esta primera adquisición y la reventa no supere tres años y el precio de reventa no exceda de 10.000 euros excluidos impuestos.

7. El derecho de participación de los autores nacerá cuando el

didas de apoyo al sector cultural y de carácter tributario para hacer frente al impacto económico y social del COVID-2019 (BOE n.º 126, de 6 de mayo) y, posteriormente, por el art. 11.10 de la Ley 14/2021, de 11 de octubre, por la que se modifica el Real Decreto-ley 17/2020, de 5 de mayo, por el que se aprueban medidas de apoyo al sector cultural y de carácter tributario para hacer frente al impacto económico y social del COVID-2019 (BOE n.º 244, de 12 de octubre).

precio de la reventa sea igual o superior a 800 euros, excluidos los impuestos, por obra vendida o conjunto concebido con carácter unitario.

8 El importe de la participación que corresponderá a los autores estará en función de los siguientes porcentajes:

a)   El 4 por 100 de los primeros 50.000 euros del precio de la reventa.

b)   El 3 por 100 de la parte del precio de la reventa comprendida entre 50.000,01 y 200.000 euros.

c)   El 1 por 100 de la parte del precio de la reventa comprendida entre 200.000,01 y 350.000 euros.

d)   El 0,5 por 100 de la parte del precio de la reventa comprendida entre 350.000,01 y 500.000 euros.

e)   El 0,25 por 100 de la parte del precio de la reventa que exceda de 500.000 euros.

En ningún caso el importe total del derecho podrá exceder de 12.500 euros.

Los precios de reventa contemplados en este apartado se calcularán sin inclusión del impuesto devengado por la reventa de la obra.

9.   El derecho de participación es inalienable, irrenunciable, se transmitirá únicamente por sucesión *mortis causa* y se extinguirá transcurridos setenta años a contar desde el 1 de enero del año siguiente a aquel en que se produjo la muerte o la declaración de fallecimiento del autor.

10.   El derecho de participación reconocido en el apartado 1 se hará efectivo a través de las entidades de gestión de derechos de propiedad intelectual. Cuando concurran varias entidades que, conforme a sus estatutos, gestionen el derecho de participación, éstas deberán actuar frente a los deudores en todo lo relativo a la percepción de este derecho bajo una sola representación en los términos que convencionalmente acuerden. Estas entidades de gestión comunicarán al Ministerio de Cultura y Deporte el acuerdo que hayan adoptado.

11.   Las entidades de gestión notificarán al titular del derecho que se ha hecho efectivo el pago a que se refiere el apartado 15 en el plazo máximo de un mes desde que éste haya tenido lugar.

12.   Las entidades de gestión liquidarán el importe debido al titular, en concepto de derecho de participación, en el plazo establecido en el artículo 177.1, salvo que en dicho plazo el titular reclame la liquidación, en cuyo caso ésta se efectuará en el mes siguiente a la reclamación.

13.   Cuando el derecho de participación se refiera a una obra creada por dos o más autores, su importe se repartirá por partes iguales entre los autores de dicha obra, salvo pacto en contrario.

14.   Los profesionales del mercado del arte que hayan intervenido en una reventa sujeta al de-

recho de participación estarán obligados a:

a)   Notificar al vendedor y a la entidad de gestión correspondiente la reventa efectuada. La notificación se hará por escrito o por otro medio que permita dejar constancia de la remisión y recepción de la notificación en el plazo de dos meses a contar desde el día siguiente al de la fecha de la reventa y deberá contener en todo caso:

i)   El lugar y la fecha en la que se efectuó la reventa.

ii)   El precio íntegro de la enajenación.

iii)   La documentación acreditativa de la reventa necesaria para la verificación de los datos y la práctica de la correspondiente liquidación. Dicha documentación deberá incluir, al menos, el lugar y la fecha en la que se realizó la reventa, el precio de la misma y los datos identificativos de la obra revendida, así como de los sujetos contratantes, de los intermediarios, en su caso, y del autor de la obra.

b)   Retener el importe del derecho de participación del autor en el precio de la obra revendida.

c)   Mantener en depósito gratuito, y sin obligación de pago de intereses, la cantidad retenida hasta la entrega a la entidad de gestión correspondiente.

d)   Cuando haya intervenido en la reventa de la obra más de un profesional del mercado del arte, el sujeto obligado a efectuar la operación, tanto en lo referido a la notificación, como la retención, el depósito y el pago del derecho, será el profesional del mercado del arte que haya actuado como vendedor y, en su defecto, el que haya actuado de intermediario.

15.   Efectuada la notificación a que se refiere el apartado *a*) del apartado 14, los profesionales del mercado del arte harán efectivo el pago del derecho a la entidad de gestión correspondiente en un plazo máximo de dos meses.

16.   Los profesionales del mercado del arte que intervengan en las reventas sujetas al derecho de participación conforme a los apartados 4 a 6, responderán solidariamente con el vendedor del pago del derecho.

17.   Las entidades de gestión de los derechos de propiedad intelectual podrán exigir a cualquier profesional del mercado del arte de los mencionados en el apartado 4, durante un plazo de tres años a partir de la fecha de la reventa, la información indicada en la letra a) del apartado 14 que resulte necesaria para calcular el importe del derecho de participación.

18.   Las entidades de gestión deberán respetar los principios de confidencialidad o intimidad mercantil en relación con cualquier información que conozcan en el ejercicio de las facultades previstas en la presente Ley.

19.   La acción de las entidades de gestión para hacer efectivo el derecho ante los profesionales del

mercado del arte prescribirá a los tres años de la notificación de la reventa.

20. La administración del Fondo de Ayuda a las Bellas Artes corresponde a una Comisión adscrita al Ministerio de Cultura y Deporte, sin perjuicio de su autonomía funcional. Dicha Comisión está presidida por el Ministro de Cultura y Deporte o la persona en quien él delegue y estará integrada por representantes de las Comunidades Autónomas, de los sujetos obligados y de las entidades que gestionan el derecho de participación en la forma en que se determine por vía reglamentaria.

21. Las cantidades percibidas por las entidades de gestión en concepto de derecho de participación no repartidas a sus titulares en el plazo establecido en el apartado 12 por falta de identificación de éstos y sobre las que no pese reclamación alguna, deberán ser ingresadas en el Fondo de Ayuda a las Bellas Artes en el plazo máximo de un año.

22. Las entidades de gestión estarán obligadas a notificar a la Comisión Administradora del Fondo de Ayuda a las Bellas Artes, en el primer trimestre de cada año, la relación de cantidades percibidas por el derecho de participación y los repartos efectuados, así como los motivos que hayan hecho imposible el reparto de las cantidades ingresadas en el Fondo.

23. La Comisión Administradora del Fondo publicará, con carácter anual, un informe sobre la aplicación del derecho de participación.

24. Las Comunidades Autónomas, de acuerdo con su competencia exclusiva en la materia, gestionarán directa e íntegramente los recursos del Fondo de Ayuda a las Bellas Artes en sus respectivos territorios. Los criterios y mecanismos de reparto deberán, a su vez, acordarse con las Comunidades Autónomas.

Art. 25. *Compensación equitativa por copia privada.*—1. La re-

---

Art. 25: Modificado por el art. único, apdo. 1, del Real Decreto-ley 12/2017, de 3 de julio, por el que se modifica el Texto Refundido de la Ley de Propiedad Intelectual (*BOE* n.º 158, de 4 de julio). El Gobierno dispone de un plazo de un año, desde la entrada en vigor de dicho Real Decreto-ley 12/2017 para aprobar el Real Decreto que desarrolle lo establecido en los apdos. 4 y 5 de este art. 25 (Disp. Final 1.ª del Real Decreto-ley 12/2017). El sistema anterior de compensación equitativa, con cargo en los Presupuestos Generales del Estado, fue declarado contrario a la Directiva 2001/29/CE por el TJUE en su sentencia de 9 de junio de 2016 (asunto C-470/14). El TS, en sentencia de 10 de noviembre de 2016, confirmó lo ya señalado por el TJUE. En particular, el TS señaló que la Disp. Adic. 10.ª del Real Decreto-ley 20/2011 y que el art. 1.º2 de la Ley 21/2014 eran contrarios a dicha norma comunitaria. En consecuencia, y al carecer de un fundamento legal efectivo, el TS declaró nulo el Real Decreto 1.657/2012, de 7 de diciembre, por el que se regulaba el procedimiento de pago de la compensación equitativa por copia privada con cargo a los Presupuestos Generales del Estado.

producción de obras divulgadas en forma de libros o publicaciones que a estos efectos se asimilen mediante real decreto, así como de fonogramas, videogramas o de otros soportes sonoros, visuales o audiovisuales, realizada mediante aparatos o instrumentos técnicos no tipográficos, exclusivamente para uso privado, no profesional ni empresarial, sin fines directa ni indirectamente comerciales, de conformidad con el artículo 31, apartados 2 y 3, originará una compensación equitativa y única para cada una de las tres modalidades de reproducción mencionadas dirigida a compensar adecuadamente el perjuicio causado a los sujetos acreedores como consecuencia de las reproducciones realizadas al amparo del límite legal de copia privada. Dicha compensación se determinará para cada modalidad en función de los equipos, aparatos y soportes materiales idóneos para realizar dicha reproducción, fabricados en territorio español o adquiridos fuera de este para su distribución comercial o utilización dentro de dicho territorio.

2. Serán sujetos acreedores de esta compensación equitativa y

---

Acerca de la constitución de la persona jurídica prevista en el art. 25.10 TRLPI, véase Disp. Adic. única del Real Decreto-ley 12/2017, de 3 de julio, por el que se modifica el Texto Refundido de la Ley de Propiedad Intelectual (*BOE* n.º 158, de 4 de julio de 2017). Siguiendo este precepto, en septiembre de 2017 se pone en marcha la página web ventanillaunica.digital, como sede electrónica para la gestión de la copia privada. Igualmente resulta de interés la Disp. Trans. 1.ª del Real Decreto-ley 12/2017, que prevé el desarrollo reglamentario por el Gobierno de la lista de publicaciones que se entenderán asimiladas a los libros a los efectos del art. 25 del TRLPI, estableciendo, asimismo, un régimen transitorio. La Disp. Trans. 2.ª del Real Decreto-ley 12/2017 regula un régimen transitorio de la compensación equitativa por copia privada, hasta la aprobación de la Orden Ministerial. La Disp. Final 1.ª de este Real Decreto-ley establecía el plazo máximo de un año desde su entrada en vigor para la aprobación del Real Decreto-ley. Finalmente, a finales de 2018 se aprobó el Real Decreto 1.398/2018, de 23 de noviembre, por el que se desarrolla el art. 25 del Texto Refundido de la Ley de Propiedad Intelectual, aprobado por el Real Decreto Legislativo 1/1996, de 12 de abril, en cuanto al sistema de compensación equitativa por copia privada (§ 3). Téngase en cuenta también el Real Decreto 209/2023, de 28 de marzo, por el que se establecen la relación de equipos, aparatos y soportes materiales sujetos al pago de la compensación equitativa por copia privada, las cantidades aplicables a cada uno de ellos y la distribución entre las distintas modalidades de reproducción, previstas en el art. 25 del Texto Refundido de la Ley de Propiedad Intelectual, aprobado por Real Decreto Legislativo 1/1996, de 12 de abril (§ 5).

Vid. arts. 31.2 y 3, 58.2, 141.5 y 178.2 de este Texto Refundido.

Art. 25.1: El concepto de «compensación equitativa por copia privada» se encuentra recogido en los arts. 3.*b*) del Real Decreto 1.398/2018 (§ 3) y 2.*a*) del Real Decreto 209/2023 (§ 5). El concepto de «publicaciones asimiladas a libros» se establece en el art. 2 del Real Decreto 1.398/2018 (§ 3). Sobre las modalidades de reproducción, vid. arts. 3.*f*) del Real Decreto 1.398/2018 (§ 3) y 2.*b*) del Real Decreto 209/2023 (§ 5).

Art. 25.2: Vid. art. 58.2 de este Texto Refundido, y arts. 3.*i*) del Real Decreto 1.398/2018 (§ 3) y 2.*c*) del Real Decreto 209/2023 (§ 5). Sobre la distribución de la compensación entre las distintas modalidades de distribución, vid. arts. 4 del Real Decreto 1.398/2018 (§ 3) y 5 del Real Decreto 209/2023 (§ 5).

única los autores de las obras señaladas en el apartado anterior, explotadas públicamente en alguna de las formas mencionadas en dicho apartado, conjuntamente y, en los casos y modalidades de reproducción en que corresponda, con los editores, los productores de fonogramas y videogramas y los artistas intérpretes o ejecutantes cuyas actuaciones hayan sido fijadas en dichos fonogramas y videogramas. Este derecho será irrenunciable para los autores y los artistas intérpretes o ejecutantes.

3. Serán sujetos deudores del pago de la citada compensación los fabricantes en España, en tanto actúen como distribuidores comerciales, así como los adquirentes fuera del territorio español, para su distribución comercial o utilización dentro de este, de equipos, aparatos y soportes materiales previstos en el apartado 1.

Asimismo, serán responsables solidarios del pago de la compensación los distribuidores, mayoristas y minoristas, que sean sucesivos adquirentes de los mencionados equipos, aparatos y soportes materiales, con respecto de los deudores que se los hubieran suministrado, salvo que acrediten haber satisfecho efectivamente a estos la compensación.

Los distribuidores, mayoristas y minoristas que sean sucesivos adquirentes de los mencionados equipos, aparatos y soportes materiales podrán solicitar a las entidades de gestión, conforme al procedimiento para hacer efectiva la compensación equitativa que se desarrollará por real decreto, la devolución de aquella en lo que corresponda a las ventas de equipos, aparatos y soportes materiales de reproducción a sujetos exceptuados según el apartado 7.

4. La determinación de los equipos, aparatos y soportes materiales sujetos al pago de la compensación equitativa, las cantidades que los deudores deberán abonar por este concepto a los acreedores y la distribución de dicha compensación entre las distintas modalidades de reproducción se fijarán por Orden del Ministerio de la Presidencia y para las Administraciones Territoriales, a propuesta de los Ministerios de Educación, Cultura y Deporte y de Energía, Turismo y Agenda Digital, previo informe a la Comisión

---

Art. 25.3: Vid. arts. 3.*j*) del Real Decreto 1.398/2018 (§ 3) y 2.*d*) del Real Decreto 209/2023 (§ 5). Sobre los responsables solidarios, vid. arts. 3.*h*) del Real Decreto 1.398/2018 (§ 3) y 2.*e*) del Real Decreto 209/2023 (§ 5). El concepto de «distribuidor» se recoge en el artículo 3.*c*) del Real Decreto 1.398/2018 (§ 3).

Art. 25.4: La determinación de los equipos y soportes gravados se contempla en los arts. 3.*e*) del Real Decreto 1.398/2018 (§ 3) y 4 del Real Decreto 209/2023 (§ 5). El listado de equipos y soportes está recogido en el anexo del Real Decreto 209/2023, previéndose igualmente la revisión del listado en su art. 6 y el régimen transitorio en la Disp. Trans. única (§ 5).

Delegada del Gobierno para Asuntos Económicos.

Con carácter previo a su aprobación será consultado el Consejo de Consumidores y Usuarios y emitirá informe preceptivo la Sección Primera de la Comisión de Propiedad Intelectual.

Durante el procedimiento de elaboración de dicha Orden se dará audiencia a las entidades de gestión de derechos de propiedad intelectual, a los interesados y a las asociaciones mayoritarias que representen a los sujetos deudores, de acuerdo con lo que determine el Ministerio de Energía, Turismo y Agenda Digital, debiendo aportar, todos estos, una propuesta motivada respecto a su ámbito de interés, que irá acompañada de un informe justificativo.

Por parte del Centro directivo promotor de la Orden se prestará primordial atención a las alegaciones de cada parte interesada directamente relacionadas con sus respectivos derechos legítimos específicos.

La Orden podrá ser revisada en cualquier momento en función de la evolución tecnológica y de las condiciones del mercado. En cualquier caso, deberá ser revisada, al menos, con una periodicidad de tres años.

5. A los efectos previstos en el apartado anterior, se tendrá en cuenta lo siguiente:

a) La determinación de la cuantía de la compensación equitativa se calculará sobre la base del perjuicio causado a los sujetos acreedores como consecuencia de las reproducciones realizadas al amparo del límite al derecho de reproducción previsto en el artículo 31, apartados 2 y 3. Para ello se tendrán en cuenta, al menos, los siguientes criterios objetivos:

1.º La intensidad de uso de los equipos, aparatos y soportes materiales, para lo que se tendrá en cuenta la estimación del número de copias realizadas al amparo del límite legal de copia privada.

2.º La capacidad de almacenamiento de los equipos, aparatos y soportes materiales, así como la importancia de la función de reproducción respecto al resto de funciones de aquellos.

3.º El impacto del límite legal de copia privada sobre la venta de ejemplares de las obras, teniendo en cuenta el grado de sustitución real de estos por las copias privadas realizadas y el efecto que supone que el adquirente de un ejemplar o copia original tenga la posibilidad de realizar copias privadas.

4.º El precio de la unidad de cada modalidad reproducida.

5.º El carácter digital o analógico de las reproducciones efectuadas al amparo del límite legal de copia privada, o la calidad y el tiempo de conservación de las reproducciones.

6.º La disponibilidad, grado de aplicación y efectividad de las medidas tecnológicas a las que se refiere el artículo 160.3 del texto refundido de la Ley de Propiedad Intelectual y su impacto en las reproducciones realizadas al amparo del límite legal de copia privada.

7.º Las cuantías de la compensación equitativa por copia privada que resulte de aplicación en otros Estados miembros de la Unión Europea siempre que existan bases homogéneas de comparación.

b) No darán origen a una obligación de compensación aquellas situaciones en las que el perjuicio causado al titular del derecho de reproducción haya sido mínimo, que se determinarán mediante real decreto.

c) No tendrán la consideración de reproducciones para uso privado las siguientes:

1.º Las efectuadas en establecimientos dedicados a la realización de reproducciones para el público, o que tengan a disposición del público los equipos, aparatos y materiales para su realización.

2.º Las realizadas mediante equipos, aparatos y soportes de reproducción digital que no se hayan puesto a disposición de derecho o de hecho usuarios privados y que estén manifiestamente reservados a usos distintos a la realización de copias privadas.

d) Los equipos, aparatos y soportes materiales de reproducción concebidos manifiestamente para uso profesional y que no se hayan puesto de derecho o de hecho a disposición de usuarios privados para la realización de copias privadas, no estarán sujetos al pago de la compensación equitativa por copia privada.

6. La obligación de pago de la compensación prevista en el apartado 1 de este artículo nacerá en los siguientes supuestos:

a) Para los fabricantes en tanto actúen como distribuidores y para los adquirentes de equipos, aparatos y soportes materiales fuera del territorio español con destino a su distribución comercial en este, en el momento en que se produzca por parte del deudor la transmisión de la propiedad o, en su caso, la cesión del uso o disfrute de cualquiera de aquellos.

b) Para los adquirentes de equipos, aparatos y soportes materiales fuera del territorio español con destino a su utilización dentro de dicho territorio, desde el momento de su adquisición.

7. Quedarán exceptuadas del pago de la compensación, las siguientes adquisiciones de equipos,

---

Art. 25.6: Vid. arts. 5 a 7 del Real Decreto 1.398/2018 (§ 3).

Art. 25.7: Vid. los arts. 3.a), sobre el concepto de «certificado de exceptuación», y 10, sobre la obtención de dicho certificado, del Real Decreto 1.398/2018 (§ 3). El artículo 14 de dicho Real Decreto prevé el procedimiento de resolución de conflictos relativos a la concesión de certificados de exceptuación.

aparatos y soportes materiales de reproducción:

a) Las realizadas por las entidades que integran el sector público según se establezca en el texto refundido de la Ley de Contratos del Sector Público, aprobado por Real Decreto Legislativo 3/2011, de 14 de noviembre, así como por el Congreso de los Diputados, el Senado, el Consejo General del Poder Judicial, el Tribunal de Cuentas, el Defensor del Pueblo, las Asambleas legislativas de las Comunidades Autónomas y las instituciones autonómicas análogas al Tribunal de Cuentas y al Defensor del Pueblo. Esta exceptuación se podrá acreditar a los deudores y, en su caso, a los responsables solidarios:

1.º Mediante una certificación emitida por el órgano competente de la Administración General del Estado, de las Administraciones de las Comunidades Autónomas, de las Entidades que integran la Administración Local, de las entidades gestoras y los servicios comunes de la Seguridad Social, de las Universidades Públicas así como del Congreso de los Diputados, el Senado, el Consejo General del Poder Judicial, el Consejo de Estado, el Tribunal de Cuentas, el Defensor del Pueblo, las Asambleas legislativas de las Comunidades Autónomas y las instituciones autonómicas análogas al Consejo de Estado, Tribunal de Cuentas y al Defensor del Pueblo.

2.º Mediante una certificación emitida por el órgano de dirección y tutela respecto de las mutuas colaboradoras con la Seguridad Social.

3.º Mediante una certificación emitida por la administración territorial de la que dependan o a la que estén vinculados el resto de entes que conforman el sector público.

b) Las realizadas por personas jurídicas o físicas que actúen como consumidores finales, que justifiquen el destino exclusivamente profesional de los equipos, aparatos o soportes materiales adquiridos y siempre que estos no se hayan puesto, de derecho o de hecho, a disposición de usuarios privados y que estén manifiestamente reservados a usos distintos a la realización de copias privadas, lo que deberán acreditar a los deudores y, en su caso, a los responsables solidarios mediante una certificación emitida por la persona jurídica prevista en el apartado 10.

c) Las realizadas por quienes cuenten con la preceptiva autorización para llevar a efecto la correspondiente reproducción de obras, prestaciones artísticas, fonogramas o videogramas, según proceda, en el ejercicio de su actividad, lo que deberán acreditar a los deudores y, en su caso, a sus responsables solidarios, mediante una certificación emitida por la persona jurídica prevista en el apartado 10.

d) Las realizadas por personas físicas para uso privado fuera del territorio español en régimen de viajeros.

En defecto de certificación, los sujetos beneficiarios de la exceptuación podrán solicitar el reembolso de la compensación.

8. Aquellas personas jurídicas o físicas no exceptuadas del pago de la compensación podrán solicitar el reembolso de ésta cuando:

a) Actúen como consumidores finales, justificando el destino exclusivamente profesional del equipo, aparato o soporte material de reproducción adquirido, y siempre que éstos no se hayan puesto, de derecho o de hecho, a disposición de usuarios privados y que estén manifiestamente reservados a usos distintos a la realización de copias privadas.

b) Los equipos, aparatos o soportes materiales de reproducción adquiridos se hayan destinado a la exportación o entrega intracomunitaria.

No se admitirán solicitudes de reembolso por importe inferior a veinticinco euros. No obstante, si la solicitud de reembolso acumula la compensación equitativa abonada por la adquisición de equipos, aparatos y soportes materiales realizada en un ejercicio anual, se admitirán aun cuando no alcancen los veinticinco euros.

El plazo para ejercer la acción de reembolso será de un año a computar desde la fecha consignada en la factura de la adquisición del equipo, aparato o soporte material que dio lugar al pago de compensación equitativa. En el caso de facturas anuales acumuladas por importe inferior a veinticinco euros, el plazo se computará a partir de la última factura.

9. La compensación equitativa se hará efectiva a través de las entidades de gestión de derechos de propiedad intelectual conforme al procedimiento que se determine a tal efecto por real decreto, debiendo las mismas garantizar a los deudores y a los responsables solidarios una comunicación unificada de la facturación que a estos les corresponda abonar.

10. Las entidades de gestión de derechos de propiedad intelectual participarán en la constitución, conforme a la legalidad vigente, gestión y financiación de una persona jurídica que ejercerá, en representación de todas ellas, las siguientes funciones:

Art. 25.8: Último párrafo añadido por el art. único, apartado 2, del Real Decreto-ley 2/2018, reiterándose después por la Ley 2/2019, de 1 de marzo (*BOE* n.º 53, de 2 de marzo). Vid. arts. 8, sobre devolución de la compensación, y 11, sobre procedimiento de reembolso, del Real Decreto 1.398/2018 (§ 3). El art. 14 de dicho Real Decreto contempla el procedimiento de resolución de conflictos relativos al reembolso de la compensación.

Art. 25.10: Vid. arts. 152.2 y 177.2 y 6.*e*) de este Texto Refundido. Vid. también el art. 3.*g*), que recoge el concepto de «persona jurídica» a estos efectos, del Real Decreto 1.398/2018 (§ 3).

a) La gestión de las exceptuaciones del pago y de los reembolsos.

b) La recepción y posterior remisión a las entidades de gestión de las relaciones periódicas de equipos, aparatos y soportes de reproducción respecto de los que haya nacido la obligación de pago de la compensación, elaboradas por los sujetos deudores y, en su caso, por los responsables solidarios, en el marco del procedimiento para hacer efectiva la compensación que se determine mediante real decreto.

c) La comunicación unificada de la facturación.

11. Los deudores y sus responsables solidarios permitirán a la persona jurídica que las entidades de gestión constituyan conforme a lo previsto en el apartado anterior, el control de las adquisiciones y de las ventas sujetas al pago de la compensación equitativa así como de aquellas afectadas por las exceptuaciones establecidas en el apartado 7. Asimismo, los sujetos que hayan obtenido la certificación de exceptuación facilitarán, a petición de la referida persona jurídica, los datos necesarios para comprobar que se mantiene el efectivo cumplimiento de los requisitos para ser beneficiario de la exceptuación.

12. A los efectos de que el Ministerio de Educación, Cultura y Deporte, en el ejercicio de sus funciones de inspección, vigilancia y control sobre las entidades de gestión de derechos de propiedad intelectual, vele por el cumplimiento de las obligaciones de la referida persona jurídica, esta comunicará a la Secretaría de Estado de Cultura, el día 1 de abril de cada año, la siguiente información respecto del año anterior:

a) Un listado pormenorizado de las relaciones periódicas de equipos, aparatos y soportes de reproducción respecto de los que haya nacido la obligación de pago de la compensación, elaboradas por los sujetos deudores y por los responsables solidarios.

b) Un listado pormenorizado de las compensaciones pagadas por los sujetos deudores y por los responsables solidarios.

c) La relación de certificaciones de exceptuación y de reembolsos tramitadas.

d) Cuanta información adicional que el Ministerio de Educación, Cultura y Deporte considere necesaria para ejercer sus funciones.

Dicha información se publicará en el sitio web del Ministerio de Educación, Cultura y Deporte.

Asimismo, el Ministerio de Educación, Cultura y Deporte resolverá los conflictos que se le planteen respecto de las denegaciones, por la referida persona jurídica, de los cer-

---

Art. 25.12: La referencia al Ministerio de Educación, Cultura y Deporte contenida en esta norma ha de entenderse realizada al actual Ministerio de Cultura y Deporte.

tificados de exceptuación previstos en las letras *b*) y *c*) del apartado 7 y las solicitudes de reembolso del

pago de la compensación equitativa por copia privada previstas en el apartado 8.

TÍTULO III

Duración, límites y salvaguardia de otras disposiciones legales*

CAPÍTULO PRIMERO

DURACIÓN

Art. 26. *Duración y cómputo.—* Los derechos de explotación de la

obra durarán toda la vida del autor y setenta años después de su muerte o declaración de fallecimiento.

Art. 27. *Duración y cómputo en obras póstumas, seudónimas y*

---

* La rúbrica de este Título III proviene del art. 4.º1 de la Ley 5/1998, de 6 de marzo, de incorporación al Derecho español de la Directiva 96/9/CE del Parlamento Europeo y del Consejo, de 11 de marzo de 1996, sobre la protección jurídica de bases de datos (*BOE* n.º 57, de 7 de marzo). Esta Ley, al incorporarse directamente en el Texto Refundido, ha afectado a algunos de los preceptos que se integran en éste, y en ellos se hará la oportuna advertencia. Vid. Disps. Trans. 15.ª y 18.ª de este Texto Refundido, que han sido introducidas por el art. 7.º de la Ley citada anteriormente.

A efectos de lograr una mayor claridad respecto de las modificaciones sufridas por los preceptos de la Ley de Propiedad Intelectual en esta sede, vid. arts. 11 y 12 de la Directiva 2006/115/CE del Parlamento Europeo y del Consejo, de 12 de diciembre de 2006, sobre derechos de alquiler y préstamo y otros derechos afines a los derechos de autor en el ámbito de la propiedad intelectual (versión codificada de la antigua Directiva 92/100/CEE del Consejo, de 19 de noviembre de 1992), que serían derogados por el art. 11 de la Directiva 93/98/CE del Consejo, de 29 de octubre, relativa a la armonización del plazo de protección de los derechos de autor y de determinados derechos afines, cuyo texto codificado se encuentra en la Directiva 2006/116/CE del Parlamento Europeo y del Consejo, de 12 de diciembre de 2006. Vid. también art. 1.º de la misma Directiva. Ésta, a su vez, se ve afectada por el art. 11 de la Directiva 2001/29/CE del Parlamento Europeo y del Consejo, de 22 de mayo de 2001, relativa a la armonización de determinados aspectos de los derechos de autor y derechos afines a los derechos de autor en la sociedad de la información.

Art. 26: Se integra en este Texto Refundido lo establecido en el art. 11 de la Directiva 93/98/CE del Consejo, de 29 de octubre de 1993, relativa a la armonización del plazo de protección de los derechos de autor y de determinados derechos afines, cuyo texto codificado se encuentra en la Directiva 2006/116/CE del Parlamento Europeo y del Consejo, de 12 de diciembre de 2006 (versión codificada de la antigua Directiva 93/98/CEE del Consejo, de 29 de octubre de 1993). Así como lo que se disponía en el art. 2.º1 de la derogada Ley 27/1995, de 11 de octubre, de incorporación al Derecho español de la Directiva 93/98/CEE del Consejo, de 29 de octubre de 1993, relativa a la armonización del plazo de protección del derecho de autor y de determinados derechos afines (*BOE* n.º 245, de 13 de octubre). Asimismo pueden verse: art. 8.º de la Directiva 2009/24/CE del Parlamento Europeo y del Consejo, de 23 de abril de

anónimas.—1. Los derechos de explotación de las obras anónimas o seudónimas a las que se refiere el artículo 6 durarán setenta años desde su divulgación lícita.

Cuando antes de cumplirse este plazo fuera conocido el autor, bien porque el seudónimo que ha adoptado no deje dudas sobre su identidad, bien porque el mismo autor la revele, será de aplicación lo dispuesto en el artículo precedente.

2. Los derechos de explotación de las obras que no hayan sido

---

2009, sobre la protección jurídica de los programas de ordenador (versión codificada de la antigua Directiva 91/250/CEE del Consejo, de 14 de mayo de 1991); art. 11 de la Directiva 2006/115/CE del Parlamento Europeo y del Consejo, de 12 de diciembre de 2006, sobre derechos de alquiler y préstamo y otros derechos afines a los derechos de autor en el ámbito de la propiedad intelectual (versión codificada de la antigua Directiva 92/100/CEE del Consejo, de 19 de noviembre de 1992). Vid. también las leyes mediante las cuales se incorporaron a nuestro Derecho las citadas Directivas: art. 7.º de la Ley 16/1993, de 23 de diciembre, de incorporación al Derecho español de la Directiva 91/250/CEE, de 14 de mayo de 1991, sobre la protección jurídica de programas de ordenador (*BOE* n.º 307, de 24 de diciembre); Disp. Trans. 1.ª2 de la Ley 43/1994, de 30 de diciembre, de incorporación al Derecho español de la Directiva 92/100/CEE, de 19 de noviembre de 1992, sobre derechos de alquiler y préstamo y otros derechos afines a los derechos de autor en el ámbito de la propiedad intelectual (*BOE* n.º 313, de 31 de diciembre). Igualmente, vid. art. 7.º1 y 6 del Convenio de Berna; art. IV de la Convención Universal de los Derechos de Autor y arts. 98.1, 112, 119, 125, 127, 128, 130 y 136, y Disps. Trans. 2.ª, 4.ª y 5.ª de este Texto Refundido, y art. 72 del Real Decreto-ley 24/2021, de 2 de noviembre (§ 4).

Art. 27.1: Se altera el texto con el contenido en la Ley 22/1987, de 11 de noviembre, de Propiedad Intelectual (*BOE* n.º 275, de 17 de noviembre). El actual art. 27.1 se correspondería con el apdo. 2 del citado texto. En la redacción actual se integran la redacción del apdo. 2 de la Ley de 1987 y el art. 2.º3 de la derogada Ley 27/1995, de 11 de octubre, de incorporación al Derecho español de la Directiva 93/98/CEE del Consejo, de 29 de octubre de 1993, relativa a la armonización del plazo de protección del derecho de autor y de determinados derechos afines (*BOE* n.º 245, de 13 de octubre).

Vid. arts. 1.º1, 1.º6 y 11 de la Directiva 93/98/CE del Consejo, de 29 de octubre de 1993, relativa a la armonización del plazo de protección del derecho de autor y determinados derechos afines, cuyo texto codificado se encuentra en la Directiva 2006/116/CE del Parlamento Europeo y del Consejo, de 12 de diciembre de 2006 (versión codificada de la antigua Directiva 93/98/CEE del Consejo, de 29 de octubre de 1993). Vid. también art. 7.º3 y 5 del Convenio de Berna y art. 8.º de la Directiva 2009/24/CE del Parlamento Europeo y del Consejo, de 23 de abril de 2009, sobre la protección jurídica de los programas de ordenador (versión codificada de la antigua Directiva 91/250/CEE del Consejo, de 14 de mayo de 1991).

Art. 27.2: Vid. nota al apartado anterior. La redacción de este apdo. 2 proviene de incorporar a la norma originaria de la Ley 22/1987, de 11 de noviembre, de Propiedad Intelectual (*BOE* n.º 275, de 17 de noviembre), el art. 2.º6 de la derogada Ley 27/1995, de 11 de octubre, de incorporación al Derecho español de la Directiva 93/98/CEE del Consejo, de 29 de octubre de 1993, relativa a la armonización del plazo de protección del derecho de autor y de determinados derechos afines (*BOE* n.º 245, de 13 de octubre).

Vid. arts. 1.º1, 1.º6 y 11 de la Directiva 93/98/CE del Consejo, de 29 de octubre de 1993, relativa a la armonización del plazo de protección del derecho de autor y determinados derechos afines, cuyo texto codificado se encuentra en la Directiva 2006/116/CE del Parlamento Europeo y del Consejo, de 12 de diciembre de 2006 (versión codificada de la antigua Directiva 93/98/CEE del Consejo, de 29 de octubre de 1993).

divulgadas lícitamente durarán setenta años desde la creación de éstas, cuando el plazo de protección no sea computado a partir de la muerte o declaración de fallecimiento del autor o autores.

Art. 28. *Duración y cómputo de las obras en colaboración y colectivas.*—1. Los derechos de explotación de las obras en colaboración definidas en el artículo 7, comprendidas las obras cinematográficas y audiovisuales, durarán toda la vida de los coautores y setenta años desde la muerte o declaración de fallecimiento del último coautor superviviente.

En el caso de las composiciones musicales con letra, los derechos de explotación durarán toda la vida del autor de la letra y del autor de la composición musical y setenta años desde la muerte o declaración de fallecimiento del último superviviente, siempre que sus contribuciones fueran creadas específicamente para la respectiva composición musical con letra.

2. Los derechos de explotación sobre las obras colectivas definidas en el artículo 8 de esta Ley durarán setenta años desde la divulgación lícita de la obra protegida. No obstante, si las personas naturales que hayan creado la obra son identificadas como autores en las versiones de la misma que se hagan accesibles al público, se estará a lo dispuesto en los artículos 26 ó 28.1, según proceda.

Lo dispuesto en el párrafo anterior se entenderá sin perjuicio de

Art. 28.1: Vid. art. 87 de este Texto Refundido; art. 8.º de la Directiva 2009/24/CE del Parlamento Europeo y del Consejo, de 23 de abril de 2009, sobre la protección jurídica de los programas de ordenador (versión codificada de la antigua Directiva 91/250/CEE del Consejo, de 14 de mayo de 1991), y arts. 1.º2 y 2.º de la Directiva 93/98/CE del Consejo, de 29 de octubre de 1993, relativa a la armonización del plazo de protección del derecho de autor y de determinados derechos afines, cuyo texto codificado se encuentra en la Directiva 2006/116/CE del Parlamento Europeo y del Consejo, de 12 de diciembre de 2006 (versión codificada de la antigua Directiva 93/98/CEE del Consejo, de 29 de octubre de 1993).

Art. 28.1, párr. 2.º: Introducido por el art. 1.º3 de la Ley 21/2014, de 4 de noviembre, por la que se modifica el Texto Refundido de la Ley de Propiedad Intelectual, aprobado por Real Decreto Legislativo 1/1996, de 12 de abril, y la Ley 1/2000, de 7 de enero, de Enjuiciamiento Civil (*BOE* n.º 268, de 5 de noviembre). Procede de la transposición de la Directiva 2011/77/UE del Parlamento Europeo y del Consejo, de 27 de septiembre de 2011, por la que se modifica la Directiva 2006/116/CE relativa al plazo de protección del derecho de autor y de determinados derechos afines (vid. art. 1.º7 de esta última Directiva, en su versión codificada). Vid. Disp. Trans. 21.ª1 de este Texto Refundido.

Art. 28.2: Vid. arts. 8.º y 98.2 de este Texto Refundido; arts. 1.º4 y 2.º de la Directiva 93/98/CE del Consejo, de 29 de octubre de 1993, relativa a la armonización del plazo de protección del derecho de autor y determinados derechos afines, cuyo texto codificado se encuentra en la Directiva 2006/116/CE del Parlamento Europeo y del Consejo, de 12 de diciembre de 2006 (versión codificada de la antigua Directiva 93/98/CEE del Consejo, de 29 de octubre de 1993); art. 7.º bis del Convenio de Berna y art. 12 del Acuerdo por el que se establece la Organización Mundial del Comercio (Anexo 1C: Acuerdo sobre los Aspectos de los Derechos de Propiedad Intelectual relacionados con el Comercio).

los derechos de los autores identificados cuyas aportaciones identificables estén contenidas en dichas obras, a las cuales se aplicarán el artículo 26 y el apartado 1 de este artículo, según proceda.

Art. 29. *Obras publicadas por partes.*—En el caso de obras divulgadas por partes, volúmenes, entregas o fascículos, que no sean independientes y cuyo plazo de protección comience a transcurrir cuando la obra haya sido divulgada de forma lícita, dicho plazo se computará por separado para cada elemento.

Art. 30. *Cómputo de plazo de protección.*—Los plazos de protección establecidos en esta Ley se computarán desde el día 1 de enero del año siguiente al de la muerte o declaración de fallecimiento del autor o al de la divulgación lícita de la obra, según proceda.

CAPÍTULO II

LÍMITES*

Art. 31. *Reproducciones provisionales y copia privada.*—1. No requerirán autorización del autor

---

Art. 29: En este artículo se refunden el art. 29 de la Ley 22/1987, de 11 de noviembre, de Propiedad Intelectual (*BOE* n.º 275, de 17 de noviembre), y el art. 2.º5 de la derogada Ley 27/1995, de 11 de octubre, de incorporación al Derecho español de la Directiva 93/98/CEE del Consejo, de 29 de octubre de 1993, relativa a la armonización del plazo de protección del derecho de autor y de determinados derechos afines (*BOE* n.º 245, de 13 de octubre). Vid. art. 1.º de la Ley 10/2007, de 22 de junio, de la lectura, del libro y de las bibliotecas (*BOE* n.º 150, de 23 de junio).

Art. 30: En este artículo se refunden el art. 30 de la Ley 22/1987, de 11 de noviembre, de Propiedad Intelectual (*BOE* n.º 275, de 17 de noviembre), y el art. 2.º7 de la derogada Ley 27/1995, de 11 de octubre, de incorporación al Derecho español de la Directiva 93/98/CEE del Consejo, de 29 de octubre de 1993, relativa a la armonización del plazo de protección del derecho de autor y de determinados derechos afines (*BOE* n.º 245, de 13 de octubre).

Vid. art. 7.º5 del Convenio de Berna; art. IV.2.*b*) de la Convención Universal sobre los Derechos de Autor; art. 8.º de la Directiva 2009/24/CE del Parlamento Europeo y del Consejo, de 23 de abril de 2009, sobre la protección jurídica de los programas de ordenador (versión codificada de la antigua Directiva 91/250/CEE del Consejo, de 14 de mayo de 1991), y art. 8.º de la Directiva 93/98/CE del Consejo, de 29 de octubre de 1993, relativa a la armonización del plazo de protección del derecho de autor y de determinados derechos afines, cuyo texto codificado se encuentra en la Directiva 2006/116/CE del Parlamento Europeo y del Consejo, de 12 de diciembre de 2006.

* Vid., a este respecto, art. 13 del Acuerdo por el que se establece la Organización Mundial del Comercio (Anexo 1C: Acuerdo sobre los Aspectos de los Derechos de Propiedad Intelectual relacionados con el Comercio); art. 10 del Tratado de la Organización Mundial de la Propiedad Intelectual sobre Derecho de Autor y art. 5.º de la Directiva 2001/29/CE del Parlamento Europeo y del Consejo, de 22 de mayo de 2001, relativa a la armonización de determinados aspectos de los derechos de autor y derechos afines a los derechos de autor en la sociedad de la información.

Art. 31: Su redacción proviene de la Ley 23/2006, de 7 de julio, por la que se modifica el Texto Refundido de la Ley de Propiedad Intelectual, aprobado por el Real Decreto Legislativo

los actos de reproducción provisional a los que se refiere el artículo 18 que, además de carecer por sí mismos de una significación económica independiente, sean transitorios o accesorios y formen parte integrante y esencial de un proceso tecnológico y cuya única finalidad consista en facilitar bien una transmisión en red entre terceras partes por un intermediario, bien una utilización lícita, entendiendo por tal la autorizada por el autor o por la ley.

2. Sin perjuicio de la compensación equitativa prevista en el artículo 25, no necesita autorización del autor la reproducción, en cualquier soporte, sin asistencia de terceros, de obras ya divulgadas, cuando

---

1/1996, de 12 de abril (*BOE* n.º 162, de 8 de julio). Después de dicha norma, el contenido de los anteriores apdos. 1 y 3 del art. 31 ha quedado, con modificaciones, incorporado en el art. 31 bis de este Texto Refundido. Tras la reforma por el Real Decreto-ley 2/2018, de 13 de abril (*BOE*, n.º 91, de 14 de abril), el contenido del art. 31 bis se reparte entre el art. 31 bis y el nuevo art. 31 ter, respectivamente, algo que se ha mantenido tras la reforma operada por la Ley 2/2019, de 1 de marzo (*BOE* n.º 53, de 2 de marzo). Anteriormente, la redacción de este precepto provenía del art. 4.º2 de la Ley 5/1998, de 6 de marzo, de incorporación al Derecho español de la Directiva 96/9/CE del Parlamento Europeo y del Consejo, de 11 de marzo de 1996, sobre la protección jurídica de bases de datos (*BOE* n.º 57, de 7 de marzo). Vid. art. 40 bis de este Texto Refundido.

Art. 31.1: Su redacción proviene de la Ley 23/2006, de 7 de julio, por la que se modifica el Texto Refundido de la Ley de Propiedad Intelectual, aprobado por el Real Decreto Legislativo 1/1996, de 12 de abril (*BOE* n.º 162, de 8 de julio). Dicha norma incorpora a nuestro Derecho mediante este art. 31.1 la excepción obligatoria del art. 5.º1 de la Directiva 2001/29/CE del Parlamento Europeo y del Consejo, de 22 de mayo de 2001, relativa a la armonización de determinados aspectos de los derechos de autor y derechos afines a los derechos de autor en la sociedad de la información.

Art. 31.2: Apartado modificado por el art. único, apdo. 2, del Real Decreto-ley 12/2017, de 3 de julio, por el que se modifica el Texto Refundido de la Ley de Propiedad Intelectual (*BOE* n.º 158, de 4 de julio). La compensación equitativa por copia privada está regulada en el art. 25 de este Texto Refundido. Vid. arts. 34, 196 y 197.1.*a*) y 4 de este Texto Refundido, en relación con las medidas tecnológicas de protección, en especial el art. 197.1.*a*).

Vid. también art. 5.º de la Directiva 2009/24/CE del Parlamento Europeo y del Consejo, de 23 de abril de 2009, sobre la protección jurídica de los programas de ordenador (versión codificada de la antigua Directiva 91/250/CEE del Consejo, de 14 de mayo de 1991); art. 10.1 de la Directiva 2006/115/CE del Parlamento Europeo y del Consejo, de 12 de diciembre de 2006, sobre derechos de alquiler y préstamo y otros derechos afines a los derechos de autor en el ámbito de la propiedad intelectual (versión codificada de la antigua Directiva 92/100/CEE del Consejo, de 19 de noviembre de 1992); arts. 6.º y 9.º de la Directiva 96/9/CE del Parlamento Europeo y del Consejo, de 11 de marzo de 1996, sobre la protección jurídica de las bases de datos; arts. 5.º2.*a*) y *b*), 5.º3.5 y 6.º4 de la Directiva 2001/29/CE del Parlamento Europeo y del Consejo, de 21 de mayo de 2001, relativa a la armonización de determinados aspectos de los derechos de autor y derechos afines a los derechos de autor en la sociedad de la información; art. 10.1 del Convenio de Berna; art. 13 del Acuerdo por el que se establece la Organización Mundial del Comercio (Anexo 1C: Acuerdo sobre los Aspectos de los Derechos de Propiedad Intelectual relacionados con el Comercio) y art. 10 del Tratado de la Organización Mundial de la Propiedad Intelectual sobre Derecho de Autor.

concurran simultáneamente las siguientes circunstancias, constitutivas del límite legal de copia privada:

a) Que se lleve a cabo por una persona física exclusivamente para su uso privado, no profesional ni empresarial, y sin fines directa ni indirectamente comerciales.

b) Que la reproducción se realice a partir de una fuente lícita y que no se vulneren las condiciones de acceso a la obra o prestación.

c) Que la copia obtenida no sea objeto de una utilización colectiva ni lucrativa, ni de distribución mediante precio.

3. Quedan excluidas de lo dispuesto en el anterior apartado:

a) Las reproducciones de obras que se hayan puesto a disposición del público conforme al artículo 20.2.*i*), de tal forma que cualquier persona pueda acceder a ellas desde el lugar y momento que elija, autorizándose, con arreglo a lo convenido por contrato, y, en su caso, mediante pago de precio, la reproducción de la obra.

b) Las bases de datos electrónicas.

c) Los programas de ordenador, en aplicación de la letra *a*) del artículo 99.

Art. 31 bis. *Seguridad y procedimientos oficiales.*—No será necesaria autorización del autor cuando una obra se reproduzca, distribuya o comunique públicamente con fines de seguridad pública o para el correcto desarrollo de procedimientos administrativos, judiciales o parlamentarios.

Art. 31 ter. *Accesibilidad para personas con discapacidad.*—

Art. 31.3: Apartado introducido por el art. 1.º4 de la Ley 21/2014, de 4 de noviembre, por la que se modifica el Texto Refundido de la Ley de Propiedad Intelectual, aprobado por Real Decreto Legislativo 1/1996, de 12 de abril, y la Ley 1/2000, de 7 de enero, de Enjuiciamiento Civil (*BOE* n.º 268, de 5 de noviembre).

Art. 31 bis: La introducción de este precepto en el Texto Refundido proviene de la Ley 23/2006, de 7 de julio, por la que se modifica el Texto Refundido de la Ley de Propiedad Intelectual, aprobado por el Real Decreto Legislativo 1/1996, de 12 de abril (*BOE* n.º 162, de 8 de julio). Fue posteriormente modificado por el Real Decreto-ley 2/2018, de 13 de abril (*BOE* n.º 91, de 14 de abril), para incorporar el límite a favor de personas con discapacidad en un precepto distinto (el nuevo art. 31 ter) y mantener en el art. 31 bis únicamente el límite relativo al uso de obras y prestaciones para fines de seguridad pública y correcto desarrollo de procedimientos parlamentarios, judiciales y administrativos. Esta reforma se ha mantenido después con la Ley 2/2019, de 1 de marzo (*BOE* n.º 53, de 2 de marzo).

Vid. art. 5.º3.*e*) de la Directiva 2001/29/CE del Parlamento Europeo y del Consejo, de 21 de mayo de 2001, relativa a la armonización de determinados aspectos de los derechos de autor y derechos afines a los derechos de autor en la sociedad de la información. Vid. la nota al art. 31 de este Texto Refundido. Téngase en cuenta la protección de las medidas tecnológicas frente a este límite prevista en el art. 197.1.*b*).

Art. 31 ter: Artículo incluido por el Real Decreto-ley 2/2018, de 13 de abril (*BOE* n.º 91, de 14 de abril) y modificado después con la Ley 2/2019, de 1 de marzo (*BOE* n.º 53, de 2 de marzo). En relación a este límite, conviene tener presentes el Tratado de la Organización Mundial de la Propiedad Intelectual para facilitar el acceso a las obras publicadas a las per-

1. No necesitan autorización del titular de los derechos de propiedad intelectual los actos de reproducción, distribución y comunicación pública de obras ya divulgadas que se realicen en beneficio de personas con discapacidad, siempre que los mismos carezcan de finalidad lucrativa, guarden una relación directa con la discapacidad de que se trate, se lleven a cabo mediante un procedimiento o medio adaptado a la discapacidad y se limiten a lo que ésta exige.

2. En aquellos supuestos especiales que no entren en conflicto con la explotación normal de la obra, y que no perjudiquen en exceso los intereses legítimos del titular del derecho, las entidades autorizadas establecidas en España que produzcan ejemplares en formato accesible de obras para uso exclusivo de personas ciegas, con discapacidad visual o con otras dificultades para acceder a textos impresos, podrán llevar a cabo los actos del apartado anterior, de la forma referida en el mismo, para uso exclusivo de dichos beneficiarios o de una entidad autorizada establecida en cualquier Estado miembro de la Unión Europea. Asimismo, los beneficiarios y las entidades autorizadas establecidas en España podrán conseguir o consultar un ejemplar en formato accesible facilitado por una entidad autorizada establecida en cualquier Estado miembro de la Unión Europea.

Se entiende por discapacidad visual y dificultad para acceder a obras impresas, incluido el formato audio y los formatos digitales, a los efectos de determinar los beneficiarios de este apartado, las que tienen las personas que:

a) sean ciegas;

b) tengan una discapacidad visual que no pueda corregirse para darle una función visual sustancialmente equivalente a la de una persona sin ese tipo de disca-

---

sonas ciegas, con discapacidad visual o con otras dificultades para acceder al texto impreso, Marrakech, 27 de junio de 2013; el Reglamento (UE) 2017/1563, del Parlamento Europeo y del Consejo, de 13 de septiembre de 2017, sobre el intercambio transfronterizo entre la Unión y terceros países de ejemplares en formato accesible de determinadas obras y otras prestaciones protegidas por derechos de autor y derechos afines en favor de personas ciegas, con discapacidad visual o con otras dificultades para acceder a textos impresos; y la Directiva (UE) 2017/1564, del Parlamento Europeo y del Consejo, de 13 de septiembre de 2017, sobre ciertos usos permitidos de determinadas obras y otras prestaciones protegidas por derechos de autor y derechos afines en favor de personas ciegas, con discapacidad visual o con otras dificultades para acceder a textos impresos, y por la que se modifica la Directiva 2001/29/CE relativa a la armonización de determinados aspectos de los derechos de autor y derechos afines a los derechos de autor en la sociedad de la información. Vid. art. 5.º3.b) de la Directiva 2001/29/CE del Parlamento Europeo y del Consejo, de 21 de mayo de 2001, relativa a la armonización de determinados aspectos de los derechos de autor y derechos afines a los derechos de autor en la sociedad de la información. Vid. también art. 197.1.b) de este Texto Refundido, sobre la relación de este límite con la protección de las medidas tecnológica.

pacidad, y que, en consecuencia, no sean capaces de leer obras impresas en una medida sustancialmente equivalente a la de una persona sin ese tipo de discapacidad;

c) tengan una dificultad para percibir o leer que, en consecuencia, las incapacite para leer obras impresas en una medida sustancialmente equivalente a la de una persona sin esa dificultad, o

d) no puedan, debido a una discapacidad física, sostener o manipular un libro o centrar la vista o mover los ojos en la medida que normalmente sería aceptable para la lectura.

Serán entidades autorizadas, a los efectos de este artículo, aquellas entidades que proporcionen sin ánimo de lucro a las personas ciegas, con discapacidad visual o con otras dificultades para acceder a textos impresos, educación, formación pedagógica, lectura adaptada o acceso a la información, o que, siendo instituciones públicas u organizaciones sin ánimo de lucro, tengan estos servicios como una de sus actividades principales, como una de sus obligaciones institucionales o como parte de sus misiones de interés público.

3. Las entidades autorizadas a los efectos de este artículo, deberán:

a) Distribuir, comunicar o poner a disposición ejemplares en formato accesible de obras para uso exclusivo de los beneficiarios del apartado anterior o de otras entidades autorizadas.

b) Tomar las medidas necesarias para desincentivar la reproducción, distribución, comunicación al público o puesta a disposición del público, de forma no autorizada, de ejemplares en formato accesible.

c) Gestionar con la diligencia debida las obras, así como sus ejemplares, en formato accesible, y mantener un registro de dicha gestión.

d) Publicar información sobre las actuaciones realizadas en aplicación de las letras anteriores, siendo suficiente, a estos efectos, una actualización semestral en su portal de Internet y una remisión de dicha información, actualizada semestralmente, al centro directivo del Ministerio de Cultura y Deporte competente en materia de propiedad intelectual y a la entidad o entidades de gestión de derechos de propiedad intelectual que representen a los titulares de las obras adaptadas a formato accesible. El referido centro directivo del Ministerio de Cultura y Deporte creará y llevará un registro de las entidades autorizadas y podrá comprobar, en cualquier momento, las actuaciones informadas por éstas.

e) Facilitar de forma accesible, previa solicitud, la lista de obras y formatos disponibles según lo previsto en la anterior letra d), y los datos de las entidades autorizadas con las que hayan intercambiado ejemplares en formato accesible, a los beneficiarios del apartado anterior, a otras entidades autorizadas o a los titulares de derechos.

El Ministerio de Cultura y Deporte remitirá a la Comisión Europea la información que haya recibido de las entidades autorizadas, incluyendo su nombre y datos de contacto.

Estas obligaciones deberán cumplirse respetando plenamente la normativa vigente en materia de tratamiento de datos personales.

4. Las entidades comunicarán al centro directivo del Ministerio de Cultura y Deporte competente en materia de propiedad intelectual, el cumplimiento de los requisitos contenidos en los anteriores apartados 2 y 3, exigibles a una entidad autorizada. En caso de incumplimiento de los mismos y de no ser atendido el oportuno requerimiento de subsanación, se requerirá a aquéllas el cese de la actividad regulada en el presente artículo.

5. Lo previsto en los anteriores apartados 2, 3 y 4 lo es sin perjuicio de la aplicabilidad de la normativa de la Unión Europea en materia de intercambio transfronterizo entre ésta y terceros países de ejemplares en formato accesible de determinadas obras y otras prestaciones protegidas por derechos de autor y derechos afines en favor de personas ciegas, con discapacidad visual o con otras dificultades para acceder a textos impresos.

Art. 32. *Citas y reseñas e ilustración con fines educativos o de investigación científica.*—1. Es lícita la inclusión en una obra propia de fragmentos de otras ajenas de naturaleza escrita, sonora o audiovisual, así como la de obras aisladas de carácter plástico o fotográfico figurativo, siempre que se trate de obras ya divulgadas y su inclusión se realice a título de cita o para su análisis, comentario o juicio crítico. Tal utilización sólo podrá realizarse con fines docentes o de investigación, en la medida justificada por el fin de esa incorporación e indicando la fuente y el nombre del autor de la obra utilizada.

Las recopilaciones periódicas efectuadas en forma de reseñas o revista de prensa tendrán la consideración de citas. No obstante,

Art. 32: Su nueva rúbrica proviene del art. 1.º5 de la Ley 21/2014, de 4 de noviembre, por la que se modifica el Texto Refundido de la Ley de Propiedad Intelectual, aprobado por Real Decreto Legislativo 1/1996, de 12 de abril, y la Ley 1/2000, de 7 de enero, de Enjuiciamiento Civil (*BOE* n.º 268, de 5 de noviembre).

Art. 32.1: Su redacción proviene de la Ley 23/2006, de 7 de julio, por la que se modifica el Texto Refundido de la Ley de Propiedad Intelectual, aprobado por el Real Decreto Legislativo 1/1996, de 12 de abril (*BOE* n.º 162, de 8 de julio). La Ley 2/2019, de 1 de marzo (*BOE* n.º 53, de 2 de marzo), añadió el tercer párrafo. Vid. arts. 33 y 40 bis de este Texto Refundido.

Vid. arts. 2.º bis.1) y 2) y 10 del Convenio de Berna; art. 10.1.*d*) de la Directiva 2006/115/CE del Parlamento Europeo y del Consejo, de 12 de diciembre de 2006, sobre derechos de alquiler y préstamo y otros derechos afines a los derechos de autor en el ámbito de la propie-

cuando se realicen recopilaciones de artículos periodísticos que consistan básicamente en su mera reproducción y dicha actividad se realice con fines comerciales, el autor que no se haya opuesto expresamente tendrá derecho a percibir una remuneración equitativa. En caso de oposición expresa del autor, dicha actividad no se entenderá amparada por este límite.

En todo caso, la reproducción, distribución o comunicación pública, total o parcial, de artículos periodísticos aislados en un dosier de prensa que tenga lugar dentro de cualquier organización requerirá la autorización de los titulares de derechos.

2. La puesta a disposición del público, por parte de prestadores de servicios electrónicos de agregación de contenidos, de textos o fragmentos de textos de publicaciones de prensa objeto de derechos de propiedad intelectual requerirá la concesión, por parte de los titulares de derechos en lo relativo a usos en línea, de la correspondiente autorización prevista en el artículo 129 bis.

Sin perjuicio de lo establecido en el párrafo anterior, la puesta a disposición del público por parte de prestadores de servicios que faciliten instrumentos de búsqueda de palabras aisladas no estará sujeta a autorización ni remuneración siempre que tal puesta a disposición del público se produzca sin finalidad comercial propia y se realice estrictamente circunscrita a lo imprescindible para ofrecer resultados de búsqueda en respuesta a consultas previamente formuladas por un usuario al buscador y siempre que la puesta a disposición del público incluya un enlace a la

---

dad intelectual (versión codificada de la antigua Directiva 92/100/CEE del Consejo, de 19 de noviembre de 1992); y arts. 5.º3.*a*) y *d*), 5.º5 y 6.º4 de la Directiva 2001/29/CE del Parlamento Europeo y del Consejo, de 21 de mayo de 2001, relativa a la armonización de los derechos de autor y derechos afines a los derechos de autor en la sociedad de la información.

Art. 32.2: Apartado modificado por el art. 1.º5 de la Ley 21/2014, de 4 de noviembre, por la que se modifica el Texto Refundido de la Ley de Propiedad Intelectual, aprobado por Real Decreto Legislativo 1/1996, de 12 de abril, y la Ley 1/2000, de 7 de enero, de Enjuiciamiento Civil (*BOE* n.º 268, de 5 de noviembre), y por el art. 80.2 del Real Decreto-ley 24/2021, de 2 de noviembre, de transposición de directivas de la Unión Europea en las materias de bonos garantizados, distribución transfronteriza de organismos de inversión colectiva, datos abiertos y reutilización de la información del sector público, ejercicio de derechos de autor y derechos afines aplicables a determinadas transmisiones en línea y a las retransmisiones de programas de radio y televisión, exenciones temporales a determinadas importaciones y suministros, de personas consumidoras y para la promoción de vehículos de transporte por carretera limpios y energéticamente eficientes (*BOE* n.º 263, de 3 de noviembre). Vid. arts. 129 bis y 130.3, y Disp. Trans. 22.ª de este Texto Refundido, así como art. 15 de la Directiva (UE) 2019/790, del Parlamento Europeo y del Consejo, de 17 de abril de 2019, sobre los derechos de autor y derechos afines en el mercado único digital. Respecto a la relación de este límite con la protección de las medidas tecnológicas, vid. art. 197.1.*c*) de este Texto Refundido.

página de origen de los contenidos.

3. El profesorado de la educación reglada impartida en centros integrados en el sistema educativo español y el personal de Universidades y Organismos Públicos de investigación en sus funciones de investigación científica, no necesitarán autorización del autor o editor para realizar actos de reproducción, distribución y comunicación pública de pequeños fragmentos de obras y de obras aisladas de carácter plástico o fotográfico figurativo, cuando, no concurriendo una finalidad comercial, se cumplan simultáneamente las siguientes condiciones:

a) Que tales actos se hagan únicamente para la ilustración de sus actividades educativas, tanto en la enseñanza presencial como en la enseñanza a distancia, o con fines de investigación científica, y en la medida justificada por la finalidad no comercial perseguida.

b) Que se trate de obras ya divulgadas.

c) Que las obras no tengan la condición de libro de texto, manual universitario o publicación asimilada, salvo que se trate de:

1.º Actos de reproducción para la comunicación pública, incluyendo el propio acto de comunicación pública, que no supongan la puesta a disposición ni permitan el acceso de los destinatarios a la obra o fragmento. En estos casos deberá incluirse expresamente una localización desde la que los alumnos puedan acceder legalmente a la obra protegida.

2.º Actos de distribución de copias exclusivamente entre el personal investigador colaborador de cada proyecto específico de investigación y en la medida necesaria para este proyecto.

Art. 32.3, 4 y 5: Apartados introducidos por el art. 1.º5 de la Ley 21/2014, de 4 de noviembre, por la que se modifica el Texto Refundido de la Ley de Propiedad Intelectual, aprobado por Real Decreto Legislativo 1/1996, de 12 de abril, y la Ley 1/2000, de 7 de enero, de Enjuiciamiento Civil (*BOE* n.º 268, de 5 de noviembre).

Vid. art. 5.º3.*a*) y 5 de la Directiva 2001/29/CE del Parlamento Europeo y del Consejo, de 21 de mayo de 2001, relativa a la armonización de los derechos de autor y derechos afines a los derechos de autor en la sociedad de la información, y art. 40 bis de este Texto Refundido. Téngase en cuenta la protección frente a las medidas tecnológicas de este límite prevista en el art. 197.1.*c*). Vid., igualmente, arts. 66.3, 67 y 68 del Real Decreto-ley 24/2021, de 2 de noviembre (§ 4). En la nota aclaratoria del citado art. 68 del Real Decreto-ley 24/2021, emitida por el Ministerio de Cultura y Deporte con fecha de 3 de noviembre de 2021, se recalca que el Real Decreto-ley 24/2021 no derogó ni afectó al contenido del art. 32.3, 4 y 5 LPI. Se indica que la interpretación de este art. 68 del Real Decreto-ley 24/2021 debe realizarse teniendo en cuenta que los actos de reproducción que se realicen por medios digitales se ciñen a lo que establece el art. 32.4. LPI, pues lo que se ha pretendido con la regulación del art. 68 del Real Decreto-ley 24/2021 es reforzar este art. 32 LPI mediante la transposición del artículo 5 de la Directiva (UE) 2019/790. Téngase en cuenta que la disposición derogatoria única del Proyecto de Ley de Cine y de la Cultura Audiovisual (publicado en el *Boletín Oficial de las Cortes Generales* de 27 de enero de 2023, n.º 137-1) prevé la derogación del art. 68 del Real Decreto-ley 24/2021.

A estos efectos, se entenderá por libro de texto, manual universitario o publicación asimilada, cualquier publicación, impresa o susceptible de serlo, editada con el fin de ser empleada como recurso o material del profesorado o el alumnado de la educación reglada para facilitar el proceso de la enseñanza o aprendizaje.

d) Que se incluyan el nombre del autor y la fuente, salvo en los casos en que resulte imposible.

A estos efectos, se entenderá por pequeño fragmento de una obra, un extracto o porción cuantitativamente poco relevante sobre el conjunto de la misma.

Los autores y editores no tendrán derecho a remuneración alguna por la realización de estos actos.

4. Tampoco necesitarán la autorización del autor o editor los actos de reproducción parcial, de distribución y de comunicación pública de obras o publicaciones, impresas o susceptibles de serlo, cuando concurran simultáneamente las siguientes condiciones:

a) Que tales actos se lleven a cabo únicamente para la ilustración con fines educativos y de investigación científica.

b) Que los actos se limiten a un capítulo de un libro, artículo de una revista o extensión equivalente respecto de una publicación asimilada, o extensión asimilable al 10 por 100 del total de la obra, resultando indiferente a estos efectos que la copia se lleve a cabo a través de uno o varios actos de reproducción.

c) Que los actos se realicen en las universidades o centros públicos de investigación, por su personal y con sus medios e instrumentos propios.

d) Que concurra, al menos, una de las siguientes condiciones:

1.º Que la distribución de las copias parciales se efectúe exclusivamente entre los alumnos y personal docente o investigador del mismo centro en el que se efectúa la reproducción.

2.º Que sólo los alumnos y el personal docente o investigador del centro en el que se efectúe la reproducción parcial de la obra puedan tener acceso a la misma a través de los actos de comunicación pública autorizados en el presente apartado, llevándose a cabo la puesta a disposición a través de las redes internas y cerradas a las que únicamente puedan acceder esos beneficiarios o en el marco de un programa de educación a distancia ofertado por dicho centro docente.

En defecto de previo acuerdo específico al respecto entre el titular del derecho de propiedad intelectual y el centro universitario u organismo de investigación, y salvo que dicho centro u organismo sea titular de los correspondientes derechos de propiedad intelectual sobre las obras reproducidas, distribuidas y comunicadas públicamente de forma parcial según el apartado *b*), los autores y editores de éstas tendrán un derecho irrenunciable a percibir de los centros usuarios una remuneración equitativa, que se hará efectiva a través de las entidades de gestión.

5. No se entenderán comprendidas en los apartados 3 y 4 las partituras musicales, las obras de un solo uso ni las compilaciones o agrupaciones de fragmentos de obras, o de obras aisladas de carácter plástico o fotográfico figurativo.

Art. 33. *Trabajos sobre temas de actualidad.*—1. Los trabajos y artículos sobre temas de actualidad difundidos por los medios de comunicación social podrán ser reproducidos, distribuidos y comunicados públicamente por cualesquiera otros de la misma clase, citando la fuente y el autor si el trabajo apareció con firma y siempre que no se hubiese hecho constar en origen la reserva de derechos. Todo ello sin perjuicio del derecho del autor a percibir la remuneración acordada o, en defecto de acuerdo, la que se estime equitativa.

Cuando se trate de colaboraciones literarias será necesaria, en todo caso, la oportuna autorización del autor.

2. Igualmente, se podrán reproducir, distribuir y comunicar las conferencias, alocuciones, informes ante los Tribunales y otras obras del mismo carácter que se hayan pronunciado en público, siempre que esas utilizaciones se realicen con el exclusivo fin de informar sobre la actualidad. Esta última condición no será de aplicación a los discursos pronunciados en sesiones parlamentarias o de corporaciones públicas. En cualquier caso, queda reservado al autor el derecho a publicar en colección tales obras.

Art. 34. *Utilización de bases de datos por el usuario legítimo y limitaciones a los derechos de explotación del titular de una base de*

Art. 33.1: Vid. arts. 15 y 19 del Real Decreto de 3 de septiembre de 1880, por el que se aprueba el Reglamento para la ejecución de la Ley de 10 de enero de 1879, de Propiedad Intelectual; arts. 2.º8) y 10 bis del Convenio de Berna; art. 10.1.*b*) de la Convención de Berna para la protección de obras literarias y artísticas, y art. 5.º3.*c*) y 5 de la Directiva 2001/29/CE del Parlamento Europeo y del Consejo, de 22 de mayo de 2001, relativa a la armonización de determinados aspectos de los derechos de autor y derechos afines a los derechos de autor en la sociedad de la información.

Art. 33.2: Vid. art. 22 de este Texto Refundido; art. 21 del Real Decreto de 3 de septiembre de 1880, por el que se aprueba el Reglamento para la ejecución de la Ley de 10 de enero de 1879, de Propiedad Intelectual; art. 2.º bis del Convenio de Berna y art. 5.º3.*f*) y 5 de la Directiva 2001/29/CE del Parlamento Europeo y del Consejo, de 22 de mayo de 2001, relativa a la armonización de determinados aspectos de los derechos de autor y derechos afines a los derechos de autor en la sociedad de la información.

Art. 34: Procede del art. 4.º2 de la Ley 5/1998, de 6 de marzo, de incorporación al Derecho español de la Directiva 96/9/CE del Parlamento Europeo y del Consejo, de 11 de marzo de 1996, sobre la protección jurídica de bases de datos (*BOE* n.º 57, de 7 de marzo). Vid. art. 6.º

datos.—1. El usuario legítimo de una base de datos protegida en virtud del artículo 12 de esta Ley o de copias de la misma, podrá efectuar, sin la autorización del autor de la base, todos los actos que sean necesarios para el acceso al contenido de la base de datos y a su normal utilización por el propio usuario, aunque estén afectados por cualquier derecho exclusivo de ese autor. En la medida en que el usuario legítimo esté autorizado a utilizar sólo una parte de la base de datos, esta disposición será aplicable únicamente a dicha parte.

Cualquier pacto en contrario a lo establecido en esta disposición será nulo de pleno derecho.

2. Sin perjuicio de lo dispuesto en el artículo 31, no se necesitará la autorización del autor de una base de datos protegida en virtud del artículo 12 de esta Ley y que haya sido divulgada:

a) Cuando tratándose de una base de datos no electrónica se realice una reproducción con fines privados.

b) Cuando la utilización se realice con fines de ilustración de la enseñanza o de investigación científica siempre que se lleve a efecto en la medida justificada por el objetivo no comercial que se persiga e indicando en cualquier caso su fuente.

c) Cuando se trate de una utilización para fines de seguridad pública o a efectos de un procedimiento administrativo o judicial.

Art. 35. *Utilización de las obras con ocasión de informaciones de actualidad y de las situadas en vías públicas.*—1. Cualquier

_____

de la Directiva 96/9/CE del Parlamento Europeo y del Consejo, de 11 de marzo de 1996, sobre la protección jurídica de bases de datos, y art. 40 bis de este Texto Refundido.

Art. 34.2.a): Vid. nota al art. 31.2 de este Texto Refundido.

Art. 34.2.b): Vid. arts. 5.º3.*a*) y *n*), 5.5 y 6.º4 de la Directiva 2001/29/CE del Parlamento Europeo y del Consejo, de 22 de mayo de 2001, relativa a la armonización de determinados aspectos de los derechos de autor y derechos afines a los derechos de autor en la sociedad de la información. Téngase en cuenta la protección frente a las medidas tecnológicas prevista en el art. 197.1.*d*) de este Texto Refundido.

Art. 34.2.c): Vid. arts. 5.º3.*e*), 5.5 y 6.º4 de la Directiva 2001/29/CE del Parlamento Europeo y del Consejo, de 22 de mayo de 2001, relativa a la armonización de determinados aspectos de los derechos de autor y derechos afines a los derechos de autor en la sociedad de la información. Téngase en cuenta la protección frente a las medidas tecnológicas de este límite del art. 34.2.*c*) prevista en el art. 197.1.*d*) de este Texto Refundido.

Art. 35: Su redacción procede del art. 4.º2 de la Ley 5/1998, de 6 de marzo, de incorporación al Derecho español de la Directiva 96/9/CE del Parlamento Europeo y del Consejo, de 11 de marzo de 1996, sobre la protección jurídica de bases de datos (*BOE* n.º 57, de 7 de marzo). Su contenido se corresponde con los que eran los arts. 34 y 35 del Texto Refundido antes de que se incorporara la ya citada Ley 5/1998.

Vid. art. 5.º3.*c*) y 5.5 de la Directiva 2001/29/CE del Parlamento Europeo y del Consejo, de 22 de mayo de 2001, relativa a la armonización de determinados aspectos de los derechos de autor y derechos afines a los derechos de autor en la sociedad de la información.

obra susceptible de ser vista u oída con ocasión de informaciones sobre acontecimientos de la actualidad puede ser reproducida, distribuida y comunicada públicamente, si bien sólo en la medida que lo justifique dicha finalidad informativa.

2. Las obras situadas permanentemente en parques, calles, plazas u otras vías públicas pueden ser reproducidas, distribuidas y comunicadas libremente por medio de pinturas, dibujos, fotografías y procedimientos audiovisuales.

Art. 36. *Cable, satélite y grabaciones técnicas.*—1. La autorización para emitir una obra comprende la transmisión por cable de la emisión, cuanto ésta se realice simultánea e íntegramente por la entidad de origen y sin exceder la zona geográfica prevista en dicha autorización.

2. Asimismo, la referida autorización comprende su incorporación a un programa dirigido hacia un satélite que permita la recepción de esta obra a través de entidad distinta de la de origen, cuando el autor o su derechohabiente haya autorizado a esta última entidad para comunicar la obra al público, en cuyo caso, además, la emisora de origen quedará exenta del pago de toda remuneración.

3. La cesión del derecho de comunicación pública de una obra, cuando ésta se realiza a través de la radiodifusión, facultará a la enti-

---

Art. 35.2: Vid. 5.º3.*h*) de la Directiva 2001/29/CE del Parlamento Europeo y del Consejo, de 22 de mayo de 2001, relativa a la armonización de determinados aspectos de los derechos de autor y derechos afines a los derechos de autor en la sociedad de la información.

Art. 36.1: Vid. arts. 20.2.*c*), 84.2 y 126.2 de este Texto Refundido; art. 6.º de la Directiva 2006/115/CE del Parlamento Europeo y del Consejo, de 12 de diciembre de 2006, sobre derechos de alquiler y préstamo y otros derechos afines a los derechos de autor en el ámbito de la propiedad intelectual (versión codificada de la antigua Directiva 92/100/CEE del Consejo, de 19 de noviembre de 1992), y arts. 1.º y 2.º de la Directiva 93/83/CEE del Consejo, de 27 de septiembre de 1993, sobre coordinación de determinadas disposiciones relativas a los derechos de autor y derechos afines a los derechos de autor en el ámbito de la radiodifusión vía satélite y de la distribución por cable.

Art. 36.2: Vid. arts. 20.3.*a*) y 84.2 de este Texto Refundido; art. 6.º de la Directiva 2006/115/CE del Parlamento Europeo y del Consejo, de 12 de diciembre de 2006, sobre derechos de alquiler y préstamo y otros derechos afines a los derechos de autor en el ámbito de la propiedad intelectual (versión codificada de la antigua Directiva 92/100/CEE del Consejo, de 19 de noviembre de 1992), y art. 5.º2 de la Directiva 93/83/CEE del Consejo, de 27 de septiembre de 1993, sobre coordinación de determinadas disposiciones relativas a los derechos de autor y derechos afines a los derechos de autor en el ámbito de la radiodifusión vía satélite y de la distribución por cable.

Art. 36.3: Vid. art. 84 y nota al art. 20 de este Texto Refundido; art. 6.º2 y 3 de la Directiva 2006/115/CE del Parlamento Europeo y del Consejo, de 12 de diciembre de 2006, sobre derechos de alquiler y préstamo y otros derechos afines a los derechos de autor en el ámbito de la propiedad intelectual (versión codificada de la antigua Directiva 92/100/CEE del Consejo, de 19 de noviembre de 1992). En la misma Directiva, vid. arts. 7.º y 8.º respecto de la cesión

dad radiodifusora para registrar la misma por sus propios medios y para sus propias emisiones inalámbricas al objeto de realizar, por una sola vez, la comunicación pública autorizada. Para nuevas difusiones de la obra así registrada será necesaria la cesión del derecho de reproducción y de comunicación pública.

4. Lo dispuesto en este artículo se entiende sin perjuicio de lo previsto en el artículo 20 de la presente Ley.

Art. 37. *Reproducción, préstamo y consulta de obras mediante terminales especializados en determinados establecimientos.*— 1. Los titulares de los derechos de autor no podrán oponerse a las reproducciones de las obras, cuando aquéllas se realicen sin finalidad lucrativa por los museos, bibliotecas, fonotecas, filmotecas, hemerotecas o archivos de titularidad pública o integradas en instituciones de carácter cultural o científico y la reproducción se rea-

del derecho de reproducción y comunicación pública. Debe tenerse presente que el citado art. 7.º se suprime por el art. 11.1.*a*) de la Directiva 2001/29/CE del Parlamento Europeo y del Consejo, de 22 de mayo de 2001, relativa a la armonización de determinados aspectos de los derechos de autor y derechos afines a los derechos de autor en la sociedad de la información. Téngase en cuenta la protección frente a las medidas tecnológicas de este apdo. 3 prevista en el art. 197.1.*e*).

Art. 37: Su redacción y la introducción de un nuevo apdo. 3, así como la nueva rúbrica del precepto, provienen de la Ley 23/2006, de 7 de julio, por la que se modifica el Texto Refundido de la Ley de Propiedad Intelectual, aprobado por el Real Decreto Legislativo 1/1996, de 12 de abril (*BOE* n.º 162, de 8 de julio). El apdo. 2 ha sido redactado por la Disp. Final 1.ª de la Ley 10/2007, de 22 de junio, de la lectura, del libro y de las bibliotecas (*BOE* n.º 150, de 23 de junio).

Vid. art. 10.1.*d*) y 2 de la Directiva 2006/115/CE del Parlamento Europeo y del Consejo, de 12 de diciembre de 2006, sobre derechos de alquiler y préstamo y otros derechos afines a los derechos de autor en el ámbito de la propiedad intelectual (versión codificada de la antigua Directiva 92/100/CEE del Consejo, de 19 de noviembre de 1992); arts. 59 a 66 de la Ley 16/1985, de 25 de junio, del Patrimonio Histórico (*BOE* n.º 155, de 29 de junio), sobre la Biblioteca Nacional; Real Decreto 640/2016, de 9 de diciembre, por el que se aprueba el Estatuto de la Biblioteca Nacional de España (*BOE* n.º 305, de 19 de diciembre); art. 10.2 del Convenio de Berna para la protección de las obras literarias y artísticas y arts. 5.º2.*c*), 3.*n*) y 5 y 6.º4 de la Directiva 2001/29/CE del Parlamento Europeo y del Consejo, de 22 de mayo de 2001, relativa a la armonización de determinados aspectos de los derechos de autor y derechos afines a los derechos de autor en la sociedad de la información.

Art. 37.1: Su redacción proviene de la Ley 23/2006, de 7 de julio, por la que se modifica el Texto Refundido de la Ley de Propiedad Intelectual, aprobado por el Real Decreto Legislativo 1/1996, de 12 de abril (*BOE* n.º 162, de 8 de julio). Vid. art. 5.º2.*c*) de la Directiva 2001/29/CE del Parlamento Europeo y del Consejo, de 22 de mayo de 2001, relativa a la armonización de determinados aspectos de los derechos de autor y derechos afines a los derechos de autor en la sociedad de la información. Téngase en cuenta la protección frente a las medidas tecnológicas de este límite del art. 37.1 prevista en el art. 197.1.*f*). Respecto de la definición de «biblioteca» y «biblioteca pública», vid. arts. 2.º*g*) y 13.2 de la Ley 10/2007, de 22 de junio, de la lectura, del libro y de las bibliotecas (*BOE* n.º 150, de 23 de junio). Vid. también arts. 66.2 y 69 del Real Decreto-ley 24/2021, de 2 de noviembre (§ 4).

lice exclusivamente para fines de investigación o conservación.

2. Asimismo, los museos, archivos, bibliotecas, hemerotecas, fonotecas o filmotecas de titularidad pública o que pertenezcan a entidades de interés general de carácter cultural, científico o educativo sin ánimo de lucro, o a instituciones docentes integradas en el sistema educativo español, no precisarán autorización de los titulares de derechos por los préstamos que realicen.

Los titulares de estos establecimientos remunerarán a los autores por los préstamos que realicen de sus obras en la cuantía que se determine mediante Real Decreto. La remuneración se hará efectiva a través de las entidades de gestión de los derechos de propiedad intelectual.

Cuando los titulares de los establecimientos sean los Municipios, la remuneración será satisfecha por las Diputaciones Provinciales. Allí donde no existen, la remuneración será satisfecha por la Administración que asume sus funciones.

Quedan eximidos de la obligación de remuneración los establecimientos de titularidad pública que presten servicio en municipios de menos de 5.000 habitantes, así como las bibliotecas de las instituciones docentes integradas en el sistema educativo español.

El Real Decreto por el que se establezca la cuantía contemplará asimismo los mecanismos de colaboración necesarios entre el Estado, las Comunidades Autónomas y las corporaciones locales para el cumplimiento de las obligaciones de remuneración que afecten a establecimientos de titularidad pública.

3. No necesitará autorización del autor la comunicación de obras o su puesta a disposición de personas concretas del público a efectos de investigación cuando se realice mediante red cerrada e interna a través de terminales especializados instalados a tal efecto en los locales

Art. 37.2: Redactado por la Disp. Final 1.ª de la Ley 10/2007, de 22 de junio, de la lectura, del libro y de las bibliotecas (BOE n.º 150, de 23 de junio). La Ley 2/2019, de 1 de marzo (BOE n.º 53, de 2 de marzo), añade un nuevo tercer párrafo a este apartado.

Vid. arts. 19.4, 132 y Disp. Trans. 20.ª de este Texto Refundido. Respecto de la definición de «biblioteca», vid. art. 2.ºg) de la citada Ley 10/2007. Respecto del préstamo como servicio básico de las bibliotecas públicas, vid. arts. 13.4 y 13.5 de dicha Ley. La remuneración ha sido regulada mediante el Real Decreto 624/2014, de 18 de julio, por el que se desarrolla el derecho de remuneración a los autores por los préstamos de sus obras realizados en determinados establecimientos accesibles al público.

Art. 37.3: La introducción de este nuevo apartado proviene de la Ley 23/2006, de 7 de julio, por la que se modifica el Texto Refundido de la Ley de Propiedad Intelectual, aprobado por el Real Decreto Legislativo 1/1996, de 12 de abril (BOE n.º 162, de 8 de julio).

Vid. art. 5.º3.n) de la Directiva 2001/29/CE del Parlamento Europeo y del Consejo, de 22 de mayo de 2001, relativa a la armonización de determinados aspectos de los derechos de autor y derechos afines a los derechos de autor en la sociedad de la información.

de los establecimientos citados en el anterior apartado y siempre que tales obras figuren en las colecciones del propio establecimiento y no sean objeto de condiciones de adquisición o de licencia. Todo ello sin perjuicio del derecho del autor a percibir una remuneración equitativa.

Art. 37 bis. *Obras huérfanas.*—1. Se considerará obra huérfana a la obra cuyos titulares de derechos no están identificados o, de estarlo, no están localizados a pesar de haberse efectuado una previa búsqueda diligente de los mismos.

2. Si existen varios titulares de derechos sobre una misma obra y no todos ellos han sido identificados o, a pesar de haber sido identificados, no han sido localizados tras haber efectuado una búsqueda diligente, la obra se podrá utilizar conforme a la presente Ley, sin perjuicio de los derechos de los titulares que hayan sido identificados y localizados y, en su caso, de la necesidad de la correspondiente autorización.

3. Toda utilización de una obra huérfana requerirá la mención de los nombres de los autores y titulares de derechos de propiedad intelectual identificados, sin perjuicio de lo dispuesto en el artículo 14.2.º

4. Los centros educativos, museos, bibliotecas y hemerotecas accesibles al público, así como los organismos públicos de radiodifusión, archivos, fonotecas y filmotecas podrán reproducir, a efectos de digitalización, puesta a disposición del público, indexación, catalogación, conservación o restauración, y poner a disposición del público, en la forma establecida en el artículo 20.2.*i*), las siguientes obras huérfanas, siempre que tales actos se lleven a cabo sin ánimo de lucro y con el fin de alcanzar objetivos relacionados con su misión de interés público, en particular la conservación y restauración de las obras que figuren en su colección y la facilitación del acceso a la misma con fines culturales y educativos:

a) Obras cinematográficas o audiovisuales, fonogramas y obras publicadas en forma de libros, periódicos, revistas u otro material impreso que figuren en las colecciones de centros educativos, museos, bibliotecas y hemerotecas

Art. 37 bis: Artículo introducido por el artículo 1.º6 de la Ley 21/2014, de 4 de noviembre, por la que se modifica el Texto Refundido de la Ley de Propiedad Intelectual, aprobado por Real Decreto Legislativo 1/1996, de 12 de abril, y la Ley 1/2000, de 7 de enero, de Enjuiciamiento Civil (*BOE* n.º 268, de 5 de noviembre). Procede de la transposición de la Directiva 2012/28/UE del Parlamento Europeo y del Consejo, de 25 de octubre de 2012, sobre ciertos usos autorizados de las obras huérfanas. Ha sido objeto de desarrollo reglamentario a través del Real Decreto 224/2016, de 27 de mayo, por el que se desarrolla el régimen jurídico de las obras huérfanas (*BOE* n.º 141, de 11 de junio). Vid. Disp. Adic. 6.ª y Disp. Trans. 21.ª2 de este Texto Refundido.

accesibles al público, así como de archivos, fonotecas y filmotecas.

b) Obras cinematográficas o audiovisuales y fonogramas producidos por organismos públicos de radiodifusión hasta el 31 de diciembre de 2002 inclusive, y que figuren en sus archivos.

Lo dispuesto en este artículo se aplicará también a las obras y prestaciones protegidas que estén insertadas o incorporadas en las obras citadas en el presente apartado o formen parte integral de éstas.

5. Las obras huérfanas se podrán utilizar siempre que hayan sido publicadas por primera vez o, a falta de publicación, hayan sido radiodifundidas por primera vez en un Estado miembro de la Unión Europea. Dicha utilización podrá llevarse a cabo previa búsqueda diligente, en dicho Estado, de los titulares de los derechos de propiedad intelectual de la obra huérfana. En el caso de las obras cinematográficas o audiovisuales cuyo productor tenga su sede o residencia habitual en un Estado miembro de la Unión Europea, la búsqueda de los titulares deberá realizarse en dicho Estado.

Asimismo, las entidades citadas en el apartado anterior que hubieran puesto a disposición del público, con el consentimiento de sus titulares de derechos, obras huérfanas no publicadas ni radiodifundidas, podrán utilizarlas, cuando sea razonable presumir que sus titulares no se opondrían a los usos previstos en este artículo. En este caso, la búsqueda a que se refiere el párrafo anterior deberá realizarse en España.

La búsqueda diligente se realizará de buena fe, mediante la consulta de, al menos, las fuentes de información que reglamentariamente se determinen, sin perjuicio de la obligación de consultar fuentes adicionales disponibles en otros países donde haya indicios de la existencia de información pertinente sobre los titulares de derechos.

6. Las entidades citadas en el apartado 4 registrarán el proceso de búsqueda de los titulares de derechos y remitirán la siguiente información al órgano competente a que se refiere el apartado siguiente:

a) Los resultados de las búsquedas diligentes que hayan efectuado y que hayan llevado a la conclusión de que una obra o un fonograma debe considerarse obra huérfana.

b) El uso que las entidades hacen de las obras huérfanas de conformidad con la presente Ley.

c) Cualquier cambio, de conformidad con el apartado siguiente, en la condición de obra huérfana de las obras y los fonogramas que utilicen.

d) La información de contacto pertinente de la entidad en cuestión.

7. En cualquier momento, los titulares de derechos de propiedad intelectual de una obra podrán solicitar al órgano competente que

reglamentariamente se determine el fin de su condición de obra huérfana en lo que se refiere a sus derechos y percibir una compensación equitativa por la utilización llevada a cabo conforme a lo dispuesto en este artículo.

Art. 38. *Actos oficiales y ceremonias religiosas.*—La ejecución de obras musicales en el curso de actos oficiales del Estado, de las Administraciones Públicas y ceremonias religiosas no requerirá autorización de los titulares de los derechos, siempre que el público pueda asistir a ellas gratuitamente y los artistas que en las mismas intervengan no perciban remuneración específica por su interpretación o ejecución en dichos actos.

Art. 39. *Parodia.*—No será considerada transformación que exija consentimiento del autor la parodia de la obra divulgada, mientras no implique riesgo de confusión con la misma ni se infiera un daño a la obra original o a su autor.

Art. 40. *Tutela del derecho de acceso a la cultura.*—Si a la muerte o declaración de fallecimiento del autor, sus derechohabientes ejerciesen su derecho a la no divulgación de la obra, en condiciones que vulneren lo dispuesto en el artículo 44 de la Constitución, el Juez podrá ordenar las medidas adecuadas a petición del Estado, las Comunidades Autónomas, las Corporaciones locales, las instituciones públicas de carácter cultural o de cualquier otra persona que tenga un interés legítimo.

Art. 40 bis. *Disposición común a todas las del presente Capítulo.*—

Art. 38: Vid. art. 5.º3.*g*) y 5 de la Directiva 2001/29/CE del Parlamento Europeo y del Consejo, de 22 de mayo de 2001, relativa a la armonización de determinados aspectos de los derechos de autor y derechos afines a los derechos de autor en la sociedad de la información.

Art. 39: Vid. art. 65 del Real Decreto de 3 de septiembre de 1880, por el que se aprueba el Reglamento para la ejecución de la Ley de 10 de enero de 1879, de Propiedad Intelectual, y art. 5.º3.*k*) y 5.*f*) de la Directiva 2001/29/CE del Parlamento Europeo y del Consejo, de 22 de mayo de 2001, relativa a la armonización de determinados aspectos de los derechos de autor y derechos afines a los derechos de autor en la sociedad de la información. Vid., igualmente, art. 70 del Real Decreto-ley 24/2021, de 2 de noviembre, sobre pastiche (§ 4).

Art. 40: Vid. arts. 14 y 15 de este Texto Refundido. El art. 44 de la Constitución establece que «los poderes públicos promoverán y tutelarán el acceso a la cultura, a la que todos tienen derecho».

Art. 40 bis: Introducido en virtud del art. 4.º3 de la Ley 5/1998, de 6 de marzo, de incorporación al Derecho español de la Directiva 96/9/CE del Parlamento Europeo y del Consejo, de 11 de marzo de 1996, sobre la protección jurídica de bases de datos (*BOE* n.º 57, de 7 de marzo).

Vid. art. 6.º3 de la Directiva 96/9/CE del Parlamento Europeo y del Consejo, de 11 de marzo de 1996, sobre la protección jurídica de bases de datos; art. 13 del Acuerdo por el que se establece la Organización Mundial del Comercio (Anexo 1C: Acuerdo sobre los Aspectos de los Derechos de Propiedad Intelectual relacionados con el Comercio); art. 10 del Tratado de la Organización Mundial de la Propiedad Intelectual sobre Derecho de Autor; art. 16 del Tratado de la Organización Mundial de la Propiedad Intelectual sobre Interpretación o Eje-

Los artículos del presente Capítulo no podrán interpretarse de manera tal que permitan su aplicación de forma que causen un perjuicio injustificado a los intereses legítimos del autor o que vayan en detrimento de la explotación normal de las obras a que se refieran.

CAPÍTULO III

SALVAGUARDIA DE APLICACIÓN DE OTRAS DISPOSICIONES LEGALES*

Art. 40 ter. *Salvaguardia de aplicación de otras disposiciones legales.*—Lo dispuesto en los artículos del presente Libro I, sobre la protección de las bases de datos, se entenderá sin perjuicio de cualesquiera otras disposiciones legales que afecten a la estructura o al contenido de cualesquiera de esas bases, tales como las relativas a otros derechos de propiedad intelectual, derecho *sui generis*, sobre una base de datos, derecho de propiedad industrial, derecho de la competencia, derecho contractual, secretos, protección de los datos de carácter personal, protección de los tesoros nacionales o sobre el acceso a los documentos públicos.

TÍTULO IV

Dominio público

Art. 41. *Condiciones para la utilización de las obras en dominio público.*—La extinción de los derechos de explotación de las obras

---

cución y Fonogramas y art. 5.º5 de la Directiva 2001/29/CE del Parlamento Europeo y del Consejo, de 22 de mayo de 2001, relativa a la armonización de determinados aspectos de los derechos de autor y derechos afines a los derechos de autor en la sociedad de la información.

* Este Capítulo se adiciona al Texto Refundido en virtud del art. 4.º4 de la Ley 5/1998, de 6 de marzo, de incorporación al Derecho español de la Directiva 96/9/CE del Parlamento Europeo y del Consejo, de 11 de marzo de 1996, sobre la protección jurídica de bases de datos (*BOE* n.º 57, de 7 de marzo).

Art. 40 ter: Se adiciona en virtud del art. 4.º4 de la Ley 5/1998, de 6 de marzo, de incorporación al Derecho español de la Directiva 96/9/CE del Parlamento Europeo y del Consejo, de 11 de marzo de 1996, sobre la protección jurídica de bases de datos (*BOE* n.º 57, de 7 de marzo). Vid. arts. 3.º y 12 de este Texto Refundido; art. 7.º4 de la Directiva 96/9/CE del Parlamento Europeo y del Consejo, de 11 de marzo de 1996, sobre la protección jurídica de bases de datos, y art. 9.º de la Directiva 2001/29/CE del Parlamento Europeo y del Consejo, de 22 de mayo de 2001, relativa a la armonización de determinados aspectos de los derechos de autor y derechos afines a los derechos de autor en la sociedad de la información.

Art. 41: Vid. arts. 26 a 30 y Disps. Trans. 2.ª y 4.ª a 6.ª de este Texto Refundido; art. 72 del Real Decreto-ley 24/2021, de 2 de noviembre (§ 4); arts. 59 a 66 de la Ley 16/1985, de 25 de

determinará su paso al dominio público.

Las obras de dominio público podrán ser utilizadas por cualquie-ra, siempre que se respete la auto-ría y la integridad de la obra, en los términos previstos en los aparta-dos 3.º y 4.º del artículo 14.

TÍTULO V

Transmisión de los derechos

CAPÍTULO PRIMERO

DISPOSICIONES GENERALES

Art. 42. *Transmisión* mortis causa.—Los derechos de explota-ción de la obra se transmiten *mor-tis causa* por cualquiera de los me-dios admitidos en derecho.

Art. 43. *Transmisión* inter vi-vos.—1. Los derechos de explota-ción de la obra pueden transmitirse por actos *inter vivos*, quedando li-mitada la cesión al derecho o dere-chos cedidos, a las modalidades de explotación expresamente previstas y al tiempo y ámbito territorial que se determinen.

2. La falta de mención del tiempo limita la transmisión a cin-co años y la del ámbito territorial al país en el que se realice la cesión. Si no se expresan específicamente y de

---

junio, del Patrimonio Histórico (*BOE* n.º 155, de 29 de junio); art. 18 del Convenio de Berna y art. 9.º de la Directiva 93/98/CE del Consejo, de 29 de octubre de 1993, relativa a la armo-nización del plazo de protección del derecho de autor y de determinados derechos afines, cuyo texto codificado se encuentra en la Directiva 2006/116/CE del Parlamento Europeo y del Consejo, de 12 de diciembre de 2006 (versión codificada de la antigua Directiva 93/98/ CEE del Consejo, de 29 de octubre de 1993).

Art. 42: Vid. arts. 657 y ss. del Código Civil y arts. 26 y 29 y Disps. Trans. 3.ª, 4.ª, 13.ª y 17.ª de este Texto Refundido.

Art. 43.1: Vid. arts. 1.º2 y 4, 2.º4, 7.º2 y 9.º4 de la Directiva 2006/115/CE del Parlamento Europeo y del Consejo, de 12 de diciembre de 2006, sobre derechos de alquiler y préstamo y otros derechos afines a los derechos de autor en el ámbito de la propiedad intelectual (versión codificada de la antigua Directiva 92/100/CEE del Consejo, de 19 de noviembre de 1992). Debe tenerse presente que el art. 7.º de la citada Directiva se suprime por la Directiva 2001/29/ CE del Parlamento Europeo y del Consejo, de 22 de mayo de 2001, relativa a la armonización de determinados aspectos de los derechos de autor y derechos afines a los derechos de autor en la sociedad de la información. Vid. sus arts. 1.º a 3.º y 11.1.*a*), así como el art. 3.º de la Directiva 93/83/CEE del Consejo, de 27 de septiembre de 1993, sobre coordinación de deter-minadas disposiciones relativas a los derechos de autor y derechos afines a los derechos de autor en el ámbito de la radiodifusión vía satélite y de la distribución por cable.

Art. 43.2: Vid. arts. 45 (forma de la cesión), 60.1 (contrato de edición), 74, 76, 84 (contra-to de representación), 88 (contrato de producción audiovisual) y 89 (contrato de transforma-ción) y Disp. Trans. 3.ª de este Texto Refundido. Para el acceso al Registro de la cesión, vid.

modo concreto las modalidades de explotación de la obra, la cesión quedará limitada a aquella que se deduzca necesariamente del propio contrato y sea indispensable para cumplir la finalidad del mismo.

3. Será nula la cesión de derechos de explotación respecto del conjunto de las obras que pueda crear el autor en el futuro.

4. Serán nulas las estipulaciones por las que el autor se comprometa a no crear alguna obra en el futuro.

5. La transmisión de los derechos de explotación no alcanza a las modalidades de utilización o medios de difusión inexistentes o desconocidos al tiempo de la cesión.

Art. 44. *Menores de vida independiente.*—Los autores menores de dieciocho años y mayores de dieciséis, que vivan de forma independiente con consentimiento de sus padres o tutores o con autorización de la persona o institución que los tengan a su cargo, tienen plena capacidad para ceder derechos de explotación.

Art. 45. *Formalización escrita.*—Toda cesión deberá formalizarse por escrito. Si, previo requerimiento fehaciente, el cesionario incumpliere esta exigencia, el autor podrá optar por la resolución del contrato.

Art. 46. *Remuneración proporcional y a tanto alzado.*—1. La cesión otorgada por el autor a título oneroso le confiere una participación proporcional en los ingresos de la explotación, en la cuantía convenida con el cesionario.

2. Podrá estipularse, no obstante, una remuneración a tanto

---

arts. 10, 11 y 18 y ss. del Real Decreto 611/2023, de 11 de julio, por el que se aprueba el Reglamento del Registro de la Propiedad Intelectual (§ 6). Vid. art. 9.º2 de la Directiva 2006/115/CE del Parlamento Europeo y del Consejo, de 12 de diciembre de 2006, sobre derechos de alquiler y préstamo y otros derechos afines a los derechos de autor en el ámbito de la propiedad intelectual (versión codificada de la antigua Directiva 92/100/CEE del Consejo, de 19 de noviembre de 1992).

Art. 43.3 y 4: Vid. art. 1.255 del Código Civil y art. 59 y Disp. Trans. 3.ª de este Texto Refundido.

Art. 44: Vid. arts. 235, 236 y 239 a 248 del Código Civil.

Art. 45: Vid. arts. 1.278 y 1.279 del Código Civil.

Art. 46: Vid. arts. 69.3, 90.2 y 90.3, párr. 2.º, de este Texto Refundido; arts. 74 y 75 del Real Decreto-ley 24/2021, de 2 de noviembre (§ 4); y arts. 18 y 20 de la Directiva (UE) 2019/790, del Parlamento Europeo y del Consejo, de 17 de abril de 2019, sobre los derechos de autor y derechos afines en el mercado único digital. Aluden a una remuneración equitativa los arts. 4.º, 5.º1 y 2, y 13.3 y 9 de la Directiva 2006/115/CE del Parlamento Europeo y del Consejo, de 12 de diciembre de 2006, sobre derechos de alquiler y préstamo y otros derechos afines a los derechos de autor en el ámbito de la propiedad intelectual (versión codificada de la antigua Directiva 92/100/CEE del Consejo, de 19 de noviembre de 1992); art. 7.º3 del Tratado de la Organización Mundial de la Propiedad Intelectual sobre Derecho de Autor y art. 14 ter.1 del Convenio de Berna.

alzado para el autor en los siguientes casos:

a) Cuando, atendida la modalidad de la explotación, exista dificultad grave en la determinación de los ingresos o su comprobación sea imposible o de un coste desproporcionado con la eventual retribución.

b) Cuando la utilización de la obra tenga carácter accesorio respecto de la actividad o del objeto material a los que se destinen.

c) Cuando la obra, utilizada con otras, no constituya un elemento esencial de la creación intelectual en la que se integre.

d) En el caso de la primera o única edición de las siguientes obras no divulgadas previamente:

1.° Diccionarios, antologías y enciclopedias.

2.° Prólogos, anotaciones, introducciones y presentaciones.

3.° Obras científicas.

4.° Trabajos de ilustración de una obra.

5.° Traducciones.

6.° Ediciones populares a precios reducidos.

Art. 47. *Acción de revisión por remuneración no equitativa.*—1. Si en la cesión se produjese una manifiesta desproporción entre la remuneración inicialmente pactada por el autor en comparación con la totalidad de los ingresos subsiguientes derivados de la explotación de las obras obtenidos por el cesionario o su derechohabiente, aquel podrá pedir la revisión del contrato y, en defecto de acuerdo, acudir al Juez para que fije una remuneración adecuada y equitativa, atendidas las circunstancias del caso.

2. Esta facultad podrá ejercitarse dentro de los diez años siguientes al de la cesión, siempre que no exista pacto expreso acordado al efecto, convenio colectivo o acuerdo sectorial entre los representantes de los autores y los cesionarios que prevean un procedimiento de revisión de la remuneración no equitativa por la cesión de derechos como el indicado en el apartado anterior.

3. Esta acción de revisión no será aplicable a los autores de los programas de ordenador en el sen-

---

Art. 47: Modificado por el art. 80.3 del Real Decreto-ley 24/2021, de 2 de noviembre, de transposición de directivas de la Unión Europea en las materias de bonos garantizados, distribución transfronteriza de organismos de inversión colectiva, datos abiertos y reutilización de la información del sector público, ejercicio de derechos de autor y derechos afines aplicables a determinadas transmisiones en línea y a las retransmisiones de programas de radio y televisión, exenciones temporales a determinadas importaciones y suministros, de personas consumidoras y para la promoción de vehículos de transporte por carretera limpios y energéticamente eficientes (*BOE* n.° 263, de 3 de noviembre). Vid. art. 1.274 del Código Civil, arts. 110.3 y 194.5.*b)* de este Texto Refundido; arts. 74 y 75 del Real Decreto-ley 24/2021, de 2 de noviembre (§ 4); y arts. 18 y 20 de la Directiva (UE) 2019/790, del Parlamento Europeo y del Consejo, de 17 de abril de 2019, sobre los derechos de autor y derechos afines en el mercado único digital.

tido del artículo 97, ni a las autorizaciones exclusivas concedidas por las entidades de gestión y los operadores de gestión independiente regulados en el Título IV del Libro II.

Art. 48. *Cesión en exclusiva.*— La cesión en exclusiva deberá otorgarse expresamente con este carácter y atribuirá al cesionario, dentro del ámbito de aquélla, la facultad de explotar la obra con exclusión de otra persona, comprendido el propio cedente, y, salvo pacto en contrario, las de otorgar autorizaciones no exclusivas a terceros. Asimismo, le confiere legitimación, con independencia de la del titular cedente, para perseguir las violaciones que afecten a las facultades que se le hayan concedido.

Esta cesión constituye al cesionario en la obligación de poner todos los medios necesarios para la efectividad de la explotación concedida, según la naturaleza de la obra y los usos vigentes en la actividad profesional, industrial o comercial de que se trate.

Art. 48 bis. *Derecho de revocación.*—1. Cuando un autor haya concedido una autorización o cedido sus derechos sobre una obra de forma exclusiva podrá resolver, en todo o en parte, la autorización o cesión si la obra no está siendo explotada.

El autor podrá optar, como alternativa a la resolución anterior, por poner fin a la exclusividad del contrato.

El presente apartado no será de aplicación si la ausencia de explotación se debe principalmente a circunstancias que se puede razonablemente esperar sean subsanadas por el autor o el artista intérprete o ejecutante.

Art. 48, párr. 2.º: Se presume la cesión en exclusiva en el supuesto del art. 88 de este Texto Refundido. Vid. art. 2.º5 y 6 de la Directiva 2006/115/CE del Parlamento Europeo y del Consejo, de 12 de diciembre de 2006, sobre derechos de alquiler y préstamo y otros derechos afines a los derechos de autor en el ámbito de la propiedad intelectual (versión codificada de la antigua Directiva 92/100/CEE del Consejo, de 19 de noviembre de 1992), y arts. 2.º y 3.º de la Directiva 93/83/CEE del Consejo, de 27 de septiembre de 1993, sobre coordinación de determinadas disposiciones relativas a los derechos de autor y derechos afines a los derechos de autor en relación con la radiodifusión vía satélite y de la distribución por cable. Vid. también art. 48 bis de este Texto Refundido.

Art. 48 bis: Precepto añadido por el art. 80.4 del Real Decreto-ley 24/2021, de 2 de noviembre, de transposición de directivas de la Unión Europea en las materias de bonos garantizados, distribución transfronteriza de organismos de inversión colectiva, datos abiertos y reutilización de la información del sector público, ejercicio de derechos de autor y derechos afines aplicables a determinadas transmisiones en línea y a las retransmisiones de programas de radio y televisión, exenciones temporales a determinadas importaciones y suministros, de personas consumidoras y para la promoción de vehículos de transporte por carretera limpios y energéticamente eficientes (*BOE* n.º 263, de 3 de noviembre). Vid. arts. 110.4 de este Texto Refundido; art. 75 del Real Decreto-ley 24/2021 (§ 4); y arts. 18 y 22 de la Directiva (UE) 2019/790, del Parlamento Europeo y del Consejo, de 17 de abril de 2019, sobre los derechos de autor y derechos afines en el mercado único digital.

2. Quedan excluidas de lo dispuesto en el apartado anterior las obras colectivas, las obras en colaboración y los programas de ordenador.

3. Este derecho podrá ejercerse, previa comunicación, una vez transcurridos cinco años desde la autorización o cesión de los derechos siempre que no exista pacto expreso acordado al efecto, convenio colectivo o acuerdo sectorial en el que se regule el ejercicio de este derecho. La comunicación del autor fijará un plazo no inferior a un año vencido el cual podrá decidir poner fin a la autorización, a la cesión o a la exclusividad del contrato.

4. El derecho regulado en este artículo será irrenunciable.

Art. 49. *Transmisión del derecho del cesionario en exclusiva.*—El cesionario en exclusiva podrá transmitir a otro su derecho con el consentimiento expreso del cedente.

En defecto de consentimiento, los cesionarios responderán solidariamente frente al primer cedente de las obligaciones de la cesión.

No será necesario el consentimiento cuando la transmisión se lleve a efecto como consecuencia de la disolución o del cambio de titularidad de la empresa cesionaria.

Art. 50. *Cesión no exclusiva.*—1. El cesionario no exclusivo quedará facultado para utilizar la obra de acuerdo con los términos de la cesión y en concurrencia tanto con otros cesionarios como con el propio cedente. Su derecho será intransmisible, salvo en los supuestos previstos en el párrafo tercero del artículo anterior.

2. Las autorizaciones no exclusivas concedidas por las entidades de gestión para utilización de sus repertorios serán, en todo caso, intransmisibles.

Art. 51. *Transmisión de los derechos del autor asalariado.*—1. La transmisión al empresario de los derechos de explotación de la obra creada en virtud de una relación laboral se regirá por lo pactado en el contrato, debiendo éste realizarse por escrito.

2. A falta de pacto escrito, se presumirá que los derechos de explotación han sido cedidos en exclusiva y con el alcance necesario para el ejercicio de la actividad habitual del empresario en el momento de la entrega de la obra realizada en virtud de dicha relación laboral.

3. En ningún caso podrá el empresario utilizar la obra o disponer de ella para un sentido o fines

---

Art. 49, párr. 1.º: Vid. arts. 1.205 y ss. y 1.256 y ss. del Código Civil.
Art. 49, párr. 2.º: Vid. arts. 1.137 y ss. del Código Civil.
Art. 50.2: Vid. art. 163 de este Texto Refundido.
Art. 51.1: Vid. art. 54.2 de la Ley 2/2011, de 4 de marzo, de Economía Sostenible (*BOE* n.º 55, de 5 de marzo), y art. 80.4 de la Ley Orgánica 6/2001, de 21 de diciembre, de Universidades (*BOE* n.º 307, de 24 de diciembre).

diferentes de los que se derivan de lo establecido en los dos apartados anteriores.

4. Las demás disposiciones de esta Ley serán, en lo pertinente, de aplicación a estas transmisiones, siempre que así se derive de la finalidad y objeto del contrato.

5. La titularidad de los derechos sobre un programa de ordenador creado por un trabajador asalariado en el ejercicio de sus funciones o siguiendo las instrucciones de su empresario se regirá por lo previsto en el apartado 4 del artículo 97 de esta Ley.

Art. 52. *Transmisión de derechos para publicaciones periódicas.*—Salvo estipulación en contrario, los autores de obras reproducidas en publicaciones periódicas conservan su derecho a explotarlas en cualquier forma que no perjudique la normal de la publicación en la que se hayan insertado.

El autor podrá disponer libremente de su obra, si ésta no se reprodujese en el plazo de un mes desde su envío o aceptación en las publicaciones diarias o en el de seis meses en las restantes, salvo pacto en contrario.

La remuneración del autor de las referidas obras podrá consistir en un tanto alzado.

Art. 53. *Hipoteca y embargo de los derechos de autor.*—1. Los derechos de explotación de las obras protegidas en esta Ley podrán ser objeto de hipoteca con arreglo a la legislación vigente.

2. Los derechos de explotación correspondientes al autor no son embargables, pero sí lo son sus frutos o productos, que se considerarán como salarios, tanto en lo relativo al orden de prelación para

---

Art. 51.4: Vid. arts. 97.4 y 110 de este Texto Refundido, y art. 2.º3 de la Directiva 2009/24/CE del Parlamento Europeo y del Consejo, de 23 de abril de 2009, sobre la protección jurídica de los programas de ordenador (versión codificada de la antigua Directiva 91/250/CEE del Consejo, de 14 de mayo de 1991).

Art. 51.5: No existía en la redacción originaria de la Ley 22/1987, de 11 de noviembre, de Propiedad Intelectual (*BOE* n.º 275, de 17 de noviembre). Vid. art. 2.º3 de la Directiva 2009/24/CE del Parlamento Europeo y del Consejo, de 23 de abril de 2009, sobre la protección jurídica de los programas de ordenador (versión codificada de la antigua Directiva 91/250/CEE del Consejo, de 14 de mayo de 1991).

Art. 52, párr. 3.º: Vid. arts. 16 a 19 del Real Decreto de 3 de septiembre de 1880, por el que se aprueba el Reglamento para la ejecución de la Ley de 10 de enero de 1879, de Propiedad Intelectual.

Art. 53.1: Vid. arts. 45 a 51 de la Ley de 16 de diciembre de 1954, sobre Hipoteca Mobiliaria y Prenda sin Desplazamiento de Posesión (*BOE* n.º 352, de 18 de diciembre) y art. 16.1.*b*) del Real Decreto 611/2023, de 11 de julio, por el que se aprueba el Reglamento del Registro de la Propiedad Intelectual (§ 6).

Art. 53.2: Vid. arts. 592, 605 a 608 de la Ley 1/2000, de 7 de enero, de Enjuiciamiento Civil (*BOE* n.º 7, de 8 de enero).

el embargo, como a retenciones o parte inembargable.

Art. 54. *Créditos por la cesión de derechos de explotación.—*[Derogado.]

Art. 55. *Beneficios irrenunciables.—*Salvo disposición de la propia Ley, los beneficios que se otorgan en el presente Título a los autores y a sus derechohabientes serán irrenunciables.

Art. 56. *Transmisión de derechos a los propietarios de ciertos soportes materiales.—*1. El adquirente de la propiedad del soporte a que se haya incorporado la obra no tendrá, por este solo título, ningún derecho de explotación sobre esta última.

2. No obstante el propietario del original de una obra de artes plásticas o de una obra fotográfica tendrá el derecho de exposición pública de la obra, aunque ésta no haya sido divulgada, salvo que el autor hubiera excluido expresamente este derecho en el acto de enajenación del original. En todo caso, el autor podrá oponerse al ejercicio de este derecho, mediante la aplicación, en su caso, de las medidas cautelares previstas en esta Ley, cuando la exposición se realice en condiciones que perjudiquen su honor o reputación profesional.

Art. 57. *Aplicación preferente de otras disposiciones.—*La transmisión de derechos de autor para su explotación a través de las mo-

---

Art. 54: Derogado por la Disp. Derog. única, párr. 3, n.º 9.º, de la Ley 22/2003, de 9 de julio, Concursal (*BOE* n.º 164, de 10 de julio). Vid. art. 280.3.º del Real Decreto Legislativo 1/2020, de 5 de mayo, por el que se aprueba el texto refundido de la Ley Concursal (*BOE* n.º 127, de 7 de mayo), y art. 32 del Texto Refundido de la Ley del Estatuto de los Trabajadores, aprobado por Real Decreto Legislativo 2/2015, de 23 de octubre (*BOE* n.º 255, de 24 de octubre).

Art. 55: Vid. art. 6.º2 del Código Civil y art. 4.º2 de la Directiva 2006/115/CE del Parlamento Europeo y del Consejo, de 12 de diciembre de 2006, sobre derechos de alquiler y préstamo y otros derechos afines a los derechos de autor en el ámbito de la propiedad intelectual (versión codificada de la antigua Directiva 92/100/CEE del Consejo, de 19 de noviembre de 1992).

Art. 56.1: Vid. arts. 3.º, 20.2.*h*) y 40 de este Texto Refundido. Sobre el soporte de la obra, arts. 10 y 25 del Real Decreto 448/1988, de 22 de abril, por el que se regula la difusión de películas cinematográficas y otras obras audiovisuales recogidas en soporte videográfico (*BOE* n.º 116, de 14 de mayo).

Art. 56.2: Vid. arts. 138 y 141 de este Texto Refundido. Se omite en la redacción actual la referencia existente en la Ley 22/1987, de 11 de noviembre, de Propiedad Intelectual (*BOE* n.º 275, de 17 de noviembre), a la posibilidad de que el autor se oponga a esa actividad porque se vea perjudicado su honor o reputación profesional. A estos efectos, se entiende que hay que remitirse a la Ley Orgánica 1/1982, de 5 de mayo, de protección civil del derecho al honor, a la intimidad personal y familiar y a la propia imagen (*BOE* n.º 115, de 14 de mayo).

Art. 57: Vid. arts. 27 a 33 de la Ley 10/2007, de 22 de junio, de la Lectura, del Libro y de las Bibliotecas (*BOE* n.º 150, de 23 de junio); Real Decreto 484/1990, de 30 de marzo, sobre

dalidades de edición, representación o ejecución, o de producción de obras audiovisuales se regirá, respectivamente y en todo caso, por lo establecido en las disposiciones específicas de este Libro I, y en lo no previsto en las mismas, por lo establecido en este Capítulo.

Las cesiones de derechos para cada una de las distintas modalidades de explotación deberán formalizarse en documentos independientes.

CAPÍTULO II

CONTRATO DE EDICIÓN

Art. 58. *Concepto.*—1. Por el contrato de edición el autor o sus derechohabientes ceden al editor, mediante compensación económica, el derecho de reproducir su obra y el de distribuirla. El editor se obliga a realizar estas operaciones por su cuenta y riesgo en las condiciones pactadas y con sujeción a lo dispuesto en esta Ley.

2. Esta cesión constituye fundamento jurídico suficiente para que el editor tenga derecho a una parte de la compensación equitativa prevista en el artículo 25.

Art. 59. *Obras futuras, encargo de una obra y colaboraciones en publicaciones periódicas.*—1. Las obras futuras no son objeto del contrato de edición regulado en esta Ley.

2. El encargo de una obra no es objeto del contrato de edición, pero la remuneración que pudiera convenirse será considerada como anticipo de los derechos que al autor le correspondiesen por la edición, si ésta se realizase.

precio de venta al público de libros (*BOE* n.º 95, de 20 de abril), derogado, excepto sus arts. 6.º y 7.º, por la Ley 10/2007, y Real Decreto 448/1988, de 22 de abril, por el que se regula la difusión de películas cinematográficas y otras obras audiovisuales recogidas en soporte videográfico (*BOE* n.º 116, de 14 de mayo).

Art. 58: Modificado por el art. 80.5 del Real Decreto-ley 24/2021, de 2 de noviembre, de transposición de directivas de la Unión Europea en las materias de bonos garantizados, distribución transfronteriza de organismos de inversión colectiva, datos abiertos y reutilización de la información del sector público, ejercicio de derechos de autor y derechos afines aplicables a determinadas transmisiones en línea y a las retransmisiones de programas de radio y televisión, exenciones temporales a determinadas importaciones y suministros, de personas consumidoras y para la promoción de vehículos de transporte por carretera limpios y energéticamente eficientes (*BOE* n.º 263, de 3 de noviembre). Vid. art. 6.º del Real Decreto de 3 de septiembre de 1880, por el que se aprueba el Reglamento para la ejecución de la Ley de 10 de enero de 1879, de Propiedad Intelectual, y art. 11 del Real Decreto 611/2023, de 11 de julio, por el que se aprueba el Reglamento del Registro de la Propiedad Intelectual (§ 6). Vid., igualmente, art. 25.2 de este Texto Refundido, y art. 16 de la Directiva (UE) 2019/790, del Parlamento Europeo y del Consejo, de 17 de abril de 2019, sobre los derechos de autor y derechos afines en el mercado único digital.

Art. 59.1: Vid. art. 43.3 y 4 y Disp. Trans. 3.ª de este Texto Refundido.

3. Las disposiciones de este Capítulo tampoco serán de aplicación a las colaboraciones en publicaciones periódicas, salvo que así lo exijan, en su caso, la naturaleza y la finalidad del contrato.

Art. 60. *Formalización y contenido mínimo.*—El contrato de edición deberá formalizarse por escrito y expresar en todo caso:

1.º Si la cesión del autor al editor tiene carácter de exclusiva.

2.º Su ámbito territorial.

3.º El número máximo y mínimo de ejemplares que alcanzará la edición o cada una de las que se convengan.

4.º La forma de distribución de los ejemplares y los que se reserven al autor, a la crítica y a la promoción de la obra.

5.º La remuneración del autor, establecida conforme a lo dispuesto en el artículo 46 de esta Ley.

6.º El plazo para la puesta en circulación de los ejemplares de la única o primera edición, que no podrá exceder de dos años contados desde que el autor entregue al editor la obra en condiciones adecuadas para realizar la reproducción de la misma.

7.º El plazo en que el autor deberá entregar el original de su obra al editor.

Art. 61. *Supuestos de nulidad y de subsanación de omisiones.*— 1. Será nulo el contrato no formalizado por escrito, así como el que no exprese los extremos exigidos en los apartados 3.º y 5.º del artículo anterior.

2. La omisión de los extremos mencionados en los apartados 6.º y 7.º del artículo anterior dará acción a los contratantes para compelerse recíprocamente a subsanar la falta. En defecto de acuerdo, lo hará el Juez atendiendo a las circunstancias del contrato, a los actos de las partes en su ejecución y a los usos.

Art. 62. *Edición en forma de libro.*—1. Cuando se trate de la edición de una obra en forma de libro, el contrato deberá expresar, además, los siguientes extremos:

Art. 59.3: Vid. arts. 15, 16 y 18 del Real Decreto de 3 de septiembre de 1880, por el que se aprueba el Reglamento para la ejecución de la Ley de 10 de enero de 1879, de Propiedad Intelectual, y art. 2.º8) del Convenio de Berna.

Art. 60, párr. inicial: Vid. arts. 1.254 y 1.278 del Código Civil y arts. 9.º a 12 del Real Decreto 611/2023, de 11 de julio, por el que se aprueba el Reglamento del Registro de la Propiedad Intelectual (§ 6).

Art. 60.3.º: Vid. Real Decreto 396/1988, de 25 de abril, por el que se desarrolla el art. 72 de la Ley de Propiedad Intelectual sobre control de tirada.

Art. 60.6.º: Vid. arts. 45, 63 y 71.2.º de este Texto Refundido, y arts. 1.279 y 1.280 del Código Civil.

Art. 62.1: Vid. arts. 11 a 13 del Real Decreto 611/2023, de 11 de julio, por el que se aprueba el Reglamento del Registro de la Propiedad Intelectual (§ 6).

a) La lengua o lenguas en que ha de publicarse la obra.

b) El anticipo a conceder, en su caso, por el editor al autor a cuenta de sus derechos.

c) La modalidad o modalidades de edición y, en su caso, la colección de la que formarán parte.

2. La falta de expresión de la lengua o lenguas en que haya de publicarse la obra sólo dará derecho al editor a publicarla en el idioma original de la misma.

3. Cuando el contrato establezca la edición de una obra en varias lenguas españolas oficiales, la publicación en una de ellas no exime al editor de la obligación de su publicación en las demás.

Si transcurridos cinco años desde que el autor entregue la obra, el editor no la hubiese publicado en todas las lenguas previstas en el contrato, el autor podrá resolverlo respecto de las lenguas en las que no se haya publicado.

4. Lo dispuesto en el apartado anterior se aplicará también para las traducciones de las obras extranjeras en España.

Art. 63. *Excepciones al artículo 60.6.°*—La limitación del plazo prevista en el apartado 6.° del artículo 60 no será de aplicación a las ediciones de los siguientes tipos de obras:

1.° Antologías de obras ajenas, diccionarios, enciclopedias, y colecciones análogas.

2.° Prólogos, epílogos, presentaciones, introducciones, anotaciones, comentarios, e ilustraciones de obras ajenas.

Art. 64. *Obligaciones del editor.*—Son obligaciones del editor:

1.° Reproducir la obra en la forma convenida, sin introducir ninguna modificación que el autor no haya consentido y haciendo constar en los ejemplares el nombre, firma o signo que lo identifique.

2.° Someter las pruebas de la tirada al autor, salvo pacto en contrario.

3.° Proceder a la distribución de la obra en el plazo y condiciones estipulados.

4.° Asegurar a la obra una explotación continua y una difusión comercial conforme a los usos habituales en el sector profesional de la edición.

Art. 62.3: Sobre las traducciones, vid. arts. 11 y 46.2.*d*) de este Texto Refundido; art. 4.° del Real Decreto de 3 de septiembre de 1880, por el que se aprueba el Reglamento para la ejecución de la Ley de 10 de enero de 1879, de Propiedad Intelectual; art. II del Anexo al Convenio de Berna y arts. V.2 y V ter.5.*c*) de la Convención Universal sobre Derechos de Autor.

Art. 64: Vid., respecto de los apartados 2.°, 4.° y 5.°, art. 68.1.*b*) de este Texto Refundido.

Art. 64.1.°: Vid. arts. 14.3, 17 y 18 de este Texto Refundido.

Art. 64.3.°: Vid. art. 19 de este Texto Refundido, y art. 1.° de la Ley 10/2007, de 22 de junio, de la lectura, del libro y de las bibliotecas (*BOE* n.° 150, de 23 de junio).

5.º   Satisfacer al autor la remuneración estipulada y cuando ésta sea proporcional, al menos una vez cada año, la oportuna liquidación, de cuyo contenido le rendirá cuentas. Deberá, asimismo, poner anualmente a disposición del autor un certificado en el que se determinen los datos relativos a la fabricación, distribución y existencias de ejemplares. A estos efectos, si el autor lo solicita, el editor le presentará los correspondientes justificantes.

6.º   Restituir al autor el original de la obra, objeto de la edición, una vez finalizadas las operaciones de impresión y tirada de la misma.

Art. 65.   *Obligaciones del autor.*—Son obligaciones del autor:

1.º   Entregar al editor en debida forma para su reproducción y dentro del plazo convenido la obra objeto de la edición.

2.º   Responder ante el editor de la autoría y originalidad de la obra y del ejercicio pacífico de los derechos que le hubiese cedido.

3.º   Corregir las pruebas de la tirada, salvo pacto en contrario.

Art. 66.   *Modificaciones en el contenido de la obra.*—El autor, durante el período de corrección de pruebas, podrá introducir en la obra las modificaciones que estime imprescindibles, siempre que no alteren su carácter o finalidad, ni se eleve sustancialmente el coste de la edición. En cualquier caso, el contrato de edición podrá prever un porcentaje máximo de correcciones sobre la totalidad de la obra.

Art. 67.   *Derechos de autor en caso de venta en saldo y destrucción de la edición.*—1. El editor no podrá, sin consentimiento del autor, vender como saldo la edición antes de dos años de la inicial puesta en circulación de los ejemplares.

2.   Transcurrido dicho plazo, si el editor decide vender como saldo los que le resten, lo notificará fehacientemente al autor, quien podrá optar por adquirirlos ejerciendo tanteo sobre el precio de saldo o, en el caso de remuneración proporcional, percibir el 10 por 100 del facturado por el editor. La opción deberá ejercerla dentro de los treinta días siguientes al recibo de la notificación.

3.   Si, tras el mismo plazo, el editor decide destruir el resto de los ejemplares de una edición, de-

---

Art. 64.5.º: Vid. arts. 2.º y 6.º a 8.º y Disp. Trans. del Real Decreto 396/1988, de 25 de abril, por el que se desarrolla el art. 72 de la Ley de Propiedad Intelectual sobre control de tirada.

Art. 65.2.º: Vid. arts. 1.474 y ss. del Código Civil.

Art. 66: Vid. arts. 7.º y 14.5 de este Texto Refundido.

Art. 67: Vid. art. 68.1.c) de este Texto Refundido, y arts. 9.º a 11 y 17, Disp. Trans. única.e), Disp. Derog. única.c) y Disp. Final 3.ª2 de la Ley 10/2007, de 22 de junio, de la lectura, del libro y de las bibliotecas (*BOE* n.º 150, de 23 de junio).

berá asimismo notificarlo al autor, quien podrá exigir que se le entreguen gratuitamente todos o parte de los ejemplares, dentro del plazo de treinta días desde la notificación. El autor no podrá destinar dichos ejemplares a usos comerciales.

Art. 68. *Resolución.*—1. Sin perjuicio de las indemnizaciones a que tenga derecho, el autor podrá resolver el contrato de edición en los casos siguientes:

a)   Si el editor no realiza la edición de la obra en el plazo y condiciones convenidos.

b)   Si el editor incumple alguna de las obligaciones mencionadas en los apartados 2.º, 4.º y 5.º del artículo 64, no obstante el requerimiento expreso del autor exigiéndole su cumplimiento.

c)   Si el editor procede a la venta como saldo o a la destrucción de los ejemplares que le resten de la edición, sin cumplir los requisitos establecidos en el artículo 67 de esta Ley.

d)   Si el editor cede indebidamente sus derechos a un tercero.

e)   Cuando, previstas varias ediciones y agotada la última realizada, el editor no efectúe la siguiente edición en el plazo de un año desde que fuese requerido para ello por el autor. Una edición se considerará agotada a los efectos de este artículo cuando el número de ejemplares sin vender sea inferior al 5 por 100 del total de la edición y, en todo caso, inferior a 100.

f)   En los supuestos de liquidación o cambio de titularidad de la empresa editorial, siempre que no se haya iniciado la reproducción de la obra, con devolución, en su caso, de las cantidades percibidas como anticipo.

2.   Cuando por cese de la actividad del editor o a consecuencia de un procedimiento concursal se suspenda la explotación de la obra, la autoridad judicial, a instancia del autor, podrá fijar un plazo para que se reanude aquélla, quedando resuelto el contrato de edición si así no se hiciere.

Art. 69.   *Causas de extinción.*— El contrato de edición se extingue, además de por las causas generales de extinción de los contratos, por las siguientes:

1.ª   Por la terminación del plazo pactado.

Art. 68.1.b): Vid. art. 8.º y Disp. Trans. del Real Decreto 396/1988, por el que se desarrolla el art. 72 de la Ley de Propiedad Intelectual sobre control de tirada.

Art. 68.1.c): Vid. art. 71.3 de este Texto Refundido.

Art. 68.1.d): Vid. arts. 43 y ss. de este Texto Refundido.

Art. 68.1.f): Sobre el derecho de indemnización, vid. arts. 1.101 y ss. del Código Civil y 138 y 140 de este Texto Refundido.

Art. 69: La extinción de los contratos se regula en los Capítulos V y VI del Título II del Libro IV del Código Civil. Vid. también arts. 1.156 y ss. de éste.

2.ª Por la venta de la totalidad de los ejemplares, si ésta hubiera sido el destino de la edición.

3.ª Por el transcurso de diez años desde la cesión si la remuneración se hubiera pactado exclusivamente a tanto alzado de acuerdo con lo establecido en el artículo 46, apartado 2.*d*), de esta Ley.

4.ª En todo caso, a los quince años de haber puesto el autor al editor en condiciones de realizar la reproducción de la obra.

Art. 70. *Efectos de la extinción.*—Extinguido el contrato, y salvo estipulación en contrario, el editor, dentro de los tres años siguientes y cualquiera que sea la forma de distribución convenida, podrá enajenar los ejemplares que, en su caso, posea. El autor podrá adquirirlos por el 60 por 100 de su precio de venta al público o por el que se determine pericialmente, u optar por ejercer tanteo sobre el precio de venta.

Dicha enajenación quedará sujeta a las condiciones establecidas en el contrato extinguido.

Art. 71. *Contrato de edición musical.*—El contrato de edición de obras musicales o dramático-musicales por el que se conceden además al editor derechos de comunicación pública, se regirá por lo dispuesto en este Capítulo, sin perjuicio de las siguientes normas:

1.ª Será válido el contrato aunque no se exprese el número de ejemplares. No obstante, el editor deberá confeccionar y distribuir ejemplares de la obra en cantidad suficiente para atender las necesidades normales de la explotación concedida, de acuerdo con el uso habitual en el sector profesional de la edición musical.

2.ª Para las obras sinfónicas y dramático-musicales el límite de tiempo previsto en el apartado 6.º del artículo 60 será de cinco años.

3.ª No será de aplicación a este contrato lo dispuesto en el apartado 1.*c*) del artículo 68, y en las cláusulas 2.ª, 3.ª y 4.ª del artículo 69.

Art. 72. *Control de tirada.*—El número de ejemplares de cada edición estará sujeto a control de tirada a través del procedimiento que reglamentariamente se establezca, oídos los sectores profesionales afectados.

El incumplimiento por el editor de los requisitos que a tal efecto se

---

Art. 69.2.ª a 4.ª: Vid. art. 71.3.º de este Texto Refundido.

Art. 71: Vid. arts. 11 a 13 del Real Decreto 611/2023, de 11 de julio, por el que se aprueba el Reglamento del Registro de la Propiedad Intelectual (§ 6).

Art. 71.3.º: Vid. art. 118 del Real Decreto de 3 de septiembre de 1880, por el que se aprueba el Reglamento para la ejecución de la Ley de 10 de enero de 1879, de Propiedad Intelectual.

Art. 72, párr. 1.º: Vid. Disp. Adic. 5.ª de la Ley para cuyo cumplimiento se dictó el Real Decreto 396/1988, de 25 de abril, por el que se desarrolla el art. 72 de la Ley de Propiedad Intelectual sobre control de tirada. Vid. arts. 1.º a 7.º del citado Real Decreto.

Art. 72, párr. 2.º: Vid. arts. 8.º y 9.º del Real Decreto 396/1988, de 25 de abril, por el que se desarrolla el art. 72 de la Ley de Propiedad Intelectual sobre control de tirada.

dispongan, facultará al autor o a sus causahabientes para resolver el contrato, sin perjuicio de las responsabilidades en que hubiere podido incurrir el editor.

Art. 73. *Condiciones generales del contrato.*—Los autores y editores, a través de las entidades de gestión de sus correspondientes derechos de propiedad intelectual o, en su defecto, a través de las asociaciones representativas de unos y otros, podrán acordar condiciones generales para el contrato de edición dentro del respeto a la ley.

CAPÍTULO III

Contrato de representación teatral y ejecución musical

Art. 74. *Concepto.*—Por el contrato regulado en este Capítulo, el autor o sus derechohabientes ceden a una persona natural o jurídica el derecho de representar o ejecutar públicamente una obra literaria, dramática, musical, dramático-musical, pantomímica o coreográfica, mediante compensación económica. El cesionario se obliga a llevar a cabo la comunicación pública de la obra en las condiciones convenidas y con sujeción a lo dispuesto en esta Ley.

Art. 75. *Modalidades y duración máxima del contrato.*—1. Las partes podrán contratar la cesión por plazo cierto o por número determinado de comunicaciones al público.

En todo caso, la duración de la cesión en exclusiva no podrá exceder de cinco años.

2. En el contrato deberá estipularse el plazo dentro del cual debe llevarse a efecto la comunicación única o primera de la obra. Dicho plazo no podrá ser superior a dos años desde la fecha del contrato o, en su caso, desde que el autor puso al empresario en condiciones de realizar la comunicación.

Si el plazo no fuese fijado, se entenderá otorgado por un año. En el caso de que tuviera por objeto la representación escénica de la obra, el referido plazo será el de duración de la temporada correspondiente al momento de la conclusión del contrato.

Art. 76. *Interpretación restrictiva del contrato.*—Si en el contrato no se hubieran determinado las modalidades autorizadas, éstas quedarán limitadas a las de recitación y repre-

---

Art. 74: Este contrato aparece extensamente regulado en el Título II (arts. 61 a 119) del Real Decreto de 3 de septiembre de 1880, por el que se aprueba el Reglamento para la ejecución de la Ley de 10 de enero de 1879, de Propiedad Intelectual. A efectos registrales, vid. arts. 11, 12 y 14 del Real Decreto 611/2023, de 11 de julio, por el que se aprueba el Reglamento del Registro de la Propiedad Intelectual (§ 6).
Art. 75.2: Vid. art. 78.1.º de este Texto Refundido.

sentación en teatros, salas o recintos cuya entrada requiera el pago de una cantidad de dinero.

Art. 77. *Obligaciones del autor.*—Son obligaciones del autor:

1.º Entregar al empresario el texto de la obra con la partitura, en su caso, completamente instrumentada, cuando no se hubiese publicado en forma impresa.

2.º Responder ante el cesionario de la autoría y originalidad de la obra y del ejercicio pacífico de los derechos que le hubiese cedido.

Art. 78. *Obligaciones del cesionario.*—El cesionario está obligado:

1.º A llevar a cabo la comunicación pública de la obra en el plazo convenido o determinado conforme al apartado 2 del artículo 75.

2.º A efectuar esa comunicación sin hacer en la obra variaciones, adiciones, cortes o supresiones no consentidas por el autor y en condiciones técnicas que no perjudiquen el derecho moral de éste.

3.º A garantizar al autor o a sus representantes la inspección de la representación pública de la obra y la asistencia a la misma gratuitamente.

4.º A satisfacer puntualmente al autor la remuneración convenida, que se determinará conforme a lo dispuesto en el artículo 46 de esta Ley.

5.º A presentar al autor o a sus representantes el programa exacto de los actos de comunicación, y cuando la remuneración fuese proporcional, una declaración de los ingresos. Asimismo, el cesionario deberá facilitarles la comprobación de dichos programas y declaraciones.

Art. 79. *Garantía del cobro de la remuneración.*—Los empresarios de espectáculos públicos se considerarán depositarios de la remuneración correspondiente a los autores por la

Art. 77.2.º: Vid. arts. 1.474 y ss. del Código Civil.
Art. 78: Vid. art. 81 de este Texto Refundido.
Art. 78.1.º: Vid. arts. 17, 20 y 81.2.º de este Texto Refundido.
Art. 78.2.º: Vid. art. 14.4 de este Texto Refundido, y arts. 67, 68 y 71 del Real Decreto de 3 de septiembre de 1880, por el que se aprueba el Reglamento para la ejecución de la Ley de 10 de enero de 1879, de Propiedad Intelectual.
Art. 78.3.º: Vid. art. 105 del Real Decreto de 3 de septiembre de 1880, por el que se aprueba el Reglamento para la ejecución de la Ley de 10 de enero de 1879, de Propiedad Intelectual.
Art. 78.4.º: Vid. art. 103 del Real Decreto de 3 de septiembre de 1880, por el que se aprueba el Reglamento para la ejecución de la Ley de 10 de enero de 1879, de Propiedad Intelectual. La Orden de 6 de enero de 1933 (*Gaceta* de 7 de enero) estableció la obligación de las empresas teatrales de obtener el permiso del autor o del propietario de la obra, así como el pago a los mismos de los correspondientes derechos.
Art. 78.2.º a 5.º: Vid. art. 81.3.º de este Texto Refundido.
Art. 79: Vid. arts. 1.758 y ss. del Código Civil y arts. 96 a 102 y 106 a 110 del Real Decreto de 3 de septiembre de 1880, por el que se aprueba el Reglamento para la ejecución de la Ley de 10 de enero de 1879, de Propiedad Intelectual.

comunicación de sus obras cuando aquélla consista en una participación proporcional en los ingresos. Dicha remuneración deberán tenerla semanalmente a disposición de los autores o de sus representantes.

Art. 80. *Ejecución del contrato.*—Salvo que las partes hubieran convenido otra cosa, se sujetarán en la ejecución del contrato a las siguientes reglas:

1.ª Correrá a cargo del cesionario la obtención de las copias necesarias para la comunicación pública de la obra. Éstas deberán ser visadas por el autor.

2.ª El autor y el cesionario elegirán de mutuo acuerdo los intérpretes principales y, tratándose de orquestas, coros, grupos de bailes y conjuntos artísticos análogos, el director.

3.ª El autor y el cesionario convendrán la redacción de la publicidad de los actos de comunicación.

Art. 81. *Causas de resolución.*—El contrato podrá ser resuelto por voluntad del autor en los siguientes casos:

1.º Si el empresario que hubiese adquirido derechos exclusivos, una vez iniciadas las representaciones públicas de la obra, las interrumpiere durante un año.

2.º Si el empresario incumpliere la obligación mencionada en el apartado 1.º del artículo 78.

3.º Si el empresario incumpliere cualquiera de las obligaciones citadas en los apartados 2.º, 3.º, 4.º y 5.º del mismo artículo 78, después de haber sido requerido por el autor para su cumplimiento.

Art. 82. *Causas de extinción.*—El contrato de representación se extingue, además de por las causas generales de extinción de los contratos, cuando, tratándose de una obra de estreno y siendo su representación escénica la única modalidad de comunicación contemplada en el contrato, aquélla hubiese sido rechazada claramente por el público y así se hubiese expresado en el contrato.

Art. 80.1.ª: Vid. art. 79 del Real Decreto de 3 de septiembre de 1880, por el que se aprueba el Reglamento para la ejecución de la Ley de 10 de enero de 1879, de Propiedad Intelectual.

Art. 80.2.ª: Vid. art. 84 del Real Decreto de 3 de septiembre de 1880, por el que se aprueba el Reglamento para la ejecución de la Ley de 10 de enero de 1879, de Propiedad Intelectual.

Art. 80.3.ª: Vid. arts. 85 y 86 del Real Decreto de 3 de septiembre de 1880, por el que se aprueba el Reglamento para la ejecución de la Ley de 10 de enero de 1879, de Propiedad Intelectual.

Art. 81: Vid. art. 84 de este Texto Refundido, que excepciona el apdo. 1 de este artículo.

Art. 82: La extinción de los contratos se regula en los Capítulos V y VI del Título II del Libro IV del Código Civil. Vid. arts. 1.156 y ss. de éste y art. 89 del Real Decreto de 3 de septiembre de 1880, por el que se aprueba el Reglamento para la ejecución de la Ley de 10 de enero de 1879, de Propiedad Intelectual.

Art. 83. *Ejecución pública de composiciones musicales.*—El contrato de representación que tenga por objeto la ejecución pública de una composición musical se regirá por las disposiciones de este Capítulo, siempre que lo permita la naturaleza de la obra y la modalidad de la comunicación autorizada.

Art. 84. *Disposiciones especiales para la cesión de derecho de comunicación pública mediante radiodifusión.*—1. La cesión del derecho de comunicación pública de las obras a las que se refiere este Capítulo, a través de la radiodifusión, se regirá por las disposiciones del mismo, con excepción de lo dispuesto en el apartado 1.º del artículo 81.

2. Salvo pacto en contrario, se entenderá que dicha cesión queda limitada a la emisión de la obra por una sola vez, realizada por medios inalámbricos y centros emisores de la entidad de radiodifusión autorizada, dentro del ámbito territorial determinado en el contrato, sin perjuicio de lo dispuesto en el artículo 20 y en los apartados 1 y 2 del artículo 36 de esta Ley.

Art. 85. *Aplicación de las disposiciones anteriores a las simples autorizaciones.*—Las autorizaciones que el autor conceda a un empresario para que pueda proceder a una comunicación pública de su obra, sin obligarse a efectuarla, se regirán por las disposiciones de este Capítulo en lo que les fuese aplicable.

TÍTULO VI

Obras cinematográficas y demás obras audiovisuales

Art. 86. *Concepto.*—1. Las disposiciones contenidas en el presente Título serán de aplicación a las obras cinematográficas

---

Art. 83: Vid. art. 38 de este Texto Refundido.

Art. 84: Vid. arts. 1.º y 10 de la Directiva 93/83/CEE del Consejo, de 27 de septiembre de 1993, sobre coordinación de determinadas disposiciones relativas a los derechos de autor y derechos afines a los derechos de autor en el ámbito de la radiodifusión vía satélite y de la distribución por cable.

Art. 86: Respecto del concepto de «película cinematográfica» y «otras obras audiovisuales», vid. art. 4.º, letras *a*) y *b*), de la Ley 55/2007, de 28 de diciembre, del Cine (*BOE* n.º 312, de 29 de diciembre), desarrollada por Real Decreto 1.084/2015, de 4 de diciembre (*BOE* n.º 291, de 5 de diciembre). Vid. arts. 5.º y 6.º de la Ley 22/1999, de 7 de julio, de modificación de la Ley 25/1994, de 12 de julio, por la que se incorpora al ordenamiento jurídico español la Directiva 89/552/CEE, sobre la coordinación de disposiciones legales, reglamentarias y administrativas de los Estados miembros relativas al ejercicio de actividades de radiodifusión televisiva (*BOE* n.º 136, de 8 de junio). Vid. art. 120 de este Texto Refundido.

y demás obras audiovisuales, entendiendo por tales las creaciones expresadas mediante una serie de imágenes asociadas, con o sin sonorización incorporada, que estén destinadas esencialmente a ser mostradas a través de aparatos de proyección o por cualquier otro medio de comunicación pública de la imagen y del sonido, con independencia de la naturaleza de los soportes materiales de dichas obras.

2. Todas las obras enunciadas en el presente artículo se denominarán en lo sucesivo obras audiovisuales.

Art. 87. *Autores.*—Son autores de la obra audiovisual en los términos previstos en el artículo 7 de esta Ley:

1. El director-realizador.

2. Los autores del argumento, la adaptación y los del guión o los diálogos.

3. Los autores de las composiciones musicales, con o sin letra, creadas especialmente para esta obra.

Desde el ámbito comunitario, vid. art. 2.º1 de la Directiva 2006/115/CE del Parlamento Europeo y del Consejo, de 12 de diciembre de 2006, sobre derechos de alquiler y préstamo y otros derechos afines a los derechos de autor en el ámbito de la propiedad intelectual (versión codificada de la antigua Directiva 92/100/CEE del Consejo, de 19 de noviembre de 1992), y art. 3.º3 de la Directiva 93/83/CEE del Consejo, de 27 de septiembre de 1993, sobre coordinación de determinadas disposiciones relativas a los derechos de autor y derechos afines a los derechos de autor en el ámbito de la radiodifusión vía satélite y de la distribución por cable.

A efectos registrales, vid. arts. 13 y 14 del Real Decreto 611/2023, de 11 de julio, por el que se aprueba el Reglamento del Registro de la Propiedad Intelectual (§ 6). Vid. también Disp. Adic. 4.ª de la Ley 28/1998, de 13 de julio, de venta a plazos de bienes muebles (*BOE* n.º 167, de 14 de julio), añadida por la Disp. Final 1.ª de la Ley 55/2007, de 28 de diciembre, del cine (*BOE* n.º 312, de 29 de diciembre).

Art. 87: Respecto del concepto de autores de la obra audiovisual, vid. art. 4.º*i*) de la Ley 55/2007, de 28 de diciembre, del Cine (*BOE* n.º 312, de 29 de diciembre) —aunque se dice que los autores lo son «a los efectos del artículo 5 de esta Ley»—, desarrollada por Real Decreto 1.084/2015, de 4 de diciembre (*BOE* n.º 291, de 5 de diciembre).

Desde el ámbito registral, vid. arts. 11, 12 y 14 del Real Decreto 611/2023, de 11 de julio, por el que se aprueba el Reglamento del Registro de la Propiedad Intelectual (§ 6). Vid. también Disp. Adic. 4.ª de la Ley 28/1998, de 13 de julio, de venta a plazos de bienes muebles (*BOE* n.º 167, de 14 de julio), añadida por la Disp. Final 1.ª de la citada Ley 55/2007.

Respecto de la autoría, vid. art. 2.º2 de la Directiva 2006/115/CE del Parlamento Europeo y del Consejo, de 12 de diciembre de 2006, sobre derechos de alquiler y préstamo y otros derechos afines a los derechos de autor en el ámbito de la propiedad intelectual (versión codificada de la antigua Directiva 92/100/CEE del Consejo, de 19 de noviembre de 1992); art. 1.º5 de la Directiva 93/83/CEE del Consejo, de 27 de septiembre de 1993, sobre coordinación de determinadas disposiciones relativas a los derechos de autor y derechos afines a los derechos de autor en el ámbito de la radiodifusión vía satélite y de la distribución por cable, y art. 2.º de la Directiva 93/98/CE del Consejo, de 29 de octubre de 1993, cuyo texto codificado se encuentra en la Directiva 2006/116/CE del Parlamento Europeo y del Consejo, de 12 de diciembre de 2006.

A los derechos de propiedad intelectual de las creaciones publicitarias se refiere la Ley 34/1988, de 11 de noviembre, General de Publicidad (*BOE* n.º 274, de 14 de noviembre).

Art. 88. *Presunción de cesión en exclusiva y límites.*—1. Sin perjuicio de los derechos que corresponden a los autores, por el contrato de producción de la obra audiovisual se presumirán cedidos en exclusiva al productor, con las limitaciones establecidas en este Título, los derechos de reproducción, distribución y comunicación pública, así como los de doblaje o subtitulado de la obra.

No obstante, en las obras cinematográficas será siempre necesaria la autorización expresa de los autores para su explotación, mediante la puesta a disposición del público de copias en cualquier sistema o formato, para su utilización en el ámbito doméstico, o mediante su comunicación pública a través de la radiodifusión.

2. Salvo estipulación en contrario, los autores podrán disponer de su aportación en forma aislada, siempre que no se perjudique la normal explotación de la obra audiovisual.

Art. 89. *Presunción de cesión en caso de transformación de obra preexistente.*—1. Mediante el contrato de transformación de una obra preexistente que no esté en el dominio público, se presumirá que el autor de la misma cede al productor de la obra audiovisual los derechos de explotación sobre ella en los términos previstos en el artículo 88.

2. Salvo pacto en contrario, el autor de la obra preexistente conservará sus derechos a explotarla en forma de edición gráfica y de

Art. 88.1: Vid. arts. 19.3, párr. 2.°, 89.1 y 90.2 de este Texto Refundido, así como sus Disps. Trans. 10.ª, 11.ª y 12.ª3. Desde el ámbito registral, vid. arts. 11, 12 y 14 del Real Decreto 611/2023, de 11 de julio, por el que se aprueba el Reglamento del Registro de la Propiedad Intelectual (§ 6). Vid. art. 2.°6 de la Directiva 2006/115/CE del Parlamento Europeo y del Consejo, de 12 de diciembre de 2006, sobre derechos de alquiler y préstamo y otros derechos afines a los derechos de autor en el ámbito de la propiedad intelectual (versión codificada de la antigua Directiva 92/100/CEE del Consejo, de 19 de noviembre de 1992), y arts. 3.°3 y 9.° de la Directiva 93/83/CEE del Consejo, de 27 de septiembre de 1993, sobre coordinación de determinadas disposiciones relativas a los derechos de autor y derechos afines a los derechos de autor en el ámbito de la radiodifusión vía satélite y de la distribución por cable.

Art. 88.2: Vid. arts. 1.°4 y 4.° del Real Decreto 448/1988, de 22 de abril, por el que se regula la difusión de películas cinematográficas y otras obras audiovisuales recogidas en soporte videográfico (*BOE* n.° 116, de 14 de mayo); art. 12.4 de la Ley 22/1999, de 7 de junio, de modificación de la Ley 25/1994, de 12 de julio, por la que se incorpora al ordenamiento jurídico español la Directiva 89/552/CEE, sobre la coordinación de disposiciones legales, reglamentarias y administrativas de los Estados miembros relativas al ejercicio de actividades de radiodifusión televisiva (*BOE* n.° 136, de 8 de junio), y arts. 14 bis.2.*b*) y 15.2 del Convenio de Berna.

Art. 89: Vid. arts. 20.1 y 44.1 de este Texto Refundido; art. 68, referido a la obra dramática, del Real Decreto de 3 de septiembre de 1880, por el que se aprueba el Reglamento para la ejecución de la Ley de 10 de enero de 1879, de Propiedad Intelectual, y nota al art. 88 de este Texto Refundido.

representación escénica y, en todo caso, podrá disponer de ella para otra obra audiovisual a los quince años de haber puesto su aportación a disposición del productor.

Art. 90. *Remuneración de los autores.*—1. La remuneración de los autores de la obra audiovisual por la cesión de los derechos mencionados en el artículo 88 y, en su caso, la correspondiente a los autores de las obras preexistentes, hayan sido transformadas o no, deberán determinarse para cada una de las modalidades de explotación concedidas.

2. Cuando los autores a los que se refiere el apartado anterior suscriban con un productor de grabaciones audiovisuales contratos relativos a la producción de las mismas, se presumirá que, salvo pacto en contrario en el contrato y a salvo del derecho irrenunciable a una remuneración equitativa a que se refiere el párrafo siguiente, han transferido su derecho de alquiler.

El autor que haya transferido o cedido a un productor de fonogramas o de grabaciones audiovisuales su derecho de alquiler respecto de un fonograma o un original o una copia de una grabación audiovisual, conservará el derecho irrenunciable a obtener una remuneración equitativa por el alquiler de los mismos. Tales remuneraciones serán exigibles de quienes lleven a efecto las operaciones de alquiler al público de los fonogramas o grabaciones audiovisuales en su condición de derechohabientes de los titulares del correspondiente derecho de autorizar dicho alquiler y se harán efectivas a partir del 1 de enero de 1997.

3. En todo caso, y con independencia de lo pactado en el contrato, cuando la obra audiovisual sea proyectada en lugares públicos mediante el pago de un precio de entrada, los autores mencionados en el apartado 1 de este artículo tendrán derecho a percibir de quienes exhiban públicamente dicha obra un porcentaje de los ingresos procedentes de dicha exhibición pública. Las cantidades pagadas por este concepto podrán deducirlas los exhibidores de las

---

Art. 90.1: Vid. arts. 46, 47, 89 y 196.2 de este Texto Refundido, y art. 4.º de la Directiva 2006/115/CE del Parlamento Europeo y del Consejo, de 12 de diciembre de 2006, sobre derechos de alquiler y préstamo y otros derechos afines a los derechos de autor en el ámbito de la propiedad intelectual (versión codificada de la antigua Directiva 92/100/CEE del Consejo, de 19 de noviembre de 1992).

Art. 90.2: Vid. arts. 88.1, 90.7 y 120.1 y 2 y Disp. Trans. 9.ª de este Texto Refundido.

Art. 90.3: Vid. arts. 90.6 y 7, y 199.2, y Disp. Adic. 4.ª de este Texto Refundido. Respecto del concepto de «sala de exhibición cinematográfica», vid. art. 4.ºf) de la Ley 55/2007, de 28 de diciembre, del Cine (*BOE* n.º 312, de 29 de diciembre). Respecto de la exhibición en sala, vid. arts. 15 y 16 de dicha Ley, desarrollada por Real Decreto 1.084/2015, de 4 de diciembre (*BOE* n.º 291, de 5 de diciembre).

que deban abonar a los cedentes de la obra audiovisual.

En el caso de exportación de la obra audiovisual, los autores podrán ceder el derecho mencionado por una cantidad alzada, cuando en el país de destino les sea imposible o gravemente dificultoso el ejercicio efectivo del derecho.

Los empresarios de salas públicas o de locales de exhibición deberán poner periódicamente a disposición de los autores las cantidades recaudadas en concepto de dicha remuneración. A estos efectos, el Gobierno podrá establecer reglamentariamente los oportunos procedimientos de control.

4. La proyección o exhibición sin exigir precio de entrada, la transmisión al público por cualquier medio o procedimiento, alámbrico o inalámbrico, incluido, entre otros, la puesta a disposición en la forma establecida en el artículo 20.2.*i*) de una obra audiovisual, dará derecho a los autores a recibir la remuneración que proceda, de acuerdo con las tarifas generales establecidas por la correspondiente entidad de gestión.

5. Con el objeto de facilitar al autor el ejercicio de los derechos que le correspondan por la explotación de la obra audiovisual, el productor, al menos una vez al año, deberá facilitar a instancia del autor la documentación necesaria.

6. Los derechos establecidos en los apartados 3 y 4 de este artículo serán irrenunciables e intransmisibles por actos *inter vivos* y no serán de aplicación a los autores de obras audiovisuales de carácter publicitario.

7. Los derechos contemplados en los apartados 2, 3 y 4 del presente artículo se harán efectivos a través de las entidades de gestión de los derechos de propiedad intelectual.

Art. 91. *Aportación insuficiente de un autor.*—Cuando la aportación de un autor no se completase por negativa injustificada

---

Art. 90.4: Su redacción proviene de la Ley 23/2006, de 7 de julio, por la que se modifica el Texto Refundido de la Ley de Propiedad Intelectual, aprobado por el Real Decreto Legislativo 1/1996, de 12 de abril (*BOE* n.º 162, de 8 de julio).

Vid. arts. 90.6 y 7 y 199.2 de este Texto Refundido, y art. 3.º de la Directiva 2001/29/CE del Parlamento Europeo y del Consejo, de 22 de mayo de 2001, relativa a la armonización de determinados aspectos de los derechos de autor y derechos afines a los derechos de autor en la sociedad de la información.

Art. 90.6: Vid. art. 23 de la Ley 34/1988, de 11 de noviembre, General de Publicidad (*BOE* n.º 274, de 14 de noviembre).

Art. 90.7: Vid. art. 9.º9 de la Directiva 93/83/CEE del Consejo, de 27 de septiembre de 1993, sobre coordinación de determinadas disposiciones relativas a los derechos de autor y derechos afines a los derechos de autor en el ámbito de la radiodifusión vía satélite y de la distribución por cable.

Art. 91: Vid. art. 7.º2 de este Texto Refundido, y arts. 1.101 y 1.105 del Código Civil.

del mismo o por causa de fuerza mayor, el productor podrá utilizar la parte ya realizada, respetando los derechos de aquél sobre la misma, sin perjuicio, en su caso, de la indemnización que proceda.

Art. 92. *Versión definitiva y sus modificaciones.*—1. Se considerará terminada la obra audiovisual cuando haya sido establecida la versión definitiva, de acuerdo con lo pactado en el contrato entre el director-realizador y el productor.

2. Cualquier modificación de la versión definitiva de la obra audiovisual mediante añadido, supresión o cambio de cualquier elemento de la misma, necesitará la autorización previa de quienes hayan acordado dicha versión definitiva.

No obstante, en los contratos de producción de obras audiovisuales destinadas esencialmente a la comunicación pública a través de la radiodifusión, se presumirá concedida por los autores, salvo estipulación en contrario, la autorización para realizar en la forma de emisión de la obra las modificaciones estrictamente exigidas por el modo de programación del medio, sin perjuicio en todo caso del derecho reconocido en el apartado 4.º del artículo 14.

Art. 93. *Derecho moral y destrucción de soporte original.*—1. El derecho moral de los autores sólo podrá ser ejercido sobre la versión definitiva de la obra audiovisual.

2. Queda prohibida la destrucción del soporte original de la obra audiovisual en su versión definitiva.

Art. 94. *Obras radiofónicas.*—Las disposiciones contenidas en el presente Título serán de aplicación, en lo pertinente, a las obras radiofónicas.

Art. 92: Vid. arts. 14 y 87 de este Texto Refundido, y arts. 1.º1.c), 11 y 18 de la Directiva 97/36/CE del Parlamento Europeo y del Consejo, de 30 de junio de 1997, por la que se modifica la Directiva 89/552/CEE del Consejo, sobre la coordinación de determinadas disposiciones legales, reglamentarias y administrativas de los Estados miembros relativas al ejercicio de actividades de radiodifusión televisiva (*DOCE* n.º L 202, de 30 de julio). Esta Directiva está incorporada por la Ley 22/1999, de 7 de junio, de modificación de la Ley 25/1994, de 12 de julio, por la que se incorpora al ordenamiento jurídico español la Directiva 89/552/CEE, sobre la coordinación de determinadas disposiciones legales, reglamentarias y administrativas de los Estados miembros, relativas al ejercicio de actividades de radiodifusión televisiva (*BOE* n.º 136, de 8 de junio).

Art. 93.2: Vid. arts. 14 y 56 de este Texto Refundido.

TÍTULO VII

Programas de ordenador*

Art. 95. *Régimen jurídico.*—El derecho de autor sobre los programas de ordenador se regirá por los preceptos del presente Título y, en lo que no esté específicamente previsto en el mismo, por las disposiciones que resulten aplicables de la presente Ley.

Art. 96. *Objeto de la protección.*—1. A los efectos de la presente Ley se entenderá por programa de ordenador toda secuencia de instrucciones o indicaciones destinadas a ser utilizadas, directa o indirectamente, en un sistema informático para realizar una función o una tarea o para obtener un resultado determinado, cualquiera que fuere su forma de expresión y fijación.

A los mismos efectos, la expresión programas de ordenador

---

* Vid. Directiva 2009/24/CE del Parlamento Europeo y del Consejo, de 23 de abril de 2009, sobre la protección jurídica de los programas de ordenador (versión codificada de la antigua Directiva 91/250/CEE del Consejo, de 14 de mayo de 1991); art. 3.º de la Directiva 2006/115/CE del Parlamento Europeo y del Consejo, de 12 de diciembre de 2006, sobre derechos de alquiler y préstamo y otros derechos afines a los derechos de autor en el ámbito de la propiedad intelectual (versión codificada de la antigua Directiva 92/100/CEE del Consejo, de 19 de noviembre de 1992); Directiva 97/66/CE del Parlamento Europeo y del Consejo, de 15 de octubre de 1997, relativa al tratamiento de los datos personales y a la protección de la intimidad en el sector de las telecomunicaciones (*DOCE* n.º L 24, de 30 de enero de 1998); arts. 1.º3 y 2.º de la Directiva 96/9/CE del Parlamento Europeo y del Consejo, de 11 de marzo de 1996, sobre protección de las bases de datos; arts. 1.º5.*b*) y 3.º3 de la Directiva 2000/31/CE del Parlamento Europeo y del Consejo, de 8 de junio de 2000, relativa a determinados aspectos jurídicos de los servicios de la sociedad de la información, en particular el comercio electrónico en el mercado interior, y art. 1.º2 de la Directiva 2001/29/CE del Parlamento Europeo y del Consejo, de 22 de mayo de 2001, relativa a la armonización de determinados aspectos de los derechos de autor y derechos afines a los derechos de autor en la sociedad de la información.

Art. 95: Vid. arts. 1.º3.º y 10.1.*i*) y Disp. Trans. 8.ª de este Texto Refundido; art. 10 del Acuerdo por el que se establece la Organización Mundial del Comercio (Anexo 1C: Acuerdo sobre los Aspectos de los Derechos de Propiedad Intelectual relacionados con el Comercio); art. 4.º del Tratado de la Organización Mundial de la Propiedad Intelectual sobre Derecho de Autor y art. 1.º2 de la Directiva 2001/29/CE del Parlamento Europeo y del Consejo, de 22 de mayo de 2001, relativa a la armonización de determinados aspectos de los derechos de autor y derechos afines a los derechos de autor en la sociedad de la información.

Art. 96.1: Se refunden el art. 96.2 de la Ley 22/1987, de 11 de noviembre, de Propiedad Intelectual (*BOE* n.º 275, de 17 de noviembre), y el art. 1.º2 de la derogada Ley 16/1993, de 23 de diciembre, de incorporación al Derecho español de la Directiva 91/250/CEE, de 14 de mayo de 1991, sobre la protección jurídica de programas de ordenador (*BOE* n.º 307, de 24 de diciembre).

Vid. art. 1.º de la Directiva 2009/24/CE del Parlamento Europeo y del Consejo, de 23 de abril de 2009, sobre la protección jurídica de los programas de ordenador (versión codificada de la antigua Directiva 91/250/CEE del Consejo, de 14 de mayo de 1991).

comprenderá también su documentación preparatoria. La documentación técnica y los manuales de uso de un programa gozarán de la misma protección que este Título lo dispensa a los programas de ordenador.

2. El programa de ordenador será protegido únicamente si fuese original, en el sentido de ser una creación intelectual propia de su autor.

3. La protección prevista en la presente Ley se aplicará a cualquier forma de expresión de un programa de ordenador. Asimismo, esta protección se extiende a cualesquiera versiones sucesivas del programa así como a los programas derivados, salvo aquellas creadas con el fin de ocasionar efectos nocivos a un sistema informático.

Cuando los programas de ordenador formen parte de una patente o un modelo de utilidad gozarán, sin perjuicio de lo dispuesto en la presente Ley, de la protección que pudiera corresponderles por aplicación del régimen jurídico de la propiedad industrial.

4. No estarán protegidos mediante los derechos de autor con arreglo a la presente Ley las ideas y principios en los que se basan cualquiera de los elementos de un programa de ordenador incluidos los

Art. 96.2: Vid. art. 10.1 de este Texto Refundido; art. 1.º3 de la Directiva 2009/24/CE del Parlamento Europeo y del Consejo, de 23 de abril de 2009, sobre la protección jurídica de los programas de ordenador (versión codificada de la antigua Directiva 91/250/CEE del Consejo, de 14 de mayo de 1991); art. 10.1 del Acuerdo por el que se establece la Organización Mundial del Comercio (Anexo 1C: Acuerdo sobre los Aspectos de los Derechos de Propiedad Intelectual relacionados con el Comercio) y art. 4.º del Tratado de la Organización Mundial de la Propiedad Intelectual sobre Derecho de Autor.

Art. 96.3, párr. 1.º: Se refunden el art. 96.4 de la Ley 22/1987, de 11 de noviembre, de Propiedad Intelectual (*BOE* n.º 275, de 17 de noviembre), y el art. 1.º4 de la derogada Ley 16/1993, de 23 de diciembre, de incorporación al Derecho español de la Directiva 91/250/CEE, de 14 de mayo de 1991, sobre la protección jurídica de programas de ordenador (*BOE* n.º 307, de 24 de diciembre).

Vid. art. 10.1 del Acuerdo por el que se establece la Organización Mundial del Comercio (Anexo 1C: Acuerdo sobre los Aspectos de los Derechos de Propiedad Intelectual relacionados con el Comercio) y art. 4.º del Tratado de la Organización Mundial de la Propiedad Intelectual sobre Derecho de Autor.

Art. 96.3, párr. 2.º: Vid. arts. 3.º2 y 104 de este Texto Refundido. Las patentes se regulan en la Ley 24/2015, de 24 de julio, de Patentes (*BOE* n.º 177, de 25 de julio). Téngase en cuenta el art. 1.º2 de la Directiva 2009/24/CE del Parlamento Europeo y del Consejo, de 23 de abril de 2009, sobre la protección jurídica de los programas de ordenador (versión codificada de la antigua Directiva 91/250/CEE del Consejo, de 14 de mayo de 1991).

Art. 96.4: Se incorpora el art. 1.º4 de la derogada Ley 16/1993, de 23 de diciembre, de incorporación al Derecho español de la Directiva 91/250/CEE, de 14 de mayo de 1991, sobre la protección jurídica de programas de ordenador (*BOE* n.º 307, de 24 de diciembre).

Vid. art. 9.º2 del Acuerdo por el que se establece la Organización Mundial del Comercio (Anexo 1C: Acuerdo sobre los Aspectos de los Derechos de Propiedad Intelectual relacionados con el Comercio) y art. 2.º del Tratado de la Organización Mundial de la Propiedad Intelectual sobre Derecho de Autor.

que sirven de fundamento a sus interfaces.

Art. 97. *Titularidad de los derechos.*—1. Será considerado autor del programa de ordenador la persona o grupo de personas naturales que lo hayan creado, o la persona jurídica que sea contemplada como titular de los derechos de autor en los casos expresamente previstos por esta Ley.

2. Cuando se trate de una obra colectiva tendrá la consideración de autor, salvo pacto en contrario, la persona natural o jurídica que la edite y divulgue bajo su nombre.

3. Los derechos de autor sobre un programa de ordenador que sea resultado unitario de la colaboración entre varios autores serán propiedad común y corresponderán a todos éstos en la proporción que determinen.

4. Cuando un trabajador asalariado cree un programa de ordenador, en el ejercicio de las funciones que le han sido confiadas o siguiendo las instrucciones de su empresario, la titularidad de los derechos de explotación correspondientes al programa de ordenador así creado, tanto el programa fuente como el programa objeto, corresponderán, exclusiva-

---

Art. 97.1: Se incorpora el art. 2.º1 de la derogada Ley 16/1993, de 23 de diciembre, de incorporación al Derecho español de la Directiva 91/250/CEE, de 14 de mayo de 1991, sobre la protección jurídica de programas de ordenador (*BOE* n.º 307, de 24 de diciembre).

Vid. arts. 5.º y 47.3 de este Texto Refundido, y art. 2.º de la Directiva 2009/24/CE del Parlamento Europeo y del Consejo, de 23 de abril de 2009, sobre la protección jurídica de los programas de ordenador (versión codificada de la antigua Directiva 91/250/CEE del Consejo, de 14 de mayo de 1991).

Art. 97.2: Se incorpora el art. 2.º2 de la derogada Ley 16/1993, de 23 de diciembre, de incorporación al Derecho español de la Directiva 91/250/CEE, de 14 de mayo de 1991, sobre la protección jurídica de programas de ordenador (*BOE* n.º 307, de 24 de diciembre).

Vid. art. 8.º de este Texto Refundido, y art. 2.º1 de la Directiva 2009/24/CE del Parlamento Europeo y del Consejo, de 23 de abril de 2009, sobre la protección jurídica de los programas de ordenador (versión codificada de la antigua Directiva 91/250/CEE del Consejo, de 14 de mayo de 1991).

Art. 97.3: Se incorpora el art. 2.º4 de la derogada Ley 16/1993, de 23 de diciembre, de incorporación al Derecho español de la Directiva 91/250/CEE, de 14 de mayo de 1991, sobre la protección jurídica de programas de ordenador (*BOE* n.º 307, de 24 de diciembre).

Vid. art. 7.º de este Texto Refundido, y art. 2.º2 de la Directiva 2009/24/CE del Parlamento Europeo y del Consejo, de 23 de abril de 2009, sobre la protección jurídica de los programas de ordenador (versión codificada de la antigua Directiva 91/250/CEE del Consejo, de 14 de mayo de 1991).

Art. 97.4: Se incorpora el art. 3.º de la derogada Ley 16/1993, de 23 de diciembre, de incorporación al Derecho español de la Directiva 91/250/CEE, de 14 de mayo de 1991, sobre la protección jurídica de programas de ordenador (*BOE* n.º 307, de 24 de diciembre).

Vid. art. 51.5 de este Texto Refundido, y art. 2.º3 de la Directiva 2009/24/CE del Parlamento Europeo y del Consejo, de 23 de abril de 2009, sobre la protección jurídica de los programas de ordenador (versión codificada de la antigua Directiva 91/250/CEE del Consejo, de 14 de mayo de 1991).

mente, al empresario, salvo pacto en contrario.

5. La protección se concederá a todas las personas naturales y jurídicas que cumplan los requisitos establecidos en esta Ley para la protección de los derechos de autor.

Art. 98. *Duración de la protección.*—1. Cuando el autor sea una persona natural la duración de los derechos de explotación de un programa de ordenador será, según los distintos supuestos que pueden plantearse, la prevista en el Capítulo I del Título III de este Libro.

2. Cuando el autor sea una persona jurídica la duración de los derechos a que se refiere el párrafo anterior será de setenta años, computados desde el día 1 de enero del año siguiente al de la divulgación lícita del programa o al de su creación si no se hubiera divulgado.

Art. 99. *Contenido de los derechos de explotación.*—Sin perjuicio de lo dispuesto en el artículo 100 de esta Ley los derechos exclusivos de la explotación de un programa de ordenador por parte de quien sea su titular con arreglo al artículo 97, incluirán el derecho de realizar o de autorizar:

a) La reproducción total o parcial, incluso para uso personal, de un programa de ordenador, por cualquier medio y bajo cualquier forma, ya fuere permanente o transitoria. Cuando la carga, presenta-

Art. 98.1: Vid. art. 11 de la Directiva 93/98/CEE del Consejo, de 29 de octubre de 1993, relativa a la armonización del plazo de protección del derecho de autor y de determinados derechos afines, cuyo texto codificado se encuentra en la Directiva 2006/116/CE del Parlamento Europeo y del Consejo, de 12 de diciembre de 2006 (versión codificada de la antigua Directiva 93/98/CEE del Consejo, de 29 de octubre de 1993).

Art. 98.2: Vid. art. 2.º4 de la Directiva 2009/24/CE del Parlamento Europeo y del Consejo, de 23 de abril de 2009, sobre la protección jurídica de los programas de ordenador (versión codificada de la antigua Directiva 91/250/CEE del Consejo, de 14 de mayo de 1991), y art. 11 de la Directiva 93/98/CEE del Consejo, de 29 de octubre de 1993, relativa a la armonización del plazo de protección del derecho de autor y de determinados derechos afines, cuyo texto codificado se encuentra en la Directiva 2006/116/CE del Parlamento Europeo y del Consejo, de 12 de diciembre de 2006 (versión codificada de la antigua Directiva 93/98/CEE del Consejo, de 29 de octubre de 1993).

Art. 99: Este precepto se introduce en el ordenamiento español por el art. 4.º de la derogada Ley 16/1993, de 23 de diciembre, de incorporación al Derecho español de la Directiva 91/250/CEE, de 14 de mayo de 1991, sobre la protección jurídica de programas de ordenador (*BOE* n.º 307, de 24 de diciembre). Vid. arts. 1.º, 2.º, 17 y ss., y 102 de este Texto Refundido.

Vid. art. 4.º de la Directiva 2009/24/CE del Parlamento Europeo y del Consejo, de 23 de abril de 2009, sobre la protección jurídica de los programas de ordenador (versión codificada de la antigua Directiva 91/250/CEE del Consejo, de 14 de mayo de 1991).

Art. 99.a): Vid. arts. 31.2 y 3.*c*), 100 y 102 de este Texto Refundido, y art. 4.º*a)* de la Directiva 2009/24/CE del Parlamento Europeo y del Consejo, de 23 de abril de 2009, sobre la protección jurídica de los programas de ordenador (versión codificada de la antigua Directiva 91/250/CEE del Consejo, de 14 de mayo de 1991).

ción, ejecución, transmisión o almacenamiento de un programa necesiten tal reproducción deberá disponerse de autorización para ello, que otorgará el titular del derecho.

b) La traducción, adaptación, arreglo o cualquier otra transformación de un programa de ordenador y la reproducción de los resultados de tales actos, sin perjuicio de los derechos de la persona que transforme el programa de ordenador.

c) Cualquier forma de distribución pública incluido el alquiler del programa de ordenador original o de sus copias.

A tales efectos, cuando se produzca cesión del derecho de uso de un programa de ordenador, se entenderá, salvo prueba en contrario, que dicha cesión tiene carácter no exclusivo e intransferible, presu-

miéndose, asimismo, que lo es para satisfacer únicamente las necesidades del usuario. La primera venta en la Unión Europea de una copia de un programa por el titular de los derechos o con su consentimiento, agotará el derecho de distribución de dicha copia, salvo el derecho de controlar el subsiguiente alquiler del programa o de una copia del mismo.

Art. 100. *Límites a los derechos de explotación.*—1. No necesitarán autorización del titular, salvo disposición contractual en contrario, la reproducción o transformación de un programa de ordenador incluida la corrección de errores, cuando dichos actos sean necesarios para la utilización del mismo por parte del usuario legítimo, con arreglo a su finalidad propuesta.

Art. 99.b): Vid. arts. 21, 100 y 102 de este Texto Refundido, y art. 4.°*b*) de la Directiva 2009/24/CE del Parlamento Europeo y del Consejo, de 23 de abril de 2009, sobre la protección jurídica de los programas de ordenador (versión codificada de la antigua Directiva 91/250/CEE del Consejo, de 14 de mayo de 1991).

Art. 99.c): Vid. arts. 19 y 102, y Disp. Trans. 10.ª de este Texto Refundido, y art. 11 del Acuerdo por el que se establece la Organización Mundial del Comercio (Anexo 1C: Acuerdo sobre los Aspectos de los Derechos de Propiedad Intelectual relacionados con el Comercio); art. 7.°1.*i*) y 2.*i*) del Tratado de la Organización Mundial de la Propiedad Intelectual sobre Derecho de Autor y art. 3.° de la Directiva 2006/115/CE del Parlamento Europeo y del Consejo, de 12 de diciembre de 2006, sobre derechos de alquiler y préstamo y otros derechos afines a los derechos de autor en el ámbito de la propiedad intelectual (versión codificada de la antigua Directiva 92/100/CEE del Consejo, de 19 de noviembre de 1992).

Art. 100.1 a 3: Respecto de los supuestos en los que no se requiere autorización del titular, vid. arts. 5.° y 6.° de la Directiva 2009/24/CE del Parlamento Europeo y del Consejo, de 23 de abril de 2009, sobre la protección jurídica de los programas de ordenador (versión codificada de la antigua Directiva 91/250/CEE del Consejo, de 14 de mayo de 1991), y art. 5.°1.*b*) y 2.*b*) de la Directiva 2001/29/CE del Parlamento Europeo y del Consejo, de 22 de mayo de 2001, relativa a la armonización de determinados aspectos de los derechos de autor y derechos afines a los derechos de autor en la sociedad de la información. Vid. art. 102 de este Texto Refundido.

2. La realización de una copia de seguridad por parte de quien tiene derecho a utilizar el programa no podrá impedirse por contrato en cuanto resulte necesaria para dicha utilización.

3. El usuario legítimo de la copia de un programa estará facultado para observar, estudiar o verificar su funcionamiento, sin autorización previa del titular, con el fin de determinar las ideas y principios implícitos en cualquier elemento del programa, siempre que lo haga durante cualquiera de las operaciones de carga, visualización, ejecución, transmisión o almacenamiento del programa que tiene derecho a hacer.

4. El autor, salvo pacto en contrario, no podrá oponerse a que el cesionario titular de derechos de explotación realice o autorice la realización de versiones sucesivas de su programa ni de programas derivados del mismo.

5. No será necesaria la autorización del titular del derecho cuando la reproducción del código y la traducción de su forma en el sentido de los párrafos *a*) y *b*) del artículo 99 de la presente Ley, sea indispensable para obtener la información necesaria para la interoperabilidad de un programa creado de forma independiente con otros programas, siempre que se cumplan los siguientes requisitos:

a) Que tales actos sean realizados por el usuario legítimo o por cualquier otra persona facultada para utilizar una copia del programa, o, en su nombre, por parte de una persona debidamente autorizada.

b) Que la información necesaria para conseguir la interoperabilidad no haya sido puesta previamente y de manera fácil y rápida, a disposición de las personas a que se refiere el párrafo anterior.

c) Que dichos actos se limiten a aquellas partes del programa original que resulten necesarias para conseguir la interoperabilidad.

6. La excepción contemplada en el apartado 5 de este artículo será aplicable siempre que la información así obtenida:

a) Se utilice únicamente para conseguir la interoperabilidad del programa creado de forma independiente.

b) Sólo se comunique a terceros cuando sea necesario para la interoperabilidad del programa creado de forma independiente.

c) No se utilice para el desarrollo, producción o comercializa-

---

Art. 100.4: Respecto de los supuestos en los que no se requiere autorización del titular, vid. arts. 5.º y 6.º de la Directiva 2009/24/CE del Parlamento Europeo y del Consejo, de 23 de abril de 2009, sobre la protección jurídica de los programas de ordenador (versión codificada de la antigua Directiva 91/250/CEE del Consejo, de 14 de mayo de 1991).

Art. 100.5 a 7: Se refunde el art. 6.º de la derogada Ley 16/1993, de 23 de diciembre, de incorporación al Derecho español de la Directiva 91/250/CEE, de 14 de mayo de 1991, sobre la protección jurídica de programas de ordenador (*BOE* n.º 307, de 24 de diciembre).

ción de un programa sustancialmente similar en su expresión, o para cualquier otro acto que infrinja los derechos de autor.

7. Las disposiciones contenidas en los apartados 5 y 6 del presente artículo no podrán interpretarse de manera que permitan que su aplicación perjudique de forma injustificada los legítimos intereses del titular de los derechos o sea contraria a una explotación normal del programa informático.

Art. 101. *Protección registral.*—Los derechos sobre los programas de ordenador, así como sobre sus sucesivas versiones y los programas derivados, podrán ser objeto de inscripción en el Registro de la Propiedad Intelectual.

Reglamentariamente se determinarán aquellos elementos de los programas registrados que serán susceptibles de consulta pública.

Art. 102. *Infracción de los derechos.*—A efectos del presente Título y sin perjuicio de lo establecido en el artículo 100 tendrán la consideración de infractores de los derechos de autor quienes, sin autorización del titular de los mismos, realicen los actos previstos en el artículo 99 y en particular:

a) Quienes pongan en circulación una o más copias de un programa de ordenador conociendo o pudiendo presumir su naturaleza ilegítima.

b) Quienes tengan con fines comerciales una o más copias de un programa de ordenador, conociendo o pudiendo presumir su naturaleza ilegítima.

c) Quienes pongan en circulación o tengan con fines comerciales cualquier instrumento cuyo único uso sea facilitar la supresión o neutralización no autorizadas de cualquier dispositivo técnico utilizado para proteger un programa de ordenador.

Art. 103. *Medidas de protección.*—El titular de los derechos reconocidos en el presente Título podrá instar las acciones y proce-

---

Art. 101: Vid. art. 145.4 de este Texto Refundido. A efectos registrales, vid. art. 14.*j)* del Real Decreto 611/2023, de 11 de julio, por el que se aprueba el Reglamento del Registro de la Propiedad Intelectual (§ 6).

Art. 102: Se incorpora el art. 8.º de la derogada Ley 16/1993, de 23 de diciembre, de incorporación al Derecho español de la Directiva 91/250/CEE, de 14 de mayo de 1991, sobre la protección jurídica de programas de ordenador (*BOE* n.º 307, de 24 de diciembre).

Respecto de las infracciones, vid. arts. 6.º y 8.º de la Directiva 2001/29/CE del Parlamento Europeo y del Consejo, de 22 de mayo de 2001, relativa a la armonización de determinados aspectos de los derechos de autor y derechos afines a los derechos de autor en la sociedad de la información.

Art. 102.c): Vid. arts. 141.4, 196 y 197 de este Texto Refundido.

Art. 103: Su redacción proviene de la Disp. Final 2.ª2 de la Ley 1/2000, de 7 de enero, de Enjuiciamiento Civil (*BOE* n.º 7, de 8 de enero), por la que se modifica el texto que esta norma tenía tras el Real Decreto Legislativo 1/1996, de 12 de abril.

dimientos que, con carácter general, se disponen en el Título I, Libro III de la presente Ley y las medidas cautelares procedentes, conforme a lo dispuesto en la Ley de Enjuiciamiento Civil.

Art. 104. *Salvaguardia de aplicación de otras disposiciones le-*

gales.—Lo dispuesto en el presente Título se entenderá sin perjuicio de cualesquiera otras disposiciones legales tales como las relativas a los derechos de patente, marcas, competencia desleal, secretos comerciales, protección de productos semiconductores o derecho de obligaciones.

Art. 104: Vid. art. 3.º2 de este Texto Refundido; art. 9.º de la Directiva 2009/24/CE del Parlamento Europeo y del Consejo, de 23 de abril de 2009, sobre la protección jurídica de los programas de ordenador (versión codificada de la antigua Directiva 91/250/CEE del Consejo, de 14 de mayo de 1991), y art. 9.º del Acuerdo por el que se establece la Organización Mundial del Comercio (Anexo 1C: Acuerdo sobre los Aspectos de los Derechos de Propiedad Intelectual relacionados con el Comercio).

LIBRO II

De los otros derechos de propiedad intelectual y de la protección sui generis *de las bases de datos**

TÍTULO PRIMERO

Derechos de los artistas intérpretes o ejecutantes

Art. 105. *Definición de artistas intérpretes o ejecutantes.*— Se entiende por artista intérprete o ejecutante a la persona que represente, cante, lea, recite, interprete o ejecute en cualquier forma una obra. El director de escena y el director de orquesta tendrán los derechos reconocidos a los artistas en este Título.

Art. 106. *Fijación.*—1. Corresponde al artista intérprete o ejecutante el derecho exclusivo de

---

* La rúbrica de este Libro procede del art. 5.º de la Ley 5/1998, de 6 de marzo, de incorporación al Derecho español de la Directiva 96/9/CE del Parlamento Europeo y del Consejo, de 11 de marzo de 1996, sobre la protección jurídica de bases de datos (*BOE* n.º 57, de 7 de marzo).

Art. 105: Vid. art. 4.º*i*) de la Ley 55/2007, de 28 de diciembre, del Cine (*BOE* n.º 312, de 29 de diciembre), desarrollada por Real Decreto 1.084/2015, de 4 de diciembre (*BOE* n.º 291, de 5 de diciembre). Vid. art. 3.º de la Convención Internacional sobre la Protección de los Artistas Intérpretes o Ejecutantes, los Productores de Fonogramas y los Organismos de Radiodifusión; art. 2.º del Tratado de la Organización Mundial de la Propiedad Intelectual sobre Interpretación o Ejecución y Fonogramas, , y art. 2.º*a*) del Tratado de la Organización Mundial de la Propiedad Intelectual sobre interpretaciones y ejecuciones audiovisuales (Conferencia Diplomática sobre la Protección de las Interpretaciones y Ejecuciones Audiovisuales), Beijing, 24 de junio de 2012.

Respecto de los artistas, vid. Real Decreto 302/2019, de 26 de abril, por el que se regula la compatibilidad de la pensión contributiva de jubilación y la actividad de creación artística, en desarrollo de la Disp. Final 2.ª del Real Decreto-ley 26/2018, de 28 de diciembre, por el que se aprueban medidas de urgencia sobre la creación artística y la cinematografía (*BOE* n.º 102, de 20 de abril). Vid. también arts. 74 y 75 del Real Decreto-ley 24/2021, de 2 de noviembre (§ 4).

Art. 106: Se refunden el art. 102.2 de la derogada Ley 22/1987, de 11 de noviembre, de Propiedad Intelectual (*BOE* n.º 275, de 17 de noviembre), y el art. 5.º1 de la derogada Ley 43/1994, de 30 de diciembre, de incorporación al Derecho español de la Directiva 92/100/CEE, sobre derechos de alquiler y préstamo y otros derechos afines a los derechos de autor en el ámbito de la propiedad intelectual (*BOE* n.º 313, de 31 de diciembre).

Vid. Disps. Trans. 11.ª2 y 12.ª1 de este Texto Refundido; art. 6.º de la Directiva 2006/115/CE del Parlamento Europeo y del Consejo, de 12 de diciembre de 2006, sobre derechos de alquiler y préstamo y otros derechos afines a los derechos de autor en el ámbito de la propiedad intelectual (versión codificada de la antigua Directiva 92/100/CEE del Consejo, de 19 de

autorizar la fijación de sus actuaciones.

2. Dicha autorización deberá otorgarse por escrito.

Art. 107. *Reproducción.—*
1. Corresponde al artista intérprete o ejecutante el derecho exclusivo de autorizar la reproducción, según la definición establecida en el artículo 18, de las fijaciones de sus actuaciones.

2. Dicha autorización deberá otorgarse por escrito.

---

noviembre de 1992); art. 14.1 del Acuerdo por el que se establece la Organización Mundial del Comercio (Anexo 1C: Acuerdo sobre los Aspectos de los Derechos de Propiedad Intelectual relacionados con el Comercio) y art. 2.°*c*) del Tratado de la Organización Mundial de la Propiedad Intelectual sobre Interpretación o Ejecución y Fonogramas. Respecto de los derechos de los artistas intérpretes o ejecutantes de obras audiovisuales, vid. también el art. 2.°*b*) del Tratado de la Organización Mundial de la Propiedad Intelectual sobre interpretaciones y ejecuciones audiovisuales (Conferencia Diplomática sobre la Protección de las Interpretaciones y Ejecuciones Audiovisuales), Beijing, 24 de junio de 2012.

Art. 107.1: Su redacción proviene de la Ley 23/2006, de 7 de julio, por la que se modifica el Texto Refundido de la Ley de Propiedad Intelectual, aprobado por el Real Decreto Legislativo 1/1996, de 12 de abril (*BOE* n.° 162, de 8 de julio). Anteriormente, el art. 107.1 contenía la refundición del art. 102.1 de la originaria Ley 22/1987, de 11 de noviembre, de Propiedad Intelectual (*BOE* n.° 275, de 17 de noviembre), y el art. 6.°1.*a*) de la derogada Ley 43/1994, de 30 de diciembre, de incorporación al Derecho español de la Directiva 92/100/CEE, sobre derechos de alquiler y préstamo y otros derechos afines a los derechos de autor en el ámbito de la propiedad intelectual (*BOE* n.° 313, de 31 de diciembre). Vid. arts. 18, 25.2, 90.6 y 7 y 200 y Disps. Trans. 11.ª2 y 12.ª1 de este Texto Refundido.

Vid. arts. 3.°*e*) y 7.° de la Convención Internacional sobre la Protección de los Artistas Intérpretes o Ejecutantes, los Productores de Fonogramas y los Organismos de Radiodifusión; art. 14.1 del Acuerdo por el que se establece la Organización Mundial del Comercio (Anexo 1C: Acuerdo sobre los Aspectos de los Derechos de Propiedad Intelectual relacionados con el Comercio); arts. 6.° y 7.° del Tratado de la Organización Mundial de la Propiedad Intelectual sobre Interpretación o Ejecución y Fonogramas; art. 7.° del Tratado de la Organización Mundial de la Propiedad Intelectual sobre interpretaciones y ejecuciones audiovisuales (Conferencia Diplomática sobre la Protección de las Interpretaciones y Ejecuciones Audiovisuales), Beijing, 24 de junio de 2012; art. 2.° de la Directiva 2001/29/CE del Parlamento Europeo y del Consejo, de 22 de mayo de 2001, relativa a la armonización de determinados aspectos de los derechos de autor y derechos afines a los derechos de autor en la sociedad de la información, y art. 7.° de la Directiva 2006/115/CE del Parlamento Europeo y del Consejo, de 12 de diciembre de 2006, sobre derechos de alquiler y préstamo y otros derechos afines a los derechos de autor en el ámbito de la propiedad intelectual (versión codificada de la antigua Directiva 92/100/CEE del Consejo, de 19 de noviembre de 1992). Debe tenerse presente que dicho art. 7.° se suprime por el art. 11.1.*a*) de la Directiva 2001/29/CE del Parlamento Europeo y del Consejo, de 22 de mayo de 2001, relativa a la armonización de determinados aspectos de los derechos de autor y derechos afines a los derechos de autor en la sociedad de la información.

Art. 107.2: Se integra el art. 102.2 de la originaria Ley 22/1987, de 11 de noviembre, de Propiedad Intelectual (*BOE* n.° 275, de 17 de noviembre).

Vid. art. 7.° de la Directiva 2006/115/CE del Parlamento Europeo y del Consejo, de 12 de diciembre de 2006, sobre derechos de alquiler y préstamo y otros derechos afines a los derechos de autor en el ámbito de la propiedad intelectual (versión codificada de la antigua Directiva 92/100/CEE del Consejo, de 19 de noviembre de 1992). Debe tenerse presente que el citado art. 7.° se suprime por el art. 11.1.*a*) de la Directiva 2001/29/CE del Parlamento Eu-

3. Este derecho podrá transferirse, cederse o ser objeto de la concesión de licencias contractuales.

Art. 108. *Comunicación pública.*—1. Corresponde al artista intérprete o ejecutante el derecho

---

ropeo y del Consejo, de 22 de mayo de 2001, relativa a la armonización de determinados aspectos de los derechos de autor y derechos afines a los derechos de autor en la sociedad de la información.

Art. 107.3: Se corresponde con el art. 6.º2 de la derogada Ley 43/1994, de 30 de diciembre, de incorporación al Derecho español de la Directiva 92/100/CEE, sobre derechos de alquiler y préstamo y otros derechos afines a los derechos de autor en el ámbito de la propiedad intelectual (*BOE* n.º 313, de 31 de diciembre).

Vid. art. 7.º de la Directiva 2006/115/CE del Parlamento Europeo y del Consejo, de 12 de diciembre de 2006, sobre derechos de alquiler y préstamo y otros derechos afines a los derechos de autor en el ámbito de la propiedad intelectual (versión codificada de la antigua Directiva 92/100/CEE del Consejo, de 19 de noviembre de 1992). Debe tenerse presente que el citado art. 7.º se suprime por el art. 11.1.*a*) de la Directiva 2001/29/CE del Parlamento Europeo y del Consejo, de 22 de mayo de 2001, relativa a la armonización de determinados aspectos de los derechos de autor y derechos afines a los derechos de autor en la sociedad de la información.

Vid. Libro I, Título V, Capítulo III de este Texto Refundido, referido al contrato de representación, y arts. 5.º1 y 6.º a 8.º de la Convención Internacional sobre la Protección de los Artistas Intérpretes o Ejecutantes, los Productores de Fonogramas y los Organismos de Radiodifusión. A efectos registrales, vid. arts. 11 y 14 del Real Decreto 611/2023, de 11 de julio, por el que se aprueba el Reglamento del Registro de la Propiedad Intelectual (§ 6).

Art. 108: Su redacción proviene de la Ley 23/2006, de 7 de julio, por la que se modifica el Texto Refundido de la Ley de Propiedad Intelectual, aprobado por el Real Decreto Legislativo 1/1996, de 12 de abril (*BOE* n.º 162, de 8 de julio).

Vid. art. 3.º de la Directiva 2001/29/CE del Parlamento Europeo y del Consejo, de 22 de mayo de 2001, relativa a la armonización de determinados aspectos de los derechos de autor y derechos afines a los derechos de autor en la sociedad de la información.

Art. 108.1: Su redacción proviene de la Ley 23/2006, de 7 de julio, por la que se modifica el Texto Refundido de la Ley de Propiedad Intelectual, aprobado por el Real Decreto Legislativo 1/1996, de 12 de abril (*BOE* n.º 162, de 8 de julio). La anterior redacción refundía el art. 102.1 de la originaria Ley 22/1987, de 11 de noviembre, de Propiedad Intelectual (*BOE* n.º 275, de 17 de noviembre), y el art. 7.º1 de la derogada Ley 43/1994, de 30 de diciembre, de incorporación al Derecho español de la Directiva 92/100/CEE, sobre derechos de alquiler y préstamo y otros derechos afines a los derechos de autor en el ámbito de la propiedad intelectual (*BOE* n.º 313, de 31 de diciembre).

Vid. art. 3.º de la Directiva 2001/29/CE del Parlamento Europeo y del Consejo, de 22 de mayo de 2001, relativa a la armonización de determinados aspectos de los derechos de autor y derechos afines a los derechos de autor en la sociedad de la información. Vid. art. 20.2.*i*) de este Texto Refundido.

Vid. art. 110 y Disps. Trans. 11.ª2 y 12.ª1 de este Texto Refundido, así como el Libro I, Título V, Capítulo III, referido al contrato de representación; arts. 5.º1 y 6.º a 8.º de la Convención Internacional sobre la Protección de los Artistas Intérpretes o Ejecutantes, los Productores de Fonogramas y los Organismos de Radiodifusión; art. 14 del Acuerdo por el que se establece la Organización Mundial del Comercio (Anexo 1C: Acuerdo sobre los Aspectos de los Derechos de Propiedad Intelectual relacionados con el Comercio); art. 10 del Tratado de la Organización Mundial de la Propiedad Intelectual sobre Interpretación o Ejecución y Fonogramas; arts. 10 y 11 del Tratado de la Organización Mundial de la Propiedad Intelectual sobre interpretaciones y ejecuciones audiovisuales (Conferencia Diplomática sobre la Pro-

exclusivo de autorizar la comunicación pública:

a) De sus actuaciones, salvo cuando dicha actuación constituya en sí una actuación transmitida por radiodifusión o se realice a partir de una fijación previamente autorizada.

b) En cualquier caso, de las fijaciones de sus actuaciones, mediante la puesta a disposición del público, en la forma establecida en el artículo 20.2.*i*).

En ambos casos, la autorización deberá otorgarse por escrito.

Cuando la comunicación al público se realice vía satélite o por cable y en los términos previstos, respectivamente, en los apartados 3 y 4 del artículo 20 y concordantes de esta Ley, será de aplicación lo dispuesto en tales preceptos.

2. Cuando el artista intérprete o ejecutante celebre individual o colectivamente con un productor de fonogramas o de grabaciones audiovisuales contratos relativos a la producción de éstos, se presumirá que, salvo pacto en contrario en el contrato y a salvo del derecho irrenunciable a la remuneración equitativa a que se refiere el apartado siguiente, ha transferido su derecho de puesta a disposición del público a que se refiere el apartado 1.*b*).

3. El artista intérprete o ejecutante que haya transferido o cedido a un productor de fonogramas o de grabaciones audiovisuales su derecho de puesta a disposición del público a que se refiere el apartado 1.*b*), respecto de un fonograma o de un original o una copia de una grabación audiovisual, conservará el derecho irrenunciable a obtener una remuneración equitativa de quien realice tal puesta a disposición.

---

tección de las Interpretaciones y Ejecuciones Audiovisuales), Beijing, 24 de junio de 2012; arts. 4.º y 9.º de la Directiva 93/83/CEE del Consejo, de 27 de septiembre de 1993, sobre coordinación de determinadas disposiciones relativas a los derechos de autor y derechos afines a los derechos de autor en el ámbito de la radiodifusión vía satélite y de la distribución por cable, y art. 8.º de la Directiva 2006/115/CE del Parlamento Europeo y del Consejo, de 12 de diciembre de 2006, sobre derechos de alquiler y préstamo y otros derechos afines a los derechos de autor en el ámbito de la propiedad intelectual (versión codificada de la antigua Directiva 92/100/CEE del Consejo, de 19 de noviembre de 1992). A efectos registrales, vid. arts. 11 y 14 del Real Decreto 611/2023, de 11 de julio, por el que se aprueba el Reglamento del Registro de la Propiedad Intelectual (§ 6).

Art. 108.2: Su redacción proviene de la Ley 23/2006, de 7 de julio, por la que se modifica el Texto Refundido de la Ley de Propiedad Intelectual, aprobado por el Real Decreto Legislativo 1/1996, de 12 de abril (*BOE* n.º 162, de 8 de julio). El contenido del anterior art. 108.2 se ha desplazado, con modificaciones, al art. 108.4 del este Texto Refundido.

Art. 108.3: Su redacción proviene de la Ley 23/2006, de 7 de julio, por la que se modifica el Texto Refundido de la Ley de Propiedad Intelectual, aprobado por el Real Decreto Legislativo 1/1996, de 12 de abril (*BOE* n.º 162, de 8 de julio). El contenido del anterior art. 108.3 se ha desplazado, con modificaciones, al art. 108.5 del este Texto Refundido. Vid. art. 116.2 de este Texto Refundido.

4. Los usuarios de un fonograma publicado con fines comerciales, o de una reproducción de dicho fonograma que se utilice para cualquier forma de comunicación pública, tienen obligación de pagar una remuneración equitativa y única a los artistas intérpretes o ejecutantes y a los productores de fonogramas, entre los cuales se efectuará el reparto de aquélla. A falta de acuerdo entre ellos sobre dicho reparto, éste se realizará por partes iguales. Se excluye de dicha obligación de pago la puesta a disposición del público en la forma establecida en el artículo 20.2.i), sin perjuicio de lo establecido en el apartado 3 de este artículo.

5. Los usuarios de las grabaciones audiovisuales que se utilicen para los actos de comunicación pública previstos en el artículo 20.2.f) y g) tienen obligación de pagar a los artistas intérpretes o ejecutantes y a los productores de grabaciones audiovisuales la remuneración que pro-

---

Art. 108.4: Su redacción proviene de la Ley 23/2006, de 7 de julio, por la que se modifica el Texto Refundido de la Ley de Propiedad Intelectual, aprobado por el Real Decreto Legislativo 1/1996, de 12 de abril (*BOE* n.º 162, de 8 de julio). La redacción anterior integraba el art. 7.º2, de la derogada Ley 43/1994, de 30 de diciembre, de incorporación al Derecho español de la Directiva 92/100/CEE, sobre derechos de alquiler y préstamo y otros derechos afines a los derechos de autor en el ámbito de la propiedad intelectual (*BOE* n.º 313, de 31 de diciembre).

Vid. art. 110, párr. 2.º, de este Texto Refundido; art. 7.º2 del Convenio para la protección de los productores de fonogramas contra la reproducción no autorizada de sus fonogramas; arts. 3.ºb) y d), 7.º y 12 de la Convención Internacional sobre la Protección de los Artistas Intérpretes o Ejecutantes, los Productores de Fonogramas y los Organismos de Radiodifusión; art. 8.º de la Directiva 2006/115/CE del Parlamento Europeo y del Consejo, de 12 de diciembre de 2006, sobre derechos de alquiler y préstamo y otros derechos afines a los derechos de autor en el ámbito de la propiedad intelectual (versión codificada de la antigua Directiva 92/100/CEE del Consejo, de 19 de noviembre de 1992), y arts. 4.º y 6.º de la Directiva 93/83/CEE del Consejo, de 27 de septiembre de 1993, sobre coordinación de determinadas disposiciones relativas a los derechos de autor y derechos afines a los derechos de autor en el ámbito de la radiodifusión vía satélite y de la distribución por cable.

Art. 108.5: Su redacción proviene de la Ley 23/2006, de 7 de julio, por la que se modifica el Texto Refundido de la Ley de Propiedad Intelectual, aprobado por el Real Decreto Legislativo 1/1996, de 12 de abril (*BOE* n.º 162, de 8 de julio). La redacción anterior integraba el art. 7.º3, párr. 3.º, de la derogada Ley 43/1994, de 30 de diciembre, de incorporación al Derecho español de la Directiva 92/100/CEE, sobre derechos de alquiler y préstamo y otros derechos afines a los derechos de autor en el ámbito de la propiedad intelectual (*BOE* n.º 313, de 31 de diciembre).

Vid. art. 110, párr. 2.º, de este Texto Refundido; art. 8.º de la Directiva 2006/115/CE del Parlamento Europeo y del Consejo, de 12 de diciembre de 2006, sobre derechos de alquiler y préstamo y otros derechos afines a los derechos de autor en el ámbito de la propiedad intelectual (versión codificada de la antigua Directiva 92/100/CEE del Consejo, de 19 de noviembre de 1992), y arts. 4.º y 6.º de la Directiva 93/83/CEE del Consejo, de 27 de septiembre de 1993, sobre coordinación de determinadas disposiciones relativas a los derechos de autor y derechos afines a los derechos de autor en el ámbito de la radiodifusión vía satélite y de la distribución por cable.

ceda, de acuerdo con las tarifas generales establecidas por la correspondiente entidad de gestión.

Los usuarios de grabaciones audiovisuales que se utilicen para cualquier acto de comunicación al público, distinto de los señalados en el párrafo anterior y de la puesta a disposición del público prevista en el apartado 1.*b*), tienen asimismo la obligación de pagar una remuneración equitativa a los artistas intérpretes o ejecutantes, sin perjuicio de lo establecido en el apartado 3.

6. El derecho a las remuneraciones a que se refieren los apartados 3, 4 y 5 se hará efectivo a través de las entidades de gestión de los derechos de propiedad intelectual. La efectividad de los derechos a través de las respectivas entidades de gestión comprenderá la negociación con los usuarios, la determinación, la recaudación y la distribución de la remuneración correspondiente, así como cualquier otra actuación necesaria para asegurar la efectividad de aquéllos.

Art. 109. *Distribución.*—1. El artista intérprete o ejecutante tiene, respecto de la fijación de sus actuaciones, el derecho exclusivo de autorizar su distribución, según la definición establecida por el artículo 19.1 de esta Ley. Este derecho podrá transferirse, cederse o ser objeto de concesión de licencias contractuales.

2. Cuando la distribución se efectúe mediante venta u otro títu-

---

Art. 108.6: Su redacción proviene de la Ley 23/2006, de 7 de julio, por la que se modifica el Texto Refundido de la Ley de Propiedad Intelectual, aprobado por el Real Decreto Legislativo 1/1996, de 12 de abril (*BOE* n.º 162, de 8 de julio). La redacción anterior integraba el art. 7.º4 de la derogada Ley 43/1994, de 30 de diciembre, de incorporación al Derecho español de la Directiva 92/100/CEE, sobre derechos de alquiler y préstamo y otros derechos afines a los derechos de autor en el ámbito de la propiedad intelectual (*BOE* n.º 313, de 31 de diciembre). Vid. arts. 163 y ss. de este Texto Refundido.

Art. 109.1: Se incorpora el art. 8.º1.*a*) y 3 de la derogada Ley 43/1994, de 30 de diciembre, de incorporación al Derecho español de la Directiva 92/100/CEE, sobre derechos de alquiler y préstamo y otros derechos afines a los derechos de autor en el ámbito de la propiedad intelectual (*BOE* n.º 313, de 31 de diciembre).

Vid. arts. 8.º y 9.º del Tratado de la Organización Mundial de la Propiedad Intelectual sobre Interpretación o Ejecución y Fonogramas; arts. 8.º y 9.º del Tratado de la Organización Mundial de la Propiedad Intelectual sobre interpretaciones y ejecuciones audiovisuales (Conferencia Diplomática sobre la Protección de las Interpretaciones y Ejecuciones Audiovisuales), Beijing, 24 de junio de 2012; art. 9.º de la Directiva 2006/115/CE del Parlamento Europeo y del Consejo, de 12 de diciembre de 2006, sobre derechos de alquiler y préstamo y otros derechos afines a los derechos de autor en el ámbito de la propiedad intelectual (versión codificada de la antigua Directiva 92/100/CEE del Consejo, de 19 de noviembre de 1992), y art. 4.º de la Directiva 2001/29/CE del Parlamento Europeo y del Consejo, de 22 de mayo de 2001, relativa a la armonización de determinados aspectos de los derechos de autor y derechos afines a los derechos de autor en la sociedad de la información.

Art. 109.2: Su redacción proviene de la Ley 23/2006, de 7 de julio, por la que se modifica el Texto Refundido de la Ley de Propiedad Intelectual, aprobado por el Real Decreto Legis-

lo de transmisión de la propiedad, en el ámbito de la Unión Europea, por el propio titular del derecho o con su consentimiento, este derecho se agotará con la primera, si bien sólo para las ventas y transmisiones de propiedad sucesivas que se realicen en dicho ámbito territorial.

3.   A los efectos de este Título, se entiende por alquiler de fijaciones de las actuaciones la puesta a disposición de las mismas para su uso por tiempo limitado y con un beneficio económico o comercial directo o indirecto.

Quedan excluidas del concepto de alquiler la puesta a disposición con fines de exposición, de comunicación pública a partir de fonogramas o de grabaciones audiovisuales, incluso de fragmentos de unos y otras, y la que se realice para consulta in situ:

1.º   Cuando el artista intérprete o ejecutante celebre individual o colectivamente con un productor de grabaciones audiovisuales contratos relativos a la producción de las mismas, se presumirá que, salvo pacto en contrario en el contrato y a salvo del derecho irrenuncia-

_____

lativo 1/1996, de 12 de abril (*BOE* n.º 162, de 8 de julio). La anterior redacción de este apartado incorporaba los arts. 1.º1, párr. 2.º, y 8.º2 de la derogada Ley 43/1994, de 30 de diciembre, de incorporación al Derecho español de la Directiva 92/100/CEE, sobre derechos de alquiler y préstamo y otros derechos afines a los derechos de autor en el ámbito de la propiedad intelectual (*BOE* n.º 313, de 31 de diciembre).

Vid. art. 19.2 de este Texto Refundido; art. 8.º de la Directiva 2006/115/CE del Parlamento Europeo y del Consejo, de 12 de diciembre de 2006, sobre derechos de alquiler y préstamo y otros derechos afines a los derechos de autor en el ámbito de la propiedad intelectual (versión codificada de la antigua Directiva 92/100/CEE del Consejo, de 19 de noviembre de 1992); art. 8.º del Tratado de la Organización Mundial de la Propiedad Intelectual sobre Interpretación o Ejecución y Fonogramas y art. 4.º de la Directiva 2001/29/CE del Parlamento Europeo y del Consejo, de 22 de mayo de 2001, relativa a la armonización de determinados aspectos de los derechos de autor y derechos afines a los derechos de autor en la sociedad de la información.

Art. 109.3: Se incorpora el art. 1.º2.*a)* y 3 de la derogada Ley 43/1994, de 30 de diciembre, de incorporación al Derecho español de la Directiva 92/100/CEE, sobre derechos de alquiler y préstamo y otros derechos afines a los derechos de autor en el ámbito de la propiedad intelectual (*BOE* n.º 313, de 31 de diciembre).

Vid. arts. 19.3 y 20 de este Texto Refundido, y arts. 1.º2 y 9.º de la Directiva 2006/115/CE del Parlamento Europeo y del Consejo, de 12 de diciembre de 2006, sobre derechos de alquiler y préstamo y otros derechos afines a los derechos de autor en el ámbito de la propiedad intelectual (versión codificada de la antigua Directiva 92/100/CEE del Consejo, de 19 de noviembre de 1992).

Art. 109.3.1.º: Se incorpora el art. 2.º3 de la derogada Ley 43/1994, de 30 de diciembre, de incorporación al Derecho español de la Directiva 92/100/CEE, sobre derechos de alquiler y préstamo y otros derechos afines a los derechos de autor en el ámbito de la propiedad intelectual (*BOE* n.º 313, de 31 de diciembre).

Vid. arts. 2.º5 y 7 y 4.º de la Directiva 2006/115/CE del Parlamento Europeo y del Consejo, de 12 de diciembre de 2006, sobre derechos de alquiler y préstamo y otros derechos afines a los derechos de autor en el ámbito de la propiedad intelectual (versión codificada de la antigua Directiva 92/100/CEE del Consejo, de 19 de noviembre de 1992).

ble a la remuneración equitativa a que se refiere el apartado siguiente, ha transferido sus derechos de alquiler.

2.º El artista intérprete o ejecutante que haya transferido o cedido a un productor de fonogramas o de grabaciones audiovisuales su derecho de alquiler respecto de un fonograma, o un original, o una copia de una grabación audiovisual, conservará el derecho irrenunciable a obtener una remuneración equitativa por el alquiler de los mismos. Tales remuneraciones serán exigibles de quienes lleven a efecto las operaciones de alquiler al público de los fonogramas o grabaciones audiovisuales en su condición de derechohabientes de los titulares de los correspondientes derechos de autorizar dicho alquiler y se harán efectivas a partir del 1 de enero de 1997.

El derecho contemplado en el párrafo anterior se hará efectivo a través de las entidades de gestión de los derechos de propiedad intelectual.

4. A los efectos de este Título, se entiende por préstamo de las fijaciones de las actuaciones la puesta a disposición de las mismas para su uso por tiempo limitado sin beneficio económico o comercial directo o indirecto, siempre que dicho préstamo se lleve a cabo a través de establecimientos accesibles al público.

Se entenderá que no existe beneficio económico o comercial directo ni indirecto cuando el préstamo efectuado por un establecimiento accesible al público dé lugar al pago

Art. 109.3.2.º: Se incorpora el art. 3.º de la derogada Ley 43/1994, de 30 de diciembre, de incorporación al Derecho español de la Directiva 92/100/CEE, sobre derechos de alquiler y préstamo y otros derechos afines a los derechos de autor en el ámbito de la propiedad intelectual (*BOE* n.º 313, de 31 de diciembre).

Vid. arts. 90.2 y 9 y 147 de este Texto Refundido; art. 4.º de la Directiva 2006/115/CE del Parlamento Europeo y del Consejo, de 12 de diciembre de 2006, sobre derechos de alquiler y préstamo y otros derechos afines a los derechos de autor en el ámbito de la propiedad intelectual (versión codificada de la antigua Directiva 92/100/CEE del Consejo, de 19 de noviembre de 1992); art. 9.º del Tratado de la Organización Mundial de la Propiedad Intelectual sobre Interpretación o Ejecución y Fonogramas, y art. 9.º del Tratado de la Organización Mundial de la Propiedad Intelectual sobre interpretaciones y ejecuciones audiovisuales (Conferencia Diplomática sobre la Protección de las Interpretaciones y Ejecuciones Audiovisuales), Beijing, 24 de junio de 2012.

Art. 109.4: Se incorpora el art. 1.º2.*b*) y 3 de la derogada Ley 43/1994, de 30 de diciembre, de incorporación al Derecho español de la Directiva 92/100/CEE, sobre derechos de alquiler y préstamo y otros derechos afines a los derechos de autor en el ámbito de la propiedad intelectual (*BOE* n.º 313, de 31 de diciembre).

Vid. art. 19.4 de este Texto Refundido, y art. 1.º3 de la Directiva 2006/115/CE del Parlamento Europeo y del Consejo, de 12 de diciembre de 2006, sobre derechos de alquiler y préstamo y otros derechos afines a los derechos de autor en el ámbito de la propiedad intelectual (versión codificada de la antigua Directiva 92/100/CEE del Consejo, de 19 de noviembre de 1992).

de una cantidad que no exceda de lo necesario para cubrir sus gastos de funcionamiento.

Quedan excluidas del concepto de préstamo las operaciones mencionadas en el párrafo segundo del anterior apartado 3 y las que se efectúen entre establecimientos accesibles al público.

Art. 110. *Contrato de trabajo y de arrendamiento de servicios.—* 1. Si la interpretación o ejecución se realiza en cumplimiento de un contrato de trabajo o de arrendamiento de servicios, se entenderá, salvo estipulación en contrario, que el empresario o el arrendatario adquieren sobre aquéllas los derechos exclusivos de autorizar la reproducción y la comunicación pública previstos en este título y que se deduzcan de la naturaleza y objeto del contrato.

2. Lo establecido en el apartado anterior no será de aplicación a los derechos de remuneración reconocidos en los apartados 3, 4 y 5 del artículo 108.

3. A la remuneración pactada por el artista, intérprete o ejecutante con el empresario o arrendatario por la cesión de sus derechos, le será aplicable lo dispuesto en el artículo 47.

4. El derecho de revocación regulado en artículo 48 bis, y las obligaciones de información del cesionario o licenciatario de derechos de propiedad intelectual, es-

---

Art. 110: Su redacción proviene de la Ley 23/2006, de 7 de julio, por la que se modifica el Texto Refundido de la Ley de Propiedad Intelectual, aprobado por el Real Decreto Legislativo 1/1996, de 12 de abril (*BOE* n.º 162, de 8 de julio). Ha sido modificado por el art. 80.6 del Real Decreto-ley 24/2021, de 2 de noviembre, de transposición de directivas de la Unión Europea en las materias de bonos garantizados, distribución transfronteriza de organismos de inversión colectiva, datos abiertos y reutilización de la información del sector público, ejercicio de derechos de autor y derechos afines aplicables a determinadas transmisiones en línea y a las retransmisiones de programas de radio y televisión, exenciones temporales a determinadas importaciones y suministros, de personas consumidoras y para la promoción de vehículos de transporte por carretera limpios y energéticamente eficientes (*BOE* n.º 263, de 3 de noviembre).

Vid. Real Decreto Legislativo 2/2015, de 23 de octubre, por el que se aprueba el Texto Refundido de la Ley del Estatuto de los Trabajadores (*BOE* n.º 255, de 24 de octubre); arts. 1.583 y ss. del C.c. y art. 51 de este Texto Refundido. Respecto de la remuneración que deba ser pagada por los productores de fonogramas a los artistas intérpretes o ejecutantes, vid. art. 3.º2 bis a sexies de la Directiva 2006/116/CE del Parlamento Europeo y del Consejo, de 12 de diciembre de 2006, apartados introducidos por art. 1.º2.c) de la Directiva 2011/77/UE del Parlamento Europeo y del Consejo, de 27 de septiembre de 2011, por la que se modifica la Directiva 2006/116/CE relativa al plazo de protección del derecho de autor y de determinados derechos afines, y art. 12 del Tratado de la Organización Mundial de la Propiedad Intelectual sobre interpretaciones y ejecuciones audiovisuales (Conferencia Diplomática sobre la Protección de las Interpretaciones y Ejecuciones Audiovisuales), Beijing, 24 de junio de 2012. Vid. también art. 194.5 de este Texto Refundido, y arts. 18 y 22 de la Directiva (UE) 2019/790, del Parlamento Europeo y del Consejo, de 17 de abril de 2019, sobre los derechos de autor y derechos afines en el mercado único digital.

tablecidas en el artículo 75 del Real Decreto-ley 24/2021, de 2 de noviembre, de transposición de directivas de la Unión Europea en las materias de bonos garantizados, distribución transfronteriza de organismos de inversión colectiva, datos abiertos y reutilización de la información del sector público, ejercicio de derechos de autor y derechos afines aplicables a determinadas transmisiones en línea y a las retransmisiones de programas de radio y televisión, exenciones temporales a determinadas importaciones y suministros, de personas consumidoras y para la promoción de vehículos de transporte por carretera limpios y energéticamente eficientes, serán aplicables con respecto a los artistas, intérpretes o ejecutantes en los términos establecidos en el citado artículo 48 bis y en dicha legislación.

Art. 110 bis. *Disposiciones relativas a la cesión de derechos al productor de fonogramas.*— 1. Si, una vez transcurridos cincuenta años desde la publicación lícita del fonograma o, en caso de no haberse producido esta última, cincuenta años desde su comunicación lícita al público, no se pone a la venta un número suficiente de copias que satisfaga razonablemente las necesidades estimadas del público de acuerdo con la naturaleza y finalidad del fonograma, o no se pone a disposición del público, en la forma establecida en el artículo 20.2.*i*), el artista intérprete o ejecutante podrá poner fin al contrato en virtud del cual cede sus derechos con respecto a la grabación de su interpretación o ejecución al productor de fonogramas.

El derecho a resolver el contrato de cesión podrá ejercerse si, en el plazo de un año desde la notificación fehaciente del artista intérprete o ejecutante de su intención de resolver el contrato de cesión conforme a lo dispuesto en el párrafo anterior, el productor no lleva a cabo ambos actos de explotación mencionados en dicho párrafo. Esta posibilidad de resolución no podrá ser objeto de renuncia por parte del artista intérprete o ejecutante.

Cuando un fonograma contenga la grabación de las interpretaciones o ejecuciones de varios artistas intérpretes o ejecutantes, éstos sólo podrán resolver el contrato de cesión de conformidad con el artículo 111. Si se pone fin al contrato de cesión de conformi-

Art. 110 bis: Introducido por el art. 1.º7 de la Ley 21/2014, de 4 de noviembre, por la que se modifica el Texto Refundido de la Ley de Propiedad Intelectual, aprobado por Real Decreto Legislativo 1/1996, de 12 de abril, y la Ley 1/2000, de 7 de enero, de Enjuiciamiento Civil (*BOE* n.º 268, de 5 de noviembre de 2014). Procede de la transposición de la Directiva 2011/77/UE del Parlamento Europeo y del Consejo de 27 de septiembre de 2011 por la que se modifica la Directiva 2006/116/CE relativa al plazo de protección del derecho de autor y de determinados derechos afines (vid. art. 3.º, apdos. 2 bis, 2 ter, 2 quáter, 2 quinquies y 2 sexies de esta última Directiva). Vid. Disp. Trans. 21.ª3 de este Texto Refundido.

dad con lo especificado en el presente apartado, expirarán los derechos del productor del fonograma sobre éste.

2. Cuando un contrato de cesión otorgue al artista intérprete o ejecutante el derecho a una remuneración única, tendrá derecho a percibir una remuneración anual adicional por cada año completo una vez transcurridos cincuenta años desde la publicación lícita del fonograma o, en caso de no haberse producido esta última, cincuenta años desde su comunicación lícita al público. El derecho a obtener esa remuneración anual adicional, cuyo deudor será el productor del fonograma o, en su caso, su cesionario en exclusiva, no podrá ser objeto de renuncia por parte del artista intérprete o ejecutante, y se hará efectivo a través de las entidades de gestión de los derechos de propiedad intelectual de los artistas intérpretes o ejecutantes.

El importe total de los fondos que el deudor deba destinar al pago de la remuneración adicional anual mencionada en el párrafo anterior será igual al 20 por 100 de los ingresos brutos que haya obtenido, en el año precedente a aquel en el que se abone la remuneración, por la reproducción, distribución y puesta a disposición del público, en la forma establecida en el artículo 20.2.i), de los fonogra-

mas en cuestión, una vez transcurridos cincuenta años desde la publicación lícita del fonograma o, en caso de no haberse producido esta última, cincuenta años desde su comunicación lícita al público.

Quedan excluidas del cálculo de los ingresos a que se refiere el párrafo anterior las cantidades percibidas por el deudor en concepto de compensación equitativa por copia privada y alquiler de fonogramas.

Los deudores de la remuneración anual adicional a que se refiere este apartado estarán obligados a facilitar anualmente, previa solicitud, a la entidad de gestión correspondiente, toda la información que pueda resultar necesaria a fin de asegurar el pago de dicha remuneración.

3. Cuando un artista intérprete o ejecutante tenga derecho a pagos periódicos, no se deducirán de los importes abonados al artista intérprete o ejecutante ningún pago anticipado ni deducciones establecidas contractualmente al cumplirse cincuenta años desde la publicación lícita del fonograma o, en caso de no haberse producido esta última, cincuenta años desde su comunicación lícita al público.

Art. 111. *Representante de colectivo.*—Los artistas intérpretes o ejecutantes que participen colectivamente en una misma actua-

Art. 111: Vid. arts. 8.º y 110 bis.1 de este Texto Refundido, y art. 8.º de la Convención Internacional sobre la Protección de los Artistas Intérpretes o Ejecutantes, los Productores de Fonogramas y los Organismos de Radiodifusión.

ción, tales como los componentes de un grupo musical, coro, orquesta, ballet o compañía de teatro, deberán designar de entre ellos un representante para el otorgamiento de las autorizaciones mencionadas en este Título. Para tal designación, que deberá formalizarse por escrito, valdrá el acuerdo mayoritario de los intérpretes. Esta obligación no alcanza a los solistas ni a los directores de orquesta o de escena.

Art. 112. *Duración de los derechos de explotación.*—Los derechos de explotación reconocidos a los artistas intérpretes o ejecutantes tendrán una duración de cincuenta años, computados desde el día 1 de enero del año siguiente al de la interpretación o ejecución.

No obstante, si, dentro de dicho período, se publica o se comunica lícitamente al público, por un medio distinto al fonograma, una grabación de la interpretación o eje-

Art. 112: Se refunden el art. 106 de la Ley 22/1987, de 11 de noviembre, de Propiedad Intelectual (*BOE* n.º 275, de 17 de noviembre), y el art. 4.º1 de la derogada Ley 27/1995, de 11 de octubre, de incorporación al Derecho español de la Directiva 93/98/CEE del Consejo, de 29 de octubre de 1993, relativa a la armonización del plazo de protección del derecho de autor y de determinados derechos afines (*BOE* n.º 245, de 13 de octubre).

Vid. art. 200.4 y Disp. Trans. 21.ª3 y 4 de este Texto Refundido; art. 14 de la Convención Internacional sobre la Protección de los Artistas Intérpretes o Ejecutantes, los Productores de Fonogramas y los Organismos de Radiodifusión; art. 17 del Tratado de la Organización Mundial de la Propiedad Intelectual sobre Interpretación o Ejecución y Fonogramas; art. 14 del Tratado de la Organización Mundial de la Propiedad Intelectual sobre interpretaciones y ejecuciones audiovisuales (Conferencia Diplomática sobre la Protección de las Interpretaciones y Ejecuciones Audiovisuales), Beijing, 24 de junio de 2012; art. 12 de la Directiva 2006/115/CE del Parlamento Europeo y del Consejo, de 12 de diciembre de 2006, sobre derechos de alquiler y préstamo y otros derechos afines a los derechos de autor en el ámbito de la propiedad intelectual (versión codificada de la antigua Directiva 92/100/CEE del Consejo, de 19 de noviembre de 1992), y arts 3.º, 8.º y 11 de la Directiva 93/98/CE del Consejo, de 29 de octubre de 1993, relativa a la armonización del plazo de protección del derecho de autor y determinados derechos afines, cuyo texto codificado se encuentra en la Directiva 2006/116/CE del Parlamento Europeo y del Consejo, de 12 de diciembre de 2006. Respecto del citado art. 3.º de esta Directiva debe tenerse presente que su apdo. 2 recibió una nueva redacción en virtud del art. 11.2 de la Directiva 2001/29/CE del Parlamento Europeo y del Consejo, de 22 de mayo de 2001, relativa a la armonización de determinados aspectos de los derechos de autor y derechos afines a los derechos de autor en la sociedad de la información. Vid. tabla de correspondencias del Anexo II de la citada Directiva 2006/116/CE y la letra *a*) del Anexo I. Asimismo, ha de tenerse en consideración la modificación sustancial producida por el art. 1.º2 de la Directiva 2011/77/UE del Parlamento Europeo y del Consejo, de 27 de septiembre de 2011, en el texto del antiguo art. 3.º1 de la Directiva 2006/116/CE.

Art. 112, párr. 2.º: Introducido por el art. 1.º8 de la Ley 21/2014, de 4 de noviembre, por la que se modifica el Texto Refundido de la Ley de Propiedad Intelectual, aprobado por Real Decreto Legislativo 1/1996, de 12 de abril, y la Ley 1/2000, de 7 de enero, de Enjuiciamiento Civil (*BOE* n.º 268, de 5 de noviembre). Procede de la transposición de la Directiva 2011/77/UE del Parlamento Europeo y del Consejo de 27 de septiembre de 2011 por la que se modifica la Directiva 2006/116/CE relativa al plazo de protección del derecho de autor y de determinados derechos afines (vid. art. 3.º1 de esta última Directiva).

cución, los mencionados derechos expirarán a los cincuenta años computados desde el día 1 de enero del año siguiente a la fecha de la primera publicación o la primera comunicación pública, si ésta es anterior. Si la publicación o comunicación pública de la grabación de la interpretación o ejecución se produjera en un fonograma, los mencionados derechos expirarán a los setenta años computados desde el día 1 de enero del año siguiente a la fecha de la primera publicación o la primera comunicación pública, si ésta es anterior.

Art. 113. *Derechos morales.*—1. El artista intérprete o ejecutante goza del derecho irrenunciable e inalienable al reconocimiento de su nombre sobre sus interpretaciones o ejecuciones, excepto cuando la omisión venga dictada por la manera de utilizarlas, y a oponerse a toda deformación, modificación, mutilación o cualquier atentado sobre su actuación que lesione su prestigio o reputación.

2. Será necesaria la autorización expresa del artista, durante toda su vida, para el doblaje de su actuación en su propia lengua.

3. Fallecido el artista, el ejercicio de los derechos mencionados en el apartado 1 corresponderá sin límite de tiempo a la persona natural o jurídica a la que el artista se lo haya confiado expresamente por disposición de última voluntad o, en su defecto, a los herederos.

Siempre que no existan las personas a las que se refiere el párrafo anterior o se ignore su paradero, el Estado, las Comunidades Autónomas, las Corporaciones locales y las instituciones públicas de carácter cultural estarán legitimadas para ejercer los derechos previstos en él.

Art. 113: Su redacción y la nueva rúbrica provienen de la Ley 23/2006, de 7 de julio, por la que se modifica el Texto Refundido de la Ley de Propiedad Intelectual, aprobado por el Real Decreto Legislativo 1/1996, de 12 de abril (*BOE* n.º 162, de 8 de julio). La redacción anterior se correspondía con el art. 107 de la Ley 22/1987, de 11 de noviembre, de Propiedad Intelectual (*BOE* n.º 275, de 12 de noviembre).

Vid. arts. 14, 15 y 88.1 de este Texto Refundido; art. 9.º de la Directiva 93/98/CE del Consejo, de 29 de octubre de 1993, relativa a la armonización del plazo de protección del derecho de autor y determinados derechos afines, cuyo texto codificado se encuentra en la Directiva 2006/116/CE del Parlamento Europeo y del Consejo, de 12 de diciembre de 2006; art. 5.º del Tratado de la Organización Mundial de la Propiedad Intelectual sobre interpretaciones y ejecuciones audiovisuales (Conferencia Diplomática sobre la Protección de las Interpretaciones y Ejecuciones Audiovisuales), Beijing, 24 de junio de 2012, y art. 5.º del Tratado de la Organización Mundial de la Propiedad Intelectual sobre Interpretación o Ejecución y Fonogramas.

TÍTULO II

Derechos de los productores de fonogramas

Art. 114. *Definiciones.*—1. Se entiende por fonograma toda fijación exclusivamente sonora de la ejecución de una obra o de otros sonidos.

2. Es productor de un fonograma la persona natural o jurídica bajo cuya iniciativa y responsabili-

dad se realiza por primera vez la mencionada fijación. Si dicha operación se efectúa en el seno de una empresa, el titular de ésta será considerado productor del fonograma.

Art. 115. *Reproducción.*—Corresponde al productor de fono-

Art. 114.1: Se corresponde con el art. 108.1 de la Ley 22/1987, de 11 de noviembre, de Propiedad Intelectual (*BOE* n.º 275, de 17 de noviembre).

Vid. art. 1.º*a*) del Convenio de 29 de octubre de 1971, para la protección de los productores de fonogramas contra la reproducción no autorizada de sus fonogramas; art. 3.º*b*) de la Convención Internacional sobre la Protección de los Artistas Intérpretes o Ejecutantes, los Productores de Fonogramas y los Organismos de Radiodifusión y art. 2.º*b*) del Tratado de la Organización Mundial de la Propiedad Intelectual sobre Interpretación o Ejecución y Fonogramas.

Art. 114.2: Se corresponde con el art. 108 de la Ley 22/1987, de 11 de noviembre, de Propiedad Intelectual (*BOE* n.º 275, de 17 de noviembre).

Vid. art. 1.º*b*) del Convenio de 29 de octubre de 1971, para la protección de los productores de fonogramas contra la reproducción no autorizada de sus fonogramas; art. 3.º*c*) de la Convención Internacional sobre la Protección de los Artistas Intérpretes o Ejecutantes, los Productores de Fonogramas y los Organismos de Radiodifusión y art. 2.º*d*) del Tratado de la Organización Mundial de la Propiedad Intelectual sobre Interpretación o Ejecución y Fonogramas.

Art. 115: Su redacción proviene de la Ley 23/2006, de 7 de julio, por la que se modifica el Texto Refundido de la Ley de Propiedad Intelectual, aprobado por el Real Decreto Legislativo 1/1996, de 12 de abril (*BOE* n.º 162, de 8 de julio). La redacción anterior refundía el art. 109.1 de la Ley 22/1987, de 11 de noviembre, de Propiedad Intelectual (*BOE* n.º 275, de 17 de noviembre), y el art. 6.º1.*b*) y 2 de la derogada Ley 43/1994, de 30 de diciembre, de incorporación al Derecho español de la Directiva 92/100/CEE, sobre derechos de alquiler y préstamo y otros derechos afines a los derechos de autor en el ámbito de la propiedad intelectual (*BOE* n.º 313, de 31 de diciembre).

Vid. arts. 17, 18, 118 y 201 y Disps. Trans. 11.ª2 y 12.ª1 de este Texto Refundido; art. 10 de la Convención Internacional sobre la Protección de los Artistas Intérpretes o Ejecutantes, los Productores de Fonogramas y los Organismos de Radiodifusión; art. 14.2 del Anexo 1C del Acuerdo por el que se establece la Organización Mundial del Comercio y Acuerdos anejos; art. 2.º*g*) del Tratado de la Organización Mundial de la Propiedad Intelectual sobre Interpretación o Ejecución y Fonogramas y art. 7.º de la Directiva 2006/115/CE del Parlamento Europeo y del Consejo, de 12 de diciembre de 2006, sobre derechos de alquiler y préstamo y otros derechos afines a los derechos de autor en el ámbito de la propiedad intelectual (versión codificada de la antigua Directiva 92/100/CEE del Consejo, de 19 de noviembre de 1992). Debe tenerse presente que el citado art. 7.º se deroga por el art. 11 de la Directiva 2001/29/CE del Parlamento Europeo y del Consejo, de 22 de mayo de 2001, relativa a la armonización de determinados aspec-

gramas el derecho exclusivo de autorizar su reproducción, según la definición establecida en el artículo 18.

Este derecho podrá transferirse, cederse o ser objeto de concesión de licencias contractuales.

Art. 116. *Comunicación pública.*—1. Corresponde al productor de fonogramas el derecho exclusivo de autorizar la comunicación pública de sus fonogramas y de las reproducciones de éstos en la forma establecida en el artículo 20.2.*i*).

Cuando la comunicación al público se realice vía satélite o por cable y en los términos previstos, respectivamente, en los apartados 3 y 4 del artículo 20, será de aplicación lo dispuesto en tales preceptos.

2. Los usuarios de un fonograma publicado con fines comerciales, o de una reproducción de dicho fonograma que se utilice para cualquier forma de comunicación pública, tienen obligación de pagar una remuneración equitativa y única a los productores de fonogramas y a los artistas intérpretes

---

tos de los derechos de autor y derechos afines a los derechos de autor en la sociedad de la información.

Art. 116.1: Su redacción proviene de la Ley 23/2006, de 7 de julio, por la que se modifica el Texto Refundido de la Ley de Propiedad Intelectual, aprobado por el Real Decreto Legislativo 1/1996, de 12 de abril (*BOE* n.º 162, de 8 de julio). Vid. art. 3.º2 de la Directiva 2001/29/CE del Parlamento Europeo y del Consejo, de 22 de mayo de 2001, relativa a la armonización de determinados aspectos de los derechos de autor y derechos afines a los derechos de autor en la sociedad de la información.

En el art. 109.1 de la Ley 22/1987, de 11 de noviembre, a diferencia de la redacción actual del art. 116.1, y de la anteriormente vigente, se reconocía al productor el derecho exclusivo de autorizar la comunicación pública.

Vid. Disps. Trans. 11.ª2 y 12.ª1 de este Texto Refundido; art. 4.º de la Directiva 93/83/CEE del Consejo, de 27 de septiembre de 1993, sobre coordinación de determinadas disposiciones relativas a los derechos de autor y derechos afines a los derechos de autor en el ámbito de la radiodifusión vía satélite y de la distribución por cable, y art. 14 del Tratado de la Organización Mundial de la Propiedad Intelectual sobre Interpretación o Ejecución y Fonogramas.

Art. 116.2: Redactado por la Ley 23/2006, de 7 de julio, por la que se modifica el Texto Refundido de la Ley de Propiedad Intelectual, aprobado por el Real Decreto Legislativo 1/1996, de 12 de abril (*BOE* n.º 162, de 8 de julio). La redacción anterior de este precepto incorporaba el art. 7.º2 de la derogada Ley 43/1994, de 30 de diciembre, de incorporación al Derecho español de la Directiva 92/100/CEE, sobre derechos de alquiler y préstamo y otros derechos afines a los derechos de autor en el ámbito de la propiedad intelectual (*BOE* n.º 313, de 31 de diciembre).

Vid. Disps. Trans. 11.ª2 y 12.ª1 de este Texto Refundido; art. 8.º2 de la Directiva 92/100/CEE del Consejo, de 19 de noviembre de 1992, sobre derechos de alquiler y préstamo y otros derechos afines a los derechos de autor en el ámbito de la propiedad intelectual; art. 3.º2 de la Directiva 2001/29/CE del Parlamento Europeo y del Consejo, de 22 de mayo de 2001, relativa a la armonización de determinados aspectos de los derechos de autor y derechos afines a los derechos de autor en la sociedad de la información, y art. 15 del Tratado de la Organización Mundial de la Propiedad Intelectual sobre Interpretación o Ejecución y Fonogramas.

o ejecutantes, entre los cuales se efectuará el reparto de aquélla. A falta de acuerdo entre ellos sobre dicho reparto, éste se realizará por partes iguales. Se excluye de dicha obligación de pago la puesta a disposición del público en la forma establecida en el artículo 20.2.*i*), sin perjuicio de lo establecido en el apartado 3 del artículo 108.

3. El derecho a la remuneración equitativa y única a que se refiere el apartado anterior se hará efectivo a través de las entidades de gestión de los derechos de propiedad intelectual. La efectividad de este derecho a través de las respectivas entidades de gestión comprenderá la negociación con los usuarios, la determinación, recaudación y distribución de la remuneración correspondiente, así como cualquier otra actuación necesaria para asegurar la efectividad de aquél.

Art. 117. *Distribución.—*
1. Corresponde al productor de fonogramas el derecho exclusivo de autorizar la distribución, según la definición establecida en el artículo 19.1 de esta Ley, de los fonogramas y la de sus copias. Este derecho podrá transferirse, cederse o ser objeto de la concesión de licencias contractuales.

2. Cuando la distribución se efectúe mediante venta u otro título

---

Art. 116.3: Se incorpora el art. 7.º4 de la derogada Ley 43/1994, de 30 de diciembre, de incorporación al Derecho español de la Directiva 92/100/CEE, sobre derechos de alquiler y préstamo y otros derechos afines a los derechos de autor en el ámbito de la propiedad intelectual (*BOE* n.º 313, de 31 de diciembre).

Vid. arts. 163 y ss. y Disps. Trans. 11.ª2 y 12.ª1 de este Texto Refundido; art. 15 del Tratado de la Organización Mundial de la Propiedad Intelectual sobre Interpretación o Ejecución y Fonogramas y art. 8.º2 de la Directiva 2006/115/CE del Parlamento Europeo y del Consejo, de 12 de diciembre de 2006, sobre derechos de alquiler y préstamo y otros derechos afines a los derechos de autor en el ámbito de la propiedad intelectual (versión codificada de la antigua Directiva 92/100/CEE del Consejo, de 19 de noviembre de 1992).

Art. 117.1: Se refunden el art. 109.1 de la Ley 22/1987, de 11 de noviembre, de Propiedad Intelectual (*BOE* n.º 275, de 17 de noviembre), y el art. 8.º1.*b*) y 3 de la derogada Ley 43/1994, de 30 de diciembre, de incorporación al Derecho español de la Directiva 92/100/CEE, sobre derechos de alquiler y préstamo y otros derechos afines a los derechos de autor en el ámbito de la propiedad intelectual (*BOE* n.º 313, de 31 de diciembre).

Vid. art. 118 de este Texto Refundido; art. 12 del Tratado de la Organización Mundial de la Propiedad Intelectual sobre Interpretación o Ejecución y Fonogramas y arts. 2.º1 y 9.º1 y 4 de la Directiva 2006/115/CE del Parlamento Europeo y del Consejo, de 12 de diciembre de 2006, sobre derechos de alquiler y préstamo y otros derechos afines a los derechos de autor en el ámbito de la propiedad intelectual (versión codificada de la antigua Directiva 92/100/CEE del Consejo, de 19 de noviembre de 1992).

Art. 117.2: Redactado por la Ley 23/2006, de 7 de julio, por la que se modifica el Texto Refundido de la Ley de Propiedad Intelectual, aprobado por el Real Decreto Legislativo 1/1996, de 12 de abril (*BOE* n.º 162, de 8 de julio). En la redacción anterior se incorporaban los arts. 1.º1, párr. 2.º, y 8.º2 de la Ley 43/1994, de 30 de diciembre, de incorporación al Derecho español de la Directiva 92/100/CEE, sobre derechos de alquiler y préstamo y otros

de transmisión de la propiedad, en el ámbito de la Unión Europea, por el propio titular del derecho o con su consentimiento, este derecho se agotará con la primera, si bien sólo para las ventas y transmisiones de propiedad sucesivas que se realicen en dicho ámbito territorial.

3. Se considera comprendida en el derecho de distribución la facultad de autorizar la importación y exportación de copias del fonograma con fines de comercialización.

4. A los efectos de este Título, se entiende por alquiler de fono-

gramas la puesta a disposición de los mismos para su uso por tiempo limitado y con un beneficio económico o comercial directo o indirecto.

Quedan excluidas del concepto de alquiler la puesta a disposición con fines de exposición, de comunicación pública a partir de fonogramas o de fragmentos de éstos, y la que se realice para consulta *in situ*.

5. A los efectos de este Título se entiende por préstamo de fonogramas la puesta a disposición para su uso, por tiempo limitado,

---

derechos afines a los derechos de autor en el ámbito de la propiedad intelectual (*BOE* n.º 313, de 31 de diciembre).

Vid. art. 19.2 de este Texto Refundido; art. 4.º de la Directiva 2001/29/CE del Parlamento Europeo y del Consejo, de 22 de mayo de 2001, relativa a la armonización de determinados aspectos de los derechos de autor y derechos afines a los derechos de autor en la sociedad de la información, y arts. 1.º4 y 9.º2 de la Directiva 2006/115/CE del Parlamento Europeo y del Consejo, de 12 de diciembre de 2006, sobre derechos de alquiler y préstamo y otros derechos afines a los derechos de autor en el ámbito de la propiedad intelectual (versión codificada de la antigua Directiva 92/100/CEE del Consejo, de 19 de noviembre de 1992).

Art. 117.3: Se corresponde con el art. 109.2 de la Ley 22/1987, de 11 de noviembre, de Propiedad Intelectual (*BOE* n.º 275, de 17 de noviembre).

Vid. art. 2.º del Convenio de 29 de octubre de 1971, para la protección de los productores de fonogramas contra la reproducción no autorizada de sus fonogramas, y art. 9.º de la Directiva 2006/115/CE del Parlamento Europeo y del Consejo, de 12 de diciembre de 2006, sobre derechos de alquiler y préstamo y otros derechos afines a los derechos de autor en el ámbito de la propiedad intelectual (versión codificada de la antigua Directiva 92/100/CEE del Consejo, de 19 de noviembre de 1992).

Art. 117.4: Se incorporan las disposiciones del Título I de la Ley 43/1994, de 30 de diciembre, de incorporación al Derecho español de la Directiva 92/100/CEE, sobre derechos de alquiler y préstamo y otros derechos afines a los derechos de autor en el ámbito de la propiedad intelectual (*BOE* n.º 313, de 31 de diciembre); en concreto, art. 1.º2.*a*) y 3.

Vid. art. 19.2 de este Texto Refundido, y art. 13 del Tratado de la Organización Mundial de la Propiedad Intelectual sobre Interpretación o Ejecución y Fonogramas.

Art. 117.5: Se incorporan las disposiciones del Título I de la Ley 43/1994, de 30 de diciembre, de incorporación al Derecho español de la Directiva 92/100/CEE, sobre derechos de alquiler y préstamo y otros derechos afines a los derechos de autor en el ámbito de la propiedad intelectual (*BOE* n.º 313, de 31 de diciembre); en concreto, art. 1.º2.*b*) y 3.

Vid. art. 19.5 de este Texto Refundido, y arts. 1.º3 y 2.º1 de la Directiva 2006/115/CE del Parlamento Europeo y del Consejo, de 12 de diciembre de 2006, sobre derechos de alquiler y préstamo y otros derechos afines a los derechos de autor en el ámbito de la propiedad intelectual (versión codificada de la antigua Directiva 92/100/CEE del Consejo, de 19 de noviembre de 1992).

sin beneficio económico o comercial, directo ni indirecto, siempre que dicho préstamo se lleve a cabo a través de establecimientos accesibles al público.

Se entenderá que no existe beneficio económico o comercial, directo ni indirecto, cuando el préstamo efectuado por un establecimiento accesible al público dé lugar al pago de una cantidad que no exceda de lo necesario para cubrir sus gastos de funcionamiento.

Quedan excluidas del concepto de préstamo las operaciones mencionadas en el párrafo segundo del anterior apartado 4 y las que se efectúen entre establecimientos accesibles al público.

Art. 118.   *Legitimación activa.*—En los casos de infracción de los derechos reconocidos en los artículos 115 y 117 corresponderá el ejercicio de las acciones procedentes tanto al productor fonográfico como al cesionario de los mismos.

Art. 119.   *Duración de los derechos.*—Los derechos de los pro-

---

Art. 118: Se corresponde con el originario art. 110 de la Ley 22/1987, de 11 de noviembre, de Propiedad Intelectual (*BOE* n.º 275, de 17 de noviembre). Vid. arts. 42 y ss., 138 y ss. y 150 de este Texto Refundido.

Art. 119: Artículo modificado por el art. 1º.9 de la Ley 21/2014, de 4 de noviembre, por la que se modifica el Texto Refundido de la Ley de Propiedad Intelectual, aprobado por Real Decreto Legislativo 1/1996, de 12 de abril, y la Ley 1/2000, de 7 de enero, de Enjuiciamiento Civil (*BOE* n.º 268, de 5 de noviembre de 2014). Procede de la transposición de la Directiva 2011/77/UE del Parlamento Europeo y del Consejo de 27 de septiembre de 2011 por la que se modifica la Directiva 2006/116/CE relativa al plazo de protección del derecho de autor y de determinados derechos afines (vid. arts. 3.2 y 10.5 de esta última Directiva). Su anterior redacción procedía de la Ley 23/2006, de 7 de julio, por la que se modifica el Texto Refundido de la Ley de Propiedad Intelectual, aprobado por el Real Decreto Legislativo 1/1996, de 12 de abril (*BOE* n.º 162, de 8 de julio). A su vez, la redacción anterior del precepto en el Texto Refundido se correspondía con el originario art. 110 de la Ley 22/1987, de 11 de noviembre, de Propiedad intelectual (*BOE* n.º 275, de 17 de noviembre). Se incorporaba así el art. 4.º de la derogada Ley 27/1995, de 11 de octubre, de incorporación al derecho Español de la Directiva 93/83/CEE, de 29 de octubre de 1993, relativa a la armonización del plazo de protección del derecho de autor y de determinados derechos afines (*BOE* n.º 245, de 13 de octubre). Han de tenerse en consideración las modificaciones al texto del art. 3.º2 de la Directiva 2006/116/CE introducidas por la Directiva 2011/77/UE.

Vid. Disp. Trans. 19.ª, añadida también por la Ley 23/2006, de 7 de julio, por la que se modifica el Texto Refundido de la Ley de Propiedad Intelectual, aprobado por el Real Decreto Legislativo 1/1996, de 12 de abril (*BOE* n.º 162, de 8 de julio), y Disp. Trans. 21.ª3 de este Texto Refundido; art. 11.2.º de la Directiva 2001/29/CE del Parlamento Europeo y del Consejo, de 22 de mayo de 2001, relativa a la armonización de determinados aspectos de los derechos de autor y derechos afines a los derechos de autor en la sociedad de la información, que modificó el art. 3.º2 de la Directiva 93/83/CEE del Consejo, de 29 de octubre de 1993, relativa a la armonización del plazo de protección del derecho de autor y de determinados derechos afines; y art. 1.º2.c) de la Directiva 2011/77/UE del Parlamento Europeo y del Consejo, de 27 de septiembre de 2011, por la que se modifica la Directiva 2006/116/CE relativa al plazo de protección del derecho de autor y de determinados derechos afines.

ductores de fonogramas expirarán cincuenta años después de que se haya hecho la grabación. No obstante, si el fonograma se publica lícitamente durante dicho período, los derechos expirarán setenta años después de la fecha de la primera publicación lícita. Si durante el citado período no se efectúa publicación lícita alguna pero el fonograma se comunica lícitamente al público, los derechos expirarán setenta años después de la fecha de la primera comunicación lícita al público.

Todos los plazos se computarán desde el 1 de enero del año siguiente al del momento de la grabación, publicación y comunicación al público.

TÍTULO III

Derechos de los productores de las grabaciones audiovisuales

Art. 120. *Definiciones.*—1. Se entiende por grabaciones audiovisuales las fijaciones de un plano o secuencia de imágenes, con o sin sonido, sean o no creaciones susceptibles de ser calificadas como obras audiovisuales en el sentido del artículo 86 de esta Ley.

2. Se entiende por productor de una grabación audiovisual, la

---

Vid. art. 201.3 de este Texto Refundido; art. 12 de la Directiva 2006/115/CE del Parlamento Europeo y del Consejo, de 12 de diciembre de 2006, sobre derechos de alquiler y préstamo y otros derechos afines a los derechos de autor en el ámbito de la propiedad intelectual (versión codificada de la antigua Directiva 92/100/CEE del Consejo, de 19 de noviembre de 1992); art. 4.º del Convenio de 29 de octubre de 1971, para la protección de los productores de fonogramas contra la reproducción no autorizada de sus fonogramas; art. 14 de la Convención Internacional sobre la Protección de los Artistas Intérpretes o Ejecutantes, los Productores de Fonogramas y los Organismos de Radiodifusión y art. 17.2 del Tratado de la Organización Mundial de la Propiedad Intelectual sobre Interpretación o Ejecución y Fonogramas.

Art. 120.1: Se incorpora el art. 1.º2.*c*) de la Ley 43/1994, de 30 de diciembre, de incorporación al Derecho español de la Directiva 92/100/CEE, sobre derechos de alquiler y préstamo y otros derechos afines a los derechos de autor en el ámbito de la propiedad intelectual (*BOE* n.º 313, de 31 de diciembre).

Vid. art. 2.º1 de la Directiva 2006/115/CE del Parlamento Europeo y del Consejo, de 12 de diciembre de 2006, sobre derechos de alquiler y préstamo y otros derechos afines a los derechos de autor en el ámbito de la propiedad intelectual (versión codificada de la antigua Directiva 92/100/CEE del Consejo, de 19 de noviembre de 1992), y arts. 7.º y 11 a 13 de la Ley 55/2007, de 28 de diciembre, del Cine (*BOE* n.º 312, de 29 de diciembre), desarrollada por Real Decreto 1.084/2015, de 4 de diciembre (*BOE* n.º 291, de 5 de diciembre).

Art. 120.2: Se corresponde con una incorporación adaptada del originario art. 112 de la Ley 22/1987, de 11 de noviembre, de Propiedad Intelectual (*BOE* n.º 275, de 17 de noviembre).

Vid. arts. 86, 88 y 201.1 de este Texto Refundido; art. 2.º1 de la Directiva 2006/115/CE del Parlamento Europeo y del Consejo, de 12 de diciembre de 2006, sobre derechos de alquiler y

persona natural o jurídica que tenga la iniciativa y asuma la responsabilidad de dicha grabación audiovisual.

Art. 121. *Reproducción.*—Corresponde al productor de la primera fijación de una grabación audiovisual el derecho exclusivo de autorizar la reproducción del original y sus copias, según la definición establecida en el artículo 18.

Este derecho podrá transferirse, cederse o ser objeto de concesión de licencias contractuales.

Art. 122. *Comunicación pública.*—1. Corresponde al productor de grabaciones audiovisuales el derecho de autorizar la comunicación pública de éstas.

Cuando la comunicación al público se realice por cable y en los términos previstos en el apartado 4 del artículo 20 de esta Ley, será de aplicación lo dispuesto en dicho precepto.

2. Los usuarios de las grabaciones audiovisuales que se utilicen para los actos de comunicación pública previstos en el artículo 20.2.*f*)

---

préstamo y otros derechos afines a los derechos de autor en el ámbito de la propiedad intelectual (versión codificada de la antigua Directiva 92/100/CEE del Consejo, de 19 de noviembre de 1992). A efectos registrales, vid. arts. 11 y 14 del Real Decreto 611/2023, de 11 de julio, por el que se aprueba el Reglamento del Registro de la Propiedad Intelectual (§ 6). Vid. también Disp. Adic. 4.ª de la Ley 28/1998, de 13 de julio, de venta a plazos de bienes muebles (*BOE* n.º 167, de 14 de julio), añadida por la Disp. Final 1.ª de la Ley 55/2007, de 28 de diciembre, del cine (*BOE* n.º 312, de 29 de diciembre).

Art. 121: Redactado por la Ley 23/2006, de 7 de julio, por la que se modifica el Texto Refundido de la Ley de Propiedad Intelectual, aprobado por el Real Decreto Legislativo 1/1996, de 12 de abril (*BOE* n.º 162, de 8 de julio).

Vid. art. 2.º de la Directiva 2001/29/CE del Parlamento Europeo y del Consejo, de 22 de mayo de 2001, relativa a la armonización de determinados aspectos de los derechos de autor y derechos afines a los derechos de autor en la sociedad de la información. La redacción anterior del precepto se correspondía con el originario art. 113 de la Ley 22/1987, de 11 de noviembre, de Propiedad Intelectual (*BOE* n.º 275, de 17 de noviembre). Sin embargo, se desglosaron los derechos en él enunciados en los preceptos siguientes de este Texto Refundido, y se incorporaron las normas correspondientes de la Ley 43/1994, de 30 de diciembre, de incorporación al Derecho español de la Directiva 92/100/CEE, sobre derechos de alquiler y préstamo y otros derechos afines a los derechos de autor en el ámbito de la propiedad intelectual (*BOE* n.º 313, de 31 de diciembre). En este caso, art. 6.º1.*c*) y 2 de la Ley citada. Vid. art. 7.º1 de la Directiva 2006/115/CE del Parlamento Europeo y del Consejo, de 12 de diciembre de 2006, sobre derechos de alquiler y préstamo y otros derechos afines a los derechos de autor en el ámbito de la propiedad intelectual (versión codificada de la antigua Directiva 92/100/CEE del Consejo, de 19 de noviembre de 1992).

Art. 122.1: Vid. nota al art. 121. Se incorpora el art. 6.º1 de la derogada Ley 28/1996, de 11 de octubre, de incorporación al Derecho español de la Directiva 93/83/CEE, sobre coordinación de determinadas disposiciones relativas a los derechos de autor y derechos afines a los derechos de autor en el ámbito de la radiodifusión vía satélite y de la distribución por cable (*BOE* n.º 245, de 13 de octubre). Vid. Disps. Trans. 11.ª2 y 12.ª1 de este Texto Refundido.

Art. 122.2: Redactado por la Ley 23/2006, de 7 de julio, por la que se modifica el Texto Refundido de la Ley de Propiedad Intelectual, aprobado por el Real Decreto Legislativo 1/1996, de 12 de abril (*BOE* n.º 162, de 8 de julio).

y *g*) tienen obligación de pagar a los artistas intérpretes o ejecutantes y a los productores de grabaciones audiovisuales la remuneración que proceda, de acuerdo con las tarifas generales establecidas por la correspondiente entidad de gestión.

3. El derecho a la remuneración equitativa y única a que se refiere el apartado anterior se hará efectivo a través de las entidades de gestión de los derechos de propiedad intelectual. La efectividad de este derecho a través de las respectivas entidades de gestión comprenderá la negociación con los usuarios, la determinación, recaudación y distribución de la remu-

neración correspondiente, así como cualquier otra actuación necesaria para asegurar la efectividad de aquél.

Art. 123. *Distribución.—*
1. Corresponde al productor de la primera fijación de una grabación audiovisual el derecho exclusivo de autorizar la distribución, según la definición establecida en el artículo 19.1 de esta Ley, del original y de las copias de la misma. Este derecho podrá transferirse, cederse o ser objeto de concesión de licencias contractuales.

2. Cuando la distribución se efectúe mediante venta u otro títu-

---

Vid. nota al art. 121, así como art. 8.º2 de la Directiva 2006/115/CE del Parlamento Europeo y del Consejo, de 12 de diciembre de 2006, sobre derechos de alquiler y préstamo y otros derechos afines a los derechos de autor en el ámbito de la propiedad intelectual (versión codificada de la antigua Directiva 92/100/CEE del Consejo, de 19 de noviembre de 1992).

Art. 122.3: Vid. nota al art. 121, así como arts. 163 y ss. de este Texto Refundido.

Art. 123.1: Se incorpora el art. 8.º1.*c*) y 3 de la derogada Ley 43/1994, de 30 de diciembre, de incorporación al Derecho español de la Directiva 92/100/CEE, sobre derechos de alquiler y préstamo y otros derechos afines a los derechos de autor en el ámbito de la propiedad intelectual (*BOE* n.º 313, de 31 de diciembre).

Vid. arts. 2.º1 y 4 y 9.º1 y 4 de la Directiva 2006/115/CE del Parlamento Europeo y del Consejo, de 12 de diciembre de 2006, sobre derechos de alquiler y préstamo y otros derechos afines a los derechos de autor en el ámbito de la propiedad intelectual (versión codificada de la antigua Directiva 92/100/CEE del Consejo, de 19 de noviembre de 1992). Respecto de las empresas de distribución cinematográfica, vid. art. 14 de la Ley 55/2007, de 28 de diciembre, del Cine (*BOE* n.º 312, de 29 de diciembre), desarrollada por Real Decreto 1.084/2015, de 4 de diciembre (*BOE* n.º 291, de 5 de diciembre).

Art. 123.2: Redactado por la Ley 23/2006, de 7 de julio, por la que se modifica el Texto Refundido de la Ley de Propiedad Intelectual, aprobado por el Real Decreto Legislativo 1/1996, de 12 de abril (*BOE* n.º 162, de 8 de julio). Con la redacción anterior del Texto Refundido se incorporaban los arts. 1.º1, párr. 2.º, y 8.º2 de la derogada Ley 43/1994, de 30 de diciembre, de incorporación al Derecho español de la Directiva 92/100/CEE, sobre derechos de alquiler y préstamo y otros derechos afines a los derechos de autor en el ámbito de la propiedad intelectual (*BOE* n.º 313, de 31 de diciembre). Vid. arts. 2.º1 y 4 y 9.º1 y 4 de la Directiva 2006/115/CE del Parlamento Europeo y del Consejo, de 12 de diciembre de 2006, sobre derechos de alquiler y préstamo y otros derechos afines a los derechos de autor en el ámbito de la propiedad intelectual (versión codificada de la antigua Directiva 92/100/CEE del Consejo, de 19 de noviembre de 1992). Respecto de las empresas de distribución cinematográfica, vid. art. 14 de la Ley 55/2007, de 28 de diciembre, del cine (*BOE* n.º 312, de 29 de diciembre), y el Real Decreto 1084/2015, de

lo de transmisión de la propiedad, en el ámbito de la Unión Europea, por el propio titular del derecho o con su consentimiento, este derecho se agotará con la primera, si bien sólo para las ventas y transmisiones de propiedad sucesivas que se realicen en dicho ámbito territorial.

3. A los efectos de este Título, se entiende por alquiler de grabaciones audiovisuales la puesta a disposición para su uso por tiempo limitado y con un beneficio económico o comercial directo o indirecto.

Quedan excluidas del concepto de alquiler la puesta a disposición con fines de exposición, la comunicación pública a partir de la primera fijación de una grabación audiovisual y sus copias, incluso de fragmentos de una y otras, y la que se realice para consulta *in situ*.

4. A los efectos de este Título, se entiende por préstamo de las grabaciones audiovisuales la puesta a disposición para su uso por tiempo limitado sin beneficio económico o comercial, directo ni indirecto, siempre que dicho préstamo se lleve a cabo a través de establecimientos accesibles al público.

Se entenderá que no existe beneficio económico o comercial directo ni indirecto cuando el préstamo efectuado por un establecimiento accesible al público dé lugar al pago de una cantidad que no exceda de lo necesario para cubrir sus gastos de funcionamiento.

Quedan excluidas del concepto de préstamo las operaciones mencionadas en el párrafo segundo del anterior apartado 3 y las que se efectúen entre establecimientos accesibles al público.

---

4 de diciembre, por el que se desarrolla la Ley 55/2007, de 28 de diciembre, del Cine (*BOE* n.º 291, de 5 de diciembre de 2015). Vid. art. 19.2 de este Texto Refundido.

Art. 123.3: Se incorpora el art. 1.º2 y 3 de la derogada Ley 43/1994, de 30 de diciembre, de incorporación al Derecho español de la Directiva 92/100/CEE, sobre derechos de alquiler y préstamo y otros derechos afines a los derechos de autor en el ámbito de la propiedad intelectual (*BOE* n.º 313, de 31 de diciembre).

Vid. art. 1.º2 de la Directiva 2006/115/CE del Parlamento Europeo y del Consejo, de 12 de diciembre de 2006, sobre derechos de alquiler y préstamo y otros derechos afines a los derechos de autor en el ámbito de la propiedad intelectual (versión codificada de la antigua Directiva 92/100/CEE del Consejo, de 19 de noviembre de 1992), y arts. 19.3 y 20 de este Texto Refundido.

Art. 123.4: Se incorpora el art. 1.º2.*b*) y 3 de la derogada Ley 43/1994, de 30 de diciembre, de incorporación al Derecho español de la Directiva 92/100/CEE, sobre derechos de alquiler y préstamo y otros derechos afines a los derechos de autor en el ámbito de la propiedad intelectual (*BOE* n.º 313, de 31 de diciembre).

Vid. art. 11.3 de la Directiva 2006/115/CE del Parlamento Europeo y del Consejo, de 12 de diciembre de 2006, sobre derechos de alquiler y préstamo y otros derechos afines a los derechos de autor en el ámbito de la propiedad intelectual (versión codificada de la antigua Directiva 92/100/CEE del Consejo, de 19 de noviembre de 1992), y arts. 19.4 y 20 de este Texto Refundido.

Art. 124. *Otros derechos de explotación.*—Le corresponden, asimismo, al productor los derechos de explotación de las fotografías que fueren realizadas en el proceso de producción de la grabación audiovisual.

Art. 125. *Duración de los derechos de explotación.*—La duración de los derechos de explotación reconocidos a los productores de la primera fijación de una grabación audiovisual será de cincuenta años, computados desde el día 1 de enero del año siguiente al de su realización.

No obstante, si, dentro de dicho período, la grabación se divulga lícitamente, los citados derechos expirarán a los cincuenta años desde la divulgación, computados desde el día 1 de enero del año siguiente a la fecha en que ésta se produzca.

TÍTULO IV

Derechos de las entidades de radiodifusión*

Art. 126. *Derechos exclusivos.*—1. Las entidades de radiodifusión gozan del derecho exclusivo de autorizar:

Art. 124: Se corresponde con el originario art. 114 de la Ley 22/1987, de 11 de noviembre, de Propiedad Intelectual (*BOE* n.º 275, de 17 de noviembre). Vid. arts. 10.1.*h*), 128 y 201.3 de este Texto Refundido.

Art. 125: Se corresponde con el originario art. 115 de la Ley 22/1987, de 11 de noviembre, de Propiedad Intelectual (*BOE* n.º 275, de 17 de noviembre), y se refunde con el art. 4.º3 de la derogada Ley 27/1995, de 11 de octubre, de incorporación al Derecho español de la Directiva 93/98/CEE del Consejo, de 29 de octubre de 1993, relativa a la armonización del plazo de protección del derecho de autor y de determinados derechos afines (*BOE* n.º 245, de 13 de octubre).

Vid. art. 201.3 de este Texto Refundido, y art. 3.º3 de la Directiva 93/98/CEE del Consejo, de 29 de octubre de 1993, relativa a la armonización del plazo de protección del derecho de autor y de determinados derechos afines, cuyo texto codificado se encuentra en la Directiva 2006/116/CE del Parlamento Europeo y del Consejo, de 12 de diciembre de 2006 (versión codificada de la antigua Directiva 93/98/CEE del Consejo, de 29 de octubre de 1993).

* Vid. Directiva 97/36/CE del Parlamento Europeo y del Consejo, de 30 de junio de 1997, por la que se modifica la Directiva 89/552/CEE del Consejo, sobre la coordinación de determinadas disposiciones legales, reglamentarias y administrativas de los Estados miembros relativas al ejercicio de actividades de radiodifusión televisiva (*DOCE* n.º L 202, de 30 de julio); Ley 22/1999, de 7 de junio, de modificación de la Ley 25/1994, de 12 de julio, por la que se incorpora al ordenamiento jurídico español la Directiva 89/552/CEE, sobre la coordinación de disposiciones legales, reglamentarias y administrativas de los Estados miembros relativas al ejercicio de actividades de radiodifusión televisiva (*BOE* n.º 136, de 8 de junio); Directiva 2006/115/CE del Parlamento Europeo y del Consejo, de 12 de diciembre de 2006, sobre derechos de alquiler y préstamo y otros derechos afines a los derechos de autor en el ámbito de la

a) La fijación de sus emisiones o transmisiones en cualquier soporte sonoro o visual. A los efectos de este apartado, se entiende incluida la fijación de alguna imagen aislada difundida en la emisión o transmisión.

No gozarán de este derecho las empresas de distribución por cable cuando retransmitan emisiones o transmisiones de entidades de radiodifusión.

b) La reproducción de las fijaciones de sus emisiones o transmisiones.

---

propiedad intelectual (versión codificada de la antigua Directiva 92/100/CEE del Consejo, de 19 de noviembre de 1992); y Directiva 93/83/CEE del Consejo, de 27 de septiembre de 1993, sobre coordinación de determinadas disposiciones relativas a los derechos de autor y derechos afines a los derechos de autor en el ámbito de la radiodifusión vía satélite y de la distribución por cable.

Art. 126: Su redacción proviene de la Ley 23/2006, de 7 de julio, por la que se modifica el Texto Refundido de la Ley de Propiedad Intelectual, aprobado por el Real Decreto Legislativo 1/1996, de 12 de abril (*BOE* n.º 162, de 8 de julio). Dicha Ley añadió un párr. *c)* en el apdo. 1 de este art. 126, con el consiguiente desplazamiento de los anteriores párrs. *c)* y *d)*, que pasan a ser, respectivamente, los párrs. *d)* y *e)*. Asimismo, la Ley 23/2006 modificó el anterior párr. *e)*, que pasa a ser párr. *f)*.

Vid. arts. 3.º2 y 4.º de la Directiva 2001/29/CE del Parlamento Europeo y del Consejo, de 22 de mayo de 2001, relativa a la armonización de determinados aspectos de los derechos de autor y derechos afines a los derechos de autor en la sociedad de la información, y arts. 76 a 79 y Disp. Trans. 4.ª del Real Decreto-ley 24/2021, de 2 de noviembre (§ 4).

Art. 126.1.a): Se refunde el originario art. 116 de la Ley 22/1987, de 11 de noviembre, de Propiedad Intelectual (*BOE* n.º 275, de 17 de noviembre), con las normas correspondientes de la Ley 43/1994, de 30 de diciembre, de incorporación al Derecho español de la Directiva 92/100/CEE, sobre derechos de alquiler y préstamo y otros derechos afines a los derechos de autor en el ámbito de la propiedad intelectual (*BOE* n.º 313, de 31 de diciembre). Se incorpora el art. 5.º2 de la citada Ley.

Vid. Disps. Trans. 11.ª2 y 12.ª1 del Texto Refundido; arts. 3.º*g)* y 13.*b)* de la Convención Internacional sobre la Protección de los Artistas Intérpretes o Ejecutantes, los Productores de Fonogramas y los Organismos de Radiodifusión; art. 14.3 del Acuerdo por el que se establece la Organización Mundial del Comercio (Anexo 1C: Acuerdo sobre los Aspectos de los Derechos de Propiedad Intelectual relacionados con el Comercio) y art. 6.º2 de la Directiva 2006/115/CE del Parlamento Europeo y del Consejo, de 12 de diciembre de 2006, sobre derechos de alquiler y préstamo y otros derechos afines a los derechos de autor en el ámbito de la propiedad intelectual (versión codificada de la antigua Directiva 92/100/CEE del Consejo, de 19 de noviembre de 1992).

Art. 126.1.b): Se refunde el originario art. 116.1.*b)*, *in fine*, de la Ley 22/1987, de 11 de noviembre, de Propiedad Intelectual (*BOE* n.º 275, de 17 de noviembre), con el art. 6.º de la derogada Ley 43/1994, de 30 de diciembre, de incorporación al Derecho español de la Directiva 92/100/CEE, sobre derechos de alquiler y préstamo y otros derechos afines a los derechos de autor en el ámbito de la propiedad intelectual (*BOE* n.º 313, de 31 de diciembre).

Vid. arts. 3.º*e)* y 13.*c)* de la Convención Internacional sobre la Protección de los Artistas Intérpretes o Ejecutantes, los Productores de Fonogramas y los Organismos de Radiodifusión; art. 14 del Acuerdo por el que se establece la Organización Mundial del Comercio (Anexo 1C: Acuerdo sobre los Aspectos de los Derechos de Propiedad Intelectual relacionados con el Comercio) y art. 7.º de la Directiva 2006/115/CE del Parlamento Europeo y del Consejo, de 12 de diciembre de 2006, sobre derechos de alquiler y préstamo y otros derechos afines a los derechos de autor en el ámbito de la propiedad intelectual (versión codificada de la antigua Directiva 92/100/CEE del

Este derecho podrá transferirse, cederse o ser objeto de concesión de licencias contractuales.

c)   La puesta a disposición del público, por procedimientos alámbricos o inalámbricos, de las fijaciones de sus emisiones o transmisiones, de tal forma que cualquier persona pueda acceder a ellas desde el lugar y en el momento que elija.

d)   La retransmisión por cualquier procedimiento técnico de sus emisiones o transmisiones.

e)   La comunicación pública de sus emisiones o transmisiones de radiodifusión, cuando tal comunicación se efectúe en lugares a los que el público pueda acceder mediante el pago de una cantidad en concepto de derecho de admisión o de entrada.

Consejo, de 19 de noviembre de 1992). Debe tenerse presente que este último precepto se deroga por el art. 11 de la Directiva 2001/29/CE del Parlamento Europeo y del Consejo, de 22 de mayo de 2001, relativa a la armonización de determinados aspectos de los derechos de autor y derechos afines a los derechos de autor en la sociedad de la información. Vid. su art. 2.º*e*).

Art. 126.1.c): Su redacción actual proviene de la Ley 23/2006, de 7 de julio, por la que se modifica el Texto Refundido de la Ley de Propiedad Intelectual, aprobado por el Real Decreto Legislativo 1/1996, de 12 de abril (*BOE* n.º 162, de 8 de julio). Dicha adición supuso el consiguiente desplazamiento de los anteriores párrs. *c*) y *d*), que pasan a ser, respectivamente, los párrs. *d*) y *e*).

Vid. art. 3.º2 de la Directiva 2001/29/CE del Parlamento Europeo y del Consejo, de 22 de mayo de 2001, relativa a la armonización de determinados aspectos de los derechos de autor y derechos afines a los derechos de autor en la sociedad de la información.

Art. 126.1.d): Se refunde el originario art. 116.1.*a*) de la Ley 22/1987, de 11 de noviembre, de Propiedad Intelectual (*BOE* n.º 275, de 17 de noviembre), con el art. 7.º5 de la Ley 43/1994, de 30 de diciembre, de incorporación al Derecho español de la Directiva 92/100/CEE, sobre derechos de alquiler y préstamo y otros derechos afines a los derechos de autor en el ámbito de la propiedad intelectual (*BOE* n.º 313, de 31 de diciembre).

Vid. arts. 3.º*g*) y 13.*a*) de la Convención Internacional sobre la Protección de los Artistas Intérpretes o Ejecutantes, los Productores de Fonogramas y los Organismos de Radiodifusión y art. 14.3 del Acuerdo por el que se establece la Organización Mundial del Comercio (Anexo 1C: Acuerdo sobre los Aspectos de los Derechos de Propiedad Intelectual relacionados con el Comercio).

Art. 126.1.e): Se refunde el originario art. 116.1.*c*) de la Ley 22/1987, de 11 de noviembre, de Propiedad Intelectual (*BOE* n.º 275, de 17 de noviembre), con el art. 7.º5 de la Ley 43/1994, de 30 de diciembre, de incorporación al Derecho español de la Directiva 92/100/CEE, sobre derechos de alquiler y préstamo y otros derechos afines a los derechos de autor en el ámbito de la propiedad intelectual (*BOE* n.º 313, de 31 de diciembre).

Vid. art. 13.*d*) de la Convención Internacional sobre la Protección de los Artistas Intérpretes o Ejecutantes, los Productores de Fonogramas y los Organismos de Radiodifusión; art. 14.3 del Acuerdo por el que se establece la Organización Mundial del Comercio (Anexo 1C: Acuerdo sobre los Aspectos de los Derechos de Propiedad Intelectual relacionados con el Comercio); art. 8.º3 de la Directiva 2006/115/CE del Parlamento Europeo y del Consejo, de 12 de diciembre de 2006, sobre derechos de alquiler y préstamo y otros derechos afines a los derechos de autor en el ámbito de la propiedad intelectual (versión codificada de la antigua Directiva 92/100/CEE del Consejo, de 19 de noviembre de 1992), y art. 3.º3 de la Directiva 2001/29/CE del Parlamento Europeo y del Consejo, de 22 de mayo de 2001, relativa a la armonización de determinados aspectos de los derechos de autor y derechos afines a los derechos de autor en la sociedad de la información.

Cuando la comunicación al público se realice vía satélite o por cable y en los términos previstos en los apartados 3 y 4 del artículo 20 de esta Ley, será de aplicación lo dispuesto en tales preceptos.

f) La distribución de las fijaciones de sus emisiones o transmisiones.

Cuando la distribución se efectúe mediante venta u otro título de transmisión de la propiedad, en el ámbito de la Unión Europea, por el propio titular del derecho o con su consentimiento, este derecho se agotará con la primera, si bien sólo para las ventas y transmisiones de propiedad sucesivas

que se realicen en dicho ámbito territorial.

Este derecho podrá transferirse, cederse o ser objeto de concesión de licencias contractuales.

2. Los conceptos de emisión y transmisión incluyen, respectivamente, las operaciones mencionadas en los párrafos *c)* y *e)* del apartado 2 del artículo 20 de la presente Ley, y el de retransmisión, la difusión al público por una entidad que emita o difunda emisiones de otra, recibidas a través de uno cualquiera de los mencionados satélites.

Art. 127. *Duración de los derechos de explotación.*—Los derechos

---

Art. 126.1.f): El texto anterior de este precepto refundió el art. 8.º1.*d*), 2 y 3 de la Ley 43/1994, de 30 de diciembre, de incorporación al Derecho español de la Directiva 92/100/CEE, sobre derechos de alquiler y préstamo y otros derechos afines a los derechos de autor en el ámbito de la propiedad intelectual (*BOE* n.º 313, de 31 de diciembre). Su redacción actual proviene de la Ley 23/2006, de 7 de julio, por la que se modifica el Texto Refundido de la Ley de Propiedad Intelectual, aprobado por el Real Decreto Legislativo 1/1996, de 12 de abril (*BOE* n.º 162, de 8 de julio). Dicha Ley añadió un nuevo párr. *c*), lo que supuso el consiguiente desplazamiento de los anteriores párrs. *c*) y *d*), que pasan a ser, respectivamente, los párrs. *d*) y *e*). El anterior párr. *e*) ha pasado a ser este *f*). Vid. el art. 4.º de la Directiva 2001/29/CE del Parlamento Europeo y del Consejo, de 22 de mayo de 2001, relativa a la armonización de determinados aspectos de los derechos de autor y derechos afines a los derechos de autor en la sociedad de la información.

Vid. art. 19.2 de este Texto Refundido, y art. 9.º de la Directiva 2006/115/CE del Parlamento Europeo y del Consejo, de 12 de diciembre de 2006, sobre derechos de alquiler y préstamo y otros derechos afines a los derechos de autor en el ámbito de la propiedad intelectual (versión codificada de la antigua Directiva 92/100/CEE del Consejo, de 19 de noviembre de 1992).

Art. 126.2: Vid. arts. 1.º, 4.º, 9.º y 10 de la Directiva 93/83/CEE del Consejo, de 27 de septiembre de 1993, sobre coordinación de determinadas disposiciones relativas a los derechos de autor y derechos afines a los derechos de autor en el ámbito de la radiodifusión vía satélite y de la distribución por cable.

Art. 127: Se refunden el originario art. 117 de la Ley 22/1987, de 11 de noviembre, de Propiedad Intelectual (*BOE* n.º 275, de 17 de noviembre), y el art. 4.º4 de la derogada Ley 27/1995, de 11 de octubre, de incorporación al Derecho español de la Directiva 93/98/CEE, relativa a la armonización del plazo de protección del derecho de autor y de determinados derechos afines (*BOE* n.º 245, de 13 de octubre).

Vid. art. 202.3 de este Texto Refundido; art. 14 de la Convención Internacional sobre la Protección de los Artistas Intérpretes o Ejecutantes, los Productores de Fonogramas y los

de explotación reconocidos a las entidades de radiodifusión durarán cincuenta años, computados desde el día 1 de enero del año siguiente al de la realización por vez primera de una emisión o transmisión.

TÍTULO V

La protección de las meras fotografías

Art. 128. *De las meras fotografías.*—Quien realice una fotografía u otra reproducción obtenida por procedimiento análogo a aquélla, cuando ni una ni otra tengan el carácter de obras protegidas en el Libro I, goza del derecho exclusivo de autorizar su reproducción, distribución y comunicación pública, en los mismos términos reconocidos en la presente Ley a los autores de obras fotográficas.

Este derecho tendrá una duración de veinticinco años computados desde el día 1 de enero del año siguiente a la fecha de realización de la fotografía o reproducción.

Organismos de Radiodifusión; art. 12 de la Directiva 2006/115/CE del Parlamento Europeo y del Consejo, de 12 de diciembre de 2006, sobre derechos de alquiler y préstamo y otros derechos afines a los derechos de autor en el ámbito de la propiedad intelectual (versión codificada de la antigua Directiva 92/100/CEE del Consejo, de 19 de noviembre de 1992), y arts. 3.º4, 8.º y 11 de la Directiva 93/98/CEE del Consejo, de 29 de octubre de 1993, relativa a la armonización del plazo de protección del derecho de autor y de determinados derechos afines, cuyo texto codificado se encuentra en la Directiva 2006/116/CE del Parlamento Europeo y del Consejo, de 12 de diciembre 2006 (versión codificada de la antigua Directiva 93/98/CEE del Consejo, de 29 de octubre de 1993).

Art. 128: Se refunden el originario art. 118 de la Ley 22/1987, de 11 de noviembre, de Propiedad Intelectual (*BOE* n.º 275, de 17 de noviembre), y el art. 6.º2 de la Ley 27/1995, de 11 de octubre, de incorporación al Derecho español de la Directiva 93/98/CEE, relativa a la armonización del plazo de protección del derecho de autor y de determinados derechos afines (*BOE* n.º 245, de 13 de octubre).

Vid. arts. 10.1.*h*), 124 y 201.1 de este Texto Refundido; art. 4.º3 de la Convención Universal sobre Derechos de Autor, de 24 de julio de 1971 y art. 6.º de la Directiva 93/98/CEE del Consejo, de 29 de octubre de 1993, relativa a la armonización del plazo de protección del derecho de autor y de determinados derechos afines, cuyo texto codificado se encuentra en la Directiva 2006/116/CE del Parlamento Europeo y del Consejo, de 12 de diciembre de 2006 (versión codificada de la antigua Directiva 93/98/CEE del Consejo, de 29 de octubre de 1993).

A efectos registrales, vid. art. 14.*o*) del Real Decreto 611/2023, de 11 de julio, por el que se aprueba el Reglamento del Registro de la Propiedad Intelectual (§ 6).

TÍTULO VI

La protección de determinadas producciones editoriales

Art. 129. *Obras inéditas en dominio público y obras no protegidas.*—1. Toda persona que divulgue lícitamente una obra inédita que esté en dominio público tendrá sobre ella los mismos derechos de explotación que hubieran correspondido a su autor.

2. Del mismo modo, los editores de obras no protegidas por las disposiciones del Libro I de la presente Ley, gozarán del derecho exclusivo de autorizar la reproducción, distribución y comunicación pública de dichas ediciones siempre que puedan ser individualizadas por su composición tipográfica, presentación y demás características editoriales.

Art. 129 bis. *Derechos de las editoriales de publicaciones de prensa y agencias de noticias respecto a los usos en línea de sus publicaciones de prensa.*—1. Las editoriales de

---

Art. 129: Se refunden el originario art. 119 de la Ley 22/1987, de 11 de noviembre, de Propiedad Intelectual, según la redacción dada por la Ley 20/1992, de 7 de julio (*BOE* n.º 168, de 14 de julio), y el art. 5.º, párr. 1.º, de la Ley 27/1995, de 11 de octubre, de incorporación al Derecho español de la Directiva 93/98/CEE, relativa a la armonización del plazo de protección del derecho de autor y de determinados derechos afines (*BOE* n.º 245, de 13 de octubre).

Vid. arts. 4.º y 5.º de la Directiva 93/98/CEE del Consejo, de 29 de octubre de 1993, relativa a la armonización del plazo de protección del derecho de autor y de determinados derechos afines, cuyo texto codificado se encuentra en la Directiva 2006/116/CE del Parlamento Europeo y del Consejo, de 12 de diciembre de 2006 (versión codificada de la antigua Directiva 93/98/CEE del Consejo, de 29 de octubre de 1993).

Vid. arts. 5.º, 17 a 23, 41, 130 y 201.1 y 2 de este Texto Refundido; art. 6.º del Real Decreto de 3 de septiembre de 1880, por el que se aprueba el Reglamento para la ejecución de la Ley de 10 de enero de 1879, de Propiedad Intelectual; art. 2.ºc) de la Ley 10/2007, de 22 de junio, de la lectura, del libro y de las bibliotecas (*BOE* n.º 150, de 23 de junio), y art. 18 del Convenio de Berna para la protección de las obras literarias y artísticas.

Art. 129 bis: Añadido por el art. 80.7 del Real Decreto-ley 24/2021, de 2 de noviembre, de transposición de directivas de la Unión Europea en las materias de bonos garantizados, distribución transfronteriza de organismos de inversión colectiva, datos abiertos y reutilización de la información del sector público, ejercicio de derechos de autor y derechos afines aplicables a determinadas transmisiones en línea y a las retransmisiones de programas de radio y televisión, exenciones temporales a determinadas importaciones y suministros, de personas consumidoras y para la promoción de vehículos de transporte por carretera limpios y energéticamente eficientes (*BOE* n.º 263, de 3 de noviembre). Vid. arts. 32.2 y 130.2, y Disp. Trans. 22.ª de este Texto Refundido, así como art. 15 de la Directiva (UE) 2019/790, del Parlamento Europeo y del Consejo, de 17 de abril de 2019, sobre los derechos de autor y derechos afines en el mercado único digital.

publicaciones de prensa y agencias de noticias establecidas en el territorio español, cuando publican publicaciones de prensa en el sentido de este artículo, tendrán el derecho exclusivo de reproducción directa o indirecta, provisional o permanente, por cualquier medio y en cualquier forma, de la totalidad o parte de una publicación de prensa así como el derecho exclusivo de puesta a disposición del público, por procedimientos alámbricos o inalámbricos para el uso en línea de sus publicaciones de prensa por parte de prestadores de servicios de la sociedad de la información.

Estos derechos no podrán ser invocados frente a los autores y otros titulares de derechos y, en particular, por sí mismos no privarán a éstos del derecho a explotar sus obras y otras prestaciones con independencia de la publicación de prensa a la que se incorporen.

2. La reproducción o puesta a disposición del público por terceros usuarios de cualquier texto, imagen, obra fotográfica o mera fotografía que sean objeto de este derecho estará sujeta a autorización y no excluirá la responsabilidad civil o penal del tercero usuario que eventualmente se pudiera derivar de la utilización no autorizada del contenido publicado.

3. Las editoriales de publicaciones de prensa y agencias de noticias podrán autorizar el ejercicio de los derechos reconocidos en el apartado 1 del presente artículo a los prestadores de servicios de la sociedad de la información. La negociación de dichas autorizaciones se realizará de acuerdo con los principios de buena fe contractual, diligencia debida, transparencia y respeto a las reglas de la libre competencia, excluyendo el abuso de posición de dominio en la negociación.

Dicha autorización se recogerá en un acuerdo celebrado al efecto con el prestador de servicios de la sociedad de la información, que deberá reunir los siguientes requisitos:

a) Se deberá respetar la independencia editorial de las editoriales de publicaciones de prensa y agencias de noticias.

b) El prestador de servicios de la sociedad de la información, en el marco de la relación contractual que establezca con la editorial de publicaciones de prensa o agencia de noticias, deberá informar de forma detallada y suficiente sobre los parámetros principales que rigen la clasificación de los contenidos y la importancia relativa de dichos parámetros principales, atendiendo a lo establecido en el Reglamento (UE) 2019/1150 del Parlamento Europeo y del Consejo, de 20 de junio de 2019, sobre el fomento de la equidad y la transparencia para los usuarios profesionales de servicios de intermediación en línea. Esta información deberá mantenerse actualizada.

c) No cabrá establecer otros contratos o prestaciones vinculados a este acuerdo que no se refieran a las explotaciones de las publicaciones de prensa.

d) Será competente para conocer de las cuestiones litigiosas sobre el acuerdo la Sección Primera de la Comisión de Propiedad Intelectual, contra cuyas resoluciones cabrá recurso ante los órganos jurisdiccionales españoles que resulten competentes.

4. No obstante lo establecido en el apartado anterior, las editoriales de publicaciones de prensa y agencias de noticias podrán otorgar las autorizaciones para el ejercicio de los derechos reconocidos en el apartado 1 a través de los mecanismos de gestión colectiva, según lo establecido en la presente Ley. En estos casos, deberán también respetarse los requisitos del apartado anterior.

5. A los efectos de este artículo, se entenderá por publicación de prensa una recopilación compuesta principalmente por obras literarias de carácter periodístico que también incluye otro tipo de obras, en particular fotografías y videos, u otras prestaciones, y que:

a) Constituye un cuerpo unitario publicado de forma periódica o actualizado regularmente bajo un único título, como un periódico o una revista de interés general o especial;

b) Tiene por finalidad proporcionar al público en general información sobre noticias u otros temas, y

c) Se publica en cualquier medio de comunicación por iniciativa y bajo responsabilidad de la editorial y el control de un prestador de servicios.

6. Los derechos reconocidos en el apartado 1 no serán aplicables a:

a) El uso privado o no comercial de las publicaciones de prensa por parte de usuarios individuales.

b) Los actos de hiperenlace.

c) Al uso de palabras sueltas o extractos muy breves o poco significativos, tanto desde el punto de vista cuantitativo como cualitativo, de publicaciones de prensa por los prestadores de servicios de la sociedad de la información cuando dicho uso en línea no perjudique a las inversiones realizadas por las editoriales de publicaciones de prensa y agencias de noticias para la publicación de los contenidos y no afecte a la efectividad de los derechos reconocidos en el presente artículo.

d) Los contenidos literarios que no tengan la condición de publicación de prensa, que se regirán por lo establecido al efecto en el presente texto refundido.

e) Las publicaciones periódicas con fines científicos o académicos, como las revistas científicas.

f) Los sitios web, como blogs, que proporcionan información como parte de una actividad que no se lleva a cabo por iniciativa ni con la responsabilidad y control editorial de un prestador de servicios como los que caracterizan a una editorial de noticias.

g) Los contenidos cuyo uso esté amparado por una excepción o un límite a los derechos de autor o los derechos afines.

7. No podrán invocarse los derechos reconocidos en este artículo:

a) Para prohibir su utilización por otros usuarios autorizados, cuando una obra u otra prestación sea incorporada a una publicación de prensa sobre la base de una autorización no exclusiva.

b) Para prohibir la utilización de obras cuya protección haya expirado.

8. Los autores de las obras incorporadas a una publicación de prensa recibirán una parte adecuada de los ingresos que las editoriales de publicaciones de prensa o agencias de noticias perciban por el uso de sus publicaciones de prensa por parte de prestadores de servicios de la sociedad de la información. Para el ejercicio de este derecho, los autores podrán también acudir, de forma potestativa, a los mecanismos de gestión colectiva establecidos en la presente Ley.

Art. 130. *Duración de los derechos.*—1. Los derechos reconocidos en el artículo 129.1 durarán veinticinco años, computados desde el día 1 de enero del año siguiente al de la divulgación lícita de la obra.

2. Los derechos reconocidos en el artículo 129.2 durarán veinticinco años, computados desde el día 1 de enero del año siguiente al de la publicación.

3. Los derechos reconocidos en el artículo 129 bis durarán dos años contados desde el 1 de enero del año siguiente al de la fecha de la publicación de prensa.

Art. 130: Se incorpora el art. 5.º de la Ley 27/1995, de 11 de octubre, de incorporación al Derecho español de la Directiva 93/98/CEE, relativa a la armonización del plazo de protección del derecho de autor y de determinados derechos afines (*BOE* n.º 245, de 13 de octubre). Precepto modificado por el art. 80.7 del Real Decreto-ley 24/2021, de 2 de noviembre, de transposición de directivas de la Unión Europea en las materias de bonos garantizados, distribución transfronteriza de organismos de inversión colectiva, datos abiertos y reutilización de la información del sector público, ejercicio de derechos de autor y derechos afines aplicables a determinadas transmisiones en línea y a las retransmisiones de programas de radio y televisión, exenciones temporales a determinadas importaciones y suministros, de personas consumidoras y para la promoción de vehículos de transporte por carretera limpios y energéticamente eficientes (*BOE* n.º 263, de 3 de noviembre). Vid. art. 128.1 de este Texto Refundido.

Art. 130.3: Vid. Disp. Trans. 22.ª de este Texto Refundido, y art. 15 de la Directiva (UE) 2019/790, del Parlamento Europeo y del Consejo, de 17 de abril de 2019, sobre los derechos de autor y derechos afines en el mercado único digital.

TÍTULO VII

Disposiciones comunes a los otros derechos de propiedad intelectual*

Art. 131. *Cláusula de salvaguardia de los derechos de autor.*— Los otros derechos de propiedad intelectual reconocidos en este Libro II se entenderán sin perjuicio de los que correspondan a los autores.

Art. 132. *Aplicación subsidiaria de disposiciones del Libro I.*— Las disposiciones contenidas en el artículo 6.1, en la Sección 2.ª del Capítulo III del Título II y en el Capítulo II del Título III, salvo lo establecido en el párrafo segundo del

---

* Esta rúbrica proviene del art. 6.º1 de la Ley 5/1998, de 6 de marzo, de incorporación al Derecho español de la Directiva 96/9/CE del Parlamento Europeo y del Consejo, de 11 de marzo de 1996, sobre la protección jurídica de bases de datos (*BOE* n.º 57, de 7 de marzo).

Art. 131: Su redacción proviene del art. 6.º2 de la Ley 5/1998, de 6 de marzo, de incorporación al Derecho español de la Directiva 96/9/CE del Parlamento Europeo y del Consejo, de 11 de marzo de 1996, sobre la protección jurídica de bases de datos (*BOE* n.º 57, de 7 de marzo). Se corresponde con el originario art. 121 de la Ley 22/1987, de 11 de noviembre, de Propiedad Intelectual (*BOE* n.º 275, de 17 de noviembre), y se subsumen la Disp. Adic. 1.ª de la derogada Ley 43/1994, de 30 de diciembre, de incorporación al Derecho español de la Directiva 92/100/CEE, sobre derechos de alquiler y préstamo y otros derechos afines a los derechos de autor en el ámbito de la propiedad intelectual (*BOE* n.º 313, de 31 de diciembre), y la Disp. Adic. 1.ª de la Ley 28/1996, de 11 de octubre, de incorporación al Derecho español de la Directiva 93/83/CEE, sobre coordinación de determinadas disposiciones relativas a los derechos de autor y derechos afines a los derechos de autor en el ámbito de la radiodifusión vía satélite y de la distribución por cable (*BOE* n.º 245, de 13 de octubre).

Vid. arts. 3.º, 17 y 137 de este Texto Refundido; art. 1.º de la Convención Internacional sobre la Protección de los Artistas Intérpretes o Ejecutantes, los Productores de Fonogramas y los Organismos de Radiodifusión; art. 14 de la Directiva 2006/115/CE del Parlamento Europeo y del Consejo, de 12 de diciembre de 2006, sobre derechos de alquiler y préstamo y otros derechos afines a los derechos de autor en el ámbito de la propiedad intelectual (versión codificada de la antigua Directiva 92/100/CEE del Consejo, de 19 de noviembre de 1992), y art. 9.º de la Directiva 93/83/CEE del Consejo, de 27 de septiembre de 1993, sobre coordinación de determinadas disposiciones relativas a los derechos de autor y derechos afines a los derechos de autor en el ámbito de la radiodifusión vía satélite y de la distribución por cable.

Art. 132: Redactado por la Disp. Final 1.ª de la Ley 10/2007, de 22 de junio, de la lectura, del libro y de las bibliotecas (*BOE* n.º 150, de 23 de junio), que modificó la redacción que provenía de la Ley 19/2006, de 5 de junio, por la que se amplían los medios de tutela de los derechos de propiedad intelectual e industrial y se establecen normas procesales para facilitar la aplicación de diversos reglamentos comunitarios (*BOE* n.º 134, de 6 de julio). Dicha Ley incorporó al Derecho español la Directiva 2004/48/CE del Parlamento Europeo y del Consejo, de 29 de abril de 2004, relativa al respeto de los derechos de propiedad intelectual, modificando la redacción que a este precepto había dado el art. 6.º2 de la Ley 5/1998, de incorporación al Derecho español de la Directiva 96/9/CE del Parlamento Europeo y del Consejo, de 11 de marzo de 1996, sobre la protección jurídica de bases de datos (*BOE* n.º 57, de 7 de marzo).

apartado segundo del artículo 37, ambos del Libro I de la presente Ley, se aplicarán, con carácter subsidiario y en lo pertinente, a los otros derechos de propiedad intelectual regulados en este Libro.

TÍTULO VIII

Derecho *sui generis* sobre las bases de datos*

Art. 133. *Objeto de protección.*—1. El derecho *sui generis* sobre una base de datos protege la inversión sustancial, evaluada cualitativa o cuantitativamente, que realiza el fabricante ya sea de medios financieros, empleo de tiempo, esfuerzo, energía u otros de similar naturaleza, para la obtención, verificación o presentación de su contenido.

Mediante el derecho al que se refiere el párrafo anterior, el fabricante de una base de datos, definida en el artículo 12.2 del presente texto refundido de la Ley de Propiedad Intelectual, puede prohibir la extracción y/o reutilización de la totalidad o de una parte sustancial del contenido de ésta, evaluada cualitativa o cuantitativamente, siempre que la obtención, la verificación o la presentación de dicho contenido representen una inversión sustancial desde el punto de vista cuantitativo o cualitativo. Este derecho podrá transferirse, cederse o darse en licencia contractual.

2. No obstante lo dispuesto en el párrafo segundo del apartado anterior, no estarán autorizadas la extracción y/o reutilización repetidas o sistemáticas de partes no sustanciales del contenido de una base de datos que supongan actos contrarios a una explotación

---

* La adición de este nuevo Título al Libro II del Texto Refundido proviene del art. 6.º3 de la Ley 5/1998, de 6 de marzo, de incorporación al Derecho español de la Directiva 96/9/CE del Parlamento Europeo y del Consejo, de 11 de marzo de 1996, sobre la protección jurídica de bases de datos (*BOE* n.º 57, de 7 de marzo).

El citado Título se integra por cinco artículos (133 a 137), lo que provoca un desplazamiento numérico de los preceptos que llevaban esa numeración. Esta situación se advertirá en las notas correspondientes.

Art. 133: Proviene del art. 6.º3 de la Ley 5/1998, de 6 de marzo, de incorporación al Derecho español de la Directiva 96/9/CE del Parlamento Europeo y del Consejo, de 11 de marzo de 1996, sobre la protección jurídica de bases de datos (*BOE* n.º 57, de 7 de marzo). Vid. arts. 136 y 203.1, y Disps. Trans. 16.ª a 18.ª de este Texto Refundido.

Art. 133.1: Vid. nota anterior, así como arts. 1.º2 y 7.º de la Directiva 96/9/CE del Parlamento Europeo y del Consejo, de 11 de marzo de 1996, sobre la protección jurídica de bases de datos.

Art. 133.2: Vid. nota al art. 133 de este Texto Refundido, así como art. 7.º5 de la Directiva 96/9/CE del Parlamento Europeo y del Consejo, de 11 de marzo de 1996, sobre la protección jurídica de bases de datos.

normal de dicha base o que causen un perjuicio injustificado a los intereses legítimos del fabricante de la base.

3. A los efectos del presente Título se entenderá por:

a) Fabricante de la base de datos, la persona natural o jurídica que toma la iniciativa y asume el riesgo de efectuar las inversiones sustanciales orientadas a la obtención, verificación o presentación de su contenido.

b) Extracción, la transferencia permanente o temporal de la totalidad o de una parte sustancial del contenido de una base de datos a otro soporte cualquiera que sea el medio utilizado o la forma en que se realice.

c) Reutilización, toda forma de puesta a disposición del público de la totalidad o de una parte sustancial del contenido de la base mediante la distribución de copias en forma de venta u otra transferencia de su propiedad o por alquiler, o mediante transmisión en línea o en otras formas. A la distribución de copias en forma de venta en el ámbito de la Unión Europea le será de aplicación lo dispuesto en el apartado 2 del artículo 19 de la presente Ley.

4. El derecho contemplado en el párrafo segundo del anterior apartado 1 se aplicará con independencia de la posibilidad de que dicha base de datos o su contenido esté protegida por el derecho de autor o por otros derechos. La protección de las bases de datos por el derecho contemplado en el párrafo segundo del anterior apartado 1 se entenderá sin perjuicio de los derechos existentes sobre su contenido.

Art. 134. *Derechos y obligaciones del usuario legítimo.*—1. El fabricante de una base de datos, sea cual fuere la forma en que haya sido puesta a disposición del público, no

---

Art. 133.3: Vid. nota al art. 133 de este Texto Refundido, así como art. 7.º2.*a*) y *b*) de la Directiva 96/9/CE del Parlamento Europeo y del Consejo, de 11 de marzo de 1996, sobre la protección jurídica de bases de datos.

Art. 133.4: Vid. nota al art. 133 de este Texto Refundido, así como art. 7.º4 de la Directiva 96/9/CE del Parlamento Europeo y del Consejo, de 11 de marzo de 1996, sobre la protección jurídica de bases de datos.

Art. 134: Proviene del art. 6.º3 de la Ley 5/1998, de 6 de marzo, de incorporación al Derecho español de la Directiva 96/9/CE del Parlamento Europeo y del Consejo, de 11 de marzo de 1996, sobre la protección jurídica de bases de datos (*BOE* n.º 57, de 7 de marzo).

Vid. art. 15 de la Directiva 96/9/CE del Parlamento Europeo y del Consejo, de 11 de marzo de 1996, sobre la protección jurídica de bases de datos, y art. 7.º de la Directiva 2001/29/CE del Parlamento Europeo y del Consejo, de 22 de mayo de 2001, relativa a la armonización de determinados aspectos de los derechos de autor y derechos afines a los derechos de autor en la sociedad de la información.

Art. 134.1: Vid. nota al art. 134 de este Texto Refundido, así como art. 8.º1 de la Directiva 96/9/CE del Parlamento Europeo y del Consejo, de 11 de marzo de 1996, sobre la protección jurídica de bases de datos.

podrá impedir al usuario legítimo de dicha base extraer y/o reutilizar partes no sustanciales de su contenido, evaluadas de forma cualitativa o cuantitativa, con independencia del fin a que se destine.

En los supuestos en que el usuario legítimo esté autorizado a extraer y/o reutilizar sólo parte de la base de datos, lo dispuesto en el párrafo anterior se aplicará únicamente a dicha parte.

2. El usuario legítimo de una base de datos, sea cual fuere la forma en que haya sido puesta a disposición del público, no podrá efectuar los siguientes actos:

a) Los que sean contrarios a una explotación normal de dicha base o lesionen injustificadamente los intereses legítimos del fabricante de la base.

b) Los que perjudiquen al titular de un derecho de autor o de uno cualquiera de los derechos reconocidos en los Títulos I a VI del Libro II de la presente Ley que afecten a obras o prestaciones contenidas en dicha base.

3. Cualquier pacto en contrario a lo establecido en esta disposición será nulo de pleno derecho.

Art. 135. *Excepciones al derecho* sui generis.—1. El usuario legítimo de una base de datos, sea cual fuere la forma en que ésta haya sido puesta a disposición del público, podrá, sin autorización del fabricante de la base, extraer y/o reutilizar una parte sustancial del contenido de la misma, en los siguientes casos:

a) Cuando se trate de una extracción para fines privados del contenido de una base de datos no electrónica.

b) Cuando se trate de una extracción con fines ilustrativos de enseñanza o de investigación científica en la medida justificada por el objetivo no comercial que se persiga y siempre que se indique la fuente.

Art. 134.2: Vid. nota al art. 134 de este Texto Refundido, así como art. 8.º2 de la Directiva 96/9/CE del Parlamento Europeo y del Consejo, de 11 de marzo de 1996, sobre la protección jurídica de bases de datos.

Art. 134.3: Vid. nota al art. 134 de este Texto Refundido, así como arts. 8.º3 y 15 de la Directiva 96/9/CE del Parlamento Europeo y del Consejo, de 11 de marzo de 1996, sobre la protección jurídica de bases de datos.

Art. 135: Proviene del art. 6.º3 de la Ley 5/1998, de 6 de marzo, de la incorporación al Derecho español de la Directiva 96/9/CE del Parlamento Europeo y del Consejo, de 11 de marzo de 1996, sobre la protección jurídica de bases de datos (*BOE* n.º 57, de 7 de marzo).

Vid. art. 9.º de la Directiva 96/9/CE del Parlamento Europeo y del Consejo, de 11 de marzo de 1996, sobre la protección jurídica de bases de datos; arts. 5.º2.*c*), 5.º3.*e*) y *n*), 5.º5 y 6.º3 y 4 de la Directiva 2001/29/CE del Parlamento Europeo y del Consejo, de 22 de mayo de 2001, relativa a la armonización de determinados aspectos de los derechos de autor y derechos afines a los derechos de autor en la sociedad de la información. Téngase en cuenta la protección frente a las medidas tecnológicas de los límites previstos en el art. 135.1.*b*) y *c*), en los términos del art. 197.1.*g*) de este Texto Refundido.

c) Cuando se trate de una extracción y/o reutilización para fines de seguridad pública o a efectos de un procedimiento administrativo o judicial.

2. Las disposiciones del apartado anterior no podrán interpretarse de manera tal que permita su aplicación de forma que cause un perjuicio injustificado a los intereses legítimos del titular del derecho o que vaya en detrimento de la explotación normal del objeto protegido.

Art. 136. *Plazo de protección.*—1. El derecho contemplado en el artículo 133 nacerá en el mismo momento en que se dé por finalizado el proceso de fabricación de la base de datos, y expirará quince años después del 1 de enero del año siguiente a la fecha en que haya terminado dicho proceso.

2. En los casos de bases de datos puestas a disposición del público antes de la expiración del período previsto en el apartado anterior, el plazo de protección expirará a los quince años, contados desde el 1 de enero del año siguiente a la fecha en que la base de datos hubiese sido puesta a disposición del público por primera vez.

3. Cualquier modificación sustancial, evaluada de forma cuantitativa o cualitativa del contenido de una base de datos y, en particular, cualquier modificación sustancial que resulte de la acumulación de adiciones, supresiones o cambios sucesivos que conduzcan a considerar que se trata de una nueva inversión sustancial, evaluada desde un punto de vista cuantitativo o cualitativo, permitirá atribuir a la base resultante de dicha inversión un plazo de protección propio.

Art. 137. *Salvaguardia de aplicación de otras disposiciones.*— Lo dispuesto en el presente Título se entenderá sin perjuicio de cualesquiera otras disposiciones legales que afecten a la estructura o al

---

Art. 136: Proviene del art. 6.º3 de la Ley 5/1998, de 6 marzo, de incorporación al Derecho español de la Directiva 96/9/CE del Parlamento Europeo y del Consejo, de 11 de marzo de 1996, sobre la protección jurídica de bases de datos (*BOE* n.º 57, de 7 de marzo).

Vid. arts. 10 y 14 de la Directiva 96/9/CE del Parlamento Europeo y del Consejo, de 11 de marzo de 1996, sobre la protección jurídica de bases de datos, y art. 133 y Disps. Trans. 16.ª a 18.ª de este Texto Refundido.

Art. 137: Proviene del art. 6.º3 de la Ley 5/1998, de 6 marzo, de incorporación al Derecho español de la Directiva 96/9/CE del Parlamento Europeo y del Consejo, de 11 de marzo de 1996, sobre la protección jurídica de bases de datos (*BOE* n.º 57, de 7 de marzo).

Vid. art. 13 de la Directiva 96/9/CE del Parlamento Europeo y del Consejo, de 11 de marzo de 1996, sobre la protección jurídica de bases de datos, y arts. 1.º y 9.º de la Directiva 2001/29/CE del Parlamento Europeo y del Consejo, de 22 de mayo de 2001, relativa a la armonización de determinados aspectos de los derechos de autor y derechos afines a los derechos de autor en la sociedad de la información.

contenido de una base de datos tales como las relativas al derecho de autor u otros derechos de propiedad intelectual, al derecho de propiedad industrial, derecho de la competencia, derecho contractual, secretos, protección de los datos de carácter personal, protección de los tesoros nacionales o sobre el acceso a los documentos públicos.

LIBRO III

De la protección de los derechos reconocidos en esta Ley

TÍTULO PRIMERO

Acciones y procedimientos*

Art. 138. *Acciones y medidas cautelares urgentes.*—El titular de los derechos reconocidos en esta Ley, sin perjuicio de otras acciones

---

* La Ley 5/1998, de 6 de marzo, de incorporación al Derecho español de la Directiva 96/9/CE del Parlamento Europeo y del Consejo, de 11 de marzo de 1996, sobre la protección jurídica de bases de datos (*BOE* n.º 57, de 7 de marzo), ha añadido este nuevo Título al Libro II del Texto Refundido. Por ello, los hasta entonces arts. 133 y ss. ven alterada su numeración. El Libro III comienza con el art. 138, que inicialmente era el 133 en el Texto Refundido.

Vid. art. 7.º de la Directiva 2009/24/CE del Parlamento Europeo y del Consejo, de 23 de abril de 2009, sobre la protección jurídica de los programas de ordenador (versión codificada de la antigua Directiva 91/250/CEE del Consejo, de 14 de mayo de 1991); arts. 11 y 12 del Tratado de la Organización Mundial de la Propiedad Intelectual sobre Derecho de Autor; arts. 18 y 19 del Tratado de la Organización Mundial de la Propiedad Intelectual sobre Interpretación o Ejecución y Fonogramas y arts. 6.º y 7.º de la Directiva 2001/29/CE del Parlamento Europeo y del Consejo, de 22 de mayo de 2001, relativa a la armonización de determinados aspectos de los derechos de autor y derechos afines a los derechos de autor en la sociedad de la información.

Art. 138: Artículo modificado por el artículo 1.º10 de la Ley 21/2014, de 4 de noviembre, por la que se modifica el Texto Refundido de la Ley de Propiedad Intelectual, aprobado por Real Decreto Legislativo 1/1996, de 12 de abril, y la Ley 1/2000, de 7 de enero, de Enjuiciamiento Civil (*BOE* n.º 268, de 5 de noviembre de 2014) sobre el que existan indicios de infracción o del usuario de un servicio de la sociedad de la información, véase la modificación introducida en la Ley 1/2000, de 7 de enero, de Enjuiciamiento Civil (*BOE* n.º 7, de 8 de enero), por el artículo 2 de la Ley 21/2014.

Su anterior redacción provenía de la Ley 23/2006, de 7 de julio, por la que se modifica el Texto Refundido de la Ley de Propiedad Intelectual, aprobado por el Real Decreto Legislativo 1/1996, de 12 de abril (*BOE* n.º 162, de 8 de julio). Hay que tener en cuenta que la Ley 19/2006, de 5 de junio, por la que se amplían los medios de tutela de los derechos de propiedad intelectual e industrial y se establecen normas procesales para facilitar la aplicación de diversos reglamentos comunitarios (*BOE* n.º 134, de 6 de julio), había ya introducido una nueva redacción al art. 138. El texto de la Ley 19/2006, de vigencia efímera, es después derogado por la Ley 23/2006 y únicamente difería del ahora vigente en que la mención al art. 139.1.*h*) que ahora hace la Ley 23/2006 era al art. 139.1.*g*) en la redacción de la Ley 19/2006. Vid. art. 727 de la Ley 1/2000, de 7 de enero, de Enjuiciamiento Civil (*BOE* n.º 7, de 8 de enero).

En la numeración inicial del Texto Refundido, este artículo era el 133; la misma se desplazó por la integración en el citado Texto de la Ley 5/1998, de 6 de marzo, de incorporación al Derecho español de la Directiva 96/9/CE del Parlamento Europeo y del Consejo, de 11 de marzo de 1996, sobre la protección jurídica de bases de datos (*BOE* n.º 57, de 7 de marzo).

Vid. art. 68 de este Texto Refundido; arts. 721 y ss. de la Ley 1/2000, de 7 de enero, de Enjuiciamiento Civil (*BOE* n.º 7, de 8 de enero), y art. 8.º2 y 3 de la Directiva 2001/29/CE del Parlamento Europeo y del Consejo, de 22 de mayo de 2001, relativa a la armonización de

que le correspondan, podrá instar el cese de la actividad ilícita del infractor y exigir la indemnización de los daños materiales y morales causados, en los términos previstos en los artículos 139 y 140. También podrá instar la publicación o difusión, total o parcial, de la resolución judicial o arbitral en medios de comunicación a costa del infractor.

Tendrá también la consideración de responsable de la infracción quien induzca a sabiendas la conducta infractora; quien coopere con la misma, conociendo la conducta infractora o contando con indicios razonables para conocerla; y quien, teniendo un interés económico directo en los resultados de la conducta infractora, cuente con una capacidad de control sobre la conducta del infractor. Lo anterior no afecta a las limitaciones de responsabilidad específicas establecidas en los artículos 14 a 17 de la Ley 34/2002, de 11 de julio, de servicios de la sociedad de la información y de comercio electrónico, en la medida en que se cumplan los requisitos legales establecidos en dicha Ley para su aplicación.

Asimismo, podrá solicitar con carácter previo la adopción de las medidas cautelares de protección urgente reguladas en el artículo 141.

Tanto las medidas de cesación específicas contempladas en el artículo 139.1.h) como las medidas cautelares previstas en el artículo 141.6 podrán también solicitarse, cuando sean apropiadas, contra los intermediarios a cuyos servicios recurra un tercero para infringir derechos de propiedad intelectual reconocidos en esta Ley, aunque los actos de dichos intermediarios no constituyan en sí mismos una infracción, sin perjuicio de lo dispuesto en la Ley 34/2002, de 11 de julio, de servicios de la sociedad de la información y de comercio electrónico. Dichas medidas habrán de ser objetivas, proporcionadas y no discriminatorias.

Art. 139. *Cese de la actividad ilícita.*—1. El cese de la actividad ilícita podrá comprender:

---

determinados aspectos de los derechos de autor y derechos afines a los derechos de autor en la sociedad de la información. Si los derechos reconocidos en este Texto Refundido son objeto de propiedad industrial, ténganse en cuenta los arts. 70 a 78 de la Ley 24/2015, de 24 de julio, de Patentes (*BOE* n.º 177, de 25 de julio).

Téngase en cuenta que la Ley 19/2006, de 5 de junio, por la que se amplían los medios de tutela de los derechos de propiedad intelectual e industrial y se establecen normas procesales para facilitar la aplicación de diversos reglamentos comunitarios (*BOE* n.º 134, de 6 de julio), modificó la redacción de los arts. 63 y 66 de la Ley 11/1986, de 20 de marzo, de Patentes. Dicha Ley incorporó al Derecho español la Directiva 2004/48/CE del Parlamento Europeo y del Consejo, de 29 de abril de 2004, relativa al respeto de los derechos de propiedad intelectual.

Art. 139: Su redacción proviene de la Ley 23/2006, de 7 de julio, por la que se modifica el Texto Refundido de la Ley de Propiedad Intelectual, aprobado por el Real Decreto Legislativo 1/1996, de 12 de abril (*BOE* n.º 162, de 8 de julio). Hay que tener en cuenta que, poco antes, el

a) La suspensión de la explotación o actividad infractora, incluyendo todos aquellos actos o actividades a los que se refieren los artículos 196 y 198.

b) La prohibición al infractor de reanudar la explotación o actividad infractora.

c) La retirada del comercio de los ejemplares ilícitos y su destrucción, incluyendo aquellos en los que haya sido suprimida o alterada sin autorización la información para la gestión electrónica de derechos o cuya protección tecnológica haya sido eludida. Esta medida se ejecutará a expensas del infractor, salvo que se aleguen razones fundadas para que no sea así.

d) La retirada de los circuitos comerciales, la inutilización, y, en caso necesario, la destrucción de los

---

art. 139 había sido modificado por la Ley 19/2006, de 5 de junio, por la que se amplían los medios de tutela de los derechos de propiedad intelectual e industrial y se establecen normas procesales para facilitar la aplicación de diversos reglamentos comunitarios (*BOE* n.º 134, de 6 de julio). Dicha Ley incorporó al Derecho español la citada Directiva 2004/48/CE. La modificación que introdujo la Ley 19/2006 en el Texto Refundido consistió en modificar los párrs. *c)* y *d)* y añadir el párr. *g)* al apdo. 1 del art. 139. Las letras *a)*, *e)* y *f)* del apdo. 1 se han visto modificadas por el Real Decreto-ley 2/2018, de 13 de abril (*BOE* n.º 91, de 14 de abril), algo que se ha mantenido tras la reforma operada por la Ley 2/2019, de 1 de marzo (*BOE* n.º 53, de 2 de marzo).

Ha de tenerse en cuenta que, en la numeración inicial del Texto Refundido, este art. 139 era el 134; la misma se desplazó por la integración en el citado Texto de la Ley 5/1998, de 6 de marzo, de incorporación al Derecho español de la Directiva 96/9/CE del Parlamento Europeo y del Consejo, de 11 de marzo de 1996, sobre la protección jurídica de bases de datos (*BOE* n.º 57, de 7 de marzo).

Vid. arts. 103, 196 y 198 de este Texto Refundido; art. 727.11 de la Ley 1/2000, de 7 de enero, de Enjuiciamiento Civil (*BOE* n.º 7, de 8 de enero), y art. 8.º de la Directiva 2001/29/CE del Parlamento Europeo y del Consejo, de 22 de mayo de 2001, relativa a la armonización de determinados aspectos de los derechos de autor y derechos afines a los derechos de autor en la sociedad de la información; el Real Decreto 1.130/2023, de 19 de diciembre, por el que se desarrollan la composición y el funcionamiento de la Sección Segunda de la Comisión de Propiedad Intelectual y por el que se modifica el Real Decreto 1.023/2015, de 13 de noviembre, por el que se desarrolla reglamentariamente la composición, organización y ejercicio de funciones de la Sección Primera de la Comisión de Propiedad Intelectual (§ 7), y la Orden ECD/378/2012, de 28 de febrero, por la que se establece la obligatoriedad para los interesados en el procedimiento de salvaguarda de los derechos de propiedad intelectual, de comunicarse con la Sección Segunda de la Comisión de Propiedad Intelectual por medios electrónicos.

Art. 139.1.a): Su actual redacción proviene del Real Decreto-ley 2/2018, de 13 de abril (*BOE* n.º 91, de 14 de abril), reiterándose después con la Ley 2/2019, de 1 de marzo (*BOE* n.º 53, de 2 de marzo).

Art. 139.1.b): Su redacción proviene de la Ley 23/2006, de 7 de julio, por la que se modifica el Texto Refundido de la Ley de Propiedad Intelectual, aprobado por el Real Decreto Legislativo 1/1996, de 12 de abril (*BOE* n.º 162, de 8 de julio).

Art. 139.1.c): Su redacción proviene de la Ley 23/2006, de 7 de julio, por la que se modifica el Texto Refundido de la Ley de Propiedad Intelectual, aprobado por el Real Decreto Legislativo 1/1996, de 12 de abril (*BOE* n.º 162, de 8 de julio).

Art. 139.1.d): Su redacción proviene de la Ley 23/2006, de 7 de julio, por la que se modifica el Texto Refundido de la Ley de Propiedad Intelectual, aprobado por el Real Decreto Legislativo 1/1996, de 12 de abril (*BOE* n.º 162, de 8 de julio).

moldes, planchas, matrices, negativos y demás elementos materiales, equipos o instrumentos destinados principalmente a la reproducción, a la creación o fabricación de ejemplares ilícitos. Esta medida se ejecutará a expensas del infractor, salvo que se aleguen razones fundadas para que no sea así.

e)   La remoción o el precinto de los aparatos utilizados en la comunicación pública no autorizada de obras o prestaciones, así como de aquellas en las que se haya suprimido o alterado sin autorización la información para la gestión electrónica de derechos, en los términos previstos en el artículo 198, o a las que se haya accedido eludiendo su protección tecnológica, en los términos previstos en el artículo 196.

f)   El comiso, la inutilización y, en caso necesario, la destrucción de los instrumentos, con cargo al infractor, cuyo único uso sea facilitar la supresión o neutralización no autorizadas de cualquier dispositivo técnico utilizado para proteger un programa de ordenador. Las mismas medidas podrán adoptarse en relación con los dispositivos, productos o componentes para la elusión de medidas tecnológicas a los que se refiere el artículo 196 y para suprimir o alterar la información para la gestión electrónica de derechos a que se refiere el artículo 198.

g)   La remoción o el precinto de los instrumentos utilizados para facilitar la supresión o la neutralización no autorizadas de cualquier dispositivo técnico utilizado para proteger obras o prestaciones aunque aquélla no fuera su único uso.

h)   La suspensión de los servicios prestados por intermediarios a terceros que se valgan de ellos para infringir derechos de propiedad intelectual, sin perjuicio de lo dispuesto en la Ley 34/2002, de 11 de julio, de servicios de la sociedad de la información y de comercio electrónico.

2.   El infractor podrá solicitar que la destrucción o inutilización de los mencionados ejemplares y

---

Art. 139.1.e): Su actual redacción proviene del Real Decreto-ley 2/2018, de 13 de abril (*BOE* n.º 91, de 14 de abril), reiterándose después con la Ley 2/2019, de 1 de marzo (*BOE* n.º 53, de 2 de marzo).

Art. 139.1.f): Su redacción proviene de la Ley 23/2006, de 7 de julio, por la que se modifica el Texto Refundido de la Ley de Propiedad Intelectual, aprobado por el Real Decreto Legislativo 1/1996, de 12 de abril (*BOE* n.º 162, de 8 de julio). Posteriormente, fue modificado por el Real Decreto-ley 2/2018, de 13 de abril (*BOE* n.º 91, de 14 de abril), reiterándose después con la Ley 2/2019, de 1 de marzo (*BOE* n.º 53, de 2 de marzo).

Art. 139.1.g): Párrafo añadido por la Ley 23/2006, de 7 de julio, por la que se modifica el Texto Refundido de la Ley de Propiedad Intelectual, aprobado por el Real Decreto Legislativo 1/1996, de 12 de abril (*BOE* n.º 162, de 8 de julio). Hay que consignar que la Ley 19/2006 previamente había añadido un párr. g) a este art. 139.1, de redacción idéntica a la que la Ley 23/2006 asigna al párr. *h*).

Art. 139.1.h): Párrafo añadido por la Ley 23/2006, de 7 de julio, por la que se modifica el Texto Refundido de la Ley de Propiedad Intelectual, aprobado por el Real Decreto Legislativo 1/1996, de 12 de abril (*BOE* n.º 162, de 8 de julio). Vid. art. 138 de este Texto Refundido.

material, cuando éstos sean susceptibles de otras utilizaciones, se efectúe en la medida necesaria para impedir la explotación ilícita.

3. El titular del derecho infringido podrá pedir la entrega de los referidos ejemplares y material a precio de coste y a cuenta de su correspondiente indemnización de daños y perjuicios.

4. Lo dispuesto en este artículo no se aplicará a los ejemplares adquiridos de buena fe para uso personal.

Art. 140. *Indemnización.*—
1. La indemnización por daños y perjuicios debida al titular del derecho infringido comprenderá no sólo el valor de la pérdida que haya sufrido, sino también el de la ganancia que haya dejado de obtener a causa de la violación de su derecho. La cuantía indemnizatoria podrá incluir, en su caso, los gastos de investigación en los que se haya incurrido para obtener pruebas razonables de la comisión de la infracción objeto del procedimiento judicial.

2. La indemnización por daños y perjuicios se fijará, a elección del perjudicado, conforme a alguno de los criterios siguientes:

a) Las consecuencias económicas negativas, entre ellas la pérdida de beneficios que haya sufrido la parte perjudicada y los beneficios que el infractor haya obtenido por la utilización ilícita.

En el caso de daño moral procederá su indemnización, aun no probada la existencia de perjuicio económico. Para su valoración se atenderá a las circunstancias de la infracción, gravedad de la lesión y grado de difusión ilícita de la obra.

b) La cantidad que como remuneración hubiera percibido el perjudicado, si el infractor hubiera pedido autorización para utilizar el derecho de propiedad intelectual en cuestión.

3. La acción para reclamar los daños y perjuicios a que se refiere este artículo prescribirá a los cinco

---

Art. 140: Su redacción proviene de la Ley 19/2006, de 5 de junio, por la que se amplían los medios de tutela de los derechos de propiedad intelectual e industrial y se establecen normas procesales para facilitar la aplicación de diversos reglamentos comunitarios (*BOE* n.º 134, de 6 de julio). Dicha Ley incorporó al Derecho español la Directiva 2004/48/CE del Parlamento Europeo y del Consejo, de 29 de abril de 2004, relativa al respeto de los derechos de propiedad intelectual.

En la numeración inicial del Texto Refundido era el 135; la misma se desplazó por la integración en el citado Texto de la Ley 5/1998, de 6 de marzo, de incorporación al Derecho español de la Directiva 96/9/CEE, de 11 de marzo de 1996, sobre la protección jurídica de bases de datos (*BOE* n.º 57, de 7 de marzo).

Art. 140.3: Vid. art. 3.º de la Ley Orgánica 1/1982, de 5 de mayo, de protección civil del derecho al honor, a la intimidad personal y familiar y a la propia imagen (*BOE* n.º 115, de 14 de mayo); arts. 71 a 78 de la Ley 24/2015, de 24 de julio, de Patentes (*BOE* n.º 177, de 25 de julio), y art. 8.º de la Directiva 2001/29/CE del Parlamento Europeo y del Consejo, de 22 de mayo de 2001, relativa a la armonización de determinados aspectos de los derechos de autor y derechos afines a los derechos de autor en la sociedad de la información.

años desde que el legitimado pudo ejercitarla.

Art. 141. *Medidas cautelares.*—En caso de infracción o cuando exista temor racional y fundado de que ésta va a producirse de modo inminente, la autoridad judicial podrá decretar, a instancia de los titulares de los derechos reconocidos en esta Ley, las medidas cautelares que, según las circunstancias, fuesen necesarias para la protección urgente de tales derechos, y en especial:

1. La intervención y el depósito de los ingresos obtenidos por la actividad ilícita de que se trate o, en su caso, la consignación o depósito de las cantidades debidas en concepto de remuneración.

2. La suspensión de la actividad de reproducción, distribución y comunicación pública, según proceda, o de cualquier otra actividad que constituya una infracción a los efectos de esta Ley, así como la prohibición de estas actividades si todavía no se han puesto en práctica.

Art. 141: Su redacción proviene de la Ley 23/2006, de 7 de julio, por la que se modifica el Texto Refundido de la Ley de Propiedad Intelectual, aprobado por el Real Decreto Legislativo 1/1996, de 12 de abril (*BOE* n.º 162, de 8 de julio). En la numeración inicial del Texto Refundido este art. 141 era el 136; la misma se desplazó por la integración en el citado Texto de la Ley 5/1998, de 6 de marzo, de incorporación al Derecho español de la Directiva 96/9/CE del Parlamento Europeo y del Consejo, de 11 de marzo de 1996, sobre la protección jurídica de bases de datos (*BOE* n.º 57, de 7 de marzo). Se corresponde con el originario art. 126 de la Ley 22/1987, de 11 de noviembre, de Propiedad Intelectual (*BOE* n.º 275, de 17 de noviembre).

Vid. arts. 138 y 143 de este Texto Refundido; art. 7.º2 y 3 de la Directiva 2009/24/CE del Parlamento Europeo y del Consejo, de 23 de abril de 2009, sobre la protección jurídica de los programas de ordenador (versión codificada de la antigua Directiva 91/250/CEE del Consejo, de 14 de mayo de 1991); art. 727.11 de la Ley 1/2000, de 7 de enero, de Enjuiciamiento Civil (*BOE* n.º 7, de 8 de enero), y art. 8.º de la Directiva 2001/29/CE del Parlamento Europeo y del Consejo, de 22 de mayo de 2001, relativa a la armonización de determinados aspectos de los derechos de autor y derechos afines a los derechos de autor en la sociedad de la información.

Art. 141.1: Vid. nota anterior; art. 1.503 del Código Civil y art. 9.º2 de la Ley Orgánica 1/1982, de 5 de mayo, de protección civil del derecho al honor, a la intimidad personal y familiar y a la propia imagen (*BOE* n.º 115, de 14 de mayo), y art. 7.º de la Directiva 2009/24/CE del Parlamento Europeo y del Consejo, de 23 de abril de 2009, sobre la protección jurídica de los programas de ordenador (versión codificada de la antigua Directiva 91/250/CEE del Consejo, de 14 de mayo de 1991).

Art. 141.2: Su redacción proviene de la Ley 23/2006, de 7 de julio, por la que se modifica el Texto Refundido de la Ley de Propiedad Intelectual, aprobado por el Real Decreto Legislativo 1/1996, de 12 de abril (*BOE* n.º 162, de 8 de julio). Hay que tener en cuenta que, poco antes de la Ley 23/2006, el art. 141 recibió una nueva redacción, de efímera vigencia, otorgada por la Ley 19/2006, de 5 de junio, con la que se amplían los medios de tutela de los derechos de propiedad intelectual e industrial y se establecen normas procesales para facilitar la aplicación de diversos reglamentos comunitarios (*BOE* n.º 134, de 6 de julio). En dicha redacción se modificaba únicamente el apdo. 2 de este art. 141, con un tenor idéntico al que luego introdujo la Ley 23/2006 en este mismo apartado.

3. El secuestro de los ejemplares producidos o utilizados y el del material empleado principalmente para la reproducción o comunicación pública.

4. El secuestro de los instrumentos, dispositivos, productos y componentes referidos en los artículos 102.c) y 196.2 y de los utilizados para la supresión o alteración de la información para la gestión electrónica de los derechos referidos en el artículo 198.2.

5. El embargo de los equipos, aparatos y soportes materiales a los que se refiere el artículo 25, que quedarán afectos al pago de la compensación reclamada y a la oportu-na indemnización de daños y perjuicios.

6. La suspensión de los servicios prestados por intermediarios a terceros que se valgan de ellos para infringir derechos de propiedad intelectual, sin perjuicio de lo dispuesto en la Ley 34/2002, de 11 de julio, de servicios de la sociedad de la información y del comercio electrónico.

La adopción de las medidas cautelares quedará sin efecto si no se presentara la correspondiente demanda en los términos previstos en la Ley 1/2000, de 7 de enero, de Enjuiciamiento Civil.

Art. 142. *Procedimiento.*—[*Derogado.*]

Art. 141.3: Su redacción proviene de la Ley 23/2006, de 7 de julio, por la que se modifica el Texto Refundido de la Ley de Propiedad Intelectual, aprobado por el Real Decreto Legislativo 1/1996, de 12 de abril (*BOE* n.º 162, de 8 de julio). Vid. nota al art. 141. En la redacción anterior del Texto Refundido se integraron el originario art. 126.3 de la Ley 22/1987, de 11 de noviembre, de Propiedad Intelectual (*BOE* n.º 275, de 17 de noviembre), y el art. 9.º3 y 4 de la derogada Ley 16/1993, de 23 de diciembre, de incorporación al Derecho español de la Directiva 91/250, de 14 de mayo de 1991, sobre la protección jurídica de programas de ordenador (*BOE* n.º 307, de 24 de diciembre).

Vid. art. 7.º de la Directiva 2009/24/CE del Parlamento Europeo y del Consejo, de 23 de abril de 2009, sobre la protección jurídica de los programas de ordenador (versión codificada de la antigua Directiva 91/250/CEE del Consejo, de 14 de mayo de 1991), y art. 727.11 de la Ley 1/2000, de 7 de enero, de Enjuiciamiento Civil (*BOE* n.º 7, de 8 de enero).

Art. 141.4: Su redacción proviene de la Ley 23/2006, de 7 de julio, por la que se modifica el Texto Refundido de la Ley de Propiedad Intelectual, aprobado por el Real Decreto Legislativo 1/1996, de 12 de abril (*BOE* n.º 162, de 8 de julio), si bien se ha visto modificada por el Real Decreto-ley 2/2018, de 13 de abril (*BOE* n.º 91, de 14 de abril). Párrafo modificado por el art. único, apdo. 6, del Real Decreto-ley 2/2018, reiterándose después con la Ley 2/2019, de 1 de marzo (*BOE* n.º 53, de 2 de marzo).

Art. 141.5: Añadido por la Ley 23/2006, de 7 de julio, por la que se modifica el Texto Refundido de la Ley de Propiedad Intelectual, aprobado por el Real Decreto Legislativo 1/1996, de 12 de abril (*BOE* n.º 162, de 8 de julio).

Art. 141.6: Añadido por la Ley 23/2006, de 7 de julio, por la que se modifica el Texto Refundido de la Ley de Propiedad Intelectual, aprobado por el Real Decreto Legislativo 1/1996, de 12 de abril (*BOE* n.º 162, de 8 de julio).

Art. 142: Derogado por la Disp. Derog. única de la Ley 1/2000, de 7 de enero, de Enjuiciamiento Civil (*BOE* n.º 7, de 8 de enero).

Art. 143. *Causas criminales.*—En las causas criminales que se sigan por infracción de los derechos reconocidos en esta Ley, podrán adoptarse las medidas cautelares procedentes en procesos civiles, conforme a lo dispuesto en la Ley de Enjuiciamiento Civil. Estas medidas no impedirán la adopción de cualesquiera otras establecidas en la legislación procesal penal.

TÍTULO II

El Registro de la Propiedad Intelectual

Art. 144. *Organización y funcionamiento.*—1. El Registro General de la Propiedad Intelectual tendrá carácter único en todo el territorio nacional. Reglamentariamente se regulará su ordenación,

---

Art. 143: Redactado por la Disp. Final 2.ª de la Ley 1/2000, de 7 de enero, de Enjuiciamiento Civil (*BOE* n.º 7, de 8 de enero).

Art. 144: En la numeración inicial del Texto Refundido era el 139; la misma se desplazó por la integración en el citado Texto de la Ley 5/1998, de 6 de marzo, de incorporación al Derecho español de la Directiva 96/9/CE del Parlamento Europeo y del Consejo, de 11 de marzo de 1996, sobre la protección jurídica de bases de datos (*BOE* n.º 57, de 7 de marzo).

Art. 144.1: Vid. nota al art. 144. Se corresponde con el art. 129 de la Ley de Propiedad Intelectual en su redacción de la Ley 20/1992, de 7 de julio (*BOE* n.º 168, de 14 de julio). La Disp. Derog. única del Real Decreto 1.584/1991, de 18 de octubre, por el que se aprobó el Reglamento del Registro General de la Propiedad Intelectual, derogó los arts. 22 a 40 del Real Decreto de 3 de septiembre de 1880. Vid. Disp. Derog. única.1.*a*), 1.*b*), 2.*b*) y 2.*i*) de este Texto Refundido. Luego, la Disp. Derog. única del Real Decreto 733/1993, de 14 de mayo, por el que se aprueba el Reglamento del Registro General de la Propiedad Intelectual, derogó la Disp. Trans. 6.ª2 de la Ley de Propiedad Intelectual.

Vid. Disp. Trans. 1.ª del Real Decreto 1.584/1991, de 18 de octubre; Resolución de 24 de junio de 1994, del Registro General de la Propiedad Intelectual, por la que se ratifican inscripciones provisionales con calificación jurídica favorable (*BOE* n.º 155, de 30 de junio), y Real Decreto 1.694/1994, de 22 de julio, de adecuación a la Ley 30/1992, de Régimen Jurídico de las Administraciones Públicas y del Procedimiento Administrativo Común, del Real Decreto 1.584/1991, de 18 de octubre, por el que se aprueba el Reglamento del Registro General de la Propiedad Intelectual (*BOE* n.º 183, de 2 de agosto).

Finalmente, la Disp. Trans. única.3.ª de dicho Real Decreto 733/1993 estableció el mantenimiento de su vigencia hasta la entrada en funcionamiento de los Registros Territoriales de las distintas Comunidades Autónomas y de las Ciudades de Ceuta y Melilla. Con la aprobación del Real Decreto 281/2003, de 7 de marzo, por el que se aprobaba el Reglamento del Registro General de la Propiedad Intelectual, fueron derogados definitivamente el Real Decreto 1.584/1991, de 18 de octubre; el Real Decreto 733/1993, de 14 de mayo, y el Real Decreto 694/1994, de 22 de julio, quedando la inscripción de las obras, actuaciones y producciones regulada en lo previsto en dicho Real Decreto y, donde existan, por las normas que crean y regulan los distintos Registros Territoriales, sin perjuicio de la subsistencia del régimen

que incluirá, en todo caso, la organización y funciones del Registro Central dependiente del Ministerio de Cultura y las normas comunes sobre procedimiento de inscripción y medidas de coordinación e información entre todas las Administraciones Públicas competentes.

2. Las Comunidades Autónomas determinarán la estructura y

---

transitorio previsto en la Disp. Trans. 2.ª Hasta la fecha se han creado once Registros Territoriales. En Cataluña se estableció por Orden de 4 de abril de 1996 (*BOE* n.º 104, de 30 de abril); en Aragón, por Orden de 5 de noviembre de 2001 (*BOA* n.º 138, de 23 de noviembre); en Galicia, por Orden de 20 de noviembre de 2001 (*DOG* n.º 251, de 31 de diciembre); en la Región de Murcia, por Orden de 28 de noviembre de 2001 (*BORM* n.º 287, de 15 de diciembre); en Extremadura, por Orden de 23 de noviembre de 2001 (*DOE* n.º 141, de 11 de diciembre); en el Principado de Asturias, por Decreto autonómico 138/2001, de 5 de diciembre (*BOPA* n.º 296, de 24 de diciembre); en la Comunidad de Madrid, por Decreto autonómico 281/2001, de 20 de diciembre (*BOCM* n.º 42, de 19 de febrero de 2002); en la Comunidad Valenciana, por Orden de 21 de enero de 2002 (*DOGV* n.º 4.177, de 28 de enero); en La Rioja, por Orden 6/2002, de 1 de febrero (*BOLR* n.º 17, de 7 de febrero); en Andalucía, por Decreto autonómico 48/2002, de 12 de febrero (*BOJA* n.º 20, de 16 de febrero), y en el País Vasco, por Orden de 9 de enero de 2012 (*BOPV* n.º 22, de 1 de febrero).

El Real Decreto 281/2003 ha sido derogado por la Disp. Derog. única del Real Decreto 611/2023, de 11 de julio, por el que se aprueba el Reglamento del Registro de la Propiedad Intelectual (*BOE* n.º 166, de 13 de julio). Vid. arts. 1 a 3 de este Real Decreto 611/2023 (§ 6).

Art. 144.2: Vid. nota al art. 144 de este Texto Refundido. Con la aprobación del Real Decreto 281/2003, de 7 de marzo, por el que se aprobaba el Reglamento del Registro General de la Propiedad Intelectual, la inscripción de las obras, actuaciones y producciones quedó regulada en lo previsto en dicho Real Decreto y, donde existían, por las normas que fueron creando y regulando los distintos Registros Territoriales. Hasta la fecha, se han creado once Registros Territoriales (vid. su relación en la nota anterior). El Real Decreto 281/2003 ha sido derogado por el Real Decreto 611/2023, de 11 de julio, por el que se aprueba el Reglamento del Registro de la Propiedad Intelectual (§ 6). Esta norma mantiene los Registros Territoriales.

Vid. además los arts. 2, 4 y 5 del Real Decreto 611/2023, respecto a las relaciones entre el Registro Central y los distintos Registros Territoriales, así como las funciones de cada uno (§ 6).

Respecto de las transferencias a las Comunidades Autónomas, vid. los siguientes Reales Decretos:

— Canarias: art. 31 del Real Decreto 2.843/1979, de 7 de diciembre (*BOE* n.º 307, de 24 de diciembre).

— Principado de Asturias: art. 52 del Real Decreto 2.874/1979, de 17 de diciembre (*BOE* n.º 312, de 29 de diciembre de 1979; corrección de errores en *BOE* n.º 22, de 25 de enero de 1980), y Real Decreto 209/1999, de 30 de diciembre (*BOE* n.º 22, de 26 de enero de 2000).

— Extremadura: art. 55 del Real Decreto 2.912/1979, de 21 de diciembre (*BOE* n.º 5, de 5 de enero de 1980; corrección de errores en *BOE* n.º 30, de 4 de febrero), y Real Decreto 2.025/1997, de 26 de diciembre (*BOE* n.º 19, de 22 de enero de 1998).

— Castilla-La Mancha: art. 29 del Real Decreto 3.072/1979, de 29 de diciembre (*BOE* n.º 26, de 30 de enero de 1980; corrección de errores en *BOE* n.º 41, de 16 de febrero).

— Región de Murcia: art. 53 del Real Decreto 466/1980, de 29 de febrero (*BOE* n.º 52, de 15 de marzo); Real Decreto 1.280/1994, de 10 de junio, por el que se amplían funciones y medios adscritos a los servicios del Estado traspasados en materia de cultura (*BOE* n.º 180, de 29 de julio), y Real Decreto 643/1995, de 21 de abril (*BOE* n.º 95, de 26 de mayo).

— Galicia: art. 45 del Real Decreto 1.634/1980, de 31 de julio (*BOE* n.º 191, de 9 de agosto; corrección de errores en *BOE* n.º 214, de 5 de septiembre), y Real Decreto 1.825/1998, de 28 de agosto (*BOE* n.º 227, de 22 de septiembre).

funcionamiento del Registro en sus respectivos territorios, y asumirán su llevanza, cumpliendo en todo caso las normas comunes a que se refiere el apartado anterior.

Art. 145. *Régimen de las inscripciones.*—1. Podrán ser objeto de inscripción en el Registro los derechos de propiedad intelectual relativos a las obras y demás pro-

— Andalucía: art. 2.º4 del Real Decreto 1.075/1981, de 24 de abril (*BOE* n.º 98, de 10 de junio), y Real Decreto 1.409/1995, de 4 de agosto, por el que se amplían los medios adscritos a las funciones y servicios traspasados en materia de la legislación sobre propiedad intelectual (*BOE* n.º 219, de 13 de septiembre; corrección de errores en *BOE* n.º 270, de 11 de noviembre).

— Aragón: anexo I.A.1.4 del Real Decreto 3.529/1981, de 29 de diciembre (*BOE* n.º 50, de 27 de febrero de 1982), y Real Decreto 611/1999, de 16 de abril (*BOE* n.º 91, de 7 de mayo).

— Castilla y León: anexo I.A.1.4 del Real Decreto 3.528/1981, de 29 de diciembre (*BOE* n.º 49, de 26 de febrero de 1982).

— Comunidad Valenciana: art. 11 del Real Decreto 278/1980, de 25 de enero (*BOE* n.º 44, de 20 de febrero), y Real Decreto 850/1999, de 21 de mayo (*BOE* n.º 137, de 9 de junio).

— País Vasco: anexo, apdo. B.6, del Real Decreto 3.069/1980, de 26 de septiembre (*BOE* n.º 31, de 5 de febrero de 1981; corrección de errores en *BOE* n.ºˢ 230 y 303, de 25 de septiembre y 17 de diciembre).

— Cataluña: anexo, apdo. B).5, del Real Decreto 1.010/1981, de 27 de febrero (*BOE* n.º 130, de 1 de junio), y Real Decreto 87/1995, de 2 de junio, por el que se traspasan funciones y servicios en materia de ejecución de la legislación sobre propiedad intelectual (*BOE* n.º 155, de 30 de junio). La Orden de 4 de abril de 1996 establece el Registro de la Propiedad Intelectual de Cataluña (*BOE* n.º 104, de 30 de abril).

— Islas Baleares: art. 19 del Real Decreto 2.567/1980, de 7 de noviembre (*BOE* n.º 287, de 29 de noviembre).

— Cantabria: anexo I.B.3.*d*) del Real Decreto 2.416/1982, de 24 de julio (*BOE* n.º 233, de 29 de septiembre).

— La Rioja: anexo I.B).1.º2.*d*) del Real Decreto 3.023/1983, de 13 de octubre (*BOE* n.ºˢ 291 y 294, de 6 y 9 de diciembre de 1983; corrección de errores en *BOE* n.º 64, de 15 de marzo de 1985), y Real Decreto 1.827/1998, de 28 de agosto (*BOE* n.º 229, de 24 de septiembre).

— Comunidad de Madrid: anexo I.B).1.º2.*d*) del Real Decreto 680/1985, de 19 de abril (*BOE* n.º 119, de 18 de mayo), y Real Decreto 288/2003, de 22 de marzo (*BOE* n.º 85, de 9 de abril).

— Navarra: anexo I.I.1.*c*) del Real Decreto 335/1986, de 24 de enero (*BOE* n.º 43, de 19 de febrero).

Vid., respecto de esta cuestión, la Ley Orgánica 9/1992, de 23 de diciembre, de transferencia de competencias de las Comunidades que accedieron a la autonomía por la vía del art. 143 de la Constitución (*BOE* n.º 308, de 24 de diciembre).

Art. 145: En la numeración inicial del Texto Refundido era el 140; la misma se desplazó por la integración en el citado texto de la Ley 5/1998, de 6 de marzo, de incorporación al Derecho español de la Directiva 96/9/CE del Parlamento Europeo y del Consejo, de 11 de marzo de 1996, sobre la protección jurídica de bases de datos (*BOE* n.º 57, de 7 de marzo).

Art. 145.1: Vid. nota al art. 145; Disp. Derog. única.2.*i*) de este Texto Refundido; Resolución de 24 de junio de 1994, del Registro General de la Propiedad Intelectual, por la que se ratifican las inscripciones provisionales con calificación jurídica favorable (*BOE* n.º 155, de 30 de junio). Téngase en cuenta además que con la aprobación del Real Decreto 281/2003, de 7 de marzo, por el que se aprobaba el Reglamento del Registro General de la Propiedad Intelectual, fueron derogados el Real Decreto 733/1993, de 14 de mayo, y el Real Decreto 694/1994, de 22 de julio, quedando la inscripción de las obras, actuaciones y producciones regulada en lo previsto en dicho Real Decreto y, donde existían, por las normas que creaban

ducciones protegidas por la presente Ley.

2. El Registrador calificará las solicitudes presentadas y la legalidad de los actos y contratos relativos a los derechos inscribibles, pudiendo denegar o suspender la práctica de los asientos correspondientes. Contra el acuerdo del Registrador podrán ejercitarse directamente ante la jurisdicción civil las acciones correspondientes.

3. Se presumirá, salvo prueba en contrario, que los derechos inscritos existen y pertenecen a su titular en la forma determinada en el asiento respectivo.

4. El Registro será público, sin perjuicio de las limitaciones que puedan establecerse al amparo de lo previsto en el artículo 101 de esta Ley.

TÍTULO III

Símbolos o indicaciones de la reserva de derechos

Art. 146. *Símbolos o indicaciones.*—El titular o cesionario en exclusiva de un derecho de explotación sobre una obra o producción protegidas por esta Ley podrá anteponer a su nombre el símbolo © con precisión del lugar y año de la divulgación de aquéllas.

Asimismo, en las copias de los fonogramas o en sus envolturas se podrá anteponer al nombre del productor o de su cesionario, el

---

y regulaban los distintos Registros Territoriales, sin perjuicio de la subsistencia del régimen transitorio previsto en la Disp. Trans. 2.ª.Ténganse en cuenta los arts. 12 y 14 del Real Decreto 611/2023, de 11 de julio, por el que se aprueba el Reglamento del Registro de la Propiedad Intelectual (§ 6), que ha venido a derogar el Real Decreto 281/2003.

Art. 145.2: Vid. nota al artículo anterior de este Texto Refundido. Respecto de las solicitudes, vid. arts. 9 a 17 del Real Decreto 611/2023, de 11 de julio, por el que se aprueba el Reglamento del Registro de la Propiedad Intelectual (§ 6). En cuanto a las inscripciones, vid. sus arts. 25 a 28. Respecto al procedimiento registral, vid. sus arts. 18 a 22. Y respecto a la resolución de las solicitudes y las vías de impugnación, vid. sus arts. 23 a 24.

Art. 145.3: Vid. nota al art. 145 de este Texto Refundido, así como arts. 25 a 28 del Real Decreto 611/2023, de 11 de julio, por el que se aprueba el Reglamento del Registro de la Propiedad Intelectual (§ 6).

Art. 145.4: Vid. nota al art. 145 de este Texto Refundido, así como arts. 29 a 31 del Real Decreto 611/2023, de 11 de julio, por el que se aprueba el Reglamento del Registro de la Propiedad Intelectual (§ 6).

Art. 146: En la numeración inicial del Texto Refundido era el 141; la misma se desplazó por la integración en el citado Texto de la Ley 5/1998, de 6 de marzo, de incorporación al Derecho español de la Directiva 96/9/CE del Parlamento Europeo y del Consejo, de 11 de marzo 1996, sobre la protección jurídica de bases de datos (*BOE* n.º 57, de 7 de marzo).

Vid. art. III.1 de la Convención Universal sobre Derechos de Autor de 24 de julio de 1971 y art. 11 de la Convención Internacional sobre la Protección de los Artistas Intérpretes o Ejecutantes, los Productores de Fonogramas y los Organismos de Radiodifusión.

símbolo ℗, indicando el año de la publicación.

Los símbolos y referencias mencionados deberán hacerse constar en modo y colocación tales que muestren claramente que los derechos de explotación están reservados.

TÍTULO IV

Gestión colectiva de los derechos reconocidos en la ley*

CAPÍTULO PRIMERO

Requisitos para la gestión colectiva

Art. 147. *Requisitos de las entidades de gestión.*—Las entidades legalmente constituidas que tengan establecimiento en territorio español y pretendan dedicarse, en nombre propio o ajeno, a la gestión de derechos de explotación u otros de carácter patrimonial, por cuenta y en interés de varios autores u

---

* En relación con este Título conviene tener en cuenta la Directiva 2014/26/UE del Parlamento Europeo y del Consejo, de 26 de febrero de 2014, relativa a la gestión colectiva de los derechos de autor y derechos afines y a la concesión de licencias multiterritoriales de derechos sobre obras musicales para su utilización en línea en el mercado interior. Este Título fue modificado por el Real Decreto-ley 2/2018, de 13 de abril (*BOE* n.º 91, de 14 de abril), que transpone la anterior directiva y que le introduce siete Capítulos que abarcan los arts. 147 a 192. Ello ha obligado a renumerar todos los artículos a partir del 151. Este Real Decreto-ley modifica, además, la rúbrica de este Título IV, que pasa a denominarse «Gestión colectiva de los derechos reconocidos en la ley». Toda esta estructura ha sido reiterada por la Ley 2/2019, de 1 de marzo (*BOE* n.º 53, de 2 de marzo).

Art. 147: En la numeración inicial del Texto Refundido era el 142; la misma se desplazó por la integración en el citado Texto de la Ley 5/1998, de 6 de marzo, de incorporación al Derecho español de la Directiva 96/9/CE del Parlamento Europeo y del Consejo, de 11 de marzo de 1996, sobre la protección jurídica de bases de datos (*BOE* n.º 57, de 7 de marzo). Su redacción ha sido modificada por la Ley 25/2009, de 22 de diciembre, de modificación de diversas leyes para su adaptación a la Ley sobre el libre acceso a las actividades de servicios y su ejercicio, y por el Real Decreto-ley 2/2018, de 13 de abril (*BOE* n.º 91, de 14 de abril). La versión actual es fruto de la reforma operada por la Ley 2/2019, de 1 de marzo (*BOE* n.º 53, de 2 de marzo).

Vid. arts. 25.7 a 9, 90.7, 108.4, 109.3.2.º, 116.3, 122.3, 145.1.*b*), 159.*b*) y 191.2.*d*) de este Texto Refundido; art. 3.º.*a*) de la Directiva 2014/26/UE del Parlamento Europeo y del Consejo, de 26 de febrero de 2014, relativa a la gestión colectiva de los derechos de autor y derechos afines y a la concesión de licencias multiterritoriales de derechos sobre obras musicales para su utilización en línea en el mercado interior; arts. 4.º3 y 4 y 8.º de la Directiva 2006/115/CE del Parlamento Europeo y del Consejo, de 12 de diciembre de 2006, sobre derechos de alquiler y préstamo y otros derechos afines a los derechos de autor en el ámbito de la propiedad intelectual (versión codificada de la antigua Directiva 92/100/CEE del Consejo, de 19 de noviembre de 1992); y art. 9.º de la Directiva 93/83/CEE del Consejo, de 27 de septiembre

otros titulares de derechos de propiedad intelectual, deberán obtener la oportuna autorización del

Ministerio de Cultura y Deporte,
con objeto de garantizar una adecuada protección de la propiedad

de 1993, sobre coordinación de determinadas disposiciones relativas a los derechos de autor
y derechos afines a los derechos de autor en el ámbito de la radiodifusión vía satélite y de la
distribución por cable.

Respecto de la Sociedad General de Autores de España (SGAE), vid. las Órdenes de 1 de
junio de 1988 (*BOE* n.º 232, de 27 de septiembre) y 15 de septiembre de 1989 (*BOE* n.º 232,
de 27 de septiembre). Por Orden de 20 de febrero de 1995 (*BOE* n.º 44, de 21 de febrero) se
modifican los estatutos de la citada entidad.

La Orden de 30 de junio de 1988 (*BOE* n.º 166, de 12 de julio) autorizó a la Asociación
«Centro Español de Derechos Reprográficos» (CEDRO) para actuar como entidad de gestión.

La Orden de 15 de febrero de 1989 (*BOE* n.º 60, de 11 de marzo; corrección de errores en
BOE n.º 107, de 5 de mayo) concedió a la Asociación de Gestión de Derechos Intelectuales
(AGEDI) la autorización para ejercer la gestión de derechos de propiedad intelectual correspondientes a los productores fonográficos respecto de las grabaciones sonoras o audiovisuales, en los términos establecidos en sus normas estatutarias.

La Orden de 29 de junio de 1989 (*BOE* n.º 171, de 19 de julio) autorizó a la Asociación
«Artistas Intérpretes o Ejecutantes, Sociedad de Gestión de España» (AIE) para actuar como
entidad de gestión; por Orden de 6 de junio de 1995 (*BOE* n.º 144, de 17 de junio) se modifican los estatutos de esta entidad.

La Orden de 5 de junio de 1990 (*BOE* n.º 141, de 13 de junio) autorizó a la Asociación
«Visual Entidad de Gestión de Artistas Plásticos» (VEGAP) para actuar como entidad de
gestión.

La Orden de 29 de octubre de 1990 (*BOE* n.º 263, de 2 de noviembre) autorizó en iguales
términos a la Entidad de Gestión de Derechos de Autor de los Productores de Obras Audiovisuales (EGEDA), y por Orden de 30 de noviembre (*BOE* n.º 294, de 8 de diciembre) la
Asociación de Actores Intérpretes, Sociedad de Gestión de España (AISGE).

Por Resolución de 5 de abril de 1999 del Ministerio de Educación y Cultura (*BOE* n.º 82,
de 6 de abril) se autoriza a DAMA a gestionar derechos de autor de medios audiovisuales.

Por Resolución de 31 de agosto de 2020, el Ministerio de Cultura y Deporte (*BOE* n.º 42,
de 10 de septiembre) concedió autorización a la Sociedad Española de Derechos de Autor,
Entidad de Gestión de Derechos de Propiedad Intelectual (SEDA), para gestionar los derechos
de autores y editores de obras musicales.

El Director de Patrimonio Cultural del País Vasco concedió autorización a la entidad de
gestión Euskal Kulturgileen Kidegoa (EKKI) para la gestión de los derechos de propiedad
intelectual en ese ámbito territorial, a través de la Resolución de 20 de octubre de 2014. El
TSJ del País Vasco, en su sentencia de 6 de mayo de 2016, declaró que esta entidad de gestión
era conforme a Derecho.

Vid. art. 5.º4 de la Directiva 2006/115/CE del Parlamento Europeo y del Consejo, de 12 de
diciembre de 2006, sobre derechos de alquiler y préstamo y otros derechos afines a los derechos
de autor en el ámbito de la propiedad intelectual (versión codificada), y arts. 1.º4, 9.º y 13 de
la Directiva 93/83/CEE del Consejo, de 27 de septiembre de 1993, sobre coordinación de determinadas disposiciones relativas a los derechos de autor y derechos afines en el ámbito de la
radiodifusión vía satélite y de la distribución por cable.

Las competencias del Ministerio de Cultura y Deporte establecidas en este art. 147 han sido
asumidas por la Secretaría de Estado de dicho Ministerio. Vid. Disp. Adic. 11.ª del Real Decreto-ley 20/2011, de 30 de diciembre, de medidas urgentes en materia presupuestaria, tributaria
y financiera para la corrección del déficit público, y art. 191.2.*d*) de este Texto Refundido.

intelectual. Esta autorización habrá de publicarse en el *Boletín Oficial del Estado*.

Las entidades de gestión colectiva son propiedad de sus socios y estarán sometidas al control de los mismos, no podrán tener ánimo de lucro y, en virtud de la autorización, podrán ejercer los derechos de propiedad intelectual confiados a su gestión por sus titulares mediante contrato de gestión y tendrán los derechos y obligaciones que en este título se establecen y, en particular, hacer efectivos los derechos a una remuneración y compensación equitativas en los distintos supuestos previstos en esta Ley y a ejercitar el derecho de autorizar la distribución por cable.

Art. 148. *Condiciones de la autorización.*—1. La autorización prevista en el artículo anterior solo se concederá si, formulada la oportuna solicitud, ésta se acompaña de la documentación que permita verificar la concurrencia de las siguientes condiciones:

a) Que los estatutos de la entidad solicitante cumplan los requisitos establecidos en este título.

b) Que de los datos aportados y de la información practicada se

---

Art. 147, párr. 2.º: En la numeración inicial del Texto Refundido era el 152; posteriormente se desplazó al 157.4 por la integración en el citado Texto de la Ley 5/1998, de 6 de marzo, de incorporación al Derecho español de la Directiva 96/9/CE del Parlamento Europeo y del Consejo, de 11 de marzo de 1996, sobre la protección jurídica de bases de datos (*BOE* n.º 57, de 7 de marzo). Se incorporan en este apartado los arts. 3.º2 y 7.º4 y la Disp. Adic. 2.ª de la derogada Ley 43/1994, de 30 de diciembre, de incorporación al Derecho español de la Directiva 92/100, de 19 de noviembre, sobre derechos de alquiler y préstamo y otros derechos afines a los derechos de autor en el ámbito de la propiedad intelectual (*BOE* n.º 313, de 31 de diciembre); así como el art. 6.º de la derogada Ley 28/1995, de 11 de octubre, de incorporación al Derecho español de la Directiva 93/83/CEE del Consejo, de 27 de septiembre de 1993, sobre coordinación de determinadas disposiciones relativas a los derechos de autor y derechos afines a los derechos de autor en el ámbito de la radiodifusión vía satélite y de la distribución por cable (*BOE* n.º 245, de 13 de octubre). El Real Decreto-ley 2/2018, de 13 de abril (*BOE* n.º 91, de 14 de abril) incluyó el inciso final de este art. 147, párr. 2.º, algo que se ha mantenido tras la reforma operada por la Ley 2/2019, de 1 de marzo (*BOE* n.º 53, de 2 de marzo).

Art. 148: En la numeración inicial del Texto Refundido era el 143; la misma se desplazó por la integración en el citado Texto de la Ley 5/1998, de 6 de marzo, de incorporación al Derecho español de la Directiva 96/9/CE del Parlamento Europeo y del Consejo, de 11 de marzo de 1996, sobre la protección jurídica de bases de datos (*BOE* n.º 57, de 7 de marzo). Vid. art. 155 de este Texto Refundido. Su actual redacción proviene de la Ley 25/2009, de 22 de diciembre, de modificación de diversas leyes para su adaptación a la Ley sobre el libre acceso a las actividades de servicios y su ejercicio, que modifica ligeramente los apdos. 1 y 2 e introduce un nuevo apdo. 3, y de la reforma operada por el Real Decreto-ley 2/2018, de 13 de abril (*BOE* n.º 91, de 14 de abril), que se ha mantenido después con la Ley 2/2019, de 1 de marzo (*BOE* n.º 53, de 2 de marzo).

Téngase en cuenta que el Estatuto de Autonomía de Cataluña (Ley Orgánica 6/2006, de 19 de julio), reconoce en su art. 155.1.*b*) al Gobierno autonómico la competencia para autorizar las entidades de gestión que actúen mayoritariamente en Cataluña. Vid. art. 155 de este Texto Refundido.

desprenda que la entidad solicitante reúne las condiciones necesarias para asegurar la eficaz administración de los derechos, cuya gestión le va a ser encomendada, en todo el territorio español.

c) Que la autorización favorezca los intereses generales de la protección de la propiedad intelectual.

2. Para valorar la concurrencia de las condiciones establecidas en los letras b) y c) del apartado anterior, se tendrán particularmente en cuenta como criterios de valoración, la capacidad de una gestión viable de los derechos encomendados, la idoneidad de sus estatutos y sus medios materiales para el cumplimiento de sus fines, y la posible efectividad de su gestión en el extranjero, atendiéndose, especialmente, a las razones imperiosas de interés general que constituyen la protección de la propiedad intelectual.

3. La autorización se entenderá concedida, si no se notifica resolución en contrario, en el plazo de tres meses desde la presentación de la solicitud.

Art. 149. *Revocación de la autorización.*—La autorización podrá ser revocada por el Ministerio de Cultura y Deporte si sobreviniera o se pusiera de manifiesto algún hecho que pudiera haber originado la denegación de la autorización, o si la entidad de gestión incumpliera gravemente las obligaciones establecidas en este título. En los tres supuestos deberá mediar un previo apercibimiento del Ministerio de Cultura y Deporte, que fijará un plazo no inferior a tres meses para la subsanación o corrección de los hechos señalados.

La revocación producirá sus efectos a los tres meses de su publicación en el *Boletín Oficial del Estado.*

Art. 150. *Legitimación.*—Las entidades de gestión, una vez auto-

---

Art. 149: En la numeración inicial del Texto Refundido era el 144; la misma se desplazó por la integración en el citado Texto de la Ley 5/1998, de 6 de marzo, de incorporación al Derecho español de la Directiva 96/9/CE del Parlamento Europeo y del Consejo, de 11 de marzo de 1996, sobre la protección jurídica de bases de datos (*BOE* n.º 57, de 7 de marzo). Con el Real Decreto-ley 2/2018, de 13 de abril (*BOE* n.º 91, de 14 de abril) mantiene su ubicación y su redacción anterior, aunque la Ley 2/2019, de 1 de marzo (*BOE* n.º 53, de 2 de marzo) ha modificado su tenor literal. Vid. arts. 155 y 192.9 de este Texto Refundido.

Las competencias del Ministerio de Cultura y Deporte establecidas en este art. 149 han sido asumidas por la Secretaría de Estado de dicho Ministerio. Vid. Disp. Adic. 11.ª del Real Decreto-ley 20/2011, de 30 de diciembre, de medidas urgentes en materia presupuestaria, tributaria y financiera para la corrección del déficit público.

Art. 150: En la numeración inicial del Texto Refundido era el 145; la misma se desplazó por la integración en el citado Texto de la Ley 5/1998, de 6 de marzo, de incorporación al Derecho español de la Directiva 96/9/CE del Parlamento Europeo y del Consejo, de 11 de marzo de 1996, sobre la protección jurídica de bases de datos (*BOE* n.º 57, de 7 de marzo). La redacción actual

rizadas conforme a lo previsto en este título, estarán legitimadas en los términos que resulten de sus propios estatutos, para ejercer los derechos confiados a su gestión y hacerlos valer en toda clase de procedimientos administrativos o judiciales.

Para acreditar dicha legitimación, la entidad de gestión únicamente deberá aportar al inicio del proceso copia de sus estatutos y certificación acreditativa de su autorización administrativa. El demandado sólo podrá fundar su oposición en la falta de representación de la actora, la autorización del titular del derecho exclusivo o el pago de la remuneración correspondiente.

Art. 151. *Requisitos de las entidades de gestión sin establecimiento en España.*—1. Las entidades de gestión legalmente constituidas que no tengan establecimiento en territorio español pero pretendan prestar servicios en España conforme a lo determinado en esta Ley, deberán comunicar al Ministerio de Cultura y Deporte el inicio de sus actividades en España.

La comunicación deberá contener, al menos, sus datos de contacto, incluyendo sus datos de identificación fiscal, las características de los servicios que vayan a prestar, los documentos acreditativos del cumplimiento de los requisitos establecidos en su país de establecimiento para operar como entidad de gestión y una versión en castellano de sus estatutos en vigor. Asimismo, deberán comunicar cualquier variación respecto de los datos contenidos en la comunicación dentro del mes siguiente al que tengan lugar.

2. Las entidades de gestión referidas en el apartado 1 que tengan establecimiento en otro Estado de la Unión Europea deberán cumplir, en relación con los servicios que presten en España y en los mismos términos que las entidades de gestión autorizadas por el Ministerio de Cultura y Deporte, con las obligaciones previstas en los artículos 163 a 166; 176.2; 177; apartados 1, excepto el cuarto párrafo, 2 a 5; 185 y 186 letras *c*) a *f*).

de este precepto proviene de la Disp. Final 2.ª4 de la Ley 1/2000, de 7 de enero, de Enjuiciamiento Civil (*BOE* n.º 7, de 8 de enero de 2000). El Real Decreto-ley 2/2018, de 13 de abril (*BOE* n.º 91, de 14 de abril) conserva su ubicación y su redacción anterior, algo que ha mantenido la Ley 2/2019, de 1 de marzo (*BOE* n.º 53, de 2 de marzo). Téngase en cuenta la STS (Sala 3.ª) de 9 de febrero de 2000 (*BOE* n.º 74, de 27 de marzo), que anuló por ser contrario a Derecho el último inciso del anterior art. 145 del Texto Refundido, aunque ya la Ley de Enjuiciamiento Civil había reproducido en lo esencial su contenido. Vid. art. 195.3 de este Texto Refundido.

Art. 151: Precepto introducido por el art. único apdo. 7 del Real Decreto-ley 2/2018, de 13 de abril (*BOE* n.º 91, de 14 de abril). La redacción actual es fruto de la reforma operada por la Ley 2/2019, de 1 de marzo (*BOE* n.º 53, de 2 de marzo). Vid. Disp. Adic. 2.ª de esa Ley.

Art. 151.1: Vid. art. 191.3.*f*) de este Texto Refundido.

3. Las entidades de gestión referidas en el apartado 1 que tengan establecimiento fuera de la Unión Europea deberán cumplir, en relación con los servicios que presten en España y en los mismos términos que las entidades de gestión autorizadas por el Ministerio de Cultura y Deporte, con las obligaciones previstas en los artículos 163 a 166; 170 a 174; 177, apartados 1, excepto el cuarto párrafo; 2 a 5; 179 a 184; 185, excepto la obligación de publicar el informe anual de transparencia; y 186, letras c) a f).

4. Las entidades de gestión referidas en este artículo podrán ejercer los derechos de propiedad intelectual conferidos a su gestión por sus titulares mediante contrato de gestión y por cuenta y en beneficio colectivo de todos ellos. Para poder hacer efectivos los derechos a una remuneración y compensación equitativas en los distintos supuestos previstos en esta Ley y a ejercitar el derecho de autorizar la distribución por cable deberán solicitar la autorización prevista en el artículo 147.

5. Las entidades de gestión referidas en este artículo estarán sujetas a las facultades de supervisión de las Administraciones competentes y al cumplimiento de las obligaciones previstas en el artículo 154.

Art. 152. *Requisitos de las entidades dependientes de una entidad de gestión.*—1. Cuando una entidad dependiente de una entidad de gestión desarrolle en España una actividad regulada en este título que sea propia de la entidad de gestión de la que dependa, estará sujeta al cumplimiento de esa regulación en los mismos términos que lo estaría la propia entidad de gestión.

Se entenderá por entidad dependiente de una entidad de gestión a la entidad legalmente constituida que, directa o indirectamente, en su totalidad o en parte, sea propiedad de una entidad de gestión o esté bajo su control.

2. Sin perjuicio de lo previsto en los apartados 4 y 5 del artículo 178 y lo regulado al respecto del control de los estatutos de la persona jurídica prevista en el artículo 25.10 y la que gestione la ventanilla única de facturación y pago del artículo 168, las entidades de gestión comunicarán al Ministerio de Cultura y Deporte la constitución de una entidad dependiente o la integración en una entidad ya existente.

Art. 153. *Requisitos de los operadores de gestión independientes.*—

Art. 152: Precepto introducido por el art. único apdo. 7 del Real Decreto-ley 2/2018, de 13 de abril (*BOE* n.º 91, de 14 de abril). La redacción actual es fruto de la reforma operada por la Ley 2/2019, de 1 de marzo (*BOE* n.º 53, de 2 de marzo).
Art. 153: Precepto introducido por el art. único apdo. 7 del Real Decreto-ley 2/2018, de 13 de abril (*BOE* n.º 91, de 14 de abril). La redacción actual es fruto de la reforma operada

1. Los operadores de gestión independientes que pretendan prestar servicios en España conforme a lo determinado en esta Ley, deberán comunicar al Ministerio de Cultura y Deporte el inicio de sus actividades en España. La comunicación deberá contener, al menos, sus datos de contacto, incluyendo sus datos de identificación fiscal, las características de los servicios que vayan a prestar y la documentación necesaria para verificar el cumplimiento de los requisitos previstos en las letras *a*) y *b*) del apartado 2. Asimismo, deberán comunicar cualquier variación respecto de los datos contenidos en la comunicación de inicio dentro del mes siguiente al que tengan lugar.

Estos operadores sólo podrán ejercer los derechos de propiedad intelectual conferidos a su gestión por sus titulares mediante contrato de gestión y en beneficio colectivo de todos ellos.

2. Se entenderá por operador de gestión independiente a cualquier entidad legalmente constituida y autorizada por un contrato de gestión para gestionar derechos de explotación u otros de carácter patrimonial en nombre y beneficio colectivo de varios titulares de de-rechos, como único o principal objeto, y siempre que:

a) No sea propiedad ni esté sometida al control, directa o indirectamente, en su totalidad o en parte, de titulares de derechos. A tal efecto, los títulos acreditativos de la propiedad del operador de gestión independiente deberán ser nominativos. Idénticos requisitos se exigirán a las entidades que ostenten la propiedad o el control directo o indirecto, total o parcial, del operador de gestión independiente, y a las entidades en las que el operador de gestión independiente ostente la propiedad o el control directo o indirecto, total o parcial.

b) Tenga ánimo de lucro.

En ningún caso podrán ser considerados como operador de gestión independiente los productores de grabaciones audiovisuales, los productores de fonogramas, las entidades de radiodifusión, los editores, los gestores de autores o de artistas intérpretes o ejecutantes, ni los agentes que representan a los titulares de derechos en sus relaciones con las entidades de gestión.

3. Los operadores de gestión independiente deberán cumplir, en los mismos términos que las entidades de gestión autorizadas por el

por la Ley 2/2019, de 1 de marzo (*BOE* n.º 53, de 2 de marzo). Vid. Disp. Adic. 2.ª de esta Ley y art. 3.º*b*) de la Directiva 2014/26/UE del Parlamento Europeo y del Consejo, de 26 de febrero de 2014, relativa a la gestión colectiva de los derechos de autor y derechos afines y a la concesión de licencias multiterritoriales de derechos sobre obras musicales para su utilización en línea en el mercado interior.

Art. 153.1: Vid. art. 191.3.*f*) de este Texto Refundido.

Ministerio de Cultura y Deporte, con las obligaciones previstas en los artículos 163.1, 165, 166, 181, 183, apartado 1, letras *a*) y *b*), y 186, letras *c*) y *e*). Asimismo, deberán hacer constar en su denominación la referencia «Operador de Gestión Independiente» o, en su defecto, la abreviatura «OGI».

4. Los operadores de gestión independientes deberán publicar en su página web de forma fácilmente accesible y mantener actualizada la siguiente información:

a) Sus estatutos.

b) Las condiciones para que un titular de derechos de propiedad intelectual pueda celebrar con ellos un contrato de gestión.

c) El repertorio que gestiona y todas sus actualizaciones.

d) Sus tarifas por el uso de los derechos conferidos a su gestión, descuentos incluidos.

e) Los contratos generales que tengan suscritos con asociaciones de usuarios y los modelos de contrato que habitualmente se utilicen para cada modalidad de uso de su repertorio.

f) Las reglas de reparto de los importes que deben abonarse a los titulares de derechos.

g) Sus descuentos de gestión y otras deducciones aplicadas a los derechos recaudados.

Art. 154. *Facultades de supervisión de las Administraciones Públicas.*—1. Las Administraciones que sean competentes conforme al artículo 155 velarán por el cumplimiento de las obligaciones que incumben a las entidades de gestión, a las entidades dependientes de las mismas y a los operadores de gestión independientes que presten, todos ellos, sus servicios en España.

Con este fin, las Administraciones competentes podrán realizar las actividades de inspección y control que consideren convenientes, recabando, cuando resulte necesario, la colaboración de otras entidades públicas o privadas.

Asimismo, las Administraciones competentes podrán formular a la autoridad competente de otro Estado miembro de la Unión Europea solicitudes de información debidamente razonadas en relación con la aplicación de su normativa reguladora de la gestión colectiva de derechos de propiedad intelectual, en particular, respecto de las actividades de las entidades

---

Art. 154: Este nuevo art. 154 se corresponde con el art. 157 bis, que fue introducido por el art. 1.º17 de la Ley 21/2014, de 4 de noviembre, por la que se modifica el Texto Refundido de la Ley de Propiedad Intelectual, aprobado por Real Decreto Legislativo 1/1996, de 12 de abril, y la Ley 1/2000, de 7 de enero, de Enjuiciamiento Civil (*BOE* n.º 268, de 5 de noviembre de 2014). La posición actual es fruto de la reforma operada, no sólo en su numeración, sino también en su contenido, por el Real Decreto-ley 2/2018, de 13 de abril (*BOE* n.º 91, de 14 de abril). Su redacción se ha mantenido igual tras la reforma operada por la Ley 2/2019, de 1 de marzo (*BOE* n.º 53, de 2 de marzo). Vid. art. 191.4.*a*) de este Texto Refundido.

de gestión o los operadores de gestión independiente con establecimiento en ese Estado miembro que presten servicios en España.

2. Las entidades de gestión, las entidades dependientes de las mismas y los operadores de gestión independientes estarán obligados a colaborar con las Administraciones competentes y atender diligentemente a sus requerimientos de información y documentación.

Art. 155. *Competencias de las Administraciones Públicas.*—1. Corresponderán, en todo caso, al Ministerio de Cultura y Deporte, las siguientes funciones:

a) La comprobación del cumplimiento de los requisitos legales al inicio de la actividad y la inhabilitación legal para operar de las entidades de gestión y de los operadores de gestión independientes, conforme a lo previsto en esta Ley.

b) La aprobación de las modificaciones estatutarias presentadas por las entidades de gestión que dispongan de la autorización prevista en el artículo 147, una vez que lo hayan sido por la respectiva asamblea general y sin perjuicio de lo dispuesto por otras normas de aplicación. Las entidades de gestión deberán cursar esta solicitud de aprobación por el Ministerio de Cultura y Deporte dentro del mes siguiente a la aprobación de la modificación estatutaria por la asamblea general correspondiente. La aprobación administrativa se entenderá concedida si no se notifica resolución en contrario en el plazo de tres meses desde la presentación de la solicitud.

c) La recepción de las comunicaciones de inicio de actividad remitidas por las entidades de gestión con establecimiento fuera de España y por los operadores de gestión independientes que presten, todos ellos, servicios en territorio español; y de las comunicaciones de variación de los datos contenidos en las mismas. El Ministerio de Cultura y Deporte mantendrá en su portal de

---

Art. 155: En la numeración inicial del Texto Refundido era el 154; posteriormente, pasó a ser el 159 por la integración en el citado Texto de la Ley 5/1998, de 6 de marzo, de incorporación al Derecho español de la Directiva 96/9/CE del Parlamento Europeo y del Consejo, de 11 de marzo de 1996, sobre la protección jurídica de bases de datos (*BOE* n.º 57, de 7 de marzo). El anterior art. 159 fue modificado por el art. 1.º21 de la Ley 21/2014, de 4 de noviembre, por la que se modifica el Texto Refundido de la Ley de Propiedad Intelectual, aprobado por Real Decreto Legislativo 1/1996, de 12 de abril, y la Ley 1/2000, de 7 de enero, de Enjuiciamiento Civil (*BOE* n.º 268, de 5 de noviembre de 2014). El Real Decreto-ley 2/2018, de 13 de abril (*BOE* n.º 91, de 14 de abril) lo ubicó en la posición actual y su contenido es fruto de la reforma operada por la Ley 2/2019, de 1 de marzo (*BOE* n.º 53, de 2 de marzo).

Las competencias del Ministerio de Cultura y Deporte establecidas en este art. 155 han sido asumidas por la Secretaría de Estado de dicho Ministerio. Vid. Disp. Adic. 11.ª del Real Decreto-ley 20/2011, de 30 de diciembre, de medidas urgentes en materia presupuestaria, tributaria y financiera para la corrección del déficit público. Vid. arts. 25.9 y 10, 154, 177.8, 186 y 190.2 y 5, y Disp. Adic. 2.ª de este Texto Refundido.

Internet un listado actualizado de las entidades de gestión con establecimiento fuera de España y de los operadores de gestión independientes que hayan comunicado el inicio de sus actividades en España.

2. Las funciones de inspección, vigilancia y control de las entidades de gestión de derechos de propiedad intelectual y de los operadores de gestión independiente, incluido el ejercicio de la potestad sancionadora, corresponderán a la Comunidad Autónoma en cuyo territorio desarrolle principalmente su actividad ordinaria.

Se considerará que una entidad de gestión de derechos de propiedad intelectual o un operador de gestión independiente actúa principalmente en una Comunidad Autónoma cuando su domicilio social y el domicilio fiscal de al menos el 50 por 100 de sus miembros o de sus mandantes, en el caso de un operador de gestión independiente, se encuentren en el territorio de dicha Comunidad Autónoma, y el principal ámbito de recaudación de la remuneración de los derechos confiados a su gestión se circunscriba a dicho territorio. Se entenderá por principal ámbito

de recaudación aquel de donde proceda más del 60 por 100 de ésta, siendo revisable bienalmente el cumplimiento de esta condición.

El Gobierno, a propuesta del Ministro de Cultura y Deporte, establecerá reglamentariamente los mecanismos y obligaciones de información necesarios para garantizar el ejercicio coordinado y eficaz de estas funciones.

3. Corresponderán al Ministerio de Cultura y Deporte las funciones de inspección, vigilancia y control, incluido el ejercicio de la potestad sancionadora, sobre las entidades de gestión de derechos de propiedad intelectual, las entidades que de ellas dependan y los operadores de gestión independiente, cuando de acuerdo con lo previsto en el apartado anterior no corresponda el ejercicio de estas funciones a una Comunidad Autónoma.

CAPÍTULO II

TITULARES DE DERECHOS

Art. 156. *Principios generales de representación de los titulares de*

Art. 156: Este nuevo art. 156 incluye, en sus apdos. 2 y 3, los anteriores arts. 152 y 153, respectivamente. La numeración actual y su contenido son fruto de la reforma operada por el Real Decreto-ley 2/2018, de 13 de abril (*BOE* n.º 91, de 14 de abril). Su redacción se ha mantenido igual tras la reforma operada por la Ley 2/2019, de 1 de marzo (*BOE* n.º 53, de 2 de marzo). Vid. art. 3.ºc), 4.º y 5.º de la Directiva 2014/26/UE del Parlamento Europeo y del Consejo, de 26 de febrero de 2014, relativa a la gestión colectiva de los derechos de autor y derechos afines y a la concesión de licencias multiterritoriales de derechos sobre obras musicales para su utilización en línea en el mercado interior.

derechos.—1. Se considerará titular de derechos, a los efectos de este título, a toda persona o entidad, distinta de una entidad de gestión, que sea titular de derechos de autor u otros derechos de propiedad intelectual o que, en virtud de un acuerdo de explotación de derechos o por ley, esté legitimada para percibir una parte de las cuantías generados por tales derechos.

2. Las entidades de gestión están obligadas a aceptar la administración de los derechos que les sean encomendados contractual o legalmente de acuerdo con su objeto o fines y conforme a los criterios de admisión previstos en sus estatutos, siempre que su gestión esté comprendida dentro de su ámbito de actividad y salvo que existan motivos objetivamente justificados para su rechazo que deberán ser motivados adecuadamente. Dicho encargo lo desempeñarán con sujeción a sus estatutos y demás normas aplicables al efecto.

3. La gestión de los derechos será encomendada por sus titulares a la entidad de gestión mediante la suscripción de un contrato de gestión sin perjuicio de los derechos contemplados en la presente Ley cuya gestión deba ejercerse exclusivamente a través de las entidades de gestión.

El titular de derechos no podrá conceder, ni directa ni indirectamente, ninguna participación en sus derechos recaudados a usuarios que hayan celebrado contratos de autorización no exclusiva con la entidad o con otras entidades de gestión, cuando dichos usuarios, al usar el repertorio de la entidad de gestión, favorezcan injustificada-

---

Art. 156.2: En la numeración inicial del Texto Refundido era el 147; posteriormente, se desplazó al art. 152 por la integración en el citado Texto de la Ley 5/1998, de 6 de marzo, de incorporación al Derecho español de la Directiva 96/9/CE del Parlamento Europeo y del Consejo, de 11 de marzo de 1996, sobre la protección jurídica de bases de datos (*BOE* n.º 57, de 7 de marzo). Actualmente, su contenido modificado ocupa el art. 156.2, como consecuencia de la reforma del TRLPI por el Real Decreto-ley 2/2018, de 13 de abril (*BOE* n.º 91, de 14 de abril) y por la Ley 2/2019, de 1 de marzo (*BOE* n.º 53, de 2 de marzo). Vid. art. 191.2.*c*) de este Texto Refundido.

Art. 156.3: En la numeración inicial del Texto Refundido era el 148; posteriormente, se desplazó al art. 153 por la integración en el citado Texto de la Ley 5/1998, de 6 de marzo, de incorporación al Derecho español de la Directiva 96/9/CE del Parlamento Europeo y del Consejo, de 11 de marzo de 1996, sobre la protección jurídica de bases de datos (*BOE* n.º 57, de 7 de marzo). Su apartado primero fue modificado por el art. 1.º12 de la Ley 21/2014, de 4 de noviembre, por la que se modifica el Texto Refundido de la Ley de Propiedad Intelectual, aprobado por Real Decreto Legislativo 1/1996, de 12 de abril, y la Ley 1/2000, de 7 de enero, de Enjuiciamiento Civil (*BOE* n.º 268, de 5 de noviembre de 2014). Dicha norma eliminó el apdo. 2 del anterior art. 153. Actualmente, su contenido modificado ocupa los arts. 156.3, 157 y 158, como consecuencia de la reforma del TRLPI por el Real Decreto-ley 2/2018, de 13 de abril (*BOE* n.º 91, de 14 de abril) y por la Ley 2/2019, de 1 de marzo (*BOE* n.º 53, de 2 de marzo).

mente la explotación preferencial de una o más obras del propio titular de derechos.

4. Las entidades de gestión no podrán imponer obligaciones a los titulares de derechos que no sean objetivamente necesarias para la protección de sus derechos e intereses o para la gestión eficaz de sus derechos.

5. Las entidades de gestión no discriminarán a los titulares cuyos derechos gestionen en virtud de un acuerdo de representación, en particular, con respecto a las tarifas aplicables, los descuentos de gestión y las condiciones de recaudación de los derechos y del reparto y pago de sus importes.

6. Las entidades de gestión reconocerán a los titulares de derechos que, sin ser miembros, posean una relación jurídica con ellas en virtud de la ley o por contrato, el derecho a comunicarse electrónicamente con ellas; los derechos de información previstos en los artículos 172.2 y 183.1, letras *a*) y *b*); y el derecho a plantear una reclamación o una queja conforme al procedimiento previsto en sus estatutos.

7. Las entidades de gestión conservarán un registro de sus miembros y lo actualizarán periódicamente.

Art. 157. *Contrato de gestión.*—1. En el contrato de gestión, el titular de derechos deberá dar consentimiento explícito, por escrito, para cada derecho, categoría de derechos o tipo de obra o prestación cuya gestión encomienda a la entidad y respecto de los territorios de su elección, con independencia de su nacionalidad o lugar de residencia o de establecimiento de la entidad de gestión. Dicho contrato no podrá imponer como obligatoria la gestión de todas las modalidades de uso ni la de la totalidad de la obra o producción futura.

2. La entidad de gestión informará al titular de los derechos, con anterioridad a la suscripción del contrato de gestión, de todos los

Art. 156.5: Vid. art. 14 de la Directiva 2014/26/UE del Parlamento Europeo y del Consejo, de 26 de febrero de 2014, relativa a la gestión colectiva de los derechos de autor y derechos afines y a la concesión de licencias multiterritoriales de derechos sobre obras musicales para su utilización en línea en el mercado interior.

Art. 156.6: Vid. art. 7.º de la Directiva 2014/26/UE del Parlamento Europeo y del Consejo, de 26 de febrero de 2014, relativa a la gestión colectiva de los derechos de autor y derechos afines y a la concesión de licencias multiterritoriales de derechos sobre obras musicales para su utilización en línea en el mercado interior.

Art. 157: Esta disposición se corresponde con el art. 153. La posición actual es fruto de la reforma operada, no sólo en su numeración, sino también en su contenido, por el Real Decreto-ley 2/2018, de 13 de abril (*BOE* n.º 91, de 14 de abril), algo que se ha mantenido tras la aprobación de la Ley 2/2019, de 1 de marzo (*BOE* n.º 53, de 2 de marzo). Vid. art. 191.3.*a*) de este Texto Refundido.

derechos que se le reconocen en el presente título; de las condiciones inherentes al derecho reconocido en el artículo 169; y de los descuentos de gestión y otras deducciones que apliquen a los derechos que recaude y a los rendimientos derivados de la eventual inversión de los mismos.

Art. 158. *Revocación total o parcial del contrato de gestión.—*
1. La duración del contrato de gestión no podrá ser superior a tres años renovable por períodos de un año.
2. El titular tendrá derecho, con un preaviso razonable no superior a seis meses que se concretará en los estatutos de la entidad de gestión, a revocar total o parcialmente su contrato de gestión, con una retirada de los derechos, categorías de derechos o tipos de obras o prestaciones de su elección en los territorios de su elección.
3. La entidad de gestión podrá determinar que la revocación despliegue efectos a partir del final del ejercicio en que se cumpla el período de preaviso y no podrá condicionarla a que los derechos del titular se encomienden a otra entidad de gestión excepto en lo relativo a los derechos contemplados en la presente Ley cuya gestión

deba realizarse obligatoriamente a través de las entidades de gestión.
4. En caso de que se adeuden importes al titular por derechos recaudados en el momento de desplegar efectos la revocación, total o parcial, el titular conservará el derecho a recibir información sobre:
   a) Los descuentos de gestión y otras deducciones que la entidad de gestión vaya a aplicar a esos derechos pendientes de pago.
   b) Los derechos relacionados con el reparto y pago de derechos previstos en los artículos 177 y 180.
   c) Los derechos de información previstos en los artículos 181 y 183, letras *a)* y *b)*.
   d) El derecho a plantear una reclamación o una queja conforme al procedimiento previsto en los estatutos de la entidad de gestión.
5. En caso de que el titular adeude importes a la entidad de gestión en virtud de anticipos a cuenta de futuros repartos de derechos, previstos en el artículo 177, apartado 9, la entidad de gestión no conservará la gestión de los derechos, categorías de derechos, tipos de obras o prestaciones y territorios objeto de la revocación total o parcial aunque la deuda no haya quedado cancelada. Los efectos de la revocación se producirán

---

Art. 158: Precepto introducido por el art. único apdo. 7 del Real Decreto-ley 2/2018, de 13 de abril (*BOE* n.º 91, de 14 de abril) y modificado posteriormente por la Ley 2/2019, de 1 de marzo (*BOE* n.º 53, de 2 de marzo). Vid. Disp. Adic. 3.ª de esta Ley, y art. 159.*e)* de este Texto Refundido.

de acuerdo a lo contemplado en el apartado 2.

Las partes acordarán los términos de la amortización total o parcial de los saldos pendientes de los anticipos que estén documentalmente acreditados.

En caso de no alcanzarse un acuerdo, los frutos de la explotación de los derechos objeto de la revocación total o parcial tendrán la consideración de garantía del pago de los saldos pendientes de anticipos documentalmente acreditados.

6. Las entidades de gestión que no concedan ni se ofrezcan a conceder autorizaciones multiterritoriales no exclusivas de derechos en línea sobre obras musicales o no permitan que otra entidad de gestión represente esos derechos con tal fin, deberán permitir a sus miembros la revocación parcial de su contrato de gestión en lo que se refiere a tales derechos con el fin de poder conceder tales autorizaciones. Tal revocación no afectará al resto de derechos en línea para fines de concesión de autorizaciones no exclusivas y no multiterritoriales.

CAPÍTULO III

Organización
de las entidades de gestión

Art. 159. *Estatutos.*—Sin perjuicio de lo que dispongan otras normas que les sean de aplicación, en los estatutos de las entidades de gestión se hará constar:

a) La denominación, que no podrá ser idéntica a la de otras entidades, ni tan semejante que pueda inducir a confusiones. En caso de no integrar la denominación la referencia «Entidad de Gestión de Derechos de Propiedad Intelectual», se deberá hacer constar ésta, o su abreviatura «EGDPI», a continuación de la denominación correspondiente.

b) El objeto y fines, que será la gestión de los derechos o categorías de derechos de propiedad in-

---

Art. 159: En la numeración inicial del Texto Refundido era el 146; posteriormente se desplazó al 151, por la integración en el citado Texto de la Ley 5/1998, de 6 de marzo, de incorporación al Derecho español de la Directiva 96/9/CE del Parlamento Europeo y del Consejo, de 11 de marzo de 1996, sobre la protección jurídica de bases de datos (*BOE* n.º 57, de 7 de marzo). El Real Decreto-ley 2/2018, de 13 de abril (*BOE* n.º 91, de 14 de abril) lo ha desplazado al art. 159. Su redacción actual es fruto de la reforma operada por la Ley 2/2019, de 1 de marzo (*BOE* n.º 53, de 2 de marzo). Vid. Disp. Adic. 1.ª de esta Ley.

Art. 159.a): En la numeración anterior era el art. 151.*a*), que fue modificado, a efectos clarificatorios, por la Ley 25/2009, de 22 de diciembre, de modificación de diversas leyes para su adaptación a la Ley sobre el libre acceso a las actividades de servicios y su ejercicio. El Real Decreto-ley 2/2018, de 13 de abril (*BOE* n.º 91, de 14 de abril), añadió el segundo inciso, lo que ha sido confirmado por la Ley 2/2019, de 1 de marzo (*BOE* n.º 53, de 2 de marzo).

Art. 159.b): Vid. art. 191.2.*b*) de este Texto Refundido.

telectual especificándose aquellos que vayan a administrar.

Asimismo, podrán realizar actividades distintas a la gestión de los derechos de propiedad intelectual siempre que las mismas estén vinculadas al ámbito cultural de la entidad y se cumpla el requisito de ausencia de ánimo de lucro establecido en el artículo 147.

c) Las clases de titulares de derechos comprendidos en la gestión y, en su caso, las distintas categorías de aquellos a efectos de su participación en la administración y control interno de la entidad.

d) Los criterios para la adquisición y pérdida de la cualidad de miembro de la entidad de gestión que deberán ser objetivos, transparentes y no discriminatorios. En todo caso, los miembros, que podrán ser titulares de derechos o entidades que los representen, incluidas entidades de gestión y asociaciones de titulares de derechos, deberán ser titulares de derechos de los que haya de gestionar la entidad y el número de ellos no podrá ser inferior a diez.

e) Los derechos de los miembros y, en particular:

1.º Las condiciones para el ejercicio del derecho del miembro a conceder autorizaciones no exclusivas para el ejercicio no comercial de los derechos encomendados a la entidad de gestión, previsto en el artículo 169.

2.º El derecho a comunicarse por vía electrónica con la entidad, incluso a efectos de ejercer sus derechos.

3.º Las condiciones para el ejercicio del derecho de revocación total o parcial del contrato de gestión, previsto en el artículo 158, que deberán mantener un equilibrio entre este derecho del miembro y la capacidad de la entidad de gestión para gestionar eficazmente los derechos que le han sido encomendados.

f) El derecho de todos los miembros a ser convocados en tiempo y forma a las reuniones de la asamblea general, así como a asistir y participar en las mismas disponiendo en todo caso, al menos de un voto. Así como el régimen de voto de los miembros en la asamblea general, que podrá establecerse teniendo en cuenta criterios de ponderación que limiten razonablemente el voto plural, garantizando, en todo caso, una representación equitativa y proporcionada del conjunto de los miembros. Dichos criterios de pon-

---

Art. 159.e) y f): Anteriormente ambas letras estaban unificadas en el art. 151.5 TRLPI, apartado que fue modificado por el art. 1.º11 de la Ley 21/2014, de 4 de noviembre, por la que se modifica el Texto Refundido de la Ley de Propiedad Intelectual, aprobado por Real Decreto Legislativo 1/1996, de 12 de abril, y la Ley 1/2000, de 7 de enero, de Enjuiciamiento Civil (*BOE* n.º 268, de 5 de noviembre de 2014). La separación en dos letras distintas, entre otras modificaciones de contenido, es fruto de la reforma realizada por el Real Decreto-ley 2/2018, de 13 de abril (*BOE* n.º 91, de 14 de abril) y por la Ley 2/2019, de 1 de marzo (*BOE* n.º 53, de 2 de marzo).

deración podrán basarse únicamente en la duración de la condición de miembro en la entidad de gestión, en las cantidades recibidas en virtud de dicha condición o en ambos. En materia relativa a sanciones de exclusión de miembro, el régimen de voto será igualitario. No obstante, la determinación del régimen de ponderación en el voto no permitirá que se produzcan concentraciones mayoritarias de votos en poder de un número reducido de miembros que constriñan la democracia interna o alteren, de alguna forma, la libertad de actuación de la asamblea general.

g) Los deberes de los miembros y su régimen disciplinario.

h) Las normas que rijan la convocatoria de la asamblea general de la entidad de gestión.

i) Los órganos de gobierno y representación de la entidad de gestión, el órgano de control interno y las respectivas competencias de todos ellos, así como las normas relativas a la convocatoria, constitución y funcionamiento de los de carácter colegiado, con prohibición expresa de adoptar acuerdos respecto de los asuntos que no figuren en el orden del día.

j) El procedimiento de elección y cese por la asamblea general de los miembros que formen parte de los órganos de gobierno y representación y del órgano de control interno de la entidad de gestión. Estas disposiciones deberán velar por que la composición de dichos órganos elegi-

dos por la asamblea general y del órgano de control interno de la entidad de gestión se atenga al principio de representación equilibrada de mujeres y hombres en el nombramiento de los titulares de dichos órganos.

k) El patrimonio inicial y los recursos económicos previstos.

l) Los principios generales conforme a los que los órganos de gobierno y representación de la entidad de gestión elaborarán el reglamento de reparto de los derechos recaudados que, posteriormente, deberá ser ratificado por la asamblea general. En cualquier caso, como parte de dichos principios generales deberá excluirse la arbitrariedad en el reparto y garantizarse que la participación de los titulares en el reparto sea proporcional a la utilización de sus obras y prestaciones protegidas y, en consecuencia, a la recaudación que contribuyan a generar para la entidad de gestión.

Las entidades de gestión adoptarán las medidas necesarias, incluyendo la fijación de topes de reparto cuando sea procedente, para evitar que obras o prestaciones reciban cantidades desproporcionadas en relación a los rendimientos comerciales o de audiencia que se producen durante su explotación. En particular, en aquellos supuestos de radiodifusión en los que el valor comercial por el uso de las obras y prestaciones protegidas sea testimonial por ausencia de audiencia significativa, será de aplicación una cantidad a tanto alzado que en ningún caso superará el 20 por 100 del total recaudado de cada usuario por un uso intensivo o cuantitativo máximo de las obras, prorrateándose dicho porcentaje proporcionalmente al uso intensivo que se produzca en cada momento.

m) El régimen de control de la gestión económica y financiera de la entidad.

n) El destino del patrimonio o activo neto resultante en los supuestos de liquidación de la entidad que, en ningún caso, podrá ser objeto de reparto entre los miembros.

ñ) Las disposiciones adecuadas para asegurar una gestión libre de influencias de los usuarios de su repertorio. Estas disposiciones deberán velar por que aquellos titulares de derechos que pertenezcan a empresas usuarias no ocupen más del 50 por 100 de los puestos en los órganos de gobierno y no participen en las tomas de decisión en que pudiera existir un conflicto de interés. En todo caso, la entidad de gestión adoptará medidas para evitar una injusta utilización preferencial de las obras y prestaciones protegidas, en particular por aquellos titulares de derechos, pudiendo incluso establecer restricciones al reparto.

o) El procedimiento de tratamiento y resolución de las reclamaciones y quejas planteadas por los miembros y por entidades de gestión por cuya cuenta se gestionen derechos en virtud de un acuerdo de representación, en relación con el ámbito de actividad de la entidad de gestión y, en particular, las condiciones de adquisición y pérdida de la condición de miembro; cualquier aspecto relativo al contrato de gestión; y la recaudación y reparto de derechos. Las respuestas a las reclamaciones se efectuarán por escrito y, cuando se rechacen, deberán estar suficientemente motivadas.

Art. 160. *Asamblea general.*—1. La asamblea general de los miembros de la entidad de ges-

_____

Art. 159.ñ) y o): Anteriormente constituían los apdos. 13 y 14, respectivamente, del art. 151. Ambos fueron introducidos por el art. 1.º11 de la Ley 21/2014, de 4 de noviembre, por la que se modifica el Texto Refundido de la Ley de Propiedad Intelectual, aprobado por Real Decreto Legislativo 1/1996, de 12 de abril, y la Ley 1/2000, de 7 de enero, de Enjuiciamiento Civil (*BOE* n.º 268, de 5 de noviembre de 2014). El Real Decreto-ley 2/2018, de 13 de abril (*BOE* n.º 91, de 14 de abril) mantuvo la redacción del anterior apdo. 13 en la letra *ñ*) y modificó el contenido del anterior apdo. 14, ahora letra *o*). El tenor actual es fruto de la modificación operada por la Disp. Final 10.ª del Real Decreto-ley 26/2020, de 7 de julio, de medidas de reactivación económica para hacer frente al impacto del COVID-19 en los ámbitos de transportes y vivienda (*BOE* n.º 187, de 8 de julio).

Art. 159.o): Vid. art. 191.3.*e*) de este Texto Refundido.

Art. 160: Precepto introducido por el art. único apdo. 7 del Real Decreto-ley 2/2018, de 13 de abril (*BOE* n.º 91, de 14 de abril), cuya redacción se ha visto reiterada por la Ley 2/2019, de 1 de marzo (*BOE* n.º 53, de 2 de marzo). Vid. arts. 3.º*f*) y 8.º de la Directiva 2014/26/UE

tión, que se convocará al menos una vez al año, tendrá como mínimo las siguientes competencias:

a) Aprobar las modificaciones de los estatutos de la entidad.

b) Ratificar el reglamento de reparto de los derechos recaudados elaborado por los órganos de gobierno y representación conforme a los principios generales regulados en los estatutos de la entidad de gestión.

c) Respecto de las personas que conforman los órganos de gobierno y representación de la entidad y del órgano de control interno, aprobar sus nombramientos y ceses, examinar su rendimiento y aprobar sus remuneraciones y otras prestaciones como ganancias monetarias y no monetarias, pensiones y subsidios, derechos a otras primas y el derecho a una indemnización por despido.

d) Aprobar la política general de utilización de los importes que no puedan ser objeto de reparto en los términos previstos en el artículo 177.6.

e) Aprobar la política general de inversión de los derechos recaudados y de cualquier otro rendimiento derivado de la inversión de los mismos, que deberá observar en todo caso los principios y recomendaciones establecidos en los

códigos de conducta regulados según la disposición adicional quinta del texto refundido de la Ley del Mercado de Valores y su normativa de desarrollo, aprobado por Real Decreto Legislativo 4/2015, de 23 de octubre.

f) Aprobar la política general de deducciones practicadas sobre los derechos recaudados y sobre cualquier otro rendimiento derivado de la inversión de los mismos.

g) Aprobar la política de gestión de riesgos.

h) Aprobar cualquier adquisición, venta o hipoteca de bienes inmuebles.

i) Aprobar las fusiones y alianzas, la creación de filiales, y la adquisición de otras entidades, participaciones o derechos en otras entidades de conformidad con lo previsto en el ordenamiento jurídico, salvo en los casos que tales operaciones vengan directamente impuestas por dicho ordenamiento jurídico.

j) Aprobar las propuestas de operaciones de empréstito y de préstamo o de constitución de avales o garantías de préstamos, de conformidad con el artículo 177.8, salvo en los casos especialmente previstos en dicho apartado y en el artículo 177.9.

---

del Parlamento Europeo y del Consejo, de 26 de febrero de 2014, relativa a la gestión colectiva de los derechos de autor y derechos afines y a la concesión de licencias multiterritoriales de derechos sobre obras musicales para su utilización en línea en el mercado interior.

Art. 160.1.d) a f): Vid. art. 162.5.*b*) de este Texto Refundido.

k) Adoptar las decisiones en materia de contabilidad y auditoría de la entidad previstas en el artículo 187.

l) Aprobar el informe anual de transparencia previsto en el artículo 189.

m) Controlar las actividades de la entidad y la gestión de la misma por sus órganos de gobierno y representación.

2. La asamblea general no podrá delegar el ejercicio de sus competencias en otro órgano de la entidad excepto en el caso de las contempladas en las letras *g)* a *j)* del apartado anterior cuyo ejercicio podrá ser delegado, en su caso, en el órgano de control interno de la entidad. Dicha delegación se realizará mediante la aprobación de una resolución de la asamblea general o mediante la inclusión de una disposición en los estatutos.

3. Los miembros de las entidades de gestión podrán delegar su derecho a participar y votar en la asamblea general en cualquier otro miembro de la entidad siempre que dicho nombramiento no dé lugar a un conflicto de intereses. En todo caso, se considerará que se produce un conflicto de intereses cuando la persona representada y

el representante pertenezcan a categorías diferentes de titulares de derechos dentro de la entidad de gestión.

El poder de representación necesario para tal delegación solamente será válido para una única asamblea general. El representante disfrutará de los mismos derechos en la asamblea general y emitirá sus votos con arreglo a las instrucciones del miembro de la entidad al que representa.

Art. 161. *Administración.—* 1. Los órganos de gobierno y representación de las entidades de gestión se regirán conforme a lo previsto en esta Ley, en la normativa reguladora de la forma jurídica de la entidad y en sus estatutos.

2. Las entidades de gestión determinarán y aplicarán procedimientos para evitar conflictos de intereses y, cuando dichos conflictos no puedan evitarse, procedimientos destinados a detectar, gestionar, controlar y declarar conflictos de intereses reales o potenciales.

3. Antes de asumir sus cargos y, posteriormente, con carácter anual, las personas integrantes de los órganos de gobierno y repre-

---

Art. 160.2: Vid. arts. 162.1 y 162.5.*c)* de este Texto Refundido.

Art. 161: Precepto introducido por el art. único apdo. 7 del Real Decreto-ley 2/2018, de 13 de abril (*BOE* n.º 91, de 14 de abril) y modificado por la Ley 2/2019, de 1 de marzo (*BOE* n.º 53, de 2 de marzo). Vid. art. 10 de la Directiva 2014/26/UE del Parlamento Europeo y del Consejo, de 26 de febrero de 2014, relativa a la gestión colectiva de los derechos de autor y derechos afines y a la concesión de licencias multiterritoriales de derechos sobre obras musicales para su utilización en línea en el mercado interior.

sentación efectuarán una declaración sobre conflictos de intereses a la asamblea general, para su examen y consideración, con la siguiente información:

a) Cualesquiera intereses en la entidad de gestión.

b) Toda remuneración percibida durante el ejercicio anterior de la entidad de gestión, incluso en forma de planes de pensiones, retribuciones en especie y otros tipos de prestaciones.

c) Toda cantidad percibida durante el ejercicio anterior de la entidad de gestión como titular de derechos.

d) Cualquier conflicto real o potencial entre los intereses personales y los de la entidad de gestión o entre las obligaciones respecto de la entidad de gestión y cualquier obligación respecto de cualquier otra persona física o jurídica.

Cuando el miembro del órgano de gobierno y representación sea una persona física actuando en representación de una persona jurídica, la declaración sobre los conflictos de intereses incluirá los suyos propios y los de la persona jurídica representada.

Tras la celebración de la asamblea, la entidad de gestión remitirá copia de dichas declaraciones individuales anuales a la Administración competente para el ejercicio de las facultades de supervisión sobre la entidad, conforme a lo establecido en el artículo 186.*b*).

La entidad de gestión y sus miembros deberán respetar el carácter confidencial de la información a la que accedan mediante estas declaraciones cuyo tratamiento, en todo caso, estará sujeto al cumplimiento de la normativa de defensa de la competencia y de protección de datos.

4. Cuando los órganos de representación de entidades de gestión con recaudaciones superiores a cien millones de euros sean elegidos por los socios por secciones o colegios, estas agrupaciones deberán incorporar representantes de cada una de las líneas de recaudación de la entidad de la que sean beneficiarios.

Art. 162. *Órgano de control interno.*—1. Un órgano de la entidad de gestión asumirá, conforme a lo previsto en sus estatutos, la función de control interno de la gestión encomendada a los órganos de gobierno y representación de la entidad. Dicho órgano no podrá ejercer por sí mismo el poder de gestión o representación de la

---

Art. 162: Precepto introducido por el art. único apdo. 7 del Real Decreto-ley 2/2018, de 13 de abril (*BOE* n.º 91, de 14 de abril) y modificado por la Ley 2/2019, de 1 de marzo (*BOE* n.º 53, de 2 de marzo). Vid. art. 9.º de la Directiva 2014/26/UE del Parlamento Europeo y del Consejo, de 26 de febrero de 2014, relativa a la gestión colectiva de los derechos de autor y derechos afines y a la concesión de licencias multiterritoriales de derechos sobre obras musicales para su utilización en línea en el mercado interior.

entidad sin perjuicio de lo previsto en este artículo y en el artículo 160.2.

2. Los estatutos de la entidad de gestión determinarán la composición del órgano de control interno y la forma de elección de sus integrantes por la asamblea general respetando, en todo caso, los siguientes criterios:

a) El órgano deberá estar compuesto por tres o más miembros de la entidad de gestión garantizando que las diferentes categorías de miembros están representadas de forma equitativa y equilibrada. Ninguno de sus integrantes podrá tener relación de hecho o de derecho, directa o indirecta, con las personas físicas o jurídicas que formen parte o estén representadas en los órganos de gobierno y representación de la entidad de gestión.

b) Podrán nombrarse como integrantes de este órgano a terceros independientes, no miembros de la entidad de gestión, que deberán disponer de los conocimientos técnicos pertinentes para el desarrollo de sus funciones. Ninguno de estos terceros no miembros de la entidad de gestión podrá tener relación de hecho o de derecho, directa o indirecta, ni con la entidad de gestión ni con ninguno de sus miembros. En el caso de entidades de gestión que recauden anualmente una cifra igual o superior a cien millones de euros en el ejercicio anual anterior, será obligatorio nombrar como miembros del ór-

gano de control interno a un número de terceros independientes igual al número de miembros de la entidad de gestión que integren dicho órgano.

A los efectos de las letras a) y b) anteriores, se entenderá como relación de hecho o de derecho, directa o indirecta, en todo caso, una relación personal de parentesco por consanguinidad o afinidad hasta el segundo grado inclusive, o una relación laboral o mercantil que se mantenga o se haya mantenido en los últimos cinco años anteriores a la designación.

3. Los miembros del órgano de control interno serán nombrados por la asamblea general por un período de cuatro años renovable una vez por idéntico período.

4. Antes de asumir sus cargos y, posteriormente, con carácter anual, las personas integrantes del órgano de control interno efectuarán una declaración a la asamblea general sobre conflictos de intereses, para su examen y consideración, en los mismos términos previstos en el apartado 3 del artículo anterior.

La entidad de gestión remitirá copia de dichas declaraciones a la Administración competente para el ejercicio de las facultades de supervisión sobre la entidad, conforme a lo establecido en el artículo 186.b).

5. El órgano de control interno tendrá, al menos, las siguientes competencias:

a) Supervisar, con carácter general, las actividades y el desempeño de sus funciones por parte de los órganos de gobierno y representación de la entidad.

b) Supervisar la ejecución de las decisiones y de las políticas de carácter general aprobadas por la asamblea general y, en particular, las adoptadas en virtud de las letras *d)* a *f)* del artículo 160.1.

c) Ejercer las funciones que, en su caso, le delegue la asamblea general conforme al artículo 160.2.

d) Ejecutar los mandatos que, en su caso, acuerde encomendarle la asamblea general.

6. El órgano de control interno podrá convocar a los miembros de los órganos de gobierno y representación de la entidad de gestión y al personal directivo y técnico de la entidad para que asistan a sus reuniones con voz pero sin voto.

7. Los órganos de gobierno y representación de la entidad de gestión deberán remitir, como mínimo con carácter trimestral, al órgano de control interno toda la información sobre la gestión de la entidad que sea necesaria para el ejercicio de sus competencias de control. Asimismo, remitirán cualquier otra información sobre hechos que puedan tener incidencia significativa en la situación de la entidad de gestión. Cada miembro del órgano de control tendrá acceso a toda la información comunicada a dicho órgano.

8. Sin perjuicio de la obligación regulada en el apartado anterior, el órgano de control interno podrá requerir a los órganos de gobierno y representación de la entidad de gestión y al personal directivo y técnico de la entidad cualquier información que sea necesaria para el ejercicio de sus competencias. Asimismo, podrá realizar o requerir que se realicen las comprobaciones necesarias para el ejercicio de sus competencias.

9. El órgano de control interno dará cuenta anualmente a la asamblea general del ejercicio de sus competencias en un informe que presentará ante la misma.

La entidad de gestión remitirá copia de dicho informe a la Administración competente para el ejercicio de las facultades de supervisión sobre la entidad, conforme a lo establecido en el artículo 186.*i)*.

10. El órgano de control interno podrá convocar a la asamblea general de forma extraordinaria conforme a lo previsto estatutariamente cuando lo estime conveniente para el interés de la entidad de gestión.

11. En el caso de las entidades de gestión que recauden anualmente una cifra igual o superior a cien millones de euros en el ejercicio anual anterior, el órgano de control interno, además de ejercer las competencias previstas en el apartado 5, deberá supervisar las siguientes actuaciones de los órganos de gobierno y representación de la entidad:

a) La aplicación de los reglamentos de reparto de los derechos recaudados.

b) La tramitación y resolución de los procedimientos disciplinarios contra miembros de la entidad.

c) La tramitación y resolución de las reclamaciones y quejas.

d) La ejecución del presupuesto anual de recaudación y reparto de derechos gestionados y de ingresos y gastos de la entidad.

12. En el caso de las entidades de gestión que recauden anualmente una cifra igual o superior a cien millones de euros en el ejercicio anual anterior, al órgano de control interno le resultarán de aplicación las siguientes reglas de funcionamiento:

a) Se reunirá, como mínimo, semestralmente.

b) De cada sesión que celebre se levantará acta que especificará necesariamente los siguientes aspectos:

1.º Los asistentes.

2.º El orden del día de la reunión.

3.º Las circunstancias del lugar y tiempo en que se ha celebrado.

4.º Los puntos principales de las deliberaciones, así como el contenido de los acuerdos adoptados y los votos particulares.

El acta de cada sesión podrá aprobarse en la misma reunión o en la inmediata siguiente y una copia de la misma se deberá poner a disposición de todos los miembros de la entidad de gestión electrónicamente en el plazo de un mes desde su aprobación.

c) Para el desarrollo de sus funciones, y sin perjuicio de lo previsto en los apartados 7 y 8, el órgano de control interno contará con la asistencia de un auditor. Este auditor, que será distinto del que audite las cuentas anuales de la entidad, se nombrará por la asamblea general, no obstante, conforme al procedimiento previsto en el artículo 187.2.

CAPÍTULO IV

AUTORIZACIONES
NO EXCLUSIVAS PARA EL USO
DEL REPERTORIO
DE LAS ENTIDADES DE GESTIÓN
Y TARIFAS GENERALES

SECCIÓN 1.ª

Régimen jurídico general

Art. 163. *Concesión de autorizaciones no exclusivas.—*

Art. 163: Precepto introducido por el art. único apdo. 7 del Real Decreto-ley 2/2018, de 13 de abril (*BOE* n.º 91, de 14 de abril), cuya redacción se ha visto reiterada por la Ley 2/2019, de 1 de marzo (*BOE* n.º 53, de 2 de marzo). La Disp. Derog. 3.ª de esta Ley ha derogado el apartado 1 de la Disp. Trans. 2.ª de la Ley 21/2014, de 4 de noviembre, de modificación del TRLPI, que se refería a la aprobación de nuevas tarifas. Vid. art. 191.3.*c*) de este Texto Refundido; art. 16 de la Directiva 2014/26/UE del Parlamento Europeo y del Consejo, de 26 de

1. Las entidades de gestión están obligadas a negociar y contratar bajo remuneración con los usuarios que lo soliciten, salvo motivo justificado, la concesión de autorizaciones no exclusivas de los derechos gestionados, actuando ambas partes bajo los principios de buena fe y transparencia, para lo cual intercambiarán toda la información que sea necesaria.

Se considerará usuario, a los efectos de este título, a toda persona o entidad que lleve a cabo actos sujetos a la autorización de los titulares de derechos o a la obligación de remuneración o de pago de una compensación a los titulares de derechos.

2. La concesión de las autorizaciones no exclusivas se basará en condiciones equitativas y no discriminatorias. Para tal fin, las entidades de gestión deberán informar a los usuarios sobre las condiciones comerciales otorgadas a otros usuarios que lleven a cabo actividades económicas similares. No obstante, para la concesión de autorizaciones a servicios en línea, las entidades de gestión no estarán obligadas a basarse en las condiciones ofrecidas previamente a otro usuario que preste un servicio en línea que lleve a disposición del público en la Unión Europea menos de tres años.

3. Las entidades de gestión responderán sin retrasos injustificados a las solicitudes de los usuarios indicando, entre otros extremos, la información necesaria para ofrecer una autorización no exclusiva.

Una vez recibida toda la información pertinente, la entidad de gestión, sin retrasos injustificados, ofrecerá una autorización no exclusiva o emitirá una denegación motivada para cada servicio concreto que no se autorice.

4. Mientras las partes no lleguen a un acuerdo, la autorización correspondiente se entenderá concedida si el solicitante hace efectiva bajo reserva o consigna judicialmente la cantidad exigida por la entidad de gestión de acuerdo con sus tarifas generales.

---

febrero de 2014, relativa a la gestión colectiva de los derechos de autor y derechos afines y a la concesión de licencias multiterritoriales de derechos sobre obras musicales para su utilización en línea en el mercado interior; y art. 12 de la Directiva (UE) 2019/790, del Parlamento Europeo y del Consejo, de 17 de abril de 2019, sobre los derechos de autor y derechos afines en el mercado único digital.

Art. 163.1: Se corresponde con el art. 157.1.*a*) TRLPI, en su versión anterior a la reforma por el Real Decreto-ley 2/2018, de 13 de abril (*BOE* n.º 91, de 14 de abril). Vid. art. 153.3 de este Texto Refundido.

Art. 163.2: Se corresponde con el art. 157.1.*f*) TRLPI, en su versión anterior a la reforma por el Real Decreto-ley 2/2018, de 13 de abril (*BOE* n.º 91, de 14 de abril).

Art. 163.4: Se corresponde con el art. 157.2 TRLPI, en su versión anterior a la reforma por el Real Decreto-ley 2/2018, de 13 de abril (*BOE* n.º 91, de 14 de abril). Vid. arts. 174.1 y 194.2.*b*) de este Texto Refundidio.

5. Las entidades de gestión permitirán a los usuarios comunicarse con ellas por medios electrónicos para informar sobre la utilización de la autorización no exclusiva.

Art. 164. *Tarifas generales.—* 1. Las entidades de gestión están obligadas a establecer tarifas generales, simples y claras que determinen la remuneración exigida por la utilización de su repertorio. Dichas tarifas generales se acompañarán de una memoria económica, cuyo contenido se determinará reglamentariamente, que proporcionará una explicación pormenorizada por modalidad tarifaria para cada categoría de usuario.

2. Las tarifas generales deberán prever reducciones para las entidades culturales que carezcan de finalidad lucrativa.

3. El importe de las tarifas generales se establecerá en condiciones razonables, atendiendo al valor económico de la utilización de los derechos sobre la obra o prestación protegida en la actividad del usuario, y buscando el justo equilibrio entre ambas partes, para lo cual se tendrán en cuenta al menos los siguientes criterios:

a) El grado de uso efectivo del repertorio en el conjunto de la actividad del usuario.

b) La intensidad y relevancia del uso del repertorio en el conjunto de la actividad del usuario.

c) La amplitud del repertorio de la entidad de gestión. A estos efectos, se entenderá por repertorio las obras y prestaciones cuyos

---

Art. 164: Este precepto fue introducido por el art. único apdo. 7 del Real Decreto-ley 2/2018, de 13 de abril (*BOE* n.º 91, de 14 de abril) y modificado por la Ley 2/2019, de 1 de marzo (*BOE* n.º 53, de 2 de marzo). Contiene, básicamente, el anterior art. 157.1.*b*) TRLPI. Las fuentes normativas, hecho imponible, sujeto pasivo, devengo, base imponible y cuota de la tasa por determinación de tarifas para la explotación de derechos de gestión colectiva obligatoria o voluntaria están previstas en la Disp. Adic. 3.ª de la Ley 21/2014, de 4 de noviembre, por la que se modifica el Texto Refundido de la Ley de Propiedad Intelectual, aprobado por Real Decreto Legislativo 1/1996, de 12 de abril, y la Ley 1/2000, de 7 de enero, de Enjuiciamiento Civil (*BOE* n.º 268, de 5 de noviembre).

Sobre el procedimiento y efectos de la aprobación de nuevas tarifas, vid. Disp. Trans. 2.ª de la Ley 21/2014, de 4 de noviembre, por la que se modifica el Texto Refundido de la Ley de Propiedad Intelectual, aprobado por Real Decreto Legislativo 1/1996, de 12 de abril, y la Ley 1/2000, de 7 de enero, de Enjuiciamiento Civil (*BOE* n.º 268, de 5 de noviembre de 2014). El desarrollo reglamentario de esta disposición se llevó a cabo mediante la Orden ECD/2574/2015, de 2 de diciembre, por la que se aprueba la metodología para la determinación de las tarifas generales en relación con la remuneración exigible por la utilización del repertorio de las entidades de gestión de derechos de propiedad intelectual (*BOE* n.º 290, de 4 de diciembre de 2015). Sin embargo, esta norma fue declarada nula por el Tribunal Supremo (Sala de lo Contencioso-Administrativo), en su sentencia de 22 de marzo de 2018, por haber infringido su Memoria de Análisis de Impacto Normativo la Disp. Adic. 10.ª de la Ley 40/2003, de 18 de noviembre, de protección a las familias numerosas. Vid. art. 174.1 de este Texto Refundido.

Art. 164.3: Vid. art. 194.2.*b*) de este Texto Refundido.

Art. 164.3 y 4: Vid. art. 194.3 de este Texto Refundido.

derechos gestiona una entidad de gestión.

d) Los ingresos económicos obtenidos por el usuario por la explotación comercial del repertorio.

e) El valor económico del servicio prestado por la entidad de gestión para hacer efectiva la aplicación de tarifas.

f) Las tarifas establecidas por la entidad de gestión con otros usuarios para la misma modalidad de uso.

g) Las tarifas establecidas por entidades de gestión homólogas en otros Estados miembros de la Unión Europea para la misma modalidad de uso, siempre que existan bases homogéneas de comparación.

4. La metodología para la determinación de las tarifas generales se aprobará mediante orden del Ministerio de Cultura y Deporte, previo informe de la Comisión Nacional de los Mercados y la Competencia y previo acuerdo de la Comisión Delegada del Gobierno para Asuntos Económicos.

5. Si un usuario de derechos de propiedad intelectual, que por dicho uso deba pagar la tarifa general determinada para derechos exclusivos y/o de remuneración por la entidad de gestión correspondiente, la cuestionara de cualquier forma o en cualquier vía, incluida la mera negativa a pagarla, deberá, al menos y en todo caso, pagar a cuenta el 100 por 100 de la última tarifa acordada, o, a falta de

un acuerdo anterior, el 50 por 100 de la tarifa general vigente. Hasta que se resuelva el conflicto, se entenderá, provisionalmente, que la obligación de pago ha sido cumplida y, en lo que se refiera al derecho exclusivo que pudiera concurrir con el derecho de remuneración, concedida la autorización para el uso de ese derecho exclusivo.

6. Si la tarifa en cuestión a la que se refiere el apartado anterior fuese nula de pleno derecho, o surgiese cualquier circunstancia que la hiciese inaplicable a los efectos del pago a cuenta, se procederá por parte del usuario de derechos de propiedad intelectual al pago a cuenta del 100 por 100 de la última tarifa acordada, o, a falta de un acuerdo anterior, el 50 por 100 de la última tarifa general vigente.

7. Si la tarifa general fuera cuestionada por una asociación de usuarios, el pago a cuenta deberá efectuarse por cada uno de los miembros que la conformen.

8. El pago a cuenta señalado en los dos apartados anteriores constituirá un requisito previo necesario para que el usuario o la asociación de usuarios pueda instar el procedimiento de determinación de las tarifas previsto en el artículo 194.3 de la presente Ley.

Las asociaciones de usuarios de menos de mil miembros podrán instar el procedimiento cuando, al menos, estén al corriente del pago a cuenta con la entidad en relación con la que se proponen instar el procedimiento de determinación de tarifas miembros que representen, como mínimo, el 85 por 100 de los ingresos del conjunto de los miembros de la asociación.

Art. 165. *Acuerdos sectoriales.*—Las entidades de gestión están obligadas a negociar y celebrar contratos generales con asociaciones de usuarios de su repertorio, siempre que aquéllas lo soliciten y sean representativas del sector correspondiente.

Art. 166. *Excepciones.*—Lo dispuesto en los artículos anteriores sobre concesión de autorizaciones no exclusivas, tarifas generales y acuerdos sectoriales no resultará de aplicación a la gestión de derechos relativos a las obras literarias, dramáticas, dramático-musicales, coreográficas o de pantomima, ni respecto de la utilización singular de una o varias obras de cualquier clase que requiera la autorización individualizada de su titular.

Art. 167. *Obligaciones de los usuarios.*—1. Salvo acuerdo contrario entre las partes, los usuarios deberán proporcionar a la entidad de gestión, dentro de los noventa días siguientes a la utilización del derecho y en un formato acordado o establecido previamente, la información pormenorizada y pertinente que esté a su disposición sobre la utilización de los derechos representados por la entidad de gestión y que resulte necesaria para la recaudación de los derechos y el reparto y pago de sus importes debidos a los titulares de derechos.

2. El plazo que, en defecto del previsto en el apartado anterior, acuerden las partes deberá permitir a la entidad de gestión, en todo caso, cumplir con el plazo establecido en el artículo 177.1.

3. El plazo y formato de la información acordados podrán determinarse para todo un sector de usuarios mediante acuerdo entre la entidad de gestión y las asociaciones de usuarios representativas a

---

Art. 165: Este precepto fue introducido por el art. único apdo. 7 del Real Decreto-ley 2/2018, de 13 de abril (*BOE* n.º 91, de 14 de abril) y reiterado por la Ley 2/2019, de 1 de marzo (*BOE* n.º 53, de 2 de marzo). Contiene, básicamente, el anterior art. 157.1.*c*) TRLPI. Vid. arts. 153.3, 174.1 y 191.3.*c*) de este Texto Refundido.

Art. 166: Este precepto fue introducido por el art. único apdo. 7 del Real Decreto-ley 2/2018, de 13 de abril (*BOE* n.º 91, de 14 de abril) y reiterado por la Ley 2/2019, de 1 de marzo (*BOE* n.º 53, de 2 de marzo). Contiene, básicamente, el anterior art. 157.3 TRLPI. Vid. art. 153.3 de este Texto Refundido, y art. 71.6 del Real Decreto-ley 24/2021, de 2 de noviembre (§ 4).

Art. 167: Precepto introducido por el art. único apdo. 7 del Real Decreto-ley 2/2018, de 13 de abril (*BOE* n.º 91, de 14 de abril) y reiterado por la Ley 2/2019, de 1 de marzo (*BOE* n.º 53, de 2 de marzo). Vid. art. 175.3 de este Texto Refundido; art. 75 del Real Decreto-ley 24/2021, de 2 de noviembre (§ 4) y art. 17 de la Directiva 2014/26/UE del Parlamento Europeo y del Consejo, de 26 de febrero de 2014, relativa a la gestión colectiva de los derechos de autor y derechos afines y a la concesión de licencias multiterritoriales de derechos sobre obras musicales para su utilización en línea en el mercado interior.

nivel nacional del sector correspondiente.

4. Para la determinación del formato para comunicar la información, las entidades de gestión colectiva y los usuarios o las asociaciones representantes de los mismos tendrán en cuenta, en la medida de lo posible, las normas sectoriales voluntarias.

5. Cuando el usuario no disponga de la información necesaria para cumplir con la obligación prevista en el apartado 1, podrá solicitarla a la entidad de gestión de conformidad con lo previsto en el artículo 183.1. En este caso, el plazo para que el usuario remita la información a la entidad de gestión se suspenderá hasta que la entidad de gestión dé adecuada respuesta al usuario.

6. El contrato que regule la concesión de la autorización no exclusiva deberá incluir una cláusula de penalización que aplicará en el caso de que el usuario no cumpla con la obligación de remisión de información en plazo y forma.

Art. 168. *Ventanilla única de facturación y pago.*—Las entidades de gestión autorizadas por el Ministerio de Cultura y Deporte están obligadas a participar en la gestión, financiación y mantenimiento de la ventanilla única de facturación y pago, accesible a través de Internet, en los plazos y condiciones determinados en la normativa en vigor, y en la cual los usuarios del repertorio gestionado por ellos puedan conocer de forma actualizada el coste individual y total a satisfacer al conjunto de dichas entidades y operadores, como resultado de la aplicación de las tarifas a su actividad, y realizar el pago correspondiente.

Art. 169. *Concesión de autorizaciones para ejercicio no comercial de derechos.*—La gestión de derechos encomendada a una entidad

---

Art. 168: La Disp. Adic. 1.ª de la Ley 21/2014, de 4 de noviembre, por la que se modifica el Texto Refundido de la Ley de Propiedad Intelectual, aprobado por Real Decreto Legislativo 1/1996, de 12 de abril, y la Ley 1/2000, de 7 de enero, de Enjuiciamiento Civil (*BOE* n.º 268, de 5 de noviembre de 2014) regula la obligación de las entidades de gestión de crear una ventanilla única a través de la cual se centralizaran las operaciones de facturación y pago de los importes que los usuarios adeudaran a las mismas, según la obligación establecida en el anterior art. 157.1.*e*) del Texto Refundido de la Ley de Propiedad Intelectual, y prevé la posibilidad de intervención de la Sección Primera de la Comisión de Propiedad Intelectual para dictar una resolución estableciendo los términos de dicha creación. Este art. 168 fue introducido por el art. único apdo. 7 del Real Decreto-ley 2/2018, de 13 de abril (*BOE* n.º 91, de 14 de abril) y modificado con la Ley 2/2019, de 1 de marzo (*BOE* n.º 53, de 2 de marzo). Contiene, básicamente, el anterior art. 157.1.*e*) TRLPI. Vid. arts. 152.2, 177.6.*d*) y 191.3.*c*) de este Texto Refundido.

Art. 169: Precepto introducido por el art. único apdo. 7 del Real Decreto-ley 2/2018, de 13 de abril (*BOE* n.º 91, de 14 de abril) y reiterado por la Ley 2/2019, de 1 de marzo (*BOE* n.º 53, de 2 de marzo).

de gestión no impedirá a su titular conceder autorizaciones no exclusivas para el ejercicio no comercial de los mismos en los términos previstos en los estatutos de la entidad.

SECCIÓN 2.ª

Régimen jurídico de las autorizaciones multiterritoriales no exclusivas de derechos en línea sobre obras musicales

Art. 170. *Disposiciones generales.*—1. Constituye una autorización multiterritorial no exclusiva de derechos en línea sobre obras musicales aquella que sea necesaria para atribuir al prestador de un servicio de música en línea la facultad de explotar un derecho de reproducción y de comunicación pública, incluyendo la puesta a disposición, de una obra musical en el territorio de varios Estados miembros de la Unión Europea.

2. Las disposiciones contenidas en esta sección y en la sección 2.ª del capítulo V de este título no se aplicarán a las entidades de gestión cuando, basándose en la agregación voluntaria de los derechos requeridos, concedan una autorización multiterritorial no exclusiva para:

a) Los derechos en línea sobre obras musicales exigidos por un organismo de radiodifusión para comunicar al público o poner a su disposición sus programas de radio o televisión en el momento de su primera emisión o ulteriormente.

b) Cualquier material en línea, incluidas las previsualizaciones, producido por o para el organismo de radiodifusión que complemente la difusión inicial de su programa de radio o televisión.

La aplicación de estas excepciones deberá limitarse a lo necesario para permitir el acceso a programas de radio o televisión en línea y al material que tenga una relación clara y subordinada con la emisión original y haya sido producido con el fin de completar, previsualizar o volver a ver el programa de radio o televisión de que se trate.

Art. 171. *Capacidad para tramitar autorizaciones multiterritoriales no exclusivas de derechos en*

Art. 170: Precepto introducido por el art. único apdo. 7 del Real Decreto-ley 2/2018, de 13 de abril (*BOE* n.º 91, de 14 de abril) y reiterado por la Ley 2/2019, de 1 de marzo (*BOE* n.º 53, de 2 de marzo). Vid. art. 23 de la Directiva 2014/26/UE del Parlamento Europeo y del Consejo, de 26 de febrero de 2014, relativa a la gestión colectiva de los derechos de autor y derechos afines y a la concesión de licencias multiterritoriales de derechos sobre obras musicales para su utilización en línea en el mercado interior.

Art. 171: Precepto introducido por el art. único apdo. 7 del Real Decreto-ley 2/2018, de 13 de abril (*BOE* n.º 91, de 14 de abril) y reiterado por la Ley 2/2019, de 1 de marzo (*BOE*

línea sobre obras musicales.—
1. Las entidades de gestión que concedan autorizaciones multiterritoriales no exclusivas de derechos en línea sobre obras musicales dispondrán de capacidad suficiente para procesar por vía electrónica, de manera eficiente y transparente, los datos necesarios para la administración de tales autorizaciones, en particular a los efectos de identificar el repertorio y controlar su utilización, proceder a la facturación a los usuarios, recaudar los derechos y repartir y pagar sus importes correspondientes a los titulares de los derechos.
2. A efectos del apartado 1, las entidades de gestión deberán cumplir, como mínimo, las condiciones siguientes:
a) Poder determinar con precisión las obras musicales, en su totalidad o en parte, que están autorizadas a representar.
b) Poder determinar con precisión, en su totalidad o en parte, en cada territorio de que se trate, los derechos y sus correspondientes titulares, respecto de cada obra musical o parte de ésta que están autorizadas a representar.
c) Utilizar identificadores únicos para identificar a los titulares de derechos y las obras musicales, teniendo en cuenta, en la medida de lo posible, las normas y las prácticas sectoriales voluntarias desarrolladas a nivel internacional o de la Unión Europea.
d) Utilizar medios adecuados para detectar y resolver, de forma rápida y eficaz, incoherencias en los datos en poder de otras entidades de gestión que concedan autorizaciones multiterritoriales no exclusivas de derechos en línea sobre obras musicales.

Art. 172. *Acuerdos de representación con otra entidad de gestión.*—1. Cualquier acuerdo de representación en virtud del cual una entidad de gestión encomiende a otra la concesión de autorizaciones multiterritoriales no exclusivas de derechos en línea sobre obras musicales será de naturaleza no exclusiva. La entidad de gestión mandataria gestionará los dere-

---

n.º 53, de 2 de marzo). Vid. art. 24 de la Directiva 2014/26/UE del Parlamento Europeo y del Consejo, de 26 de febrero de 2014, relativa a la gestión colectiva de los derechos de autor y derechos afines y a la concesión de licencias multiterritoriales de derechos sobre obras musicales para su utilización en línea en el mercado interior.

Art. 171.2: Vid. arts. 179.3 y 184.1 de este Texto Refundido.

Art. 172: Precepto introducido por el art. único apdo. 7 del Real Decreto-ley 2/2018, de 13 de abril (*BOE* n.º 91, de 14 de abril) y reiterado por la Ley 2/2019, de 1 de marzo (*BOE* n.º 53, de 2 de marzo). Vid. art. 184.4 de este Texto Refundido, y art. 29 de la Directiva 2014/26/UE del Parlamento Europeo y del Consejo, de 26 de febrero de 2014, relativa a la gestión colectiva de los derechos de autor y derechos afines y a la concesión de licencias multiterritoriales de derechos sobre obras musicales para su utilización en línea en el mercado interior.

chos encomendados en condiciones no discriminatorias.

2. La entidad mandante informará a sus miembros de las principales condiciones del acuerdo, incluida su duración, y de los costes de los servicios prestados por la entidad de gestión mandataria.

3. La entidad de gestión mandataria informará a la entidad mandante de las principales condiciones con arreglo a las cuales se concederán autorizaciones, incluida la naturaleza de la explotación, todas las disposiciones que se refieran o afecten a los pagos por autorización, la duración de la misma, los ejercicios contables y los territorios que abarquen.

Art. 173. *Obligación de representación.*—1. Las entidades de gestión que concedan u ofrezcan la concesión de autorizaciones multiterritoriales no exclusivas de derechos en línea sobre obras musicales del repertorio de otra u otras entidades de gestión estarán obligadas a suscribir los acuerdos de representación sobre estos derechos que, en su caso, puedan plantearle otras entidades de gestión que no concedan ni ofrezcan la concesión de tales autorizaciones sobre las obras musicales de su propio repertorio.

2. La entidad mandataria responderá a la entidad mandante por escrito y sin retrasos injustificados.

3. La entidad mandataria gestionará el repertorio representado de la entidad mandante con arreglo a las mismas condiciones que aplique a la gestión de su propio repertorio e incluyéndolo en todas las ofertas que dirija a los proveedores de servicios en línea.

4. Los descuentos de gestión por el servicio prestado por la entidad mandataria a la entidad mandante no excederán de los costes en que haya incurrido razonablemente la entidad mandataria.

5. La entidad mandante pondrá a disposición de la entidad mandataria la información sobre su propio repertorio que sea necesaria para la concesión de la autorización. Cuando esta información sea insuficiente o se facilite de una forma que no permita a la entidad mandataria cumplir los requisitos del presente título, ésta tendrá derecho a facturar los gastos en que haya incurrido razonablemente para satisfacer tales requisitos o a

---

Art. 172.2: Vid. art. 156.6 de este Texto Refundido.

Art. 173: Precepto introducido por el art. único apdo. 7 del Real Decreto-ley 2/2018, de 13 de abril (*BOE* n.º 91, de 14 de abril) y reiterado por la Ley 2/2019, de 1 de marzo (*BOE* n.º 53, de 2 de marzo). Vid. arts. 184.4 y 191.3.*c*) de este Texto Refundido, y art. 30 de la Directiva 2014/26/UE del Parlamento Europeo y del Consejo, de 26 de febrero de 2014, relativa a la gestión colectiva de los derechos de autor y derechos afines y a la concesión de licencias multiterritoriales de derechos sobre obras musicales para su utilización en línea en el mercado interior.

excluir las obras respecto de las cuales la información sea insuficiente o inutilizable.

Art. 174. *Tarifas.*—1. Los artículos 163.4, 164 y 165 no resultarán de aplicación a la concesión de autorizaciones multiterritoriales no exclusivas de derechos en línea.

2. Las entidades de gestión que concedan autorizaciones multiterritoriales no exclusivas de derechos en línea están obligadas a negociar y acordar con los proveedores de servicios de música en línea tarifas que determinen la remuneración exigida por la utilización de su repertorio. Estas tarifas, negociadas bajo los principios de buena fe y transparencia, serán razonables y equitativas en relación con, entre otros factores, el valor económico de la utilización de los derechos negociados, teniendo en cuenta la naturaleza y el ámbito de uso de las obras y el valor económico del servicio prestado por la entidad de gestión. La entidad de gestión informará al usuario de los criterios utilizados para la fijación de estas tarifas.

CAPÍTULO V

GESTIÓN DE LOS DERECHOS RECAUDADOS POR LAS ENTIDADES DE GESTIÓN

SECCIÓN 1.ª

Régimen jurídico general

Art. 175. *Recaudación y utilización de los derechos recaudados.*—1. Las entidades de gestión actuarán con diligencia en la recaudación y la gestión de los derechos recaudados.

Se entenderán por derechos recaudados los importes recaudados por una entidad de gestión por cuenta de los titulares de derechos y derivados de un derecho exclusivo, de un derecho de remuneración o de un derecho de compensación.

2. Las entidades de gestión que administren derechos de autor sobre obras de diferentes categorías deberán garantizar la trazabilidad del proceso de recaudación y reparto de los derechos, de tal forma que sea posible identificar todas sus etapas, desde el origen de

---

Art. 174: Precepto introducido por el art. único apdo. 7 del Real Decreto-ley 2/2018, de 13 de abril (*BOE* n.º 91, de 14 de abril) y reiterado por la Ley 2/2019, de 1 de marzo (*BOE* n.º 53, de 2 de marzo).

Art. 175: Precepto introducido por el art. único apdo. 7 del Real Decreto-ley 2/2018, de 13 de abril (*BOE* n.º 91, de 14 de abril) y modificado por la Ley 2/2019, de 1 de marzo (*BOE* n.º 53, de 2 de marzo). Vid. art. 11 de la Directiva 2014/26/UE del Parlamento Europeo y del Consejo, de 26 de febrero de 2014, relativa a la gestión colectiva de los derechos de autor y derechos afines y a la concesión de licencias multiterritoriales de derechos sobre obras musicales para su utilización en línea en el mercado interior.

Art. 175.2: Vid. art. 191.3.c) de este Texto Refundido.

la recaudación hasta el reparto a los titulares de derechos sobre las obras cuya utilización genere los derechos.

3. Las entidades de gestión, siempre que el usuario haya cumplido con la obligación de información prevista en el artículo 167.1, mantendrán separados en sus cuentas:

a) Los derechos recaudados y cualquier rendimiento derivado de la inversión de los mismos. A tal efecto, las entidades de gestión que administren derechos de autor sobre obras de diferentes categorías deberán mantener la debida separación entre los derechos recaudados por razón del origen o procedencia de la recaudación.

b) Todos los activos propios que puedan tener y las rentas derivadas de esos activos, de sus descuentos de gestión, de otras deducciones o de otras actividades.

4. Las entidades de gestión no estarán autorizadas a utilizar los derechos recaudados ni cualquier rendimiento derivado de la inversión de los mismos para fines distintos del reparto a los titulares de los derechos, salvo para deducir o compensar sus descuentos de gestión y el importe destinado a financiar las actividades y servicios previstos en el artículo 178 de conformidad con las decisiones adoptadas en su asamblea general.

5. Cuando una entidad de gestión invierta derechos recaudados o cualquier rendimiento derivado de esa inversión, deberá hacerlo en el mejor interés de los titulares cuyos derechos representa de conformidad con las políticas generales de inversión y de gestión de riesgos aprobadas por la asamblea general, y teniendo en cuenta las siguientes normas:

a) Cuando exista un posible riesgo de conflicto de intereses, la entidad de gestión velará por que la inversión se realice buscando únicamente el interés de los de dichos titulares de derechos.

b) Los activos se invertirán atendiendo a las exigencias de seguridad, calidad, liquidez y rentabilidad del conjunto de la cartera.

c) Los activos estarán debidamente diversificados, a fin de evitar una dependencia excesiva de un activo concreto y la acumulación de riesgos en el conjunto de la cartera.

6. Los órganos de gobierno y representación de las entidades de gestión deberán comportarse con transparencia informativa respecto del seguimiento de la política general de inversión aprobada por la asamblea general y, a tal efecto, presentarán a la asamblea general, para su examen y consideración, un informe anual acerca del grado de su cumplimiento, con especial

---

Art. 175.3: Vid. arts. 177.1, 187.2 y 191.3.*c)* de este Texto Refundido.
Art. 175.5: Vid. art. 187.2 de este Texto Refundido.

mención a las operaciones en que se hayan separado de ella, explicando las razones que les sirvan de fundamento. Dicho informe anual se pondrá a disposición de los miembros de la entidad electrónicamente.

Art. 176. *Descuentos.*— 1. Los descuentos de gestión y otras deducciones sobre los derechos recaudados serán razonables en relación con los servicios prestados por la entidad de gestión a los titulares de derechos y se establecerán de acuerdo con criterios objetivos.

2. Los descuentos de gestión no superarán los costes justificados y documentados en los que haya incurrido la entidad de gestión en la gestión de los derechos de explotación y otros de carácter patrimonial. A estos efectos la entidad de gestión deberá llevar una contabilidad analítica que cumpla los siguientes fines:

a) Conocer el coste real de los servicios prestados.

b) Comprobar la adecuada gestión del servicio prestado.

3. Las entidades de gestión no aplicarán deducciones, aparte de los descuentos de gestión y el destinado a financiar las actividades y servicios previstos en el artículo 178 de conformidad con las decisiones adoptadas en su asamblea general, sobre los ingresos derivados de los derechos que gestionan en virtud de un acuerdo de representación, o a cualquier rendimiento derivado de la inversión de esos ingresos, salvo que la otra entidad de gestión que sea parte del acuerdo de representación, autorice expresamente dichas deducciones.

Art. 177. *Reparto, pago y prescripción de derechos.*—1. El re-

Art. 176: Precepto introducido por el art. único apdo. 7 del Real Decreto-ley 2/2018, de 13 de abril (*BOE* n.º 91, de 14 de abril) y reiterado por la Ley 2/2019, de 1 de marzo (*BOE* n.º 53, de 2 de marzo). Vid. art. 178 de este Texto Refundido, y arts. 12 y 15 de la Directiva 2014/26/UE del Parlamento Europeo y del Consejo, de 26 de febrero de 2014, relativa a la gestión colectiva de los derechos de autor y derechos afines y a la concesión de licencias multiterritoriales de derechos sobre obras musicales para su utilización en línea en el mercado interior.

Art. 177: En la numeración inicial del Texto Refundido era el 149; posteriormente, se desplazó al art. 154 por la integración en el citado Texto de la Ley 5/1998, de 6 de marzo, de incorporación al Derecho español de la Directiva 96/9/CE del Parlamento Europeo y del Consejo, de 11 de marzo de 1996, sobre la protección jurídica de bases de datos (*BOE* n.º 57, de 7 de marzo). Este art. 154 fue modificado por el art. 1.º13 de la Ley 21/2014, de 4 de noviembre, por la que se modifica el Texto Refundido de la Ley de Propiedad Intelectual, aprobado por Real Decreto Legislativo 1/1996, de 12 de abril, y la Ley 1/2000, de 7 de enero, de Enjuiciamiento Civil (*BOE* n.º 268, de 5 de noviembre de 2014). El art. único, apartado 3, del Real Decreto-ley 12/2017, de 3 de julio, por el que se modifica el Texto Refundido de la Ley de Propiedad Intelectual (*BOE* n.º 158, de 4 de julio de 2017) incluyó la letra *e)* al art. 154.5 TRLPI y modificó el párrafo que le seguía. Su contenido modificado ocupa el art. 177, como consecuencia de la reforma del TRLPI por el Real Decreto-ley 2/2018, de 13 de abril (*BOE*

parto de los derechos recaudados se efectuará equitativamente por las entidades de gestión a los titulares de las obras o prestaciones utilizadas y a otras entidades de gestión con las que hayan firmado acuerdos de representación, conforme a lo previsto en su reglamento de reparto. En todo caso deberá existir trazabilidad entre los derechos recaudados y los repartidos y pagados.

Para las entidades de gestión que administren derechos sobre obras o prestaciones protegidas de diferentes categorías, el reparto deberá realizarse de manera separada, por cada tipo de obra o prestación protegida, no pudiéndose asignar cantidades para reparto por derechos a obras diferentes a aquellas de las que procedan los derechos a repartir, y en concordancia con lo previsto por el artículo 175.3 de esta Ley.

El reparto y pago de derechos se efectuará de forma periódica, con diligencia y exactitud, lo antes posible y, en cualquier caso, en un plazo máximo de nueve meses desde el 1 de enero del año siguiente al de su recaudación. No obstante, dicho plazo podrá incumplirse cuando existan razones objetivas que lo justifiquen y relacionadas, en particular, con los siguientes extremos:

a) La comunicación de información por los usuarios.

b) La identificación de los derechos o de los titulares de derechos.

c) El cotejo de la información sobre obras y otras prestaciones con los titulares de derechos.

Las liquidaciones necesarias para efectuar el pago deberán contener al menos los siguientes datos:

a) Derecho y modalidad a la que se refiere.

b) Período de devengo.

c) Origen o procedencia de la recaudación.

d) Deducciones aplicadas.

Lo previsto en este apartado también resultará de aplicación a los titulares de derechos no miembros de la entidad de gestión que administre la misma categoría de derechos que pertenezcan al titular en lo relativo a los derechos de gestión colectiva obligatoria.

2. El reparto y pago de derechos recaudados por otra entidad

---

n.º 91, de 14 de abril). Posteriormente, fue modificado por la Ley 2/2019, de 1 de marzo (*BOE* n.º 53, de 2 de marzo). Los apdos. 1, 2.II, 3, 4, 5, 6, 7 y 8 del anterior art. 154 se corresponden con los actuales apdos. 1, 3, 4, 5, 6, 7, 8 y 9 del art. 177, respectivamente. Y el último párrafo del nuevo art. 177.1, con el anterior 157.1.*i*) TRLPI. Vid. arts. 20.4.*c*), 158.4.*b*) y 191.3.*c*) de este Texto Refundido, y art. 13 de la Directiva 2014/26/UE del Parlamento Europeo y del Consejo, de 26 de febrero de 2014, relativa a la gestión colectiva de los derechos de autor y derechos afines y a la concesión de licencias multiterritoriales de derechos sobre obras musicales para su utilización en línea en el mercado interior.

    Art. 177.1: Vid. art. 167.2 de este Texto Refundido.

    Art. 177.2: Vid. art. 25.10 de este Texto Refundido.

de gestión mandataria en el marco de un acuerdo de representación se efectuará por la entidad de gestión mandante a los titulares de las obras o prestaciones utilizadas en el plazo máximo de seis meses desde su recepción. No obstante, dicho plazo podrá incumplirse cuando existan razones objetivas que lo justifiquen y relacionadas, en particular, con los mismos extremos previstos en el apartado anterior.

3. La asamblea general de la entidad de gestión podrá adoptar ciertas reglas en materia de reparto que tengan en cuenta las obras y prestaciones protegidas culturalmente relevantes, su naturaleza, su primicia o cualquier otro aspecto objetivamente razonable, así como los acuerdos internacionalmente alcanzados.

4. La acción para reclamar a las entidades de gestión el pago de cantidades asignadas en el reparto a un titular, prescribe a los cinco años contados desde el 1 de enero del año siguiente al de la puesta a disposición del titular de las cantidades que le correspondan.

5. La acción para reclamar a las entidades de gestión el pago de cantidades recaudadas que estén pendientes de asignación cuando, tras el procedimiento de reparto, no hayan sido identificados el titular o la obra o prestación protegi-

da, prescribe a los cinco años contados desde el 1 de enero del año siguiente al de su recaudación.

Las cantidades referidas en el párrafo anterior se mantendrán separadas en las cuentas de la entidad de gestión.

En el procedimiento de reparto, las entidades de gestión ejecutarán las medidas necesarias para identificar y localizar a los titulares de derechos. En particular, estas medidas incluirán:

a) La verificación de datos de registro actualizados de los miembros de la entidad, así como de registros normalizados de obras y prestaciones protegidas, y de otros registros fácilmente disponibles.

b) En el plazo máximo de tres meses tras el vencimiento del plazo previsto en el apartado 1, la puesta a disposición tanto de los miembros de la entidad como de otras entidades de gestión con las que haya celebrado acuerdos de representación de un listado de obras y prestaciones cuyos titulares de derechos no hayan sido identificados o localizados, conjuntamente con cualquier otra información pertinente disponible que pueda contribuir a identificar o localizar al titular del derecho.

6. Las cantidades recaudadas y no reclamadas por su titular en el

---

Art. 177.5: Vid. art. 187.2 de este Texto Refundido.

Art. 177.5.b): Vid. art. 185.*i*) de este Texto Refundido.

Art. 177.6: Apartado modificado por la Disp. Final 11.2 del Real Decreto-ley 17/2020, de 5 de mayo, por el que se aprueban medidas de apoyo al sector cultural y de carácter tributario para hacer frente al impacto económico y social del COVID-2019 (*BOE* n.º 126, de 6 de mayo),

plazo previsto en los apartados 4 y 5 de este artículo serán destinadas íntegramente por las entidades de gestión a las siguientes finalidades:

a) A la realización de actividades asistenciales a favor de los miembros de la entidad y/o actividades de formación y promoción de autores y artistas intérpretes y ejecutantes.

b) A la promoción de la oferta digital legal de las obras y prestaciones protegidas cuyos derechos gestionan, en los términos previstos en el artículo 178.1.c).1.º y 3.º

c) A acrecer proporcionalmente el reparto a favor del resto de obras y prestaciones protegidas que sí fueron debidamente identificadas en el proceso de reparto de donde provienen dichas cantidades.

d) A la financiación de la ventanilla única de facturación y pago contemplada en el artículo 168.

e) A la financiación de la persona jurídica contemplada en el artículo 25.10.

La asamblea general de cada entidad de gestión deberá acordar anualmente los porcentajes mínimos de las cantidades recaudadas y no reclamadas que se destinarán a cada una de las finalidades anteriormente señaladas y que, en ningún caso, salvo en los supuestos de las anteriores letras *d)* y *e)*, podrán ser inferiores a un 15 por 100 por cada una de estas.

En el caso de que las entidades de gestión presenten excedentes negativos en sus cuentas anuales o no acrediten estar al corriente de sus obligaciones fiscales y de segu-

---

y por el art. 11.10 de la Ley 14/2021, de 11 de octubre, por la que se modifica el Real Decreto-ley 17/2020, de 5 de mayo, por el que se aprueban medidas de apoyo al sector cultural y de carácter tributario para hacer frente al impacto económico y social del COVID-2019 (*BOE* n.º 244, de 12 de octubre). Además, conforme a la Disp. Adic. 7.ª del Real Decreto-ley 17/2020, los porcentajes mínimos previstos en este apartado no han sido aplicados durante un plazo de dos años, contados a partir del 7 de mayo de 2020, tiempo durante el cual la asamblea general de una entidad de gestión podía acordar modificaciones de la política general de utilización de los importes que no pudieran ser objeto de reparto conforme al art. 177.6 LPI para, sin necesidad de respetar dichos porcentajes mínimos, incrementar las dotaciones destinadas a la realización de actividades o servicios asistenciales a favor de los miembros de la entidad, así como a actividades de formación y promoción de los titulares de derechos. De acuerdo con el nuevo párrafo segundo de la Disp. Adic. 7.ª del Real Decreto-ley 17/2020, tras su modificación por el art. 11.1 de la Ley 14/2021, durante el citado plazo de dos años, la asamblea general de una entidad de gestión también podía modificar la política general de deducciones practicadas sobre los derechos recaudados y sobre cualquier otro rendimiento derivado de su inversión, al objeto de incrementar las deducciones destinadas a las actividades o servicios previstos en las letras *a)* y/o *b)* del art. 178.1 LPI, con el incremento máximo 50 por 100 sobre las deducciones destinadas a dichas finalidades que estén reglamentaria o estatutariamente. El plazo de dos años se incrementó a cuatro, tras la modificación de dicha Disp. Adic. 7.ª por la Disp. Final 27.ª del Real Decreto-ley 6/2022, de 29 de marzo, por el que se adoptan medidas urgentes como respuesta a las consecuencias económicas y sociales de la guerra en Ucrania (*BOE* n.º 76, de 30 de marzo).

ridad social, o ambos, deberán destinar las cantidades señaladas en el primer párrafo del presente apartado, y hasta el importe que resulte necesario, a compensar los excedentes negativos que presenten sus cuentas anuales o a cumplir con las obligaciones anteriormente citadas, o ambos.

En ningún caso se entenderá que la prescripción de las cantidades afectas y destinadas a las finalidades previstas en las anteriores letras a), b) y c) opera a favor de las entidades de gestión, ni se considerarán ingreso propio de las mismas a ningún efecto.

7. Transcurridos tres años desde el 1 de enero del año siguiente al de la puesta a disposición del titular de las cantidades que le correspondan o de la recaudación, las entidades de gestión podrán disponer, anualmente y de forma anticipada, de hasta la mitad de las cantidades pendientes de prescripción, para los mismos fines previstos en el apartado anterior, sin perjuicio de las reclamaciones de los titulares sobre dichas cantidades no prescritas. A estos efectos, las entidades de gestión constituirán un depósito de garantía con el 10 por 100 de las cantidades dispuestas.

8. Las entidades de gestión no podrán conceder créditos o préstamos, directa o indirectamente, ni afianzar, avalar o garantizar de cualquier modo obligaciones de terceros, salvo autorización expresa y singular de la Administración competente conforme al artículo 155 y siempre y cuando estén directamente relacionadas con actividades asistenciales y/o promocionales que redunden en beneficio de los titulares de derechos representados.

9. Las entidades de gestión sólo podrán conceder anticipos a los miembros de la entidad, a cuenta de los futuros repartos de derechos recaudados, cuando su concesión se base en normas no discriminatorias y no comprometan el resultado final de los repartos de derechos.

Art. 178. *Función social y desarrollo de la oferta digital legal.*—1. Las entidades de gestión,

---

Art. 177.9: Vid. arts. 158.5 y 160.1.*j*) de este Texto Refundido.

Art. 178: Se corresponde con el anterior art. 155 TRLPI, que fue modificado por el art. 1.º14 de la Ley 21/2014, de 4 de noviembre, por la que se modifica el Texto Refundido de la Ley de Propiedad Intelectual, aprobado por Real Decreto Legislativo 1/1996, de 12 de abril, y la Ley 1/2000, de 7 de enero, de Enjuiciamiento Civil (*BOE* n.º 268, de 5 de noviembre de 2014). El cambio de numeración y el último párrafo del apdo. 1 han sido fruto de la reforma operada por el Real Decreto-ley 2/2018, de 13 de abril (*BOE* n.º 91, de 14 de abril). Su redacción se ha mantenido con la Ley 2/2019, de 1 de marzo (*BOE* n.º 53, de 2 de marzo), si bien su apdo. 2 ha sido modificado por la Disp. Final 11.ª3 del Real Decreto-ley 17/2020, de 5 de mayo, por el que se aprueban medidas de apoyo al sector cultural y de carácter tributario para hacer frente al impacto económico y social del COVID-2019 (*BOE* n.º 126, de 6 de mayo), y

directamente o por medio de otras entidades, fomentarán:

a) La promoción de actividades o servicios de carácter asistencial en beneficio de sus miembros,

b) la realización de actividades de formación y promoción de autores y artistas, intérpretes y ejecutantes, y

c) la oferta digital legal de las obras y prestaciones protegidas cuyos derechos gestionan, dentro de lo cual se entenderán comprendidas:

1.º Las campañas de formación, educación o sensibilización sobre oferta y consumo legal de contenidos protegidos, así como campañas de lucha contra la vulneración de los derechos de propiedad intelectual.

2.º La promoción directa de las obras y prestaciones protegidas cuyos derechos gestiona a través de plataformas tecnológicas propias o compartidas con terceros.

3.º Las actividades para fomentar la integración de autores y artistas con discapacidad en su respectivo ámbito creativo o artístico, o ambos, así como a la promoción de la oferta digital de sus obras, creaciones y prestaciones, y el acceso de las personas discapacitadas a las mismas en el ámbito digital.

Las actividades o servicios mencionados en las letras *a)* y *b)* se prestarán sobre la base de criterios justos, en particular con respecto al acceso y alcance de los mismos.

2. Las entidades de gestión deberán dedicar a las actividades y servicios a que se refieren las letras *a)* y *b)* del apartado anterior, por partes iguales, el porcentaje de la compensación prevista en el artículo 25, que reglamentariamente se determine.

En ningún caso se entenderá que las cantidades que, de conformidad con lo previsto en el párrafo anterior, las entidades de gestión deban dedicar a las actividades y servicios a que se refieren las letras *a)* y *b)* del apartado anterior, constituyen ingreso propio de las

por el art. 11.10 de la Ley 14/2021, de 11 de octubre, por la que se modifica el Real Decreto-ley 17/2020, de 5 de mayo, por el que se aprueban medidas de apoyo al sector cultural y de carácter tributario para hacer frente al impacto económico y social del COVID-2019 (*BOE* n.º 244, de 12 de octubre). Vid. arts. 186 y 191.3.*c)* de este Texto Refundido, y art. 15 del Real Decreto 1.398/2018, de 23 de noviembre, por el que se desarrolla el art. 25 del Texto Refundido de la Ley de Propiedad Intelectual, aprobado por el Real Decreto Legislativo 1/1996, de 12 de abril, en cuanto al sistema de compensación equitativa por copia privada. Dicho art. 15 del Real Decreto señalado prevé que el porcentaje que las entidades de gestión han de destinar a actividades asistenciales y formativas es el 20 por 100 del importe de la compensación equitativa y desarrolla los requisitos de información que ha de remitirse a la Dirección General de Industrias Culturales y Cooperación, dependiente del Ministerio de Cultura y Deporte.

Art. 178.1.c): Vid. art. 177.6.*b)* de este Texto Refundido.

Art. 178.2: Sobre el porcentaje de la compensación dedicado a las actividades y servicios señalados en este precepto, vid. art. 15 y Disp. Adic. 1.ª del Real Decreto 1.398/2018 (§ 3).

entidades de gestión a ningún efecto, sino que dichas cantidades se entenderán automática y obligatoriamente asignadas y afectas, sin que la entidad de gestión ostente titularidad jurídica material sobre las mismas, a la realización de tales actividades y servicios.

3. A requerimiento de la Administración competente, las entidades de gestión deberán acreditar el carácter asistencial, formativo, promocional y de oferta digital legal, de las actividades y servicios referidos en este artículo.

4. A fin de llevar a cabo las actividades del apartado 1, las entidades de gestión podrán constituir personas jurídicas sin ánimo de lucro según lo establecido en la legislación vigente, previa comunicación a la Administración competente. En caso de disolución de la persona jurídica así constituida, la entidad de gestión deberá comunicar dicha disolución y los términos de la misma al órgano al que en su momento comunicó su constitución.

5. Con carácter excepcional y de manera justificada, a fin de llevar a cabo las actividades contempladas en las letras *a*) y *b*) del apartado 1, u otras de interés manifiesto, las entidades de gestión podrán, mediante autorización expresa y singular de la Administración competente, constituir o formar parte de personas jurídicas con ánimo de lucro. En caso de disolución de dichas personas jurídicas, la entidad de gestión deberá comunicar de forma inmediata dicha disolución y los términos de la misma al órgano al que en su momento autorizó su constitución o asociación.

SECCIÓN 2.ª

Régimen jurídico de la gestión
de los derechos recaudados
por autorizaciones
multiterritoriales no exclusivas
de derechos en línea
sobre obras musicales

Art. 179. *Recaudación y facturación.*—1. Las entidades de gestión que concedan autorizaciones multiterritoriales no exclusivas de derechos en línea sobre obras musicales deberán controlar la utilización de tales derechos por los proveedores de servicios de música en línea a los que hayan concedido dichas autorizaciones.

Art. 178.4 y 5: Vid. art. 152.2 de este Texto Refundido.

Art. 179: Precepto introducido por el art. único apdo. 7 del Real Decreto-ley 2/2018, de 13 de abril (*BOE* n.º 91, de 14 de abril) y modificado por la Ley 2/2019, de 1 de marzo (*BOE* n.º 53, de 2 de marzo). Vid. art. 27 de la Directiva 2014/26/UE del Parlamento Europeo y del Consejo, de 26 de febrero de 2014, relativa a la gestión colectiva de los derechos de autor y derechos afines y a la concesión de licencias multiterritoriales de derechos sobre obras musicales para su utilización en línea en el mercado interior.

2. Las entidades de gestión deberán ofrecer a los proveedores de servicios en línea que dispongan de una autorización multiterritorial no exclusiva de derechos en línea sobre obras musicales la posibilidad de declarar por vía electrónica la utilización efectiva de los derechos autorizados, estando éstos obligados a informar con precisión sobre los usos efectivos de dichas obras.

Las entidades de gestión ofrecerán, al menos, un método de información que tenga en cuenta normas o prácticas sectoriales voluntarias desarrolladas a nivel internacional o de la Unión para el intercambio electrónico de esos datos. En este caso, las entidades de gestión podrán negarse a aceptar las declaraciones de los proveedores de servicios en línea presentadas en un formato propio.

Las entidades de gestión podrán supervisar la utilización efectiva de los derechos autorizados por los proveedores de servicios de música en línea que dispongan de una autorización multiterritorial no exclusiva de derechos en línea sobre obras musicales.

Las entidades de gestión deberán respetar el carácter confidencial de la información a la que accedan mediante esta supervisión cuyo tratamiento, en todo caso, estará sujeto al cumplimiento de la normativa de defensa de la competencia y de protección de datos.

3. Las entidades de gestión enviarán sus facturas a los proveedores de servicios en línea por medios electrónicos. Dicha factura indicará las obras y derechos objeto de autorización sobre la base de los datos contemplados en la lista de condiciones en virtud del artículo 171.2, en la medida en que sea posible sobre la base de la información proporcionada por dicho proveedor conforme al apartado anterior.

Las entidades de gestión ofrecerán, al menos, un formato de facturación electrónica que tenga en cuenta normas o prácticas sectoriales voluntarias desarrolladas a nivel internacional o de la Unión para el intercambio electrónico de esos datos. En este caso, el proveedor de servicios en línea no podrá negarse a aceptar la factura a causa de su formato.

4. Las entidades de gestión facturarán al proveedor de servicios en línea con exactitud y sin demora tras la notificación de la utilización efectiva de los derechos en línea sobre esa obra musical, excepto cuando no sea posible por razones atribuibles al proveedor.

5. Las entidades de gestión dispondrán de procedimientos adecuados que permitan al proveedor de servicios en línea impugnar la exactitud de la factura, en particular en los casos en que este proveedor reciba facturas de una o varias entidades de gestión por los

mismos derechos en línea sobre la misma obra musical.

Art. 180. *Reparto y pago.*— 1. Las entidades de gestión que concedan autorizaciones multiterritoriales no exclusivas de derechos en línea sobre obras musicales deberán repartir con exactitud y sin demora los derechos que recauden en virtud de dichas autorizaciones, tras la notificación de la utilización efectiva de las obras, excepto cuando esto no sea posible por razones atribuibles al proveedor de servicios en línea.

2. Las entidades de gestión facilitarán, como mínimo, la siguiente información a los titulares de derechos junto con cada pago que realicen conforme al apartado 1:

a) El período durante el cual ha tenido lugar la utilización por la que se adeuden importes a los titulares de derechos y los territorios en que ha tenido lugar tal utilización.

b) Los derechos recaudados, las deducciones realizadas y los importes repartidos por la entidad de gestión en relación con cada derecho en línea sobre las obras musicales que los titulares de derechos

han autorizado a la entidad de gestión a representar, en su totalidad o en parte.

c) Los derechos recaudados en nombre de los titulares de derechos, las deducciones efectuadas y los importes repartidos por la entidad de gestión en relación con cada proveedor de servicios en línea.

3. Lo previsto en este artículo resultará de aplicación cuando la entidad de gestión conceda estas autorizaciones en virtud de la encomienda efectuada por otra entidad de gestión. La entidad de gestión mandante será responsable del ulterior reparto de esos importes y de la comunicación de esa información a los titulares de derechos, salvo que las entidades de gestión lleguen a otro acuerdo.

CAPÍTULO VI

Obligaciones de información, transparencia y contabilidad de las entidades de gestión

Art. 181. *Información facilitada a los titulares de derechos sobre la gestión de sus derechos.*—

Art. 180: Precepto introducido por el art. único apdo. 7 del Real Decreto-ley 2/2018, de 13 de abril (*BOE* n.º 91, de 14 de abril) y reiterado por la Ley 2/2019, de 1 de marzo (*BOE* n.º 53, de 2 de marzo). Vid. arts. 158.4.*b*) y 191.3.*c*) de este Texto Refundido, y art. 28 de la Directiva 2014/26/UE del Parlamento Europeo y del Consejo, de 26 de febrero de 2014, relativa a la gestión colectiva de los derechos de autor y derechos afines y a la concesión de licencias multiterritoriales de derechos sobre obras musicales para su utilización en línea en el mercado interior.

Art. 181: Precepto introducido por el art. único apdo. 7 del Real Decreto-ley 2/2018, de 13 de abril (*BOE* n.º 91, de 14 de abril) y reiterado por la Ley 2/2019, de 1 de marzo (*BOE* n.º 53, de 2 de marzo). Vid. arts. 153.3 y 158.4.*c*) de este Texto Refundido, y art. 18 de la Di-

1. Las entidades de gestión pondrán anualmente a disposición de cada titular de derechos al que hayan atribuido derechos recaudados o realizado pagos, incluidos aquellos titulares de derechos no miembros cuyos derechos gestionen las entidades por ser derechos de gestión colectiva obligatoria según lo previsto en esta Ley, en el período al que se refiere, como mínimo, la siguiente información:

a) Todo dato de contacto que el titular de derechos haya autorizado a la entidad de gestión a utilizar a fin de identificarlo y localizarlo.

b) Los derechos recaudados atribuidos al titular de derechos.

c) Los importes pagados por la entidad de gestión al titular de derechos, por categoría de derechos gestionados y por tipo de utilización.

d) El período durante el cual ha tenido lugar la utilización por la que se atribuyen y abonan importes al titular de los derechos, excepto cuando razones objetivas relacionadas con las declaraciones de los usuarios impidan a la entidad de gestión facilitar esta información.

e) Las deducciones aplicadas en concepto de descuentos de gestión o por cualquier otro concepto.

f) Los derechos recaudados atribuidos al titular de derechos que estén pendientes de pago por cualquier período.

2. Cuando una entidad de gestión atribuya derechos recaudados y entre sus miembros figuren entidades que sean responsables del reparto de derechos recaudados a titulares de derechos, la entidad de gestión facilitará la información indicada en el apartado 1 a esas entidades siempre que éstas no dispongan de esa información. Estas entidades deberán poner dicha información, como mínimo una vez al año, a disposición de todo titular de derechos al que hayan atribuido derechos recaudados o realizado pagos en el período al que se refiere la información.

Art. 182. *Información facilitada a otras entidades de gestión sobre la gestión de derechos en virtud de acuerdos de representación.*— Las entidades de gestión, anualmente y por medios electrónicos, pondrán a disposición de las enti-

rectiva 2014/26/UE del Parlamento Europeo y del Consejo, de 26 de febrero de 2014, relativa a la gestión colectiva de los derechos de autor y derechos afines y a la concesión de licencias multiterritoriales de derechos sobre obras musicales para su utilización en línea en el mercado interior.

Art. 182: Precepto introducido por el art. único apdo. 7 del Real Decreto-ley 2/2018, de 13 de abril (*BOE* n.º 91, de 14 de abril) y reiterado por la Ley 2/2019, de 1 de marzo (*BOE* n.º 53, de 2 de marzo). Vid. art. 19 de la Directiva 2014/26/UE del Parlamento Europeo y del Consejo, de 26 de febrero de 2014, relativa a la gestión colectiva de los derechos de autor y derechos afines y a la concesión de licencias multiterritoriales de derechos sobre obras musicales para su utilización en línea en el mercado interior.

dades de gestión en cuyo nombre gestionen derechos en virtud de un acuerdo de representación durante el período al que se refiere la siguiente información:

a)　Los derechos recaudados, los importes abonados por la entidad de gestión por categoría de derechos gestionados y por tipo de utilización de los derechos que gestionan en virtud del acuerdo de representación, y todos los derechos recaudados que estén pendientes de pago por cualquier período.

b)　Las deducciones aplicadas en concepto de descuentos de gestión o para cualquier otro fin.

c)　Información sobre las autorizaciones no exclusivas concedidas o denegadas en relación con las obras y otras prestaciones a que se refiere el acuerdo de representación.

d)　Las resoluciones adoptadas por su asamblea general en la medida en que estas resoluciones sean pertinentes para la gestión de los derechos incluidos en el acuerdo de representación.

Art. 183.　*Información facilitada previa solicitud.*—1.　Sin perjuicio de la obligación prevista en el artículo 185, las entidades de gestión deberán facilitar, en respuesta a una solicitud por escrito debidamente razonada, como mínimo, la siguiente información a toda entidad de gestión en cuyo nombre gestionen derechos en virtud de un acuerdo de representación, a todo titular de derechos o a todo usuario:

a)　Las obras u otras prestaciones que representan, los derechos que gestionan directamente o en virtud de acuerdos de representación, y los territorios que abarcan.

b)　Cuando las obras u otras prestaciones de la letra *a*) no se puedan determinar debido al ámbito de la actividad de la entidad de gestión, las categorías de obras o de otras prestaciones que representan, los derechos que gestionan y los territorios que abarcan.

2.　Las entidades de gestión deberán informar, previa solicitud por escrito, respecto de los siguientes extremos a sus miembros y a los titulares de derechos que no sean miembros pero respecto de los cuales administre la misma categoría de derechos en lo relativo a

---

Art. 183: Precepto introducido por el art. único apdo. 7 del Real Decreto-ley 2/2018, de 13 de abril (*BOE* n.º 91, de 14 de abril) y reiterado por la Ley 2/2019, de 1 de marzo (*BOE* n.º 53, de 2 de marzo). No obstante, su apdo. 2 se corresponde con el art. 157.1.g) TRLPI, en su versión anterior a la reforma por el Real Decreto-ley 2/2018, de 13 de abril (*BOE* n.º 91, de 14 de abril). Vid. art. 191.3.*c*) de este Texto Refundido, y art. 20 de la Directiva 2014/26/UE del Parlamento Europeo y del Consejo, de 26 de febrero de 2014, relativa a la gestión colectiva de los derechos de autor y derechos afines y a la concesión de licencias multiterritoriales de derechos sobre obras musicales para su utilización en línea en el mercado interior.

Art. 183.1: Vid. arts. 153.3, 156.6, 158.4.*c*) y 167.5 de este Texto Refundido.

los derechos de gestión colectiva obligatoria:

a)   Las personas que forman parte de la alta dirección y de los órganos de gobierno y representación de la entidad, así como de las comisiones y grupos de trabajo en las que aquellas participen.

b)   Las retribuciones y demás percepciones que se atribuyan a las personas indicadas en la letra anterior por su condición de miembros de los órganos de gobierno y representación e integrantes de las comisiones y grupos de trabajo. Estas informaciones se podrán dar de forma global por concepto retributivo, recogiendo separadamente los correspondientes al personal de alta dirección del resto de miembros o integrantes de los órganos y comisiones anteriormente señalados que no tengan dicha condición.

c)   Las condiciones de los contratos suscritos por la entidad con usuarios de su repertorio, con sus asociaciones y con otras entidades de gestión, cuando acrediten tener interés legítimo y directo.

d)   Las actas de las reuniones de la asamblea general, que deberán hacer constar, como mínimo, el número de miembros concurrentes, entre presentes y representados, y el número de votos que le correspondan a cada uno, así como un resumen de los asuntos tratados, los acuerdos adoptados y los resultados de las votaciones.

3.   La información solicitada en virtud de los apartados 1 y 2 se facilitará de forma gratuita, por medios electrónicos y sin retrasos injustificados.

4.   Las entidades de gestión que concedan autorizaciones multiterritoriales no exclusivas de derechos en línea sobre obras musicales facilitarán, por medios electrónicos, a los proveedores de servicios de música en línea, a los titulares cuyos derechos representan y a otras entidades de gestión, en respuesta a una solicitud por escrito debidamente razonada, la siguiente información actualizada que permita la identificación del repertorio de música en línea que representan:

a)   Las obras musicales representadas.

b)   Los derechos representados, en su totalidad o en parte.

c)   Los territorios cubiertos.

Las entidades de gestión podrán adoptar medidas razonables para proteger, cuando sea necesario, la exactitud e integridad de los datos, controlar su reutilización y proteger la información delicada desde el punto de vista comercial.

Art. 183.4: Vid. art. 184.1 de este Texto Refundido, y art. 25 de la Directiva 2014/26/UE del Parlamento Europeo y del Consejo, de 26 de febrero de 2014, relativa a la gestión colectiva de los derechos de autor y derechos afines y a la concesión de licencias multiterritoriales de derechos sobre obras musicales para su utilización en línea en el mercado interior.

Art. 184. *Exactitud de la información sobre los repertorios multiterritoriales.*—1. Las entidades de gestión que concedan autorizaciones multiterritoriales no exclusivas de derechos en línea sobre obras musicales dispondrán de procedimientos internos que permitan a los titulares de derechos, a otras entidades de gestión y a los proveedores de servicios en línea solicitar una corrección de los datos contemplados en el artículo 171.2 y la información facilitada conforme al artículo 183.4.

2. Cuando la solicitud esté justificada, la entidad de gestión deberá corregir los datos o la información sin retrasos injustificados.

3. Las entidades de gestión deberán proporcionar a los titulares de derechos los medios para que éstos les presenten en formato electrónico información sobre sus obras musicales, sus derechos sobre dichas obras y los territorios respecto de los que los titulares de derechos autorizan a la entidad. Al hacerlo, las entidades de gestión y los titulares de derechos tendrán en cuenta, en la medida de lo posible, las normas o prácticas sectoriales voluntarias relativas al intercambio de datos desarrolladas a nivel internacional o de la Unión Europea.

4. El apartado anterior resultará de aplicación a aquellos titulares cuyos derechos gestione la entidad de gestión en virtud de un acuerdo de representación de los previstos en los artículos 172 y 173, salvo que ambas entidades de gestión lleguen a otro acuerdo.

Art. 185. *Información que debe hacerse pública.*—Las entidades de gestión deberán publicar en su página web de forma fácilmente accesible y mantener actualizada la siguiente información:

a) Los estatutos de la entidad.

b) Las cuentas anuales y el informe de gestión, con el correspondiente informe de auditoría, y el informe anual de transparencia.

Art. 184: Precepto introducido por el art. único apdo. 7 del Real Decreto-ley 2/2018, de 13 de abril (*BOE* n.º 91, de 14 de abril) y reiterado por la Ley 2/2019, de 1 de marzo (*BOE* n.º 53, de 2 de marzo). Vid. arts. 25 y 26 de la Directiva 2014/26/UE del Parlamento Europeo y del Consejo, de 26 de febrero de 2014, relativa a la gestión colectiva de los derechos de autor y derechos afines y a la concesión de licencias multiterritoriales de derechos sobre obras musicales para su utilización en línea en el mercado interior.

Art. 185: Precepto introducido por el art. único apdo. 7 del Real Decreto-ley 2/2018, de 13 de abril (*BOE* n.º 91, de 14 de abril) y reiterado por la Ley 2/2019, de 1 de marzo (*BOE* n.º 53, de 2 de marzo). Se corresponde con el art. 157.1.*d*) TRLPI, en su versión anterior a la reforma por ese Real Decreto-ley 2/2018, si bien el nuevo 185 ha desarrollado más ampliamente la información que las entidades de gestión deben publicar en su página web.

Vid. art. 183.1 de este Texto Refundido, y art. 21 de la Directiva 2014/26/UE del Parlamento Europeo y del Consejo, de 26 de febrero de 2014, relativa a la gestión colectiva de los derechos de autor y derechos afines y a la concesión de licencias multiterritoriales de derechos sobre obras musicales para su utilización en línea en el mercado interior.

Este último estará disponible en la página web durante cinco años.

c) Los integrantes de los órganos de gobierno y representación de la entidad.

d) Los contratos generales que tengan suscritos con asociaciones de usuarios y los modelos de contrato que habitualmente se utilicen para cada modalidad de uso de su repertorio.

e) Las tarifas generales vigentes, junto con la memoria económica justificativa, para cada una de las modalidades de uso de su repertorio, incluidos los descuentos y las circunstancias en que deben aplicarse. Todo ello deberá publicarse en el plazo de diez días desde su establecimiento o última modificación.

f) Un listado de las entidades de gestión con las que se haya suscrito acuerdos de representación. Para cada acuerdo deberá indicarse su duración y el ámbito subjetivo y objetivo del mismo para cada una de las partes contratantes.

g) El repertorio que gestiona la entidad, debiendo incluir en el mismo aquellas obras y prestaciones protegidas que gestionan en virtud de los acuerdos de representación vigentes suscritos con organizaciones de gestión extranjeras.

h) El reglamento de reparto de los derechos recaudados y el importe o porcentaje de los descuentos de gestión y de otra naturaleza que sean aplicados a cada derecho y modalidad de uso administrados y a los ingresos procedentes de las inversiones de estos últimos.

i) El listado de obras y prestaciones protegidas que administran cuyos titulares, tras el procedimiento de reparto y pago de derechos, están parcial o totalmente no identificados o localizados. Este listado deberá publicarse en el plazo máximo de un año computado a partir del vencimiento del plazo de tres meses previsto en el artículo 177.5.b).

j) La política general sobre el uso de los importes que no puedan ser objeto de reparto.

k) El procedimiento de tratamiento y resolución de las reclamaciones y quejas planteadas por los miembros de la entidad y por entidades de gestión por cuya cuenta se gestionen derechos en virtud de un acuerdo de representación, sin perjuicio de su inclusión obligatoria en los estatutos de la entidad.

Art. 186. *Obligación de notificación a la Administración competente.*—Las entidades de gestión

---

Art. 186: Precepto introducido por el art. único apdo. 7 del Real Decreto-ley 2/2018, de 13 de abril (*BOE* n.º 91, de 14 de abril) y reiterado por la Ley 2/2019, de 1 de marzo (*BOE* n.º 53, de 2 de marzo). Se corresponde con el art. 157.1.*j*) TRLPI, en su versión anterior a la reforma por ese Real Decreto 2/2018, si bien el nuevo 186 ha desarrollado más ampliamente la obligación que tienen las entidades de gestión de notificar a la Administración competente la documentación que en él se contiene. Vid. art. 191.3.*c*) de este Texto Refundido.

están obligadas a notificar de forma diligente a la Administración competente conforme al artículo 155:

a) Los documentos que contengan la información completa sobre los nombramientos y ceses de sus administradores, apoderados y de las personas que integran el órgano de control interno de la entidad.

b) Las declaraciones anuales sobre conflictos de interés a la asamblea general de las personas integrantes de los órganos de gobierno y representación y de control interno de la entidad.

c) Los modelos de contratos de gestión y sus modificaciones.

d) Las tarifas generales y sus modificaciones, junto con la memoria económica justificativa prevista en la normativa reglamentaria de desarrollo.

e) Los contratos generales celebrados con asociaciones de usuarios.

f) Los contratos concertados con organizaciones nacionales y extranjeras de gestión colectiva.

g) Los documentos sobre contabilidad y auditoría mencionados en el artículo 187 y el informe anual de transparencia.

h) El informe anual de cumplimiento de la política general de inversión.

i) El informe anual elaborado por el órgano de control interno para dar cuenta del ejercicio de sus competencias a la asamblea general.

Art. 187. *Contabilidad y auditoría.*—1. Las entidades de gestión deberán presentar sus cuentas anuales elaboradas de conformidad con el Plan de Contabilidad de las entidades sin fines lucrativos y las formularán exclusivamente según los modelos normales previstos en él. Asimismo, deberán presentar el informe de gestión que

---

Art. **186.b):** Vid. arts. 161.3.*d)* y 162.4 de este Texto Refundido.
Art. **186.c):** Vid. art. 153.3 de este Texto Refundido.
Art. **186.e):** Vid. art. 153.3 de este Texto Refundido.
Art. **186.i):** Vid. art. 162.9 de este Texto Refundido.
Art. **187:** En la numeración inicial del Texto Refundido era el 151; posteriormente, se desplazó al art. 156 por la integración en el citado Texto de la Ley 5/1998, de 6 de marzo, de incorporación al Derecho español de la Directiva 96/9/CE del Parlamento Europeo y del Consejo, de 11 de marzo de 1996, sobre la protección jurídica de bases de datos (*BOE* n.º 57, de 7 de marzo). Dicho artículo fue modificado por el art. 1.º15 de la Ley 21/2014, de 4 de noviembre, por la que se modifica el Texto Refundido de la Ley de Propiedad Intelectual, aprobado por Real Decreto Legislativo 1/1996, de 12 de abril, y la Ley 1/2000, de 7 de enero, de Enjuiciamiento Civil (*BOE* n.º 268, de 5 de noviembre de 2014). Buena parte del contenido del anterior art. 156 aparece en este art. 187, si bien con algunas modificaciones fruto de la reforma operada por el Real Decreto-ley 2/2018, de 13 de abril (*BOE* n.º 91, de 14 de abril). Su redacción ha sido reiterada con la Ley 2/2019, de 1 de marzo (*BOE* n.º 53, de 7 de enero). Los anteriores apdos. 1, 3.I, 3.II, 3.III, 4.I, 4.II, 4.III y 5 del anterior art. 156 se corresponden con los apdos. 1, 2.I, 2.III, 2.IV, 3.I, 3.II, 3.III y 4.I del art. 187, respectivamente. Vid. arts. 160.1.*k)*, 186.*g)* y 191.3.*c)* de este Texto Refundido, y la Disp. Final 3.ª de la Ley 2/2019, de 1 de marzo (*BOE* n.º 53, de 2 de marzo).

acompañe a dichas cuentas anuales con el contenido establecido en el artículo 262 del texto refundido de la Ley de Sociedades de Capital, aprobado por el Real Decreto Legislativo 1/2010, de 2 de julio.

Las entidades de gestión que participen en sociedades mercantiles y se encuentren en cualquiera de los supuestos previstos para la sociedad dominante en los artículos 42 y 43 del Código de Comercio, deberán formular cuentas anuales y el informe de gestión consolidados en los términos previstos en dicho Código y en el Real Decreto 1.159/2010, de 17 de septiembre, por el que se aprueban las Normas para la Formulación de Cuentas Anuales Consolidadas y se modifica el Plan General de Contabilidad aprobado por Real Decreto 1.514/2007, de 16 de noviembre, y el Plan General de Contabilidad de Pequeñas y Medianas Empresas aprobado por Real Decreto 1.515/2007, de 16 de noviembre.

2. Todas las entidades de gestión someterán a auditoría sus cuentas anuales. La auditoría se contratará y realizará de acuerdo con lo previsto en la Ley 22/2015, de 20 de julio, de Auditoría de Cuentas disponiendo los auditores de un plazo mínimo de un mes, a partir del momento en que les fueran entregadas las cuentas anuales formuladas, para realizar el informe de auditoría.

El cumplimiento de las obligaciones establecidas en los apartados 3 y 5 del artículo 175 y en el segundo párrafo del artículo 177.5 se revisará anualmente, por los auditores mencionados en el párrafo anterior, con el fin de verificar que se cumple con lo legalmente exigido. Los auditores deberán emitir un informe, que acompañará a su informe de auditoría de las cuentas anuales, en el que se ponga de manifiesto el resultado de su revisión y, en su caso, las incorrecciones detectadas.

Los auditores serán nombrados por la asamblea general de la entidad celebrada antes de que finalice el ejercicio a auditar. La asamblea general no podrá revocar a los auditores antes de que finalice el período para el que fueron nombrados, a no ser que medie justa causa.

Cuando la asamblea general no hubiera nombrado al auditor antes de finalizar el ejercicio a auditar o la persona nombrada no acepte el encargo o no pueda cumplir sus funciones, el máximo órgano ejecutivo de la entidad deberá solicitar del Registrador Mercantil del domicilio social la designación de la persona o personas que deban realizar la auditoría, de acuerdo con lo dispuesto en el Reglamento del Registro Mercantil para las sociedades mercantiles. En estos casos, dicha solicitud al Registrador Mercantil también podrá ser realizada por cualquier miembro de la entidad.

Art. 187.2: Vid. arts. 162.12.*c*) y 189.2 de este Texto Refundido.

3. El máximo órgano ejecutivo de la entidad de gestión formulará las cuentas anuales y el informe de gestión dentro de los tres primeros meses siguientes al cierre de cada ejercicio.

Las cuentas anuales y el informe de gestión, el informe anual de transparencia y los distintos informes que deben realizar los auditores, conforme a lo previsto en el apartado 2 y en el artículo 189.2, se pondrán a disposición de los miembros de la entidad electrónicamente o en su domicilio social y en el de las delegaciones territoriales, de forma gratuita en ambos casos, con una antelación mínima de quince días al de la celebración de la asamblea general en la que hayan de ser aprobadas. En la convocatoria de la asamblea general, que también se anunciará en la página web de la entidad, se hará mención de este derecho.

Las cuentas anuales deberán ser aprobadas por la asamblea general en el plazo de seis meses desde el cierre de cada ejercicio.

4. Dentro del mes siguiente a la aprobación de las cuentas anuales, o, en su caso, de las cuentas consolidadas, se presentará para su depósito en el Registro Mercantil del domicilio social certificación de los acuerdos de la asamblea general de aprobación de las cuentas anuales, a la que se adjuntará un ejemplar de cada una de dichas cuentas, normales o consolidadas, del informe de gestión y del informe de los auditores. También se adjuntará un ejemplar del informe anual de transparencia.

A esta obligación de depósito le serán de aplicación, en cuanto sea procedente, las normas establecidas en el texto refundido de la Ley de Sociedades de Capital y en el Reglamento del Registro Mercantil.

Art. 188. *Presupuesto anual de recaudación y reparto.*—Las entidades de gestión deberán elaborar un presupuesto anual de recaudación y reparto de derechos gestionados y de ingresos y gastos de la entidad, que se aprobará con carácter previo al inicio del ejercicio al que vaya referido. La correspondiente propuesta se pondrá a disposición de los miembros electrónicamente y en el domicilio social y en el de las delegaciones territoriales de la entidad, de forma gratuita en ambos casos, con una antelación mínima de quince días al de la celebración de la sesión del órgano que tenga atribuida la competencia para su aprobación. En la convocatoria de dicho órgano, que se anunciará en la página web de la entidad, se hará mención a este derecho.

Art. 188: Este precepto se corresponde con el art. 157.1.*k*), en su versión anterior a la reforma por el Real Decreto-ley 2/2018, de 13 de abril (*BOE* n.º 91, de 14 de abril). La posición actual es fruto de dicha reforma operada, no solo en su numeración, sino también en su contenido, por el Real Decreto-ley citado, lo que ha sido reiterado por la Ley 2/2019, de 1 de marzo (*BOE* n.º 53, de 2 de marzo).

Art. 189. *Informe anual de transparencia.*—1. Los órganos de gobierno y representación de las entidades de gestión deberán elaborar un informe anual de transparencia dentro de los tres meses siguientes al cierre del ejercicio anterior.

El informe anual de transparencia tendrá, como mínimo, el contenido especificado en el anexo. Asimismo, incluirá un informe especial dando cuenta de la utilización de los importes deducidos para los servicios asistenciales en beneficio de los miembros de la entidad, las actividades de formación y promoción de autores, artistas, intérpretes y ejecutantes y el fomento de la oferta digital legal de las obras y prestaciones protegidas cuyos derechos gestiona la entidad.

2. El informe anual de transparencia elaborado por los órganos de gobierno y representación se revisará por los auditores nombrados de conformidad con el artículo 187.2 para auditar las cuentas anuales, a fin de verificar que la información contable en él contenida se corresponde con la contabilidad de la entidad de gestión. Los auditores deberán emitir un informe en el que se ponga de manifiesto el resultado de su revisión y, en su caso, las incorrecciones detectadas. Dicho informe de revisión se reproducirá íntegramente en el informe anual de transparencia.

3. La asamblea general deberá aprobar el informe anual de transparencia dentro de los seis meses siguientes al cierre del ejercicio anterior.

CAPÍTULO VII

Régimen sancionador[*]

Art. 190. *Responsabilidad administrativa, órganos competentes*

Art. 189: Precepto introducido por el art. único apdo. 7 del Real Decreto-ley 2/2018, de 13 de abril (*BOE* n.º 91, de 14 de abril) y reiterado por la Ley 2/2019, de 1 de marzo (*BOE* n.º 53, de 2 de marzo). Vid. arts. 160.1.*l*) y 191.3.*c*), y el Anexo de este Texto Refundido, Disp. Final 3.ª de la Ley 2/2019, de 1 de marzo (*BOE* n.º 53, de 2 de marzo) y art. 22 de la Directiva 2014/26/UE del Parlamento Europeo y del Consejo, de 26 de febrero de 2014, relativa a la gestión colectiva de los derechos de autor y derechos afines y a la concesión de licencias multiterritoriales de derechos sobre obras musicales para su utilización en línea en el mercado interior.

Art. 189.2: Vid. art. 187.3 de este Texto Refundido.

[*] El Real Decreto-ley 2/2018, de 13 de abril (*BOE* n.º 91, de 14 de abril) incluyó el régimen sancionador como un Capítulo más del Título IV sobre gestión colectiva. Anteriormente constituía el Título VI del Libro III. Éste fue introducido por el art. 1.º23 de la Ley 21/2014, de 4 de noviembre, por la que se modifica el Texto Refundido de la Ley de Propiedad Intelectual, aprobado por Real Decreto Legislativo 1/1996, de 12 de abril, y la Ley 1/2000, de 7 de enero, de Enjuiciamiento Civil (*BOE* n.º 268, de 5 de noviembre de 2014). El Real Decreto-ley 2/2018 desplazó los anteriores arts. 162 bis, 162 ter y 162 quáter a los actuales 190, 191 y 192, respectivamente. Toda esta reestructuración ha sido reiterada por la Ley 2/2019, de 1 de marzo (*BOE* n.º 53, de 2 de marzo).

Art. 190: El Real Decreto-ley 2/2018, de 13 de abril (*BOE* n.º 91, de 14 de abril) renumeró y modificó el contenido de este art. 190, que se corresponde con el anterior 162 bis TRLPI. Pos-

sancionadores y procedimiento sancionador.—1. Las entidades de gestión, las entidades que de ellas dependan y los operadores de gestión independiente incurrirán en responsabilidad administrativa por las infracciones que cometan en el ejercicio de sus funciones con arreglo a lo dispuesto en la presente Ley.

2. El ejercicio de la potestad sancionadora corresponde a la Administración competente de conformidad con el artículo 155. La inhabilitación legal para operar corresponde, en todo caso, al Ministerio de Cultura y Deporte.

3. Cuando el ejercicio de la potestad sancionadora corresponda al Ministerio de Cultura y Deporte, la imposición de las sanciones previstas en este capítulo corresponderá, en el caso de infracciones muy graves, al Ministro de Cultura y Deporte y, en el caso de infracciones graves y leves, al Subsecretario de Cultura y Deporte. La instrucción de los correspondientes procedimientos sancionadores corresponderá, en todos los casos, al Subdirector General de Propiedad Intelectual.

4. El ejercicio de la potestad sancionadora se regirá por el procedimiento establecido en la Ley 39/2015, de 1 de octubre, del Procedimiento Administrativo Común de las Administraciones Públicas y conforme a los principios previstos en la Ley 40/2015, de 1 de octubre, de Régimen Jurídico del Sector Público. No obstante, el plazo máximo en el que debe notificarse la resolución expresa en los procedimientos incoados por infracciones muy graves será de dieciocho meses y en los procedimientos incoados por infracciones graves de doce meses.

5. Cuando una entidad de gestión o un operador de gestión independiente que tenga establecimiento en otro Estado de la Unión Europea infrinja en territorio español la normativa de su Estado de establecimiento reguladora de la gestión colectiva de derechos de propiedad intelectual, la Administración competente conforme al artículo 155 podrá remitir toda la información pertinente a la autoridad competente de aquel Estado. Asimismo, podrá solicitar que esa autoridad adopte las medidas adecuadas en el marco de sus competencias.

6. Las entidades de gestión y los operadores de gestión independientes que tengan establecimiento fuera de la Unión Europea pero presten servicios en España conforme a lo previsto en este título incurrirán en responsabilidad administrativa por las infracciones que cometan por el incumplimiento de sus obligaciones previstas en

_____
teriormente, ha sido modificado con ocasión de la reforma operada por la Ley 2/2019, de 1 de marzo (*BOE* n.º 53, de 2 de marzo).

esta Ley en los mismos términos que las entidades de gestión y los operadores de gestión independientes con establecimiento en España.

Art. 191. *Clasificación de las infracciones.*—1. Las infracciones cometidas por las entidades de gestión colectiva de derechos de propiedad intelectual, por las entidades que de ellas dependan y por los operadores de gestión independiente se clasificarán en muy graves, graves y leves.

2. Constituyen infracciones muy graves los siguientes actos:

a) La ineficacia manifiesta y notoria en la administración de los derechos que la entidad de gestión, una entidad de la que ella dependa o el operador de gestión independiente tenga encomendados, circunstancia que habrá de apreciarse respecto del conjunto de los usuarios y de los titulares de dichos derechos y no de forma aislada o individual.

b) El incumplimiento grave y reiterado del objeto y fines señalados en los estatutos de la entidad de gestión, cuando se realicen, de manera directa o indirecta, actividades que no sean de protección o gestión de los derechos de propiedad intelectual que tengan encomendados, sin perjuicio de la función social y del desarrollo de la oferta digital legal que deben cumplir y de las actividades vinculadas al ámbito cultural de la entidad y sin ánimo de lucro referidas en el artículo 159 letra *b)* de esta Ley, siempre que estén previstas en sus estatutos.

c) El incumplimiento grave y reiterado de la obligación establecida en el artículo 156.2 de administrar los derechos de propiedad intelectual que tenga conferidos la entidad de gestión.

d) La prestación de servicios de gestión colectiva de derechos de propiedad intelectual sin haber obtenido previamente la autorización prevista en el artículo 147 cuando esta sea necesaria.

e) La puesta de manifiesto de algún hecho que suponga el incumplimiento muy grave de las obligaciones del título IV.

3. Constituyen infracciones graves los siguientes actos:

a) El incumplimiento de las condiciones establecidas en el artículo 157 respecto del contrato de gestión.

b) La aplicación de sistemas, normas y procedimientos de reparto de las cantidades recaudadas de manera arbitraria y no equitativa.

Art. 191: El Real Decreto-ley 2/2018, de 13 de abril (*BOE* n.º 91, de 14 de abril) renumeró y modificó el contenido de este art. 190, que se corresponde con el anterior 162 ter TRLPI. Posteriormente, ha sido modificado con ocasión de la reforma operada por la Ley 2/2019, de 1 de marzo (*BOE* n.º 53, de 2 de marzo).

c) El incumplimiento de las obligaciones establecidas en los artículos 163, apartados 1 y 2; 165; 168; 173; 175, apartados 2 y 3; 177 y 178; 180; 183; y 186 a 187; 189 y de la hacer efectivos los derechos a una remuneración y compensación equitativas en los distintos supuestos previstos en esta Ley y a ejercitar el derecho de autorizar la distribución por cable.

d) La resistencia, excusa o negativa, por las entidades de gestión colectiva de derechos de propiedad intelectual, las entidades que de ellas dependan o los operadores de gestión independiente a la actuación inspectora de las Administraciones competentes según lo previsto en esta Ley.

e) La inobservancia significativa del procedimiento de tratamiento y resolución de reclamaciones y quejas previsto estatutariamente de conformidad con el artículo 159 letra *o*).

f) El incumplimiento de la obligación de comunicar el inicio de actividades establecida en los artículos 151.1 y 153.1.

4. Constituyen infracciones leves los siguientes actos:

a) La falta de atención a los requerimientos de las Administraciones Públicas realizados al amparo de lo dispuesto en el artículo 154. Se entiende que se produce falta de atención del requerimiento cuando la entidad de gestión, una entidad que de ella dependa o el operador de gestión independiente no responda en el plazo fijado por la Administración Pública en su requerimiento, no suministre la información requerida o suministre información incompleta o incorrecta.

b) El incumplimiento por las entidades de gestión, las entidades que de ellas dependan y los operadores de gestión independientes de preceptos de obligada observancia comprendidos en este título y en cualquier otra normativa reguladora de la gestión colectiva de derechos de propiedad intelectual, que no constituya infracción grave o muy grave conforme a lo dispuesto en los dos apartados anteriores.

Art. 192. *Sanciones.*—1. Por la comisión de infracciones muy graves, se impondrá a las entidades de gestión o a los operadores de gestión independiente alguna de las siguientes sanciones:

a) Inhabilitación para operar como entidad de gestión o como operador de gestión independiente. Dicha inhabilitación producirá sus efectos a los tres meses de la

---

Art. 192: El Real Decreto-ley 2/2018, de 13 de abril (*BOE* n.º 91, de 14 de abril) renumeró y modificó el contenido de este art. 190, que se corresponde con el anterior 162 quáter TRL-PI. Posteriormente, ha sido modificado con ocasión de la reforma operada por la Ley 2/2019, de 1 de marzo (*BOE* n.º 53, de 2 de marzo).

publicación prevista en el apartado 2 y tendrá una duración, como máximo, de cinco años.

b)   Multa de entre un 1 y un 2 por 100 de la recaudación total obtenida por el sujeto infractor en el año anterior a la fecha de imposición de la multa. En defecto de recaudación en el año anterior a la fecha de imposición de la multa, se impondrá una multa no superior a 800.000 ni inferior a 400.001 euros.

2.   Las resoluciones sancionadoras por infracciones muy graves deberán ser publicadas en el *Boletín Oficial del Estado* y, en su caso, en el de la Comunidad Autónoma correspondiente, una vez que sean firmes en vía administrativa, y previa disociación de los datos personales que contenga.

3.   Por la comisión de infracciones graves se impondrá al sujeto infractor una multa no superior al 1 por 100 de su recaudación total correspondiente al año anterior a la fecha de imposición de la multa. En defecto de recaudación en el año anterior a la fecha de imposición de la multa, se impondrá una multa no superior a 400.000 ni inferior a 200.001 euros.

4.   Las resoluciones sancionadoras por infracciones graves podrán ser publicadas en el *Boletín Oficial del Estado* y, en su caso, en el de la Comunidad Autónoma correspondiente, una vez que sean firmes en vía administrativa, y previa disociación de los datos personales que contengan.

5.   Por la comisión de infracciones leves se impondrá al sujeto infractor multa por importe no superior a 200.000 euros ni a un 0,5 por 100 de su recaudación total correspondiente al año anterior a la fecha de imposición de la multa.

6.   Cuando el sujeto infractor fuese una entidad dependiente de una entidad de gestión, se tendrán en consideración, a efectos de determinar la multa, la recaudación de la entidad de gestión de la que dependa.

7.   Para la graduación de las sanciones se atenderá a los criterios establecidos en el artículo 29 de la Ley 40/2015, de 1 de octubre.

8.   Cuando las sanciones pecuniarias hayan sido impuestas por el Ministerio de Cultura y Deporte, los órganos y procedimientos para la recaudación serán los establecidos en el Reglamento General de Recaudación, aprobado por Real Decreto 939/2005, de 29 de julio, y demás normas de aplicación. En los demás casos, los órganos serán los establecidos en la legislación aplicable por las Administraciones Públicas que las hayan impuesto. Será de aplicación lo previsto en el artículo 85 de la Ley 39/2015, de 1 de octubre, respecto de aquellas sanciones en las que el infractor reconozca su responsabilidad.

9.   Una vez iniciado el procedimiento sancionador por la comisión de una infracción muy

grave o se aperciba a una entidad de gestión conforme al artículo 149 y siempre que, en ambos casos, concurran razones de urgencia justificadas en dificultad o impedimento objetivo de reinstaurar el cumplimiento de la legalidad, la autoridad competente podrá acordar motivadamente, previa autorización del juez correspondiente al domicilio social de la entidad, la remoción de los órganos de representación de la entidad y su intervención temporal, mediante la designación de un gestor interino que asumirá las funciones legales y estatutarias de los órganos de representación de la entidad, en las siguientes condiciones:

a) La intervención se realizará por un plazo de seis meses, prorrogable por igual período.

b) Los gastos derivados de la intervención temporal correrán a cargo de la entidad intervenida.

c) La finalidad de la intervención será regularizar el funcionamiento institucional de la entidad, clarificar su gestión y adoptar e implantar cuantas medidas resulten necesarias para el cumplimiento de las obligaciones legales en esta materia.

TÍTULO V

Comisión de Propiedad Intelectual*

Art. 193. *Comisión de Propiedad Intelectual: composición y funciones.*—1. Se crea adscrita al Ministerio de Cultura y Deporte la

---

* El art. único, apdo. 8, del Real Decreto-ley 2/2018, de 13 de abril (*BOE* n.º 91, de 14 de abril) incluyó el régimen de la Comisión de Propiedad Intelectual como un Título más del Libro III, algo que se ha mantenido tras la reforma operada por la Ley 2/2019, de 1 de marzo (*BOE* n.º 53, de 2 de marzo). Anteriormente se ubicaba dentro del Título IV, relativo a las entidades de gestión.

Art. 193: En la numeración inicial del Texto Refundido era el 153; posteriormente, fue el art. 158, cuya numeración se debió a la integración en el citado Texto de la Ley 5/1998, de 6 de marzo, de incorporación al Derecho español de la Directiva 96/9/CE del Parlamento Europeo y del Consejo, de 11 de marzo de 1996, sobre la protección jurídica de bases de datos (*BOE* n.º 57, de 7 de marzo). Téngase en cuenta la Disp. Adic. 2.ª de la Ley 23/2006, de 7 de julio, por la que se modifica el Texto Refundido de la Ley de Propiedad Intelectual, aprobado por el Real Decreto Legislativo 1/1996, de 12 de abril (*BOE* n.º 162, de 8 de julio). A tenor de dicha Disp. Adic. 2.ª, la Comisión Mediadora y Arbitral de la Propiedad Intelectual pasó a denominarse Comisión de Propiedad Intelectual. Fue modificado también por el art. 1.º18 de la Ley 21/2014, de 4 de noviembre, por la que se modifica el Texto Refundido de la Ley de Propiedad Intelectual, aprobado por Real Decreto Legislativo 1/1996, de 12 de abril, y la Ley 1/2000, de 7 de enero, de Enjuiciamiento Civil (*BOE* n.º 268, de 5 de noviembre de 2014). El contenido de ese artículo fue completamente modificado por la

Comisión de Propiedad Intelectual, como órgano colegiado de ámbito nacional, para el ejercicio de las funciones de mediación, arbitraje, determinación de tarifas y control en los supuestos previstos en el presente título, y de salvaguarda de los derechos de propiedad intelectual que le atribuye la presente Ley. Asimismo ejercerá funciones de asesoramiento sobre cuantos asuntos de su competencia le sean consultados por el Ministerio de Cultura y Deporte.

2. La Comisión actuará por medio de dos Secciones:

a) La Sección Primera ejercerá las funciones de mediación, arbitraje, determinación de tarifas y control en los términos previstos en el presente título.

b) La Sección Segunda velará, en el ámbito de las competencias del Ministerio de Cultura y Deporte, por la salvaguarda de los derechos de propiedad intelectual frente a su vulneración por los responsables de servicios de la sociedad de información en los términos previstos en los artículos 8 y concordantes de la Ley 34/2002, de 11 de julio, de servicios de la

---

Disp. Final 43.ª de la Ley 2/2011, de 4 de marzo, de Economía Sostenible, y desarrollado por el Real Decreto 1.889/2011, de 30 de diciembre, por el que se regula el funcionamiento de la Comisión de Propiedad Intelectual. La numeración actual es fruto de la reforma operada por el Real Decreto-ley 2/2018, de 13 de abril (*BOE* n.º 91, de 14 de abril), que también modificó parte de su contenido. Su redacción fue modificada posteriormente por la Ley 2/2019, de 1 de marzo (*BOE* n.º 53, de 2 de marzo). La Disp. Trans. única de la Ley 2/2019 dispone que la Sección Primera estará compuesta por cinco vocales titulares —con anterioridad a esta reforma, la Sección Primera se componía de cuatro vocales—, que podrán delegar sus funciones en sus respectivos suplentes, todos ellos elegidos entre expertos de reconocida competencia en materia de propiedad intelectual y en materia de defensa de la competencia.

Vid. el Real Decreto 1.023/2015, de 13 de noviembre, por el que se desarrolla reglamentariamente la composición, organización y ejercicio de funciones de la Sección Primera de la Comisión de Propiedad Intelectual (§ 2). Cabe indicar que el Tribunal Supremo, en sentencia de 3 de abril de 2018, declaró la nulidad de las expresiones «dos meses» y «motivada» de su art. 13.4, por ser contrarias al entonces art. 158 bis.1.*b*) TRLPI (actual 194.1.*b*). Respecto del pago por los servicios de mediación y arbitraje, vid. la Orden ECD/324/2017, de 3 de abril, por la que se establecen precios públicos por prestación de servicios de la Sección Primera de la Comisión de Propiedad Intelectual (*BOE* n.º 87, de 12 de abril). Vid., asimismo, Orden ECD/378/2012, de 28 de febrero, por la que se establece la obligatoriedad para los interesados en el procedimiento de salvaguarda de los derechos de propiedad intelectual, de comunicarse con la Sección Segunda de la Comisión de Propiedad Intelectual por medios electrónicos; art. 8.º de la Ley 34/2002, de 11 de julio, de servicios de la sociedad de la información y de comercio electrónico, y arts. 9.º, 80 y 122 bis y Disp. Adic. 4.ª de la Ley 29/1998, de 13 de julio, reguladora de la Jurisdicción Contencioso-Administrativa. Vid. también el art. 20.4.*f*) de este Texto Refundido.

Las competencias del Ministerio de Cultura y Deporte establecidas en este art. 193 han sido asumidas por la Secretaría de Estado de dicho Ministerio. Vid. Disp. Adic. 11.ª del Real Decreto-ley 20/2011, de 30 de diciembre, de medidas urgentes en materia presupuestaria, tributaria y financiera para la corrección del déficit público.

sociedad de la información y de comercio electrónico.

3. La Sección Primera estará compuesta por cinco vocales titulares, que podrán delegar sus funciones en sus respectivos suplentes, todos ellos elegidos entre expertos de reconocida competencia en materia de propiedad intelectual y en materia de defensa de la competencia, entre los que el Ministerio de Cultura y Deporte designará al presidente de la Sección, cargo que debe recaer en uno de los vocales designados por este Ministerio. Los vocales de la Sección serán nombrados por el Gobierno, mediante real decreto, a propuesta de los titulares de los Ministerios de Cultura y Deporte, que designará dos vocales; del Ministerio de Economía y Empresa, que designará dos vocales, uno del ámbito Avance Digital y otro del ámbito Economía y Apoyo a la Empresa; y del Ministerio de Justicia, que designará un vocal, por un período de cinco años renovable por una sola vez.

La composición, funcionamiento y actuación de la Sección Primera se regirá por lo dispuesto en esta Ley y las normas reglamentarias que la desarrollen y supletoriamente por las previsiones de la Ley 40/2015, de 1 de octubre, y de la Ley 60/2003, de 23 de diciembre, de Arbitraje, y de la Ley 5/2012, de 6 de julio, de mediación en asuntos civiles y mercantiles. El Gobierno podrá modificar reglamentariamente la composición de la Sección Primera.

4. La Sección Segunda, bajo la presidencia del Ministro de Cultura y Deporte o, por delegación de éste, de la persona titular de la Dirección General de Industrias Culturales, Propiedad Intelectual y Cooperación, se compondrá de cuatro vocales del Ministerio de Cultura y Deporte, de los cuales dos procederán del ámbito Propiedad Intelectual, uno del ámbito Tecnologías de la Información y uno del ámbito de la Secretaría General Técnica, designados por los Centros directivos del Departamento que desempeñen dichas competencias en éste, entre el personal de los mismos, perteneciente a grupos o categorías para los que se exija titulación superior, y que reúnan conocimientos específicos acreditados en materia de pro-

---

Art. 193.3: Vid. Disp. Trans. única de la Ley 2/2019, de 1 de marzo (*BOE* n.º 53, de 2 de marzo).

Art. 193.4: Apartado modificado por la Disp. Final 11ª.4 del Real Decreto-ley 17/2020, de 5 de mayo, por el que se aprueban medidas de apoyo al sector cultural y de carácter tributario para hacer frente al impacto económico y social del COVID-2019 (*BOE* n.º 126, de 6 de mayo), y por el art. 11.10 de la Ley 14/2021, de 11 de octubre, por la que se modifica el Real Decreto-ley 17/2020, de 5 de mayo, por el que se aprueban medidas de apoyo al sector cultural y de carácter tributario para hacer frente al impacto económico y social del COVID-2019 (*BOE* n.º 244, de 12 de octubre).

piedad intelectual, tecnologías de la información y comunicaciones, Derecho administrativo, Derecho procesal, Derecho de las comunicaciones electrónicas o jurisdicción contencioso-administrativa. Los Centros directivos citados designarán, en el mismo acto, según los requisitos señalados, un suplente para cada uno de los vocales, a los efectos legalmente previstos en los supuestos de vacante, ausencia o enfermedad y, en general, cuando concurra alguna causa justificada.

Reglamentariamente se determinará el funcionamiento de la Sección Segunda y el procedimiento para el ejercicio de las funciones que tiene atribuidas.

Art. 194. *Funciones de mediación, arbitraje, determinación de tarifas y control.*—1. La Sección Primera de la Comisión de Propiedad Intelectual ejercerá su función de mediación en los siguientes términos:

a) Colaborando en las negociaciones, previo sometimiento voluntario de las partes por falta de acuerdo, respecto de aquellas materias directamente relacionadas con la gestión colectiva de derechos de propiedad intelectual y para la autorización de la distribución por cable de una emisión de radiodifusión entre los titulares de los derechos de propiedad intelectual y las empresas de distribución por cable.

Art. 194: Anteriormente ocupaba el art. 158 bis, que fue introducido por el art. 1.º19 de la Ley 21/2014, de 4 de noviembre, por la que se modifica el Texto Refundido de la Ley de Propiedad Intelectual, aprobado por Real Decreto Legislativo 1/1996, de 12 de abril, y la Ley 1/2000, de 7 de enero, de Enjuiciamiento Civil (*BOE* n.º 268, de 5 de noviembre). Su numeración actual es fruto de la reforma operada por el Real Decreto-ley 2/2018, de 13 de abril (*BOE* n.º 91, de 14 de abril), que también modificó parte de su contenido, que se ha mantenido tras la reforma por la Ley 2/2019, de 1 de marzo (*BOE* n.º 53, de 2 de marzo). El art. 80.9 del Real Decreto-ley 24/2021, de 2 de noviembre, de transposición de directivas de la Unión Europea en las materias de bonos garantizados, distribución transfronteriza de organismos de inversión colectiva, datos abiertos y reutilización de la información del sector público, ejercicio de derechos de autor y derechos afines aplicables a determinadas transmisiones en línea y a las retransmisiones de programas de radio y televisión, exenciones temporales a determinadas importaciones y suministros, de personas consumidoras y para la promoción de vehículos de transporte por carretera limpios y energéticamente eficientes (*BOE* n.º 263 de 3 de noviembre), ha modificado el apdo. 3, renumerado el apdo. 5 como 6 y añadido un nuevo apdo. 5. Vid. el Real Decreto 1.023/2015, de 13 de noviembre, por el que se desarrolla reglamentariamente la composición, organización y ejercicio de funciones de la Sección Primera de la Comisión de Propiedad Intelectual (§ 2), cuyos arts. 11 y 14 han sido modificados por el Real Decreto 1.130/2023, de 19 de diciembre (§ 7), que le añade también el art. 16 bis. Respecto del pago por los servicios de mediación y arbitraje, vid. la Orden CUD/1205/2022, de 28 de noviembre, por la que se establecen los precios públicos por la prestación de los servicios de mediación y arbitraje de la Sección Primera de la Comisión de Propiedad Intelectual (*BOE* n.º 292, de 6 de diciembre). Vid., igualmente, art. 73.12 del Real Decreto-ley 24/2021, de 2 de noviembre (§ 4).

Respecto de las obligaciones de las entidades de gestión con relación al derecho de participación en la reventa de originales plásticos, vid. también art. 24 de este Texto Refundido.

b) Presentando, en su caso, propuestas a las partes.

Se considerará que todas las partes aceptan la propuesta a que se refiere el párrafo anterior, si ninguna de ellas expresa su oposición en un plazo de tres meses. En este supuesto, la resolución de la Comisión surtirá los efectos previstos en la Ley 60/2003, de 23 de diciembre, de Arbitraje, y será revisable ante el orden jurisdiccional civil. La propuesta y cualquier oposición a la misma se notificarán a las partes, de conformidad con lo dispuesto en el capítulo II del título III de la Ley 39/2015, de 1 de octubre.

2. La Sección Primera de la Comisión de Propiedad Intelectual actuará en su función de arbitraje:

a) Dando solución, previo sometimiento voluntario de las partes, a los conflictos sobre materias directamente relacionadas con la gestión colectiva de derechos de propiedad intelectual.

b) Fijando, a solicitud de la propia entidad de gestión afectada, de una asociación de usuarios, de una entidad de radiodifusión o de un usuario afectado especialmente significativo, a juicio de la Comi-

sión, y previa aceptación de la otra parte, cantidades sustitutorias de las tarifas generales, a los efectos señalados en el apartado 4 del artículo 163, para lo que deberá tener en cuenta al menos los criterios mínimos de determinación de éstas, previstos en el artículo 164.3.

Lo determinado en este apartado se entenderá sin perjuicio de las acciones que puedan ejercitarse ante la jurisdicción competente. No obstante, el planteamiento de la controversia sometida a decisión arbitral ante la Sección impedirá a los Jueces y Tribunales conocer de la misma, hasta que haya sido dictada la resolución y siempre que la parte interesada lo invoque mediante excepción.

3. La Sección Primera de la Comisión de Propiedad Intelectual ejercerá su función de determinación de las tarifas para la explotación de los derechos de gestión colectiva obligatoria, y para los derechos de gestión colectiva voluntaria que, respecto de la misma categoría de titulares, concurran con un derecho de remuneración sobre la misma obra o prestación.

La Sección establecerá el importe de la remuneración exigida por la

---

Art. 194.2: Vid. arts. 14 a 19 del Real Decreto 1.023/2015, de 13 de noviembre, por el que se desarrolla reglamentariamente la composición, organización y ejercicio de funciones de la Sección Primera de la Comisión de Propiedad Intelectual (§ 2).

Art. 194.3: Vid. arts. 20 a 27 del Real Decreto 1.023/2015, de 13 de noviembre, por el que se desarrolla reglamentariamente la composición, organización y ejercicio de funciones de la Sección Primera de la Comisión de Propiedad Intelectual (§ 2). Vid. art. 3 del Real Decreto 1.130/2023, de 19 de diciembre, por el que se desarrollan la composición y el funcionamiento de la Sección Segunda de la Comisión de Propiedad Intelectual (§ 7).

utilización de obras y demás prestaciones del repertorio de las entidades de gestión, la forma de pago y demás condiciones necesarias para hacer efectivos los derechos indicados en el párrafo anterior, a solicitud de la propia entidad de gestión afectada, de una asociación de usuarios, de una entidad de radiodifusión o de un usuario especialmente significativo, a juicio de la Sección, cuando no haya acuerdo entre ambas, en el plazo de seis meses desde el inicio formal de la negociación. En el ejercicio de esta función, la Sección Primera podrá solicitar informe previo de aquellos organismos públicos que ejerzan sus funciones en relación con los mercados o sectores económicos a los que afecten las tarifas a determinar, así como de las asociaciones o representantes de los usuarios correspondientes.

En la determinación de estas tarifas, la Sección Primera observará, al menos, los criterios establecidos en el artículo 164.3. Asimismo, dichas decisiones se publicarán en el *Boletín Oficial del Estado*, serán aplicables a partir del día siguiente al de la publicación, con alcance general para todos los titulares y obligados, respecto de la misma modalidad de uso de obras y prestaciones e idéntico sector de usuarios, y podrán ser recurridas ante la jurisdicción contencioso-administrativa.

Asimismo, la Sección Primera podrá dictar resoluciones actualizando o desarrollando la metodología para la determinación de las tarifas generales referida en el artículo 164.4, previo informe de la Comisión Nacional de los Mercados y la Competencia.

4. La Sección Primera de la Comisión de Propiedad Intelectual ejercerá su función de control velando por que las tarifas generales establecidas por las entidades de gestión en cumplimiento de sus obligaciones, sean equitativas y no discriminatorias, para lo que deberá valorar, entre otros aspectos, la aplicación de los criterios mínimos previstos en el artículo 164.3 en su determinación. En caso de apreciarse un incumplimiento de estas obligaciones, se comunicará esta circunstancia a la Comisión Nacional de los Mercados y la Competencia, a los efectos oportunos.

5. El ámbito material de actuación de la Sección Primera de

Art. 194.4: Vid. arts. 28 a 30 del Real Decreto 1.023/2015, de 13 de noviembre, por el que se desarrolla reglamentariamente la composición, organización y ejercicio de funciones de la Sección Primera de la Comisión de Propiedad Intelectual (§ 2).

Art. 194.5: Vid. arts. 11 a 13 del Real Decreto 1.023/2015, de 13 de noviembre, por el que se desarrolla reglamentariamente la composición, organización y ejercicio de funciones de la Sección Primera de la Comisión de Propiedad Intelectual (§ 2), art. 6.º de la Directiva (UE) 2019/789, del Parlamento Europeo y del Consejo, de 17 de abril de 2019, por la que se establecen normas sobre el ejercicio de los derechos de autor y derechos afines aplicables a de-

la Comisión de Propiedad Intelectual en el ejercicio de sus funciones de mediación y/o arbitraje señaladas en los apartados 1 y 2 del presente artículo podrá comprender, asimismo, los siguientes aspectos:

a) Mediación para prestar asistencia, ayudar a alcanzar acuerdos y presentar propuestas en aquellos casos en que las partes encuentren dificultades relacionadas con alcanzar un acuerdo con la concesión de autorizaciones para poner a disposición obras audiovisuales en servicios de vídeo a la carta.

b) Mediación o arbitraje en los conflictos relacionados con la obligación de transparencia en favor de los autores, artistas, intérpretes o ejecutantes regulada en el artículo 110, conforme a lo previsto legalmente sobre la transparencia respecto a la remuneración equitativa de los autores y artistas intérpretes o ejecutantes en los contratos de explotación, y con la acción de revisión prevista para autores, artistas, intérpretes o ejecutantes en los artículos 47 y 110.

c) Mediación o arbitraje en los litigios relacionados con el acceso y retirada de obras por aplicación de la regulación legal del uso de contenidos protegidos por parte de prestadores de servicios para compartir contenidos en línea.

d) Mediación en los conflictos que se generen entre una entidad de gestión colectiva y el operador de un servicio de retransmisión o entre el operador de un servicio de retransmisión y el organismo de radiodifusión en relación con la autorización para la retransmisión de emisiones.

6. Reglamentariamente se determinará el procedimiento para el ejercicio de las funciones que la Sección Primera desarrollará de conformidad con lo dispuesto en los apartados anteriores.

Art. 195. *Función de salvaguarda de los derechos en el entorno digital.*—1. La Sección Segunda

terminadas transmisiones en línea de los organismos de radiodifusión y a las retransmisiones de programas de radio y televisión, y art. 21 de la Directiva (UE) 2019/790, del Parlamento Europeo y del Consejo, de 17 de abril de 2019, sobre los derechos de autor y derechos afines en el mercado único digital. Vid. también la Disp. Adic. 2.ª, sobre función de la Sección Primera de la Comisión de Propiedad Intelectual en materia de compensación equitativa por copia privada, del Real Decreto 1.398/2018 (§ 3).

Art. 194.6: Vid. el Real Decreto 1.023/2015, de 13 de noviembre, por el que se desarrolla reglamentariamente la composición, organización y ejercicio de funciones de la Sección Primera de la Comisión de Propiedad Intelectual (§ 2).

Art. 195: Anteriormente ocupaba el art. 158 ter, que fue introducido por el art. 1.º20 de la Ley 21/2014, de 4 de noviembre, por la que se modifica el Texto Refundido de la Ley de Propiedad Intelectual, aprobado por Real Decreto Legislativo 1/1996, de 12 de abril, y la Ley 1/2000, de 7 de enero, de Enjuiciamiento Civil (*BOE* n.º 268, de 5 de noviembre de 2014). Su numeración actual es fruto de la reforma operada por el Real Decreto-ley 2/2018, de 13 de abril (*BOE* n.º 91, de 14 de abril) y su contenido ha sido modificado por la Ley 2/2019, de 1 de marzo

de la Comisión de Propiedad Intelectual ejercerá las funciones de salvaguarda de los derechos de propiedad intelectual frente a su vulneración por los responsables de servicios de la sociedad de información a través de un procedimiento cuyo objeto será el restablecimiento de la legalidad.

2. El procedimiento de restablecimiento de la legalidad se dirigirá contra:

a) Los prestadores de servicios de la sociedad de la información que vulneren derechos de propiedad intelectual, atendiendo la Sección Segunda para acordar o no el inicio del procedimiento a su nivel de audiencia en España, y al número de obras y prestaciones protegidas indiciariamente no autorizadas a las que es posible acceder a través del servicio o a su modelo de negocio.

b) Los prestadores de servicios de la sociedad de la información que vulneren derechos de propiedad intelectual de la forma referida en el párrafo anterior, facilitando la descripción o la localización de obras y prestaciones que indiciariamente se ofrezcan sin autorización, desarrollando a tal efecto una labor activa y no neutral, y que no se limiten a actividades de mera intermediación técnica. En particular, se incluirá a quienes ofrezcan listados ordenados y clasificados de enlaces a las obras y prestaciones referidas anteriormente, con independencia de que dichos enlaces puedan ser proporcionados inicialmente por los destinatarios del servicio.

c) Los prestadores de los servicios de la sociedad de la información de difusión de televisión por protocolo de Internet (IPTV) que

_____

(*BOE* n.º 53, de 2 de marzo), por la Disp. Final 11.ª5 a 7 del Real Decreto-ley 17/2020, de 5 de mayo por el que se aprueban medidas de apoyo al sector cultural y de carácter tributario para hacer frente al impacto económico y social del COVID-2019 (*BOE* n.º 126, de 6 de mayo), y por el art. 11.10 de la Ley 14/2021, de 11 de octubre, por la que se modifica el Real Decreto-ley 17/2020, de 5 de mayo, por el que se aprueban medidas de apoyo al sector cultural y de carácter tributario para hacer frente al impacto económico y social del COVID-2019 (*BOE* n.º 244, de 12 de octubre). El art. 195 ha sido desarrollado por el Real Decreto 1.130/2023, de 19 de diciembre, por el que se desarrollan la composición y el funcionamiento de la Sección Segunda de la Comisión de Propiedad Intelectual (§ 7). Vid. Disp. Adic. 5.ª de este Texto Refundido, y también la Orden ECD/378/2012, de 28 de febrero, por la que se establece la obligatoriedad para los interesados en el procedimiento de salvaguarda de los derechos de propiedad intelectual, de comunicarse con la Sección Segunda de la Comisión de Propiedad Intelectual por medios electrónicos (*BOE* n.º 51, de 29 de febrero).

Vid. art. 4 del Real Decreto 1.130/2023, de 19 de diciembre, por el que se desarrollan la composición y el funcionamiento de la Sección Segunda de la Comisión de Propiedad Intelectual (§ 7).

Art. 195.2: Sobre el procedimiento de restablecimiento de la legalidad para la salvaguarda de los derechos de propiedad intelectual, vid. los arts. 7 a 10 del Real Decreto 1.130/2023, de 19 de diciembre, por el que se desarrollan la composición y el funcionamiento de la Sección Segunda de la Comisión de Propiedad Intelectual (§ 7).

vulneren derechos de propiedad intelectual, así como aquellos prestadores de servicios que faciliten el acceso a la difusión realizada por los anteriores, realizando una labor de intermediación activa y no neutral. En particular, se incluirá a los prestadores de servicios de la sociedad de la información que, como actividad principal, comercialicen electrónicamente cualquier dispositivo, producto, componente o presten algún servicio que permita acceder a la difusión emitida o facilitada por los anteriores.

d) Los prestadores de servicios de la sociedad de la información que realicen alguna de las actividades comerciales en línea previstas en el apartado 2 del artículo 196 de la presente Ley.

3. El procedimiento se iniciará de oficio, previa denuncia del titular de los derechos de propiedad intelectual que se consideren vulnerados o de la persona que tuviera encomendado su ejercicio, debiendo éste aportar junto a la misma una prueba razonable del previo intento de requerimiento de retirada infructuoso al servicio de la sociedad de la información presuntamente infractor solicitando la retirada de los contenidos específicos ofrecidos sin autorización, siendo suficiente dirigir dicho requerimiento a la dirección electrónica que el prestador facilite al público a efectos de comunicarse con el mismo. Este requerimiento previo podrá considerarse cuando proceda, a efectos de la generación del conocimiento efectivo en los términos establecidos en los artículos 16 y 17 de la Ley 34/2002, de 11 de julio, siempre y cuando identifique exactamente la obra o prestación, al titular de los derechos correspondientes y, al menos, una ubicación donde la obra o prestación es ofrecida en el servicio de la sociedad de la información. En caso de que el prestador de servicios no facilite una dirección electrónica válida para la comunicación con el mismo no será exigible el intento de requerimiento previsto en este párrafo. El intento de requerimiento se considerará infructuoso si el prestador requerido no contesta o, incluso contestando, no retira o inhabilita el acceso a los contenidos correspondientes en un plazo de tres días desde la remisión del correspondiente requerimiento.

Las entidades de gestión estarán legitimadas para instar este procedimiento en los términos de lo dispuesto en el artículo 150.

Este procedimiento, que se desarrollará reglamentariamente, estará basado en los principios de celeridad y proporcionalidad y en el mismo serán de aplicación los derechos de defensa previstos en el artículo 53.2 de la Ley 39/2015, de 1 de octubre.

La falta de resolución en el plazo reglamentariamente establecido producirá la caducidad del procedimiento.

A efectos de concretar la previsión del artículo 4 de la Ley 39/2015, de 1 de octubre, del Procedimiento Administrativo Común de las Administraciones Públicas, para el ámbito específico del procedimiento regulado en el presente artículo, tendrán la consideración de interesados, exclusivamente, el denunciante mencionado en el primer párrafo del presente apartado y el prestador de servicio de la sociedad de la información contra el que se ha dirigido la denuncia y el requerimiento previstos en el presente apartado. Sin perjuicio de lo anterior, la Sección Segunda podrá comunicar la existencia del procedimiento a los prestadores de servicios de intermediación, de los servicios de pagos electrónicos y de publicidad a los que hacen referencia los apartados siguientes. Dicha comunicación tendrá naturaleza informativa, sin que la misma otorgue a los prestadores de servicios la condición de interesados en el procedimiento.

Las resoluciones dictadas por la Sección Segunda en este procedimiento ponen fin a la vía administrativa.

4. La Sección Segunda podrá adoptar las medidas para que se interrumpa la prestación de un servicio de la sociedad de la información que vulnere derechos de propiedad intelectual o para retirar los contenidos que vulneren los citados derechos siempre que el prestador haya causado o sea susceptible de causar un daño patrimonial. Dichas medidas podrán comprender medidas técnicas y deberes de diligencia específicos exigibles al prestador infractor que tengan por objeto asegurar la cesación de la vulneración y evitar la reanudación de la misma.

La Sección Segunda podrá extender las medidas de retirada o interrupción a otras obras o prestaciones protegidas suficientemente identificadas cuyos derechos representen las personas que participen como interesadas en el procedimiento, que correspondan a un mismo titular de derechos o que formen parte de un mismo tipo de obras o prestaciones, siempre que concurran hechos o circunstancias que revelen que las citadas obras o prestaciones son igualmente ofrecidas ilícitamente.

Antes de proceder a la adopción de estas medidas, el prestador de servicios de la sociedad de la información deberá ser requerido a fin de que en un plazo no superior a las 48 horas pueda proceder a la retirada voluntaria de los contenidos declarados infractores o, en su caso, realice las alegaciones y proponga las pruebas que estime oportunas sobre la autorización de uso o la aplicabilidad de un límite al derecho de propiedad intelectual. Transcurrido el plazo anterior, en su caso, se practicará prueba en dos días y se dará traslado a los interesados para conclusiones en plazo máximo de cinco días. La

Sección dictará resolución en el plazo máximo de tres días.

La interrupción de la prestación del servicio o la retirada voluntaria de las obras y prestaciones no autorizadas tendrán valor de reconocimiento implícito de la referida vulneración de derechos de propiedad intelectual y pondrá fin al procedimiento.

5. Las medidas previstas en el apartado anterior también se podrán adoptar, dentro de un procedimiento especial, cuando el titular del servicio de la sociedad de la información presuntamente infractor no cumpla con la obligación de informar sobre su nombre o denominación social establecida en el artículo 10.1.*a*) de la Ley 34/2002, de 11 julio, de servicios de la sociedad de la información y de comercio electrónico.

En este caso, el procedimiento seguirá los trámites establecidos en el desarrollo reglamentario del apartado anterior, con las siguientes especialidades:

a) La solicitud de iniciación no necesitará incluir datos relativos a la identificación del titular del servicio de la sociedad de la información presuntamente infractor.

b) Previa verificación del incumplimiento de la obligación establecida en el artículo 10.1.*a*) de la Ley 34/2002, de 11 julio, se dictará acuerdo de inicio, donde se dejará constancia de dicha comprobación así como del desconocimiento de los datos de identificación de los responsables de los servicios de la sociedad de la información contra los que el procedimiento se dirige, por haber incumplido éstos su obligación de información.

c) En caso de no procederse por el presunto infractor a la retirada voluntaria de los contenidos señalados en el acuerdo de inicio, y en caso de que el presunto infractor no efectúe alegaciones sobre el contenido del acuerdo de inicio en el plazo previsto, éste podrá ser considerado propuesta de resolución cuando contenga un pronunciamiento preciso acerca de la conducta infractora.

d) Si mediante el acuerdo de inicio, considerado propuesta de resolución, se adoptasen las medidas previstas en el apartado anterior, su ejecución se realizará conforme a lo previsto en el apartado siguiente.

6. En caso de falta de retirada voluntaria y a efectos de garantizar la efectividad de la resolución dictada, la Sección Segunda podrá requerir la colaboración necesaria de los prestadores de servicios de intermediación, de los servicios de pagos electrónicos y de publicidad, requiriéndoles para que suspendan el correspondiente servicio que faciliten al prestador infractor.

En la adopción de las medidas de colaboración la Sección Segunda valorará la posible efectividad de aquellas dirigidas a bloquear la financiación del prestador de servicios de la sociedad de la información declarado infractor.

El bloqueo del servicio de la sociedad de la información por parte de los proveedores de acceso de Internet deberá motivarse adecuadamente en consideración a su proporcionalidad, teniendo en cuenta la posible eficacia de las demás medidas al alcance.

En el caso de prestarse el servicio utilizando un nombre de dominio bajo el código de país correspondiente a España (.es) u otro dominio de primer nivel cuyo registro esté establecido en España, la Sección Segunda notificará los hechos a la autoridad de registro a efectos de que cancele el nombre de dominio, que no podrá ser asignado nuevamente en un periodo de, al menos, seis meses.

La falta de colaboración por los prestadores de servicios de intermediación, los servicios de pagos electrónicos o de publicidad se considerará como infracción de lo dispuesto en el artículo 11 de la Ley 34/2002, de 11 de julio.

En todo caso, la ejecución de la medida de colaboración dirigida al prestador de servicios de intermediación correspondiente, ante el incumplimiento del requerimiento de retirada o interrupción, emitido conforme al apartado anterior, por parte del prestador de servicios de la sociedad de la información responsable de la vulneración, exigirá la previa autorización judicial, de acuerdo con el procedimiento regulado en el apartado segundo del artículo 122 bis de la Ley 29/1998, de 13 de julio, reguladora de la Jurisdicción Contencioso-Administrativa.

7. El incumplimiento de requerimientos de retirada de contenidos declarados infractores, que resulten de resoluciones finales adoptadas conforme a lo previsto en el apartado 4 anterior, por parte de un mismo prestador de servicios de la sociedad de la información de los descritos en el apartado 2 anterior, constituirá, desde la segunda vez que dicho incumplimiento tenga lugar, inclusive, una infracción administrativa muy grave sancionada con multa de entre 150.001 hasta 600.000 euros. La reanudación de actividades ilícitas por parte de un mismo prestador de servicios de la sociedad de la información también se considerará incumplimiento reiterado a los efectos de este apartado. Se entenderá por reanudación de la actividad ilícita el hecho de que el mismo responsable contra el que se inició el procedimiento explote de nuevo obras o prestaciones del mismo titular, aunque no se trate exactamente de las que empleara en la primera ocasión, previa a la retirada voluntaria de los contenidos. Incurrirán en estas infracciones los prestadores que, aun utilizando personas físicas o jurídicas interpuestas, reanuden la actividad infractora.

Cuando así lo justifique la gravedad y repercusión social de la conducta infractora, la comisión de la infracción podrá llevar aparejada las siguientes consecuencias:

a) La publicación de la resolución sancionadora, a costa del sancionado, en el *Boletín Oficial del Estado*, en dos periódicos nacionales o en la página de inicio del sitio de Internet del prestador durante un periodo de un año desde la notificación de la sanción, una vez que aquella tenga carácter firme, atendiendo a la repercusión social de la infracción cometida y la gravedad del ilícito.

b) El cese de las actividades declaradas infractoras del prestador de servicios durante un período máximo de un año. Para garantizar la efectividad de esta medida, el órgano competente podrá requerir la colaboración necesaria de los prestadores de servicios de intermediación, de los servicios de pagos electrónicos y de publicidad, ordenándoles que suspendan el correspondiente servicio que faciliten al prestador infractor. En la adopción de las medidas de colaboración se valorará la posible efectividad de aquellas dirigidas a bloquear la financiación del prestador de servicios de la sociedad de la información declarado infractor. El bloqueo del servicio de la sociedad de la información por parte de los proveedores de acceso de Internet deberá motivarse específicamente, en consideración a su proporcionalidad y su efectividad estimada, teniendo en cuenta la posible eficacia de las demás medidas al alcance. La falta de colaboración se considerará como infracción de lo dispuesto en el artículo 11 de la Ley 34/2002, de 11 de julio. La ejecución de la medida de colaboración dirigida al prestador de servicios, con independencia de cuál sea su naturaleza, no requerirá la autorización judicial prevista en el artículo 122 bis de la Ley 29/1998, de 13 de julio, reguladora de la Jurisdicción Contencioso-Administrativa.

Cuando las infracciones hubieran sido cometidas por prestadores de servicios establecidos en Estados que no sean miembros de la Unión Europea o del Espacio Económico Europeo pero cuyos servicios se dirijan específicamente al territorio español, el órgano que hubiera impuesto la correspondiente sanción podrá ordenar a los prestadores de servicios de intermediación que tomen las medidas necesarias para impedir el acceso desde España a los servicios ofrecidos por aquellos por un período máximo de un año.

El ejercicio de la potestad sancionadora se regirá por el procedimiento establecido en el título IV de la Ley 39/2015, de 1 de octubre, en la ley 40/2015, de 1 de octubre y en su normativa de desarrollo.

La imposición de las sanciones corresponderá al Ministro de Cultura y Deporte, órgano competente a efectos de lo dispuesto en los artículos 35, 36 y concordantes de la Ley 34/2002, de 11 de julio.

El instructor del procedimiento sancionador podrá incorporar al expediente las actuaciones que formasen parte de los procedimientos relacionados tramitados por la Sección Segunda en ejercicio de sus funciones de salvaguarda de los derechos de propiedad intelectual establecidas en el apartado anterior.

8. Lo dispuesto en este artículo se entiende sin perjuicio de las acciones civiles, penales y contencioso-administrativas que, en su caso, sean procedentes.

9. Podrán desarrollarse códigos de conducta voluntarios en lo referido a las medidas de colaboración de los servicios de intermediación, los servicios de pagos electrónicos o de publicidad previstas en este artículo. La Administración podrá promover la elaboración de dichos códigos.

10. El tratamiento llevado a cabo por la Sección Segunda de los datos relacionados con los detalles e informaciones derivados de las actuaciones realizadas en el ámbito de sus funciones, se efectuará de conformidad con lo dispuesto en la Ley Orgánica 15/1999, de 13 de diciembre, de Protección de Datos de Carácter Personal y, en particular, en su artículo 7.5 si estuvieran referidos a la comisión de infracciones penales o administrativas.

TÍTULO VI

Protección de las medidas tecnológicas y de la información para la gestión de derechos*

Art. 196. *Medidas tecnológicas: actos de elusión y actos preparatorios.*—1. Los titulares de derechos de propiedad intelectual reconoci-

---

* El anterior Título V del Libro III se ha visto desplazado al Título VI como consecuencia de la reforma operada por el art. único, apdo. 9, del Real Decreto-ley 2/2018, de 13 de abril (*BOE* n.º 91, de 14 de abril), algo que se ha mantenido tras la reforma por la Ley 2/2019, de 1 de marzo (*BOE* n.º 53, de 2 de marzo). Este Título fue añadido al Texto Refundido mediante la Ley 23/2006, de 7 de julio, por la que se modifica el Texto Refundido de la Ley de Propiedad Intelectual, aprobado por el Real Decreto Legislativo 1/1996, de 12 de abril (*BOE* n.º 162, de 8 de julio). El Real Decreto-ley 2/2018 ha desplazado los anteriores arts. 160, 161 y 162 a los actuales 196, 197 y 198, respectivamente, algo que se ha mantenido tras la reforma operada por la Ley 2/2019, de 1 de marzo (*BOE* n.º 53, de 2 de marzo).

Art. 196: Artículo renumerado por el Real Decreto-ley 2/2018, de 13 de abril (*BOE* n.º 91, de 14 de abril). Su contenido ha sido reiterado por la Ley 2/2019, de 1 de marzo (*BOE* n.º 53, de 2 de marzo). Anteriormente constituía el art. 160. Su redacción proviene de la Ley 23/2006, de 7 de julio, por la que se modifica el Texto Refundido de la Ley de Propiedad Intelectual, aprobado por el Real Decreto Legislativo 1/1996, de 12 de abril (*BOE* n.º 162, de 8 de julio). Vid. art. 139.1.*e*) y *f*) de este Texto Refundido.

Art. 196.1: Vid. art. 6.º1 de la Directiva 2001/29/CE del Parlamento Europeo y del Consejo, de 22 de mayo de 2001, relativa a la armonización de determinados aspectos de los derechos de autor y derechos afines a los derechos de autor en la sociedad de la información;

dos en esta Ley podrán ejercitar las acciones previstas en el título I de su libro tercero contra quienes, a sabiendas o teniendo motivos razonables para saberlo, eludan cualquier medida tecnológica eficaz.

2. Las mismas acciones podrán ejercitarse contra quienes fabriquen, importen, distribuyan, vendan, alquilen, publiciten para la venta o el alquiler o posean con fines comerciales cualquier dispositivo, producto o componente, así como contra quienes presten algún servicio que, respecto de cualquier medida tecnológica eficaz:

a)   Sea objeto de promoción, publicidad o comercialización con la finalidad de eludir la protección, o

b)   Sólo tenga una finalidad o uso comercial limitado al margen de la elusión de la protección, o

c)   Esté principalmente concebido, producido, adaptado o realizado con la finalidad de permitir o facilitar la elusión de la protección.

3.   Se entiende por medida tecnológica toda técnica, dispositivo o componente que, en su funcionamiento normal, esté destinado a impedir o restringir actos, referidos a obras o prestaciones protegidas, que no cuenten con la autorización de los titulares de los correspondientes derechos de propiedad intelectual.

Las medidas tecnológicas se consideran eficaces cuando el uso de la obra o de la prestación protegida esté controlado por los titulares de los derechos mediante la aplicación de un control de acceso o un procedimiento de protección como por ejemplo, codificación, aleatorización u otra transformación de la obra o prestación o un mecanismo de control de copiado que logre este objetivo de protección.

4.   Lo dispuesto en los apartados anteriores no es de aplicación a las medidas tecnológicas utilizadas para la protección de progra-

---

art. 11 del Tratado de la Organización Mundial de la Propiedad Intelectual sobre Derecho de Autor; art. 18 del Tratado de la Organización Mundial de la Propiedad Intelectual sobre Interpretación o Ejecución de Fonogramas, y art. 15 del Tratado de la Organización Mundial de la Propiedad Intelectual sobre interpretaciones y ejecuciones audiovisuales. Vid. art. 197.3 de este Texto Refundido.

Art. 196.2: Vid. art. 6.º2 de la Directiva 2001/29/CE del Parlamento Europeo y del Consejo, de 22 de mayo de 2001, relativa a la armonización de determinados aspectos de los derechos de autor y derechos afines a los derechos de autor en la sociedad de la información; art. 11 del Tratado de la Organización Mundial de la Propiedad Intelectual sobre Derecho de Autor, y art. 18 del Tratado de la Organización Mundial de la Propiedad Intelectual sobre Interpretación o Ejecución de Fonogramas. Vid. también arts. 141.4 y 195.2.*d*) de este Texto Refundido.

Art. 196.3: Vid. art. 6.º3 de la Directiva 2001/29/CE del Parlamento Europeo y del Consejo, de 22 de mayo de 2001, relativa a la armonización de determinados aspectos de los derechos de autor y derechos afines a los derechos de autor en la sociedad de la información.

Art. 196.4: Sobre la protección de los dispositivos técnicos de protección de los programas de ordenador, vid. art. 102.*c*) de este Texto Refundido, y art. 7 de la Directiva 2009/24/CE del

mas de ordenador, que quedarán sujetas a su propia normativa.

Art. 197. *Límites a la propiedad intelectual y medidas tecnológicas.*—1. Los titulares de derechos sobre obras o prestaciones protegidas con medidas tecnológicas eficaces deberán facilitar a los beneficiarios de los límites que se citan a continuación los medios adecuados para disfrutar de ellos, conforme a su finalidad, siempre y cuando tales beneficiarios tengan legalmente acceso a la obra o prestación de que se trate. Tales límites son los siguientes:

a) Límite de copia privada en los términos previstos en el artículo 31.2.

b) Límite relativo a fines de seguridad pública, procedimientos oficiales o en beneficio de personas con discapacidad en los términos previstos en los artículos 31 bis y 31 ter.

Parlamento Europeo y del Consejo, de 23 de abril de 2009, sobre la protección jurídica de los programas de ordenador (versión codificada de la antigua Directiva 91/250/CEE del Consejo, de 14 de mayo de 1991). Vid. arts. 1.º2 y 6.º4, *in fine*, de la Directiva 2001/29/CE del Parlamento Europeo y del Consejo, de 22 de mayo de 2001, relativa a la armonización de determinados aspectos de los derechos de autor y derechos afines a los derechos de autor en la sociedad de la información.

Art. 197: Artículo renumerado por el Real Decreto-ley 2/2018, de 13 de abril (*BOE* n.º 91, de 14 de abril). Su contenido ha sido reiterado por la Ley 2/2019, de 1 de marzo (*BOE* n.º 53, de 2 de marzo). Anteriormente constituía el art. 161. Su redacción proviene de la Ley 23/2006, de 7 de julio, por la que se modifica el Texto Refundido de la Ley de Propiedad Intelectual, aprobado por el Real Decreto Legislativo 1/1996, de 12 de abril (*BOE* n.º 162, de 8 de julio).

Art. 197.1: Vid. art. 6.º4.I de la Directiva 2001/29/CE del Parlamento Europeo y del Consejo, de 22 de mayo de 2001, relativa a la armonización de determinados aspectos de los derechos de autor y derechos afines a los derechos de autor en la sociedad de la información.

Art. 197.1.a): Vid. art. 197.4 de este Texto Refundido; art. 6.º4.II de la Directiva 2001/29/CE del Parlamento Europeo y del Consejo, de 22 de mayo de 2001, relativa a la armonización de determinados aspectos de los derechos de autor y derechos afines a los derechos de autor en la sociedad de la información; art. 25 de este Texto Refundido, y el Real Decreto-ley 12/2017, de 3 de julio, por el que se modifica el Texto Refundido de la Ley de Propiedad Intelectual, en cuanto al sistema de compensación equitativa por copia privada (*BOE* n.º 158, de 4 de julio). Téngase en cuenta lo dispuesto en el art. 31.2 sobre la presencia de medidas tecnológicas a los efectos de determinar la compensación prevista en el art. 25 del Texto Refundido. Vid. Disp. Adic. 1.ª de la Ley 23/2006, de 7 de julio, por la que se modifica el Texto Refundido de la Ley de Propiedad Intelectual, aprobado por el Real Decreto Legislativo 1/1996, de 12 de abril (*BOE* n.º 162, de 8 de julio), sobre la relación entre las medidas tecnológicas y el límite de copia privada.

Art. 197.1.b): Letra modificada por el Real Decreto-ley 2/2018, de 13 de abril (*BOE* n.º 91, de 14 de abril), para referirse a los dos límites ahora regulados en artículos distintos: el relativo a la seguridad pública y procedimientos parlamentarios, administrativos y judiciales, y el relativo al uso de obras y prestaciones en beneficio de personas con discapacidad, desarrollado ampliamente en el nuevo art. 31 ter TRLPI. Esta modificación se ha visto reiterada con ocasión de la reforma operada por la Ley 2/2019, de 1 de marzo (*BOE* n.º 53, de 2 de marzo).

c) Límite relativo a la cita e ilustración con fines educativos o de investigación científica en los términos previstos en el artículo 32.2, 3 y 4.

d) Límite relativo a la ilustración de la enseñanza o de investigación científica o para fines de seguridad pública o a efectos de un procedimiento administrativo o judicial, todo ello en relación con las bases de datos y en los términos previstos en el artículo 34.2.b) y c).

e) Límite relativo al registro de obras por entidades radiodifusoras en los términos previstos en el artículo 36.3.

f) Límite relativo a las reproducciones de obras con fines de investigación o conservación realizadas por determinadas instituciones en los términos previstos en el artículo 37.1.

g) Límite relativo a la extracción con fines ilustrativos de enseñanza o de investigación científica de una parte sustancial del contenido de una base de datos y de una extracción o una reutilización para fines de seguridad pública o a los efectos de un procedimiento administrativo o judicial del contenido de una base de datos protegida por el derecho *sui géneris* en los términos previstos en el artículo 135.1.b) y c).

2. Cuando los titulares de derechos de propiedad intelectual no hayan adoptado medidas voluntarias, incluidos los acuerdos con otros interesados, para el cumplimiento del deber previsto en el apartado anterior, los beneficiarios de dichos límites podrán acudir ante la jurisdicción civil.

Cuando los beneficiarios de dichos límites sean consumidores o usuarios, en los términos definidos en el artículo 3 del texto refundido de la Ley General para la Defensa de los Consumidores y Usuarios y otras leyes complementarias, aprobado por Real Decreto Legislativo 1/2007, de 16 de noviembre, en su defensa podrán actuar las entidades legitimadas en el artículo 11.2 y 3 de la Ley 1/2000, de 7 de enero, de Enjuiciamiento Civil.

3. Disfrutarán de la protección jurídica prevista en el artículo 196.1 tanto las medidas tecnológicas adoptadas voluntariamente por los titulares de los derechos de propiedad intelectual, incluidas las

---

Art. 197.1.c): Siendo el anterior art. 161.1.c) TRLPI, fue modificado por el art. 1.º22 de la Ley 21/2014, de 4 de noviembre.

Art. 197.2: Vid. art. 6.º4.I de la Directiva 2001/29/CE del Parlamento Europeo y del Consejo, de 22 de mayo de 2001, relativa a la armonización de determinados aspectos de los derechos de autor y derechos afines a los derechos de autor en la sociedad de la información.

Art. 197.3: Vid. art. 6.º4.III de la Directiva 2001/29/CE del Parlamento Europeo y del Consejo, de 22 de mayo de 2001, relativa a la armonización de determinados aspectos de los derechos de autor y derechos afines a los derechos de autor en la sociedad de la información.

derivadas de acuerdos con otros interesados, como, en su caso, las incluidas en la correspondiente resolución judicial.

4. Lo dispuesto en los apartados anteriores no impedirá que los titulares de derechos sobre obras o prestaciones adopten las soluciones que estimen adecuadas, incluyendo, entre otras, medidas tecnológicas, respecto del número de reproducciones en concepto de copia privada. En estos supuestos, los beneficiarios de lo previsto en el artículo 31.2 no podrán exigir el levantamiento de las medidas tecnológicas que, en su caso, hayan adoptado los titulares de derechos en virtud de este apartado.

5. Lo establecido en los apartados anteriores de este artículo no será de aplicación a obras o prestaciones que se hayan puesto a disposición del público con arreglo a lo convenido por contrato, de tal forma que cualquier persona pueda acceder a ellas desde el lugar y momento que elija.

Art. 198. *Protección de la información para la gestión de derechos.*—1. Los titulares de derechos de propiedad intelectual podrán ejercitar las acciones previstas

Art. 197.4: Vid. art. 6.º4.II de la Directiva 2001/29/CE del Parlamento Europeo y del Consejo, de 22 de mayo de 2001, relativa a la armonización de determinados aspectos de los derechos de autor y derechos afines a los derechos de autor en la sociedad de la información; art. 25 de este Texto Refundido, y el Real Decreto-ley 12/2017, de 3 de julio, por el que se modifica el Texto Refundido de la Ley de Propiedad Intelectual, en cuanto al sistema de compensación equitativa por copia privada (*BOE* n.º 158, de 4 de julio). Téngase en cuenta lo dispuesto en el art. 31.2 sobre la presencia de medidas tecnológicas a los efectos de determinar la compensación prevista en el art. 25 del Texto Refundido. Vid. Disp. Adic. 1.ª de la Ley 23/2006, de 7 de julio, por la que se modifica el Texto Refundido de la Ley de Propiedad Intelectual, aprobado por el Real Decreto Legislativo 1/1996, de 12 de abril (*BOE* n.º 162, de 8 de julio), sobre la relación entre las medidas tecnológicas y el límite de copia privada.

Art. 197.5: Vid. art. 6.º4.IV de la Directiva 2001/29/CE del Parlamento Europeo y del Consejo, de 22 de mayo de 2001, relativa a la armonización de determinados aspectos de los derechos de autor y derechos afines a los derechos de autor en la sociedad de la información.

Art. 198: Artículo renumerado por el Real Decreto-ley 2/2018, de 13 de abril (*BOE* n.º 91, de 14 de abril). Su contenido ha sido reiterado por la Ley 2/2019, de 1 de marzo (*BOE* n.º 53, de 2 de marzo). Anteriormente constituía el art. 162. Su redacción proviene de la Ley 23/2006, de 7 de julio, por la que se modifica el Texto Refundido de la Ley de Propiedad Intelectual, aprobado por el Real Decreto Legislativo 1/1996, de 12 de abril (*BOE* n.º 162, de 8 de julio). Vid. art. 139.1.e) y f) de este Texto Refundido.

Art. 198.1: Vid. art. 7.º1 de la Directiva 2001/29/CE del Parlamento Europeo y del Consejo, de 22 de mayo de 2001, relativa a la armonización de determinados aspectos de los derechos de autor y derechos afines a los derechos de autor en la sociedad de la información); art. 12 del Tratado de la Organización Mundial de la Propiedad Intelectual sobre Derecho de Autor, art. 19 del Tratado de la Organización Mundial de la Propiedad Intelectual sobre Interpretación o Ejecución de Fonogramas, y art. 16 del Tratado de la Organización Mundial de la Propiedad Intelectual sobre interpretaciones y ejecuciones audiovisuales.

en el título I del libro tercero contra quienes, a sabiendas y sin autorización, lleven a cabo cualquiera de los actos que seguidamente se detallan, y que sepan o tengan motivos razonables para saber que, al hacerlo, inducen, permiten, facilitan o encubren la infracción de alguno de aquellos derechos:

a)   Supresión o alteración de toda información para la gestión electrónica de derechos.

b)   Distribución, importación para distribución, emisión por radiodifusión, comunicación o puesta a disposición del público de obras o prestaciones protegidas en las que se haya suprimido o alterado sin autorización la información

para la gestión electrónica de derechos.

2.   A los efectos del apartado anterior, se entenderá por información para la gestión de derechos toda información facilitada por los titulares que identifique la obra o prestación protegida, al autor o cualquier otro derechohabiente, o que indique las condiciones de utilización de la obra o prestación protegida, así como cualesquiera números o códigos que representen dicha información, siempre y cuando estos elementos de información vayan asociados a un ejemplar de una obra o prestación protegida o aparezcan en conexión con su comunicación al público.

Art. 198.2: Vid. art. 141.4 de este Texto Refundido, y art. 7.º2 de la Directiva 2001/29/CE del Parlamento Europeo y del Consejo, de 22 de mayo de 2001, relativa a la armonización de determinados aspectos de los derechos de autor y derechos afines a los derechos de autor en la sociedad de la información.

LIBRO IV

Del ámbito de aplicación de la Ley*

Art. 199. *Autores.*—1. Se protegerán, con arreglo a esta Ley, los derechos de propiedad intelectual de los autores españoles, así como de los de otros autores nacionales de otros Estados miembros de la Unión Europea.

Gozarán, asimismo, de estos derechos:

a) Los nacionales de terceros países con residencia habitual en España.

b) Los nacionales de terceros países que no tengan su residencia habitual en España, respecto de sus obras publicadas por primera vez en territorio español o dentro de los treinta días siguientes a que lo hayan sido en otro país. No obstante, el Gobierno podrá restringir el alcance de este principio en el caso de extranjeros que sean nacionales de Estados que no protejan suficientemente las obras de autores españoles en supuestos análogos.

2. Todos los autores de obras audiovisuales, cualquiera que sea su nacionalidad, tienen derecho a percibir una remuneración proporcional por la proyección de sus obras en los términos del artículo 90, apartados 3 y 4. No obstante, cuando se trate de nacionales de Estados que no garanticen un derecho equivalente a los autores españoles, el Gobierno podrá determinar que las cantidades satisfechas

---

* El Real Decreto-ley 2/2018, de 13 de abril (*BOE* n.º 91, de 14 de abril) otorgó una nueva redacción y renumeró los anteriores arts. 147 a 162 quáter TRLPI, incluyendo, incluso, preceptos nuevos. Esto supuso una renumeración de los artículos de este Libro IV del TRLPI y, en concreto, el desplazamiento de los anteriores arts. 163 a 167 TRLPI a los actuales 199 a 202, respectivamente. Esta estructura se ha mantenido tras la reforma del TRLPI por la Ley 2/2019, de 1 de marzo (*BOE* n.º 53, de 2 de marzo).

Art. 199: En la numeración inicial del Texto Refundido este artículo era el 155; la misma se desplazó por la integración en el citado Texto de la Ley 5/1998, de 6 de marzo, de incorporación al Derecho español de la Directiva 96/9/CE del Parlamento Europeo y del Consejo, de 11 de marzo de 1996, sobre la protección jurídica de bases de datos (*BOE* n.º 57, de 7 de marzo). Con la Ley 23/2006, de 7 de julio, por la que se modifica el Texto Refundido de la Ley de Propiedad Intelectual, aprobado por el Real Decreto Legislativo 1/1996, de 12 de abril (*BOE* n.º 162, de 8 de julio), el art. 160 pasa a ser el 163. Finalmente, el Real Decreto-ley 2/2018, de 13 de abril (*BOE* n.º 91, de 14 de abril) lo ubicó en el art. 199. Su contenido ha sido reiterado por la Ley 2/2019, de 1 de marzo (*BOE* n.º 53, de 2 de marzo). Se refunden el originario art. 145 de la Ley 22/1987, de 11 de noviembre, de Propiedad Intelectual (*BOE* n.º 275, de 17 de noviembre), y el art. 7.º1 de la Ley 27/1995, de 11 de octubre, de incorporación al Derecho español de la Directiva 93/98/CEE, relativa a la armonización del plazo de protección del derecho de autor y de determinados derechos afines (*BOE* n.º 245, de 13 de octubre).

Art. 199.2: Vid. art. 25.10 y 11 de este Texto Refundido.

por los exhibidores a las entidades de gestión por este concepto sean destinadas a los fines de interés cultural que se establezcan reglamentariamente.

3.   En todo caso, los nacionales de terceros países gozarán de la protección que les corresponda en virtud de los Convenios y Tratados internacionales en los que España sea parte y, en su defecto, estarán equiparados a los autores españoles cuando éstos, a su vez, lo estén a los nacionales en el país respectivo.

4.   Para las obras cuyo país de origen sea con arreglo al Convenio de Berna un país tercero y cuyo autor no sea nacional de un Estado miembro de la Unión Europea, el plazo de protección será el mismo que el otorgado en el país de origen de la obra sin que en ningún caso pueda exceder del previsto en esta Ley para las obras de los autores.

5.   Se reconoce el derecho moral del autor, cualquiera que sea su nacionalidad.

Art. 200.   *Artistas intérpretes o ejecutantes.*—1.   Se protegerán los derechos reconocidos en esta Ley a los artistas intérpretes o ejecutantes españoles cualquiera que sea el lugar de su interpretación o ejecución, así como los correspondientes a los artistas intérpretes o ejecutantes nacionales de otros Estados miembros de la Unión Europea.

2.   Los artistas intérpretes o ejecutantes nacionales de terceros países gozarán de los mismos derechos reconocidos en esta Ley en cualquiera de los siguientes casos:

a)   Cuando tengan su residencia habitual en España.

b)   Cuando la interpretación o ejecución se efectúe en territorio español.

Art. 199.4: Vid. arts. 14 a 16 de este Texto Refundido. Sobre apátridas y refugiados, vid. Protocolo I de la Convención Universal sobre los Derechos de Autor.

Art. 200: En la numeración inicial del Texto Refundido este artículo era el 156; la misma se desplazó por la integración en el citado Texto de la Ley 5/1998, de 6 de marzo, de incorporación al Derecho español de la Directiva 96/9/CE del Parlamento Europeo y del Consejo, de 11 de marzo de 1996, sobre la protección jurídica de bases de datos (*BOE* n.º 57, de 7 de marzo). Con la Ley 23/2006, de 7 de julio, por la que se modifica el Texto Refundido de la Ley de Propiedad Intelectual, aprobado por el Real Decreto Legislativo 1/1996, de 12 de abril (*BOE* n.º 162, de 8 de julio), el art. 161 pasa a ser el 164. Finalmente, el Real Decreto-ley 2/2018, de 13 de abril (*BOE* n.º 91, de 14 de abril) lo ubicó en el art. 200. Su contenido ha sido reiterado por la Ley 2/2019, de 1 de marzo (*BOE* n.º 53, de 2 de marzo). Se refunden el originario art. 145 de la Ley 22/1987, de 11 de noviembre, de Propiedad Intelectual (*BOE* n.º 275, de 17 de noviembre), y el art. 7.º1 de la Ley 27/1995, de 11 de octubre, de incorporación al Derecho español de la Directiva 93/98/CEE, relativa a la armonización del plazo de protección del derecho de autor y de determinados derechos afines (*BOE* n.º 245, de 13 de octubre).

Art. 200.2: Vid. nota al art. 199, así como los arts. 2.º1.*a*), 4.º y 5.º3 (con la reserva que se realiza al mismo en el Instrumento de ratificación) de la Convención Internacional sobre la Protección de los Artistas Intérpretes o Ejecutantes, los Productores de Fonogramas y los Organismos de Radiodifusión.

c) Cuando la interpretación o ejecución sea grabada en un fonograma o en un soporte audiovisual protegidos conforme a lo dispuesto en esta Ley.

d) Cuando la interpretación o ejecución, aunque no haya sido grabada, se incorpore a una emisión de radiodifusión protegida conforme a lo dispuesto en esta Ley.

3. En todo caso, los artistas intérpretes o ejecutantes nacionales de terceros países gozarán de la protección que corresponda en virtud de los Convenios y Tratados internacionales en los que España sea parte y, en su defecto, estarán equiparados a los artistas intérpretes o ejecutantes españoles cuando éstos, a su vez, lo estén a los nacionales en el país respectivo.

4. Los plazos de protección previstos en el artículo 112 serán igualmente aplicables a los mencionados titulares que no sean nacionales de la Unión Europea siempre que tengan garantizada su protección en España mediante algún Convenio internacional. No obstante, sin perjuicio de las obligaciones internacionales que correspondan, el plazo de protección expirará en la fecha prevista en el país del que sea nacional el titular sin que, en ningún caso, la duración pueda exceder de la establecida en el artículo anteriormente mencionado.

Art. 201. *Productores, realizadores de meras fotografías y editores.—*1. Los productores de fonogramas y los de obras o grabaciones audiovisuales, los realizadores de meras fotografías y los editores de las obras mencionadas en el artículo 129 serán protegidos con arreglo a esta Ley en los siguientes casos:

Art. 200.4: Vid. nota al art. 199 de este Texto Refundido. Se refunden el art. 146 de la Ley 22/1987, de 11 de noviembre, de Propiedad Intelectual (*BOE* n.º 275, de 17 de noviembre), y el art. 7.º2 de la Ley 27/1995, de 11 de octubre, de incorporación al Derecho español de la Directiva 93/98/CEE, relativa a la armonización del plazo de protección del derecho de autor y de determinados derechos afines (*BOE* n.º 245, de 13 de octubre).

Art. 201: En la numeración inicial del Texto Refundido este artículo era el 157; la misma se desplazó por la integración en el citado Texto de la Ley 5/1998, de 6 de marzo, de incorporación al Derecho español de la Directiva 96/9/CE del Parlamento Europeo y del Consejo, de 11 de marzo de 1996, sobre la protección jurídica de bases de datos (*BOE* n.º 57, de 7 de marzo). Con la reforma operada por la Ley 23/2006, de 7 de julio, por la que se modifica el Texto Refundido de la Ley de Propiedad Intelectual, aprobado por el Real Decreto Legislativo 1/1996, de 12 de abril (*BOE* n.º 162, de 8 de julio), el antiguo art. 162 pasó a ser el 165. Finalmente, el Real Decreto-ley 2/2018, de 13 de abril (*BOE* n.º 91, de 14 de abril) desplazó ese art. 165 al 201. Su contenido ha sido reiterado por la Ley 2/2019, de 1 de marzo (*BOE* n.º 53, de 2 de marzo).

Art. 201.1: Vid. art. 2.º1.*b*) y 2 de la Convención Internacional sobre la Protección de los Artistas Intérpretes o Ejecutantes, los Productores de Fonogramas y los Organismos de Radiodifusión.

a) Cuando sean ciudadanos españoles o empresas domiciliadas en España, así como cuando sean ciudadanos de otro Estado miembro de la Unión Europea o empresas domiciliadas en otro Estado miembro de la Unión Europea.

b) Cuando sean nacionales de terceros países y publiquen en España por primera vez o, dentro de los treinta días siguientes a que lo hayan sido en otro país, las obras mencionadas. No obstante, el Gobierno podrá restringir el alcance de este principio, en el caso de nacionales de Estados que no protejan suficientemente las obras o publicaciones de españoles en supuestos análogos.

2. En todo caso, los titulares a que se refiere el párrafo *b*) del apartado anterior gozarán de la protección que les corresponde en virtud de los Convenios y Tratados internacionales en los que España sea parte y, en su defecto, estarán equiparados a los productores de fonogramas y a los de obras o grabaciones audiovisuales, a los realizadores de meras fotografías y a los editores de las obras mencionadas en el artículo 129, cuando éstos, a su vez, lo estén a los nacionales en el país respectivo.

3. Los plazos de protección previstos en los artículos 119 y 125 serán igualmente aplicables a los mencionados titulares que no sean nacionales de la Unión Europea siempre que tengan garantizada su protección en España mediante algún Convenio internacional. No obstante, sin perjuicio de las obligaciones internacionales que correspondan, el plazo de protección expirará en la fecha prevista en el país del que sea nacional el titular sin que, en ningún caso, la duración pueda exceder de la establecida en los artículos anteriormente mencionados.

Art. 202. *Entidades de radiodifusión.*—1. Las entidades de

Art. 201.1.a): Vid. art. 5.º de la Convención Internacional sobre la Protección de los Artistas Intérpretes o Ejecutantes, los Productores de Fonogramas y los Organismos de Radiodifusión.

Art. 201.1.b): Vid. arts. 5.º (con la reserva contenida en el Instrumento de Ratificación), 12 y 16.1.*a*).iii) y iv) de la Convención Internacional sobre la Protección de los Artistas Intérpretes o Ejecutantes, los Productores de Fonogramas y los Organismos de Radiodifusión.

Art. 202: En la numeración inicial del Texto Refundido este artículo era el 158; la misma se desplazó por la integración en el citado Texto de la Ley 5/1998, de 6 de marzo, de incorporación al Derecho español de la Directiva 96/9/CE del Parlamento Europeo y del Consejo, de 11 de marzo de 1996, sobre la protección jurídica de bases de datos (*BOE* n.º 57, de 7 de marzo). La Ley 23/2006, de 7 de julio, por la que se modifica el Texto Refundido de la Ley de Propiedad Intelectual, aprobado por el Real Decreto Legislativo 1/1996, de 12 de abril (*BOE* n.º 162, de 8 de julio) desplazó al antiguo art. 163 al 166. Finalmente, con el Real Decreto-ley 2/2018, de 13 de abril (*BOE* n.º 91, de 14 de abril), ese art. 165 pasó al 202. Su contenido ha sido reiterado por la Ley 2/2019, de 1 de marzo (*BOE* n.º 53, de 2 de marzo).

Art. 202.1: Vid. arts. 28 y 41 del Código Civil; arts. 2.º1.*c*) y 2, 3.º*f*) y 6.º (con la reserva contenida en el Instrumento de Ratificación) de la Convención Internacional sobre la Pro-

radiodifusión domiciliadas en España, o en otro Estado miembro de la Unión Europea, disfrutarán respecto de sus emisiones y transmisiones de la protección establecida en esta Ley.

2. En todo caso, las entidades de radiodifusión domiciliadas en terceros países gozarán de la protección que les corresponda en virtud de los Convenios y Tratados internacionales en los que España sea parte.

3. Los plazos de protección previstos en el artículo 127 serán igualmente aplicables a los mencionados titulares que no sean nacionales de la Unión Europea siempre que tengan garantizada su protección en España mediante algún Convenio internacional. No obstante, sin perjuicio de las obligaciones internacionales que correspondan, el plazo de protección expirará en la fecha prevista en el país del que sea nacional el titular sin que, en ningún caso, la duración pueda exceder de la establecida en el artículo anteriormente mencionado.

Art. 203. *Beneficiarios de la protección del derecho* sui generis.—1. El derecho contemplado en el artículo 133 se aplicará a las bases de datos cuyos fabricantes o derechohabientes sean nacionales de un Estado miembro o tengan su residencia habitual en el territorio de la Unión Europea.

2. El apartado 1 del presente artículo se aplicará también a las sociedades y empresas constituidas con arreglo a la legislación de un Estado miembro y que tengan su sede oficial, administración central o centro principal de actividades en la Unión Europea; no obstante, si la sociedad o empresa tiene en el mencionado territorio únicamente su domicilio social, sus operaciones deberán estar vinculadas de forma efectiva y continua con la economía de un Estado miembro.

---

tección de los Artistas Intérpretes o Ejecutantes, los Productores de Fonogramas y los Organismos de Radiodifusión.

Art. 202.2: Vid. el art. 6.º (y la reserva al mismo) de la Convención Internacional sobre la Protección de los Artistas Intérpretes o Ejecutantes, los Productores de Fonogramas y los Organismos de Radiodifusión.

Art. 203: El precepto se adicionó al Texto Refundido en virtud del art. 6.º5 de la Ley 5/1998, de 6 de marzo, de incorporación al Derecho español de la Directiva 96/9/CE del Parlamento Europeo y del Consejo, de 11 de marzo de 1996, sobre la protección jurídica de bases de datos (*BOE* n.º 57, de 7 de marzo). Vid. art. 11 de dicha Directiva. Posteriormente, la Ley 23/2006, de 7 de julio, por la que se modifica el Texto Refundido de la Ley de Propiedad Intelectual, aprobado por el Real Decreto Legislativo 1/1996, de 12 de abril (*BOE* n.º 162, de 8 de julio), pasó el antiguo art. 164 al 167. El Real Decreto-ley 2/2018, de 13 de abril (*BOE* n.º 91, de 14 de abril) desplazó el anterior art. 167 al actual 203. Su contenido ha sido reiterado por la Ley 2/2019, de 1 de marzo (*BOE* n.º 53, de 2 de marzo).

DISPOSICIONES ADICIONALES

1.ª *Depósito legal.*—El depósito legal de las obras de creación tradicionalmente reconocido en España se regirá por las normas reglamentarias vigentes o que se dicten en el futuro por el Gobierno, sin perjuicio de las facultades que, en su caso, correspondan a las Comunidades Autónomas.

2.ª *Intercambio de información entre autoridades competentes europeas.*—1. La Administración competente conforme al artículo 155 responderá, sin retrasos injustificados, a las solicitudes de información debidamente razonadas que le efectúe una autoridad competente de otro Estado miembro en relación con la aplicación de la presente Ley, en particular con las actividades de las entidades de gestión o de los operadores de gestión independientes que tengan establecimiento en España.

2. La Administración competente conforme al artículo 155 dará respuesta motivada en el plazo de tres meses a las solicitudes efectuadas por autoridades competentes de otros Estados miembros de la Unión Europea para adoptar, en el marco de sus competencias, medidas adecuadas contra una entidad de gestión que tenga establecimiento en España por las infracciones de la presente Ley que hubiera cometido en el desarrollo de sus actividades en el Estado miembro solicitante.

3.ª *Revisión de las cantidades del artículo 25.5.*—[Derogada.]

Disp. Adic. 1.ª: Se corresponde con la Disp. Adic. 1.ª de la Ley 22/1987, de 11 de noviembre, de Propiedad Intelectual. Vid., sobre el depósito legal, lo establecido en la Ley 23/2011, de 29 de julio, de depósito legal, que deroga expresamente las Órdenes del Ministerio de Educación y Ciencia de 30 de octubre de 1971 y 20 de febrero de 1973.

Disp. Adic. 2.ª: La anterior Disp. Adic. 1.ª fue derogada expresamente por la Disp. Derog. única.*a*) de la Ley 3/2008, relativa al derecho de participación en beneficio del autor de una obra de arte original, que incorpora a nuestro ordenamiento jurídico el contenido de la Directiva 2001/84/CE del Parlamento Europeo y del Consejo, de 27 de septiembre. El art. único, apdo. 11, del Real Decreto-ley 2/2018, de 13 de abril (*BOE* n.º 91, de 14 de abril) incluyó un texto totalmente nuevo para esta disposición, que se ha visto reiterado por la Ley 2/2019, de 1 de marzo (*BOE* n.º 53, de 2 de marzo).

Disp. Adic. 3.ª: Derogada expresamente por la Disp. Derog. única del Real Decreto-ley 12/2017, de 3 de julio, por el que se modifica el Texto Refundido de la Ley de Propiedad Intelectual, en cuanto al sistema de compensación equitativa por copia privada (*BOE* n.º 158, de 4 de julio). Se correspondía con la Disp. Adic. 6.ª de la Ley 22/1987, de 11 de noviembre, de Propiedad Intelectual, introducida por la Ley 20/1992, de 7 de julio (*BOE* n.º 168, de 14 de julio). Vid. Disp. Derog. única de la Ley 43/1994, de 30 de diciembre, de incorporación al Derecho español de la Directiva 92/100, de 19 de noviembre de 1992, sobre derechos de alquiler y préstamo y otros derechos afines a los derechos de autor en el ámbito de la propiedad intelectual (*BOE* n.º 313, de 31 de diciembre).

4.ª   *Periodicidad de la remune-ración del artículo 90.3 y deslegali-zación.*—La puesta a disposición de los autores de las cantidades re-caudadas en concepto de re-muneración proporcional a los in-gresos, que se establece en el artículo 90.3, se efectuará semanal-mente.

El Gobierno, a propuesta del Ministerio de Cultura, podrá mo-dificar dicho plazo.

5.ª   *Notificaciones en el proce-dimiento de salvaguarda de los de-rechos de propiedad intelectual.*— 1.   El Ministerio de Educación, Cultura y Deporte, en el ámbito de sus competencias, velará por la sal-vaguarda de los derechos de pro-piedad intelectual frente a su vul-neración por los responsables de servicios de la sociedad de infor-mación en los términos previstos en los artículos 8 y concordantes de la Ley 34/2002, de 11 de julio, de servicios de la sociedad de la información y de comercio elec-trónico.

2.   En los procedimientos de salvaguarda de los derechos de propiedad intelectual frente a su vulneración por los responsables de servicios de la sociedad de la información, cuya competencia esté atribuida al Ministerio de Educación, Cultura y Deporte, cuando concurran los supuestos previstos en el artículo 59.5 de la Ley 30/1992, de 26 de noviembre, o el domicilio conocido del intere-sado o lugar indicado a efectos de notificaciones se encuentre fuera del territorio de la Unión Europea, la práctica de la notificación se hará exclusivamente mediante un anuncio publicado en el *Boletín Oficial del Estado*, en los términos establecidos en dicho artículo.

3.   No obstante, en los supues-tos previstos en el apartado 6 del artículo 59 de la Ley 30/1992, de 26 de noviembre, la notificación del acto podrá sustituirse por su publi-cación en el *Boletín Oficial del Es-tado*, en particular, cuando tenga por destinatarios a prestadores de servicios de intermediación de la sociedad de la información que de-ban colaborar para el eficaz cum-plimiento de las resoluciones que se adopten.

4.   En los supuestos contem-plados en los dos apartados prece-

---

Disp. Adic. 4.ª: Se corresponde con la Disp. Adic. 4.ª de la Ley 22/1987, de 11 de noviem-bre, de Propiedad Intelectual (*BOE* n.º 275, de 17 de noviembre).

Disp. Adic. 5.ª: Modificada por el art. 1.º 24 de la Ley 21/2014, de 4 de noviembre, por la que se modifica el Texto Refundido de la Ley de Propiedad Intelectual, aprobado por Real Decreto Legislativo 1/1996, de 12 de abril, y la Ley 1/2000, de 7 de enero, de Enjuiciamiento Civil (*BOE* n.º 268, de 5 de noviembre). Su apdo. 5 fue modificado por Real Decreto-ley 2/2018, de 13 de abril (*BOE* n.º 91, de 14 de abril), redacción que se ha visto reiterada por la Ley 2/2019, de 1 de marzo (*BOE* n.º 53, de 2 de marzo).

La referencia al Ministerio de Educación, Cultura y Deporte contenida en esta norma ha de entenderse realizada al actual Ministerio de Cultura y Deporte.

dentes, la publicación en *Boletín Oficial del Estado* irá acompañada de un mensaje que advierta de esta circunstancia dirigido a la dirección de correo electrónico que el prestador de servicios de la sociedad de la información facilite a efectos de la comunicación con el mismo, de acuerdo con lo dispuesto en la letra *a*) del apartado 1 del artículo 10 de la Ley 34/2002, de 11 de julio, de servicios de la sociedad de la información y de comercio electrónico, o de norma extranjera aplicable, siempre que dicha dirección de correo electrónico se facilite por medios electrónicos de manera permanente, fácil, directa y gratuita. En caso de no facilitarse tal dirección de correo electrónico en las condiciones descritas no será exigible lo dispuesto en este párrafo.

Transcurridos diez días naturales desde la publicación en el *Boletín Oficial del Estado*, se entenderá que la notificación ha sido practicada, dándose por cumplido dicho trámite y continuándose con el procedimiento.

5.   Cuando un prestador de servicios de la sociedad de la información, al que sea de aplicación la Ley 34/2002, de 11 de julio, de acuerdo con lo dispuesto en sus artículos 2 a 4, que deba ser considerado interesado en un procedimiento tramitado al amparo del artículo 195, no se identificara en los términos establecidos en el artículo 10 de la Ley 34/2002, de 11 de julio, y, una vez realizadas las actuaciones de identificación razonables al alcance de la Sección Segunda, éstas no hubieran tenido como resultado una identificación suficiente, el procedimiento podrá iniciarse considerándose interesado, hasta tanto no se identifique y persone en el procedimiento, el servicio de la sociedad de la información facilitado por el prestador no identificado. Esta circunstancia se hará constar así en el expediente, siendo de aplicación las previsiones de publicación en el *Boletín Oficial del Estado* establecidas en esta disposición y, en su caso, las medidas de colaboración y sancionadoras previstas en el artículo 195 en caso de ausencia de retirada voluntaria al citado servicio de la sociedad de la información.

6.ª   *Obras consideradas huérfanas conforme a la legislación de otro Estado miembro de la Unión Europea.*—Las obras consideradas huérfanas conforme a la legislación de otro Estado miembro de la

---

Disp. Adic. 6.ª: Añadida por el art. 1.º25 de la Ley 21/2014, de 4 de noviembre, por la que se modifica el Texto Refundido de la Ley de Propiedad Intelectual, aprobado por Real Decreto Legislativo 1/1996, de 12 de abril, y la Ley 1/2000, de 7 de enero, de Enjuiciamiento Civil (*BOE* n.º 268, de 5 de noviembre de 2014). Procede de la transposición de la Directiva 2012/28/UE del Parlamento Europeo y del Consejo, de 25 de octubre de 2012, sobre ciertos usos autorizados de las obras huérfanas (vid. su art. 4.º).

Unión Europea, dictada en transposición de lo dispuesto en la Directiva 2012/28/UE del Parlamento Europeo y del Consejo, de 25 de octubre de 2012, sobre ciertos usos autorizados de las obras huérfanas, tendrán asimismo reconocida dicha naturaleza en España a los efectos de lo dispuesto en el artículo 37 bis.

DISPOSICIONES TRANSITORIAS

1.ª   *Derechos adquiridos.*—Las modificaciones introducidas por esta Ley, que perjudiquen derechos adquiridos según la legislación anterior, no tendrán efecto retroactivo, salvo lo que se establece en las disposiciones siguientes.

2.ª   *Derechos de personas jurídicas protegidos por la Ley de 10 de enero de 1879 sobre Propiedad Intelectual.*—Las personas jurídicas que en virtud de la Ley de 10 de enero de 1879 sobre Propiedad Intelectual hayan adquirido a título originario la propiedad intelectual de una obra, ejercerán los derechos de explotación por el plazo de ochenta años desde su publicación.

3.ª   *Actos y contratos celebrados según la Ley de 10 de enero de 1879 sobre Propiedad Intelectual.*—Los actos y contratos celebrados bajo el régimen de la Ley de 10 de enero de 1879 sobre Propiedad Intelectual surtirán todos sus efectos de conformidad con la misma, pero serán nulas las cláusulas de aquéllos por las que se acuerde la cesión de derechos de explotación respecto del conjunto de las obras que el autor pudiere crear en el futuro, así como por las que el autor se comprometa a no crear alguna obra en el futuro.

4.ª   *Autores fallecidos antes del 7 de diciembre de 1987.*—Los derechos de explotación de las obras creadas por autores fallecidos antes del 7 de diciembre de 1987 tendrán la duración prevista en la Ley de 10 de enero de 1879 sobre Propiedad Intelectual.

Disp. Trans. 1.ª: Se corresponde con la Disp. Trans. 1.ª de la Ley 22/1987, de 11 de noviembre, de Propiedad Intelectual (*BOE* n.º 275, de 17 de noviembre).

Disp. Trans. 2.ª: Se corresponde con la Disp. Trans. 3.ª de la Ley 22/1987, de 11 de noviembre, de Propiedad Intelectual (*BOE* n.º 275, de 17 de noviembre).

Disp. Trans. 3.ª: Se corresponde con la Disp. Trans. 5.ª de la Ley 22/1987, de 11 de noviembre, de Propiedad Intelectual (*BOE* n.º 275, de 17 de noviembre).

Disp. Trans. 4.ª: Se corresponde con la Disp. Trans. 1.ª2 de la Ley 22/1987, de 11 de noviembre, de Propiedad Intelectual (*BOE* n.º 275, de 17 de noviembre), adaptada al Texto Refundido, y Disp. Adic. 2.ª de la Ley 27/1995, de 11 de octubre, de incorporación al Derecho español de la Directiva 93/98/CEE, relativa a la armonización del plazo de protección del derecho de autor y de determinados derechos afines (*BOE* n.º 245, de 23 de octubre).

5.ª *Aplicación de los artículos 38 y 39 de la Ley de 10 de enero de 1879 sobre Propiedad Intelectual.*—Sin perjuicio de lo previsto en la disposición anterior a los autores cuyas obras estuvieren en dominio público, provisional o definitivamente, de acuerdo con lo dispuesto en los artículos 38 y 39 de la Ley de 10 de enero de 1879 sobre Propiedad Intelectual les será de aplicación lo dispuesto en la presente Ley, sin perjuicio de los derechos adquiridos por otras personas al amparo de la legislación anterior.

6.ª *Aplicabilidad de los artículos 14 a 16 para autores de obras anteriores a la Ley de 11 de noviem-* bre de 1987, de Propiedad Intelectual.—Lo dispuesto en los artículos 14 a 16 de esta Ley será de aplicación a los autores de las obras creadas antes de la entrada en vigor de la Ley 22/1987, de 11 de noviembre, de Propiedad Intelectual.

7.ª *Reglamento de 3 de septiembre de 1880 para la ejecución de la Ley de 10 de enero de 1879 sobre Propiedad Intelectual.*—El Reglamento de 3 de septiembre de 1880 para la ejecución de la Ley de 10 de enero de 1879 sobre Propiedad Intelectual y demás normas reglamentarias en materia de propiedad intelectual continuará en vigor, siempre que no se oponga a lo establecido en la presente Ley.

Disp. Trans. 5.ª: Se corresponde con la Disp. Trans. 2.ª de la Ley 22/1987, de 11 de noviembre, de Propiedad Intelectual (*BOE* n.º 275, de 17 de noviembre).

Disp. Trans. 6.ª: Se corresponde con la Disp. Trans. 4.ª de la Ley 22/1987, de 11 de noviembre, de Propiedad Intelectual (*BOE* n.º 275, de 17 de noviembre).

Disp. Trans. 7.ª: Se corresponde con la Disp. Trans. 6.ª de la Ley 22/1987, de 11 de noviembre, de Propiedad Intelectual (*BOE* n.º 275, de 17 de noviembre). Vid. arts. 144 y 145 de este Texto Refundido.

El Real Decreto 1.584/1991, de 18 de octubre, por el que se aprobó el Reglamento del Registro General de la Propiedad Intelectual, derogó los arts. 22 a 40 del Real Decreto de 3 de septiembre de 1880, por el que se aprueba el Reglamento para la ejecución de la Ley de 10 de enero de 1879, de Propiedad Intelectual. A él se refiere la Disp. Derog. única de este Texto Refundido en su apdo. 2.*i*). El Real Decreto 733/1993, de 14 de mayo, por el que se aprueba el Reglamento del Registro General de la Propiedad Intelectual, en su Disp. Derog. única deroga el Real Decreto 1.584/1991, de 18 de octubre, y el Decreto 2.165/1965, de 15 de julio, sobre nombramiento del Registrador General de la Propiedad Intelectual. A este Real Decreto se atiende en la Disp. Derog. única.2.*k*) de este Texto Refundido. Con la aprobación del Real Decreto 281/2003, de 7 de marzo, por el que se aprobaba el Reglamento del Registro General de la Propiedad Intelectual, fueron derogados definitivamente el Real Decreto 733/1993, de 14 de mayo, y el Real Decreto 694/1994, de 22 de julio, quedando la inscripción de las obras, actuaciones y producciones regulada en lo previsto en dicho Real Decreto y, donde existían, por las normas que creaban y regulaban los distintos Registros Territoriales, sin perjuicio de la subsistencia del régimen transitorio previsto en la Disp. Trans. 2.ª. Respecto del vigente procedimiento de inscripción, vid. arts. 9 y ss. del Real Decreto 611/2023, de 11 de julio, por el que se aprueba el Reglamento del Registro de la Propiedad Intelectual (§ 5)

8.ª *Regulación de situaciones especiales en cuanto a programas de ordenador.*—Las disposiciones de la presente Ley serán aplicables a los programas de ordenador creados con anterioridad al 25 de diciembre de 1993, sin perjuicio de los actos ya realizados y de los derechos ya adquiridos antes de tal fecha.

9.ª *Aplicación de la remuneración equitativa por alquiler a los contratos celebrados antes del 1 de julio de 1994.*—Respecto de los contratos celebrados antes del 1 de julio de 1994, el derecho a una remuneración equitativa por alquiler, sólo se aplicará si los autores o los artistas intérpretes o ejecutantes o los representantes de los mismos han cursado una solicitud a tal fin, de acuerdo con lo previsto en la presente Ley, con anterioridad al 1 de enero de 1997.

10.ª *Derechos adquiridos en relación con determinados derechos de explotación.*—Lo dispuesto en la presente Ley acerca de los derechos de distribución, fijación, reproducción y comunicación al público se entenderá sin perjuicio de los actos de explotación realizados y contratos celebrados antes del 1 de enero de 1995, así como sin perjuicio de lo establecido en el párrafo *c)* del artículo 99.

11.ª *Regulación de situaciones especiales en relación con la aplicación temporal de las disposiciones relativas a la comunicación al público vía satélite.*—1. En los contratos de coproducción internacional celebrados antes del 1 de enero de 1995 entre un coproductor de un Estado miembro y uno o varios coproductores de otros Estados miembros o de países terceros, el coproductor, o su cesionario, que desee otorgar autorización de comunicación al público vía satélite deberá obtener el consentimiento previo del titular del derecho de exclusividad, con independencia

---

Disp. Trans. 8.ª: Se incorpora la Disp. Trans. única de la Ley 16/1993, de 23 de diciembre, de incorporación al Derecho español de la Directiva 91/250/CEE, de 14 de mayo de 1991, sobre la protección jurídica de programas de ordenador (*BOE* n.º 307, de 24 de diciembre).

Disp. Trans. 9.ª: Se incorpora la Disp. Trans. 3.ª de la Ley 43/1994, de 30 de diciembre, de incorporación al Derecho español de la Directiva 92/100/CEE, de 19 de noviembre de 1992, sobre derechos de alquiler y préstamo y otros derechos afines a los derechos de autor en el ámbito de la propiedad intelectual (*BOE* n.º 313, de 31 de diciembre).

Disp. Trans. 10.ª: Se incorporan la Disp. Trans. 2.ª y la Disp. Final de la Ley 43/1994, de 30 de diciembre, de incorporación al Derecho español de la Directiva 92/100/CEE, de 19 de noviembre de 1992, sobre derechos de alquiler y préstamo y otros derechos afines a los derechos de autor en el ámbito de la propiedad intelectual (*BOE* n.º 313, de 31 de diciembre).

Disp. Trans. 11.ª: Se incorpora la Disp. Trans. única de la Ley 28/1995, de 11 de octubre, de incorporación al Derecho español de la Directiva 93/83/CEE del Consejo, de 27 de septiembre de 1993, sobre coordinación de determinadas disposiciones relativas a los derechos de autor y derechos afines a los derechos de autor en el ámbito de la radiodifusión vía satélite y de la distribución por cable (*BOE* n.º 245, de 13 de octubre).

de que este último sea un coproductor o un cesionario, si se dan conjuntamente las siguientes circunstancias:

a) Que el contrato establezca expresamente un sistema de división de los derechos de explotación entre los coproductores por zonas geográficas para todos los medios de difusión al público sin establecer distinción entre el régimen aplicable a la comunicación vía satélite y a los demás medios de comunicación.

b) Que la comunicación al público vía satélite de la coproducción implique un perjuicio para la exclusividad, en particular para la exclusividad lingüística, de uno de los coproductores o de sus cesionarios en un territorio determinado.

2. La aplicación de lo previsto en los artículos 106 a 108, 115 y 116, 122 y 126 de esta Ley se entenderá sin perjuicio de los pactos de explotación realizados y contratos celebrados antes del 14 de octubre de 1995.

3. Las disposiciones relativas a la comunicación al público vía satélite serán de aplicación a todos los fonogramas, actuaciones, emisiones y primeras fijaciones de grabaciones audiovisuales que el 1 de julio de 1994 estuviesen aún

protegidas por la legislación de los Estados miembros sobre derechos de propiedad intelectual o que en dicha fecha cumplan los criterios necesarios para la protección en virtud de las referidas disposiciones.

12.ª *Aplicación temporal de las disposiciones relativas a radiodifusión vía satélite.*—1. Los derechos a que se refieren los artículos 106 a 108, 115 y 116, 122 y 126 de esta Ley se regirán, en lo que resulte aplicable, por la disposición transitoria décima y por la disposición transitoria novena.

2. A los contratos de explotación vigentes el 1 de enero de 1995 les será plenamente aplicable lo establecido en esta Ley en relación con el derecho de comunicación al público vía satélite a partir del 1 de enero del 2000.

3. Las disposiciones a las que se refiere el apartado 3 de la disposición transitoria undécima no serán de aplicación a los contratos vigentes el 14 de octubre de 1995 cuya extinción vaya a producirse antes del 1 de enero del año 2000. En dicha fecha las partes podrán renegociar las condiciones del contrato con arreglo a lo dispuesto en tales disposiciones.

Disp. Trans. 12.ª: Se incorpora adaptada la Disp. Trans. única, apdos. 5, 4 y 3, de la Ley 28/1995, de 11 de octubre, de incorporación al Derecho español de la Directiva 93/83/CEE del Consejo, de 27 de septiembre de 1993, sobre coordinación de determinadas disposiciones relativas a los derechos de autor y derechos afines a los derechos de autor en el ámbito de la radiodifusión vía satélite y de la distribución por cable (*BOE* n.º 245, de 13 de octubre).

13.ª *Regulación de situaciones especiales en cuanto al plazo de protección.*—1. La presente Ley no afectará a ningún acto de explotación realizado antes del 1 de julio de 1995. Los derechos de propiedad intelectual que se establezcan en aplicación de esta Ley no generarán pagos por parte de quienes hubiesen emprendido de buena fe la explotación de las obras y prestaciones correspondientes en el momento en que dichas obras eran de dominio público.

2. Los plazos de protección contemplados en esta Ley se aplicarán a todas las obras y prestaciones que estén protegidas en España o al menos en un Estado miembro de la Unión Europea el 1 de julio de 1995 en virtud de las correspondientes disposiciones nacionales en materia de derechos de propiedad intelectual, o que cumplan los criterios para acogerse a la protección de conformidad con las disposiciones que regulan en esta Ley el derecho de distribución, en cuanto se refiere a obras y prestaciones, así como los derechos de fijación, reproducción y comunicación al público, en cuanto se refieren a prestaciones.

14.ª *Aplicación de las transitorias del Código Civil.*—En lo no previsto en las presentes disposiciones serán de aplicación las transitorias del Código Civil.

15.ª *Aplicación de la protección prevista en el Libro I, a las bases de datos finalizadas antes del 1 de enero de 1998.*—La protección prevista en la presente Ley, en lo que concierne al derecho de autor, se aplicará también a las bases de datos finalizadas antes del 1 de enero de 1998, siempre que cumplan en la mencionada fecha los requisitos exigidos por esta Ley, respecto de la protección de bases de datos por el derecho de autor.

16.ª *Aplicación de la protección prevista en el Libro II, en lo*

Disp. Trans. 13.ª: Se incorpora adaptada la Disp. Adic. 2.ª, apdos. 2 y 3, de la Ley 27/1995, de 11 de octubre, de incorporación al Derecho español de la Directiva 93/98/CEE, relativa a la armonización del plazo de protección del derecho de autor y de determinados derechos afines (*BOE* n.º 245, de 13 de octubre).

Disp. Trans. 14.ª: Se corresponde con la Disp. Trans. 8.ª de la Ley 22/1987, de 11 de noviembre, de Propiedad Intelectual (*BOE* n.º 275, de 17 de noviembre).

Disp. Trans. 15.ª: Se añade por el art. 7.º de la Ley 5/1998, de 6 de marzo, de incorporación al Derecho español de la Directiva 96/9/CE del Parlamento Europeo y del Consejo, de 11 de marzo de 1998, sobre la protección jurídica de bases de datos (*BOE* n.º 57, de 7 de marzo). Vid. art. 12 y Disps. Trans. 17.ª y 18.ª de este Texto Refundido, y arts. 14 y 16 de la Directiva 96/9/CE del Parlamento Europeo y del Consejo, de 11 de marzo de 1998, sobre la protección jurídica de bases de datos.

Disp. Trans. 16.ª: Se añade por el art. 7.º de la Ley 5/1998, de 6 de marzo, de incorporación al Derecho español de la Directiva 96/9/CE del Parlamento Europeo y del Consejo, de 11 de marzo de 1998, sobre la protección jurídica de bases de datos (*BOE* n.º 57, de 7 de marzo).

relativo al derecho sui generis *a las bases de datos finalizadas dentro de los quince años anteriores al 1 de enero de 1998.*—1.   La protección prevista en el artículo 133 de la presente Ley, en lo que concierne al derecho *sui generis*, se aplicará igualmente a las bases de datos cuya fabricación se haya terminado durante los quince años precedentes al 1 de enero de 1998 siempre que cumplan en dicha fecha los requisitos exigidos en el artículo 133 de la presente Ley.

2.   El plazo de los quince años de protección sobre las bases de datos a las que se refiere el apartado anterior se contará a partir del 1 de enero de 1998.

17.ª   *Actos concluidos y derechos adquiridos antes del 1 de enero de 1998 en relación con la protección de las bases de datos.*—La protección prevista en las disposiciones transitorias decimoquinta y decimosexta se entenderá sin perjuicio de los actos concluidos y de

los derecho adquiridos antes del 1 de enero de 1998.

18.ª   *Aplicación a las bases de datos finalizadas entre el 1 de enero y el 1 de abril de 1998 de la protección prevista en el Libro I y en el Libro II, respecto al derecho* sui generis.—La protección prevista en la presente Ley en lo que concierne al derecho de autor, así como la establecida en el artículo 133 de la misma, respecto al derecho *sui generis* se aplicará asimismo a las bases de datos finalizadas durante el período comprendido entre el 1 de enero y el 1 de abril de 1998.

19.ª   *Duración de los derechos de los productores de fonogramas.*—Los derechos de explotación de los productores de fonogramas que estuvieran vigentes el 22 de diciembre de 2002 conforme a la legislación aplicable en ese momento tendrán la duración prevista en el artículo 119.

Vid. arts. 14 y 16 y Disp. Trans. 18.ª de la Directiva 96/9/CE del Parlamento Europeo y del Consejo, de 11 de marzo de 1998, sobre la protección jurídica de bases de datos.

Disps. Trans. 17.ª y 18.ª: Se adicionan por el art. 7.º de la Ley 5/1998, de 6 de marzo, de incorporación al Derecho español de la Directiva 96/9/CE del Parlamento Europeo y del Consejo, de 11 de marzo de 1998, sobre la protección jurídica de bases de datos (*BOE* n.º 57, de 7 de marzo).

Vid. art. 12 de este Texto Refundido, y arts. 14 y 16 de la Directiva 96/9/CE del Parlamento Europeo y del Consejo, de 11 de marzo de 1998, sobre la protección jurídica de bases de datos.

Disp. Trans. 19.ª: Añadida por el art. único, apdo. 31, de la Ley 23/2006, de 7 de julio, por la que se modifica el Texto Refundido de la Ley de Propiedad Intelectual, aprobado por el Real Decreto Legislativo 1/1996, de 12 de abril (*BOE* n.º 162, de 8 de julio).

20.ª El Real Decreto a que se refiere el apartado segundo del artículo 37 del Texto Refundido de la Ley de Propiedad Intelectual deberá ser promulgado en el plazo máximo de un año desde la entrada en vigor de esta Ley.

Hasta que se apruebe el Real Decreto a que se refiere el apartado anterior, la cuantía de la remuneración será de 0,2 euros por cada ejemplar de obra adquirido con destino al préstamo en los establecimientos citados en dicho apartado.

Asimismo, en este período, el Estado, las Comunidades Autónomas y las Corporaciones locales podrán acordar los mecanismos de colaboración necesarios para el cumplimiento de las obligaciones de remuneración que afectan a establecimientos de titularidad pública.

21.ª *Aplicación temporal de las disposiciones relativas a las composiciones musicales con letra, a las obras huérfanas y a la cesión de derechos del artista intérprete o ejecutante al productor de fonogra-* mas.—1. El párrafo segundo del artículo 28.1 se aplicará sólo a las composiciones musicales con letra de las que al menos la composición musical o la letra estén protegidas en España o al menos en un Estado miembro de la Unión Europea el 1 de noviembre de 2013 y a las composiciones musicales con letra que se creen después de esta fecha.

La protección prevista en el párrafo anterior se entenderá sin perjuicio de los actos concluidos y de los derechos adquiridos antes del 1 de noviembre de 2013.

2. El artículo 37 bis se aplicará con respecto a todas las obras y fonogramas que estén protegidos por la legislación de los Estados miembros de la Unión Europea en materia de derechos de autor a 29 de octubre de 2014 o en fecha posterior, sin perjuicio de los actos celebrados y de los derechos adquiridos antes de dicha fecha.

3. Los artículos 110 bis, 112 y 119 se aplicarán a la grabación de interpretaciones o ejecuciones y a los fonogramas con respecto a los cuales el artista intérprete o ejecutante y el productor de los fonogra-

---

Disp. Trans. 20.ª: Añadida por la Disp. Final 1.ª, apdo. cuatro, de la Ley 10/2007, de 22 de junio, de la lectura, del libro y de las bibliotecas (*BOE* n.º 150, de 23 de junio; corrección de errores en *BOE* n.º 224, de 18 de septiembre).

Disp. Trans. 21.ª: Incluida por el art. 1.º26 de la Ley 21/2014, de 4 de noviembre, por la que se modifica el Texto Refundido de la Ley de Propiedad Intelectual, aprobado por Real Decreto Legislativo 1/1996, de 12 de abril, y la Ley 1/2000, de 7 de enero, de Enjuiciamiento Civil (*BOE* n.º 268, de 5 de noviembre de 2014). Procede de la transposición de la Directiva 2011/77/UE del Parlamento Europeo y del Consejo, de 27 de septiembre de 2011, por la que se modifica la Directiva 2006/116/CE relativa al plazo de protección del derecho de autor y de determinados derechos afines (vid. art. 10, apdos. 5 y 6, de esta última Directiva, en su versión codificada).

mas gocen de protección, a fecha 1 de noviembre de 2013, conforme a la legislación aplicable antes de esa fecha, y a la grabación de interpretaciones o ejecuciones y a los fonogramas posteriores a esa fecha.

4. Salvo pacto en contrario, los contratos de cesión celebrados antes del 1 de noviembre de 2013 seguirán surtiendo efecto transcurrida la fecha en que, en virtud del artículo 112 aplicable en ese momento, el artista intérprete o ejecutante dejaría de estar protegido.

22.ª *Publicaciones de prensa.—* Los derechos reconocidos a las editoriales de prensa y agencias de noticias para el uso en línea de sus publicaciones por parte de prestadores de servicios de la sociedad de la información no se aplicarán a las publicaciones de prensa que se hayan publicado por vez primera antes del 6 de junio de 2019.

DISPOSICIÓN DEROGATORIA

Única. *Alcance de la derogación normativa.—*1. Quedan derogadas las disposiciones que se opongan a lo establecido en la presente Ley y, en particular, las siguientes:

a) Real Decreto de 3 de septiembre de 1880, por el que se aprueba el Reglamento para la ejecución de la Ley de 10 de enero de 1879 sobre Propiedad Intelectual: Capítulos V y VI del Título I.

b) Real Decreto 1.434/1992, de 27 de noviembre, de desarrollo de los artículos 24, 25 y 140 de la Ley 22/1987, de 11 de noviembre, de Propiedad Intelectual; artículos 9.1, 11, 12, 14, 16, 17, 18, 19 y 37.1, así como los Capítulos II y III del Título II.

2. Quedan vigentes las siguientes disposiciones:

a) Ley 9/1975, de 12 de marzo, del Libro, en lo no derogado por la Ley 22/1987, de 11 de noviembre, de Propiedad Intelectual, y por el Real Decreto 875/1986, de 21 de marzo.

Disp. Trans. 22.ª: Añadida por el art. 80.10 del Real Decreto-ley 24/2021, de 2 de noviembre, de transposición de directivas de la Unión Europea en las materias de bonos garantizados, distribución transfronteriza de organismos de inversión colectiva, datos abiertos y reutilización de la información del sector público, ejercicio de derechos de autor y derechos afines aplicables a determinadas transmisiones en línea y a las retransmisiones de programas de radio y televisión, exenciones temporales a determinadas importaciones y suministros, de personas consumidoras y para la promoción de vehículos de transporte por carretera limpios y energéticamente eficientes (*BOE* n.º 263, de 3 de noviembre). Vid. arts. 32.2, 129 bis y 130.3 de este Texto Refundido, y art. 15 de la de la Directiva (UE) 2019/790, del Parlamento Europeo y del Consejo, de 17 de abril de 2019, sobre los derechos de autor y derechos afines en el mercado único digital.

b) Real Decreto de 3 de septiembre de 1880, por el que se aprueba el Reglamento para la ejecución de la Ley de 10 de enero de 1879 sobre Propiedad Intelectual: Capítulos I, II, III, IV, VII, VIII, IX, X y disposición transitoria del Título I; Capítulos I, II y III del Título II.

c) Decreto 3.837/1970, de 31 de diciembre, por el que se regula la hipoteca mobiliaria de películas cinematográficas.

d) Decreto 2.984/1972, de 2 de noviembre, por el que se establece la obligación de consignar en toda clase de libros y folletos el número ISBN.

e) Real Decreto 2.332/1983, de 1 de septiembre, por el que se regula la venta, distribución y la exhibición pública de material audiovisual.

f) Real Decreto 448/1988, de 22 de abril, por el que se regula la difusión de películas cinematográficas y otras obras audiovisuales recogidas en soporte videográfico.

g) Real Decreto 479/1989, de 5 de mayo, por el que se regula la composición y el procedimiento de actuación de la Comisión Arbitral de la Propiedad Intelectual, en lo no modificado por el Real Decreto 1.248/1995, de 14 de julio.

h) Real Decreto 484/1990, de 30 de marzo, sobre precio de venta al público de libros.

i) Real Decreto 1.584/1991, de 18 de octubre, por el que se aprueba el Reglamento del Registro General de la Propiedad Intelectual, en lo declarado vigente en el apartado 3 de la disposición transitoria única del Real Decreto 733/1993, de 14 de mayo.

j) Real Decreto 1.434/1992, de 27 de noviembre, de desarrollo de los artículos 24, 25 y 140 de la Ley 22/1987, de 11 de noviembre, de Propiedad Intelectual, en la versión dada a los mismos por la Ley 20/1992, de 7 de julio, en lo no modificado por el Real Decreto 325/1994, de 25 de febrero, y en lo no derogado por la presente disposición derogatoria.

k) Real Decreto 733/1993, de 14 de mayo, por el que se aprueba el Reglamento del Registro General de la Propiedad Intelectual.

Disp. Derog. única.2.g): El Real Decreto 479/1989, sobre la Comisión Arbitral de la Propiedad Intelectual, ha sido derogado por el Real Decreto 1.889/2011, de 30 de diciembre, por el que se regula el funcionamiento de la Comisión de Propiedad Intelectual (*BOE* n.º 315, de 31 de diciembre).

Disp. Derog. única.2.j): Téngase en cuenta que la Ley 3/2008, de 23 de diciembre, relativa al derecho de participación en beneficio del autor de una obra de arte original, derogó los arts. 2.º a 8.º del Real Decreto 1.434/1992, de 27 de noviembre, de desarrollo de los arts. 24, 25 y 140 de la Ley 22/1987, de 11 de noviembre, de Propiedad Intelectual. Además, lo que quedó de este Real Decreto fue derogado posteriormente a través del Real Decreto 1.657/2012, de 7 de diciembre, por el que se regulaba el procedimiento de pago de la compensación equitativa por copia privada con cargo a los Presupuestos Generales del Estado (*BOE* n.º 295, de 8 de diciembre).

l) Real Decreto 325/1994, de 25 de febrero, por el que se modifica el artículo 15.2 del Real Decreto 1.434/1992, de 27 de noviembre, de desarrollo de los artículos 24, 25 y 140 de la Ley 22/1987, de 11 de noviembre, de Propiedad Intelectual, en la versión dada a los mismos por la Ley 20/1992, de 7 de julio.

m) Real Decreto 1.694/1994, de 22 de julio, de adecuación a la Ley 30/1992, de Régimen Jurídico de las Administraciones Públicas y del Procedimiento Administrativo Común, del Real Decreto 1.584/1991, de 18 de octubre, por el que se aprueba el Reglamento del Registro General de la Propiedad Intelectual.

n) Real Decreto 1.778/1994, de 5 de agosto, por el que se adecuan a la Ley 30/1992, de 26 de noviembre, de Régimen Jurídico de las Administraciones Públicas y del Procedimiento Administrativo Común, las normas reguladoras de los procedimientos de otorgamiento, modificación y extinción de autorizaciones.

ñ) Real Decreto 1.248/1995, de 14 de julio, por el que se modifica parcialmente el Real Decreto 479/1989, de 5 de mayo, regulador de la composición y el procedimiento de actuación de la Comisión Arbitral de la Propiedad Intelectual.

o) Real Decreto 1.802/1995, de 3 de noviembre, por el que se establece el sistema para la determinación de la remuneración compensatoria por copia privada en las ciudades de Ceuta y Melilla.

p) Orden de 23 de junio de 1966 por la que se establecen las normas básicas a las que deben ajustarse los contratos publicitarios del medio cine.

q) Orden de 30 de octubre de 1971 por la que se aprueba el Reglamento del Instituto Bibliográfico Hispánico.

r) Orden de 25 de marzo de 1987 por la que se regula la Agencia Española del ISBN.

s) Orden de 3 de abril de 1991, de desarrollo de lo dispuesto en el Real Decreto 2.332/1983, de 1 de septiembre, por el que se regula la venta, distribución y la exhibición pública de material audiovisual.

Disp. Derog. única.2.l): El Real Decreto 325/1994 se entiende implícitamente derogado por el Real Decreto 1.657/2012, de 7 de diciembre, por el que se regulaba el procedimiento de pago de la compensación equitativa por copia privada con cargo a los Presupuestos Generales del Estado (*BOE* n.º 295, de 8 de diciembre). Véase, a estos efectos, el art. 25 de este Texto Refundido, y el Real Decreto-ley 12/2017, de 3 de julio, por el que se modifica el Texto Refundido de la Ley de Propiedad Intelectual, en cuanto al sistema de compensación equitativa por copia privada (*BOE* n.º 158, de 4 de julio de 2017).

Disp. Derog. única.2.ñ): El Real Decreto 1.248/1995, sobre la Comisión Arbitral de la Propiedad Intelectual, ha sido derogado por el Real Decreto 1.889/2011, de 30 de septiembre, por el que se regula el funcionamiento de la Comisión de Propiedad Intelectual (*BOE* n.º 315, de 31 de diciembre).

DISPOSICIONES FINALES

1.ª *Título competencial.*—El presente Real Decreto Legislativo se aprueba al amparo de lo dispuesto en el artículo 149.1.9.ª de la Constitución Española, que atribuye al Estado la competencia sobre legislación sobre propiedad intelectual.

El artículo 31 ter se dicta, además, en virtud de la competencia que atribuye al Estado el artículo 149.1.1.ª sobre la regulación de las condiciones básicas que garanticen la igualdad de todos los españoles en el ejercicio de los derechos y en el cumplimiento de los deberes constitucionales.

2.ª *Aplicación en las Comunidades Autónomas con competencia en la materia.*—La aplicación de lo dispuesto en el Título IV del Libro tercero, en relación con la inspección, vigilancia y control de las entidades de gestión de derechos de propiedad intelectual y de los operadores de gestión independiente, incluido el ejercicio de la potestad sancionadora, se llevará a cabo, en su caso, en las Comunidades Autónomas con competencias de ejecución en materia de propiedad intelectual, por los órganos que éstas determinen.

3.ª *Desarrollo reglamentario.*—Se autoriza al Gobierno a dictar las normas para el desarrollo reglamentario de la presente Ley.

ANEXO

Contenido del informe anual de transparencia

1. El informe anual de transparencia previsto en el artículo 189 deberá contener, como mínimo, la siguiente información:

a) Estados financieros, que incluirán el balance, la cuenta de resultados del ejercicio y la memoria.

Disp. Final 1.ª: Añadida por el art. único, apdo. 13, del Real Decreto-ley 2/2018, de 13 de abril (*BOE* n.º 91, de 14 de abril). Su contenido ha sido reiterado por la Ley 2/2019, de 1 de marzo (*BOE* n.º 53, de 2 de marzo). La anterior Disp. Final única pasa a ser la Disp. Final 2.ª

Disp. Final 2.ª: La Ley 2/2019, de 1 de marzo (*BOE* n.º 53, de 2 de marzo), incluye una nueva Disp. Final 2.ª

Disp. Final 3.ª: El art. único, apdo. 14, del Real Decreto-ley 2/2018, de 13 de abril (*BOE* n.º 91, de 14 de abril) ubicó el texto de la anterior Disp. Final única en la Disp. Final 2.ª Posteriormente, la Ley 2/2019, de 1 de marzo (*BOE* n.º 53, de 2 de marzo), modifica su denominación a Disp. Final 3.ª

Anexo: Incluido por el art. único, apdo. 14, del Real Decreto-ley 2/2018, de 13 de abril (*BOE* n.º 91, de 14 de abril) y mantenido por la Ley 2/2019, de 1 de marzo (*BOE* n.º 53, de 2 de marzo).

b) Un informe sobre las actividades del ejercicio.

c) Información sobre las negativas a conceder una autorización no exclusiva de los derechos gestionados por la entidad.

d) Una descripción de la estructura jurídica y administrativa de la entidad de gestión.

e) Información sobre toda entidad que sea propiedad o esté controlada directa o indirectamente, en su totalidad o en parte, por la entidad de gestión.

f) Información sobre el importe total de las remuneraciones pagadas el ejercicio anterior a las personas contempladas en los artículos 161 y 162, así como sobre otros beneficios que se les hayan concedido.

g) La información financiera contemplada en el apartado 2 del presente anexo.

h) Un informe especial sobre la utilización de los importes deducidos para servicios sociales, culturales y educativos, que incluya la información a que se refiere el apartado 3 del presente anexo.

Las cifras de la información de las letras *f), g)* y *h)* anteriores deberán referirse al ejercicio cerrado y al ejercicio inmediatamente anterior. A estos efectos, cuando unas y otras no sean comparables, bien por haberse producido una modificación en la estructura del origen de las cifras, bien por realizarse un cambio de criterio contable o subsanación de error, se deberá proceder a adaptar la información del ejercicio precedente, a efectos de su presentación en el ejercicio al que se refiere, informando de ello detalladamente.

2. La siguiente información financiera deberá figurar en el informe anual de transparencia:

a) Información financiera sobre los derechos recaudados, desglosados por categoría de derechos gestionados y por tipo de utilización, incluida la información sobre los rendimientos derivados de la inversión de derechos recaudados, y el uso de éstos (si han sido repartidos a los titulares de derechos, a otras entidades de gestión o destinados a otros usos).

b) Información financiera sobre el coste de la gestión de derechos y otros servicios prestados por la entidad de gestión a los titulares de derechos, con una descripción

pormenorizada de, como mínimo, los elementos siguientes:

1.º Todos los costes de explotación y costes financieros, desglosados por categoría de derechos gestionados y, cuando los costes sean indirectos y no puedan atribuirse a una o varias categorías de derechos, con una explicación del método utilizado para la asignación de dichos costes indirectos.

2.º Costes de explotación y costes financieros, desglosados por categoría de derechos gestionados y, cuando los costes sean indirectos y no puedan atribuirse a una o varias categorías de derechos, con una explicación del método utilizado para la asignación de dichos costes indirectos, únicamente en relación con la gestión de derechos, incluidos los descuentos de gestión deducidos de derechos recaudados o compensados con éstos, o cualquier rendimiento derivado de la inversión de derechos recaudados.

3.º Costes de explotación y costes financieros en relación con servicios distintos de los servicios de gestión de derechos, pero incluidos los servicios sociales, culturales y educativos.

4.º Recursos empleados para cubrir los costes.

5.º Deducciones aplicadas a los derechos recaudados, desglosadas por categoría de derechos gestionados y por tipo de utilización, así como la finalidad de la deducción, por ejemplo costes relacionados con la gestión de derechos o con servicios sociales, culturales o educativos.

6.º Porcentaje que representa el coste de los servicios de gestión de derechos y otros servicios prestados por la entidad de gestión a los titulares de derechos en relación con los derechos recaudados en el ejercicio pertinente, por categoría de derechos gestionados, y, cuando los costes sean indirectos y no puedan atribuirse a una o varias categorías de derechos, una explicación del método utilizado para la asignación de dichos costes indirectos.

c) Información financiera sobre los importes que deben abonarse a los titulares de derechos, con una descripción pormenorizada de, como mínimo, los elementos siguientes:

1.º El importe total atribuido a los titulares de derechos, desglosado por categoría de derechos gestionados y por tipo de utilización.

2.º El importe total pagado a los titulares de derechos, desglosado por categoría de derechos gestionados y por tipo de utilización.

3.º La frecuencia de los pagos, con un desglose por categoría de derechos gestionados y por tipo de utilización.

4.º El importe total recaudado pero aún no atribuido a los titulares de derechos, desglosado por categoría de derechos gestionados y por tipo de utilización, indicando el ejercicio en que se recaudaron dichos importes.

5.º El importe total atribuido pero aún no pagado a los titulares de derechos, desglosado por categoría de derechos gestionados y por tipo de utilización, indicando el ejercicio en que se recaudaron dichos importes.

6.º En caso de que la entidad de gestión no haya procedido al reparto y al pago en el plazo establecido en el párrafo segundo del artículo 177.1, los motivos del retraso.

7.º El total de los importes que no puedan ser objeto de reparto junto con la explicación del uso que se haya dado a dichos importes.

d) Información sobre relaciones con otras entidades de gestión, con una descripción de, como mínimo, los siguientes elementos:

1.º Importes percibidos de otras entidades de gestión e importes pagados a otras entidades de gestión, desglosados por categoría de derechos, por tipo de uso y por entidad.

2.º Descuentos de gestión y otras deducciones de los derechos recaudados que deben abonarse a otras entidades de gestión, desglosados por categoría de derechos, por tipo de uso y por entidad.

3.º Descuentos de gestión y otras deducciones de los ingresos pagados por otras entidades de gestión, desglosados por categoría de derechos y por entidad.

4.º Importes repartidos directamente a los titulares de derechos procedentes de otras entidades de gestión, desglosados por categoría de derechos y por entidad.

3. La siguiente información deberá figurar en el informe especial dando cuenta de la utilización de los importes deducidos para los servicios asistenciales en beneficio de los miembros de la entidad, las actividades de formación y promoción de autores, artistas, intérpretes y ejecutantes y el fomento de la oferta digital legal de las obras y prestaciones protegidas cuyos derechos gestionan:

a) Importe obtenido por la entidad en el ejercicio para destinar a estas actividades, tanto en cuantía global, como desglosado en función de su procedencia conforme a lo establecido en los artículos 175.3, 177.6 y 178.2 de este texto legal, y con indicación, en su caso, de los remanentes resultantes una vez realizadas las actividades.

b) Importes deducidos para los referidos servicios y actividades, desglosados por tipo de finalidad y, respecto de cada tipo de finalidad, desglosados por categoría de derechos gestionados y por tipo de uso.

c) Una explicación de la utilización de dichos importes, con un desglose por tipo de finalidad, incluido el coste de la gestión de los importes deducidos para los referidos servicios y actividades y los importes separados utilizados para los mismos.

§ 2. REAL DECRETO 1.023/2015, DE 13 DE NOVIEMBRE, POR EL QUE SE DESARROLLA REGLAMENTARIAMENTE LA COMPOSICIÓN, ORGANIZACIÓN Y EJERCICIO DE FUNCIONES DE LA SECCIÓN PRIMERA DE LA COMISIÓN DE PROPIEDAD INTELECTUAL

(*BOE* n.º 273, de 14 de noviembre de 2015)

El artículo 158 del texto refundido de la Ley de Propiedad Intelectual, aprobado por el Real Decreto Legislativo 1/1996, de 12 de abril, crea en el entonces Ministerio de Cultura, hoy Ministerio de Educación, Cultura y Deporte, con carácter de órgano colegiado de ámbito nacional, la Comisión de Propiedad Intelectual, asignándole funciones, por una parte, de mediación y arbitraje, y, por otra, de salvaguarda de derechos en el ámbito de la propiedad intelectual, a ejercer a través, respectivamente, de las Secciones Primera y Segunda de dicha Comisión.

Los apartados dieciocho y diecinueve del artículo primero de la Ley 21/2014, de 4 de noviembre, por la que se modifica el texto refundido de la Ley de Propiedad Intelectual, aprobado por el Real Decreto Legislativo 1/1996, de 12 de abril, y la Ley 1/2000, de 7 de enero, de Enjuiciamiento Civil, modifican la regulación legal de la citada Sección Primera de la Comisión de Propiedad Intelectual, ampliando las funciones que ha de ejercer esta sección, incluyendo entre éstas la de determinación de tarifas para la explotación de los derechos de gestión colectiva obligatoria, y para los derechos de gestión colectiva voluntaria que, respecto de la misma categoría de titulares, concurran con un derecho de remuneración sobre la misma obra o prestación, y reforzando su función de control sobre las tarifas generales establecidas por las entidades de gestión de derechos de propiedad intelectual.

Así, la Sección Primera de la Comisión de Propiedad Intelectual ejercerá sus funciones de mediación y arbitraje en los términos previstos en la modificación legal llevada a cabo por la Ley 21/2014, de 4 de noviembre, y establecerá el importe de la remuneración exigida por la utilización de obras y demás prestaciones del repertorio de las entidades de gestión, la forma de pago y demás condiciones necesarias para hacer efectivos los derechos indicados en el párrafo anterior, a solicitud de la propia entidad de gestión afectada, de una asociación de usuarios, de una entidad de radiodifusión o de un usuario especialmente significativo, a juicio de la Sección, cuando no haya acuerdo entre ambas, en el plazo de seis meses desde el inicio formal de la negociación. Finalmente, la Sección Primera ejercerá su función de control velando por que las tarifas generales establecidas por las entidades de gestión en cumplimiento de sus obligaciones, sean equitativas y no discriminatorias.

La Sección Primera refuerza así su condición de instrumento especialmente idóneo en el funcionamiento del sistema vigente de propiedad intelectual para resolver los conflictos que surgen entre entidades de gestión y usuarios de los derechos de autor y derechos conexos, lo que requiere generalmente una compleja valoración de derechos e intereses, estableciendo nuevos procedimientos y actualizando los previstos en los capítulos III, IV y V del Real Decreto 1.889/2011 por el que se regula la Comisión de Propiedad Intelectual.

El artículo 158 bis del texto refundido de la Ley de Propiedad Intelectual, en su redacción dada por la Ley 21/2014, de 4 de noviembre, mandata al Gobierno para determinar reglamentariamente el procedimiento para el ejercicio de las funciones que la Sección Primera debe desarrollar de conformidad con lo dispuesto en su regulación legal vigente.

En la elaboración de la presente norma han informado los Ministerios de Justicia, de Industria, Energía y Turismo, y de Economía y Competitividad, y han sido consultadas las comunidades autónomas.

También, han sido consultados y han emitido informe el Consejo General del Poder Judicial y el Consejo de Consumidores y Usuarios.

Igualmente, se ha llevado a cabo un trámite de información pública y han sido oídas las organizaciones y asociaciones reconocidas por la ley y que agrupan o representan a los legítimos interesados y cuyos fines guardan relación directa con el objeto del real decreto.

En su virtud, a propuesta del Ministro de Educación, Cultura y Deporte y del Ministro de Justicia, con la aprobación previa del Ministro de Hacienda y Administraciones Públicas, de acuerdo con el Consejo de Estado y previa deliberación del Consejo de Ministros, en su reunión del día 13 de noviembre de 2015, dispongo:

CAPÍTULO I

DISPOSICIONES GENERALES

Artículo 1.º *Objeto.*—Este real decreto tiene por objeto regular el régimen jurídico organizativo, de procedimiento y funcionamiento de la Sección Primera de la Comisión de Propiedad Intelectual, órgano colegiado de ámbito nacional adscrito a la Secretaría de Estado de Cultura del Ministerio de Educación, Cultura y Deporte, a que se refieren los artículos 158 y 158 bis del texto refundido de la Ley de Propiedad Intelectual, aprobado por el Real Decreto Legislativo 1/1996, de 12 de abril.

CAPÍTULO II

FUNCIONES Y COMPOSICIÓN DE LA SECCIÓN PRIMERA DE LA COMISIÓN DE PROPIEDAD INTELECTUAL

Art. 2.º *Funciones y régimen jurídico.*—1. La Sección Primera de la Comisión de Propiedad Intelectual ejerce funciones de mediación, arbitraje, determinación de tarifas y control de las tarifas generales en las materias y supuestos previstos en el artículo 158 bis del texto refundido de la Ley de Propiedad Intelectual.

2. La Sección Primera de la Comisión de Propiedad Intelectual se regirá por el texto refundido de la Ley de Propiedad Intelectual y por el presente real decreto y, con carácter supletorio, por la Ley 39/2015, de 1 de octubre, del Procedimiento Administrativo Común de las Administraciones Públicas, y la Ley 40/2015, de 1 de octubre, de Régimen Jurídico del Sector Público, por la Ley 60/2003, de 23 de diciembre, de Arbitraje, en lo referente a procedimientos arbitrales, y por la Ley 5/2012, de 6 de julio, de mediación en asuntos civiles y mercantiles, en procedimientos de mediación.

3. La tasa por la determinación de tarifas para la explotación de derechos de gestión colectiva obligatoria y para los derechos de gestión colectiva voluntaria que, respecto de la misma categoría de titulares concurran con un derecho de remuneración sobre la misma obra o prestación, se regirá, por

---

Art. 1.º: La referencia a los arts. 158 y 158 bis del Texto Refundido de la Ley de Propiedad Intelectual hay que entenderla hecha, respectivamente, a los actuales arts. 193 y 194 de dicha norma (§ 1). El Ministerio de Educación, Cultura y Deporte al que se alude en este Real Decreto es actualmente el Ministerio de Cultura y Deporte.

Art. 2.º: El art. 158 bis del Texto Refundido de la Ley de Propiedad Intelectual se corresponde con el actual art. 194 de dicha norma (§ 1).

la disposición adicional tercera de la Ley 21/2014, de 4 de noviembre, por las previsiones normativas establecidas por la Ley 8/1989, de 13 de abril, de Tasas y Precios Públicos, y por el presente real decreto.

Art. 3.º *Composición, organización y funcionamiento de la Sección Primera.*—1. La Sección Primera de la Comisión estará formada por cuatro vocales titulares nombrados por el Gobierno mediante real decreto, a propuesta, respectivamente, de los titulares de los Ministerios de Educación, Cultura y Deporte, de Justicia, de Industria, Energía y Turismo, y de Economía y Competitividad, por un período de cinco años renovable por una sola vez, entre expertos de reconocida competencia en materia de propiedad intelectual y de defensa de la competencia. Sin perjuicio del cumplimiento del anterior requisito, en la propuesta de nombramiento que realice cada uno de los titulares de los señalados departamentos ministeriales, podrá valorarse adicionalmente la experiencia o conocimiento en los ámbitos del derecho económico, mercado audiovisual y de las comunicaciones electrónicas. En el mismo real decreto quedará igualmente previsto, y por el mismo sistema, el nombramiento de dos suplentes por cada titular, que reunirán los mismos requisitos de nombramiento previstos para los vocales titulares y actuarán como sustitutos en los supuestos de delegación de funciones, vacante, ausencia, enfermedad, u otra causa legal. La delegación de funciones se motivará, debiéndose especificar el período de la misma, sin que sea posible realizar delegación alguna indefinida en el tiempo.

2. Los vocales de la Sección Primera sólo cesarán antes de la expiración del periodo a que se refiere el apartado 1, a petición propia o por separación acordada por el Gobierno, previa instrucción de expediente, por incumplimiento grave de sus obligaciones, incapacidad sobrevenida para el ejercicio de su función, incompatibilidad o condena por delito doloso.

3. Mediante orden del Ministerio de Educación, Cultura y Deporte se designará de entre los vocales titulares al Presidente de la Sección, que ejercerá el voto de calidad. Las funciones del Presidente incluyen la dirección y coordinación de los trabajos, debates y votaciones de la Sección, la convocatoria y fijación del orden del día de las reuniones, la presidencia de las reuniones, el impulso de la ac-

---

Art. 3.º: Actualmente, el Ministerio de Educación, Cultura y Deporte es el Ministerio de Cultura, el Ministerio de Industria, Energía y Turismo es el Ministerio de Industria y Turismo, y el Ministerio de Economía y Competitividad es el Ministerio de Economía, Comercio y Empresa.

tuación de la Sección y de los procedimientos que se tramitan ante ella, el ejercicio de las demás facultades que sean necesarias para el buen funcionamiento de la Sección, así como el ejercicio de las competencias que se atribuyen a los presidentes de órganos colegiados conforme a la Ley 40/2015, de 1 de octubre, de Régimen Jurídico del Sector Público.

4. La orden ministerial prevista en el apartado anterior también contendrá el nombramiento de uno de los vocales titulares de la Sección como Vicepresidente de la misma, correspondiéndole las funciones de suplencia del Presidente en los supuestos de vacante, ausencia, enfermedad, u otra causa legal tal como la abstención o la recusación.

5. Actuará como Secretario, con voz pero sin voto, un funcionario del Ministerio de Educación, Cultura y Deporte, con nivel de Subdirector General o asimilado, mediante nombramiento por el titular de la Dirección General competente en materia de propiedad intelectual. Al Secretario le corresponderán la firma de los actos de procedimiento, el levantamiento del acta de las reuniones y acuerdos que se celebren, el asesoramiento en derecho de la Sección respecto de las funciones inherentes a su condición como tal cuando se le

requiera, así como las propias de la secretaría de los órganos colegiados previstas en la Ley 40/2015, de 1 de octubre, de Régimen Jurídico del Sector Público.

6. El desarrollo de sus funciones, así como los supuestos de suplencia del Secretario por vacante, ausencia o enfermedad, serán atendidos con los medios personales, técnicos y presupuestarios asignados a la Secretaría de Estado de Cultura.

CAPÍTULO III

PRINCIPIOS GENERALES

SECCIÓN 1.ª

*Aspectos comunes
a todos los procedimientos*

Art. 4.º *Principios rectores.*—1. La Sección Primera actuará con sometimiento a los principios de legalidad, imparcialidad, neutralidad, igualdad entre las partes y audiencia. En los procedimientos de mediación y arbitraje se aplicarán además los principios de voluntariedad, salvo invocación de convenio, cláusula arbitral o pacto escrito de mediación, y confidencialidad.

2. El tratamiento llevado a cabo por la Sección Primera de los

---

Art. 4.º2: La Ley Orgánica 15/1999, de 13 de diciembre, de Protección de Datos de Carácter Personal, fue derogada por la Disp. Derog. única de la Ley Orgánica 3/2018, de 5 de di-

datos personales empleados en las actuaciones realizadas en el ámbito de sus funciones, se efectuará de conformidad con lo dispuesto en la Ley Orgánica 15/1999, de 13 de diciembre, de Protección de Datos de Carácter Personal, y su normativa de desarrollo.

Art. 5.º   *Abstención y recusación.*—1.   Los vocales de la Sección Primera estarán sujetos a las normas sobre recusación, abstención y causas que comprometan la imparcialidad contenidas en la Ley 60/2003, de 23 de diciembre, de Arbitraje, en procedimientos arbitrales, en la Ley 5/2012, de 6 de julio, de mediación en asuntos civiles y mercantiles, en procedimientos de mediación, y a la Ley 40/2015, de 1 de octubre, de Régimen Jurídico del Sector Público, en el resto de las actuaciones que le corresponde efectuar.

2.   En los supuestos en los que concurra una causa legal de recusación o abstención que impida intervenir en un asunto sometido a la Sección al Presidente, le sustituirá el Vicepresidente y a este último, uno de sus suplentes. Asimismo, cuando dicha causa afecte a los vocales titulares le sustituirá alguno de sus correspondientes suplentes.

Art. 6.º   *Uso preferente de medios electrónicos.*—1.   Todas las actuaciones de la Sección Primera se realizarán preferentemente haciendo uso de medios electrónicos, de conformidad con lo establecido en la Ley 40/2015, de 1 de octubre, de Régimen Jurídico del Sector Público.

2.   Los sujetos legitimados para solicitar la intervención de la Sección Primera conforme al artículo 158 bis del texto refundido de la Ley de Propiedad Intelectual dispondrán en la sede electrónica del Ministerio de Educación, Cultura y Deporte de un formulario electrónico que permita la presentación de la solicitud en formato electrónico.

3.   A lo largo de la tramitación de los procedimientos y para aquellos actos que requieran notificación a los interesados se podrá utilizar un sistema de notificaciones electrónicas. También será posible la recepción de documentación y alegaciones por vía electrónica, e igualmente la consulta del estado de la tramitación del expediente, de cuya copia se custodiará un archivo electrónico.

Art. 7.º   *Lugar de las actuaciones.*—El lugar de realización de las

---

ciembre, de Protección de Datos Personales y garantía de los derechos digitales (*BOE* n.º 294, de 6 de diciembre de 2018).

Art. 6.º2: El art. 158 bis del Texto Refundido de la Ley de Propiedad Intelectual se corresponde con el actual art. 194 de dicha norma (§ 1). El Ministerio de Educación, Cultura y Deporte es actualmente el Ministerio de Cultura.

Art. 7.º: El Ministerio de Educación, Cultura y Deporte es actualmente el Ministerio de Cultura.

actuaciones que corresponden a la Sección Primera será el de su sede en el Ministerio de Educación, Cultura y Deporte, salvo que, en los procedimientos de mediación o arbitraje, a solicitud de todas las partes, la Sección acuerde que se realice en otro lugar.

SECCIÓN 2.ª

Aspectos comunes
a los procedimientos de mediación
y arbitraje

Art. 8.º *Acciones judiciales o extrajudiciales.*—La interposición de acciones judiciales o extrajudiciales no suspenderá la tramitación de los procedimientos de mediación o arbitraje. El planteamiento de la controversia sometida a mediación o arbitraje ante la Sección Primera impedirá a los Jueces y Tribunales conocer de la misma durante el tiempo en el que se desarrollen los citados procedimientos, siempre que la parte interesada lo invoque mediante declinatoria y así lo acuerde el órgano judicial. Lo anterior se entiende sin perjuicio de las excepciones contenidas en la Ley 60/2003, de 23 de diciembre, de Arbitraje, en procedimientos arbitrales, y en la Ley 5/2012, de 6 de julio, de mediación en asuntos civiles y mercantiles, en procedimientos de mediación.

Art. 9.º *Excepciones de competencia.*—La Sección Primera decidirá de oficio de manera motivada sobre su propia competencia, incluidas las excepciones relativas a la existencia o validez del convenio o cláusula de mediación o arbitraje, así como cualquier otra cuya estimación impida entrar en el fondo de la controversia, de conformidad con lo establecido en la Ley 60/2003, de 23 de diciembre, de Arbitraje, en procedimientos arbitrales, en la Ley 5/2012, de 6 de julio, de mediación en asuntos civiles y mercantiles, en procedimientos de mediación, y en el presente real decreto.

Art. 10. *Acumulación y prevalencia de procedimientos.*—1. La Sección Primera decidirá de manera motivada sobre la admisión de la solicitud de mediación o arbitraje, sobre la acumulación de la solicitud respecto a otros procedimientos que se estén sustanciando ante la Sección y sobre la prevalencia de un procedimiento frente a otro.

2. En el supuesto de que se soliciten de forma simultánea procedimientos de mediación y arbitraje por idénticas partes y respecto al mismo objeto, se tramitará, en primer lugar, el de mediación, no pudiendo plantearse un procedimiento de mediación si se encuentra en curso un procedimiento de arbitraje entre las mismas partes ante la Sección Primera, ni viceversa. Tampoco podrá plantearse un procedimiento de mediación o arbitraje

cuando se haya admitido a trámite un procedimiento de determinación de tarifas.

3. No cabrá mediación o arbitraje en aquellos casos en los que se encuentren vigentes por una resolución previa de la Sección Primera las tarifas por el derecho o derechos de gestión colectiva obligatoria sobre los que se plantea el objeto del conflicto y, en su caso, por el derecho de gestión colectiva voluntaria concurrente con los mismos, en los términos establecidos en el apartado 3 del artículo 158 bis del texto refundido de la Ley de Propiedad Intelectual.

4. No procederá la iniciación del procedimiento de control de tarifas respecto de aquellas tarifas generales sobre las que se encuentre en curso un procedimiento de mediación, arbitraje o determinación de tarifas ante la Sección Primera.

CAPÍTULO IV

EL PROCEDIMIENTO DE MEDIACIÓN

Art. 11. *La solicitud de mediación.*—1. La solicitud de mediación se dirigirá a la Sección Primera, mediante el modelo oficial que figura como anexo I a este real decreto, y según lo previsto en el apartado 1 del artículo 158 bis del texto refundido de la Ley de Propiedad Intelectual, solicitándose la mediación por la parte que insta la misma o, en su caso, por ambas partes conjuntamente:

a) invocando un pacto escrito de mediación en los términos definidos en la Ley 5/2012, de 6 de julio, de mediación en asuntos civiles y mercantiles, en virtud del cual las partes se han comprometido a someter la controversia a la mediación de la Sección Primera de la Comisión de Propiedad Intelectual,

b) presentando una solicitud de mediación conjunta por las partes de común acuerdo, o

c) en defecto de pacto escrito de mediación o de solicitud conjunta, instando a que se dé traslado de su solicitud de mediación a la otra parte, para que manifieste si desea someterse a la mediación requerida.

2. La solicitud de mediación contendrá al menos:

a) El nombre completo, dirección y demás datos relevantes para la identificación y contacto de la parte o partes que instan la mediación, y de la parte o partes instadas. En particular, deberá indicar

---

Art. 10.3: El art. 158 bis.3 del Texto Refundido de la Ley de Propiedad Intelectual se corresponde con el actual art. 194.3 de dicha norma (§ 1).

Art. 11: El art. 158 bis.1 del Texto Refundido de la Ley de Propiedad Intelectual se corresponde con el actual art. 194.1 de dicha norma (§ 1). Vid. art. 194.5 del Texto Refundido.

las direcciones a las que deberán dirigirse las comunicaciones a todas esas partes.

b) La descripción del objeto de la controversia.

c) Las pretensiones que se formulan, de manera sucinta, con expresión, de ser posible, de su cuantía.

d) El acto, contrato o negocio jurídico que derive la controversia o con el que ésta guarde relación.

e) El pacto escrito de mediación que, en su caso, se invoca.

f) La manifestación, de la parte o partes solicitantes, de aceptación de la imparcialidad de los miembros titulares de la Sección Primera en su condición de mediadores, o, si no fuera así, las causas de recusación que entiendan que concurren.

3. A la solicitud de mediación deberán acompañarse, al menos, los siguientes documentos:

a) Copia del pacto escrito de mediación, si existiera.

b) Copia de los contratos, en su caso, de que traiga causa la controversia.

c) Documento que contemple el contenido de las pretensiones de la parte o partes solicitantes y las que, en su caso, considere mantiene la otra u otras partes.

d) En su caso, escrito que acredite la representación en la mediación, cuando la parte no actúe por sí misma. También será posible el otorgamiento de representación ante los servicios administrativos correspondientes.

e) Escrito firmado expresando el compromiso de pago de la parte proporcional de los gastos que genere el procedimiento por la prestación de los servicios de mediación por la Sección Primera de la Comisión de Propiedad Intelectual, en los términos establecidos en la correspondiente orden ministerial por la que se establezcan los precios públicos por prestación de los servicios de la Sección Primera de la Comisión de Propiedad Intelectual.

f) Cuando la solicitud sea de una asociación de usuarios u otra entidad análoga de naturaleza asociativa, deberá acompañarse de una certificación en la que se comprenda el nombre y apellidos o razón social de los miembros de dicha asociación, así como el acuerdo y mandato de representa-

---

Art. 11.3: Apartado modificado por la Disp. Final 1.ª.1 del Real Decreto 1.130/2023, de 19 de diciembre, por el que se desarrollan la composición y el funcionamiento de la Sección Segunda de la Comisión de Propiedad Intelectual y por el que se modifica el Real Decreto 1.023/2015, de 13 de noviembre, por el que se desarrolla reglamentariamente la composición, organización y ejercicio de funciones de la Sección Primera de la Comisión de Propiedad Intelectual (§ 7).

Art. 11.3.e): Vid. la Orden CUD/1205/2022, de 28 de noviembre, por la que se establecen los precios públicos por la prestación de los servicios de mediación y arbitraje de la Sección Primera de la Comisión de Propiedad Intelectual (*BOE* n.º 292, de 6 de diciembre de 2022).

ción adoptado, en relación con la mediación, por su órgano de gobierno.

4. Recibida la solicitud de mediación con todos sus documentos y subsanados, en su caso, los defectos de que adoleciera, la Sección Primera remitirá, en el plazo de quince días, a la parte instada una copia de la solicitud.

5. La parte instada responderá a la solicitud de mediación en el plazo de quince días hábiles desde su recepción. La falta de presentación de la respuesta a la solicitud de mediación dentro del plazo conferido no suspenderá el procedimiento en el supuesto previsto en el apartado 1.*a*), pero se entenderá como negativa de someterse a la mediación e impedirá proseguir el procedimiento en el supuesto previsto en el apartado 1.*c*).

6. La respuesta a la solicitud de mediación contendrá, al menos:

a) El nombre completo de la parte instada, su dirección y demás datos relevantes para su identificación y contacto; en particular designará la persona y dirección a la que deberán dirigirse las comunicaciones que deban hacérsele durante la mediación.

b) Sus comentarios sobre la descripción de la controversia efectuada por la parte que insta la mediación.

c) Su posición sobre las pretensiones de la parte instada. Si se opusiera a la mediación, su posición sobre la existencia, validez o aplicabilidad del pacto escrito de mediación.

d) La manifestación de la parte instada, en su caso, de aceptación de la imparcialidad de los miembros titulares de la Sección Primera en su condición de mediadores, o, si no fuera así, las causas de recusación que entiendan que concurren.

7. A la respuesta a la solicitud de mediación deberán acompañarse, al menos, los siguientes documentos:

a) Escrito que acredite la representación, cuando la parte no actúe por sí misma. También será posible el otorgamiento de representación ante los servicios administrativos correspondientes.

b) En caso de aceptación de la mediación, escrito firmado expresando el compromiso de pago de la parte proporcional de los gastos que genere el procedimiento por la prestación de los servicios de me-

---

Art. 11.7: Apartado modificado por la Disp. Final 1.ª.1 del Real Decreto 1.130/2023, de 19 de diciembre, por el que se desarrollan la composición y el funcionamiento de la Sección Segunda de la Comisión de Propiedad Intelectual y por el que se modifica el Real Decreto 1.023/2015, de 13 de noviembre, por el que se desarrolla reglamentariamente la composición, organización y ejercicio de funciones de la Sección Primera de la Comisión de Propiedad Intelectual (§ 7).

Art. 11.7.b): Vid. la Orden CUD/1205/2022, de 28 de noviembre, por la que se establecen los precios públicos por la prestación de los servicios de medicación y arbitraje de la Sección Primera de la Comisión de Propiedad Intelectual (*BOE* n.º 292, de 6 de diciembre de 2022).

diación por la Sección Primera de la Comisión de Propiedad Intelectual, en los términos establecidos en la correspondiente orden ministerial por la que se establezcan los precios públicos por prestación de los servicios de la Sección Primera de la Comisión de Propiedad Intelectual.

8. Recibida la respuesta a la solicitud de mediación con todos sus documentos, la Sección Primera, remitirá, en el plazo de quince días, una copia a la parte instante de la misma y acordará, en ese mismo plazo, la admisión a trámite de la solicitud de mediación por mayoría, de conformidad con su competencia y con los demás requisitos establecidos en el texto refundido de la Ley de la Propiedad Intelectual y en este capítulo. En el caso de que se acuerde la inadmisión o la acumulación de la solicitud a otros procedimientos que se estén sustanciando ante la Sección, y la prevalencia de un procedimiento respecto a otro, la decisión será motivada notificada a las partes, y recurrible en reposición ante la propia Sección Primera, en virtud de lo dispuesto en el artículo 123.1 de la Ley 39/2015, de 1 de octubre, del Procedimiento Administrativo Común de las Administraciones Públicas.

Art. 12. *Negociaciones y propuesta en la mediación.*—1. En el escrito por el que se admita a trámite la solicitud de mediación, la Sección convocará a éstas a una primera sesión constitutiva, que se celebrará en el plazo máximo de un mes desde la notificación del mismo, para que fijen sus posiciones iniciales, aportando la documentación que consideren oportuna y expongan sus argumentos. Asimismo, la Sección Primera informará sobre el programa de actuaciones a desarrollar durante el procedimiento y el correspondiente calendario a seguir, sin perjuicio de su posible modificación.

2. Fijadas las posiciones de las partes, la Sección Primera convocará las sesiones informativas adicionales que estime precisas, sea con todas las partes, sea con alguna de ellas, con la finalidad de alcanzar un acuerdo entre aquéllas o presentar las propuestas de la Sección para solucionar el conflicto.

3. La inasistencia o inactividad de cualquiera de las partes no impedirá el desarrollo del procedimiento, ni que la Sección presente propuestas de solución del conflicto.

4. En cualquier momento del procedimiento, la Sección, a iniciativa de vocales o de las partes, podrá acordar la práctica de las pruebas que estime pertinentes. Los gastos que pueda ocasionar la práctica de la prueba serán satisfe-

---

Art. 12: Vid. art. 194.5 del Texto Refundido de la Ley de Propiedad Intelectual (§ 1).

chos por la parte que la hubiera solicitado, o por ambas partes si así lo aceptan, o de forma igualitaria cuando la prueba haya sido propuesta por los vocales de la Sección, salvo que las partes acepten que sean satisfechos por una de ellas.

Art. 13. *Terminación del procedimiento.*—1. El procedimiento de mediación terminará, en todo caso, cuando se produzca un desistimiento conjunto o de parte o cuando las partes alcancen un acuerdo sobre las cuestiones controvertidas. En tal caso, lo comunicarán a la Sección, acompañando el acuerdo, que será consignado en la resolución que acuerde la terminación del procedimiento mediador por avenencia o desistimiento. Asimismo, el procedimiento finalizará cuando la Sección aprecie de manera justificada que las posiciones son irreconciliables o concurra otra causa que determine su conclusión.

2. Fuera de los supuestos previstos en el apartado anterior, cuando la Sección considere que las cuestiones han sido suficientemente debatidas, y en todo caso en el plazo de dos meses como máximo desde la admisión a trámite de la solicitud, dará por finalizado el intento de avenencia y convocará a las partes a una audiencia para que formulen sus posiciones definitivas.

3. [...]

4. Si, transcurrido el plazo de dos meses desde la notificación de la propuesta de solución del conflicto, ninguna de las partes hubiera manifestado su oposición motivada a la propuesta de solución, se considerará que todas ellas la aceptan, pasando a convertirse la propuesta de solución en acuerdo de mediación.

5. Si la Sección apreciara la imposibilidad de alcanzar un acuerdo entre las partes, dará por finalizado el procedimiento sin avenencia de forma motivada, y lo notificará a todos los interesados.

6. En todo caso, la duración máxima del procedimiento será de seis meses a contar desde la fecha de admisión a trámite de la solicitud de mediación.

7. Los acuerdos de mediación aceptados expresamente por las partes, previa propuesta de la Sección Primera, así como los previstos en el apartado 4, producirán los efectos previstos en la Ley 60/2003, de 23 de diciembre, de Arbitraje, y serán revisable ante el orden jurisdiccional civil.

Art. 13: Vid. art. 194.5 del Texto Refundido de la Ley de Propiedad Intelectual (§ 1).

Art. 13.3: El contenido de este apartado fue declarado nulo por la STS de 3 de abril de 2018. Indicaba este apartado: *Sobre la base de las posiciones definitivas, así como de lo actuado con anterioridad, la Sección formulará, en su caso, en el plazo de un mes desde la formulación de dichas posiciones definitivas, una propuesta de solución del conflicto, que será notificada a las partes.*

CAPÍTULO V

El procedimiento de arbitraje general

Art. 14. *La solicitud de arbitraje.—*1. La solicitud de arbitraje se dirigirá a la Sección Primera, mediante el modelo oficial que figura como anexo II a este real decreto, y según lo previsto en el apartado 2.*a*) del artículo 158 bis del Texto Refundido de la Ley de Propiedad Intelectual, solicitándose el arbitraje por la parte demandante o, en su caso, por ambas partes conjuntamente:

a) invocando un convenio o cláusula arbitral en los términos definidos en la Ley 60/2003, de 23 de diciembre, de Arbitraje, en virtud del cual las partes se han comprometido a someter la controversia al arbitraje de la Comisión de Propiedad Intelectual,

b) presentando una solicitud de arbitraje conjunta por las partes de común acuerdo, o

c) en defecto de convenio o cláusula arbitral o de solicitud conjunta, instando a que se dé traslado de su solicitud de arbitraje a la otra parte, para que manifieste si desea someterse al arbitraje requerido.

2. La solicitud de arbitraje contendrá, al menos, las siguientes menciones:

a) El nombre completo, dirección y demás datos relevantes para la identificación y contacto de la parte o partes demandantes y de la parte o partes demandadas. En particular, deberá indicar las direcciones a las que deberán dirigirse las comunicaciones a todas esas partes.

b) La descripción del objeto de la controversia.

c) Las pretensiones que se formulan, de manera sucinta, con expresión, de ser posible, de su cuantía.

d) El acto, contrato o negocio jurídico del que derive la controversia o con el que ésta guarde relación.

e) El convenio o cláusula arbitral que, en su caso, se invoca.

f) La manifestación, de la parte o partes solicitantes, de aceptación de la imparcialidad de los miembros titulares de la Sección Primera en su condición de árbitro, o, si no fuera así, las causas de recusación que entiendan que concurren.

3. A la solicitud de arbitraje deberán acompañarse, al menos, los siguientes documentos:

Art. 14: Vid. art. 194.2 del Texto Refundido de la Ley de Propiedad Intelectual (§ 1).

Art. 14.1: El art. 158 bis.2.*a*) del Texto Refundido de la Ley de Propiedad Intelectual se corresponde con el actual art. 194.2.*a*) de dicha norma (§ 1).

Art. 14.3: Apartado modificado por la Disp. Final 1.ª.2 del Real Decreto 1.130/2023, de 19 de diciembre, por el que se desarrollan la composición y el funcionamiento de la Sección Segunda de la Comisión de Propiedad Intelectual y por el que se modifica el Real Decreto 1.023/2015, de

a) Copia del convenio arbitral o cláusula arbitral si existiera.

b) Copia de los contratos, en su caso, de que traiga causa la controversia.

c) Documento que contemple el contenido de las pretensiones de la parte o partes solicitantes y las que, en su caso, considere mantiene la otra u otras partes.

d) En su caso, escrito que acredite la representación, cuando la parte no actúe por sí misma. También será posible el otorgamiento de representación ante los servicios administrativos correspondientes.

e) Escrito firmado expresando el compromiso de pago de la parte proporcional de los gastos que genere el procedimiento por la prestación de los servicios de arbitraje por la Sección Primera de la Comisión de Propiedad Intelectual, en los términos establecidos en la correspondiente orden ministerial por la que se establezcan los precios públicos por prestación de los servicios de la Sección Primera de la Comisión de Propiedad Intelectual.

f) Cuando la solicitud se presente por una asociación de usuarios u otra entidad análoga de naturaleza asociativa que legalmente pueda acogerse a este procedimiento de arbitraje, deberá acompañarse de una certificación en la que se comprenda el nombre y apellidos o razón social de los miembros de dicha asociación, así como el acuerdo y mandato de representación adoptado, en relación con el arbitraje, por su órgano de gobierno.

g) Cuando la solicitud se presente por entidades de radiodifusión de ámbito nacional o usuarios especialmente significativos, la documentación que a su juicio justifique que reúnen dicha condición para su valoración por la Sección Primera.

4. Recibida la solicitud de arbitraje con todos sus documentos y subsanados, en su caso, los defectos de que adoleciera, la Sección Primera remitirá, en el plazo de quince días, al demandado o demandados una copia de la solicitud.

5. El demandado responderá a la solicitud de arbitraje en el plazo de treinta días hábiles desde su recepción. La falta de presentación de la respuesta a la solicitud de arbitraje dentro del plazo conferido no suspenderá el procedimiento en el supuesto previsto en el apartado 1.*a)*, pero se entenderá como negativa de someterse al arbitraje e impedirá proseguir el procedi-

13 de noviembre, por el que se desarrolla reglamentariamente la composición, organización y ejercicio de funciones de la Sección Primera de la Comisión de Propiedad Intelectual (§ 7).

Art. 14.3.e): Vid. la Orden CUD/1205/2022, de 28 de noviembre, por la que se establecen los precios públicos por la prestación de los servicios de medicación y arbitraje de la Sección Primera de la Comisión de Propiedad Intelectual (*BOE* n.º 292, de 6 de diciembre de 2022).

miento en el supuesto previsto en el apartado 1.*c*).

6. La respuesta a la solicitud de arbitraje contendrá, al menos, las siguientes menciones:

a) El nombre completo del demandado, su dirección y demás datos relevantes para su identificación y contacto; en particular designará la persona y dirección a la que deberán dirigirse las comunicaciones que deban hacérsele durante el arbitraje.

b) Sus comentarios sobre la descripción de la controversia efectuada por el demandante.

c) Su posición sobre las pretensiones del demandante.

d) Si se opusiera al arbitraje, su posición sobre la existencia, validez o aplicabilidad del convenio o cláusula arbitral.

e) La manifestación, en su caso, de aceptación de la imparcialidad de los miembros titulares de la Sección Primera en su condición de árbitro, o, si no fuera así, las causas de recusación que entiendan que concurren.

7. A la respuesta a la solicitud de arbitraje deberán acompañarse, al menos, los siguientes documentos:

a) Escrito que acredite la representación, cuando la parte no actúe por sí misma. También será posible el otorgamiento de representación ante los servicios administrativos correspondientes.

b) En caso de aceptación del arbitraje, escrito firmado expresando el compromiso de pago de la parte proporcional de los gastos que genere el procedimiento por la prestación de los servicios de arbitraje por la Sección Primera de la Comisión de Propiedad Intelectual, en los términos establecidos en la correspondiente orden ministerial por la que se establezcan los precios públicos por prestación de los servicios de la Sección Primera de la Comisión de Propiedad Intelectual.

8. Recibida la respuesta a la solicitud de arbitraje con todos sus documentos, la Sección Primera remitirá, en el plazo de quince días, una copia al demandante.

9. La Sección Primera acordará, en ese mismo plazo, la admisión de la solicitud de arbitraje por mayoría, de conformidad con su competencia y con los demás requisitos establecidos en el Texto Refundido de la Ley de la Propie-

---

Art. 14.7: Apartado modificado por la Disp. Final 1.ª.2 del Real Decreto 1.130/2023, de 19 de diciembre, por el que se desarrollan la composición y el funcionamiento de la Sección Segunda de la Comisión de Propiedad Intelectual y por el que se modifica el Real Decreto 1.023/2015, de 13 de noviembre, por el que se desarrolla reglamentariamente la composición, organización y ejercicio de funciones de la Sección Primera de la Comisión de Propiedad Intelectual (§ 7).

Art. 14.7.b): Vid. la Orden CUD/1205/2022, de 28 de noviembre, por la que se establecen los precios públicos por la prestación de los servicios de mediación y arbitraje de la Sección Primera de la Comisión de Propiedad Intelectual (*BOE* n.º 292, de 6 de diciembre de 2022).

dad Intelectual y en este capítulo. En el caso de que se acuerde la inadmisión o la acumulación de la solicitud a otros procedimientos que se estén sustanciando ante la Sección, la decisión será motivada, notificada a las partes y recurrible en reposición ante la propia Sección Primera, en virtud de lo dispuesto en el artículo 123.1 de la Ley 39/2015, de 1 de octubre, del Procedimiento Administrativo Común de las Administraciones Públicas.

Art. 15. *Procedimiento arbitral.*—1. La Sección Primera decidirá de oficio o a instancia de las partes sobre la admisibilidad, pertinencia y utilidad de las pruebas propuestas por las partes, sobre su práctica y su valoración, así como sobre la práctica de pruebas complementarias, cuando lo considerasen necesario para la formación de su criterio. Los gastos que pueda ocasionar la práctica de la prueba serán satisfechos por la parte que la hubiera solicitado, o por ambas partes si así lo aceptan, o de forma igualitaria entre las partes del procedimiento cuando haya sido propuesta por la Sección salvo que las partes acepten que sean satisfechos por una de ellas.

2. La Sección Primera podrá convocar las reuniones que estime precisas con la finalidad de promo-

ver un acuerdo entre las partes que permita la solución del conflicto.

3. Cuando la Sección considere que las cuestiones han sido suficientemente debatidas y siempre que no se haya alcanzado un acuerdo entre las partes en los términos previstos en el apartado anterior, convocará una audiencia para que las partes formulen sus posiciones definitivas.

Art. 16. *Terminación del procedimiento.*—1. El procedimiento terminará, salvo acuerdo previo de las partes, mediante uno o varios laudos escritos y motivados que resolverán todas las cuestiones planteadas por aquéllas en el ámbito de las competencias propias de la Sección. La Sección se pronunciará en el laudo final sobre las costas del arbitraje, definidas en los términos del apartado 6 del artículo 37 de la Ley 60/2003, de 23 de diciembre, de Arbitraje. Cualquier decisión sobre costas deberá ser motivada y, salvo acuerdo por escrito en contrario de las partes, como regla general, deberá reflejar el éxito y el fracaso de las respectivas pretensiones de las partes, a no ser que, atendidas las circunstancias del caso, los miembros de la Sección estimaran inapropiada la aplicación de este principio general.

2. Los laudos adoptados tendrán carácter vinculante y serán

Art. 15: Vid. art. 194.2 del Texto Refundido de la Ley de Propiedad Intelectual (§ 1).
Art. 16: Vid. art. 194.2 del Texto Refundido de la Ley de Propiedad Intelectual (§ 1).

ejecutables e impugnables conforme a lo establecido en la Ley 60/2003, de 23 de diciembre, de Arbitraje.

3. Salvo acuerdo en contrario de las partes, los laudos deberán dictarse en el plazo máximo de seis meses desde la admisión a trámite del arbitraje, prorrogables motivadamente por un máximo de dos meses si las partes no se oponen.

4. No obstante lo establecido en los apartados anteriores, si en el transcurso del procedimiento arbitral las partes alcanzasen un acuerdo que ponga fin, total o parcialmente, a la controversia, lo formalizarán por escrito y lo comunicarán a la Sección a fin de que se den por terminadas las actuaciones respecto de los puntos acordados y ésta dicte laudo en los términos convenidos salvo que aprecie motivos para oponerse o las partes renuncien a que se dicte el mismo.

Art. 16 bis. *Procedimiento aplicable a las cuestiones litigiosas sobre el acuerdo al que se refiere el artículo 129 bis.3 del texto refundido de la Ley de Propiedad Intelectual, aprobado por Real Decreto Legislativo 1/1996, de 12 de abril.—*

1. Las cuestiones litigiosas sobre el acuerdo por el que se autorizan los usos en línea de las publicaciones en prensa al que se refiere el artículo 129 bis.3.*d*) del texto refundido de la Ley de Propiedad Intelectual, se resolverán por la Sección Primera de conformidad con las disposiciones de este capítulo que resulten aplicables, con las especialidades que se recogen en los siguientes apartados.

2. La solicitud de inicio del procedimiento deberá invocar el acuerdo por el que se autorizan los usos en línea de publicaciones en prensa que hubieran formalizado las editoriales y agencias de noticias y los prestadores de servicios de la sociedad de la información.

3. La falta de presentación de la respuesta a la solicitud de inicio dentro del plazo conferido al efecto no suspenderá ni impedirá proseguir el procedimiento.

4. El procedimiento terminará mediante resolución de la Sección Primera, la cual podrá recoger los acuerdos alcanzados por las partes para poner fin, total o parcialmente, a las cuestiones objeto de controversia. Dichos acuerdos se formalizarán por escrito y se comunicarán a la Sección.

Art. 16 bis: Artículo añadido por la Disp. Final 1.ª.3 del Real Decreto 1.130/2023, de 19 de diciembre, por el que se desarrollan la composición y el funcionamiento de la Sección Segunda de la Comisión de Propiedad Intelectual y por el que se modifica el Real Decreto 1.023/2015, de 13 de noviembre, por el que se desarrolla reglamentariamente la composición, organización y ejercicio de funciones de la Sección Primera de la Comisión de Propiedad Intelectual (§ 7). Vid. art. 129 bis del Texto Refundido de la Ley de Propiedad Intelectual (§ 1).

CAPÍTULO VI

El procedimiento
de arbitraje de sustitución
de tarifas

Art. 17. *Procedimiento aplicable.*—Cuando una entidad de gestión de derechos de propiedad intelectual, una asociación de usuarios, una entidad de radiodifusión o un usuario afectado especialmente significativo haga uso de la facultad prevista en el apartado 2.*b*) del artículo 158 bis del Texto Refundido de la Ley de Propiedad Intelectual, al objeto de fijar una cantidad sustitutoria de las tarifas generales establecidas por una entidad de gestión, el procedimiento se ajustará a lo dispuesto en el capítulo V, con las salvedades previstas en el presente capítulo.

Art. 18. *Solicitud de arbitraje para fijar una cantidad sustitutoria de las tarifas generales.*—1. La solicitud de arbitraje podrá ser formulada por la entidad de gestión, la asociación de usuarios, la entidad de radiodifusión, o el usuario afectado especialmente significativo, y, además de los requisitos y documentos establecidos en el artículo 14 deberá contemplar los siguientes elementos, presentán-

dose mediante el modelo oficial que figura como anexo III a este real decreto:

a) Fijar, como objeto de la misma, una cantidad sustitutoria de las tarifas generales establecidas por la entidad de gestión.

b) Exponer las razones que justifican la solicitud de sustitución de la cantidad establecida por la entidad de gestión.

c) Proponer una cantidad sustitutoria determinada o determinable básicamente mediante una operación aritmética.

d) Incluir, en defecto de convenio arbitral, el expreso sometimiento a la competencia de la Sección Primera conforme a lo previsto en el artículo 158 bis.2.*b*) del texto refundido de la Ley de Propiedad Intelectual, para dar solución al conflicto.

e) La parte proponente podrá acompañar a los documentos exigidos en las letras *b*) y *c*) de este apartado cuantos otros documentos y pruebas estime convenientes.

2. Presentada la solicitud, la Sección Primera dará traslado de la misma a la otra parte para que presente su respuesta con los requisitos y documentos establecidos en el artículo 14, dentro del plazo de treinta días hábiles desde su recepción. La falta de presenta-

---

Art. 17: El art. 158 bis.2.*b*) del Texto Refundido de la Ley de Propiedad Intelectual se corresponde con el actual art. 194.2.*b*) de dicha norma (§ 1). Vid. art. 194.2 del Texto Refundido.

Art. 18: Vid. art. 194.2 del Texto Refundido de la Ley de Propiedad Intelectual (§ 1).

Art. 18.1.d): El art. 158 bis.2.*b*) del Texto Refundido de la Ley de Propiedad Intelectual se corresponde con el actual art. 194.2.*b*) de dicha norma (§ 1).

ción de la respuesta en el plazo referido tendrá los efectos previstos en el artículo 14.5 e impedirá proseguir el procedimiento.

3. La Sección decidirá sobre la admisión del procedimiento, de conformidad con el artículo 14.9. La inadmisión de la solicitud, recurrible en reposición frente a la propia Sección Primera dejará expedita la vía judicial ordinaria para conocer del asunto sometido a dicha Sección.

Art. 19. *Desarrollo del procedimiento.*—Admitida una solicitud de fijación de cantidad sustitutoria de tarifas generales, se comunicará a las partes, desarrollándose el procedimiento conforme a lo dispuesto en los artículos 15 y 16 con las siguientes especialidades:

a) La inasistencia o inactividad de cualquiera de las partes no impedirá el desarrollo del procedimiento, ni que se adopte la decisión arbitral resolutoria del conflicto, ni privará a ésta de su eficacia.

b) La presentación de una solicitud de fijación de cantidad sustitutoria de las tarifas generales conforme a este capítulo no exime, a los empresarios individuales o sociales representados por la asociación de usuarios o a la entidad de

radiodifusión o al usuario especialmente significativo, de la obligación de hacer efectiva bajo reserva o consignar notarial o judicialmente la cantidad establecida por la entidad de gestión conforme al artículo 157.2 del texto refundido de la Ley de Propiedad Intelectual, o la cantidad que cautelarmente pueda establecer a instancia de parte la Sección, para entenderse autorizados a ejercer el derecho de propiedad intelectual al que hacen referencia las tarifas generales objeto de la controversia.

c) El laudo será escrito y motivado, para lo que deberá tener en cuenta los criterios mínimos establecidos en el artículo 157.1.*b)* del texto refundido de la Ley de Propiedad Intelectual.

CAPÍTULO VII

El procedimiento de determinación de tarifas

Art. 20. *Solicitud de determinación de tarifas.*- 1. Estarán legitimados para ser parte en el procedimiento de determinación de tarifas; las entidades de gestión, las asociaciones de usuarios representativas a nivel nacional del sector

---

Art. 19: Vid. art. 194.2 del Texto Refundido de la Ley de Propiedad Intelectual (§ 1).

Art. 19.b): El art. 157.2 del Texto Refundido de la Ley de Propiedad Intelectual se corresponde con el actual art. 163.4 de dicha norma (§ 1).

Art. 19.c): El art. 157.1.*b)* del Texto Refundido de la Ley de Propiedad Intelectual se corresponde con el actual art. 164 de dicha norma (§ 1).

Art. 20: Vid. art. 194.3 del Texto Refundido de la Ley de Propiedad Intelectual (§ 1).

correspondiente, las entidades de radiodifusión de ámbito nacional y los usuarios especialmente significativos.

2. La solicitud de determinación de tarifas se dirigirá a la Sección Primera, mediante el modelo oficial que figura como anexo IV a este real decreto por la parte solicitante, o en su caso, por ambas partes conjuntamente y contendrá:

a) El nombre completo, dirección y demás datos relevantes para la identificación y contacto de la parte o partes solicitantes y de la parte o partes requeridas a negociar, así como en su caso los de sus representantes. En particular, se deberá indicar las direcciones a las que deberán dirigirse las comunicaciones a todas esas partes.

b) El objeto del conflicto, que deberá circunscribirse a la determinación de las tarifas y las condiciones necesarias para hacer efectivos los derechos a los que se refiere el apartado 3 del artículo 158 bis del Texto Refundido de la Ley de Propiedad Intelectual.

c) La fecha formal del inicio de las negociaciones entre las partes en conflicto en los términos previstos en los apartados 4 y 5 del presente artículo.

d) La declaración de la inexistencia de acuerdo en el plazo de seis meses desde el inicio formal de la negociación entre las partes.

e) La pretensión que se formula respecto de las tarifas correspondientes y de las condiciones necesarias para hacer efectivos los derechos a los que se refiere el apartado 3 del artículo 158 bis del texto refundido de la Ley de Propiedad Intelectual, que podrán ser de entidades de gestión diferentes cuando el solicitante sea uno de los mencionados en el siguiente apartado 3.a), 1.º y 2.º, de este artículo, siempre que previamente se las haya requerido a negociar y no se haya alcanzado acuerdo, las tarifas se refieran a la misma modalidad de explotación, respecto de la misma clase de obras o prestaciones tales como, audiovisuales, musicales, y las tarifas sean de aplicación a usuarios de idéntico sector. En el supuesto de que se solicite la fijación de tarifas por un derecho o derechos de gestión colectiva obligatoria que, respecto de la misma categoría de titulares, concurra con un derecho de gestión colectiva voluntaria sobre la misma obra o prestación, el objeto del conflicto deberá referirse obligatoriamente de manera conjunta a ambos derechos.

f) La cifra total anual estimada equivalente a la explotación de los derechos objeto de la controversia, a efectos de la determinación de la tasa cuyo pago prevé el artículo 26.

3. A la solicitud se adjuntará la siguiente documentación:

a) Dependiendo de la parte solicitante en el procedimiento presentarán:

1.º En el supuesto de las asociaciones de usuarios, la acreditación de ser representativas a nivel nacional en el sector correspondiente y una certificación en la que se comprenda el nombre y apellidos o razón social y el domicilio de los empresarios individuales o sociales en cuyo nombre se presente dicha solicitud, así como el acuerdo y mandato de representación adoptado, en relación con el procedimiento de determinación de tarifas, por su órgano de gobierno.

2.º En el caso de entidades de radiodifusión de ámbito nacional o usuarios especialmente significativos, la documentación que a su juicio justifique que reúnen dicha condición para su valoración por la Sección Primera.

b) Cuando la parte no actúe por sí misma, escrito que acredite la representación. También será posible el otorgamiento de representación ante los servicios administrativos correspondientes cuando se designen representantes.

c) La documentación que acredite la inexistencia de acuerdo en el plazo de seis meses desde el inicio formal de la negociación entre las partes objeto de la controversia, para lo que se deberá aportar:

1.º Documento que acredite el inicio formal de la negociación, que contenga los nombres designados por las partes para llevar a cabo la negociación y la capacidad de éstos para vincular a éstas en la misma.

2.º Documento que acredite la inexistencia de acuerdo entre las partes en el plazo de seis meses desde la fecha de inicio formal de la negociación.

d) Informe motivado que respalde la pretensión que se formula respecto de las tarifas correspondientes, fundamentado en lo establecido en el artículo 157.1.b) del Texto Refundido de la Ley de Propiedad Intelectual, que deberá contener tanto la fijación de tarifas, como los términos específicos para hacer efectiva la mismas, tales como el alcance temporal y territorial de aplicación de éstas, las obligaciones de intercambio de información, las facultades de comprobación de la información, auditoría, o los plazos y la forma de pago.

e) La documentación que justifique o acredite la cifra total anual estimada equivalente a la explotación de los derechos objeto de la controversia, a efectos de la de-

---

Art. 20.3.d): El art. 157.1.*b*) del Texto Refundido de la Ley de Propiedad Intelectual se corresponde con el actual art. 164 de dicha norma (§ 1).

terminación de la tasa cuyo pago prevé el artículo 26.

4. A los efectos del presente artículo, se considerará como inicio formal de la negociación la fecha en la que las partes acuerden mutuamente iniciar dicha negociación, o en su defecto la fecha de la primera reunión de negociación celebrada o la fecha de constitución efectiva de la correspondiente mesa de negociación si la hubiera.

5. En el supuesto de que no sea posible iniciar formalmente la negociación en los términos contemplados en el apartado anterior y sin perjuicio de la obligación contemplada en el artículo 157.1.c) del texto refundido de la Ley de Propiedad Intelectual, se entenderá que se produce el inicio formal de las negociaciones una vez se haya recibido por la parte requerida a negociar la solicitud formal de inicio de las mismas, lo que deberá acreditarse mediante cualquier medio válido en derecho. En este caso, el o los solicitantes quedarán exceptuados de la presentación de la documentación prevista en la letra c) del apartado 3 del presente artículo.

6. Si la solicitud no reuniera los requisitos establecidos en el presente artículo, la Sección Primera requerirá al interesado para que en el plazo de diez días subsa-

ne las faltas o acompañe los documentos preceptivos, con indicación de que, si así no lo hiciera, se le tendrá por desistido de su petición, archivándose las actuaciones previa la correspondiente resolución. Contra dicha resolución cabrá interponer el recurso potestativo de reposición ante la propia Sección Primera.

Art. 21. *Inicio del procedimiento.*—1. Una vez comprobado que la solicitud reúna los requisitos exigidos, la Sección Primera dará traslado de la misma a la parte requerida previamente a negociar para que presente las alegaciones que estime oportunas sobre su admisión a trámite, así como, en su caso, sobre la abstención o recusación de los vocales de la Sección Primera, dentro del plazo que le sea fijado por el Presidente y que, en ningún caso, podrá exceder de quince días.

2. Recibidas las alegaciones, o transcurrido el plazo fijado a que se refiere el apartado anterior sin que se hayan presentado alegaciones, la Sección Primera decidirá por mayoría en un plazo máximo de quince días sobre la admisión o inadmisión a trámite de la solicitud del procedimiento de determinación de tarifas, de conformidad con la competencia de la misma y

---

Art. 20.5: El art. 157.1.c) del Texto Refundido de la Ley de Propiedad Intelectual se corresponde con el actual art. 165 de dicha norma (§ 1).

Art. 21: Vid. art. 194.3 del Texto Refundido de la Ley de Propiedad Intelectual (§ 1).

con los demás requisitos establecidos en el texto refundido de la Ley de Propiedad Intelectual y en este real decreto, lo que será notificado a las partes. Contra dicha resolución, cabrá interponer recurso potestativo de reposición ante la propia Sección Primera, en virtud de lo dispuesto en el artículo 123.1 de la Ley 39/2015, de 1 de octubre, del Procedimiento Administrativo Común de las Administraciones Públicas.

3. Serán causa de inadmisión a trámite del procedimiento, en todo caso:

a) La solicitud manifiestamente infundada o ajena al ejercicio de las funciones encomendadas a la Sección Primera.

b) La solicitud de determinación de tarifas cuando éstas hayan sido establecidas en un procedimiento de mediación o arbitraje por la Sección Primera.

c) No ostentar la capacidad de parte, el solicitante o la requerida, de acuerdo con el artículo 20.1.

d) Encontrarse vigentes por una resolución previa de la Sección Primera en los términos del artículo 24.2.

e) No contemplarse conjuntamente en el objeto del conflicto de la solicitud la fijación de tarifas por un derecho o derechos de gestión colectiva obligatoria cuando, respecto de la misma categoría de titulares, concurra con un derecho de gestión colectiva sobre la misma obra o prestación.

4. La Sección Primera, previa audiencia de las partes por un plazo común de cinco días, podrá acordar de oficio, la acumulación de expedientes de fijación de tarifas admitidos a trámite siempre que éstos versen sobre la misma modalidad de explotación, respecto de la misma clase de obras o prestaciones tales como, audiovisuales, musicales, y las tarifas sean de aplicación a usuarios de idéntico sector. Contra la decisión de acumulación no cabrá recurso administrativo alguno.

5. La resolución de la Sección Primera de admisión a trámite del procedimiento se publicará en el «Boletín Oficial del Estado», a los efectos de que aquellos titulares de intereses legítimos y directos que puedan resultar afectados por la resolución final que se dicte y que no se encuentren ya debidamente personados en el procedimiento puedan, en el plazo de quince días desde el día siguiente a la citada publicación, personarse en el mismo.

6. El plazo de instrucción y resolución del expediente será de nueve meses a partir de la admisión a trámite de la solicitud del procedimiento, que dará lugar al inicio del mismo.

Art. 22. *Medidas provisionales.*—Una vez iniciado el procedi-

---

Art. 22: Vid. art. 194.3 del Texto Refundido de la Ley de Propiedad Intelectual (§ 1).

miento, la Sección Primera podrá acordar de oficio de manera motivada, en su caso, medidas provisionales tendentes a asegurar la eficacia de la resolución administrativa que pueda dictarse, si existiesen elementos suficientes de juicio para ello, y en especial el pago a cuenta por parte de los usuarios, en relación con la remuneración exigida por las entidades de gestión por la explotación de derechos de remuneración y a los efectos de entender concedida la autorización respecto a los derechos exclusivos concurrentes con éstos, de un determinado porcentaje de las tarifas generales aprobadas por cada entidad de gestión o cualquier otro porcentaje que de manera motivada determine.

Art. 23. *Instrucción del procedimiento.*—1. Una vez comunicada a las partes la admisión a trámite de la solicitud, la Sección Primera realizará los actos de instrucción necesarios para el conocimiento y determinación de los datos en virtud de los cuales deba pronunciarse la resolución.

2. Durante la instrucción las partes y los terceros interesados que se hayan personado en el procedimiento podrán presentar alegaciones y proponer la práctica de las pruebas que estimen pertinentes para la defensa de sus intereses que guarden relación con las tarifas

que hayan de ser fijadas por la Sección Primera, en particular, en el caso de las partes, para facilitar o complementar la información intercambiada durante las negociaciones previas al inicio del procedimiento administrativo, así como la aportada en el inicio del procedimiento administrativo.

3. La Sección Primera decidirá de manera motivada y de oficio sobre la admisibilidad de las pruebas propuestas por las partes legítimas y los terceros interesados que se hayan personado en el procedimiento, sobre su práctica y su valoración, así como sobre la práctica de pruebas complementarias, cuando lo consideren necesario para la formación de su criterio. Podrá denegarse la práctica o incorporación de una prueba cuando sea manifiestamente improcedente o innecesaria. En los supuestos en los que haya sido propuesta una prueba complementaria por la Sección Primera la asunción del coste de la misma se distribuirá de forma igualitaria entre las partes del procedimiento, salvo que alguna de las partes acepte asumir la totalidad de su coste.

4. Si un medio de prueba estuviera en poder o bajo el control de una parte, y ésta rehusara injustificadamente presentarla o dar acceso a ella, la Sección Primera podrá extraer de esa conducta, tomando en consideración las restantes pruebas, las conclusiones que esti-

---

Art. 23: Vid. art. 194.3 del Texto Refundido de la Ley de Propiedad Intelectual (§ 1).

men procedentes sobre los hechos objeto de prueba, tales como atribuir a estos valor probatorio.

5.   La Sección Primera podrá acordar la celebración de reuniones con las partes, previa solicitud de éstas cuando lo considere adecuado para el examen de las cuestiones que se dilucidan en el expediente. Durante las reuniones las partes y los terceros interesados que se hayan personado en el procedimiento podrán exponer de forma breve sus alegaciones. Se celebrará vista para la práctica de pruebas testificales y periciales en lo que corresponde a su ratificación.

La celebración de la vista será contradictoria, y en ella podrán intervenir las partes, los terceros interesados y sus representantes, la Sección Primera y el personal de apoyo. Se podrá requerir asimismo la participación de aquellas personas que, a juicio de la Sección Primera, sean oportunas, previa notificación a las mismas de dicha circunstancia. Asimismo, la Sección Primera podrá formular preguntas a las partes, a los terceros interesados que, en su caso, participen en la misma, en particular sobre los informes que presenten las partes en apoyo de sus pretensiones y a los peritos autores de dictámenes aportados al expediente.

Le corresponde al Presidente de la Sección Primera la dirección de las reuniones y de las vistas y el mantenimiento del orden en el transcurso de la misma.

6.   El plazo máximo para la proposición, práctica de la prueba, reuniones y vistas será de cuatro meses desde el inicio del procedimiento.

7.   La celebración de las vistas y las cuestiones abordadas en el transcurso de las mismas se reflejarán en un acta, sin perjuicio de su posible grabación en soporte audiovisual, en cuyo caso, se pondrá a disposición de las partes.

8.   Concluida la práctica de las pruebas, la Sección Primera valorará en cada caso, si solicita, o no, informe de los organismos públicos que ejerzan sus funciones en relación con los mercados o sectores económicos a los que afectan las tarifas. En los casos en los que la Sección Primera acuerde solicitar dicho informe, el organismo público deberá emitirlo en el plazo de un mes desde su recepción.

9.   Con anterioridad a la elaboración de la propuesta de resolución en el plazo máximo de un mes desde la conclusión de la práctica de pruebas o de quince días en el supuesto de que se haya pedido informe de los organismos públicos que ejerzan sus funciones en relación con los mercados o sectores económicos a los que afectan las tarifas, la Sección Primera dará trámite de audiencia a las partes y a los terceros interesados que se hubieren personado en el procedimiento para que expongan las conclusiones sobre el resultado de las pruebas practicadas, los informes recibidos, en

su caso, de los organismos públicos, y sobre las tarifas que hayan de ser fijadas por la Sección Primera. En dicho trámite las partes habrán de ratificar o modificar sus pretensiones realizadas en sus respectivos escritos de solicitud y contestación a la misma, permitiéndose a los terceros interesados que se hubieren personado en el procedimiento que formulen sus alegaciones y pretensiones al efecto.

Art. 24. *Resolución.*—1. Una vez instruido el procedimiento, en el plazo máximo un mes, se notificará a las partes la propuesta de resolución motivada para que, en el plazo de diez días a contar desde el día siguiente a la notificación, puedan formular las alegaciones correspondientes. En ella se contendrán, como mínimo, los antecedentes del expediente, los hechos acreditados, la determinación cuantitativa de las tarifas y los términos específicos para hacer efectiva la misma.

2. La resolución motivada que ponga fin al procedimiento se adoptará en el plazo máximo de un mes desde la recepción de las alegaciones a la propuesta de resolución motivada, contendrá los antecedentes de hecho y los fundamentos de derecho relevantes, y

determinará el importe de la remuneración exigida por la utilización de obras y demás prestaciones del repertorio de las entidades de gestión, la forma de pago y las demás condiciones necesarias para hacer efectivos los derechos cuya controversia se plantea en el procedimiento, de conformidad con lo dispuesto en el apartado 3 del artículo 158 bis del Texto Refundido de la Ley de Propiedad Intelectual. Asimismo, la resolución se notificará a todas las partes y a los terceros interesados que se hayan personado en el procedimiento en el plazo de diez días desde su adopción y sin perjuicio del tratamiento de la información confidencial que pueda contener, se publicará en el «Boletín Oficial del Estado» y en la página web del Ministerio de Educación, Cultura y Deporte, y será aplicable a partir del día siguiente al de la publicación, con alcance general para todos los titulares y obligados y a las propias entidades de gestión, respecto de la misma modalidad de explotación de obras y prestaciones e idéntico sector de usuarios. La resolución será directamente recurrible en vía contencioso-administrativa, conforme a lo dispuesto en el artículo 11.1.*a*) de la Ley 29/1998, de 13 de julio, regu-

---

Art. 24: Vid. art. 194.3 del Texto Refundido de la Ley de Propiedad Intelectual (§ 1).

Art. 24.2: El art. 158 bis.3 del Texto Refundido de la Ley de Propiedad Intelectual se corresponde con el actual art. 194.3 de dicha norma (§ 1). El Ministerio de Educación, Cultura y Deporte es actualmente el Ministerio de Cultura.

ladora de la Jurisdicción Contencioso-Administrativa.

La resolución no afectará a los términos dispuestos en los acuerdos alcanzados entre entidades de gestión y usuarios en uso de la autonomía de su voluntad.

3. La interposición de recurso contra la resolución de la Sección Primera no suspenderá la ejecución de la misma.

4. La resolución no alterará la naturaleza jurídico-civil de los derechos con respecto a los cuales se fije la determinación de tarifas y las demás condiciones necesarias para hacerlos efectivos.

Art. 25. *Terminación convencional.*—1. La Sección Primera podrá acordar, salvo que aprecie motivos para oponerse, la finalización del procedimiento a través de una terminación convencional, a solicitud de las partes, cuando éstas alcancen un acuerdo sobre la totalidad de las cuestiones objeto de examen en el procedimiento administrativo.

2. A tal efecto, las partes deberán presentar una propuesta conjunta ante la Sección Primera en el plazo máximo de diez días hábiles desde la fecha de la firma del acuerdo. La Sección Primera examinará su contenido para verificar que todas las cuestiones abordadas en el expediente se encuentran cubiertas por el acuerdo de las partes y previo trámite de audiencia a los terceros interesados por un plazo improrrogable de cinco días, dictará resolución.

3. La resolución que ponga fin al procedimiento mediante la terminación convencional tendrá el siguiente contenido mínimo:

a) Identificación de las partes.

b) Objeto de los compromisos alcanzados, incluyendo la duración del acuerdo, el importe de la remuneración exigida por la utilización de obras y demás prestaciones del repertorio de las entidades de gestión, la forma de pago y las demás condiciones necesarias para hacer efectivos los derechos cuya controversia se plantea en el procedimiento.

4. La resolución a la que se refiere el apartado anterior se publicará en el «Boletín Oficial del Estado» y en la página web del Ministerio de Educación, Cultura y Deporte y será aplicable a partir del día siguiente al de la publicación, con alcance general para todos los titulares y obligados, respecto de la misma modalidad de explotación de obras y prestaciones e idéntico sector de usuarios. Dicha resolución será directamente recurrible en vía contencioso-administrativa, conforme a lo dis-

---

Art. 25: Vid. art. 194.3 del Texto Refundido de la Ley de Propiedad Intelectual (§ 1).
Art. 25.4: El Ministerio de Educación, Cultura y Deporte es actualmente el Ministerio de Cultura.

puesto en el artículo 11.1.a) de la Ley 29/1998, de 13 de julio, reguladora de la Jurisdicción Contencioso-Administrativa.

Art. 26. *Pago de la tasa.*— 1. Una vez haya finalizado el procedimiento de determinación de la tarifa por resolución o terminación convencional se devengará la correspondiente tasa, cuya cuota a ingresar será el resultante de aplicar los siguientes tipos proporcionales a las cantidades resultantes estimadas para la aplicación de tarifas por la Sección Primera en los términos del presente apartado, sin perjuicio de la cantidad mínima de 16.659,47 euros a abonar en aquellos procedimientos en los que la cantidad resultante estimada no supere la cuantía de 16.659.470 euros:

a) De 16.659.470,01 euros a 100.000.000 euros para la aplicación de la tarifa determinada por la Sección Primera, 16.659,47 euros hasta 16.659.470 euros y un 0,15 por ciento sobre la correspondiente cifra de la cantidad restante.

b) A partir de 100.000.000,01 euros para la aplicación de la tarifa determinada por la Sección Primera, 16.659,47 euros hasta 16.659.470 euros, un 0,15 por ciento hasta 100.000.000 y un 0,2 por ciento sobre la correspondiente cifra de la cantidad restante.

2. La determinación de las cantidades resultantes estimadas para la aplicación de tarifas se establecerá en cada procedimiento por la Sección Primera teniendo en cuenta la cifra total anual estimada equivalente a la explotación de los derechos objeto de la controversia, así como el plazo de duración de la resolución o acuerdo convencional. A estos efectos, se tendrá en cuenta tanto la documentación presentada por la parte solicitante en su escrito de solicitud como aquella que aporte al respecto la parte requerida. Cuando en la intervención de la Sección Primera la parte solicitante o requerida sea un usuario individual, a los efectos de establecer la cifra total anual estimada equivalente a la explotación de los derechos objeto de la controversia, ésta se limitará a la que derive de su propia actividad.

3. El pago del cincuenta por ciento del importe de la tasa devengada le corresponderá a la entidad de gestión cuyas tarifas se determinan en la resolución y el restante cincuenta por ciento lo abonarán los usuarios que hayan sido parte en el procedimiento.

Art. 27. *Recursos.*—Los actos dictados por la Sección Primera en el ejercicio de su función de determinación de tarifas pondrán fin a la

---

Art. 26: Vid. art. 194.3 del Texto Refundido de la Ley de Propiedad Intelectual (§ 1).
Art. 27: Vid. art. 194.3 del Texto Refundido de la Ley de Propiedad Intelectual (§ 1).

vía administrativa siendo susceptibles de recurso potestativo de reposición ante la propia Sección Primera en virtud de lo dispuesto en el artículo 123.1 de la Ley 39/2015, de 1 de octubre, del Procedimiento Administrativo Común de las Administraciones Públicas, o ser impugnados directamente ante la jurisdicción contencioso administrativa, conforme a lo dispuesto en el artículo 11.1.*a*) de la Ley 29/1998, de 13 de julio, reguladora de la Jurisdicción Contencioso-administrativa.

CAPÍTULO VIII

EL PROCEDIMIENTO DE CONTROL DE TARIFAS

Art. 28. *Inicio del procedimiento.*—1. El procedimiento de control relativo a las tarifas generales establecidas por las entidades de gestión, previsto en el apartado 4 del artículo 158 bis del Texto Refundido de la Ley de Propiedad Intelectual se iniciará siempre de oficio por la Sección Primera:

a) Por propia iniciativa.

b) Por denuncia de los usuarios del repertorio de las entidades de gestión obligados al pago de una tarifa general o, en su caso, de las asociaciones de las que formen parte éstos, con el contenido indicado en el apartado siguiente.

2. La denuncia se dirigirá a la Sección Primera, mediante el modelo oficial que figura como anexo V a este real decreto, y contendrá al menos las siguientes menciones:

a) Nombre o razón social, domicilio, teléfono y número de fax de los denunciantes y, en el caso de que éstos actúen por medio de representante, acreditación de la representación y domicilio a efectos de notificaciones.

b) Nombre o razón social, domicilio y, en su caso, número de teléfono y de fax o cualquier otro medio electrónico pertinente de la entidad o entidades de gestión cuyas tarifas generales se denuncian.

c) Justificación del denunciante de su condición de usuario del repertorio de las entidades de gestión obligado al pago de una tarifa general establecida por una entidad o de una asociación cuyos miembros sean usuario del repertorio de las entidades de gestión y estén obligados al citado pago, para ser considerado como tal en el procedimiento de control.

d) Identificación de las tarifas generales cuyo control pretende que se lleve a cabo por la Sección

---

Art. 28.1: El art. 158 bis.4 del Texto Refundido de la Ley de Propiedad Intelectual se corresponde con el actual art. 194.4 de dicha norma (§ 1).

Art. 28.2.d): El art. 157.1.*b*) del Texto Refundido de la Ley de Propiedad Intelectual se corresponde con el actual art. 164 de dicha norma (§ 1).

Primera, debiendo argumentarse las razones por las cuales se considera que éstas son inequitativas o discriminatorias.

Asimismo deberá acompañarse a la solicitud un informe en el que se justifique desde un punto de vista jurídico y económico los motivos por los que el denunciante considera que las tarifas generales denunciadas son inequitativas o discriminatorias, valorando en él la aplicación de los criterios mínimos recogidos en el artículo 157.1.*b*) del texto refundido de la Ley de Propiedad Intelectual, y al que se podrán adjuntar las pruebas que considere conveniente.

3. Si la denuncia no reuniera los requisitos establecidos en el apartado 2 se requerirá al denunciante para que, en un plazo de diez días, subsane la falta o aporte la documentación requerida, con indicación de que, si así no lo hiciera, se le tendrá por desistido de la denuncia.

4. El desistimiento del denunciante no impedirá a la Sección Primera realizar de oficio todas aquellas actuaciones que considerase necesarias.

Art. 29. *Requerimiento de información y acuerdo de no iniciación.*—1. Una vez analizada la denuncia presentada o en aquellos supuestos en los que ejerza la función de control por iniciativa propia, la Sección Primera podrá formular requerimientos de información a la entidad de gestión denunciada, pudiendo constituir la falta de atención al mismo una infracción de conformidad con lo previsto en el artículo 162 bis.4.*a*) del texto refundido de la Ley de Propiedad Intelectual, lo que será comunicado al órgano sancionador competente.

2. En todo caso, con anterioridad a la adopción de un acuerdo de iniciación o no del procedimiento, la Sección Primera notificará a la entidad de gestión denunciada y al denunciado en caso de que se le hubiera requerido información, la propuesta de acuerdo para que ésta realice las alegaciones y aporte, en su caso, la documentación que estime conveniente.

3. El acuerdo de no iniciación del procedimiento de la Sección Primera deberá comunicarse al denunciante, indicando sucintamente los motivos por los que no procede la iniciación del procedimiento. Contra dicho acto cabrá recurso potestativo de reposición ante la propia Sección Primera, en virtud de lo dispuesto en el artículo 123.1 de la Ley 39/2015, de 1 de octubre, del Procedimiento Administrativo Común de las Administraciones Públicas.

Art. 29: El art. 162 bis.4.*a*) del Texto Refundido de la Ley de Propiedad Intelectual se corresponde con el actual art. 191.4.*a*) de dicha norma (§ 1). Vid. art. 194.4 del Texto Refundido.

Art. 30. *Remisión de información a la Comisión Nacional de los Mercados y la Competencia.*—En los supuestos en los que la Sección Primera aprecie que las tarifas generales no cumplen con el criterio de equidad y no discriminación o cuando no se ajusten a los criterios establecidos en el artículo 157.1.*b)* del texto refundido de la Ley de Propiedad Intelectual, la Sección Primera lo comunicará y remitirá la totalidad de la información recabada a la Comisión Nacional de los Mercados y la Competencia, a los efectos oportunos. Contra dicha resolución no cabrá recurso administrativo.

DISPOSICIONES ADICIONALES

1.ª *Usuario especialmente significativo.*—A los efectos de entender a un usuario como especialmente significativo en aquellos procedimientos sustanciados ante la Sección Primera afectados por dicho sujeto, la Sección tendrá en cuenta, entre otros posibles criterios, el porcentaje de ingresos brutos del usuario en el total del sector económico en el que sean de aplicación las tarifas a determinar.

2.ª *Aplicación de la Ley 30/1992, de 26 de noviembre, de Régimen Jurídico de las Administraciones Públicas y del Procedimiento Administrativo Común.*—En tanto no entren en vigor la Ley 39/2015, de 1 de octubre, del Procedimiento Administrativo Común de las Administraciones Públicas, y la Ley 40/2015, de 1 de octubre, de Régimen Jurídico del Sector Público, serán de aplicación las disposiciones que correspondan de la Ley 30/1992 de 26 de noviembre, de Régimen Jurídico de las Administraciones Públicas y del Procedimiento Administrativo Común, a los supuestos en los que este real decreto hace referencia a las anteriores.

DISPOSICIÓN TRANSITORIA

Única. *Vocales de la Sección Primera de la Comisión de Propiedad Intelectual.*—En el plazo de un mes desde la entrada en vigor del presente real decreto se procederá al nombramiento de los vocales de la Sección Primera. En tanto no se produzca el mismo la Sección quedará integrada por los vocales que la componen en la fecha de entrada en vigor del presente real decreto.

Art. 30: El art. 157.1.*b)* del Texto Refundido de la Ley de Propiedad Intelectual se corresponde con el actual art. 164 de dicha norma (§ 1). Vid. art. 194.4 del Texto Refundido.

DISPOSICIÓN DEROGATORIA

Única. *Derogación normativa.*—Quedan derogadas las disposiciones de igual o inferior rango que se opongan a lo establecido en este real decreto y, en particular, los artículos 2 al 12, ambos inclusive, del Real Decreto 1.889/2011, de 30 de diciembre, por el que se regula el funcionamiento de la Comisión de Propiedad Intelectual.

DISPOSICIONES FINALES

1.ª *Título competencial.*—Este real decreto se dicta al amparo de lo dispuesto en el artículo 149.1.9.ª de la Constitución, que atribuye al Estado la competencia exclusiva sobre legislación sobre propiedad intelectual e industrial. Se exceptúan de lo anterior los capítulos III, IV y V que se dictan al amparo de la competencia sobre legislación procesal que la Constitución otorga al Estado en su artículo 149.1.6.ª

2.ª *Presupuesto para el ejercicio de la Comisión de Propiedad Intelectual.*—El gasto que pueda generar la puesta en funcionamiento de la Sección Primera de la Comisión de Propiedad Intelectual será asumido con los actuales medios con los que cuenta el Ministerio de Educación, Cultura y Deporte.

3.ª *Facultad de desarrollo.*—El titular del Ministerio de Educación, Cultura y Deporte podrá dictar cuantas disposiciones de desarrollo sean precisas para el cumplimiento y aplicación del presente real decreto, así como modificar, mediante orden ministerial, las cuantías a que hace referencia el artículo 26.1 del mismo conforme a la normativa aplicable en materia de desindexación.

4.ª *Entrada en vigor.*—El presente real decreto entrará en vigor el día siguiente al de su publicación en el *Boletín Oficial del Estado.*

Disp. Derog. Única: La Disp. Derog. única del Real Decreto 1.130/2023, de 19 de diciembre, por el que se desarrollan la composición y el funcionamiento de la Sección Segunda de la Comisión de Propiedad Intelectual y por el que se modifica el Real Decreto 1.023/2015, de 13 de noviembre, por el que se desarrolla reglamentariamente la composición, organización y ejercicio de funciones de la Sección Primera de la Comisión de Propiedad Intelectual (§ 7), deroga completamente el Real Decreto 1.889/2011, de 30 de diciembre.

Disp. Final 2.ª: El Ministerio de Educación, Cultura y Deporte es actualmente el Ministerio de Cultura.

Disp. Final 3.ª: El Ministerio de Educación, Cultura y Deporte es actualmente el Ministerio de Cultura.

ANEXO I

 MINISTERIO DE EDUCACIÓN, CULTURA Y DEPORTE
COMISIÓN DE PROPIEDAD INTELECTUAL
SECCIÓN PRIMERA

SOLICITUD n.º
Fecha, hora y minuto de presentación
  /   /   ...h. ....min.
(A rellenar por la Administración)

SOLICITUD DE MEDIACIÓN (ARTÍCULO 158 bis, apartado 1, del Texto Refundido de la Ley de Propiedad Intelectual)

PARTES EN LA MEDIACIÓN (táchese lo que no proceda):

NOMBRE DE LA PERSONA, ENTIDAD O EMPRESA SOLICITANTE 1 Ó ÚNICA:

NIF

DATOS DEL REPRESENTANTE O PERSONA DE CONTACTO:

NOMBRE Y APELLIDOS

DNI o NIE

DOMICILIO A EFECTOS DE NOTIFICACIONES:

DIRECCIÓN

LOCALIDAD   PROVINCIA   ESTADO

C.P.   TEL.   CORREO-E   CORREO-E (confirmar)

NOMBRE DE LA PERSONA, ENTIDAD O EMPRESA SOLICITANTE 2 Ó REQUERIDA:

NIF

DATOS DEL REPRESENTANTE O PERSONA DE CONTACTO:

NOMBRE Y APELLIDOS

DNI o NIE

DOMICILIO A EFECTOS DE NOTIFICACIONES:

DIRECCIÓN

LOCALIDAD   PROVINCIA   ESTADO

C.P.   TEL.   CORREO-E   CORREO-E (confirmar)

-DESCRIPCIÓN DEL OBJETO DE LA CONTROVERSIA

-PRETENSIÓN QUE SE FORMULA (expresar de manera sucinta)

-REFERENCIA AL ACTO, CONTRATO O NEGOCIO JURÍDICO DEL QUE DERIVA LA CONTROVERSIA

-REFERENCIA AL PACTO O ESCRITO DE MEDIACIÓN, QUE EN SU CASO , SE INVOCA

SE ADJUNTA DOCUMENTACIÓN RELATIVA A:
- COPIA DEL PACTO ESCRITO DE MEDIACIÓN, SI EXISTIERA
-COPIA DEL ACTO, CONTRATO O NEGOCIO DEL QUE SE DERIVE LA CONTROVERSIA
- CONTENIDO DE LAS PRETENSIONES Y ALEGACIONES DEL SOLICITANTE/S
- NOMBRAMIENTO DEL REPRESENTANTE/S DE LA/S PARTE/S SOLICITANTE/S
- CONSTANCIA DEL PAGO DE LA OPORTUNA PROVISIÓN DE FONDOS
- EN SU CASO, CERTIFICACIÓN DEL ACUERDO Y MANDATO DE REPRESENTACIÓN ADOPTADO, EN RELACIÓN CON LA MEDIACIÓN, POR EL ÓRGANO DE GOBIERNO DE LA ASOCIACIÓN DE USUARIOS O ENTIDAD DE NATURALEZA ASOCIATIVA SOLICITANTE.
-OTROS

La parte o partes solicitantes manifiestan aceptar la imparcialidad de los miembros titulares de la Sección Primera de la Comisión de Propiedad Intelectual en su condición de mediadores, o, por el contrario adjuntan escrito sobre las causas de recusación que entienden que concurren.

_____, __ de __de 201_.

Firma del solicitante/s,

A/A. SR. SECRETARIO DE LA SECCIÓN PRIMERA DE LA COMISIÓN DE PROPIEDAD INTELECTUAL. MINISTERIO DE EDUCACIÓN, CULTURA Y DEPORTE.

ANEXO II

 MINISTERIO DE EDUCACIÓN,
CULTURA Y DEPORTE
COMISIÓN DE PROPIEDAD INTELECTUAL
SECCIÓN PRIMERA

SOLICITUD n.º
Fecha, hora y minuto de presentación
/   /   ....h. ....min.
(A rellenar por la Administración)

SOLICITUD GENERAL DE ARBITRAJE (ARTÍCULO 158 bis, apartado 2.a, del Texto Refundido de la Ley de Propiedad Intelectual)

PARTES EN EL ARBITRAJE (táchese lo que no proceda):
NOMBRE DE LA PERSONA, ENTIDAD O ASOCIACIÓN DEMANDANTE 1 Ó ÚNICA:

NIF

DATOS DEL REPRESENTANTE O PERSONA DE CONTACTO:
NOMBRE Y APELLIDOS
DNI o NIE
DOMICILIO A EFECTOS DE NOTIFICACIONES:
DIRECCIÓN
LOCALIDAD   PROVINCIA   ESTADO
C.P.   TEL.   CORREO-E   CORREO-E (confirmar)

NOMBRE DE LA PERSONA, ENTIDAD O ASOCIACIÓN DEMANDANTE 2 Ó DEMANDADA:

NIF

DATOS DEL REPRESENTANTE O PERSONA DE CONTACTO:
NOMBRE Y APELLIDOS
DNI o NIE
DOMICILIO A EFECTOS DE NOTIFICACIONES:
DIRECCIÓN
LOCALIDAD   PROVINCIA   ESTADO
C.P.   TEL.   CORREO-E   CORREO-E (confirmar)

-DESCRIPCIÓN DEL OBJETO DE LA CONTROVERSIA
-PRETENSIÓN QUE SE FORMULA (expresar de manera sucinta)
-REFERENCIA AL ACTO, CONTRATO O NEGOCIO JURÍDICO DEL QUE DERIVA LA CONTROVERSIA
-REFERENCIA AL CONVENIO O CLÁUSULA ARBITRAL, QUE EN SU CASO , SE INVOCA

SE ADJUNTA DOCUMENTACIÓN RELATIVA A:
- COPIA DEL CONVENIO O CLÁUSULA ARBITRAL EN SU CASO INVOCADO
- CONTENIDO DE LAS PRETENSIONES QUE SE FORMULAN, CON EXPRESIÓN, SI ES POSIBLE DE SU CUANTÍA
- COPIA DEL CONTRATO O NEGOCIO DEL QUE SE DERIVE LA CONTROVERSIA
- NOMBRAMIENTO DEL REPRESENTANTE/S DE LA/S PARTE/S DEMANDANTE/S
- CONSTANCIA DEL PAGO DE LA OPORTUNA PROVISIÓN DE FONDOS
- EN SU CASO, CERTIFICACIÓN DEL ACUERDO Y MANDATO DE REPRESENTACIÓN ADOPTADO, EN RELACIÓN CON EL ARBITRAJE, POR EL ÓRGANO DE GOBIERNO DE LA ASOCIACIÓN DE USUARIOS O ENTIDAD DE NATURALEZA ASOCIATIVA DEMANDANTE
-OTROS

_____, __ de ___de 201_

Firma del solicitante/s,

A/A. SR. SECRETARIO DE LA SECCIÓN PRIMERA DE LA COMISIÓN DE PROPIEDAD INTELECTUAL. MINISTERIO DE EDUCACIÓN, CULTURA Y DEPORTE

ANEXO III

 MINISTERIO DE EDUCACIÓN,
CULTURA Y DEPORTE
COMISIÓN DE PROPIEDAD INTELECTUAL
SECCIÓN PRIMERA

SOLICITUD n.º
Fecha, hora y minuto de presentación
___ / ___ / ___   ....h. ....min.
(A rellenar por la Administración)

SOLICITUD DE ARBITRAJE PARA FIJAR UNA CANTIDAD SUSTITUTORIA DE LAS TARIFAS GENERALES (ARTÍCULO 158 bis, apartado 2.b, del Texto Refundido de la Ley de Propiedad Intelectual)

PARTES EN EL ARBITRAJE (táchese lo que no proceda):
NOMBRE DE LA PERSONA, ENTIDAD O EMPRESA SOLICITANTE 1 Ó ÚNICA:

NIF

DATOS DEL REPRESENTANTE O PERSONA DE CONTACTO:
NOMBRE Y APELLIDOS
DNI o NIE
DOMICILIO A EFECTOS DE NOTIFICACIONES:
DIRECCIÓN
LOCALIDAD   PROVINCIA   ESTADO
C.P.   TEL.   CORREO-E   CORREO-E (confirmar)

NOMBRE DE LA PERSONA, ENTIDAD O EMPRESA SOLICITANTE 2 Ó REQUERIDA:

NIF

DATOS DEL REPRESENTANTE O PERSONA DE CONTACTO:
NOMBRE Y APELLIDOS
DNI o NIE
DOMICILIO A EFECTOS DE NOTIFICACIONES:
DIRECCIÓN
LOCALIDAD   PROVINCIA   ESTADO
C.P.   TEL.   CORREO-E   CORREO-E (confirmar)

SE ADJUNTA DOCUMENTACIÓN RELATIVA A:
- OBJETO DE LA SOLICITUD Y RAZONES QUE LA JUSTIFICAN
- PROPUESTA DE CANTIDAD SUSTITUTORIA DETERMINADA O DETERMINABLE
- CONVENIO O CLÁUSULA ARBITRAL EN SU CASO INVOCADO
- NOMBRAMIENTO DEL REPRESENTANTE/S DE LA/S PARTE/S DEMANDANTE/S
- CONSTANCIA DEL PAGO DE LA OPORTUNA PROVISIÓN DE FONDOS
- EN SU CASO, CERTIFICACIÓN DEL ACUERDO Y MANDATO DE REPRESENTACIÓN ADOPTADO, EN RELACIÓN CON EL ARBITRAJE, POR EL ÓRGANO DE GOBIERNO DE LA ASOCIACIÓN DE USUARIOS O ENTIDAD DE NATURALEZA ASOCIATIVA SOLICITANTE

La parte o partes solicitantes manifiestan someterse expresamente a la competencia de la Sección Primera de la Comisión de Propiedad Intelectual conforme a lo previsto en el artículo 158 bis, apartado 2.b), del TRLPI.

_____, __ de __de 2011_.

Firma del solicitante/s,

A/A. SR. SECRETARIO DE LA SECCIÓN PRIMERA DE LA COMISIÓN DE PROPIEDAD INTELECTUAL.
MINISTERIO DE EDUCACIÓN, CULTURA Y DEPORTE

ANEXO IV

 MINISTERIO DE EDUCACIÓN,
CULTURA Y DEPORTE
COMISIÓN DE PROPIEDAD INTELECTUAL
SECCIÓN PRIMERA

SOLICITUD n.º
Fecha, hora y minuto de presentación
.... / .... / ....h. ....min.
(A rellenar por la Administración)

SOLICITUD DE INICIO DE PROCEDIMIENTO DE DETERMINACIÓN DE TARIFAS GENERALES (ARTÍCULO 158 bis, apartado 3, del Texto Refundido de la Ley de Propiedad Intelectual)

PARTES EN EL PROCEDIMIENTO (táchese lo que no proceda):

NOMBRE Y APELLIDOS / RAZÓN SOCIAL/ DENOMINACIÓN SOCIALDE LA/S PERSONA/S SOLICITANTE/S:
NIF
DATOS DEL REPRESENTANTE:
NOMBRE Y APELLIDOS
DNI o NIE

DOMICILIO A EFECTOS DE NOTIFICACIONES:
DIRECCIÓN
LOCALIDAD   PROVINCIA   PAÍS
C.P.   TEL.   CORREO-E   CORREO-E (confirmar)

NOMBRE Y APELLIDOS / RAZÓN SOCIAL/ DENOMINACIÓN SOCIAL DE LA/S PERSONA/S REQUERIDA/S PREVIAMENTE A NEGOCIAR:
NIF
DATOS DEL REPRESENTANTE :
NOMBRE Y APELLIDOS
DNI o NIE

DOMICILIO A EFECTOS DE NOTIFICACIONES:
DIRECCIÓN
LOCALIDAD   PROVINCIA   PAIS
C.P.   TEL.   CORREO-E   CORREO-E (confirmar)

OBJETO DEL CONFLICTO
TARIFA CONTROVERTIDA:
CONDICIONES PARA HACER EFECTIVA LA TARIFA:
FECHA FORMAL DE INICIO DE LAS NEGOCIACIONES (DÍA, MES Y AÑO)

RESULTADO DE LAS NEGOCIACIONES
PRETENSIÓN QUE SE FORMULA SOBRE:
TARIFA APLICABLE:

CONDICIONES PARA HACER EFECTIVA LA TARIFA:
CIFRA TOTAL ANUAL ESTIMADA EQUIVALENTE A LA EXPLOTACIÓN DE LOS DERECHOS OBJETOS DE CONTROVERSIA

Continúa al dorso

SE ADJUNTA DOCUMENTACIÓN RELATIVA A:
- ACREDITACIÓN DE LA LEGITIMACIÓN
- CERTIFICACIÓN, EN SU CASO, DEL ACUERDO Y MANDATO DE REPRESENTACIÓN ADOPTADO, EN RELACIÓN CON EL PROCEDIMIENTO DE DETERMINACIÓN DE TARIFAS.
- DOCUMENTACIÓN RELATIVA A LA INEXISTENCIA DE ACUERDO ENTRE LAS PARTES (ARTÍCULO 20.3 C)
- INFORME MOTIVADO QUE RESPALDE LA PRETENSIÓN QUE SE FORMULA.
- DOCUMENTACIÓN JUSTIFICATIVA O ACREDITATIVA DE LA CIFRA TOTAL ANUAL ESTIMADA EQUIVALENTE A LA EXPLOTACIÓN DE DERECHOS A LOS EFECTOS DE LA DETERMINACIÓN DE LA TASA.
- OTROS.

, de   de 201_.

Firma del solicitante/s,

A/A. SR. SECRETARIO DE LA SECCIÓN PRIMERA DE LA COMISIÓN DE PROPIEDAD INTELECTUAL. MINISTERIO DE EDUCACIÓN, CULTURA Y DEPORTE.

ANEXO V

MINISTERIO DE EDUCACIÓN,
CULTURA Y DEPORTE
COMISIÓN DE PROPIEDAD INTELECTUAL
SECCIÓN PRIMERA

SOLICITUD n.º
Fecha, hora y minuto de presentación
/   /   ....h. ....min.
(A rellenar por la Administración)

DENUNCIA PARA EL CONTROL DE LAS TARIFAS GENERALES DE LAS ENTIDADES DE GESTIÓN (ARTÍCULO 158 bis, apartado 4, del Texto Refundido de la Ley de Propiedad Intelectual)

DENUNCIANTE (táchese lo que no proceda):
NOMBRE Y APELLIDOS / RAZÓN SOCIAL / DENOMINACIÓN SOCIAL DE
LA PERSONA DENUNCIANTE:

NIF
REPRESENTANTE:

NOMBRE Y APELLIDOS:

DNI o NIE:

DOMICILIO A EFECTOS DE NOTIFICACIONES:
DIRECCIÓN
LOCALIDAD   PROVINCIA   ESTADO
C.P. TEL. CORREO-E CORREO-E (confirmar)

DENOMINACIÓN DE LA ENTIDAD DE GESTIÓN CUYAS TARIFAS GENERALES SE DENUNCIAN:

DOMICILIO A EFECTOS DE NOTIFICACIONES:
DIRECCIÓN
LOCALIDAD   PROVINCIA   PAIS
C.P.   TEL.   CORREO-E   CORREO-E (confirmar)

SE ADJUNTA DOCUMENTACIÓN RELATIVA A
– CONDICIÓN DE USUARIO DEL REPERTORIO DE LA ENTIDAD DE GESTIÓN DENUNCIADA
– TARIFA GENERAL DENUNCIADA
– INFORME SOBRE EL CARÁCTER INEQUITATIVO Y/O DISCRIMINATORIO DE LA TARIFA DENUNCIADA.
– OTROS

,   de   de 201_.

Firma del solicitante/s,

A/A. SR. SECRETARIO DE LA SECCIÓN PRIMERA DE LA COMISIÓN DE PROPIEDAD INTELECTUAL. MINISTERIO DE EDUCACIÓN, CULTURA Y DEPORTE.

§ 3. REAL DECRETO 1.398/2018, DE 23 DE NOVIEMBRE, POR EL QUE SE DESARROLLA EL ARTÍCULO 25 DEL TEXTO REFUNDIDO DE LA LEY DE PROPIEDAD INTELECTUAL, APROBADO POR EL REAL DECRETO LEGISLATIVO 1/1996, DE 12 DE ABRIL, EN CUANTO AL SISTEMA DE COMPENSACIÓN EQUITATIVA POR COPIA PRIVADA

(*BOE* n.º 298, de 11 de diciembre de 2018)

La Directiva 2001/29/CE, del Parlamento Europeo y del Consejo, de 22 de mayo, relativa a la armonización de determinados aspectos de los derechos de autor y derechos afines a los derechos de autor en la sociedad de la información, permite a los Estados miembros de la Unión Europea limitar o exceptuar el derecho exclusivo de reproducción en el caso de copias efectuadas por una persona física para uso privado y siempre que los titulares del citado derecho reciban a cambio una compensación equitativa. En el ordenamiento jurídico español, este límite de copia privada se reconoce en el artículo 31, apartados 2 y 3, del texto refundi-do de la Ley de Propiedad Intelectual, aprobado por el Real Decreto Legislativo 1/1996, de 12 de abril, y la correspondiente compensación equitativa por la vigencia del límite se regula en el artículo 25 del mismo texto refundido.

El Real Decreto-ley 12/2017, de 3 de julio, por el que se modifica el texto refundido de la Ley de Propiedad Intelectual, aprobado por el Real Decreto Legislativo 1/1996, de 12 de abril, en cuanto al sistema de compensación equitativa por copia privada, modificó el artículo 25 del citado texto refundido. En términos generales, sustituyó el anterior modelo de compensación equitativa financiada con cargo a los Presupuestos Generales del Estado por un modelo basado en el pago de un importe a satisfacer por los fabricantes, importadores y distribuidores de equipos, aparatos y soportes materiales de reproducción.

La disposición final primera del Real Decreto-ley 12/2017, de 3 de julio, habilita al Gobierno para que, en el plazo de un año desde su entrada en vigor, desarrolle reglamentariamente las modificaciones introducidas en el texto refundido de la Ley de Propiedad Intelectual. Asimismo, también le habilita para que determine por primera vez, con carácter no transitorio, los equipos, aparatos y soportes materiales sujetos al pago de la compensación equitativa, las cantidades que los sujetos deudores del pago de esta compensación deberán abonar por este concepto a los sujetos acreedores de la misma y la distribución de la compensación entre las distintas modalidades de reproducción.

En su cumplimiento, este real decreto afronta la primera parte del referido mandato, esto es, el desarrollo reglamentario de las modificaciones introducidas por el Real Decreto-ley 12/2017, de 3 de julio, en el texto refundido de la Ley de Propiedad Intelectual.

El capítulo I se refiere a disposiciones generales, y recoge lo relativo al objeto, la determinación de las publicaciones asimiladas a libros, definiciones aplicables y la distribución de esta compensación dentro de cada modalidad de reproducción, según la categoría del sujeto acreedor (autores —y conjuntamente con ellos, en determinados casos, los editores—, productores y artistas intérpretes o ejecutantes).

El capítulo II regula el procedimiento para hacer efectiva la compensación equitativa por copia privada. Éste se basa en un sistema de presentación de relaciones trimestrales por parte de los sujetos deudores y por los distribuidores que culmina con la emisión de las correspondientes facturas de abono o de devolución de la compensación equitativa. Asimismo, regula el procedimiento para hacer efectivo el derecho a la obtención del certificado de exceptuación y del reembolso del pago de la compensación equitativa, previstos, respectivamente, en las letras b) y c) del apartado 7 y en el apartado 8 del artículo 25 del texto refundido de la Ley de Propiedad Intelectual.

El capítulo III regula el procedimiento para resolver los conflictos que pudieran surgir entre la persona jurídica constituida por las entidades de gestión de derechos de propiedad intelectual para ejercer las funciones establecidas en el artículo 25.10 del texto refundido de la Ley de Propiedad Intelectual, y los solicitantes de certificados de exceptuación y de reembolsos del pago de la compensación equitativa por copia privada. Se prevé que el ejercicio de la competencia para resolver este procedimiento, atribuida al Ministerio de Cultura y Deporte por el artículo 25.12 del texto refundido de la Ley de Propiedad Intelectual, corresponde a la Dirección General de Industrias Culturales y Cooperación.

El capítulo IV determina el porcentaje de la compensación equitativa por copia privada que las entidades de gestión deberán dedicar a determinadas actividades y servicios de carácter asistencial hacia sus socios y de formación y promoción de autores y artistas intérpretes o ejecutantes, en cumplimiento de la obligación prevista en el artículo 178.2 del texto refundido de la Ley de Propiedad Intelectual. Concretamente, dicho porcentaje se fija en un 20 por 100.

Este real decreto forma parte del Plan Anual Normativo 2018 aprobado por el Consejo de Ministros el 7 de diciembre de 2017. Asimismo, cumple con los principios de buena regulación a los que se refiere el artículo 129 de la Ley 39/2015, de 1 de octubre, del Procedimiento Administrativo Común de las Administraciones Públicas. Así, cumple con los principios de necesidad y eficiencia puesto que con su aprobación se adoptan las medidas normativas necesarias para completar, en parte, el obligado desarrollo reglamentario de la nueva regulación de la compensación por copia privada introducida por el Real Decreto-ley 12/2017, de 3 de julio. Las modificaciones que se introducen son las imprescindibles para realizar el necesario desarrollo reglamentario, de tal modo que se respeta el principio de proporcionalidad. Por último, se respetan los principios de seguridad jurídica, transparencia y eficiencia puesto que las reformas introducidas son coherentes con el resto del ordenamiento jurídico; las partes interesadas han participado, en primer lugar, durante la consulta pública previa y, en segundo lugar, en el trámite posterior de información pública; y se introducen las cargas administrativas estrictamente necesarias para hacer efectiva la compensación equitativa por copia privada. Asimismo, y de conformidad con lo previsto en la disposición adicional trigésima novena de la Ley 6/2018, de 27 de junio, de Presupuestos Generales del Estado para 2018, las medidas incluidas en este real decreto no suponen un aumento neto de los gastos de personal.

Este real decreto se dicta al amparo de lo dispuesto en el artículo 149.1.9.ª de la Constitución Española, que atribuye al Estado la competencia exclusiva en materia de legislación sobre propiedad intelectual e industrial, y según la habilitación reglamentaria prevista en la disposición final primera del Real Decreto-ley 12/2017, de 3 de julio.

En la tramitación del procedimiento de elaboración de este real decreto se realizó la consulta previa, de acuerdo con el artículo 26.2 de la Ley 50/1997, de 27 de noviembre, del Gobierno y se llevó a cabo un trámite de información pública. Además, emitió dictamen la Sección Primera de la Comisión de Propiedad Intelectual; fue informado por el Consejo de Consumidores y Usuarios, así como por las Secretarías Generales Técnicas de los departamentos ministeriales competentes; y, finalmente, emitió dictamen preceptivo el Consejo de Estado, de conformidad con el artículo 22 de la Ley Orgánica 3/1980, de 22 de abril, del Consejo de Estado.

La Comisión Delegada del Gobierno para Asuntos Económicos fue informada de este real decreto en su reunión del día 24 de mayo de 2018.

En su virtud, a propuesta del Ministro de Cultura y Deporte y de la Ministra de Economía y Empresa, con la aprobación previa prevista en el artículo 26.5, quinto párrafo, de la Ley 50/1997, de 27 de noviembre, de acuerdo con el Consejo de Estado, y previa deliberación del Consejo de Ministros, en su reunión del día 23 de noviembre de 2018, dispongo:

CAPÍTULO PRIMERO

DISPOSICIONES GENERALES

Artículo 1.º *Objeto.*—El presente real decreto tiene como objeto desarrollar reglamentariamente el artículo 25 del texto refundido de la Ley de Propiedad Intelectual, aprobado por el Real Decreto Legislativo 1/1996, de 12 de abril y, en concreto, regular, además de las disposiciones generales del presente capítulo:

a) El procedimiento para hacer efectiva la compensación equitativa por copia privada, que incluirá el procedimiento para la obtención de los certificados de exceptuación y del reembolso del pago de dicha compensación por los sujetos a los que se le reconoce tal beneficio regulados, respectivamente, en las letras *b*) y *c*) del apartado 7 y en el apartado 8 del artículo 25 del referido texto refundido.

b) El procedimiento para resolver los conflictos que surjan entre la persona jurídica constituida según lo previsto en el artículo 25.10 del texto refundido de la Ley de Propiedad Intelectual y los solicitantes de certificados de ex-

---

Art. 1.ºa): El apdo 8.º del art. 25 TRLPI (§ 1) identifica los sujetos que pueden pedir el reembolso de las cantidades pagadas en concepto de compensación equitativa (personas físicas o jurídicas no exceptuadas del pago que actúen como consumidores finales, justificando el destino exclusivamente profesional del equipo, aparato o soporte material de reproducción adquirido, así como el supuesto en el que los equipos, aparatos o soportes se hayan destinado a la exportación o entrega intracomunitaria), la cuantía mínima para ejercitar la acción de reembolso (veinticinco euros) y el plazo (un año a computar desde la fecha consignada en la factura de la adquisición del equipo, aparato o soporte material).

ceptuación y de reembolso del pago de la compensación equitativa por copia privada.

c) El porcentaje de la compensación equitativa por copia privada que las entidades de gestión de derechos de propiedad intelectual deberán destinar a las actividades y servicios a que se refiere el artículo 178.1, letras *a*) y *b*), del texto refundido de la Ley de Propiedad Intelectual.

Art. 2.º *Publicaciones asimiladas a libro.*—A los efectos del artículo 25.1 del texto refundido de la Ley de Propiedad Intelectual y de este real decreto, se entenderán asimiladas a los libros las partituras y las publicaciones de prensa, incluyendo periódicos y revistas, de contenido informativo, cultural, científico, técnico, de creación de opinión pública o de entretenimiento, tanto en soporte papel como en formato digital, siempre y cuando:

a) Se publiquen bajo la responsabilidad y control de una editorial y estén editadas en serie continua con un mismo título a intervalos regulares o irregulares, de forma que los ejemplares de la serie lleven una numeración consecutiva o estén fechados, con periodicidad mínima diaria y máxima semestral.

b) Tengan al menos 24 páginas por ejemplar en soporte papel,

o extensión similar en formato digital.

Art. 3.º *Otras definiciones.*— A los efectos de este real decreto se entenderá por:

a) Certificado de exceptuación: cada uno de los certificados mencionados en el artículo 25.7, letras *a*) a *c*), del texto refundido de la Ley de Propiedad Intelectual, que podrán ser de titularidad de los siguientes sujetos:

1.º Entidades que integran el sector público según se establece en la Ley 9/2017, de 8 de noviembre, de Contratos del Sector Público, por la que se transponen al ordenamiento jurídico español las Directivas del Parlamento Europeo y del Consejo 2014/23/UE y 2014/24/UE, de 26 de febrero de 2014, así como el Congreso de los Diputados, el Senado, el Consejo General del Poder Judicial, el Tribunal de Cuentas, el Defensor del Pueblo, las Asambleas legislativas de las Comunidades Autónomas y las instituciones autonómicas análogas al Tribunal de Cuentas y al Defensor del Pueblo.

2.º Personas jurídicas o físicas que actúen como consumidores finales, que justifiquen el destino exclusivamente profesional de los equipos, aparatos o soportes materiales que adquieran y siempre que

---

Art. 2.º: Modificado por la Disp. Final 1.ª1 del Real Decreto 209/2023, de 28 de marzo (§ 5).
Art. 3.ºa): Vid. art. 25.7 TRLPI (§ 1).

estos no se pongan, de derecho o de hecho, a disposición de usuarios privados y que estén manifiestamente reservados a usos distintos a la realización de copias privadas.

3.º   Sujetos que cuenten con la preceptiva autorización para llevar a efecto la correspondiente reproducción de obras, prestaciones artísticas, fonogramas o videogramas, según proceda, en el ejercicio de su actividad.

b)   Compensación: la reconocida en el artículo 25 del texto refundido de la Ley de Propiedad Intelectual por la vigencia del límite al derecho de reproducción por copia privada reconocido en el artículo 31, apartados 2 y 3, del citado texto refundido.

c)   Distribuidores: los distribuidores, mayoristas y minoristas, sucesivos adquirentes de los equipos, aparatos y soportes materiales.

d)   Entidades de gestión: las entidades legalmente constituidas que tienen establecimiento en territorio español y que poseen la autorización del Ministerio de Cultura y Deporte, prevista en el artículo 147 del texto refundido de la Ley de Propiedad Intelectual, para gestionar, en nombre propio o ajeno, derechos de explotación u otros de carácter patrimonial, por cuenta y en interés de varios autores u otros titulares de derechos de propiedad intelectual.

e)   Equipos, aparatos y soportes materiales: según el artículo 25.1 del texto refundido de la Ley de Propiedad Intelectual, los objetos idóneos para realizar las reproducciones amparadas por la vigencia del límite al derecho de reproducción por copia privada y que estarán sujetos al pago de la compensación.

Los equipos, aparatos y soportes sujetos al pago de la compensación, las cantidades que los deudores deberán abonar por este concepto a los acreedores y la distribución de dicha compensación entre las distintas modalidades de reproducción se determinarán mediante la Orden del Ministerio de la Presidencia, Relaciones con las Cortes e Igualdad prevista en el artículo 25.4 del texto refundido de la Ley de Propiedad Intelectual.

f)   Modalidades de reproducción: cada una de las tres modalidades de reproducción de obras divulgadas que se mencionan en el artículo 25.1 del texto refundido de la Ley de Propiedad Intelectual:

1.º   Reproducción de libros o publicaciones asimiladas a libros.

2.º   Reproducción de fonogramas o de otros soportes sonoros.

Art. 3.ºb): Vid. art. 25.1 TRLPI (§ 1), art. 2.*a)* del Real Decreto 209/2023, de 28 de marzo (§ 5).
Art. 3.ºc): Vid. art. 25.3 TRLPI (§ 1).
Art. 3.ºe): Vid. art. 25.4 TRLPI (§ 1), arts. 4, 5 y 6, y Disp. Trans. única y anexo del Real Decreto 209/2023, de 28 de marzo (§ 5).
Art. 3.ºf): Vid. art. 25.1 TRLPI (§ 1), art. 2.*b)* del Real Decreto 209/2023, de 28 de marzo (§ 5).

3.º Reproducción de videogramas o de otros soportes visuales o audiovisuales.

g) Persona jurídica: la persona jurídica constituida por las entidades de gestión de conformidad con el artículo 25.10 del texto refundido de la Ley de Propiedad Intelectual y la disposición adicional única del Real Decreto-ley 12/2017, de 3 de julio, por el que se modifica el texto refundido de la Ley de Propiedad Intelectual, aprobado por el Real Decreto Legislativo 1/1996, de 12 de abril, en cuanto al sistema de compensación equitativa por copia privada.

h) Responsables solidarios: según el artículo 25.3, segundo párrafo, del texto refundido de la Ley de Propiedad Intelectual, los distribuidores que no acrediten haber satisfecho la compensación a un sujeto deudor.

i) Sujetos acreedores: según el artículo 25.2 del texto refundido de la Ley de Propiedad Intelectual:

1.º Los autores de obras divulgadas en alguno de los formatos descritos en la letra f), conjunta-mente y, en los casos y modalidades de reproducción en que corresponda, con los editores.

2.º Los productores de fonogramas y videogramas.

3.º Los artistas intérpretes o ejecutantes cuyas actuaciones hayan sido fijadas en dichos fonogramas y videogramas.

j) Sujetos deudores: según el artículo 25.3 del texto refundido de la Ley de Propiedad Intelectual, los fabricantes en España, en tanto actúen como distribuidores comerciales, así como los adquirentes fuera del territorio español, para su distribución comercial o utilización dentro de éste, de equipos, aparatos y soportes materiales.

Art. 4.º *Distribución de la compensación en cada modalidad de reproducción según la categoría del acreedor.*—1. La distribución de la compensación en cada modalidad de reproducción según la categoría del sujeto acreedor se realizará de la siguiente manera:

a) En la modalidad de fonogramas y demás soportes sonoros,

Art. 3.ºg): Acerca de la constitución de la persona jurídica a la que se refiere este precepto, y que ya estaba prevista en el apdo 10.º del art. 25 TRLPI, debe tenerse en cuenta la puesta en marcha, en septiembre de 2017, de la página web https://www.ventanillaunica.digital, como sede electrónica para la gestión de la compensación por copia privada. Sobre la financiación de la persona jurídica a través de las cantidades recaudadas y no reclamadas por sus titulares, vid. art. 177.6.e) TRLPI (§ 1).

Art. 3.ºh): Vid. art. 25.3 TRLPI (§ 1), art. 2.e) del Real Decreto 209/2023, de 28 de marzo (§ 5).

Art. 3.ºi): Vid. art. 25.2 TRLPI (§ 1), art. 2.c) del Real Decreto 209/2023, de 28 de marzo (§ 5).

Art. 3.ºj): Modificado por la Disp. Final 1.ª2 del Real Decreto 209/2023, de 28 de marzo (§ 5). Vid. art. 25.3 TRLPI (§ 1), art. 2.d) del Real Decreto 209/2023.

Art. 4.º: Vid. art. 5 del Real Decreto 209/2023, de 28 de marzo (§ 5).

Art. 4.º1: Modificado por la Disp. Final 1.ª3 del Real Decreto 209/2023, de 28 de marzo (§ 5).

el 45 por 100 para los autores, el 27,5 por 100 para los artistas intérpretes o ejecutantes y el 27,5 por 100 para los productores.

b) En la modalidad de videogramas y demás soportes visuales o audiovisuales, un tercio para los autores, un tercio para los artistas intérpretes o ejecutantes y un tercio para los productores.

c) En la modalidad de libros y publicaciones asimiladas, el 55 por 100 para los autores y el 45 por 100 para los editores.

2. Conforme a los porcentajes de distribución previstos en el apartado anterior, las entidades de gestión concurrentes en la gestión de derechos de una misma categoría de acreedores de una misma modalidad de reproducción, determinarán de mutuo acuerdo los porcentajes o sistema de reparto correspondientes a cada una de ellas.

3. En caso de que las entidades de gestión concurrentes en la gestión de derechos de una categoría de acreedores de una misma modalidad de reproducción no alcancen el acuerdo indicado en el apartado anterior, la determinación de los porcentajes o sistema de reparto por cada modalidad podrá establecerse por la Sección Primera de la Comisión de Propiedad Intelectual, de conformidad con lo previsto en el artículo 194.2 del texto refundido de la Ley de

Propiedad Intelectual o mediante laudo de otro órgano arbitral, de conformidad con la normativa vigente en materia de arbitraje. El laudo establecerá, al menos, los porcentajes o sistema de reparto de la cantidad de la compensación asignada a cada modalidad, permitiendo reconocer las obligaciones y el pago a las entidades de gestión de conformidad con sus términos.

CAPÍTULO II

PROCEDIMIENTO PARA HACER EFECTIVA LA COMPENSACIÓN

Art. 5.º *Obligaciones de facturación e información.*—1. Los sujetos deudores y los distribuidores deberán incluir el importe de la compensación de forma separada en la factura que, conforme a la normativa vigente en materia de facturación, entreguen a su cliente, salvo que éste disponga de un certificado vigente de exceptuación.

El importe de la compensación derivada del suministro o la importación de equipos, aparatos y soportes materiales quedará sujeto al Impuesto sobre el Valor Añadido, al Impuesto General Indirecto Canario, o al Impuesto sobre la Producción, los Servicios y la Importación, según proceda.

2. Cuando el cliente sea consumidor final que no disponga de

Art. 5.º: Vid. art. 25.6 TRLPI (§ 1).

un certificado vigente de exceptuación, los sujetos deudores y los distribuidores deberán poner a su disposición un documento con la siguiente información:

a) El derecho a solicitar un certificado de exceptuación, conforme a lo previsto en el artículo 25.7 del texto refundido de la Ley de Propiedad Intelectual y en el presente real decreto.

b) El derecho a obtener, si no se dispone de certificado de exceptuación, el reembolso del pago de la compensación, conforme a lo previsto en el artículo 25.8 del texto refundido de la Ley de Propiedad Intelectual y en el presente real decreto.

3. La persona jurídica difundirá en su portal de internet un modelo del documento conforme a lo previsto en el apartado anterior.

4. En ningún caso los distribuidores aceptarán de sus respectivos proveedores el suministro de equipos, aparatos y soportes materiales sometidos al pago de la compensación si no vienen facturados conforme a lo previsto en el apartado 1.

Sin perjuicio de lo dispuesto en el párrafo anterior, cuando el importe de la compensación no aparezca de forma separada en la factura, se presumirá, salvo prueba en contrario, que la compensación derivada de los equipos, aparatos y soportes materiales que comprenda no ha sido satisfecha.

Art. 6.º *Comunicación de la relación de equipos, aparatos y soportes materiales respecto de los que haya nacido la obligación de pago de la compensación.*—1. Los sujetos deudores presentarán a la persona jurídica, dentro de los treinta días naturales siguientes a la finalización de cada trimestre natural, una relación de las unidades de equipos, aparatos y soportes materiales, incluyendo sus características técnicas y capacidad, en la medida que sea relevante para la determinación de la cuantía de la compensación aplicable, respecto de los cuales haya nacido la obligación de pago de la compensación durante dicho trimestre.

Con el mismo detalle, deducirán las cantidades correspondientes a las unidades:

a) Destinadas fuera del territorio español. Respecto de estas unidades, deberá aportarse copia de la factura, albaranes o cualquier otra documentación que acredite que se ha perfeccionado la exportación.

b) Vendidas o que se haya cedido su uso y disfrute a sujetos que sean titulares de un certificado vigente de exceptuación. Respecto de estas unidades, deberán detallar la siguiente información:

1.º La fecha y número de la factura.

2.º Número de identificación fiscal y nombre y apellidos o razón

---

Art. 6.º: Vid. art. 25.6 TRLPI (§ 1).

o denominación social del titular del certificado de exceptuación.

Los sujetos deudores referidos en el artículo 25.6.*b*) del texto refundido de la Ley de Propiedad Intelectual harán una declaración a la persona jurídica de las unidades de equipos, aparatos y soportes materiales adquiridos dentro de los treinta días naturales siguientes al nacimiento de la obligación.

2. Los distribuidores presentarán a la persona jurídica, dentro de los treinta días naturales siguientes a la finalización de cada trimestre natural, una relación de las unidades de equipos, aparatos y soportes materiales respecto de las que haya nacido la obligación de pago de la compensación durante dicho trimestre, de la siguiente manera:

a) Respecto de las unidades adquiridas por ellos en territorio español, de deudores que no les hayan repercutido y hecho constar en la factura la correspondiente compensación, deberán presentar la relación conforme a lo previsto en el apartado 1.

b) Respecto de las unidades adquiridas por ellos en territorio español, de deudores que sí les hayan repercutido y hecho constar en la factura la correspondiente compensación, deberán detallar aquellas unidades destinadas fuera del territorio español y aquéllas que hayan vendido o cedido su uso y disfrute a sujetos que dispusieran de un certificado vigente de exceptuación, de acuerdo con lo previsto en el segundo párrafo del apartado 1 y, además, deberán acreditar haber satisfecho previamente la compensación.

3. Una vez recibidas las relaciones trimestrales de unidades previstas en los apartados 1 y 2, la persona jurídica las remitirá a las entidades de gestión al objeto de que hagan las comprobaciones necesarias.

4. En los casos en los que, en un mismo periodo trimestral concurran en una misma persona física o jurídica las condiciones de sujeto deudor y de distribuidor, la mencionada persona deberá realizar y presentar a la persona jurídica las respectivas relaciones trimestrales de unidades de equipos, aparatos y soportes materiales previsto en los apartados 1 y 2, que serán independientes y no podrán ser objeto de compensación o neteo entre sí y que, por tanto, darán lugar a las respectivas obligaciones de pago o devolución y a la emisión de las respectivas facturas que procedan conforme a lo establecido en los artículos 7 y 8.

Art. 7.º *Pago de la compensación.*—1. Cuando, tras realizar

Art. 6.º4: Apartado incluido por la Disp. Final 1.ª4 del Real Decreto 209/2023, de 28 de marzo (§ 5).

Art. 7.º: Vid. art. 25.6 TRLPI (§ 1).

las comprobaciones necesarias de las relaciones trimestrales de unidades recibidas, las entidades de gestión constaten la existencia de una obligación de pago de la compensación a su favor, emitirán una factura a nombre del deudor o del responsable solidario con el importe a pagar por éste.

2. Las entidades de gestión realizarán una comunicación unificada de la facturación al sujeto deudor o al responsable solidario a través de la persona jurídica.

3. El pago se efectuará por el sujeto deudor o por el responsable solidario en el plazo de un mes desde la recepción de la comunicación unificada de la facturación, salvo que se aprecie error en alguna de las facturas comunicadas En este último caso, el cómputo del plazo para el pago de esa factura comenzará desde la recepción de la misma una vez corregida.

4. Los sujetos deudores y los responsables solidarios se considerarán depositarios de la compensación devengada hasta el efectivo pago de ésta.

Art. 8.º *Devolución de la compensación.*—1. Cuando tras realizar las comprobaciones necesarias de las relaciones trimestrales de unidades recibidas, las entidades de gestión constaten la existencia de una obligación de devolución del importe de la compensación previamente percibido de manera efectiva, deberán solicitar la emisión de la correspondiente factura al sujeto deudor o al distribuidor.

2. El pago de la devolución se efectuará por las entidades de gestión en el plazo de un mes desde la recepción de la factura del sujeto deudor o del distribuidor, salvo que no se haya acreditado el haber satisfecho previamente la compensación o se aprecie error en la factura. En este último caso, el cómputo del plazo comenzará desde la recepción de la factura corregida.

3. Las entidades de gestión se considerarán depositarias del importe de la devolución hasta el efectivo pago de ésta.

Art. 9.º *Declaración y facturación complementaria o rectificativa.*—1. La persona jurídica comunicará a las entidades de gestión, tras el ejercicio de las funciones de control que le atribuye el artículo 25.11 del texto refundido de la Ley de Propiedad Intelectual, las unidades no declaradas o exceptuadas erróneamente por los sujetos deudores o los distribuidores, o las unidades facturadas en exceso o indebidamente por las entidades de gestión a un sujeto deudor o a un responsable solidario.

2. La persona jurídica remitirá a las entidades de gestión la docu-

---

Art. 8.º1: Modificado por la Disp. Final 1.ª5 del Real Decreto 209/2023, de 28 de marzo (§ 5).

mentación de soporte que justifique esas diferencias de comprobación para que se emitan las correspondientes facturas complementarias o rectificativas según el caso.

Art. 10. *Procedimiento de obtención y utilización del certificado de exceptuación.*—1.   Para obtener el certificado de exceptuación previsto en el artículo 3.*a*).2.º, el sujeto interesado deberá remitir a la persona jurídica una solicitud que, preferentemente, deberá firmarse electrónicamente, y que deberá incluir la siguiente información:

a)   Número de identificación fiscal y nombre y apellidos o razón o denominación social.

b)   Indicación del objeto social o una declaración de actividad del solicitante.

c)   Declaración, bajo la responsabilidad del solicitante, sobre los siguientes aspectos:

1.º   El régimen de utilización de los equipos, aparatos y soportes materiales que vaya a adquirir, que deberán ser destinados a usos exclusivamente profesionales y manifiestamente distintos a la realización de copias privadas.

2.º   Que no pondrá dichos equipos, aparatos y soportes materiales, ni de hecho ni de derecho, a disposición de usuarios privados.

3.º   Que se someterá a las facultades de control reconocidas a la persona jurídica por el artículo 25.11 del texto refundido de la Ley de Propiedad Intelectual.

d)   En el caso de que el solicitante emplee trabajadores por cuenta ajena a cuya disposición vaya a poner los equipos, aparatos o soportes materiales que vaya a adquirir, declaración de que, bajo su responsabilidad, esos trabajadores tienen conocimiento de la siguiente información:

1.º   Que los equipos, aparatos o soportes materiales que su empleador les facilita para el desarrollo de sus funciones profesionales deberán utilizarse exclusivamente para tal finalidad.

2.º   Que no está permitido el uso para fines privados de los citados equipos, aparatos o soportes materiales.

2.   La persona jurídica difundirá en su portal de Internet un modelo normalizado de solicitud de certificado de exceptuación que cumpla con los requisitos previstos en el apartado anterior.

3.   Para obtener el certificado de exceptuación previsto en el artículo 3.*a*).3.º, el solicitante deberá remitir a la persona jurídica una solicitud a la que deberá acompañar una copia de la autorización para llevar a efecto la correspondiente reproducción de obras, prestaciones artísticas, fonogramas o videogramas en el ejercicio de su actividad.

Art. 10: Este precepto desarrolla el concepto de sujetos exceptuados del pago, previsto en el apdo. 7.º del art. 25 TRLPI (§ 1).

4. Una vez recibida la solicitud de emisión de un certificado de exceptuación, la persona jurídica dispondrá de quince días hábiles para conceder o denegar el certificado y comunicar su decisión al solicitante.

5. La persona jurídica solamente podrá denegar la concesión del certificado en los siguientes supuestos:

a) Cuando la solicitud no incluya toda la información exigida en el presente artículo.

b) Cuando las declaraciones responsables no reflejen lo exigido en el presente artículo.

c) Cuando el solicitante hubiera sido objeto previamente de una revocación del certificado de exceptuación, salvo que las causas que la motivaron hubieran desaparecido.

En los supuestos previstos en las letras *a)* y *b)* anteriores, la persona jurídica deberá otorgar previamente al solicitante un plazo de siete días hábiles para que subsane su solicitud.

La denegación se comunicará al solicitante junto con una justificación adecuada de los motivos de tal decisión y, asimismo, le informará del derecho a plantear, en el plazo de un mes a contar desde la comunicación de la denegación, un conflicto ante el Ministerio de Cultura y Deporte, en virtud del artículo 25.12 del texto refundido de la Ley de Propiedad Intelectual.

6. El certificado expedido por la persona jurídica tendrá la siguiente duración:

a) El certificado previsto en el artículo 3.*a*).2.º tendrá una duración indefinida siempre que su titular no modifique su actividad profesional de manera que no destine a un uso exclusivamente profesional los equipos aparatos o soportes materiales que adquiera. En este último caso, deberá comunicar a la persona jurídica dicha modificación en el plazo de siete días hábiles.

b) El certificado previsto en el artículo 3.*a*).3.º tendrá la misma duración que la autorización de reproducción de la que derive.

No obstante, si la persona jurídica, en el ejercicio de sus facultades de control, detectara que el titular de un certificado vigente de exceptuación no cumple con los requisitos necesarios para poseerlo, podrá revocarlo siempre que, con carácter previo, haya permitido al titular hacer las alegaciones y aportar los documentos que estime oportunos para su defensa. La revocación, una vez sea definitiva, deberá hacerse constar de forma inmediata en el listado previsto en el apartado 8.

7. El certificado de exceptuación solamente podrá hacerse valer en las operaciones comerciales que se realicen tras la fecha de su emisión. Deberá presentarse y estar vigente en el momento de la firma del contrato de compraventa o de cesión de uso y disfrute y, en todo caso, con carácter previo a la emisión de la factura. La vigencia del certificado se verificará me-

diante consulta del listado a que se refiere el apartado siguiente.

8. La persona jurídica mantendrá en su portal de internet un listado actualizado de los sujetos que dispongan de un certificado vigente de exceptuación, con indicación de su número de identificación fiscal. Asimismo, deberá garantizar de forma fehaciente la fecha de actualización de dicho listado e informar de las actualizaciones del mismo, en el momento que se produzcan, a los sujetos deudores y a los distribuidores.

9. La factura que se emita con razón de la transacción en la que se haga valer el certificado de exceptuación deberá hacerse a nombre del titular del mismo.

10. En defecto de certificado, los sujetos beneficiarios de la exceptuación podrán utilizar el procedimiento de reembolso.

Art. 11. *Procedimiento de reembolso del pago de la compensación.*—1. La solicitud de reembolso del pago de la compensación se remitirá a la persona jurídica. Dicha solicitud, que deberá firmarse, preferentemente, de forma electrónica, deberá acompañarse de la siguiente información:

a) Número de identificación fiscal y nombre y apellidos o razón o denominación social.

b) Indicación del objeto social o una declaración de actividad del solicitante.

c) Copia de la factura de adquisición de los equipos, aparatos o soportes materiales.

d) Declaración, bajo responsabilidad del solicitante, sobre los siguientes aspectos:

1.º Que el destino dado a los equipos, aparatos o soportes materiales adquiridos es exclusivamente profesional y manifiestamente distinto a la realización de copias privadas.

2.º Que no ha puesto dichos equipos, aparatos y soportes materiales, ni de hecho ni de derecho, a disposición de usuarios privados.

3.º Que se someterá a las facultades de control reconocidas a la persona jurídica por el artículo 25.11 del texto refundido de la Ley de Propiedad Intelectual.

e) En el caso de que el solicitante emplee trabajadores por cuenta ajena a cuya disposición haya puesto los equipos, aparatos o soportes materiales que haya adquirido, declaración de que, bajo su responsabilidad, estos trabaja-

---

Art. 11: Este precepto desarrolla la identificación de sujetos legitimados para el ejercicio de la acción de reembolso contenida en el apdo. 8.º del art. 25 TRLPI (§ 1). Se trata de un procedimiento a aplicar en supuestos distintos de los previstos en el art. 7.º del art. 25 TRLPI, esto es, en casos en los que las personas físicas o jurídicas no estén exceptuadas del pago de la compensación equitativa y, por ello, hayan tenido que satisfacer las correspondientes cantidades, cuyo reembolso ulteriormente reclaman a la persona jurídica a la que se refiere el art. 3.*g)* de este Real Decreto, mediante el ejercicio de la acción regulada en este art. 11.

dores tienen conocimiento de los siguientes aspectos:

1.º Que los equipos, aparatos o soportes materiales que su empleador les facilita para el desarrollo de sus funciones profesionales deben utilizarse exclusivamente para tal finalidad.

2.º Que no está permitido el uso para fines privados de los citados equipos, aparatos o soportes materiales.

2. La persona jurídica difundirá en su portal de Internet un modelo normalizado de solicitud de reembolso que cumpla con los requisitos previstos en el apartado anterior.

3. La persona jurídica dispondrá de un plazo de un mes desde la recepción de la solicitud para realizar las comprobaciones necesarias para acreditar la existencia o inexistencia del derecho al reembolso y comunicar su decisión al solicitante.

4. Si se acredita la existencia del derecho al reembolso, que solo será procedente cuando la compensación haya sido previamente percibida de manera efectiva por la entidad de gestión correspondiente, la persona jurídica, cuando lo comunique al solicitante, le requerirá la emisión de la correspondiente factura para proceder a su pago.

5. La persona jurídica sólo podrá denegar el reembolso de la compensación en los siguientes supuestos:

a) Cuando la solicitud de reembolso no incluya toda la información exigida en el presente artículo.

b) Cuando las declaraciones responsables no reflejen lo exigido en el presente artículo.

c) Cuando el importe de la solicitud de reembolso sea inferior al previsto en el penúltimo párrafo del artículo 25.8 del texto refundido de la Ley de Propiedad Intelectual con la salvedad prevista en dicho artículo.

d) Cuando, una vez analizada la solicitud, no se acredite la existencia del derecho al reembolso.

En los supuestos previstos en las letras a) y b) anteriores, se otorgará al solicitante un plazo de siete días hábiles para que subsane su solicitud.

La denegación se comunicará al solicitante junto con una justificación adecuada de los motivos de la misma y, asimismo, le informará del derecho a plantear, en el plazo de un mes a contar desde la comunicación de la denegación, un conflicto ante el Ministerio de Cultura y Deporte en virtud del artículo 25.12 del texto refundido de la Ley de Propiedad Intelectual.

Art. 12. *Obligación de confidencialidad.*—1. Las entidades de gestión y la persona jurídica respetarán el carácter confidencial de cualquier información que conoz-

---

Art. 11.4: Modificado por la Disp. Final 1.ª 6 del Real Decreto 209/2023, de 28 de marzo (§ 5).

can en el ejercicio de sus funciones, y su tratamiento, en todo caso, estará sujeto al cumplimiento de la normativa de defensa de la competencia y de protección de datos.

2. Los deudores, los distribuidores y los titulares de certificados de exceptuación no podrán hacer valer el secreto de contabilidad empresarial contemplado en el artículo 32, apartado 1, del Código de Comercio, cuando la persona jurídica ejerza las facultades de control que se le reconocen en el artículo 25.11 del texto refundido de la Ley de Propiedad Intelectual.

Art. 13. *Convenios de colaboración sobre la compensación.—* 1. La persona jurídica promoverá la celebración de convenios de colaboración con los siguientes sujetos, entre otros:

a) Sujetos deudores y distribuidores o asociaciones representativas de los mismos.

b) Colegios Profesionales, Cámaras de Comercio o corporaciones equivalentes; asociaciones de profesionales; o cualquier otra asociación representativa de usuarios de equipos, aparatos y soportes materiales.

2. Los convenios de colaboración tendrán por objeto, entre otros aspectos, los siguientes:

a) Aportar eficiencia a la gestión para hacer efectiva la compensación y, en particular, la devolución de la misma. Como medida en este sentido, podrán regularse mecanismos que permitan a los sujetos deudores y a los distribuidores exceptuar del pago de la compensación las sucesivas transacciones relativas a los equipos, aparatos y soportes materiales respecto de los que pueda acreditarse de antemano que, en última instancia, van a ser destinados fuera del territorio español o a sujetos que sean titulares de un certificado vigente de exceptuación.

b) Informar y facilitar la obtención de certificados de exceptuación y prestar servicios para agrupar el reembolso del pago de la compensación.

c) Desarrollar acciones formativas.

CAPÍTULO III

PROCEDIMIENTO PARA LA RESOLUCIÓN DE CONFLICTOS RELACIONADOS CON LA CONCESIÓN DE CERTIFICADOS DE EXCEPTUACIÓN Y REEMBOLSOS DEL PAGO DE LA COMPENSACIÓN

Art. 14. *Iniciación y finalización del procedimiento.—* 1. La Dirección General de Industrias Culturales y Cooperación será el órgano competente para resolver

---

Art. 14: Sobre las exceptuaciones al pago y el reembolso, vid. art. 25.7 y 8 TRLPI (§ 1).

los conflictos que surjan entre la persona jurídica y los solicitantes de certificados de exceptuación y de reembolsos del pago de la compensación.

2. El procedimiento administrativo para resolver el conflicto se tramitará de conformidad con lo previsto en la Ley 39/2015, de 1 de octubre, del Procedimiento Administrativo Común de las Administraciones Públicas y de acuerdo con las especialidades procedimentales reguladas en este artículo.

3. La solicitud de resolución de conflicto deberá presentarse ante la Dirección General de Industrias Culturales y Cooperación en el plazo de un mes desde la notificación de la denegación del certificado de exceptuación o el reembolso. La solicitud deberá adjuntar, al menos, los siguientes documentos:

a) Copia de la solicitud de certificado de exceptuación o de reembolso cursada a la persona jurídica con todos los documentos que la acompañaron.

b) Copia del documento emitido por la persona jurídica denegando la solicitud cursada.

4. El plazo máximo para que la Dirección General de Industrias Culturales y Cooperación emita y

notifique la decisión resolviendo el conflicto será de seis meses a computar desde la recepción completa de la solicitud.

5. La resolución de la Dirección General de Industrias Culturales y Cooperación, que vinculará a todas las partes y pondrá fin a la vía administrativa, podrá declarar la existencia o inexistencia del derecho a obtener el certificado de exceptuación o el reembolso del pago de la compensación. En el caso de declarar la existencia del derecho a obtener el reembolso, conminará a la persona jurídica al pago de la cuantía que en Derecho corresponda al solicitante del mismo.

CAPÍTULO IV

PORCENTAJE
DE LA COMPENSACIÓN
EQUITATIVA QUE LAS ENTIDADES
DE GESTIÓN DEBEN DEDICAR
A DETERMINADAS ACTIVIDADES
Y SERVICIOS

Art. 15. *Realización de actividades de asistencia y fomento por parte de las entidades de gestión.—*
1. Las entidades de gestión, di-

Art. 15: El apdo. 1.º de este artículo resulta reiterativo con respecto a la enumeración de actividades a realizar por las entidades de gestión prevista en el art. 178.1.a) y b) TRLPI (§ 1). El resto de apartados de esta norma desarrollan las previsiones contempladas en el apartado segundo del citado art. 178 TRLPI, previendo que el porcentaje que las entidades de gestión han de destinar a actividades asistenciales y formativas es el 20 por 100 del importe de la compensación equitativa y desarrollando los requisitos de información que ha de remitirse a la Dirección General de Industrias Culturales y Cooperación, dependiente del Ministerio de Cultura y Deporte.

rectamente o por medio de otras entidades deberán, según lo establecido en el artículo 178 del texto refundido de la Ley de Propiedad Intelectual:

a) Promover actividades o servicios de carácter asistencial en beneficio de sus miembros.

b) Atender actividades de formación y promoción de autores y artistas intérpretes o ejecutantes.

2. Las entidades de gestión deberán dedicar a las dos modalidades de actividades a que se refiere el apartado anterior, por partes iguales, el 20 por 100 del importe de la compensación.

3. En el primer trimestre de cada año, las entidades de gestión remitirán a la Dirección General de Industrias Culturales y Coope-

ración la información referida al ejercicio anterior que a continuación se relaciona:

a) Memoria pormenorizada de las actividades o servicios a que se refieren los apartados a) y b) del apartado 1.

b) Cantidades desglosadas que se hayan afectado a dichas actividades o servicios de acuerdo con lo previsto en el apartado 2, y

c) Relación pormenorizada de titulares beneficiarios.

4. Asimismo deberán remitir a la Dirección General de Industrias Culturales y Cooperación cualquier otra información que ésta requiera en relación con la realización de actividades de asistencia y fomento a la que están obligadas las entidades de gestión.

DISPOSICIONES ADICIONALES

1.ª *Realización de actividades de asistencia y fomento por parte de las entidades de gestión de derechos de propiedad intelectual.*—La obligación regulada en el artículo 15.2 de este real decreto resultará de aplicación a la compensación equitativa que las entidades de gestión hayan recaudado desde la entrada en vigor de la disposición transitoria segunda del Real Decreto-ley 12/2017, de 3 de julio, por el que se modifica el texto refundido

de la Ley de Propiedad Intelectual, aprobado por el Real Decreto Legislativo 1/1996, de 12 de abril, en cuanto al sistema de compensación equitativa por copia privada.

2.ª *Función de la Sección Primera de la Comisión de Propiedad Intelectual en materia de compensación equitativa por copia privada.*—Las reuniones de la Sección Primera de la Comisión de Propie-

---

Disp. Adic. 1.ª: Vid. art. 178.2 TRLPI (§ 1).
Disp. Adic. 2.ª: Vid. art. 194 TRLPI (§ 1).

dad Intelectual cuyo objeto sea la emisión del informe preceptivo previsto en el artículo 25.4 del texto refundido de la Ley de Propiedad Intelectual tendrán como tales el mismo tratamiento que las reuniones de dicho órgano colegiado que tengan como objeto el ejercicio de su función de determinación de tarifas.

3.ª *No incremento del gasto público.*—Las medidas incluidas en este real decreto no podrán suponer un aumento neto de los gastos de personal.

DISPOSICIÓN TRANSITORIA

Única. *Plazo máximo para resolver las solicitudes de reembolso.*—Durante el plazo de seis meses a computar desde la fecha de entrada en vigor del presente real decreto, el plazo máximo para resolver las solicitudes de reembolso, cursadas conforme al procedimiento regulado en el artículo 11 de este real decreto, será de dos meses.

DISPOSICIÓN DEROGATORIA

Única. *Derogación normativa.*—Quedan derogadas las disposiciones de igual o inferior rango que se opongan al presente real decreto y, en particular, los preceptos vigentes del Real Decreto 1.434/1992, de 27 de noviembre, de desarrollo de los artículos 24, 25 y 140 de la Ley 22/1987, de 11 de noviembre, de Propiedad Intelectual, en la versión dada a los mismos por la Ley 20/1992, de 7 de julio; y el Real Decreto 1.802/1995, de 3 de noviembre, por el que se establece el sistema para la determinación de la remuneración compensatoria por copia privada en las ciudades de Ceuta y Melilla.

DISPOSICIONES FINALES

1.ª *Reparto de la compensación entre modalidades de reproducción.*—1.   El acuerdo que, en su caso, exista entre las entidades de gestión autorizadas por el Ministerio de Cultura y Deporte para determinar el reparto de la compensación equitativa regulada en el apartado 1 de la disposición transitoria segunda del Real Decreto-ley 12/2017, de 3 de julio, entre las distintas modalidades de reproducción, deberá remitirse al Ministerio de Cultura y Deporte, a la Secretaría de Estado para el Avance Digital y a las principales asociaciones representativas de sujetos deudores y distribuidores en el plazo de cinco días tras la entrada en vigor de este real decreto.

2. Una vez resueltas todas las solicitudes de reembolso correspondientes a la compensación equitativa regulada en el apartado 1 de la disposición transitoria segunda del Real Decreto-ley 12/2017, de 3 de julio, que hubiera sido recaudada hasta la entrada en vigor del presente real decreto, las entidades de gestión liberarán el saldo remanente de

la provisión dotada en cumplimiento del apartado 5 de dicha disposición transitoria que no haya sido consumido en la atención de reembolsos.

2.ª *Título competencial.*—Este real decreto se dicta al amparo de lo dispuesto en el artículo 149.1.9.ª de la Constitución Española, que atribuye al Estado la competencia exclusiva en materia de legislación sobre propiedad intelectual e industrial.

3.ª *Entrada en vigor.*—El presente real decreto entrará en vigor el 2 de enero de 2019.

§ 4. REAL DECRETO-LEY 24/2021, DE 2 DE NOVIEMBRE, DE TRANSPOSICIÓN DE DIRECTIVAS DE LA UNIÓN EUROPEA EN LAS MATERIAS DE BONOS GARANTIZADOS, DISTRIBUCIÓN TRANSFRONTERIZA DE ORGANISMOS DE INVERSIÓN COLECTIVA, DATOS ABIERTOS Y REUTILIZACIÓN DE LA INFORMACIÓN DEL SECTOR PÚBLICO, EJERCICIO DE DERECHOS DE AUTOR Y DERECHOS AFINES APLICABLES A DETERMINADAS TRANSMISIONES EN LÍNEA Y A LAS RETRANSMISIONES DE PROGRAMAS DE RADIO Y TELEVISIÓN, EXENCIONES TEMPORALES A DETERMINADAS IMPORTACIONES Y SUMINISTROS, DE PERSONAS CONSUMIDORAS Y PARA LA PROMOCIÓN DE VEHÍCULOS DE TRANSPORTE POR CARRETERA LIMPIOS Y ENERGÉTICAMENTE EFICIENTES

[Apdos. I, II (pár. 1.º) y VI del Preámbulo,
Libro IV, Disp. Trans. 4.ª y Disps. Finales 8.ªI y II, y 10.ª]

(*BOE* n.º 263, de 3 de noviembre de 2021)

PREÁMBULO

I

La transposición en plazo de directivas de la Unión Europea es un objetivo fundamental del Consejo Europeo. A este fin, la Comisión Europea somete informes periódicos al Consejo de Competitividad, a los que se les da un alto valor político por su función de medición de la eficacia y credibilidad de los Estados miembros en la puesta en práctica del mercado interior.

El cumplimiento de este objetivo resulta del todo prioritario, habida cuenta del escenario diseñado por el Tratado de Lisboa de 2007 por el que se modifican el Tratado de la Unión Europea y el Tratado constitutivo de la Comunidad Europea, para los incumplimientos de transposición en plazo, para los que la Comisión puede pedir al Tribunal de Justicia de la Unión Europea la imposición de importantes sanciones económicas de manera acelerada (art. 260.3 del Tratado de Funcionamiento de la Unión Europea —TFUE—).

España viene cumpliendo consistentemente con los objetivos de transposición en los plazos comprometidos desde que resultan fijados los mismos. No obstante, en los últimos años, hechos como la repetición de elecciones generales en 2019, con la consiguiente disolución de las Cortes Generales, la existencia de un Gobierno en funciones durante un tiempo prolongado, así como el estadillo de la pandemia del COVID-19 en el año 2020, explican la acumulación de retrasos en la transposición de algunas directivas, que requieren de una norma con rango de ley para su incorporación al ordenamiento jurídico interno.

Tal es el caso de las Directivas cuya transposición constituye el objeto del presente real decreto-ley, dado que todas ellas se encuentran en riesgo de multa con base a lo establecido en el artículo 260.3 del TFUE. En este sentido, deben considerarse en riesgo de multa aquellas directivas para las que queda menos de 3 meses para que se cumpla su plazo límite de transposición y que necesitan, al menos, una norma con rango de ley para su transposición sin que dicha ley haya empezado su tramitación parlamentaria; así como todas aquellas directivas que tienen ya un procedimiento de infracción abierto por la Comisión Europea por haberse cumplido su plazo límite de transposición.

Como ejemplo reciente de las consecuencias económicas que pueden derivarse de estos retrasos, cabe señalar la Sentencia del TJUE de 25 de febrero de 2021 contra España (asunto C-658/19) por retraso en la transposición de la Directiva (UE) 2016/680 del Parlamento Europeo y del Consejo, de 27 de abril de 2016, relativa a la protección de las personas físicas en lo que respecta al tratamiento de datos personales por parte de las autoridades competentes para fines de prevención, investigación, detección o enjuiciamiento de infracciones penales o de ejecución de sanciones penales, y a la libre circulación de dichos datos; condenando al pago de 15 millones de euros en concepto de suma a tanto alzado más 8.099.000 euros como multa coercitiva.

Ante la gravedad de las consecuencias de seguir dilatando la incorporación al ordenamiento jurídico español de tales directivas, resulta necesario acudir a la aprobación de un real decreto-ley para proceder a dicha transposición, lo que permitirá cerrar los procedimientos de infracción abiertos por la Comisión Europea.

En lo relativo a la existencia de «procedimientos de incumplimiento contra el Reino de España», debe tenerse en cuenta que pese al carácter opcional previsto en el artículo 260.3 del Tratado de Funcionamiento de la Unión Europea, en su Comunicación de 13 de diciembre de 2016, «Derecho de la UE» mejores resultados gracias a una mejor aplicación», la Comisión ha anunciado un cambio de enfoque pasando a solicitar de manera sistemática la suma a tanto alzado. La consecuencia lógica del enfoque de la suma a tanto alzado es que, en los casos en los que un Estado miembro subsane la infracción mediante la transposición de la directiva en el curso de un procedimiento de infracción, la Comisión ya no desistirá de su recurso solo por ese motivo y solicitará en cualquier caso al TJUE la imposición de la suma a tanto alzado.

Como disposición transitoria, la Comisión ha señalado que no aplicará esta nueva práctica a los procedimientos cuya carta de emplazamiento sea anterior a la publicación de dicha comunicación en el *Diario Oficial de la Unión Europea* que tuvo lugar el 19 de enero de 2017. En consecuencia, resulta de extraordinaria y urgente necesidad proceder a la transposición antes de que se formalice la demanda ante el Tribunal de Justicia, para evitar así un procedimiento judicial que finalizaría mediante una sentencia que declare el incumplimiento por parte del Reino de España de las obligaciones que le impone el Derecho de la Unión.

En cuanto a la utilización del real decreto-ley, el Tribunal Constitucional ha declarado que la situación de extraordinaria y urgente necesidad que exige, como presupuesto habilitante, el artículo 86.1 de la Constitución Española, puede deducirse «de una pluralidad de elementos», entre ellos, «los que quedan reflejados en la exposición de motivos de la norma» (STC 6/1983, de 4 de febrero).

Por su parte, entre la situación de extraordinaria y urgente necesidad que habilita el empleo del real decreto-ley y las medidas contenidas en él debe existir una «relación directa o de congruencia». Por tanto, para la concurrencia del presupuesto de la extraordinaria y urgente necesidad, la STC 61/2018, de 7 de junio (FJ 4), exige, por un lado, «la presentación explícita y razonada de los motivos que han sido tenidos en cuenta por el Gobierno para su aprobación», es decir, lo que ha venido a denominarse la situación de urgencia; y, por otro, «la existencia de una necesaria conexión entre la situación de urgencia definida y la medida concreta adoptada para subvenir a ella SSTC 29/1982, de 31 de mayo, FJ 3; 182/1997, de 20 de octubre, FJ 3; y 137/2003, de 3 de julio, FJ 4)».

El real decreto-ley constituye un instrumento constitucionalmente lícito, siempre que el fin que justifica la legislación de urgencia, sea, tal como reiteradamente ha exigido nuestro Tribunal Constitucional (Sentencias 6/1983, de 4 de febrero, F. 5; 11/2002, de 17 de enero, F. 4; 137/2003, de 3 de julio, F. 3; y 189/2005, de 7 de julio, F. 3), subvenir a una situación concreta, dentro de los objetivos gubernamentales, que por razones difíciles de prever precisa de una acción normativa inmediata en un plazo más breve que el requerido por la vía normal o por el procedimiento de urgencia para la tramitación parlamentaria de las leyes, máxime cuando la determinación de dicho procedimiento no depende del Gobierno.

Por otro lado, en relación con la figura del real decreto-ley como instrumento de transposición, cabe señalar que el Tribunal Constitucional en su Sentencia 1/2012, de 13 de enero, avala la concurrencia del presupuesto habilitante de la extraordinaria y urgente necesidad del artículo 86.1 de la Constitución Española cuando concurran «el patente retraso en la transposición» y la existencia de «procedimientos de incumplimiento contra el Reino de España».

Asimismo, cabe señalar que el Consejo de Estado, en su informe sobre la inserción del Derecho europeo en el ordenamiento español, de 14 de febrero de 2008, considera que, si bien no debe convertirse en mecanismo ordinario para la incorporación de las directivas, sí está justificado en atención, por ejemplo, «al plazo fijado por la norma comunitaria, a la necesidad de dar urgente respuesta a unas determinadas circunstancias o a la existencia de una declaración de incumplimiento por el Tribunal de Justicia de las Comunidades Europeas».

A mayor abundamiento, la Sentencia del Tribunal Constitucional 199/2015, de 24 de septiembre, declaró en materia de decretos-leyes transversales que «la concurrencia de la urgencia y la necesidad debe analizarse de cada precepto, porque solo de este modo podrá realizarse un examen apropiado sobre la conexión de sentido entre la situación de urgencia definida y la medida concreta adoptada para subvenir a la misma».

Asimismo, en relación con la diversidad de ámbitos y materias que el presente real decreto-ley viene a regular, se estima necesario destacar que el Tribunal Constitucional, en la Sentencia 136/2011, de 13 de septiembre, declaró que el dogma de la deseable homogeneidad de un texto legislativo no es obstáculo insalvable que impida al legislador dictar normas multisectoriales, pues tampoco existe en la Constitución Española precepto alguno, expreso o implícito, que impida que las leyes tengan un contenido heterogéneo.

De este modo, sigue diciendo en su Sentencia el Tribunal Constitucional, «por más que pueda hablarse de la existencia de una global situación de urgencia o de necesidad, vinculada a lo que este Tribunal ha denominado como «coyunturas económicas problemáticas», en los supuestos en que existe la previsión de un conjunto de medidas diversas para afrontar esa coyuntura, bien se puede exigir al Gobierno que exponga razonadamente los motivos que ha tenido en cuenta para incluir cada bloque de medidas en el decreto-ley, optando por sacarlas de la órbita de un eventual proyecto de ley específico. Por tanto (...) la valoración de la concurrencia del presupuesto habilitante en un decreto-ley transversal, pasa por verificar que la motivación relativa a la existencia de dicho presupuesto, no es una vaga motivación genérica, sino que se refiere, expresamente, a cada precepto o grupo de preceptos, con el objetivo de exteriorizar las razones que justifican la inclusión de esas medidas en un decreto-ley. Solo de este modo, quien está llamado a ejercer el control sobre el Decreto-ley puede tener presentes «las situaciones concretas y los ob-

jetivos gubernamentales que han dado lugar a la aprobación de cada uno de los Decretos-leyes enjuiciados» (SSTC 6/1983, de 4 de febrero, FJ 5; 182/1997, de 28 de octubre, FJ 3; 11/2002, de 17 de enero, FJ 4, y 137/2003, de 3 de julio, FJ 3)».

Debe señalarse también que este real decreto-ley no afecta al ordenamiento de las instituciones básicas del Estado, a los derechos, deberes y libertades de los ciudadanos regulados en el título I de la Constitución, al régimen de las Comunidades Autónomas ni al Derecho electoral general.

Por todo ello, y de acuerdo con la jurisprudencia del Tribunal Constitucional, en los sucesivos apartados de esta exposición de motivos se concretan las razones que justifican la extraordinaria y urgente necesidad de transponer las distintas directivas en cada uno de los supuestos recogidos en el presente real decreto-ley.

II

El presente real decreto-ley se estructura en una parte expositiva y una parte dispositiva que consta de siete libros, conformados por noventa y un artículos, cuatro disposiciones adicionales, cuatro disposiciones transitorias, una disposición derogatoria, diez disposiciones finales y un anexo.

[...]

VI

Mediante el Libro cuarto del presente real decreto-ley se incorpora al Derecho español la Directiva (UE) 2019/789 del Parlamento Europeo y del Consejo de 17 de abril de 2019 por la que se establecen normas sobre el ejercicio de los derechos de autor y derechos afines aplicables a determinadas transmisiones en línea de los organismos de radiodifusión y a las retransmisiones de programas de radio y televisión, y por la que se modifica la Directiva 93/83/CEE, y la Directiva (UE) 2019/790 del Parlamento Europeo y del Consejo de 17 de abril de 2019 sobre los derechos de autor y derechos afines en el mercado único digital y por la que se modifican las Directivas 96/9/CE y 2001/29/CE, con el fin de armonizar las distintas normativas nacionales de los Estados miembros sobre los derechos de autor y los derechos afines a los derechos de autor en el entorno digital para lograr un buen funcionamiento del mercado único digital, y de mejorar el acceso transfronterizo a un mayor número de programas de radio y televisión, facilitando la obtención de derechos para la prestación de servicios en línea que son accesorios a la emisión de determinados tipos de programas de radio y televisión, así como para la retransmisión de programas de radio y televisión.

El desarrollo de las tecnologías digitales y de Internet ha transformado la manera en que se crean, producen, distribuyen y explotan las obras y prestaciones objeto de derechos de propiedad intelectual, sean derechos de autor o derechos afines o conexos. Siguen surgiendo nuevos modelos de negocio y nuevos agentes. La legislación aplicable debe mantener un carácter estable frente a futuras innovaciones, de forma que no se limite el desarrollo tecnológico. Los objetivos y los principios establecidos por el marco de la Unión en materia de derechos de autor continúan siendo sólidos. Con todo, persiste cierta inseguridad jurídica, tanto para los titulares de derechos como para los usuarios, en lo que se refiere a determinados usos, entre ellos los de carácter transfronterizo, de las obras y otras prestaciones en el entorno digital.

Asimismo, las citadas directivas dan respuesta jurídica a la necesidad de adaptar los derechos de propiedad intelectual, a los nuevos cambios surgidos, garantizando un elevado nivel de protección a los titulares de derechos y estimulando la innovación, la creatividad, la inversión y la producción de nuevos contenidos en el entorno digital. La protección que depara ese marco jurídico también contribuye al objetivo de la Unión de respetar y fomentar la diversidad cultural, situando al mismo tiempo en primer plano al patrimonio cultural común europeo.

En concreto, las medidas que recogen dichas directivas y que transponen este real decreto-ley se centran en dos grandes áreas: mejorar el acceso seguro de las personas usuarias de Internet en la Unión Europea al contenido en línea protegido por derechos de propiedad intelectual, principalmente los contenidos pedagógicos o científicos, los programas de radio y televisión, las obras europeas audiovisuales y el patrimonio cultural, y garantizar un funcionamiento correcto y equitativo del mercado de los derechos de autor en el entorno digital.

Por lo que se refiere a la mejora del acceso a contenidos protegidos por derechos de propiedad intelectual, es importante mencionar la ampliación del catálogo de límites que excluye la necesaria autorización de los titulares de derechos para el uso de las correspondientes obras y prestaciones protegidas. En este sentido se destacan los nuevos límites de minería de textos y de datos tanto para uso científico como comercial que precisan del tratamiento de grandes cantidades de información para adquirir nuevos conocimientos y descubrir nuevas tendencias, siendo uno de los elementos claves del negocio en la Red; no obstante lo cual, este límite apoya de manera decisiva a los sectores de investigación e innovación.

Son también relevantes los límites dirigidos a la conservación del patrimonio cultural y a la difusión de obras fuera del circuito comercial por parte de las instituciones culturales; asimismo, se refuerzan los límites ya existentes relativos a la educación y a la investigación científica puesto que las tecnologías digitales permiten nuevos tipos de usos para los que la normativa existente se revela insuficiente. Asimismo, se incluye por primera vez en el derecho español el límite de «pastiche», que refuerza la cobertura legal de las expresiones y construcciones multimedia que se replican y transmiten mediante Internet de persona a persona hasta alcanzar una amplia difusión –los conocidos como «memes»–, aunque este límite extiende también su ámbito al entorno analógico.

Por otra parte, también se establecen normas que permiten a las personas usuarias el acceso en línea a todas las emisiones radiofónicas de la Unión Europea y a los programas informativos y de producción propia de las emisoras y canales establecidos en la Unión.

En lo referente a las medidas para garantizar un funcionamiento correcto y equitativo del mercado de los derechos de propiedad intelectual, estas pretenden corregir los desequilibrios que el contexto digital ha provocado en la cadena de valor de la producción protegida por derechos de propiedad intelectual, al tiempo que se asegura la posición de las personas usuarias promoviendo el acceso a contenidos seguros y legales, así como también el acceso a información contrastada y fiable. Las medidas afectan a toda la cadena de valor, desde las plataformas y operadores del entorno digital hasta los autores y artistas, afectando también a otros titulares de derechos de propiedad intelectual tales como editores o productores.

Es importante mencionar el derecho reconocido a los editores de prensa, ya existente en el derecho español como derecho cedido por los autores de prensa, y que ha sido modificado para adecuarlo a la Directiva que se transpone. Asimismo, son importantes las medidas para reforzar la posición de los titulares de derechos en las plataformas que comparten contenidos, facilitando la concesión de autorizaciones si ello conviene a su modelo de negocio, o impidiendo la difusión y explotación de sus obras por las plataformas. Además, se fortalece la posición de los autores e intérpretes, que en el derecho español ya tienen reconocido el derecho irrenunciable a una retribución justa, con la incorporación de nuevas herramientas jurídicas como por ejemplo, el derecho de revocación de la cesión de sus obras que se otorga bajo ciertas condiciones a los autores, artistas e intérpretes, el derecho a la revisión de sus retribuciones si resultaron desproporcionadamente escasas; y la obligación de transparencia que se impone a cesionarios y licenciatarios de los derechos respecto de los autores, artistas e intérpretes.

Igualmente contribuyen a un correcto y equitativo funcionamiento del mercado de los derechos de propiedad intelectual las medidas que facilitan la liquidación de derechos de autor para las actividades de transmisión y retransmisión de contenidos a través de la radio y de la televisión en línea, en este contexto ha de situarse asimismo la regulación de la inyección directa.

De acuerdo con lo previsto en la Directiva 2001/29/CE del Parlamento Europeo y del Consejo de 22 de mayo de 2001, que se transpone al ordenamiento jurídico español mediante el presente real decreto-ley, esta persigue garantizar un alto nivel de protección de los derechos de propiedad intelectual.

Los criterios seguidos en la transposición se han basado, preferentemente, en la fidelidad al texto de las directivas y, en la medida de lo posible, en el principio de economía, de tal suerte que la reforma de la actual normativa en materia de propiedad intelectual sea la menor posible.

Por su parte, en lo que se refiere al recurso al real decreto-ley como instrumento de transposición, cabe señalar, en primer lugar, que viene motivado por el vencimiento del plazo para la transposición de las Directivas (UE) 2019/789 y 2019/790. El plazo máximo otorgado a los Estados miembros para su incorporación a los ordenamientos jurídicos internos finalizó el pasado 7 de junio de 2021, habiéndose recibido ya las correspondientes cartas de emplazamiento de la Comisión Europea, con fecha 23 de julio de 2021, como primera fase de la apertura de sendos procedimientos de infracción, 2021/0223 y 2021/0224, respectivamente.

Además, debe tenerse en cuenta que, a pesar de que los objetivos y los principios establecidos por el marco de la Unión Europea en materia de derechos de autor continúan siendo sólidos, persiste cierta inseguridad jurídica, tanto para los titulares de derechos como para los usuarios, en lo que se refiere a determinados usos, entre ellos los de carácter transfronterizo, de las obras y otras prestaciones en el entorno digital. El modelo de explotación surgido, más digital y transfronterizo, ha requerido la adopción, por parte del legislador de la Unión, de nuevas medidas y del reconocimiento de derechos que permitan adaptarse a esta evolución y palíen los perjuicios irreparables que han venido sufriendo específicamente los titulares de derechos de propiedad intelectual; los cuales deben ser incorporados en el actual contexto, con la mayor brevedad posible, por los Estados miembros.

En España, los usos de contenidos digitales se han incrementado y prácticamente se han universalizado en 2020, según el estudio cualitativo de tendencias «Estudio sobre usos y actitudes de consumo de contenidos digitales de 2021», del Observatorio Nacional de Tecnología y Sociedad.

La crisis sanitaria provocada por la COVID-19 ha influido no sólo en el consumo de contenidos digitales durante la vigencia del estado de alarma y el confinamiento en 2020, sino que ha seguido avanzando en el momento actual, ya que un porcentaje considerable de la población consume actualmente más contenidos digitales que antes de la pandemia.

Si bien no en todas las franjas de población este consumo ha aumentado (el 36% de los mayores de 75 años no ha consumido contenidos digitales nunca y el 20% sólo de manera excepcional), el incremento ha sido exponencial, de un 60%, en la franja de entre 14 y 24 años; población ésta que ya tenía un consumo elevado de contenidos digitales y que está marcando la evolución para las actividades económicas relacionadas con el ámbito digital.

Respecto a la tipología de contenido, el incremento en la tasa de consumo en lo que se refiere a películas, series, vídeos y documentales sube de un 59,5 a un 80,3% en la actualidad, pasando la música digital del 58,1% de la población al 80,1%.

Además, el elevado y creciente uso en 2020 de las Tecnologías de Información y Comunicación en los hogares españoles ha sido puesto de manifiesto una vez más por los resultados de la Encuesta sobre Equipamiento y Uso de Tecnologías de Información y Comunicación en los Hogares elaborada por el Instituto Nacional de Estadística (INE). Sus resultados indican que, en 2020, el 93,2% de las personas de 16 a 74 años ha utilizado Internet en los últimos tres meses (2,5 puntos más que en 2019). Esto supone un total de 32,8 millones (con un aumento de más de un millón de usuarios). Asimismo, casi 19 millones de personas, el 53,8% de la población de 16 a 74 años, ha comprado por Internet en los tres últimos meses por motivos particulares, frente al 46,9% de 2019; pudiendo destacarse, entre los contenidos digitales vinculados a cultura, la compra de música física o a través de descargas, 1,9 y 9,8% respectivamente, de películas o series a través de descargas o *streaming*, 15,6%, o de libros, en formato físico 11,4% o en descargas, 8%.

A ello se añaden múltiples indicadores de la Encuesta de Hábitos y Prácticas Culturales 2018-2019, elaborada por el Ministerio de Cultura y Deporte, que muestran, por ejemplo, una elevada disponibilidad de suscripción a plataformas digitales vinculadas a la cultura en el hogar; disponiendo de algún tipo de suscripción el 52,2% de la población de 15 años en adelante. En concreto, el 26,8% de este grupo de población cuenta con una suscripción a plataformas de contenidos musicales, el 38,9% a plataformas de películas o series, el 28,8% a plataformas de canales de televisión, y el 3,4 y 4,1% respectivamente a plataformas de libros y de videojuegos.

Los datos expuestos ponen de manifiesto la extraordinaria y urgente necesidad en la aprobación de la nueva regulación en el marco del Mercado Único Digital europeo, a fin de mejorar las perspectivas económicas y laborales de las industrias culturales y creativas españolas, reforzando su competitividad en el contexto europeo, y dando respuesta a las necesidades y nuevos hábitos de los consumidores y usuarios de los contenidos culturales digitales.

Debe tenerse en cuenta que son ya varios Estados miembros de la Unión Europea los que ya han transpuesto esta nueva regulación a sus ordenamientos internos, lo que hace que los contenidos digitales de los Estados que aún no han procedido a dicha transposición estén perdiendo oportunidades de competir en el Mercado Único Digital europeo. España no puede quedarse a la cola en este proceso, máxime cuando, por un lado, el sector cultural español lo viene demandando públicamente desde hace tiempo, y, por otro, el plazo máximo de transposición ha expirado desde hace cuatro meses. Una tramitación ordinaria de la propuesta como anteproyecto de ley repercutiría negativamente en nuestras industrias culturales y creativas, perjudicando así su competitividad.

En ese sentido, una de las cuestiones conflictivas y más demandadas por parte del sector cultural ha sido la regulación específica de la responsabilidad de aquellas plataformas en línea que permiten el almacenamiento e intercambio de contenido protegido por derechos de propiedad intelectual subido por los usuarios. Hasta ahora, estas plataformas han venido gozando, en la mayoría de los casos, de una exención de responsabilidad o «puerto seguro» en relación con el material subido por los usuarios. Esto propiciaba que en estas plataformas se pudiese encontrar una gran cantidad de obras o prestaciones protegidas por los derechos de autor y derechos conexos, sin que hubieran obtenido autorización para realizar esta actividad. La nueva regulación pretende atajar este problema de explotación ilegal de contenidos.

Esta nueva regulación requirió, por mandato de la propia Directiva (UE) 2019/790, la emisión de unas Orientaciones Generales por parte de la Comisión Europea, para incorporar la regulación más adecuada en el marco de la normativa de la Unión. La publicación de las citadas Orientaciones, que se produjo finalmente el pasado mes de junio, ha dificultado también el proceso de transposición.

En definitiva, es imprescindible que la normativa interna sea adaptada lo antes posible para no perjudicar al sector cultural español, ya de por sí vulnerable (especialmente tras la pandemia provocada por la COVID-19, ya que muchos espacios de explotación de los contenidos culturales hubieron de permanecer cerrados), constituido en su mayor parte por PyMES y afectado con especial gravedad por las consecuencias de crisis sanitaria. Es de sobra conocido el impacto negativo que ha tenido la COVID-19 en nuestras industrias culturales y creativas, tanto en términos económicos como de destrucción de empleo (con un descenso en el empleo cultural, en datos medios anuales, en 2020, del 5,9% respecto al año 2019); impacto éste que puede contrarrestarse en estos momentos con una inmediata transposición de las Directivas (UE) 2019/789 y (UE) 2019/790.

[…]

LIBRO IV

Transposición de la Directiva (UE) 2019/789 del Parlamento Europeo y del Consejo, de 17 de abril de 2019, por la que se establecen normas sobre el ejercicio de los derechos de autor y derechos afines aplicables a determinadas transmisiones en línea de los organismos de radiodifusión y a las retransmisiones de programas de radio y televisión, y por la que se modifica la Directiva 93/83/CEE, y la Directiva (UE) 2019/790 del Parlamento Europeo y del Consejo, de 17 de abril de 2019, sobre los derechos de autor y derechos afines en el mercado único digital y por la que se modifican las Directivas 96/9/CE y 2001/29/CE

TÍTULO PRIMERO

Disposiciones generales

Art. 65. *Objeto y ámbito de aplicación.*—1. Este real decreto-ley, en su Libro cuarto, será de aplicación a los derechos de propiedad intelectual, incluyendo tanto derechos de autor como derechos afines o conexos, en el marco del mercado interior europeo, teniendo especialmente en cuenta los usos digitales y transfronterizos de los contenidos protegidos.

Mediante este real decreto-ley se profundiza en ciertos límites a los derechos exclusivos de propiedad intelectual relacionados con nuevos usos que las tecnologías digitales permiten hacer en los ámbitos de la investigación, la innovación, la educación y la conservación del patrimonio cultural, todo ello con el objetivo puesto en el beneficio que supone el acceso de las personas a los contenidos. Del mismo modo, se concretan las medidas necesarias para garantizar el correcto funcionamiento del mercado de explotación de obras y prestaciones objeto de derechos de propiedad intelectual.

2. Asimismo, este real decreto-ley será de aplicación a la mejora del acceso transfronterizo a un ma-

---

Art. 65: En relación con los nuevos límites regulados en este Real Decreto-ley, téngase en cuenta la necesaria aplicación de la regla de los tres casos, regulada en el art. 40 bis del Real Decreto Legislativo 1/1996, de 12 de abril, por el que se aprueba el texto refundido de la Ley de Propiedad Intelectual (§ 1).

yor número de programas de radio y televisión, facilitando la obtención de derechos para la prestación de servicios en línea que son accesorios a la emisión de determinados tipos de programas de radio y televisión, así como para la retransmisión de programas de radio y televisión. También establece normas para la transmisión de programas de radio y televisión a través del proceso de inyección directa.

3.   El presente real decreto-ley no afectará a las utilizaciones lícitas, tales como usos al amparo de límites vigentes a los derechos de propiedad intelectual y no conducirá a identificación alguna de usuarios concretos ni al tratamiento de sus datos personales, salvo si es conforme con la normativa vigente en materia de protección de datos.

Art. 66.   *Definiciones.*—A los efectos del Libro cuarto de este real decreto-ley, se entenderá por:

1.   «Minería de textos y datos»: toda técnica analítica automatizada destinada a analizar textos y datos en formato digital a fin de generar información que incluye pautas, tendencias, correlaciones u elementos similares.

2.   «Institución responsable del patrimonio cultural»: una biblioteca o un museo accesibles al público, un archivo o una institución responsable del patrimonio cinematográfico o sonoro. También se entienden comprendidos, entre otros, bibliotecas nacionales y archivos nacionales y, en lo que respecta a sus archivos y bibliotecas accesibles al público, los centros de enseñanza, los organismos de investigación y los organismos de radiodifusión del sector público.

3.   «Organismo de investigación»: toda entidad cuyo principal objetivo sea realizar investigaciones científicas o llevar a cabo actividades educativas que también impliquen investigaciones científicas, que cumplan con los siguientes requisitos:

a)   Sean sin ánimo de lucro o reinvirtiendo todos sus beneficios en las mismas.

Art. 66: Vid. art. 2.º de la Directiva (UE) 2019/790, del Parlamento Europeo y del Consejo, de 17 de abril de 2019, sobre los derechos de autor y derechos afines en el mercado único digital, y art. 2.º de la Directiva (UE) 2019/789, del Parlamento Europeo y del Consejo, de 17 de abril de 2019, por la que se establecen normas sobre el ejercicio de los derechos de autor y derechos afines aplicables a determinadas transmisiones en línea de los organismos de radiodifusión y a las retransmisiones de programas de radio y televisión.

Art. 66.1: Vid. art. 67 de este Real Decreto-ley.

Art. 66.2: Vid. arts. 67, 69 y 71 de este Real Decreto-ley; art. 37 del Real Decreto Legislativo 1/1996, de 12 de abril, por el que se aprueba el texto refundido de la Ley de Propiedad Intelectual (§ 1).

Art. 66.3: Vid. art. 68 de este Real Decreto-ley; art. 32.3 del Real Decreto Legislativo 1/1996, de 12 de abril, por el que se aprueba el texto refundido de la Ley de Propiedad Intelectual (§ 1).

b) Se realicen conforme a una misión de interés público.

No podrán beneficiarse de acceso preferente a los resultados generados por las investigaciones científicas las empresas que ejerzan una influencia decisiva sobre el organismo de investigación.

4. «Entidad de gestión colectiva suficientemente representativa»: toda entidad de gestión de derechos de propiedad intelectual sobre la cual el Ministerio de Cultura y Deporte haya resuelto favorablemente la comprobación del cumplimiento de los requisitos legales al inicio de la actividad de la misma, conforme al texto refundido de la Ley de Propiedad Intelectual, aprobado por Real Decreto Legislativo 1/1996, de 12 de abril.

En aquellos casos en que más de una entidad de gestión colectiva sea representativa en un ámbito de obras u otras prestaciones, será exigible una licencia conjunta o un acuerdo entre las correspondientes entidades de gestión.

5. «Servicio de la sociedad de la información»: todo servicio en el sentido de la letra *a)*, del anexo la Ley 34/2002, de 11 de julio, de servicios de la sociedad de información y de comercio electrónico.

6. «Prestador de servicios para compartir contenidos en línea»: todo prestador de un servicio de la sociedad de la información cuyo fin principal o uno de cuyos fines principales es almacenar y dar al público acceso a obras u otras prestaciones protegidas, en gran número o con un alto nivel de audiencia en España, cargadas por sus usuarios, que el servicio organiza y promociona con fines lucrativos directos o indirectos.

Los prestadores de servicios como las enciclopedias en línea sin fines lucrativos directos ni indirectos, los repositorios científicos o educativos sin fines lucrativos directos ni indirectos, las plataformas para desarrollar y compartir programas informáticos de código abierto, los proveedores de servicios de comunicaciones electrónicas, los mercados en línea y los prestadores de servicios entre empresas y en la nube, que permiten que los usuarios carguen contenido para su propio uso, no serán considerados prestadores de servicios para compartir contenidos en línea a los efectos del presente real decreto-ley.

7. «Servicio accesorio en línea»: todo servicio en línea consistente en el suministro al público por un organismo de radiodifu-

---

Art. 66.4: Vid. art. 71 de este Real Decreto-ley.
Art. 66.5: Vid. art. 73 de este Real Decreto-ley.
Art. 66.6: Vid. art. 73 de este Real Decreto-ley.
Art. 66.7: Vid. art. 76 de este Real Decreto-ley.

sión, o bajo su control y responsabilidad, de programas de radio o televisión simultáneamente o posteriormente a esa emisión durante un período de tiempo definido, así como de cualquier material que sea accesorio a tal emisión.

8. «Retransmisión»: toda retransmisión simultánea, inalterada e íntegra, distinta de la distribución por cable, destinada a su recepción por el público, de una transmisión inicial procedente de otro Estado miembro de programas de radio o televisión destinados a su recepción por el público, cuando dicha transmisión inicial sea alámbrica o inalámbrica, incluida vía satélite, pero no en línea, a condición de que:

a) la retransmisión la efectúe una parte distinta del organismo de radiodifusión que efectuó la transmisión inicial o bajo cuyo control y responsabilidad se efectuó dicha transmisión inicial, independientemente de la manera en que la parte que efectúe la retransmisión obtenga las señales portadoras de programas del organismo de radiodifusión a efectos de retransmisión, y

b) la retransmisión se efectúe en un entorno gestionado, en caso de efectuarse la retransmisión a través de un servicio de acceso a internet, entendiéndose como un servicio de comunicaciones electrónicas a disposición del público que proporciona acceso a internet y, por ende, conectividad entre prácticamente todos los puntos extremos conectados a internet, con independencia de la tecnología de red y del equipo terminal utilizados.

9. «Entorno gestionado»: todo entorno en el que un operador de un servicio de retransmisión proporciona una retransmisión segura a usuarios autorizados.

10. «Inyección directa»: todo proceso técnico por el que un organismo de radiodifusión transmite sus señales portadoras de programas a un organismo que no sea un organismo de radiodifusión, de forma que las señales portadoras de programas no sean accesibles al público durante dicha transmisión.

Art. **66.8**: Vid. art. 77 de este Real Decreto-ley; art. 20.2.*f*) del Real Decreto Legislativo 1/1996, de 12 de abril, por el que se aprueba el texto refundido de la Ley de Propiedad Intelectual (§ 1).

Art. **66.9**: Vid. art. 66.8 de este Real Decreto-ley.

Art. **66.10**: Vid. art. 79 de este Real Decreto-ley.

TÍTULO II

Límites a los derechos de propiedad intelectual en el entorno digital y transfronterizo

Art. 67. *Minería de textos y datos.*—1. No será precisa la autorización del titular de los derechos de propiedad intelectual para las reproducciones de obras y otras prestaciones accesibles de forma legítima realizadas con fines de minería de textos y datos.

2. Las reproducciones y extracciones podrán conservarse durante todo el tiempo que sea necesario para cumplir con estos fines, con pleno respeto a los principios de legalidad y a la normativa de protección de datos personales y garantía de los derechos digitales.

3. Lo dispuesto en el apartado 1 no será aplicable cuando los titulares de derechos hayan reservado expresamente el uso de las obras a medios de lectura mecánica u otros medios que resulten adecuados.

4. Las reproducciones de obras y otras prestaciones efectuadas por organismos de investigación e instituciones responsables del patrimonio cultural para reali-zar, con fines de investigación científica, minería de textos y datos, se almacenarán con un nivel adecuado de seguridad y podrán conservarse para la verificación de los resultados de la investigación.

En este supuesto, los titulares de derechos estarán autorizados a aplicar medidas que tengan como único objetivo garantizar la seguridad e integridad de las redes y bases de datos en que estén almacenadas las obras. Estas medidas no irán más allá de lo necesario para lograr ese objetivo.

Los titulares de derechos, organismos de investigación e instituciones responsables del patrimonio cultural podrán aprobar códigos de conducta voluntarios que recojan las mejores prácticas aplicables. La Administración podrá promover la elaboración de dichos códigos.

5. Sin perjuicio de lo dispuesto en la regulación legal sobre reproducciones provisionales y copia privada, no se necesitará la autori-

---

Art. 67: Vid. art. 66.1 de este Real Decreto-ley; arts. 32.3 y 37 del Real Decreto Legislativo 1/1996, de 12 de abril, por el que se aprueba el texto refundido de la Ley de Propiedad Intelectual (§ 1); y arts. 3.º y 4.º de la Directiva (UE) 2019/790, del Parlamento Europeo y del Consejo, de 17 de abril de 2019, sobre los derechos de autor y derechos afines en el mercado único digital.
Art. 67.5: Vid. arts. 34.2 y 135 del Real Decreto Legislativo 1/1996, de 12 de abril, por el que se aprueba el texto refundido de la Ley de Propiedad Intelectual (§ 1).

zación del autor de una base de datos protegida legalmente y que haya sido divulgada, cuando se trate de reproducciones y extracciones de obras accesibles de forma legítima para fines de minería de textos y datos conforme al presente artículo.

6. Cuando se trate de reproducciones y extracciones de obras y otras prestaciones accesibles de forma legítima para fines de minería de textos y datos conforme al presente artículo, no será necesaria la autorización del titular de los derechos de realizar o de autorizar:

a) la reproducción total o parcial, incluso para uso personal, de un programa de ordenador, por cualquier medio y bajo cualquier forma, ya fuere permanente o transitoria. Cuando la carga, presentación, ejecución, transmisión o almacenamiento de un programa necesiten tal reproducción deberá disponerse de autorización para

ello, que otorgará el titular del derecho;

b) La traducción, adaptación, arreglo o cualquier otra transformación de un programa de ordenador y la reproducción de los resultados de tales actos, sin perjuicio de los derechos de la persona que transforme el programa de ordenador.

7. El usuario legítimo de una base de datos, sea cual fuere la forma en que ésta haya sido puesta a disposición del público, podrá, sin autorización del fabricante de la base, extraer y/o reutilizar una parte sustancial del contenido de la misma, cuando se trate de reproducciones y extracciones de obras accesibles de forma legítima para fines de minería de textos y datos conforme al presente artículo.

Art. 68. *Utilización de obras y otras prestaciones en actividades pedagógicas digitales y transfronte-*

Art. 67.7: Vid. art. 34.1.

Art. 68: Vid. art. 66.3 de este Real Decreto-ley; art. 32.3, 4 y 5 del Real Decreto Legislativo 1/1996, de 12 de abril, por el que se aprueba el texto refundido de la Ley de Propiedad Intelectual (§ 1), y art. 5.º de la Directiva (UE) 2019/790, del Parlamento Europeo y del Consejo, de 17 de abril de 2019, sobre los derechos de autor y derechos afines en el mercado único digital. Con fecha de 3 de noviembre de 2021, el Ministerio de Cultura y Deporte publicaba una nota aclaratoria a este art. 68. Se hace hincapié en que con esta norma es transposición del citado art. 5 de la Directiva (UE) 2019/790. Se señala que, dado que el límite para la utilización de obras y otras prestaciones en actividades pedagógicas ya se encontraba ampliamente regulado en España, en el art. 32.3, 4 y 5 LPI, la transposición del art. 5 de la Directiva ha necesitado exclusivamente atender a establecer que el uso de obras y otras prestaciones a efectos de ilustración con fines educativos en el ámbito digital que se hagan en aplicación de las previsiones legales para los actos de reproducción, distribución y comunicación pública, por el profesorado de la educación reglada impartida en centros integrados en el sistema educativo español y el personal de Universidades y Organismos Públicos de investigación en sus funciones de investigación científica, que se realicen a través de entornos electrónicos seguros y, por tanto, no necesiten autorización del autor o

rizas.—1. No será precisa autorización de los titulares de derechos de propiedad intelectual para los actos de reproducción, distribución y comunicación pública por medios digitales de obras y otras prestaciones a efectos de ilustración con fines educativos siempre que:

a) sean realizados por el profesorado de la educación reglada impartida en centros integrados en el sistema educativo español y por el personal de universidades y organismos de investigación;

b) tengan lugar en un entorno electrónico seguro;

c) se indique la fuente, con inclusión del nombre del autor, siempre que sea posible.

2. Estos actos se entenderán únicamente realizados en territorio español, aunque sus destinatarios no se encuentren en él.

Art. 69. *Conservación del patrimonio cultural.*—1. Las instituciones responsables del patrimonio cultural podrán realizar, sin autorización del titular de los derechos de propiedad intelectual, reproducciones, de las obras u otras prestaciones que se hallen de forma permanente en sus colecciones, mediante las herramientas, medios o tecnologías de conservación adecuados, en cualquier formato o medio, en la cantidad necesaria y en cualquier momento de la vida de una obra u otra prestación,

---

editor, se considerará que tienen lugar únicamente en territorio español. El citado art. 32 LPI permanece plenamente vigente, sin que haya sido ni derogado ni modificado. Los actos subsumibles en el art. 32.4 LPI harán nacer el derecho a una remuneración equitativa para los autores y editores, a percibir de los centros usuarios. Asimismo, de forma innecesaria, esta nota aclaratoria recalca la necesidad de interpretar este art. 68 de acuerdo con la regla de los tres pasos, regulada en el art. 40 bis LPI. Téngase en cuenta que la disposición derogatoria única del Proyecto de Ley de Cine y de la Cultura Audiovisual (publicado en el *Boletín Oficial de las Cortes Generales* de 27 de enero de 2023, n.º 137-1 y cuya tramitación ha sido declarada caducada) preveía la derogación de este art. 68. En el preámbulo de este Proyecto de Ley se señalaba que: «se trata de aclarar la vigencia del derecho, irrenunciable y de gestión colectiva obligatoria, de los autores y editores a percibir una remuneración equitativa de las universidades o centros públicos de investigación que lleven a cabo actos de reproducción parcial, distribución o comunicación pública de obras o publicaciones, impresas o susceptibles de serlo para fines educativos o de investigación, actualmente recogido en el art. 32 y aclarar que lo dispuesto en el art. 68 del Real Decreto-ley 24/2021, de 2 de noviembre, por el que se transpuso el art. 5 de la Directiva (UE) 2019/790 del Parlamento Europeo y del Consejo, de 17 de abril de 2019, sobre los derechos de autor y derechos afines en el mercado único digital y por la que se modifican las Directivas 96/9/CE y 2001/29/CE, vino a complementar dicha regulación, no a modificarla ni derogarla, de tal modo que dicha remuneración equitativa también sería aplicable en el caso de uso de las obras y prestaciones en el ámbito digital y transfronterizo».

Art. 69: Vid. art. 66.2 de este Real Decreto-ley; art. 37.1 del Real Decreto Legislativo 1/1996, de 12 de abril, por el que se aprueba el texto refundido de la Ley de Propiedad Intelectual (§ 1), y art. 6.º de la Directiva (UE) 2019/790, del Parlamento Europeo y del Consejo, de 17 de abril de 2019, sobre los derechos de autor y derechos afines en el mercado único digital.

y en la medida necesaria para los fines de conservación.

2. Las instituciones responsables del patrimonio cultural podrán recurrir a terceros que actúen en su nombre y bajo su responsabilidad, incluidos los establecidos en otros Estados miembros, para la realización de las reproducciones que legalmente estén habilitadas a llevar a cabo.

3. Sin perjuicio de lo dispuesto en la regulación legal sobre reproducciones provisionales y copia privada, no se necesitará la autorización del autor de una base de datos protegida legalmente y que haya sido divulgada, para realizar su reproducción, cuando se trate de fines de conservación del patrimonio cultural conforme al artículo 37 del texto refundido de la Ley de Propiedad Intelectual.

4. El usuario legítimo de una base de datos, sea cual fuere la forma en que ésta haya sido divulgada, podrá, sin autorización del fabricante de la base, reproducir una parte sustancial del contenido de la misma, cuando se trate de fines de conservación del patrimonio cultural conforme al artículo 37 del texto refundido de la Ley de Propiedad Intelectual.

Art. 70. *Pastiche.*—No precisa la autorización del autor o del titular de derechos la transformación de una obra divulgada que consista en tomar determinados elementos característicos de la obra de un artista y combinarlos, de forma que den la impresión de ser una creación independiente, siempre que no implique riesgo de confusión con las obras o prestaciones originales ni se infiera un daño a la obra original o a su autor. Este límite será también aplicable a usos diferentes de los digitales.

TÍTULO III

Medidas para mejorar las prácticas de concesión de autorizaciones y garantizar un mayor acceso a los contenidos

Art. 71. *Uso de obras y prestaciones fuera del circuito comercial por parte de las instituciones responsables del patrimonio cultural.*—1. Se considerará que una obra o prestación está fuera del

---

Art. 70: Vid. art. 39 del Real Decreto Legislativo 1/1996, de 12 de abril, por el que se aprueba el texto refundido de la Ley de Propiedad Intelectual (§ 1).

Art. 71: Vid. art. 66.4 de este Real Decreto-ley; arts. 8.º a 11 de la Directiva (UE) 2019/790, del Parlamento Europeo y del Consejo, de 17 de abril de 2019, sobre los derechos de autor y derechos afines en el mercado único digital.

circuito comercial cuando pueda presumirse de buena fe que la totalidad de dicha obra o prestación no está a disposición del público a través de los canales comerciales habituales, después de haberse hecho un esfuerzo razonable para determinar si está a disposición del público.

2. Las entidades de gestión colectiva de derechos de propiedad intelectual podrán, de acuerdo con los mandatos efectivos otorgados por los correspondientes titulares de derechos, otorgar a una institución responsable del patrimonio cultural una autorización no exclusiva para proceder con fines no comerciales a la reproducción, distribución, comunicación al público o puesta a disposición del público de obras u otras prestaciones que estén fuera del circuito comercial y se hallen de forma permanente en la colección de la institución, con independencia de si todos los titulares de derechos amparados por la autorización han otorgado mandato en este sentido a la entidad de gestión colectiva, siempre que:

a)   La entidad de gestión colectiva, sobre la base de sus mandatos, sea suficientemente representativa de los titulares de derechos sobre la categoría de obras u otras prestaciones correspondientes y de los derechos objeto de la autorización. Estos derechos deben estar contemplados en el objeto social de la entidad.

b)   Se garantice a todos los titulares de derechos la igualdad de trato en relación con los términos de la autorización no exclusiva.

3.   Las autorizaciones otorgadas al amparo del apartado 2 podrán permitir el uso mencionado a una institución de patrimonio cultural en cualquier Estado miembro. En tal caso, el uso se entenderá producido únicamente en territorio español.

4.   En el caso de que no exista una entidad de gestión colectiva de derechos de propiedad intelectual que cumpla los requisitos establecidos en el apartado 2, las instituciones responsables del patrimonio cultural no necesitarán autorización para proceder con fines no comerciales a la reproducción, distribución, comunicación al público o puesta a disposición del público de obras u otras prestaciones que estén fuera del circuito comercial y se hallen de forma permanente en la colección de la institución, a condición de que:

a)   Se indique el nombre del autor o de cualquier otro titular de derechos identificable, siempre que sea posible.

b)   Dichas obras y prestaciones se pongan a disposición en sitios web no comerciales.

5.   Quedan excluidos del régimen de uso previsto en el presente artículo los conjuntos de obras compuestos principalmente por:

a)   Obras que no sean obras cinematográficas o audiovisuales, publicadas por primera vez o, a falta de publicación, emitidas por primera vez en un tercer país.

b) Obras cinematográficas o audiovisuales cuyos productores tengan su sede o residencia habitual en un tercer país.

c) Obras de nacionales de un tercer país cuando, tras un esfuerzo razonable, no se haya podido determinar un Estado miembro o un tercer país según las dos letras anteriores.

Estas exclusiones no serán aplicables cuando la entidad de gestión colectiva sea suficientemente representativa de los titulares de derechos del tercer país de que se trate.

6. No será aplicable lo dispuesto en el artículo 166 del texto refundido de la Ley de Propiedad Intelectual al uso de obras y otras prestaciones fuera del circuito comercial por parte de las instituciones responsables del patrimonio cultural.

7. Sin perjuicio de lo dispuesto en la regulación legal sobre reproducciones provisionales y copia privada, no se necesitará la autorización del autor de una base de datos protegida legalmente y que haya sido divulgada, cuando se trate de puesta a disposición de obras fuera del circuito comercial.

8. Cuando se trate de la puesta a disposición de obras y prestaciones fuera del circuito comercial, no será necesaria la autorización del titular para llevar a cabo, por parte de una institución cultural y para fines no comerciales:

a) La reproducción total o parcial, por cualquier medio y bajo cualquier forma, ya fuere permanente o transitoria. Cuando la distribución o comunicación al público de la obra o prestación necesiten tal reproducción sí deberá disponerse de autorización para ello, que otorgará el titular del derecho.

b) La transformación de la obra y la reproducción de los resultados de tal acto de transformación, sin perjuicio de los derechos de la persona que realice tal transformación.

c) Cualquier forma de distribución de la obra o prestación.

9. El usuario legítimo de una base de datos, sea cual fuere la forma en que ésta haya sido divulgada, podrá, sin autorización del fabricante de la base, extraer y/o reutilizar una parte sustancial del contenido de la misma cuando se trate de puesta a disposición de obras fuera del circuito comercial.

Art. 72. *Obras de arte visual de dominio público.*—Cuando hayan expirado los derechos de explotación de una obra de arte visual, cualquier material resultante de un acto de reproducción de dicha obra no estará sujeto a derechos de propiedad intelectual, a menos que el material resultante de dicho acto de reproducción sea original en la medida en que sea una creación intelectual de su autor.

TÍTULO IV

Medidas para garantizar el correcto funcionamiento del mercado de derechos de propiedad intelectual

CAPÍTULO PRIMERO

DETERMINADOS USOS
DE CONTENIDOS PROTEGIDOS
POR SERVICIOS EN LÍNEA

Art. 73. *Uso de contenidos protegidos por parte de prestadores de servicios para compartir contenidos en línea.*—1. Se considerará que los prestadores de servicios para compartir contenidos en línea realizan un acto de comunicación al público o de puesta a disposición del público a efectos de la presente Ley, cuando ofrezcan al público el acceso a obras o prestaciones protegidas por derechos de propiedad intelectual que hayan sido cargadas por sus usuarios.

En consecuencia, los prestadores de servicios para compartir contenidos en línea deberán obtener previamente la autorización de los titulares de los derechos referidos a los actos de comunicación pública que define el artículo 20 del texto refundido de la Ley de Propiedad Intelectual, para llevar a cabo dicho acto de explotación. La negociación de las correspondientes autorizaciones se realizará de acuerdo con los principios de buena fe contractual, diligencia debida, transparencia y respeto a la libre competencia, lo que excluye el ejercicio de posición de dominio.

2. Cuando un prestador de servicios para compartir contenidos en línea solicite y obtenga una autorización a esos efectos, ésta incluirá también, dentro del alcance de la autorización concedida y en las mismas condiciones, los actos realizados por usuarios de dichos servicios que entren en el ám-

---

Art. 73: Vid. art. 66.5 y 6 de este Real Decreto-ley; art. 20.2.*i*) del Real Decreto Legislativo 1/1996, de 12 de abril, por el que se aprueba el texto refundido de la Ley de Propiedad Intelectual (§ 1), y arts. 13 y 17 de la Directiva (UE) 2019/790, del Parlamento Europeo y del Consejo, de 17 de abril de 2019, sobre los derechos de autor y derechos afines en el mercado único digital.

bito de aplicación del artículo 20 del texto refundido de la Ley de Propiedad Intelectual siempre que dichos usuarios no actúen con carácter comercial o su actividad no genere ingresos significativos.

3. Cuando los prestadores de servicios para compartir contenidos en línea sean responsables de actos de comunicación al público o de puesta a disposición del público en las condiciones establecidas en el presente artículo, no se beneficiarán de la limitación de responsabilidad prevista en el artículo 16 de la Ley 34/2002, de 11 de julio.

La limitación de responsabilidad mencionada en este artículo no afectará a prestadores de servicios con respecto a fines ajenos al ámbito de aplicación del presente artículo.

4. En caso de que el titular de los citados derechos de comunicación pública o puesta a disposición del público no otorgue la citada autorización, los prestadores de servicios para compartir contenidos en línea serán responsables de los actos no autorizados de comunicación al público, incluida la puesta a disposición de obras y otras prestaciones protegidas por derechos de propiedad intelectual, a menos que demuestren que:

a) Han hecho sus mayores esfuerzos por obtener una autorización, y

b) Han hecho, de acuerdo con estrictas normas sectoriales de diligencia profesional, sus mayores esfuerzos por garantizar la indisponibilidad de las obras y prestaciones respecto de las cuales los titulares de derechos les hayan facilitado la información pertinente y necesaria; y, en cualquier caso

c) Han actuado de modo expeditivo al recibir una notificación suficientemente motivada de los titulares de derechos, para inhabilitar el acceso a las obras u otras prestaciones notificadas o para retirarlas de sus sitios web, y han hecho sus mayores esfuerzos por evitar que se carguen en el futuro de conformidad con la letra *b*).

En relación a los contenidos en directo, los prestadores de servicios para compartir contenidos en línea deben inhabilitar el acceso a los mismos o retirarlos de su sitio web durante la retransmisión del evento en directo en cuestión.

Sin perjuicio de lo anterior, los titulares de derechos podrán ejercer las acciones legales dirigidas a reestablecer el daño patrimonial, tales como la acción de enriquecimiento injusto, en el caso de que, aunque los proveedores de servicios hayan hecho sus mayores esfuerzos para eliminar el contenido no autorizado, éste continúe siendo explotado por ellos, causando un perjuicio significativo a los titulares de derechos.

5. En los casos en que un prestador de servicios para compartir contenidos en línea sea responsable de los actos no autorizados de comunicación al público, será

de aplicación, sin perjuicio de la responsabilidad penal en que en su caso incurra el prestador, el régimen de acciones y procedimientos establecido en los artículos 138 y siguientes del texto refundido de la Ley de Propiedad Intelectual.

6. Para determinar si el prestador del servicio ha cumplido con sus obligaciones en virtud del apartado 4, y a la luz del principio de proporcionalidad, se tendrán en cuenta, al menos, los siguientes elementos:

a) El tipo, la audiencia y la magnitud del servicio, así como el tipo de obras u otras prestaciones cargadas por los usuarios del servicio, y

b) La disponibilidad de medios adecuados y eficaces y su coste para los prestadores de servicios.

7. A los nuevos prestadores de servicios para compartir contenidos en línea que lleven menos de tres años operando en la Unión Europea y cuyo volumen de negocios anual sea inferior a 10.000.000 euros, calculado con arreglo a la Recomendación 2003/361/CE de la Comisión Europea, se les aplicarán los requisitos del régimen de responsabilidad establecido en el apartado 4 limitados al cumplimiento de la letra a) de dicho apartado y a la actuación expeditiva, al recibir una notificación suficientemente motivada, para inhabilitar el acceso a las obras u otras prestaciones notificadas o para retirarlas de sus sitios web.

Cuando el promedio de visitantes únicos mensuales de dichos prestadores de servicios supere los cinco millones, calculado sobre la base del ejercicio anual anterior, éstos demostrarán asimismo que han hecho sus mayores esfuerzos por evitar nuevas cargas de las obras y otras prestaciones notificadas respecto de las cuales los titulares de derechos hayan facilitado la información pertinente y necesaria.

8. La cooperación entre los prestadores de servicios de contenidos en línea y los titulares de derechos no impedirá que los usuarios carguen y pongan a disposición del público contenidos de obras u otras prestaciones que no infrinjan tales derechos o que se hagan con fines de cita, análisis, comentario o juicio crítico, reseña, ilustración, parodia o pastiche.

9. Los prestadores de servicios para compartir contenidos en línea no tendrán una obligación general de supervisión. Deberán proporcionar a los titulares de derechos que lo soliciten información adecuada, con carácter semestral, sobre el funcionamiento de sus prácticas en relación con la cooperación a que se refiere el apartado 4. Asimismo, cuando se celebren acuerdos de licencia, proporcionarán información sobre el uso de los contenidos contemplados por dichos acuerdos entre prestadores de servicios y titulares de derechos.

10.   Los prestadores de servicios para compartir contenidos en línea establecerán un mecanismo de reclamación y recurso ágil y eficaz a disposición de sus usuarios en caso de conflicto sobre la inhabilitación del acceso a obras o prestaciones cargadas por ellos o sobre su retirada. Las obras y prestaciones que sean objeto del procedimiento de reclamación y recurso no se mantendrán accesibles en el servicio del prestador mientras se resuelva dicho procedimiento.

11.   Cuando los titulares de derechos soliciten que se inhabilite el acceso a obras o prestaciones específicas suyas o que se retiren tales obras o prestaciones, justificarán debidamente los motivos de su solicitud. Las reclamaciones presentadas con arreglo al mecanismo establecido en el apartado 10 se tramitarán en un plazo no superior a 10 días hábiles y las decisiones de inhabilitar el acceso a los contenidos cargados o de retirarlos estarán sujetas a examen por parte de personas, esto es, sin intervención automatizada de robots u otros medios análogos.

12.   La Sección Primera de la Comisión de Propiedad Intelectual ejercerá las funciones de mediación o arbitraje en los litigios relacionados con el acceso y retirada de obras por aplicación de este artículo.

13.   Los prestadores de servicios para compartir contenidos en línea informarán a sus usuarios sobre sus condiciones generales y sobre los límites a los derechos de propiedad intelectual a los fines establecidos en el presente artículo y en el texto refundido de la Ley de Propiedad Intelectual.

CAPÍTULO II

REMUNERACIÓN EQUITATIVA DE LOS AUTORES Y ARTISTAS INTÉRPRETES O EJECUTANTES EN LOS CONTRATOS DE EXPLOTACIÓN

Art. 74.   *Principio de remuneración adecuada y proporcionada.*—Cuando los autores y los artistas intérpretes o ejecutantes concedan autorizaciones o cedan sus derechos exclusivos para la explotación de sus obras u otras prestaciones, tendrán derecho a recibir una remuneración adecuada y proporcionada. La negociación de las correspondientes autorizaciones o cesiones se realizará de acuerdo con los principios de

---

Art. 73.12: Vid. art. 194 del Real Decreto Legislativo 1/1996, de 12 de abril, por el que se aprueba el texto refundido de la Ley de Propiedad Intelectual (§ 1).

Art. 74: Vid. arts. 46, 47, 105 y 110 del Real Decreto Legislativo 1/1996, de 12 de abril, por el que se aprueba el texto refundido de la Ley de Propiedad Intelectual (§ 1), y art. 18 de la Directiva (UE) 2019/790, del Parlamento Europeo y del Consejo, de 17 de abril de 2019, sobre los derechos de autor y derechos afines en el mercado único digital.

buena fe contractual, diligencia debida, transparencia y respeto a la libre competencia, lo que excluye el ejercicio de posición de dominio.

Art. 75. *Obligación de transparencia.*—1. El cesionario de unos derechos de explotación o titular de una autorización para el uso de una obra o prestación o de un repertorio administrado por una entidad de gestión de derechos de propiedad intelectual deberá facilitar a los autores o a los artistas intérpretes o ejecutantes, al menos una vez al año y por medios electrónicos, información actualizada sobre la explotación de sus obras o prestaciones, especialmente en lo que se refiere a los modos de explotación, la totalidad de los ingresos generados y la remuneración correspondiente.

En el caso de que la autorización sea cedida por su titular a terceros, los autores y los artistas intérpretes o ejecutantes podrán solicitar al titular cedente la identidad de los sucesivos cesionarios y requerir a estos, directamente o a través del titular cedente, la información adicional que necesiten.

2. En aquellos casos en que la obligación derivada del apartado 1 resulte ser desproporcionada en relación con los ingresos generados por la explotación de la obra o prestación, ésta se limitará a un nivel de información razonable, proporcionado y efectivo.

3. La presente obligación no será aplicable cuando la contribución del autor o del artista intérprete o ejecutante no sea significativa en relación con la obra o prestación, a menos que necesite esa información para el ejercicio de la acción prevista en el artículo 47 del texto refundido de la Ley de Propiedad Intelectual, o cuando sea de aplicación lo dispuesto en el artículo 167 del texto refundido de la Ley de Propiedad Intelectual.

4. Los autores y los artistas intérpretes o ejecutantes podrán ejercer este derecho de información por sí mismos o por medio de sus representantes

5. Lo dispuesto en este artículo no será aplicable a los autores de programas de ordenador.

Art. 75: Vid. arts. 46, 47, 105, 110.4 y 167 del Real Decreto Legislativo 1/1996, de 12 de abril, por el que se aprueba el texto refundido de la Ley de Propiedad Intelectual (§ 1), y art. 19 de la Directiva (UE) 2019/790, del Parlamento Europeo y del Consejo, de 17 de abril de 2019, sobre los derechos de autor y derechos afines en el mercado único digital.

TÍTULO V

Transmisiones en línea de los organismos de radiodifusión y retransmisiones de programas de radio y televisión

CAPÍTULO PRIMERO

SERVICIOS ACCESORIOS EN LÍNEA DE LOS ORGANISMOS DE RADIODIFUSIÓN

Art. 76. *Aplicación del principio del «país de origen» a los servicios accesorios en línea.*—1. Se considerarán producidos únicamente en el Estado miembro en el que el organismo de radiodifusión tenga su establecimiento principal, a efectos del ejercicio de los derechos de propiedad intelectual pertinentes, los siguientes actos:

a) Los actos de comunicación y puesta a disposición al público de obras u otras prestaciones protegidas, por procedimientos alámbricos o inalámbricos, que se producen cuando dicho organismo ofrece al público mediante un servicio accesorio en línea, directamente o bajo su control y responsabilidad, los siguientes programas:

1.º Programas de radio, y

2.º Programas de televisión que sean programas de informativos y programas de contenido informativo de actualidad; o producciones propias del organismo de radiodifusión financiadas por este en su totalidad. Esta previsión no se aplicará a la radiodifusión de acontecimientos deportivos y a obras y otras prestaciones protegidas incluidas en ellos.

b) Los actos de reproducción de dichas obras o prestaciones protegidas u otras prestaciones protegidas que sean necesarios para la prestación del servicio en línea, el acceso a él o su utilización para los mismos programas.

2. En la determinación del pago del importe de los derechos sujetos al principio del país de origen según lo establecido en el apartado 1, las partes deben tener en cuenta todos los aspectos del servicio accesorio en línea, tales como las características de dicho servicio accesorio en línea, incluida la duración de la disponibilidad en línea de los programas ofrecidos por ese servicio, la audiencia y las versiones lingüísticas disponi-

---

Art. 76: Vid. art. 66.7 de este Real Decreto-ley; art. 126 del Real Decreto Legislativo 1/1996, de 12 de abril, por el que se aprueba el texto refundido de la Ley de Propiedad Intelectual (§ 1), y art. 3.º de la Directiva (UE) 2019/789, del Parlamento Europeo y del Consejo, de 17 de abril de 2019, por la que se establecen normas sobre el ejercicio de los derechos de autor y derechos afines aplicables a determinadas transmisiones en línea de los organismos de radiodifusión y a las retransmisiones de programas de radio y televisión.

bles. Ello no excluirá la opción de calcular el importe sobre la base de los ingresos de los organismos de radiodifusión.

3. El principio del país de origen establecido en el apartado 1 no supondrá ningún perjuicio para la libertad contractual de los titulares de derechos y los organismos de radiodifusión para acordar la introducción de límites a la explotación de esos derechos contemplados en el texto refundido de la Ley de Propiedad Intelectual.

CAPÍTULO II

RETRANSMISIÓN DE PROGRAMAS DE TELEVISIÓN Y RADIO

Art. 77. *Ejercicio de los derechos de retransmisión por titulares de derechos que no sean organismos de radiodifusión.*—1. Los actos de retransmisión de programas deben ser autorizados por los titulares del derecho exclusivo de comunicación al público.

Los titulares de derechos que no sean organismos de radiodifusión ejercerán sus derechos exclusivamente a través de una entidad de gestión colectiva de derechos de propiedad intelectual.

2. En caso de que un titular de derechos no haya transferido la gestión del derecho a que se refiere el apartado anterior, a una entidad de gestión colectiva de derechos de propiedad intelectual, se considerará que la entidad de gestión colectiva que gestione en España derechos de la misma categoría tiene derecho a conceder o denegar la autorización para la retransmisión al mencionado titular.

Cuando existiera más de una entidad de gestión de los derechos de dicha categoría, el Ministerio de Cultura y Deporte encomendará la gestión de los mismos a cualquiera de las entidades mediante la correspondiente orden ministerial.

3. Los derechos y obligaciones derivados de los acuerdos entre un operador de un servicio de retransmisión y una entidad o entidades de gestión colectiva de derechos de propiedad intelectual que actúen de conformidad con el apartado 2 serán los mismos para todos los titulares de derechos, con independencia de que hayan o no transferido su gestión a dicha entidad.

4. Cuando el titular de derechos autorice la emisión, radiodi-

---

Art. 77: Vid. art. 66.8 y 9, y Disp. Trans. 4.ª de este Real Decreto-ley; art. 126 del Real Decreto Legislativo 1/1996, de 12 de abril, por el que se aprueba el texto refundido de la Ley de Propiedad Intelectual (§ 1), y art. 4.º de la Directiva (UE) 2019/789, del Parlamento Europeo y del Consejo, de 17 de abril de 2019, por la que se establecen normas sobre el ejercicio de los derechos de autor y derechos afines aplicables a determinadas transmisiones en línea de los organismos de radiodifusión y a las retransmisiones de programas de radio y televisión.

fusión vía satélite o transmisión inicial en territorio español de una obra protegida, se presumirá que consiente en no ejercitar, a título individual, sus derechos para, en su caso, la retransmisión de la misma en los términos dispuestos del presente artículo.

Art. 78. *Ejercicio de los derechos de retransmisión por los organismos de radiodifusión.*—1. Los organismos de radiodifusión ejercerán los derechos de retransmisión respecto de sus propias transmisiones. En el caso de que los derechos del organismo sobre tales transmisiones le hayan sido transferidos por terceros, no se requerirá la autorización de éstos para su retransmisión.

2. Las negociaciones entre los organismos de radiodifusión y los operadores de los servicios de retransmisión en relación con una autorización de retransmisión con arreglo al presente real decreto-ley, se llevarán a cabo de buena fe.

CAPÍTULO III

TRANSMISIÓN DE PROGRAMAS MEDIANTE INYECCIÓN DIRECTA

Art. 79. *Transmisión de programas mediante inyección directa.*—1. Cuando un organismo de retransmisión transmita mediante inyección directa sus señales portadoras de programas a un distribuidor de señal, sin que el propio organismo de radiodifusión transmita simultáneamente esas señales portadoras de programas de forma directa al público, y el distribuidor de señal transmita estas señales portadoras de programas al público, se considerará que el organismo de radiodifusión y el distribuidor de señal participan en un acto único de comunicación al público para el que obtendrán autorización de los titulares de derechos.

2. Para el otorgamiento de las correspondientes autorizaciones, los titulares de derechos ejercerán estos exclusivamente a través de

---

Art. 78: Vid. art. 66.8 y 9 de este Real Decreto-ley; art. 126 del Real Decreto Legislativo 1/1996, de 12 de abril, por el que se aprueba el texto refundido de la Ley de Propiedad Intelectual (§ 1), y art. 5.º de la Directiva (UE) 2019/789, del Parlamento Europeo y del Consejo, de 17 de abril de 2019, por la que se establecen normas sobre el ejercicio de los derechos de autor y derechos afines aplicables a determinadas transmisiones en línea de los organismos de radiodifusión y a las retransmisiones de programas de radio y televisión.

Art. 79: Vid. art. 66.10 y Disp. Trans. 4.ª de este Real Decreto-ley; 126 del Real Decreto Legislativo 1/1996, de 12 de abril, por el que se aprueba el texto refundido de la Ley de Propiedad Intelectual (§ 1), y art. 8.º de la Directiva (UE) 2019/789, del Parlamento Europeo y del Consejo, de 17 de abril de 2019, por la que se establecen normas sobre el ejercicio de los derechos de autor y derechos afines aplicables a determinadas transmisiones en línea de los organismos de radiodifusión y a las retransmisiones de programas de radio y televisión.

una entidad de gestión colectiva de derechos de propiedad intelectual. En el caso de que no hayan transferido sus derechos a una entidad de gestión colectiva, se aplicará lo dispuesto en el artículo 77.

TÍTULO VI

Modificación del Texto Refundido de la Ley de Propiedad Intelectual, aprobado por el Real Decreto Legislativo 1/1996, de 12 de abril

Art. 80. *Modificación del texto refundido de la Ley de Propiedad Intelectual, aprobado por el Real Decreto Legislativo 1/1996, de 12 de abril.—*[…]

[…]

DISPOSICIONES TRANSITORIAS

[…]

4.ª *Régimen transitorio para el ejercicio de los derechos de retransmisión por titulares de derechos que no sean organismos de radiodifusión y para la transmisión de programas mediante inyección directa.—*1. Los acuerdos a los que se refiere el artículo 77 del presente real decreto-ley que estén en vigor el 7 de junio de 2021 estarán sujetos al principio de país de origen a partir del 7 de junio de 2023 en caso de que expiren con posterior a esta fecha.

2. Las autorizaciones obtenidas para los actos de comunicación al público que entren dentro del ámbito de aplicación del artículo 79 que estén en vigor el 7 de junio de 2021 estarán sujetas a lo establecido en dicho artículo a partir del 7 de junio de 2025 en caso de que expiren con posterior a esta fecha.

[…]

Art. 80: Se omiten los cambios, dado que todos ellos figuran ya transcritos en el Real Decreto Legislativo 1/1996, de 12 de abril, por el que se aprueba el Texto Refundido de la Ley de Propiedad Intelectual (§ 1).

DISPOSICIONES FINALES

[…]

8.ª *Incorporación de derecho de la Unión Europea.*—Mediante este real decreto-ley se transponen las siguientes directivas:

La Directiva (UE) 2019/789 del Parlamento Europeo y del Consejo, de 17 de abril de 2019 por la que se establecen normas sobre el ejercicio de los derechos de autor y derechos afines aplicables a determinadas transmisiones en línea de los organismos de radiodifusión y a las retransmisiones de programas de radio y televisión, y por la que se modifica la Directiva 93/83/CEE.

La Directiva (UE) 2019/790 del Parlamento Europeo y del Consejo, de 17 de abril de 2019, sobre los derechos de autor y derechos afines en el mercado único digital y por la que se modifican las Directivas 96/9/CE y 2001/29/CE.

[…]

10.ª *Entrada en vigor.*—Este real decreto-ley entrará en vigor el día siguiente al de su publicación en el *Boletín Oficial del Estado.*

[…]

§ 5. REAL DECRETO 209/2023, DE 28 DE MARZO, POR EL QUE SE ESTABLECEN LA RELACIÓN DE EQUIPOS, APARATOS Y SOPORTES MATERIALES SUJETOS AL PAGO DE LA COMPENSACIÓN EQUITATIVA POR COPIA PRIVADA, LAS CANTIDADES APLICABLES A CADA UNO DE ELLOS Y LA DISTRIBUCIÓN ENTRE LAS DISTINTAS MODALIDADES DE REPRODUCCIÓN, PREVISTAS EN EL ARTÍCULO 25 DEL TEXTO REFUNDIDO DE LA LEY DE PROPIEDAD INTELECTUAL, APROBADO POR REAL DECRETO LEGISLATIVO 1/1996, DE 12 DE ABRIL

(*BOE* n.º 75, de 29 de marzo de 2023)

La Directiva 2001/29/CE del Parlamento Europeo y del Consejo, de 22 de mayo de 2001, relativa a la armonización de determinados aspectos de los derechos de autor y derechos afines a los derechos de autor en la sociedad de la información, permite a los Estados miembros de la Unión Europea limitar o exceptuar el derecho exclusivo de reproducción en el caso de copias efectuadas por una persona física para uso privado y siempre que los titulares del citado derecho reciban a cambio una compensación equitativa. En el ordenamiento jurídico español, este límite de copia privada se reconoce en el artículo 31.2 del texto refundido de la Ley de Propiedad Intelectual, aprobado por Real Decreto Legislativo 1/1996, de 12 de abril, mientras que la correspondiente compensación equitativa por la vigencia del límite se regula en el artículo 25 del mismo texto refundido.

El Real Decreto-ley 12/2017, de 3 de julio, por el que se modifica el texto refundido de la Ley de Propiedad Intelectual, aprobado por Real Decreto Legislativo 1/1996, de 12 de abril, en cuanto al sistema de compensación equitativa por copia privada, modificó el artículo 25 del citado texto refundido. En términos generales, sustituyó el anterior modelo de compensación equitativa financiada con cargo a los presupuestos generales del Estado por un modelo basado en el pago de una cantidad a satisfacer por los fabricantes, importadores y distribuidores de equipos, aparatos y soportes materiales de reproducción sujetos al pago de la compensación.

La disposición final primera del Real Decreto-ley 12/2017, de 3 de julio, habilita al Gobierno para que, aplicando el procedimiento y los criterios contenidos, respectivamente, en los apartados 4 y 5 del artículo 25 del texto refundido de la Ley de Propiedad Intelectual, determine por primera vez, con carácter no transitorio, los equipos, aparatos y soportes materiales sujetos al pago de la compensación equitativa por copia privada; las cantidades que los sujetos deudores y responsables solidarios deberán abonar por este concepto a los sujetos acreedores; y la distribución de la compensación equitativa entre las distintas modalidades de reproducción (libros o publicaciones asimiladas, fonogramas u otros soportes sonoros y videogramas u otros soportes visuales o audiovisuales).

Una primera parte de dicho mandato al Gobierno se efectuó con la aprobación del Real Decreto 1.398/2018, de 23 de noviembre, por el que se desarrolla el artículo 25 del texto refundido de la Ley de Propiedad Intelectual, en cuanto al sistema de compensación equitativa por copia privada. Concretamente, se reguló el procedimiento para hacer efectiva la compensación equitativa por copia privada, que incluyó el procedimiento para la obtención de los certificados de exceptuación y del reembolso del pago de dicha compensación por los sujetos a los que se le reconoce tal beneficio; el procedimiento para resolver los conflictos que surjan en relación con la solicitud de certificados de exceptuación y de reembolso del pago de la compensación equitativa por copia privada; y el porcentaje de la compensación equitativa por copia privada que las entidades de gestión de derechos de propiedad intelectual deberán destinar a las actividades y servicios a los que se refieren los apartados *a)* y *b)* del artículo 178.1 del texto refundido de la Ley de Propiedad Intelectual, aprobado por Real Decreto Legislativo 1/1996, de 12 de abril.

El presente real decreto viene a culminar, así, el cumplimiento del mandato contenido en la disposición final primera del Real Decreto-ley 12/2017, de 3 de julio, terminando, a su vez, con el régimen provisional establecido por la disposición transitoria segunda del mencionado Real Decreto-ley cuyos efectos se desplegarían «hasta la entrada en vigor del real decreto previsto en la disposición final primera».

Por lo que se refiere a su contenido, en el artículo 1 se contienen las definiciones de los principales conceptos utilizados en el real decreto. El artículo 2 determina la relación de equipos, aparatos y soportes materiales de reproducción sujetos al pago de la compensación equitativa y las cantidades aplicables a los mismos, que serán en ambos casos los que se indican en el anexo. El artículo 3 se refiere a la determinación de la compensación equitativa que deberá satisfacer cada sujeto deudor o responsable solidario. El artículo 4 determina la posterior distribución de las cantidades aplicadas a cada equipo, aparato y soporte material de reproducción entre las distintas modalidades de reproducción (libros o publicaciones asimiladas, fonogramas u otros soportes sonoros y videogramas u otros soportes visuales o audiovisuales). Y, finalmente, el artículo 5 se refiere a la revisión del anexo.

Además, el real decreto cuenta con tres disposiciones finales. La primera lleva a cabo una serie de modificaciones necesarias en el Real Decreto 1.398/2018, de 23 de noviembre, con el objetivo de: modificar el artículo 2 para incluir entre los sujetos acreedores de la compensación equitativa a los autores y editores de publicaciones de prensa, revistas y partituras; precisar en el artículo 4.1 la distribución de la compensación en la modalidad de fonogramas según la categoría del sujeto acreedor; y, finalmente, llevar a cabo ciertas mejoras técnicas en los artículos 6, 8 y 11. La segunda, se refiere al título competencial y, la tercera y última, a la entrada en vigor.

Este real decreto cumple con los principios de buena regulación conforme a los cuales deben actuar las administraciones públicas en el ejercicio de la iniciativa legislativa y la potestad reglamentaria, a los que se refiere el artículo 129 de la Ley 39/2015, de 1 de octubre, del Procedimiento Administrativo Común de las Administraciones Públicas.

El cumplimiento del principio de necesidad se justifica por el objeto de la norma, ya que con su aprobación se completa el obligado desarrollo reglamentario de la nueva regulación de la compensación equitativa por copia privada previsto en la disposición final primera del Real Decreto-ley 12/2017, de 3 de julio.

Por su parte, en virtud del principio de eficacia, el contenido del presente real decreto va específicamente dirigido a la determinación, por primera vez, con carácter no transitorio, de los equipos, aparatos y soportes materiales sujetos al pago de la compensación equitativa y las cantidades que los deudores y responsables solidarios deberán abonar por el concepto, así como la distribución de dicha compensación entre las distintas modalidades de distribución.

De acuerdo con los principios de proporcionalidad y eficiencia, las previsiones que se contienen en este real decreto son las imprescindibles para realizar el mencionado desarrollo reglamentario sin que se introduzcan nuevas cargas administrativas.

Además, con el fin de garantizar la seguridad jurídica, este real decreto resulta coherente con el resto del ordenamiento jurídico nacional y de la Unión Europea y va dirigido a establecer un marco claro, simple, seguro y estable que garantice el cumplimiento de lo establecido en el artículo 25 del texto refundido de la Ley de Propiedad Intelectual, aprobado por Real Decreto Legislativo 1/1996, de 12 de abril.

Por último, en cuanto al principio de transparencia, las partes interesadas han participado en la elaboración del presente real decreto, en primer lugar, durante la consulta pública previa y, en segundo lugar, en el trámite posterior de información pública, conforme a lo establecido en el artículo 26 de la Ley 50/1997, de 27 de noviembre, del Gobierno. Igualmente, de acuerdo con lo previsto en el artículo 25.4 del texto refundido de la Ley de Propiedad Intelectual, se ha dado audiencia a las entidades de gestión de derechos de propiedad intelectual, a los interesados y a las asociaciones mayoritarias que representan a los sujetos deudores, de acuerdo con lo determinado por el Ministerio de Asuntos Económicos y Transformación Digital, habiendo aportado, todos estos, una propuesta motivada respecto a su ámbito de interés, acompañada del correspondiente informe justificativo.

Este real decreto se dicta al amparo de lo dispuesto en el artículo 149.1.9.ª de la Constitución Española, que atribuye al Estado la competencia exclusiva en materia de legislación sobre propiedad intelectual e industrial, y según la habilitación reglamentaria prevista en la disposición final primera del Real Decreto-ley 12/2017, de 3 de julio.

En la tramitación del procedimiento de elaboración de este real decreto ha sido consultado el Consejo de Consumidores y Usuarios y han emitido informe la Sección Primera de la Comisión de Propiedad Intelectual; así como las Secretarías Generales Técnicas del Ministerio de Cultura y Deporte y del Ministerio de Asuntos Económicos y Transformación Digital; igualmente, el asunto fue informado a la Comisión Delegada del Gobierno para Asuntos Económicos.

En su virtud, a propuesta del Ministro de Cultura y Deporte y de la Ministra de Asuntos Económicos y Transformación Digital, de acuerdo con el Consejo de Estado, y previa deliberación del Consejo de Ministros en su reunión del día 28 de marzo de 2023,

Artículo 1.º *Objeto.*—Este real decreto tiene por objeto establecer con carácter no transitorio la relación de equipos, aparatos y soportes materiales de reproducción sujetos al pago de la compensación equitativa por copia privada, las cantidades aplicables a cada uno de ellos y la distribución entre las distintas modalidades de reproducción prevista en el artículo 25 del texto refundido de la Ley de Propiedad Intelectual, aprobado por Real Decreto Legislativo 1/1996, de 12 de abril.

Art. 2.º *Definiciones.*—A los efectos de este real decreto se entenderá por:

a) Compensación equitativa por copia privada: la reconocida en el artículo 25 del texto refundido de la Ley de Propiedad Intelectual, por la vigencia del límite al derecho de reproducción por copia privada reconocido en el artículo 31, apartados 2 y 3, del citado texto refundido.

b) Modalidades de reproducción: cada una de las tres modalidades de reproducción de obras divulgadas, realizada mediante aparatos o instrumentos técnicos no tipográficos, exclusivamente para uso privado, no profesional ni empresarial, sin fines directa ni indirectamente comerciales, de conformidad con el artículo 31, apartados 2 y 3 del texto refundido de la Ley de Propiedad Intelectual, que se mencionan en el artículo 25.1 de dicho texto refundido:

1.º Reproducción de libros o publicaciones asimiladas a libros.

2.º Reproducción de fonogramas o de otros soportes sonoros.

3.º Reproducción de videogramas o de otros soportes visuales o audiovisuales.

c) Sujetos acreedores: de acuerdo con lo dispuesto en el artículo 25.2 del texto refundido de la Ley de Propiedad Intelectual:

1.º Los autores de obras divulgadas en alguno de los formatos

---

Art. 1.º: Vid. art. 25 del Real Decreto Legislativo 1/1996, de 12 de abril, por el que se aprueba el texto refundido de la Ley de Propiedad Intelectual (§ 1).

Art. 2.ºa): Vid. art. 25.1 del Real Decreto Legislativo 1/1996, de 12 de abril, por el que se aprueba el texto refundido de la Ley de Propiedad Intelectual (§ 1), y art. 3.*b)* del Real Decreto 1.398/2018, de 23 de noviembre (§ 3).

Art. 2.ºb): Vid. art. 25.1 del Real Decreto Legislativo 1/1996, de 12 de abril, por el que se aprueba el texto refundido de la Ley de Propiedad Intelectual (§ 1), y art. 3.*f)* del Real Decreto 1.398/2018, de 23 de noviembre (§ 3). Respecto al concepto de «publicaciones asimiladas a libros», vid. art. 2 de este último Real Decreto.

Art. 2.ºc): Vid. art. 25.2 del Real Decreto Legislativo 1/1996, de 12 de abril, por el que se aprueba el texto refundido de la Ley de Propiedad Intelectual (§ 1), y art. 3.*i)* del Real Decreto 1.398/2018, de 23 de noviembre (§ 3).

descritos en la letra *b)* anterior, conjuntamente y, en los casos y modalidades de reproducción en que corresponda, con los editores.

2.º Los productores de fonogramas y videogramas.

3.º Los artistas intérpretes o ejecutantes cuyas actuaciones hayan sido fijadas en dichos fonogramas y videogramas.

d) Sujetos deudores: de acuerdo con lo dispuesto en el primer párrafo del artículo 25.3 del texto refundido de la Ley de Propiedad Intelectual, los fabricantes en España, en tanto actúen como distribuidores comerciales, así como los adquirentes fuera del territorio español, para su distribución comercial o utilización dentro de este, de equipos, aparatos y soportes materiales.

e) Responsables solidarios: de acuerdo con el segundo párrafo del artículo 25.3, del texto refundido de la Ley de Propiedad Intelectual, los distribuidores, mayoristas y minoristas, que sean sucesivos adquirentes de equipos, aparatos y soportes materiales, con respecto de los deudores que se los hubieran suministrado, salvo que acrediten haber satisfecho efectivamente a estos la compensación.

Art. 3.º *Relación de equipos, aparatos y soportes materiales de reproducción sujetos al pago de la compensación y cantidades aplicables.*—La relación de equipos, aparatos y soportes materiales de reproducción sujetos al pago de la compensación y las cantidades aplicables a cada uno de ellos serán los que se indican en el anexo, de acuerdo con las definiciones incluidas en este.

Art. 4.º *Determinación de la compensación equitativa por copia privada.*—1. La compensación que deberá satisfacer cada sujeto deudor o responsable solidario será la resultante de aplicar a cada equipo, aparato y soporte material de reproducción incluido en el anexo la cantidad correspondiente que en el mismo se indica.

2. No podrá aplicarse más de una cantidad de las previstas en di-

---

Art. 2.ºd): Vid. art. 25.3 del Real Decreto Legislativo 1/1996, de 12 de abril, por el que se aprueba el texto refundido de la Ley de Propiedad Intelectual (§ 1), y art. 3.*j)* del Real Decreto 1.398/2018, de 23 de noviembre (§ 3). Sobre el concepto de «distribuidores», vid. art. 3.*c)* de este último Real Decreto.

Art. 2.ºe): Vid. art. 25.3 del Real Decreto Legislativo 1/1996, de 12 de abril, por el que se aprueba el texto refundido de la Ley de Propiedad Intelectual (§ 1), y art. 3.*h)* del Real Decreto 1.398/2018, de 23 de noviembre (§ 3).

Art. 3.º: Vid. art. 25.4 del Real Decreto Legislativo 1/1996, de 12 de abril, por el que se aprueba el texto refundido de la Ley de Propiedad Intelectual (§ 1).

Art. 4.º: Vid. art. 25.4 del Real Decreto Legislativo 1/1996, de 12 de abril, por el que se aprueba el texto refundido de la Ley de Propiedad Intelectual (§ 1), y art. 3.*e)* del Real Decreto 1.398/2018, de 23 de noviembre (§ 3).

cho Anexo a los ordenadores, portátiles o de sobremesa, tabletas, relojes inteligentes, lectores de libro electrónico y teléfonos móviles, inteligentes o no. A los anteriores equipos, aparatos y soportes materiales de reproducción les será de aplicación, de entre las varias cantidades concurrentes, únicamente la de mayor cuantía.

Art. 5.º *Distribución de las cantidades entre las distintas modalidades de reproducción.*—1. La distribución de las cantidades de la compensación entre las distintas modalidades de reproducción respecto de cada equipo, aparato y soporte material de reproducción será la que se indica en la correspondiente columna del anexo.

2. Sin perjuicio de la periodicidad mínima para la revisión del anexo establecida en artículo 6, en caso de que las entidades de gestión autorizadas por el Ministerio de Cultura y Deporte alcanzaran antes de dicha revisión un acuerdo para actualizar la distribución de las cantidades de la compensación entre las distintas modalidades de reproducción, respecto de cada equipo, aparato y soporte material recogida en el anexo, deberán remitirlo al Ministerio de Cultura y Deporte y al Ministerio de Asuntos Económicos y Transformación Digital.

Esta actualización del anexo surtirá efectos desde el día siguiente al de la publicación de la Resolución de la Dirección General de Industrias Culturales, Propiedad Intelectual y Cooperación en el *Boletín Oficial del Estado* recogiendo el acuerdo alcanzado.

Art. 6.º *Revisión del anexo.*— 1. De conformidad con lo dispuesto en el artículo 25.4 del texto refundido de la Ley de Propiedad Intelectual, y siguiendo el procedimiento establecido en el mismo, el anexo podrá ser revisado por orden ministerial en cualquier momento en función de la evolución tecnológica, de las condiciones del mercado y del perjuicio causado por el límite de copia privada. En cualquier caso, deberá ser revisado, al menos, con una periodicidad de 3 años.

2. Por lo que se refiere a la revisión de la distribución de las cantidades entre las distintas modalidades de reproducción que figura en el Anexo, esta se realizará a la vez que la del resto de su contenido, teniendo en cuenta los posibles acuerdos a los que se refiere el artículo 5.

Art. 5.º: Vid. art. 25.4 del Real Decreto Legislativo 1/1996, de 12 de abril, por el que se aprueba el texto refundido de la Ley de Propiedad Intelectual (§ 1), y art. 4 del Real Decreto 1.398/2018, de 23 de noviembre (§ 3).
Art. 6.º: Vid. art. 25.4 del Real Decreto Legislativo 1/1996, de 12 de abril, por el que se aprueba el texto refundido de la Ley de Propiedad Intelectual (§ 1).

DISPOSICIÓN TRANSITORIA

Única. *Equipos, aparatos y soportes materiales de reproducción adquiridos con anterioridad a la entrada en vigor de este real decreto.*—1. A los equipos, aparatos y soportes materiales de reproducción adquiridos con anterioridad a la fecha de entrada en vigor de este real decreto y que sean comercializados con posterioridad a dicha fecha, les resultará de aplicación el importe previsto en la disposición transitoria segunda apartado 1 del Real Decreto-ley 12/2017, de 3 de julio, siempre que esta circunstancia sea acreditable de manera individualizada mediante los correspondientes documentos y facturas de adquisición, venta y entrega. Quedan excluidos de esta regla los fabricantes en tanto actúen como distribuidores y los adquirentes de equipos, aparatos y soportes materiales fuera del territorio español con destino a su distribución comercial en este, quienes se sujetarán al artículo 25, apartado 6, letra *a*), del texto refundido de la Ley de Propiedad Intelectual.

2. Lo previsto en el apartado anterior será aplicable únicamente durante los treinta días naturales siguientes a la entrada en vigor del presente real decreto.

DISPOSICIONES FINALES

1.ª *Modificación del Real Decreto 1.398/2018, de 23 de noviembre, por el que se desarrolla el artículo 25 del texto refundido de la Ley de Propiedad Intelectual, aprobado por el Real Decreto Legislativo 1/1996, de 12 de abril, en cuanto al sistema de compensación equitativa por copia privada.*—[...].

2.ª *Título competencial.*—Este real decreto se aprueba al amparo de lo dispuesto en el artículo 149.1.9.ª de la Constitución Española, que atribuye al Estado la competencia sobre legislación sobre propiedad intelectual e industrial.

3.ª *Entrada en vigor.*—El presente real decreto entrará en vigor el día 1 de julio de 2023.
[...]

Disp. Trans. única: Vid. art. 25.4 del Real Decreto Legislativo 1/1996, de 12 de abril, por el que se aprueba el texto refundido de la Ley de Propiedad Intelectual (§ 1).
Disp. Final 1.ª: Se omiten los cambios, dado que todos ellos figuran ya transcritos en el Real Decreto 1.398/2018 (§ 3).

ANEXO

Relación de equipos, aparatos y soportes materiales sujetos al pago de la compensación equitativa por copia privada, cantidades aplicables a cada uno de ellos y distribución entre las distintas modalidades de reproducción

	Tipo de equipo, aparato o soporte material (artículo 3)	Cuantía (artículo 3)	Definición (artículo 3)	Distribución entre modalidades de reproducción (artículo 5)		
				Libros o publicaciones asimiladas a libros	Fonogramas u otros soportes sonoros	Videogramas u otros soportes visuales o audiovisuales
1	Tablet Android / IOS / HarmonyOS hasta 32 GB.	3,75	Para tabletas con capacidad de reproducción de fonogramas, videogramas, textos o de otros contenidos sonoros, visuales o audiovisuales.	22,50 %	37,00 %	40,50 %
2	Tablet Android / IOS / HarmonyOS de 32,01 GB hasta 64 GB.	3,75		22,50 %	37,00 %	40,50 %
3	Tablet Android / IOS / HarmonyOS más de 64,01 GB.	3,75		22,50 %	37,00 %	40,50 %
4	Teléfono inteligente Android / IOS / HarmonyOS hasta 64 GB.	3,25	Para teléfonos móviles inteligentes con funcionalidad de reproducción de fonogramas, videogramas y textos o de otros contenidos sonoros, visuales o audiovisuales.	10,00 %	49,00 %	41,00 %
5	Teléfono inteligente Android / IOS / HarmonyOS de 64,01 GB a 128 GB.	3,25		10,00 %	49,00 %	41,00 %
6	Teléfono inteligente Android / IOS / HarmonyOS más de 128,01 GB.	3,25		10,00 %	49,00 %	41,00 %
7	Reloj inteligente Android Wear OS / IOS multimedia.	2,50	Para relojes inteligentes con funcionalidad de reproducción de fonogramas, videogramas y textos o de otros contenidos sonoros, visuales o audiovisuales, estando éstos almacenados localmente en la memoria de dicho dispositivo.	10,00 %	49,00 %	41,00 %
8	PC Sobremesa y portátil hasta 1 TB.	5,33	Para ordenadores, portátiles o de sobremesa con capacidad de reproducción de fonogramas, videogramas y textos o de otros contenidos sonoros, visuales o audiovisuales.	7,50 %	9,00 %	83,50 %
9	PC Sobremesa y portátil de 1,01 TB hasta 6 TB.	5,33		7,50 %	9,00 %	83,50 %
10	PC Sobremesa y portátil más de 6,01 TB.	5,33		7,50 %	9,00 %	83,50 %
11	HDD para integrar hasta 1 TB.	0,90	Para discos duros cuya finalidad es la integración en otro dispositivo, que sean idóneos para la reproducción de videogramas, textos y fonogramas o de otros contenidos sonoros, visuales o audiovisuales.	7,50 %	9,00 %	83,50 %
12	HDD para integrar de 1,01 TB hasta 6 TB.	1,50		7,50 %	9,00 %	83,50 %
13	HDD para integrar más de 6,01 TB.	3,00		7,50 %	9,00 %	83,50 %
14	SSD para integrar hasta 256 GB.	0,90	Para discos en estado sólido cuya finalidad es la integración en otro dispositivo, que sean idóneos para la reproducción de videogramas, textos y fonogramas o de otros contenidos sonoros, visuales o audiovisuales.	7,50 %	9,00 %	83,50 %
15	SDD para integrar de 256,01 GB hasta 1 TB.	1,50		7,50 %	9,00 %	83,50 %
16	SSD para integrar más de 1,01 TB.	3,00		7,50 %	9,00 %	83,50 %
17	Equipo con disco integrado hasta 1 TB.	3,00	Para discos integrados en un equipo, idóneos para la reproducción de videogramas, textos y fonogramas o de otros contenidos sonoros, visuales o audiovisuales. Quedan exceptuados los discos integrados en videoconsolas que no permitan realizar reproducciones amparadas por el límite de copia privada.	7,50 %	9,00 %	83,50 %
18	Equipo con disco integrado de 1,01 TB hasta 6 TB.	4,00		7,50 %	9,00 %	83,50 %
19	Equipo con disco integrado de 6,01 TB.	5,00		7,50 %	9,00 %	83,50 %
20	Equipo multifunción de reprografía hasta 39 copias.	5,25	Para equipos o aparatos digitales de reproducción de libros y publicaciones asimiladas reglamentariamente a libros: Equipos multifuncionales con capacidad de copia, impresión o escaneado.	100,00 %	0,00 %	0,00 %
21	Equipo multifunción de reprografía más de 39 copias.	5,25		100,00 %	0,00 %	0,00 %
22	Impresora mono-función hasta 39 copias.	4,00	Para equipos o aparatos digitales de reproducción de libros y publicaciones asimiladas reglamentariamente a libros: equipos monofuncionales con capacidad de copia o impresión.	100,00 %	0,00 %	0,00 %
23	Impresora mono-función más de 39 copias.	0				
24	Scanner con pantalla de exposición hasta 29 ppm.	3,00	Equipos monofuncionales con capacidad de escaneado.	100,00 %	0,00 %	0,00 %
25	Scanner de mano.	3,00		100,00 %	0,00 %	0,00 %
26	Disco duro periférico HDD hasta 6 TB.	4,00	Para discos duros no integrados idóneos para la reproducción de videogramas, textos y fonogramas o de otros contenidos sonoros, visuales o audiovisuales.	7,50 %	9,00 %	83,50 %
27	Disco duro periférico HDD más de 6,01 TB.	6,45		7,50 %	9,00 %	83,50 %
28	Disco estado sólido periférico SSD hasta 1 TB.	4,00	Para discos en estado sólido no integrados idóneos para la reproducción de videogramas, textos y fonogramas o de otros contenidos sonoros, visuales o audiovisuales.	7,50 %	9,00 %	83,50 %
29	Disco estado sólido periférico SSD más de 1,01 TB.	6,45		7,50 %	9,00 %	83,50 %
30	Tarjeta Memoria hasta 64 GB.	0,24	Memorias USB y otras tarjetas de memoria no integradas en otros dispositivos:	7,00 %	84,00 %	9,00 %
31	Tarjeta Memoria más de 64,01 GB.	0,24		7,00 %	84,00 %	9,00 %
32	Memoria USB hasta 64 GB.	0,24		7,00 %	84,00 %	9,00 %
33	Memoria USB más de 64,01 GB.	0,24		7,00 %	84,00 %	9,00 %
34	Reproductor MP3-MP4.	3,15	Para dispositivos portátiles especialmente diseñados para la reproducción de fonogramas, videogramas, o de otros contenidos sonoros, visuales o audiovisuales en formato comprimido.	0,00 %	7,79 %	92,21 %
35	Teléfono móvil no inteligente con función MP3.	1,10	Para teléfonos móviles con funcionalidad de reproducción de fonogramas.	0,00 %	100,00 %	0,00 %
36	Libro Electrónico monofunción.	2,00	Para libros electrónicos con únicamente la capacidad de reproducción de libros y publicaciones asimiladas reglamentariamente a libros.	100,00 %	0,00 %	0,00 %
37	Libro Electrónico multimedia.	3,15	Para libros electrónicos con capacidad de reproducción de fonogramas, videogramas y textos o de otros contenidos sonoros, visuales o audiovisuales.	92,00 %	4,00 %	4,00 %
38	CD grabable y regrabable.	0,08	Para discos ópticos compactos grabables o regrabables.	2,66 %	77,87 %	19,45 %
39	DVD / Blu-Ray grabable y regrabable.	0,21	Para discos ópticos grabables o regrabables.	2,64 %	7,58 %	89,78 %
40	Grabadora externa y para integrar CD-DVD.	1,00	Para grabadoras de discos ópticos compactos o versátiles, tanto externas o integradas.	1,10 %	29,08 %	69,82 %

Anexo: Vid. art. 25.4 del Real Decreto Legislativo 1/1996, de 12 de abril, por el que se aprueba el texto refundido de la Ley de Propiedad Intelectual (§ 1), y art. 3.*e*) del Real Decreto 1.398/2018, de 23 de noviembre (§ 3).

§ 6. REAL DECRETO 611/2023, DE 11 DE JULIO, POR EL QUE SE APRUEBA EL REGLAMENTO DEL REGISTRO DE LA PROPIEDAD INTELECTUAL

(*BOE* n.º 166, de 13 de julio de 2023)

Actualmente, el Registro de la Propiedad Intelectual se rige por el Reglamento del Registro General de la Propiedad Intelectual, aprobado por Real Decreto 281/2003, de 7 de marzo, dictado en virtud de lo dispuesto en el artículo 144 del texto refundido de la Ley de Propiedad Intelectual, aprobado por Real Decreto Legislativo 1/1996, de 12 de abril.

De acuerdo con lo dispuesto en el precitado artículo 144, en dicho real decreto se establece una estructura descentralizada constituida por el registro central, dependiente del Ministerio de Cultura y Deporte, y por los registros territoriales, cuya estructura y funcionamiento han de ser regulados por las comunidades autónomas.

El objeto del presente real decreto es la aprobación de un nuevo Reglamento del Registro de la Propiedad Intelectual que, respetando lo previsto en los artículos 144 y 145 del texto refundido de la Ley de Propiedad Intelectual, se ajuste a lo dispuesto en la Ley 39/2015, de 1 de octubre, del Procedimiento Administrativo Común de las Administraciones Públicas, y la Ley 40/2015, de 1 de octubre, de Régimen Jurídico del Sector Público. Así, en cumplimiento de esta normativa, en este reglamento se regulan la organización y funciones del registro central, dependiente del Ministerio de Cultura y Deporte, las normas comunes sobre el procedimiento de inscripción, las funciones, la estructura y las medidas de coordinación e información entre todas las Administraciones Públicas competentes.

La aprobación de esta norma figura entre los compromisos adquiridos ante la Unión Europea en el marco del Plan de Recuperación Transformación y Resiliencia como una «Reforma» a llevar a cabo dentro del proyecto de «Refuerzo de los derechos de autor y derechos conexos» del Componente 24, relativo a la «Revalorización de la Industria Cultural» (C24.R2). Concretamente, se trata del hito 353 del CID, de 16 de junio de 2021, que comprende la adopción del real decreto para la aprobación de un nuevo Reglamento del Registro de la Propiedad Intelectual, antes del 31 de diciembre de 2023.

Durante el tiempo transcurrido desde la aprobación del Real Decreto 281/2003, de 7 de marzo, se ha producido una transformación radical de la actividad de las Administraciones Públicas y de la forma de comunicarse y de prestar sus servicios a la ciudadanía, cambio que, en el caso del Registro de la Propiedad Intelectual, tiene además su fundamento legal en las leyes precitadas.

La Ley 39/2015, de 1 de octubre, y la Ley 40/2015, de 1 de octubre, han supuesto un punto de inflexión que ha propiciado el paso desde una administración pública basada en el papel y en la presencia de la ciudadanía en las oficinas administrativas, a una administración digital, en la que los procedimientos se pueden tramitar por medios electrónicos.

Estamos, por tanto, ante un proceso de transformación digital de las Administraciones Públicas similar a la que se está produciendo en todos los sectores de la sociedad actual y que nos lleva a tener que afrontar varios retos en un futuro inmediato. Entre ellos destacan el aumento de la oferta de servicios digitales fácilmente utilizables por la ciudadanía, por un lado, y la mejora de la eficiencia administrativa, por otro.

En relación con el primero de estos retos, se puede afirmar que la transformación digital de las Administraciones Públicas representa un cambio radical de enfoque, ya que se ha pasado de una administración centrada en su actividad interna a poner el foco en la ciudadanía, aprovechando los medios que ponen a su alcance las tecnologías de la información, para convertirse en una organización más eficiente, transparente y plenamente accesible.

La importancia de la administración digital se ha puesto especialmente de manifiesto durante el período de pandemia por la COVID-19, dado que, gracias a la transformación digital, ha sido posible el teletrabajo del personal al servicio del Sector público y la tramitación de los procedimientos administrativos sin requerir presencia física de la ciudadanía.

En este contexto, el Registro de la Propiedad Intelectual viene llevando a cabo, desde 2017, un esfuerzo inversor para la reforma y modernización de este órgano que data de 1847, en una apuesta decidida por la utilización de las tecnologías de la información para la gestión interna de su actividad y, sobre todo, para ofrecer un servicio plenamente digitalizado en el que la presentación de solicitudes y la relación con las personas interesadas se lleve a cabo por medios electrónicos, facilitando el acceso de la ciudadanía a los servicios públicos y a los procedimientos que los habilitan.

En este mismo sentido, en la actualidad resulta necesario adecuar la normativa que regula el Registro de la Propiedad Intelectual a las prescripciones de la legislación vigente en materia de administración y acceso electrónico de los ciudadanos a los servicios públicos, y a las normas de carácter reglamentario que regulan la actuación y funcionamiento del sector público por medios electrónicos.

En relación con el segundo de los retos mencionados, el de mejorar la eficiencia administrativa, hay que señalar que el Registro de la Propiedad Intelectual ha hecho una apuesta decidida por la administración electrónica, entendida como forma de racionalizar los recursos disponibles y optimizar los procesos, con el fin de garantizar servicios fácilmente utilizables en una sociedad que tiende a relacionarse con las administraciones públicas por medios electrónicos.

La reforma del Reglamento del Registro de la Propiedad Intelectual se plantea sobre la base de un servicio plenamente digitalizado y accesible a través de medios electrónicos, contribuyendo, de un lado, al ahorro energético al evitar los desplazamientos que generan los procedimientos presenciales, y de otro, a potenciar la creatividad, el emprendimiento y la innovación en nuestra sociedad, al poner a su disposición una herramienta legal de fácil uso para proteger sus activos. Asimismo, la regulación de la tramitación por medios electrónicos responde a criterios de responsabilidad social, en tanto que facilita el acceso a los servicios públicos a las personas con movilidad reducida o a los ciudadanos que no cuentan con una ventanilla única u oficina de registro cercana a su domicilio, como sucede en el entorno rural.

En conclusión, el reglamento que se aprueba por este real decreto establece las bases para lograr los dos objetivos mencionados: Ofrecer servicios digitales fácilmente accesibles, encuadrables en el contexto del aumento de actividad por medios electrónicos que se está produciendo en todas las áreas de actividad de la sociedad, y mejorar la eficiencia administrativa por medio de la transformación digital del Registro de la Propiedad Intelectual.

El real decreto consta de un artículo que aprueba el reglamento del Registro de la Propiedad Intelectual, una disposición adicional, dos disposiciones transitorias, una disposición derogatoria y tres disposiciones finales.

Por su parte, el capítulo I del Reglamento establece el concepto, objeto, principios rectores, estructura y funciones del Registro de la Propiedad Intelectual, siendo la principal novedad la introducción de una definición del Registro de la Propiedad Intelectual, en la que se destaca el carácter público y oficial de este Registro, como forma de diferenciar los servicios y las garantías legales que ofrece, frente a los ofertados por entidades privadas.

Igualmente, en dicho capítulo se amplían los principios rectores de acuerdo con los que actúan y se relacionan el registro central y los registros territoriales, para incorporar los establecidos en el artículo 140.1 de la Ley 40/2015, de 1 de octubre, relativo a los «Principios de las relaciones interadministrativas».

El capítulo II regula la presentación de las solicitudes ante el Registro de la Propiedad Intelectual por medios electrónicos, permitiendo alternativamente la presentación presencial en los registros territoriales o en las oficinas delegadas, y da preferencia a los formatos digitales en lo que se refiere a los ejemplares identificativos de las obras en aquellos casos en los se opta por la presentación presencial de las solicitudes, especialmente en el artículo 12 del Reglamento, que regula los requisitos comunes de las solicitudes de inscripción, y en el artículo 14, que establece los requisitos específicos de las solicitudes para los distintos tipos de obras, actuaciones o producciones objeto de protección.

En otro orden de cosas, se suprime la opción de registrar obras bajo seudónimo con anonimato, ya que se considera que en el asiento registral deben constar el nombre completo y los restantes datos identificativos del autor o titular de los derechos de propiedad intelectual de la obra, actuación o producción. En caso contrario, el anonimato del autor o titular limitaría el ejercicio de las funciones del Registro, que es público y que tiene como una de sus principales finalidades dar publicidad fiable de los derechos registrados. Esta limitación no impedirá que se haga constar el seudónimo en el asiento registral, junto con el nombre y apellidos del autor.

El capítulo III adapta el procedimiento de actuación del Registro a lo establecido en la Ley 39/2015, de 1 de octubre, especialmente en lo que hace referencia a la subsanación de defectos por parte del solicitante.

El capítulo IV contiene las reglas sobre la resolución de solicitudes y sus vías de impugnación, introduciendo como novedad la suspensión de plazos cuando deba requerirse a la persona interesada para la subsanación de defectos o la aportación de documentos y otros elementos de juicio necesarios.

El capítulo V se refiere a las inscripciones, estableciendo el documento electrónico como única forma válida para la inscripción registral e incorporando los requisitos de firma electrónica de dichos documentos por las personas titulares de los registros.

El capítulo VI regula la publicidad de los asientos registrales y de los expedientes, introduciendo la posibilidad del acceso a través de internet al contenido de los asientos.

Finalmente, se regula la publicidad de los expedientes y el acceso a los ejemplares identificativos de las obras que se presentan como parte de las solicitudes de inscripción de derechos en el Registro. Como novedad, se plantea la posibilidad de consulta con fines de investigación de los ejemplares identificativos de las obras que han pasado a dominio público.

La norma proyectada se adecúa a los principios de buena regulación conforme a los cuales deben actuar las Administraciones Públicas en el ejercicio de la iniciativa legislativa y la potestad reglamentaria, según establece el artículo 129.1 de la Ley 39/2015, de 1 de octubre.

En particular, en lo que se refiere al principio de necesidad, la norma se justifica por la importancia de adaptar la regulación del Registro a Ley 39/2015, de 1 de octubre, y la Ley 40/2015, de 1 de octubre, y, en definitiva, a la realidad digital imperante.

Por su parte, la aprobación del presente reglamento cumple con el principio de eficacia, ya que la norma identifica claramente los fines que persigue y es el instrumento idóneo para lograrlos.

Además, cumple con el principio de proporcionalidad, al recoger la regulación mínima imprescindible para atender las necesidades que se busca cubrir.

Igualmente, se ajusta al principio de seguridad jurídica, pues resulta plenamente coherente con el resto del ordenamiento jurídico y aporta certidumbre, adaptando la regulación del Registro a la normativa actual en materia de administración electrónica.

En cuanto al principio de transparencia, a pesar de que se trata de una norma puramente organizativa, en su tramitación se han llevado a cabo los trámites de consulta pública previa y audiencia e información pública, con el objetivo de reforzar y garantizar el mencionado principio.

Finalmente, el proyecto se ajusta al principio de eficiencia por lo anteriormente expuesto, y porque la aprobación de la norma no genera nuevas cargas administrativas ni supone un incremento del gasto para la Administración General del Estado o para el resto de las administraciones territoriales, toda vez que se emplearán los recursos existentes.

En el procedimiento de elaboración de este real decreto se ha consultado a los órganos territoriales de las comunidades autónomas y de las ciudades de Ceuta y Melilla competentes en materia de registro de la propiedad intelectual, y, asimismo, han emitido informe el Ministerio de Política Territorial y la Agencia Española de Protección de Datos.

El presente real decreto se dicta al amparo del artículo 149.1.9.ª de la Constitución Española, que atribuye al Estado la competencia exclusiva en materia de «legislación sobre propiedad intelectual».

En su virtud, a propuesta del Ministro de Cultura y Deporte, con la aprobación previa de la Ministra de Hacienda y Función Pública, de acuerdo con el Consejo de Estado, y previa deliberación del Consejo de Ministros en su reunión del día 11 de julio de 2023, dispongo:

Artículo único. *Aprobación del Reglamento del Registro de la Propiedad Intelectual.*—Se aprueba el Reglamento del Registro de la Propiedad Intelectual, según lo previsto en los artículos 144 y 145 del texto refundido de la Ley de Propiedad Intelectual, aprobado por Real Decreto Legislativo 1/1996, de 12 de abril, cuyo texto se inserta a continuación.

DISPOSICIÓN ADICIONAL

Única. *Protección de datos de carácter personal.*—1. Los tratamientos de datos personales regulados en el presente real decreto se llevarán a cabo conforme a lo dispuesto en el Reglamento (UE) 2016/679 del Parlamento Europeo y del Consejo, de 27 de abril de 2016, relativo a la protección de las personas físicas en lo que respecta al tratamiento de datos personales y a la libre circulación de estos datos y por el que se deroga la Directiva 95/46/CE, y en la Ley Orgánica 3/2018, de 5 de diciembre, de Protección de Datos Personales y garantía de los derechos digitales.

Los derechos de acceso, rectificación y supresión se ejercitarán conforme a la normativa referida en el párrafo anterior.

2. Finalidad del tratamiento: El tratamiento de los datos personales relativos a las solicitudes dirigidas al Registro de la Propiedad Intelectual tendrá por finalidad la inscripción o anotación de los derechos relativos a las obras, actuaciones o producciones protegidas por el texto refundido de la Ley de Propiedad Intelectual, aprobado por Real Decreto Legislativo 1/1996, de 12 de abril.

3. Responsable y base jurídica del tratamiento: Son responsables del tratamiento: Son el centro directivo competente en materia de propiedad intelectual del Ministerio de Cultura y Deporte y las comunidades autónomas y las ciudades de Ceuta y Melilla competentes en la materia, al objeto de poder desarrollar sus funciones.

La base jurídica del tratamiento es el artículo 6.1.e) del Reglamento (UE) 2016/679 del Parlamento Europeo y del Consejo, de 27 de abril de 2016.

4. Minimización de datos: Los datos recogidos se limitarán al nombre, apellidos, NIF/NIE/n.º de documento que acredite la identidad si se trata de personas extranjeras, nacionalidad, domicilio, correo electrónico y, en el caso de que voluntariamente se facilite, el teléfono del titular o titulares de los derechos de propiedad intelectual que se pretendan inscribir, así como la identificación del medio electrónico, o en su defecto, lugar físico en que desea que se practique la notificación.

5. Fuentes y exactitud de los datos: Los datos personales serán recabados de las solicitudes formuladas ante el Registro de la Propiedad Intelectual.

6. Transparencia: En virtud de la referida procedencia de los datos obtenidos, deberá darse cumplimiento al deber de información previa a los afectados conforme a lo dispuesto en el artículo 13 del Reglamento (UE) 2016/679 del Parlamento Europeo y del Consejo, de 27 de abril de 2016.

7. Conservación y seguridad de los datos: En virtud de la finalidad del tratamiento, la conservación de los datos será indefinida, aun cuando se cancele el asiento registral, en los términos previstos en el texto refundido de la Ley de Propiedad Intelectual y en la Ley 16/1985, de 25 de junio, del Patrimonio Histórico Español.

El responsable del tratamiento garantizará la aplicación de las medidas de seguridad correspondientes en cumplimiento del Real Decreto 311/2022, de 3 de mayo, por el que se regula el Esquema Nacional de Seguridad, y la Orden CUD/1313/2019, de 27 de diciembre, por la que se aprueba la Política de Seguridad de la Información en el ámbito de la administración electrónica del Ministerio de Cultura y Deporte.

La publicidad del registro se llevará a cabo en los términos previstos en la normativa sobre propiedad intelectual. Fuera de dichos supuestos, estos datos sólo serán comunicados a otras Administraciones Públicas y a la Administración de Justicia en el ejercicio de sus competencias, cuando sea necesario para la tramitación y resolución de sus procedimientos, y se limitarán a la gestión de las inscripciones de derechos de propiedad intelectual en el Registro de la Propiedad Intelectual.

DISPOSICIONES TRANSITORIAS

1.ª *Competencias registrales del registro central.*—Hasta que se haya hecho efectiva por parte de las comunidades autónomas y las ciudades de Ceuta y Melilla la puesta en marcha de los registros territoriales aún no creados en el momento de entrada en vigor de este real decreto corresponderá al registro central la tramitación y resolución de las solicitudes de inscripción y anotación presentadas en esas comunidades autónomas y en las referidas ciudades, así como, en su caso, la cancelación y práctica de las que procedan.

2.ª *Composición de la Comisión de Coordinación de los Registros.*—

En relación con la composición de la Comisión de Coordinación de los Registros descrita en el artículo 6 del reglamento que se aprueba, las comunidades autónomas y las ciudades de Ceuta y Melilla que no hayan creado su registro territorial podrán designar un representante con voz, pero sin voto.

Dicho representante actuará asimismo como interlocutor de la comunidad o ciudad autónoma con el registro central.

DISPOSICIÓN DEROGATORIA

Única. *Derogación normativa.*—Queda derogado el Real Decreto 281/2003, de 7 de marzo, por el que se aprueba el Reglamento del Registro General de la Propiedad Intelectual.

Igualmente quedan derogadas todas las normas de igual o inferior rango en lo que contradigan o se opongan a lo dispuesto en el reglamento que se aprueba.

DISPOSICIONES FINALES

1.ª *Título competencial.*—Este real decreto de dicta al amparo del artículo 149.1.9.ª de la Constitución Española, que atribuye al Estado la competencia exclusiva en materia de «legislación sobre propiedad intelectual».

2.ª *Facultad para el desarrollo normativo.*—Se faculta a la perso-

na titular del Ministerio de Cultura y Deporte para dictar las disposiciones que exija el desarrollo del reglamento que se aprueba.

3.ª *Entrada en vigor.*—El presente real decreto entrará en vigor el día siguiente al de su publicación en el *Boletín Oficial del Estado.*

REGLAMENTO DEL REGISTRO DE LA PROPIEDAD INTELECTUAL

CAPÍTULO PRIMERO

OBJETO, FUNCIONES
Y ESTRUCTURA DEL REGISTRO
DE LA PROPIEDAD INTELECTUAL

Artículo 1.º *Definición y objeto del Registro.*—1. El Registro de la Propiedad Intelectual es el registro público y oficial que tiene por objeto la inscripción o anotación de los derechos relativos a las obras, actuaciones o producciones protegidas por el texto refundido de la Ley de Propiedad Intelectual, aprobado por el Real Decreto Legislativo 1/1996, de 12 de abril, y por las restantes disposiciones legales y tratados internacionales ratificados por España relativos a la protección de la propiedad intelectual.

2. Asimismo, tiene por objeto la inscripción o anotación de los actos y contratos de constitución, transmisión, modificación o extinción de derechos reales y de cualesquiera otros hechos, actos y títulos, tanto voluntarios como necesarios, que afecten a derechos de propiedad intelectual.

Art. 2.º *Organización del Registro.*—1. El Registro de la Propiedad Intelectual es único en todo el territorio nacional y está integrado por los registros territoriales y el registro central.

Asimismo, existirá una Comisión de Coordinación de los Registros como órgano colegiado de colaboración entre éstos.

2. Los registros territoriales son creados y gestionados por las comunidades autónomas y por las ciudades de Ceuta y Melilla.

Dichos registros podrán establecer oficinas delegadas a efectos de la recepción de solicitudes, información y comprobación de la documentación exigida, liquidación de tasas y remisión de expedientes al registro territorial del que dependan.

3. El registro central depende del Ministerio de Cultura y Deporte. En el ejercicio de sus funciones actuará de conformidad con lo establecido en este reglamento.

4. Las comunidades autónomas y las ciudades de Ceuta y Melilla determinarán la estructura y funcionamiento del registro territorial en sus respectivos territorios y asumirán su llevanza, de acuerdo con lo establecido en este reglamento, en lo que se refiere a las normas comunes sobre procedimiento de inscripción y a las medidas de coordinación e información entre los diferentes registros.

Art. 1.º: Vid. art. 144 del Texto Refundido de la Ley de Propiedad Intelectual (§ 1).

Art. 3.º *Principios rectores.—*
1. Tanto el registro central como los registros territoriales actúan y se relacionan de acuerdo con los principios que establece el artículo 140.1 de la Ley 40/2015, de 1 de octubre, de Régimen Jurídico del Sector Público.

2. La Comisión de Coordinación de los Registros será el órgano encargado de velar por el respeto a estos principios.

3. El registro central y los registros territoriales deberán facilitarse información sobre su actividad, así como prestar la cooperación y asistencia que se les pudiera solicitar para el eficaz ejercicio de las funciones del Registro de la Propiedad Intelectual.

Art. 4.º *Funciones de los registros territoriales.—*Corresponden a los registros territoriales las siguientes funciones:

a) La tramitación y resolución de las solicitudes de inscripción y anotación, así como, en su caso, la cancelación y la práctica de las que procedan.

b) La certificación y demás formas de publicidad de los derechos, actos y contratos inscritos en el registro territorial respectivo.

c) Elevar consultas a la Comisión de Coordinación de los Registros, así como solicitar la inclusión de asuntos en el orden del día de sus sesiones.

d) La emisión de informes de carácter técnico cuando sean re-queridos para ello por juzgados, tribunales y otros organismos públicos, o sean solicitados por la Comisión de Coordinación de los Registros, dentro del ámbito de sus competencias.

e) El archivo y la custodia, hasta la extinción de los derechos de propiedad intelectual, recogidos en el texto refundido de la Ley de Propiedad Intelectual, aprobado por el Real Decreto Legislativo 1/1996, de 12 de abril, de los documentos y materiales depositados en las solicitudes tramitadas por los registros territoriales.

Art. 5.º *Funciones del registro central.—*Corresponden al registro central las siguientes funciones:

a) Prestar apoyo administrativo y técnico a la Comisión de Coordinación de los Registros.

b) Elevar consultas a la Comisión de Coordinación de los Registros, así como incluir asuntos en el orden del día de sus sesiones.

c) Redactar la memoria anual del registro de la propiedad intelectual a partir de los datos facilitados por el registro central y los registros territoriales.

d) Emitir informes de carácter técnico cuando sea requerido para ello por juzgados, tribunales y otros organismos públicos, o sean solicitados por la Comisión de Coordinación de los Registros, dentro del ámbito de sus competencias.

e) La certificación y demás formas de publicidad de los derechos, actos y contratos no tramitados por los registros territoriales.

f) El archivo y la custodia hasta la extinción de los derechos de propiedad intelectual recogidos en el texto refundido de la Ley de Propiedad Intelectual, aprobado por el Real Decreto Legislativo 1/1996, de 12 de abril, de los documentos y materiales depositados en las solicitudes correspondientes a las comunidades autónomas y a las ciudades de Ceuta y Melilla en las que no existen registros territoriales.

g) El desarrollo y mantenimiento de la base de datos de inscripciones común a todos los registros, facilitando el acceso a la misma.

Art. 6.º *Composición y funciones de la Comisión de Coordinación de los Registros.*—1. La Comisión de Coordinación de los Registros se constituye como un órgano colegiado de los previstos en el artículo 15.2 de la Ley 40/2015, de 1 de octubre, y en consecuencia, tal y como prevé la precitada norma, podrá establecer o completar sus propias normas de funcionamiento.

2. Son miembros de la Comisión:

a) La persona titular del registro central, que ostenta la Presidencia de la Comisión.

b) Las personas titulares de los registros territoriales.

Cada miembro de la Comisión podrá ser asistido en las reuniones por asesores.

3. La persona que ejerza la Secretaría de la Comisión será un funcionario o funcionaria del registro central con nivel administrativo mínimo 26, designada para el desempeño de sus funciones por la persona titular del registro central. Dicha persona no será considerada miembro de la Comisión y asistirá a sus reuniones con voz, pero sin voto.

4. Son funciones de la Comisión de Coordinación de los Registros:

a) Velar por el mantenimiento de la unidad del registro, en aplicación de lo que dispone el artículo 144 del texto refundido de la Ley de Propiedad Intelectual, aprobado por Real Decreto Legislativo 1/1996, de 12 de abril.

b) Adoptar acuerdos tendentes a la homogeneización de criterios entre los distintos registros y, en su caso, proponer al Ministerio de Cultura y Deporte la adopción de las medidas que sean necesarias para lograr un funcionamiento homogéneo y una mayor coordinación de los registros.

c) Requerir a los registros el cumplimiento de los acuerdos o medidas adoptados en la Comisión de Coordinación de los Registros dirigidos al mejor desempeño de sus funciones, así como las medidas a las que se refiere el apartado anterior.

d) Proponer los criterios generales de funcionamiento del sistema informático que soporta la base de datos de derechos inscritos por los distintos registros, de modo que sea compatible y común a todos ellos, a fin de permitir la consulta inmediata de los asientos registrales cualquiera que fuese el registro en que se hubiesen practicado las inscripciones.

e) Informar con carácter no vinculante, a propuesta del Ministerio de Cultura y Deporte, sobre las disposiciones de desarrollo de este reglamento, así como sobre aquellos otros asuntos que aquél le someta a su consideración.

f) Evacuar las consultas que puedan plantear los distintos registros.

g) Mediar, a petición de las partes, en los conflictos que pudieran suscitarse entre registros territoriales, formulando, a estos efectos, propuesta de resolución.

h) Aprobar la memoria anual del Registro de la Propiedad Intelectual y evaluar el funcionamiento del registro a través de la emisión de informes.

i) Establecer fórmulas de comunicación y consulta entre los registros.

j) Cualquier otra función que le asignen las leyes o los reglamentos.

5. La Comisión de Coordinación de los Registros se reunirá una vez al año en sesión ordinaria, y en sesión extraordinaria se podrá reunir cuando así sea convocada por la persona titular de la Presidencia, a iniciativa propia o a propuesta, al menos, de cinco de sus miembros.

6. La Comisión de Coordinación de los Registros se rige por la Ley 39/2015, de 1 de octubre, del Procedimiento Administrativo Común de las Administraciones Públicas, y por la Ley 40/2015, de 1 de octubre, así como por lo establecido en este reglamento y por sus normas de funcionamiento interno.

Art. 7.º *De la persona titular del registro central.*—La persona titular del registro central de la propiedad intelectual será nombrada entre personal funcionario de la Administración General del Estado perteneciente a cuerpos o escalas del subgrupo A1, con Licenciatura o Grado en Derecho.

Art. 8.º *Del soporte y la conservación de los asientos registrales.*—1. De acuerdo con el artículo 26 de la Ley 39/2015, de 1 de octubre, los asientos se practicarán en documentos administrativos emitidos por escrito, a través de medios electrónicos, para recoger y expresar de modo indubitado, con adecuada garantía jurídica, seguridad de conservación y facilidad de acceso y comprensión, todos los datos que deban constar en el registro.

2. El registro competente para tramitar y resolver la solicitud y crear, si procede, el asiento registral conservará la documentación

y materiales presentados junto con dicha solicitud.

3. En virtud de lo establecido en el artículo 16.5 de la Ley 39/2015, de 1 de octubre, el registro al que se refiere el apartado anterior conservará los documentos presentados de manera presencial, en especial los ejemplares identificativos de las obras, en aquellos casos en los que por las características específicas de los soportes los registros consideren que no son susceptibles de digitalización.

CAPÍTULO II

SOLICITUDES

SECCIÓN 1.ª

Disposiciones generales

Art. 9.º *Requisitos, forma y lugar de presentación de las solicitudes.*—1. Las solicitudes que se formulen ante el registro deberán reunir los requisitos previstos específicamente en este capítulo, así como los generales regulados en el artículo 66 de la Ley 39/2015, de 1 de octubre.

2. Las solicitudes se presentarán por medios electrónicos a través de los procedimientos disponibles en la sede electrónica de las comunidades autónomas o de las ciudades de Ceuta y Melilla, así como, en su caso, del Ministerio de Cultura y Deporte.

Alternativamente podrán presentarse de manera presencial en los registros territoriales o en cualquiera de sus oficinas delegadas, si las hubiera, así como en las oficinas delegadas de las comunidades autónomas y las ciudades de Ceuta y Melilla que no dispongan de registro territorial.

Asimismo, podrán presentarse ante los registros y oficinas establecidos en el artículo 16.4 de la Ley 39/2015, de 1 de octubre.

3. En todo caso, estarán obligados a relacionarse a través de medios electrónicos con las administraciones públicas para la realización de cualquier trámite relacionado con las solicitudes dirigidas al Registro de la Propiedad Intelectual los sujetos a los que hace referencia el artículo 14.2 de la Ley 39/2015, de 1 de octubre.

4. La inscripción de las obras, actuaciones o producciones tendrá lugar mediante la solicitud de cualquiera de los titulares de los derechos reconocidos en el texto refundido de la Ley de Propiedad Intelectual, aprobado por Real Decreto Legislativo 1/1996, de 12 de abril, o de sus representantes, de acuerdo con lo establecido en este reglamento.

Art. 10. *Formalización de determinados actos y contratos.*—1. Las solicitudes de inscripción de transmisión inter vivos de la titularidad de los derechos de explotación deberán acompañarse de alguno de los siguientes documentos:

a) Escritura pública de los documentos acreditativos de la transmisión o transmisiones.

b) Documento acreditativo de la transmisión o transmisiones, firmado tanto por el cedente como por el cesionario. En el caso de que dicho documento acreditativo fuese electrónico, deberá estar firmado con firmas electrónicas cualificadas. Si el documento estuviera redactado en soporte papel, las firmas deberán ser autenticadas por notario o notaria o por personal funcionario del Registro de la Propiedad Intelectual.

2. Si el cambio de titularidad se produjera por una fusión, escisión, disolución, resolución administrativa o decisión judicial, deberá acompañarse testimonio emanado por la autoridad que emita el documento o copia del documento que pruebe el cambio, autenticada o legitimada por notario o notaria o por personal funcionario del Registro de la Propiedad Intelectual.

De la misma manera se solicitará la inscripción o anotación de embargos y demás medidas judiciales.

3. La declaración para hacer constar que una obra determinada ha sido creada en virtud de relación laboral, de conformidad con lo establecido en los artículos 51.2 y 97.4 del texto refundido de la Ley de Propiedad Intelectual, aprobado por Real Decreto Legislativo 1/1996, de 12 de abril, deberá hacerla el propio autor asalariado. En el caso de que la declaración se recoja en un documento electrónico, la firma electrónica del autor asalariado deberá ser cualificada. Si el documento estuviera redactado en soporte papel, la firma deberá ser autenticada por notario o notaria o por funcionario o funcionaria del Registro de la Propiedad Intelectual.

4. En los supuestos de transmisiones mortis causa será necesario aportar la escritura pública de adjudicación y aceptación de la herencia o, en su defecto, el testamento del causante o la declaración de herederos, así como acreditar el pago del impuesto correspondiente, su presentación para la liquidación o su exención.

SECCIÓN 2.ª

Solicitudes de inscripción

Art. 11. *Legitimación para solicitar las inscripciones.*—1. Están legitimados para solicitar las inscripciones:

a) Los autores y demás titulares originarios con respecto a los derechos de propiedad intelectual de la propia obra, actuación o producción de los que sean titulares.

b) Los sucesivos titulares de derechos de propiedad intelectual.

2. Las solicitudes podrán efectuarse directamente o mediante representante, en la forma prevista en el artículo 5 de la Ley 39/2015, de 1 de octubre.

Art. 12. *Requisitos comunes de las solicitudes de inscripción.*— 1. Las solicitudes de inscripción de los derechos, actos y contratos a que se refiere el artículo 1 se presentarán en la forma y lugares que establece el artículo 9.

2. Las solicitudes deberán contener la siguiente información, así como acompañarse de los documentos que se indican:

a) El nombre, los apellidos, la nacionalidad y el domicilio del titular o de los titulares de los derechos de propiedad intelectual que se pretenden inscribir, así como la identificación del medio electrónico, o en su defecto, lugar físico, en que desea que se practique la notificación.

En caso de que la solicitud se presente de manera presencial y el titular o los titulares de los derechos de propiedad intelectual se opongan a que el registro consulte y verifique su identidad por medios electrónicos, deberán aportar copia de su documento nacional de identidad, o del documento equivalente acreditativo de dicha identidad, si se tratase de extranjeros.

Si el titular o los titulares de los derechos de propiedad intelectual fueran personas jurídicas, habrán de aportarse, además de los datos identificativos indicados, en cuanto procedan, el título que acredite su personalidad jurídica y el número de identificación fiscal.

Cuando la solicitud se efectúe por medio de representante este deberá presentar, además, el correspondiente documento acreditativo de su identidad y el documento que acredite la representación.

b) El objeto de propiedad intelectual.

c) La clase de obra, actuación o producción.

d) El título de la obra, actuación o producción.

e) En caso de que la obra, actuación o producción hubiera sido divulgada, su fecha de divulgación.

f) En el supuesto de que la obra, actuación o producción se divulgue bajo seudónimo, se hará constar este.

g) Una copia de la obra, actuación o producción en los casos previstos en el artículo 14.

h) La fecha de presentación de la solicitud.

i) La firma del solicitante o de su representante legal.

j) La acreditación, en su caso, del abono de la tasa correspondiente.

3. Los ejemplares identificativos de las obras, actuaciones o producciones se presentarán en formato digital. No obstante, en el caso de las solicitudes presenciales, si el tipo de obra lo permite, podrán presentarse, alternativamente, en soporte papel. En ambos casos los ejemplares estarán debidamente paginados e incluirán el título y nombre y apellidos de cada uno de los autores o titulares originarios. Si la obra se presenta en soporte papel, deberá estar debidamente encuadernada.

Art. 13. *Requisitos de las solicitudes en supuestos especiales.*—En los siguientes supuestos especiales, además de los requisitos establecidos en el artículo anterior, se hará constar en la solicitud y se aportarán los siguientes documentos:

a) En el caso de obra colectiva, la solicitud deberá contener la manifestación por la que se declara que la obra tiene carácter de colectiva, así como el nombre y apellidos o denominación de la persona natural o jurídica bajo cuya iniciativa y coordinación ha sido creada, y que, asimismo, la ha editado y divulgado, acompañándose el correspondiente ejemplar identificativo de la obra editada tal y como ha sido puesta a disposición del público.

Si la obra colectiva fuera un programa de ordenador, se entenderá divulgada o editada cuando haya sido comercializada o puesta a disposición del público o del cliente.

b) En el caso de obras compuestas o derivadas, se hará constar en el ejemplar identificativo de la obra el nombre y apellidos del autor o coautores de la obra preexistente, y se incluirá su autorización con firma electrónica cualificada

c) Si se tratase de obra escrita en caracteres no latinos, en la solicitud deberá hacerse constar el título original y la traducción de éste al castellano o, en su caso, a la lengua cooficial de la comunidad autónoma en que radique el registro

territorial competente para practicar la inscripción.

Se acompañará, además, para mejor identificación de la obra, un breve resumen del contenido de ésta, y el índice si lo hubiese, traducidos a la lengua que corresponda según lo indicado en el párrafo anterior.

Art. 14. *Requisitos específicos de la solicitud para la identificación y descripción de las obras, actuaciones o producciones objeto de propiedad intelectual.*—Sin perjuicio de lo establecido en los dos artículos precedentes, y a efectos de identificación y descripción de las obras, actuaciones o producciones objeto de propiedad intelectual, así como de la clase de obra, actuación o producción, se hará constar en la solicitud y se aportará, según la tipología de obra:

a) Para las obras literarias, científicas y dramáticas:

1.º Número de páginas y de volúmenes.

2.º Para las dramáticas, además, la duración aproximada.

3.º Un ejemplar o copia de la obra, en formato digital o en papel, en el caso de las solicitudes presenciales en las que se opte por este formato.

b) Para las composiciones musicales, con o sin letra:

1.º El género musical.

2.º Número de compases de la partitura y la duración aproximada.

3.º   La plantilla instrumental y vocal, en su caso, de la obra.

4.º   Un ejemplar de su partitura, en formato digital o en papel, en el caso de las solicitudes presenciales en las que se opte por este formato.

c)   Para las coreografías y pantomimas:

1.º   Una descripción por escrito del movimiento escénico.

2.º   Una grabación de la obra en formato digital cuyo contenido pueda ser examinado por el registro.

d)   Para las obras cinematográficas y demás obras audiovisuales:

1.º   El nombre y apellidos del autor o autores, siendo estos los previstos en el artículo 87 del texto refundido de la Ley de Propiedad Intelectual, aprobado por Real Decreto Legislativo 1/1996, de 12 de abril.

2.º   El nombre y apellidos o denominación social del productor.

3.º   Si el productor fuese el único autor se acompañará la declaración del productor en la que así se haga constar.

4.º   El minutaje y, en su caso, idioma original de la versión definitiva, y los intérpretes principales.

5.º   Una descripción por escrito de la obra.

6.º   Una grabación de la obra en formato digital cuyo contenido pueda ser examinado por el registro.

e)   Para las obras artísticas en general:

1.º   El material y técnica empleados.

2.º   Las dimensiones.

3.º   Una copia o fotografía que permita su completa identificación, debiendo hacer constar en ella el título de la obra y el nombre y apellidos del autor, en formato digital o en papel, en el caso de las solicitudes presenciales en las que se opte por este formato.

En el supuesto de obras tridimensionales, tres fotografías en formato digital o en papel, en el caso de las solicitudes presenciales en las que se opte por este formato, como plasmación tridimensional de la obra, haciendo constar el título de la obra y el nombre y apellidos del autor.

4.º   Para las obras fotográficas, memoria que detalle el objeto de propiedad intelectual de la creación original, en relación con su valor artístico.

f)   Para los tebeos y cómics:

1.º   El número de páginas y de volúmenes.

2.º   Un ejemplar o copia de la obra, en formato digital o en papel, en el caso de las solicitudes presenciales en las que se opte por este formato.

g)   Para las demás obras plásticas:

1.º   El material empleado.

2.º   Las dimensiones.

3.º   Tres fotografías en formato digital o en papel, en el caso de las solicitudes presenciales en las que se opte por este formato, como plasmación tridimensional de aquellas, haciendo constar en ellas el título de la obra y el nombre y apellidos del autor.

4.º Una memoria por escrito que detalle el objeto de propiedad intelectual de la creación original que incluya una descripción que facilite y mejore la identificación de la obra, así como los gráficos necesarios con la escala gráfica de referencia.

5.º Asimismo, si la naturaleza de la obra lo requiere, se acompañará una grabación en formato digital cuyo contenido pueda ser examinado por el registro.

h) Para los proyectos, planos, maquetas y diseños de obras de arquitectura e ingeniería:

1.º Un extracto o descripción por escrito que permita su identificación, incluyéndose los planos y gráficos necesarios, con la escala gráfica de referencia.

2.º Si el proyecto hubiese sido visado por el colegio oficial de ingenieros o arquitectos correspondiente, podrán indicarse el número y la fecha de dicho visado.

3.º Se acompañará una copia del proyecto, en formato digital o en papel, en el caso de las solicitudes presenciales en las que se opte por este formato, cuyo contenido pueda ser examinado por el registro.

4.º En el caso de las maquetas, se indicará la escala y se presentarán tres fotografías en formato digital o en papel, en el caso de las solicitudes presenciales en las que se opte por este formato, como plasmación tridimensional de lo proyectado, haciéndose constar el título de la obra y el nombre y apellidos del autor.

i) Para los gráficos, mapas y diseños relativos a la topografía, la geografía y, en general, a la ciencia:

1.º Las dimensiones o escala.

2.º Una copia que permita su completa identificación, en formato digital o en papel, en el caso de las solicitudes presenciales en las que se opte por este formato.

j) Para los programas de ordenador:

1.º La totalidad del código fuente en formato digital cuyo contenido pueda ser examinado por el registro.

2.º El ejecutable del programa. Si no se presentase este, deberá justificarse esta circunstancia en la memoria a la que se refiere el apartado siguiente.

3.º Una memoria que contenga una breve descripción del programa, el lenguaje de programación, el entorno operativo, un diagrama de flujo y el listado de ficheros.

k) Para las bases de datos:

1.º Una memoria descriptiva de la base de datos, haciendo referencia a su contenido, estructura, criterios sistemáticos y metódicos de ordenación y forma de consulta de los datos.

2.º Podrá también acompañarse una grabación de la base de

datos en formato digital cuyo contenido pueda ser examinado por el registro.

l) Para páginas web y obras multimedia:

1.º Una descripción por escrito que relacione de forma individualizada cada creación para la que se solicita el registro, identificada con el nombre del fichero informático que la contiene, título y nombre y apellidos de su autor.

2.º Los requisitos específicos, de conformidad con lo establecido en este artículo, para la identificación y descripción de las obras, actuaciones o producciones contenidas en la página web u obra multimedia.

3.º Una copia de la página web u obra multimedia en formato digital, cuyo contenido pueda ser examinado por el registro.

m) Para las actuaciones de artistas intérpretes o ejecutantes:

1.º Una descripción por escrito de la interpretación, actuación o ejecución.

2.º El lugar y fecha de la interpretación, actuación o ejecución y, en su caso, fecha de la divulgación de la grabación de ésta.

3.º El título y autor de la obra interpretada.

4.º Una grabación en formato digital cuyo contenido pueda ser examinado por el registro.

n) Para las producciones fonográficas:

1.º El título y, en su caso, el autor de la obra fijada en el fonograma.

2.º El nombre de los principales artistas intérpretes o ejecutantes.

3.º Declaración del productor acreditando que dispone de las autorizaciones de los artistas intérpretes o ejecutantes.

4.º Sistema de grabación.

5.º Fecha de la grabación y de la divulgación.

6.º Una copia del fonograma en formato digital.

ñ) Para las producciones de grabaciones audiovisuales:

1.º El nombre y apellidos del autor o autores de la obra audiovisual.

2.º La fecha de realización y de la divulgación de la grabación.

3.º Una descripción por escrito de la producción.

4.º La grabación en formato digital cuyo contenido pueda ser examinado por el registro.

o) Para las meras fotografías:

1.º Una copia de la mera fotografía, en formato digital o en papel, en el caso de las solicitudes presenciales en las que se opte por este formato.

2.º La fecha de realización de la mera fotografía o de su reproducción.

p) Para las producciones editoriales previstas en el artículo 129 del texto refundido de la Ley de Propiedad Intelectual, aprobado por Real Decreto Legislativo 1/1996, de 12 de abril:

1.º El nombre y apellidos del autor, si fuera conocido.

2.º El año de entrada de la obra en el dominio público.

3.º El número de páginas, volúmenes y formato.

4.º La fecha de la divulgación o publicación, según el caso.

5.º Un ejemplar o copia de la producción editorial, en formato digital o en papel, en el caso de las solicitudes presenciales en las que se opte por este formato.

q) Para cualesquiera otras obras o producciones protegidas no incluidas en los apartados anteriores, se exigirán aquellos datos o documentos que, en cada caso, se estimen necesarios para la mejor identificación y determinación del objeto de inscripción de la obra, en formato digital o en papel, en el caso de las solicitudes presenciales en las que sea posible optar por este formato.

r) En todo caso, el registro podrá solicitar toda aquella documentación complementaria, adecuada al supuesto que se trate, que le sirva para aclarar y facilitar la calificación de los derechos inscribibles.

Art. 15. *Registro competente para practicar la inscripción.—*
1. Para la primera inscripción de los derechos de propiedad intelectual que los autores y demás titulares insten, será competente el registro territorial de la comunidad o ciudad autónoma en la que se presente la solicitud.

2. La competencia para efectuar las inscripciones sucesivas referentes a los derechos de propiedad intelectual sobre una misma obra, actuación o producción corresponderá al registro en el que se hubiese efectuado la primera inscripción.

SECCIÓN 3.ª

Solicitudes de anotación preventiva

Art. 16. *Legitimación para solicitar anotaciones preventivas.—*
1. Podrán pedir la anotación preventiva de su derecho:

a) El que obtenga a su favor mandamiento judicial ordenando la anotación preventiva de demanda sobre la titularidad de derechos inscribibles.

b) El que obtuviera a su favor un mandamiento de embargo que se haya hecho efectivo en derechos de propiedad intelectual del deudor sin perjuicio de lo establecido en la legislación vigente sobre hipoteca mobiliaria y prenda sin desplazamiento de posesión.

c) El que obtuviera sentencia ejecutoria que pueda hacerse efectiva sobre derechos de propiedad intelectual.

d) El que, demandando en juicio ordinario el cumplimiento de cualquier obligación, obtuviera resolución judicial ordenando el secuestro o prohibiendo la transmisión del derecho controvertido.

e) El que acredite la presentación de la demanda con objeto de impugnar la denegación registral de la inscripción de un derecho de propiedad intelectual.

f) Los herederos respecto de su derecho sucesorio cuando no se haga especial adjudicación entre ellos de bienes concretos, cuotas o partes indivisas de éstos.

g) El que en cualquier otro caso tuviese derecho a exigirla conforme a lo dispuesto en las leyes.

2. Si el derecho sobre el que recae la anotación preventiva no estuviera inscrito, el juez que, en su caso, dicte la medida aseguratoria podrá instar la inscripción del derecho.

3. Para practicar dichas anotaciones preventivas la competencia registral se regirá por lo dispuesto en el artículo 15.

4. Las anotaciones preventivas se extinguen por su cancelación, por caducidad o por su conversión en inscripción. La extinción de las anotaciones preventivas podrá ser total o parcial.

Art. 17. *Procedimiento y plazos de caducidad.*—El procedimiento para practicar la anotación preventiva y para su cancelación, así como los plazos de caducidad de las anotaciones preventivas se regirán por lo establecido en la legislación hipotecaria en cuanto sea compatible.

CAPÍTULO III

PROCEDIMIENTO DE ACTUACIÓN DEL REGISTRO

Art. 18. *Admisión de la solicitud.*—1. Una vez presentada cualquier solicitud, el registro competente que la reciba la admitirá haciendo constar en ella la fecha, hora y minuto de la presentación.

2. Al solicitante se le expedirá justificante de la presentación.

Art. 19. *Subsanación de defectos.*—1. Si la solicitud presentada no cumpliera alguno de los requisitos necesarios, o si, de acuerdo con lo establecido en el artículo 14.1 del Reglamento de actuación y funcionamiento del sector público por medios electrónicos, aprobado por Real Decreto 203/2021, de 30 de marzo, existiera la obligación del interesado de relacionarse con la Administración a través de medios electrónicos, y aquel no los hubiese utilizado, el registro requerirá al solicitante para que subsane la falta en la forma y el plazo establecidos en el artículo 68 de la Ley 39/2015, de 1 de octubre.

2. En el escrito de requerimiento se pondrá de manifiesto al interesado que, de no cumplimentarlo en sus propios términos, se le tendrá por desistido de su petición, previa resolución que deberá ser dictada en los términos previstos

en el artículo 21 de la Ley 39/2015, de 1 de octubre.

Art. 20.   *Solicitudes incompatibles.*—1.   Si se advirtiese que han sido presentadas dos o más solicitudes incompatibles referidas a derechos sobre una misma obra, actuación o producción, se comunicará tal circunstancia a los interesados, para que en el plazo de quince días hábiles manifiesten lo que convenga a su derecho y aporten las pruebas y documentos que estimen oportunos. A la vista de las alegaciones presentadas y de la legalidad de los actos y contratos relativos a los derechos inscribibles, la persona titular del registro competente resolverá lo que mejor proceda en derecho.

2.   Cuando la incompatibilidad se advierta entre una inscripción ya practicada y una solicitud de inscripción, ésta será denegada de conformidad con lo establecido en el artículo 26, excepto cuando proceda una rectificación de los asientos, en cuyo caso se estará a lo que disponga la resolución judicial correspondiente.

Art. 21.   *Calificación.*—1.   La persona titular del registro competente calificará las solicitudes presentadas y la legalidad de los actos y contratos relativos a los derechos inscribibles, y resolverá acordando practicar, suspender o denegar la inscripción.

2.   La calificación y la resolución habrán de adoptarse en función de lo que resulte del contenido de los actos y contratos, así como de los asientos del registro.

3.   Para la calificación de las solicitudes presentadas el registro podrá requerir en cualquier momento al interesado cuantas aclaraciones estime necesarias, con el fin de posibilitar la inscripción solicitada.

Art. 22.   *Tracto sucesivo.*— 1.   Las inscripciones recogerán la titularidad de los derechos de propiedad intelectual, desde la primera inscripción hasta su paso al dominio público.

2.   Los actos y contratos por los que se transmitan o modifiquen derechos de propiedad intelectual sólo podrán ser inscritos o anotados en el registro, previa solicitud, acompañando a la instancia el documento acreditativo de la transmisión si el cedente fuese el autor o titular originario, o los acreditativos de las transmisiones sucesivas de las que trae causa el derecho cuya inscripción se solicita.

A estos efectos, el solicitante justificará documentalmente el acto o contrato de acuerdo con lo establecido en el artículo 10.

3.   La acreditación del tracto sucesivo también podrá verificarse mediante expediente judicial de dominio.

CAPÍTULO IV

RESOLUCIÓN DE LAS SOLICITUDES
Y VÍAS DE IMPUGNACIÓN

Art. 23. *Resolución: Plazo y notificación.*—1. En el plazo máximo de seis meses, contados desde la fecha en que la solicitud haya tenido entrada en el registro electrónico de la administración u organismo competente para su tramitación, la persona titular del registro territorial las resolverá de forma expresa acordando practicar o denegar la inscripción y las notificará a los interesados, en aplicación del artículo 21 de la Ley 39/2015, de 1 de octubre.

2. El transcurso del plazo máximo legal para resolver y notificar la resolución se podrá suspender en los supuestos y con los efectos previstos en el artículo 22 de la Ley 39/2015, de 1 de octubre.

3. Las resoluciones del titular del registro serán notificadas a los interesados en la forma establecida en los artículos 42 y 43 de la Ley 39/2015, de 1 de octubre.

4. De acuerdo con lo establecido en el artículo 24 de la Ley 39/2015, de 1 de octubre, en los procedimientos iniciados a solicitud del interesado el vencimiento del plazo máximo sin haberse notificado resolución expresa, legitima al interesado o interesados para entenderla estimada por silencio administrativo.

Art. 24. *Vías de impugnación.*—1. Contra las resoluciones de la persona titular del registro competente acordando la inscripción, la suspensión o la denegación y fundadas en la validez o invalidez de los títulos, en la capacidad de las partes o en la existencia, inexistencia o incompatibilidad de los derechos inscribibles, así como en cualquier otra cuestión jurídica, se podrán ejercitar ante la jurisdicción civil las acciones procedentes de conformidad con lo establecido en el artículo 145.2 del texto refundido de la Ley de Propiedad Intelectual, aprobado por Real Decreto Legislativo 1/1996, de 12 de abril.

2. Contra las resoluciones y los actos de trámite que tengan su fundamento en la aplicación de normas de procedimiento administrativo, los interesados podrán interponer los recursos que correspondan en vía administrativa, de conformidad con lo establecido en los artículos 112 y siguientes de la Ley 39/2015, de 1 de octubre.

3. Si la inscripción, denegación o suspensión acordada por el titular del registro se basa simultáneamente en causas previstas en los apartados 1 y 2, la vía de impugnación procedente será la civil.

CAPÍTULO V

INSCRIPCIONES

Art. 25. *Forma y contenido de la inscripción registral.*—1. Las inscripciones se practicarán en todo caso en formato electrónico y se ajustarán en su forma al modelo que apruebe la Comisión de Coordinación de los Registros.

2. La inscripción expresará:

a) El número del asiento registral.

b) El título de la obra, actuación o producción.

c) El objeto de propiedad intelectual.

d) La clase de obra, actuación o producción.

e) Los datos identificativos del autor o del titular originario.

f) Los derechos que se inscriben, su extensión y condiciones si las hubiera.

g) El titular o titulares de los derechos patrimoniales con expresión de sus datos identificativos.

h) Si existiera, el título que contiene el derecho que se inscribe, su fecha y el tribunal, juzgado o notario que, en su caso, lo autorice.

i) Fecha hora y minuto de presentación de la solicitud de inscripción.

j) El número de entrada que se le hubiese asignado.

k) La fecha a partir de la cual la inscripción comienza a surtir efectos.

3. Se asignarán números diferentes y correlativos a cada obra, actuación o producción que se presente para inscripción, dentro de cada año natural.

4. Las sucesivas inscripciones de derechos sobre una obra, actuación o producción estarán diferenciadas con ordinales correlativos a partir de la primera.

5. Los asientos registrales en soporte electrónico serán firmados con firma electrónica cualificada y con sello de tiempo.

Art. 26. *Eficacia de la inscripción.*—1. Se presumirá, salvo prueba en contrario, que los derechos inscritos existen y pertenecen a su titular en la forma determinada en los asientos respectivos.

2. La inscripción surtirá efecto desde la fecha de presentación de la solicitud, salvo en el caso de subsanación de defectos que afecten a la validez de los actos y contratos inscribibles, en el que dicho efecto se producirá desde la fecha de presentación del documento de subsanación.

3. Inscrito o anotado en el registro cualquier derecho, acto o contrato objeto de aquél, no podrá inscribirse o anotarse ningún otro de igual, anterior o posterior fecha, que

---

Art. 25: Vid. art. 145 del Texto Refundido de la Ley de Propiedad Intelectual (§ 1).
Art. 26: Vid. art. 145 del Texto Refundido de la Ley de Propiedad Intelectual (§ 1).

se le oponga o sea incompatible, salvo resolución judicial en contrario.

Art. 27. *Extinción de la inscripción.*—1. Las inscripciones se extinguirán, en todo o en parte, por su cancelación.

2. La cancelación tendrá lugar:

a) A petición del autor o titular del derecho inscrito, en relación con la inscripción en la que figure como titular registral, a condición de que no se vean perjudicados derechos de terceros.

A tal efecto, el autor o titular del derecho inscrito presentará, junto con la solicitud de cancelación de inscripción registral, una declaración en que conste:

1.º Que es el único autor o titular de los derechos de propiedad intelectual sobre la obra para la que solicita la cancelación de la inscripción registral de los derechos, indicando el título de la obra y el número de registro correspondiente.

2.º Que no ha realizado ninguna transmisión de los derechos de propiedad intelectual a terceras personas sobre la indicada obra.

3.º Que no tiene conocimiento de haber producido perjuicios a terceros por la inscripción que en su día se practicó, ni que se vayan a producir por la cancelación que se solicita.

En el caso de coautoría, la declaración será firmada por todos los coautores. En el caso de que la declaración se recoja en un documento electrónico, las firmas electrónicas deberán ser cualificadas.

b) Por la declaración de nulidad del acto o contrato en virtud del cual se ostente el derecho inscrito.

c) Por resolución judicial firme.

3. En lo relativo al procedimiento para la cancelación, se estará a lo establecido en la legislación hipotecaria, en cuanto sea compatible.

4. Los ejemplares de las obras, actuaciones o producciones presentadas de acuerdo con el artículo 14 se conservarán en poder del registro correspondiente y no podrán ser devueltos a los autores o titulares en caso de extinción de la inscripción.

Art. 28. *Modificación del asiento registral.*—1. De acuerdo con lo establecido en el artículo 109.2 de la Ley 39/2015, de 1 de octubre, la persona titular del registro competente podrá rectificar en cualquier momento, de oficio o a instancia de los interesados, los errores materiales, de hecho o aritméticos existentes en sus actos.

2. Asimismo, la persona titular del registro competente podrá, a instancia de los interesados, o deberá por mandamiento judicial, modificar, los datos identificativos del autor o titular originario contenidos en el asiento registral, sin modificar en ningún caso los restantes datos que recoge el artículo 25.2 de este reglamento ni el ejemplar identificativo de la obra.

CAPÍTULO VI

PUBLICIDAD REGISTRAL

Art. 29. *Publicidad de los asientos registrales.*—1.   El contenido de los asientos registrales será público. Dicha publicidad tendrá lugar mediante certificación, con eficacia probatoria, del contenido de los asientos. También podrá darse publicidad, con valor simplemente informativo, mediante nota simple.

2.   El Registro facilitará el acceso por medios electrónicos con valor informativo, al contenido de los asientos registrales.

Art. 30. *Publicidad de los expedientes.*—1.   El expediente estará conformado por todos los documentos relativos a la solicitud de inscripción, así como por el ejemplar identificativo de la obra que se acompaña.

2.   La consulta directa de los expedientes archivados en los registros, a excepción del ejemplar identificativo de la obra o creación, que no podrá ser objeto de consulta directa, solamente podrá efectuarse, además por el titular o los titulares del derecho de propiedad intelectual, por terceros que acrediten un interés legítimo, en los términos previstos en el artículo 13 de la Ley 39/2015, de 1 de octubre.

3.   La expedición de certificaciones y consulta de documentos contenidos en los expedientes, o del nombre del autor o coautores de las obras divulgadas mediante seudónimo, signo o anónimamente, quedará limitada a aquellas personas que acrediten un interés directo.

4.   A los efectos de lo señalado en el artículo 101 del texto refundido de la Ley de Propiedad Intelectual, aprobado por Real Decreto Legislativo 1/1996, de 12 de abril, los únicos elementos de los expedientes relativos a los programas de ordenador susceptibles de consulta pública serán los que consten en el asiento registral correspondiente.

Art. 31. *Acceso a los ejemplares identificativos de las obras.*—1.   No se permitirá el acceso al ejemplar identificativo de las obras, salvo en los casos establecidos en los siguientes apartados.

2.   El Registro permitirá a los autores y titulares de los derechos de propiedad intelectual de una obra el acceso al ejemplar identificativo de la misma, mediante la solicitud de expedición de copia certificada.

En el caso de los programas de ordenador, solo se permitirá el acceso al ejemplar identificativo de la obra al titular o titulares de los derechos de explotación de la obra, mediante la solicitud de expedición de copia certificada.

3.   Cuando existan varios autores o titulares de una obra, cualquiera de los coautores o cotitula-

res tendrá acceso a la parte de la obra de la que son autores o titulares mediante la solicitud de expedición de copia certificada de dicha parte.

Si la participación en la autoría o titularidad de la obra se expresa mediante un porcentaje de los derechos de propiedad intelectual sobre la misma, cualquiera de los autores o titulares podrá solicitar el acceso al ejemplar identificativo de la obra mediante la expedición de copia certificada.

El acceso al ejemplar identificativo de los programas de ordenador requerirá que la expedición de copia certificada sea solicitada de forma conjunta por todos los titulares de los derechos de explotación de la obra.

La obtención de la copia certificada por parte de uno de los coautores o cotitulares de una obra no implicará modificación alguna de la titularidad de los derechos de propiedad intelectual de la referida obra, que pertenecerán a los distintos autores o titulares en el porcentaje que conste en el asiento registral.

4. A los efectos de lo establecido en el presente artículo, se considerará que forman parte del ejemplar identificativo de las obras las memorias y descripciones explicativas o justificativas que se requieren para determinados tipos de obras, interpretaciones o producciones, de acuerdo con lo establecido en el artículo 14.

5. Se permitirá el acceso a los ejemplares identificativos de las obras en dominio público con fines de investigación mediante la expedición de copias certificadas.

En el caso de que las obras sean inéditas, el solicitante de la copia certificada del ejemplar identificativo deberá presentar expresa renuncia a los derechos que atribuye al divulgador el artículo 129.1 del texto refundido de la Ley de Propiedad Intelectual, aprobado por Real Decreto Legislativo 1/1996, de 12 de abril.

§ 7. REAL DECRETO 1.130/2023, DE 19 DE DICIEMBRE, POR EL QUE SE DESARROLLAN LA COMPOSICIÓN Y EL FUNCIONAMIENTO DE LA SECCIÓN SEGUNDA DE LA COMISIÓN DE PROPIEDAD INTELECTUAL Y POR EL QUE SE MODIFICA EL REAL DECRETO 1.023/2015, DE 13 DE NOVIEMBRE, POR EL QUE SE DESARROLLA REGLAMENTARIAMENTE LA COMPOSICIÓN, ORGANIZACIÓN Y EJERCICIO DE FUNCIONES DE LA SECCIÓN PRIMERA DE LA COMISIÓN DE PROPIEDAD INTELECTUAL

(*BOE* n.º 303, de 20 de diciembre de 2023)

El apartado cuatro de la disposición final cuadragésima tercera de la Ley 2/2011, de 4 de marzo, de Economía Sostenible, atribuyó a la Sección Segunda de la Comisión de Propiedad Intelectual el ejercicio de las funciones previstas en los artículos 8 y concordantes de la Ley 34/2002, de 11 de julio, de servicios de la sociedad de la información y de comercio electrónico, para la salvaguarda de los derechos de propiedad intelectual frente a su vulneración por los prestadores de servicios de la sociedad de información. Ello se llevó a cabo mediante la modificación del entonces artículo 158, y hoy 195, del texto refundido de la Ley de Propiedad Intelectual, aprobado mediante Real Decreto Legislativo 1/1996, de 12 de abril. Conforme a los citados artículos, en caso de que un determinado servicio de la sociedad de la información atente o pueda atentar contra la salvaguarda de los derechos de propiedad intelectual, los órganos competentes para su protección, esto es, la Sección Segunda de la Comisión de Propiedad Intelectual en ejercicio de las funciones que le atribuye el citado texto refundido de la Ley de Propiedad Intelectual, pueden adoptar las medidas necesarias para que se interrumpa su prestación o para retirar los contenidos que los vulneran.

El Real Decreto 1.889/2011, de 30 de diciembre, por el que se regula el funcionamiento de la Comisión de Propiedad Intelectual, desarrolló lo dispuesto en el citado artículo del texto refundido de la Ley de Propiedad Intelectual. A lo largo de los más de diez años transcurridos desde su publicación, el texto refundido de la Ley de Propiedad Intelectual ha sido objeto de numerosas modificaciones, algunas de las cuales han afectado al contenido del mencionado Real Decreto 1.889/2011, de 30 de diciembre.

En particular, cabe destacar la efectuada por el artículo primero. Veinte de la Ley 21/2014, de 4 de noviembre, por la que se modifica el texto refundido de la Ley de Propiedad Intelectual, aprobado por Real Decreto Legislativo 1/1996, de 12 de abril, y la Ley 1/2000, de 7 de enero, de Enjuiciamiento Civil, que introdujo el artículo 158 ter dedicado al desarrollo del procedimiento de salvaguarda (actual artículo 195).

Posteriormente, el título V del libro tercero del texto refundido de la Ley de Propiedad Intelectual fue redactado conforme al apartado ocho del artículo único de la Ley 2/2019, de 1 de marzo, por el que de nuevo se modificó el texto refundido de la Ley de Propiedad Intelectual, y se incorporaron al ordenamiento jurídico español la Directiva 2014/26/UE del Parlamento Europeo y del Consejo, de 26 de febrero de 2014, y la Directiva (UE) 2017/1564 del Parlamento Europeo y del Consejo, de 13 de septiembre de 2017, correspondiéndose hoy a su artículo 195, tras las sucesivas variaciones en el mismo.

Dicha modificación introdujo en el artículo 195.4 *in fine* la posibilidad de tramitar el procedimiento de salvaguarda previa autorización judicial cuando el responsable no se halle suficientemente identificado. Se especificaba, en este sentido, que las medidas previstas en el apartado 4 se adoptarían, con carácter previo al inicio del procedimiento, cuando el titular del servicio de la sociedad de la información presuntamente infractor no cumpliese con la obligación establecida en el artículo 10 de la Ley 34/2002, de 11 de julio.

Por último, el citado párrafo del artículo 195.4 ha sido derogado por el apartado seis de la disposición final undécima del Real Decreto-ley 17/2020, de 5 de mayo, por el que se aprueban medidas de apoyo al sector cultural y de carácter tributario para hacer frente al impacto económico y social del COVID-2019, en la redacción dada a la misma por el apartado diez del artículo decimoprimero de la Ley 14/2021, de 11 de octubre, por la que se modifica el Real Decreto-ley 17/2020, de 5 de mayo, por el que se aprueban medidas de apoyo al sector cultural y de carácter tributario para hacer frente al impacto económico y social del COVID-2019.

La solicitud de autorización judicial de medidas previas al inicio del procedimiento, que ocasionaba la aparente disfunción de la existencia de dos procedimientos paralelos, es eliminada por esta última modificación, que, en su lugar, introduce un procedimiento especial aplicable a los casos en los que el titular del servicio de la sociedad de la información presuntamente infractor no se identifique correctamente y caracterizado porque el acuerdo de inicio se transforma automáticamente en propuesta de resolución cuando una vez notificado el inicio del procedimiento, el responsable no retira los contenidos ni se formulan alegaciones por parte de los interesados.

Las citadas modificaciones y alguna más de menor impacto en el Real Decreto 1.889/2011, de 30 de diciembre, hacen necesaria una actualización de la regulación reglamentaria tanto de la composición como de las funciones de la Sección Segunda de la Comisión de Propiedad Intelectual que las adapte a aquellas y que detalle los aspectos procedimentales que corresponde especificar para una mayor seguridad jurídica en una norma de este rango.

Todo lo anterior llevó a introducir el presente real decreto como una «Reforma» a llevar a cabo en el marco del componente 24 del Plan de Recuperación, Transformación y Resiliencia, dedicado a la «Revalorización de la industria cultural» (C24.R2), que, a su vez, ha quedado plasmado como el hito 353 de la Decisión de Ejecución del Consejo relativa a la aprobación de la evaluación del plan de recuperación y resiliencia de España, referente a la entrada en vigor de medidas legislativas y reglamentarias para reforzar los derechos de autor y derechos conexos (CID, según sus siglas en inglés) y que, por tanto, debe llevarse a cabo antes de 31 de diciembre de 2023.

Por lo que se refiere a su contenido, el presente real decreto se estructura en tres capítulos, el tercero de los cuales se divide en tres secciones, dos disposiciones adicionales, una transitoria, una derogatoria y cuatro finales. Asimismo, se incluye un anexo que recoge el formulario para las denuncias en los procedimientos de restablecimiento de la legalidad para la salvaguarda de los derechos de propiedad intelectual en el entorno digital y unas instrucciones para su correcta cumplimentación.

El capítulo I dedica sus dos artículos a precisar el objeto del real decreto y a determinar el régimen jurídico aplicable a la Sección Segunda de la comisión de Propiedad Intelectual.

El capítulo II, que comprende los artículos 3 a 6, contiene las disposiciones relativas a la composición, función, actuaciones y funcionamiento de la Sección Segunda de la Comisión de Propiedad Intelectual: desarrolla lo relativo a su composición parcialmente regulada en el texto refundido de la Ley de Propiedad Intelectual, señala su función de salvaguarda de los derechos de propiedad intelectual frente a su vulneración por los responsables de servicios de la sociedad de la información, desglosa las actuaciones que puede realizar para el ejercicio de dicha función y especifica el funcionamiento interno de la Sección Segunda de la Comisión de Propiedad Intelectual, así como las relaciones con otros órganos y autoridades, en caso de descubrimiento de delitos o la detección de incumplimientos de los prestadores de servicios de la sociedad de la información.

El capítulo III, que comprende la mayor parte del articulado del real decreto, del artículo 7 al 25, versa sobre el procedimiento de restablecimiento de la legalidad para la salvaguarda de los derechos de propiedad intelectual y está integrado por tres secciones:

La sección 1.ª, relativa a las disposiciones generales sobre el procedimiento, que comprende del artículo 7 al 12, comienza determi-

nando el ámbito de aplicación del procedimiento de salvaguarda y a quiénes se considera interesados. También hace referencia a la colaboración de los servicios de intermediación, conforme a lo dispuesto en el artículo 195.6 del texto refundido de la Ley de Propiedad Intelectual y demás normativa aplicable en España y a la de las personas conforme al artículo 18 de la Ley 39/2015, de 1 de octubre, del Procedimiento Administrativo Común de las Administraciones Públicas, finalizando con la mención al plazo máximo de tres meses para resolver y con la inexistencia de prejudicialidad penal, civil o contencioso-administrativa.

La sección 2.ª, sobre el procedimiento ordinario, que abarca del artículo 13 al 24, comienza exigiendo denuncia para su inicio, con carácter previo a la cual los denunciantes deberán haber realizado al prestador de servicios de la sociedad de la información presuntamente infractor, requerimiento de retirada o inhabilitación de acceso a los contenidos ofrecidos sin su autorización. Continúa especificando la forma de presentación y el contenido de la denuncia, destacando en el apartado g) del artículo 15.3, la referencia a los datos que ayuden a identificar al responsable de los servicios de la sociedad de la información contra los que se dirige el procedimiento. Regula, asimismo, la realización de actuaciones de comprobación previas al inicio del procedimiento y se refiere a continuación al inicio del procedimiento mediante acuerdo de la Sección Segunda de la Comisión de Propiedad Intelectual, a su contenido mínimo y a quién debe notificarse o comunicarse, a los meros efectos informativos de dicho inicio estableciendo un listado no exhaustivo de colaboradores a este último efecto. Tras mencionar la posibilidad de acumular denuncias o procedimientos y la opción entre la interrupción voluntaria y las alegaciones por parte del responsable del servicio de la sociedad de la información, el artículo 20 determina qué se considera reanudación de la actividad vulneradora y las consecuencias de esta. Posteriormente se tratan la fase de prueba, su documentación y la propuesta de resolución posterior. El artículo 22, dedicado a la resolución del procedimiento, señala las consecuencias que la declaración de que el servicio denunciado vulnere derechos de propiedad intelectual supone para los servicios de intermediación de la sociedad de la información, señalando, además, qué posibilidad de extensión tienen dichas medidas y el plazo establecido para que se apliquen las mismas. El artículo 23 refiere la necesaria solicitud de autorización judicial para la ejecución de las medidas de la resolución, mencionando la imprescindible identificación de los prestadores de los servicios de intermediación cuya colaboración es necesaria para dicha ejecución. El artículo 24 desarrolla lo relativo a la ejecución subsidiaria de la resolución, a su control a posteriori y a la extensión de sus medidas para evitar la limitación de su eficacia por el infractor, en su caso. En su último apartado deja abierta la posibilidad de que el infractor evite la ejecución subsidiaria si cumple voluntariamente las medidas contenidas en la resolución.

Por último, la sección 3.ª regula en su artículo 25 el procedimiento especial en el caso de servicios anónimos, señalando varias especialidades respecto al ordinario, como la liberación de la obligación de identificación del titular del servicio de la sociedad de la información presuntamente infractor, la supresión de la obligación del requerimiento previo, salvo que exista una dirección de correo electrónico a la que dirigirse, la verificación de la falta de identificación del servicio en las actuaciones previas de comprobación y la referencia a esta omisión en el acuerdo de inicio, la transformación automática del acuerdo de inicio en propuesta de resolución que se remitirá a los Juzgados si no hay alegaciones ni se interrumpe el servicio ni se retiran los contenidos y la posible conversión del procedimiento especial en ordinario si el servicio denunciado como infractor procede a su debida identificación.

Finalmente, se incluyen dos disposiciones adicionales, la primera remite al procedimiento previsto para la imposición de sanciones en la Ley 39/2015, de 1 de octubre, y, la segunda, a la protección de datos de carácter personal; una disposición transitoria relativa a los procedimientos iniciados y no finalizados en el momento de la entrada en vigor del real decreto; una disposición derogatoria; y cuatro disposiciones finales: la primera introduce ciertas modificaciones en el Real Decreto 1.023/2015, de 13 de noviembre, por el que se desarrolla reglamentariamente la composición, organización y ejercicio de funciones de la Sección Primera de la Comisión de Propiedad Intelectual, con el objetivo de eliminar del mismo las provisiones de fondos previstas para los procedimientos de mediación y arbitraje, por considerarse innecesarias y de precisar el procedimiento aplicable a las cuestiones litigiosas a las que se refiere el nuevo artículo 129 bis.3.d) del texto refundido de la Ley de Propiedad Intelectual, recientemente introducido; la segunda se refiere al título competencial en el que se fundamenta la aprobación del real decreto; la tercera menciona la facultad de desarrollo normativo por parte del Ministerio de Cultura para el cumplimiento y aplicación de lo dispuesto en el presente real decreto; y la cuarta versa sobre la entrada en vigor del mismo el día siguiente al de su publicación.

Este real decreto cumple con los principios de buena regulación conforme a los cuales deben actuar las administraciones públicas en el ejercicio de la iniciativa legislativa y la potestad reglamentaria, a los que se refiere el artículo 129 de la Ley 39/2015, de 1 de octubre.

El cumplimiento del principio de necesidad se justifica por el objeto mismo de la norma, ya que con su aprobación se actualiza la regulación contenida en el Real Decreto 1.889/2011, de 30 de diciembre, ajustándola a las sucesivas modificaciones relativas tanto a la composición de la Sección Segunda de la Comisión de Propiedad Intelectual como al procedimiento de salvaguarda de los derechos de propiedad intelectual en Internet.

Por su parte, en virtud del principio de eficacia, el contenido del presente real decreto va específicamente dirigido a la agilización en la resolución del procedimiento de salvaguarda de los derechos de propiedad intelectual en Internet correspondiente a la Sección Segunda de la Comisión de Propiedad Intelectual y, de este modo, mejorar el cumplimiento de los plazos y la eficacia en la lucha contra la piratería en Internet.

De acuerdo con los principios de proporcionalidad y eficiencia, el proyecto de real decreto recoge la regulación mínima imprescindible para incluir las modificaciones de la normativa que afectan a la Sección Segunda de la Comisión de Propiedad Intelectual y concretarla en cada fase del procedimiento.

Además, con el fin de garantizar la seguridad jurídica, este real decreto resulta coherente con el resto del ordenamiento jurídico nacional y de la Unión Europea y va dirigido a establecer un marco claro, simple, seguro y estable que garantice el cumplimiento de lo establecido en el artículo 195.1 del texto refundido de la Ley de Propiedad Intelectual.

Por último, en cuanto al principio de transparencia, las partes interesadas han participado en la elaboración del presente real decreto, en primer lugar, durante la consulta pública previa y, en segundo lugar, en el trámite posterior de información pública, conforme a lo establecido en el artículo 26 de la Ley 50/1997, de 27 de noviembre, del Gobierno.

Este real decreto se dicta al amparo de lo dispuesto en el artículo 149.1.9.ª de la Constitución Española, que atribuye al Estado la competencia exclusiva en materia de legislación sobre propiedad intelectual, y en virtud del artículo 193.4, segundo párrafo del texto refundido de la Ley de Propiedad Intelectual, que determina que reglamentariamente se regule el funcionamiento de la Sección Segunda de la Comisión de Propiedad Intelectual y el procedimiento para

el ejercicio de las funciones que tiene atribuidas. La disposición final primera se dicta al amparo de la competencia exclusiva del Estado sobre legislación procesal, prevista en el artículo 149.1.6.ª de la Constitución Española, y en virtud del artículo 194.6 del texto refundido de la Ley de Propiedad Intelectual, que señala que el procedimiento para el ejercicio de las funciones de la Sección Primera se determinará reglamentariamente, de conformidad con lo dispuesto en dicho artículo.

En la tramitación del procedimiento de elaboración de este real decreto han sido consultados: el Consejo General del Poder Judicial, el Consejo Fiscal, la Agencia Española de Protección de Datos, el Consejo de Consumidores y Usuarios y los diversos ministerios afectados por la norma.

En su virtud, a propuesta del Ministro de Cultura, con la aprobación previa de la Ministra de Hacienda y Función Pública, de acuerdo con el Consejo de Estado, y previa deliberación del Consejo de Ministros en su reunión del día 19 de diciembre de 2023, dispongo

CAPÍTULO I

Disposiciones generales

Artículo 1.º *Objeto.*—El presente real decreto tiene por objeto regular la composición y el funcionamiento de la Sección Segunda de Comisión de Propiedad Intelectual, órgano colegiado de ámbito nacional adscrito al Ministerio de Cultura, al que se refieren los artículos 193 y 195 del texto refundido de la Ley de Propiedad Intelectual, aprobado por el Real Decreto Legislativo 1/1996, de 12 de abril, así como desarrollar su régimen jurídico y el aplicable a la función que tiene legalmente encomendada.

Art. 2.º *Régimen jurídico.—* La Sección Segunda de la Comisión de Propiedad Intelectual se regirá:

a) Por el texto refundido de la Ley de Propiedad Intelectual y, en lo no dispuesto por esta, por la Ley 34/2002, de 11 de julio, de servicios de la sociedad de la información y de comercio electrónico, así como por el presente real decreto.

b) Por la Ley 29/1998, de 13 de julio, reguladora de la Jurisdicción Contencioso-administrativa, en todo aquello que resulte aplicable, especialmente en lo dispuesto en el artículo 122 bis.

c) Con carácter supletorio, por la Ley 39/2015, de 1 de octubre, del Procedimiento Administrativo Común de las Administraciones Públicas, y, en lo no regulado por esta, por la Ley 40/2015, de 1 de octubre, de Régimen Jurídico del Sector Público, así como por la demás legislación aplicable.

CAPÍTULO II

Composición, función, actuaciones y funcionamiento de la Sección Segunda de la Comisión de Propiedad Intelectual

Art. 3.º *Composición.—* De acuerdo con lo dispuesto en el artículo 193.4 del texto refundido de la Ley de Propiedad Intelectual, la Sección Segunda de la Comisión de Propiedad Intelectual estará compuesta por:

a) La presidencia, que corresponderá a la persona titular del Ministerio de Cultura, en los términos previstos en el artículo 193.4 del texto refundido de la Ley de Propiedad Intelectual.

b) Cuatro vocales titulares del Ministerio de Cultura, incluidos sus organismos públicos adscritos, de los cuales dos procederán del ámbito de la propiedad intelectual, uno del ámbito de las tecnologías de la

---

Art. 2.º: Vid. art. 195 del Real Decreto Legislativo 1/1996, de 12 de abril, por el que se aprueba el texto refundido de la Ley de Propiedad Intelectual (§ 1). Habrá que tener en cuenta, igualmente, la Orden ECD/378/2012, de 28 de febrero, por la que se establece la obligatoriedad para los interesados en el procedimiento de salvaguarda de los derechos de propiedad intelectual, de comunicarse con la Sección Segunda de la Comisión de Propiedad Intelectual por medios electrónicos (*BOE* n.º 51, de 29 de febrero de 2012).

información y uno del ámbito de la Secretaría General Técnica; todos ellos serán designados por los órganos directivos del Departamento que tengan atribuidas dichas competencias entre el personal funcionario de carrera perteneciente al Grupo A, y deberán poseer conocimientos específicos acreditados en materia de propiedad intelectual, tecnologías de la información y comunicaciones, derecho administrativo, derecho procesal, derecho de las comunicaciones electrónicas o jurisdicción contencioso-administrativa.

En este mismo acto de designación y, conforme a los mismos requisitos y criterios señalados en este apartado, los órganos directivos designarán un suplente para cada uno de los vocales titulares, a los efectos legalmente previstos en los supuestos de vacante, ausencia o enfermedad y, en general, cuando concurra alguna causa justificada.

c) La secretaría, con voz, pero sin voto, que será ocupada por una persona funcionaria de carrera del Ministerio de Cultura con nivel de subdirector o subdirectora general o asimilado, mediante nombramiento por la persona titular del órgano directivo competente en materia de propiedad intelectual.

Art. 4.º *Función.*—La Sección Segunda de la Comisión de Propiedad Intelectual ejercerá la función de salvaguarda de los derechos de propiedad intelectual frente a su vulneración por los responsables de servicios de la sociedad de la información a través de un procedimiento cuyo objeto será el restablecimiento de la legalidad, en los términos previstos en el artículo 195 del texto refundido de la Ley de Propiedad Intelectual y en los artículos 8 y concordantes de la Ley 34/2002, de 11 de julio.

Art. 5.º *Actuaciones para el ejercicio de su función.*—A los efectos de lograr el mejor cumplimiento de la función de salvaguarda de los derechos de propiedad intelectual en Internet, la Sección Segunda de la Comisión de Propiedad Intelectual desarrollará las siguientes actuaciones:

a) La propuesta y adopción de todo tipo de medidas para lograr la salvaguarda de los derechos de propiedad intelectual en el ámbito de la sociedad de la información y, en particular, las dirigidas a través del procedimiento regulado en el capítulo III a interrumpir la prestación de un servicio de la sociedad de la información o a retirar los contenidos que vulneren la propiedad intelectual y que hayan causado o sean susceptibles de causar un daño patrimonial.

Art. 4.º: Vid. art. 195.1 del Real Decreto Legislativo 1/1996, de 12 de abril, por el que se aprueba el texto refundido de la Ley de Propiedad Intelectual (§ 1).

b)   La elaboración de una memoria anual que recoja los datos estadísticos de su actividad y la forma en que se han venido desarrollando sus funciones, junto con las correspondientes propuestas de mejora del sistema basadas en la experiencia, así como otras informaciones de interés en relación con la actividad del Ministerio de Cultura en el ámbito de la observancia de los derechos de propiedad intelectual.

c)   La contestación a las consultas de la ciudadanía sobre el acceso, en determinados dominios de Internet, a contenidos protegidos por derechos de propiedad intelectual, las condiciones de explotación de esos contenidos según el texto refundido de la Ley de Propiedad Intelectual o la vinculación de dichos dominios con resoluciones judiciales o administrativas previas.

d)   La comunicación, a efectos de su publicación, de las resoluciones relativas a la vulneración de derechos de propiedad intelectual de acuerdo con el artículo 195.3 del texto refundido de la Ley de Propiedad Intelectual a aquellos organismos internacionales que lo soliciten, entre otros.

e)   Cualquier otra actuación que pueda derivar de la función que se le atribuye en la normativa sobre propiedad intelectual y, en particular, la promoción de la elaboración de los códigos de conducta voluntarios a los que se refiere el artículo 195.9 del texto refundido de la Ley de Propiedad Intelectual.

Art. 6.º   *Funcionamiento.—*
1.   Para la tramitación de los procedimientos administrativos sustanciados ante la Sección Segunda de la Comisión de Propiedad Intelectual se designarán instructores entre el personal funcionario de carrera perteneciente a los Subgrupos A1 o A2 que desempeñen su trabajo en el órgano directivo competente en materia de propiedad intelectual adscrito al Ministerio de Cultura.

2.   Los miembros de la Sección Segunda de la Comisión de Propiedad Intelectual y los instructores de los procedimientos quedarán sujetos a los motivos de abstención y recusación recogidos en los artículos 23 y 24 de la Ley 40/2015, de 1 de octubre.

3.   Cuando, con ocasión del análisis y valoración de las denuncias presentadas ante la Sección Segunda de la Comisión de Propiedad Intelectual, se tuviera noticia de otros hechos que pudieran ser constitutivos de delito público, se estará a lo dispuesto en el artículo 262 de la Ley de Enjuiciamiento Criminal sobre la obligación de denunciarlos ante las autoridades competentes, sin perjuicio de que la Sección Segunda de la Comisión de Propiedad Intelectual siga desarrollando su función.

4. Cuando la Sección Segunda de la Comisión de Propiedad Intelectual advierta presuntos incumplimientos de las obligaciones que la Ley 34/2002, de 11 de julio, impone a los prestadores de servicios de la sociedad de la información, lo comunicará al órgano competente para aplicar dicha norma, a los efectos previstos en el artículo 43 de la citada ley.

5. El tratamiento llevado a cabo por la Sección Segunda de la Comisión de Propiedad Intelectual de los datos relacionados con las actuaciones realizadas en el ámbito de sus funciones, se efectuará en los términos de la disposición adicional segunda de este real decreto de conformidad con lo dispuesto en el Reglamento (UE) 2016/679 del Parlamento Europeo y del Consejo, de 27 de abril de 2016, relativo a la protección de las personas físicas en lo que respecta al tratamiento de sus datos personales y a la libre circulación de estos datos y por el que se deroga la Directiva 95/46/CE (Reglamento General de Protección de Datos), y en la Ley Orgánica 3/2018, de 5 de diciembre, de Protección de Datos Personales y garantía de los derechos digitales, en particular, en sus artículos 10 y 27 si estuvieran referidos a la comisión de infracciones penales o administrativas.

CAPÍTULO III

EL PROCEDIMIENTO DE RESTABLECIMIENTO DE LA LEGALIDAD PARA LA SALVAGUARDA DE LOS DERECHOS DE PROPIEDAD INTELECTUAL[*]

SECCIÓN 1.ª

Disposiciones Generales sobre el procedimiento

Art. 7.º *Ámbito de aplicación.—* El procedimiento regulado en este capítulo tiene por objeto el restablecimiento de la legalidad en aquellos casos en los que se acredite una vulneración de los derechos de propiedad intelectual mediante la prestación de servicios de la sociedad de la información en las distintas formas que vayan posibilitando los avances tecnológicos, conforme a lo previsto en el artículo 195.2 del texto refundido de la Ley de Propiedad Intelectual.

Art. 8.º *Principios rectores.—* 1. El procedimiento de restablecimiento de la legalidad para la salvaguarda de los derechos de propiedad intelectual frente a su vulneración por los prestadores de servicios de la sociedad de la información se sustanciará de conformidad con los principios de legali-

---

[*] Vid. apartados 2 a 10 del art. 195 del Real Decreto Legislativo 1/1996, de 12 de abril, por el que se aprueba el texto refundido de la Ley de Propiedad Intelectual (§ 1).

dad, celeridad, proporcionalidad, transparencia, eficiencia, acceso permanente, objetividad y contradicción, respetando los derechos de defensa previstos en el artículo 53.2 de la Ley 39/2015, de 1 de octubre.

2. A efectos de garantizar el principio de acceso permanente, en cualquier momento del procedimiento los interesados tendrán derecho a conocer su estado de tramitación y a acceder y obtener copias de los documentos contenidos en el mismo.

3. Asimismo, en cualquier momento de su tramitación anterior al trámite de audiencia, los interesados podrán formular alegaciones y aportar los documentos que estimen convenientes a sus derechos.

4. El acceso a los documentos relativos a procedimientos terminados que obren en la Sección Segunda de la Comisión de Propiedad Intelectual se regirá por lo dispuesto en los artículos 13 y 53 de la Ley 39/2015, de 1 de octubre.

5. Con objeto de garantizar la transparencia en el procedimiento, la posición jurídica del titular de los derechos de propiedad intelectual afectados y los derechos e intereses legítimos de otros posibles afectados, así como la eficacia de la propia Administración, cada procedimiento que se tramite se formalizará sistemáticamente, incorporando sucesiva y ordenadamente los documentos, testimonios, actuaciones, actos administrativos, notifi-

caciones y demás diligencias que vayan apareciendo o se vayan realizando. El expediente así formado se custodiará bajo la responsabilidad de la Secretaría de la Sección Segunda de la Comisión de Propiedad Intelectual.

Art. 9.º *Interesados.*—Tendrán la consideración de interesados en el procedimiento de restablecimiento de la legalidad para la salvaguarda de los derechos de propiedad intelectual, únicamente:

a) Los titulares de los derechos de propiedad intelectual que hayan denunciado la vulneración de sus derechos de propiedad intelectual, las personas naturales o jurídicas que tuvieran encomendado el ejercicio de aquellos derechos o aquellas que representen a tales titulares, incluidas las entidades de gestión de derechos de propiedad intelectual, en los términos previstos en el artículo 150 del texto refundido de la Ley de Propiedad Intelectual; y

b) El prestador de los servicios de la sociedad de la información contra quien vaya dirigida la denuncia, sobre el cual existan indicios de que está incurriendo en las conductas descritas en el artículo 195.2 del texto refundido de la Ley de Propiedad Intelectual, siempre que concurran las circunstancias que, según lo dispuesto en dicho artículo, permiten a la Sección Segunda de la Comisión de Propiedad Intelectual adoptar medidas para que se interrumpa la prestación de dichos servicios.

Art. 10. *Colaboración.*— 1. Conforme a lo previsto en el artículo 195.6 del texto refundido de la Ley de Propiedad Intelectual y en el resto de la normativa aplicable en España, para garantizar el cumplimiento de sus resoluciones, la Sección Segunda de la Comisión de Propiedad Intelectual podrá requerir la colaboración de:

a) Los prestadores de servicios de la sociedad de la información que presten cualquier tipo de servicio de intermediación, entre los que se encuentran, en particular, aquellos que trasmitan y provisionen el acceso a Internet, los que alojen y almacenen datos, servidores y gestores de contenidos, los que faciliten enlaces, propios o de terceros, a contenidos, los que faciliten y registren dominios u otros recursos DNS o direcciones IPs;

b) Los prestadores de servicios de pagos electrónicos; y

c) Los prestadores de servicios de publicidad.

En todo caso, en la adopción de las medidas de colaboración, la Sección Segunda de la Comisión de Propiedad Intelectual valorará la posible efectividad de aquellas dirigidas a bloquear la financiación del prestador de servicios de la sociedad de la información declarado infractor.

2. Los prestadores de servicios mencionados en el apartado anterior quedarán sujetos a las previsiones del presente real decreto, cualquiera que sea su lugar de establecimiento. En caso de que se encuentren establecidos en un Estado que no sea miembro de la Unión Europea o del Espacio Económico Europeo, la aplicación del presente real decreto se realizará siempre que no contravenga lo establecido en tratados o convenios internacionales que resulten aplicables.

3. Los prestadores de servicios de la sociedad de la información establecidos en España informarán a todos sus clientes, en los términos previstos en el artículo 12 bis.4 de la Ley 34/2002, de 11 de julio, de la existencia del procedimiento de restablecimiento de la legalidad para la salvaguarda de los derechos de propiedad intelectual regulado en el presente real decreto y de que el mismo se aplicará en caso de que realicen cualquier uso de los servicios de la sociedad de la información contrario a la normativa vigente en España en materia de propiedad intelectual.

4. Conforme al artículo 18 de la Ley 39/2015, de 1 de octubre, las personas colaborarán con la Sección Segunda de la Comisión de Propiedad Intelectual, y le facilitarán la información o el acceso a la misma que requiera para el ejercicio de sus competencias, salvo que la revelación de la información solicitada atentara contra el honor, la intimidad personal o familiar o

supusiera la comunicación de datos confidenciales de terceros de los que tengan conocimiento por la prestación de servicios profesionales de diagnóstico, asesoramiento o defensa.

Art. 11. *Plazos para iniciar y resolver el procedimiento.*- 1. El plazo máximo para adoptar una decisión sobre el inicio o no del procedimiento será de 30 días desde la interposición de la denuncia o su subsanación en los casos de incumplimiento inicial de sus requisitos.

2. El plazo máximo para resolver y notificar la resolución expresa del procedimiento será de tres meses desde que se dicte su acuerdo de inicio.

3. La falta de resolución y notificación en plazo producirá la caducidad del procedimiento.

4. Excepcionalmente, cuando se hayan agotado los medios personales y materiales disponibles a los que se refiere el artículo 21.5 de la Ley 39/2015, de 1 de octubre, o cuando la complejidad o dificultad de la tramitación del procedimiento así lo aconseje, la Sección Segunda de la Comisión de Propiedad Intelectual, de oficio o a propuesta del instructor, acordará de manera motivada la ampliación del plazo referido en el apartado 2 por un plazo máximo de 45 días, debiendo ser este acuerdo de ampliación notificado a los interesados.

5. Contra el acuerdo de ampliación del plazo no cabrá recurso alguno.

Art. 12. *Compatibilidad con otras acciones.*—La tramitación del procedimiento de restablecimiento de la legalidad, tanto ordinario como especial, se entiende sin perjuicio de las acciones civiles, penales y contencioso-administrativas que, en su caso, sean procedentes.

SECCIÓN 2.ª

Procedimiento ordinario

Art. 13. *Inicio del procedimiento.*- El procedimiento se iniciará de oficio, previa denuncia ante la Sección Segunda de la Comisión de Propiedad Intelectual por parte de las personas naturales o jurídicas mencionadas en el artículo 9.*a*).

Art. 14. *Requerimiento previo.*—1. Con carácter previo a su denuncia, el titular o los titulares de los derechos de propiedad intelectual que consideren vulnerados o aquel que tuviera encomendado su ejercicio o represente a tales titulares, incluidas las entidades de gestión de derechos de propiedad intelectual, deberá requerir al prestador de servicios de la sociedad de la información contra el que vaya a dirigir la denuncia para que retire los contenidos específicos ofrecidos sin autorización, inhabilite el acceso a los mismos o, en su caso, interrumpa el correspondiente servicio. Dicho requerimiento podrá referirse también a la retirada de cualesquiera otras obras o prestaciones indiciariamente ofrecidas de forma ilícita, cuyos derechos ostenten o representen los requirentes y pertenezcan al mismo titular o a los mismos titulares, con independencia de la ubicación en la que se encuentren dentro del servicio al que se refiere el requerimiento.

2.   Al efecto de cumplir con la obligación prevista en el apartado anterior, el requerimiento se dirigirá a la dirección electrónica que el prestador facilite al público a efectos de comunicarse con el mismo.

3.   Este requerimiento previo se considerará a efectos de generar el conocimiento efectivo en los términos establecidos en el artículo 16, apartados 2 y 3, del Reglamento (UE) 2022/2065 del Parlamento Europeo y del Consejo, de 19 de octubre de 2022, relativo a un mercado único de servicios digitales y por el que se modifica la Directiva 2000/31/CE (Reglamento de Servicios Digitales), siempre y cuando identifique exactamente las obras o prestaciones, al titular de los derechos correspondientes y, al menos, una ubicación donde la obra o prestación es ofrecida en el servicio de la sociedad de la información.

4.   En caso de que el prestador de servicios no facilite una dirección electrónica válida para la comunicación, el legitimado podrá interponer la denuncia directamente sin necesidad de formular el requerimiento previo al que se refieren los apartados anteriores, sin perjuicio de lo previsto en la sección 3.ª de este capítulo.

5.   El requerimiento se considerará infructuoso si el prestador requerido no contesta o, incluso contestando, no retira o inhabilita el acceso a los contenidos correspondientes en un plazo de tres días desde la remisión del requerimiento.

Art. 15.   *Denuncia.*—1.   La denuncia se presentará a través del registro electrónico, accesible a través de la sede electrónica asociada del Ministerio de Cultura mediante la cumplimentación del formulario que figura en el anexo de este real decreto.

2.   Las personas físicas titulares de derechos de propiedad intelectual, o las que tengan encomendada la representación de estas, que no tengan garantizado el acceso y disponibilidad de los medios tecnológicos por razón de su capacidad económica o técnica, dedicación profesional u otros motivos acreditados, podrán presentar la denuncia en papel en cualquiera de los lugares a que se refiere el artículo 16.4 de la Ley 39/2015, de 1 de octubre, y elegir no tramitar el

procedimiento electrónicamente, debiendo hacer constar esta opción en el modelo de denuncia que figura en el anexo y pudiendo, en cualquier momento, comunicar a la Sección Segunda de la Comisión de Propiedad Intelectual que desean continuar la tramitación de forma electrónica.

3. La denuncia deberá contener la misma información prevista para las solicitudes de los interesados en el artículo 66 de la Ley 39/2015, de 1 de octubre, debiendo acompañarse además a la misma la siguiente documentación e información:

a) Identificación de las obras o prestaciones objeto de la denuncia, así como una indicación clara de su localización electrónica exacta.

b) Acreditación, por cualquier medio de prueba admisible en derecho, de la titularidad del derecho de propiedad intelectual alegado y, en su caso, de la encomienda de su gestión o de la representación del titular. En caso de derechos con más de un titular, se incluirán, en caso de conocerse, los datos de identificación de los otros titulares.

c) Acreditación, por cualquier medio de prueba admisible en derecho, de que la obra o prestación alegada está siendo objeto de explotación, lucrativa o no, a través del servicio de la sociedad de la información objeto de la denuncia, identificando y describiendo dicha actividad. A efectos de facilitar la identificación de la obra o presta-

ción, se ofrecerán las características identificativas de la misma.

d) Declaración de que no ha sido concedida autorización para la explotación realizada en el servicio de la sociedad de la información objeto de la denuncia.

e) Justificación de la concurrencia, en cada uno de los servicios a los que se refiera la denuncia, del daño causado o que podría ocasionarse a los titulares y que no tengan la obligación legal de soportar.

f) Acreditación de haber realizado el requerimiento previo a que se refiere el artículo anterior o justificación de que el mismo no resulta necesario, de acuerdo con lo previsto en el artículo 14.4.

g) Los datos de los que disponga el denunciante que permitan o coadyuven a identificar al prestador de los servicios de la sociedad de la información contra el que se dirige el procedimiento y que faculten para establecer comunicación con las páginas web que prestan los servicios, incluyendo, en su caso, los datos del correspondiente prestador de servicios de intermediación.

Asimismo, en caso de disponer de ellos, deberá incluirse la mención de la URL o de aquellos números, códigos numéricos o cadenas de caracteres que se encuentren vinculados con el prestador de servicios que da acceso a los contenidos y que permitan su identificación.

h) Una declaración responsable confirmando que la información y las alegaciones contenidas en la denuncia son precisas y completas.

i) Cualquier otra circunstancia relevante en el procedimiento cuyo inicio se solicita, incluida la proposición de aquellas pruebas o comprobaciones que el denunciante estime oportunas en defensa de su derecho, sin perjuicio de su derecho a proponerlas en cualquier momento del procedimiento anterior al trámite de audiencia del artículo 21.

4. Si la denuncia incumple alguno de los requisitos exigidos, se requerirá al interesado para que subsane las faltas o presente los documentos preceptivos con indicación de que, si así no lo hiciera, se le tendrá por desistido de su denuncia, archivándose las actuaciones mediante la correspondiente resolución.

5. En la denuncia se podrán instar las medidas provisionales que se consideren oportunas con objeto de que se adopten antes de la iniciación del procedimiento o una vez iniciado éste conforme a las previsiones del artículo 56 de la Ley 39/2015, de 1 de octubre.

Art. 16. *Actuaciones previas de comprobación.*—1. Con anterioridad al inicio del procedimiento, la Sección Segunda de la Comisión de Propiedad Intelectual podrá abrir un período de actuaciones previas con el fin de conocer las circunstancias del caso concreto y la conveniencia de iniciar o no el procedimiento.

2. Las actuaciones previas de comprobación se documentarán en el correspondiente informe de actuaciones previas, que será incorporado al expediente a los efectos probatorios oportunos.

Art. 17. *Acuerdo de inicio.*— 1. Recibida la denuncia y una vez comprobado que reúne los requisitos establecidos, la Sección Segunda de la Comisión de Propiedad Intelectual podrá acordar el inicio del procedimiento, una vez valorados los elementos previstos en el artículo 195.2 del texto refundido de la Ley de Propiedad Intelectual. La Secretaría de la Sección Segunda de la Comisión de Propiedad Intelectual actuará como órgano instructor del procedimiento.

2. El acuerdo de inicio tendrá el siguiente contenido mínimo:

a) La identificación del responsable del servicio de la sociedad de la información contra el que el procedimiento se dirige.

b) El contenido de la denuncia que motiva el inicio del procedimiento y las medidas que podrían adoptarse de acuerdo con el artículo 195.4 del texto refundido de la Ley de Propiedad Intelectual, sin perjuicio de lo que resulte de la instrucción.

c) El órgano competente para la resolución del expediente y la norma que le atribuye tal competencia.

d) El plazo máximo para resolver y los efectos de su incumplimiento.

e) El requerimiento al responsable del servicio de la sociedad de la información, para que proceda, en el plazo de las 48 horas inmediatamente siguientes a la notificación del acuerdo de inicio, a interrumpir el servicio infractor o a retirar los contenidos señalados en la denuncia, así como cualesquiera otras obras o prestaciones cuyos derechos representen, de forma voluntaria.

En el caso de que, como consecuencia de la realización de las actuaciones previas, se aprecie que el servicio de la sociedad de la información tiene como objeto principal la actividad indiciariamente infractora, el objeto del requerimiento será la interrupción del servicio infractor.

f) En su caso, las medidas de carácter provisional que se acuerden por la Sección Segunda de la Comisión de Propiedad Intelectual.

g) Indicación del derecho a formular alegaciones y a la audiencia en el procedimiento y de los plazos para su ejercicio, así como a proponer las pruebas que el responsable del servicio de la sociedad de la información estime oportunas en relación con la existencia de una autorización para la explotación, el pago de la remuneración correspondiente o la aplicabilidad de un límite a los derechos de propiedad intelectual, en el plazo de 48 horas desde la notificación del acuerdo de inicio.

h) Indicación de que, en caso de no efectuar alegaciones ni proponer pruebas en el plazo previsto sobre el contenido del acuerdo de inicio, este podrá ser considerado propuesta de resolución, siempre y cuando contenga un pronunciamiento preciso acerca de la conducta infractora y el apercibimiento relativo a la futura adopción de la medida de interrupción del servicio.

3. El acuerdo de inicio se notificará al prestador de los servicios de la sociedad de la información contra quien se dirija el procedimiento, así como al denunciante, dada su condición de interesados en el procedimiento.

4. A efectos meramente informativos la Sección Segunda de la Comisión de Propiedad Intelectual podrá comunicar el inicio del procedimiento a:

a) Los prestadores de servicios de la sociedad de la información que presten cualquier tipo de servicio de intermediación, entre los que se encuentran, en particular, aquellos que trasmitan y provisionen el acceso a Internet, los que alojen y almacenen datos, servidores y gestores de contenidos, los que faciliten enlaces, propios o de terceros, a contenidos, los que faciliten y registren dominios, u otros recursos DNS o direcciones IPs.

b) Los de servicios de pagos electrónicos, y

c) Los de publicidad respecto de los que se pudiera solicitar la colaboración para interrumpir el servicio al prestador indiciariamente infractor en los términos previstos en el artículo 195.4 del texto refundido de la Ley de Propiedad Intelectual.

Con la salvedad de dicha comunicación inicial, no se realizará ninguna otra a dichos prestadores de servicios hasta la resolución del procedimiento en la que se incluya, en su caso, el requerimiento de interrupción de la prestación de sus servicios al prestador infractor.

Art. 18. *Acumulación de denuncias o de procedimientos.*— 1. La Sección Segunda de la Comisión de Propiedad Intelectual podrá proceder, de oficio o a instancia de parte, a acumular en un mismo procedimiento las denuncias que tengan por objeto el mismo servicio de la sociedad de la información, así como las denuncias o los procedimientos que guarden identidad sustancial o íntima conexión.

2. Esta acumulación podrá producirse, tanto antes de haberse iniciado el procedimiento, como una vez iniciado este, pero siempre de manera expresa e indicando el procedimiento en el cual se entenderán subsumidas las denuncias o los procedimientos acumulados.

3. En el caso de que la acumulación se produzca una vez iniciado el procedimiento, el plazo máximo para dictar y notificar la resolución del procedimiento al que se refiere el artículo 11 se computará desde la fecha en la que se hubiera dictado el acuerdo de inicio del procedimiento en el que se entiendan subsumidas las denuncias o los procedimientos acumulados.

4. Contra el acuerdo de acumulación no procederá recurso alguno.

Art. 19. *Interrupción del servicio o retirada voluntaria y fase de alegaciones y proposición de pruebas.*—Notificado el acuerdo de inicio al prestador del servicio de la sociedad de la información, este podrá proceder, en el plazo de 48 horas, alternativamente, a:

a) Interrumpir el servicio o retirar los contenidos señalados en el acuerdo de inicio de forma voluntaria, supuesto en el que, de acuerdo con lo establecido en el artículo 195.4 del texto refundido de la Ley de Propiedad Intelectual, la Sección Segunda dictará y notificará una resolución poniendo fin al procedimiento.

b) Presentar las alegaciones y proponer las pruebas que estime oportunas sobre la existencia de una autorización para la explotación de los contenidos objeto del procedimiento, el pago de la remuneración correspondiente o la aplicabilidad de un límite legal a los derechos de propiedad intelectual o cualquier otra circunstancia en su defensa.

Art. 20. *Apertura de un nuevo procedimiento por reanudación de la presunta actividad vulneradora.*—1. Si terminado un procedimiento conforme a lo previsto en el artículo 19 a), se reanudase la presunta actividad vulneradora, la Sección Segunda de la Comisión de Propiedad Intelectual, a instancia del denunciante que dio inicio al procedimiento original y, en el caso de que se trate de obras o prestaciones distintas a las que motivaron el inicio del mismo, tras un nuevo requerimiento previo de retirada de los contenidos ofrecidos sin autorización, acordará y notificará la apertura de un nuevo procedimiento contra el mismo prestador de servicios de la sociedad de la información, prosiguiendo el procedimiento de la siguiente manera:

a) En el caso de que se trate de las mismas obras o prestaciones y de haberse realizado ya las actuaciones a las que se refiere el artículo 19.*b)*, la apertura del nuevo procedimiento dará lugar directamente a la fase de prueba y propuesta de resolución, de acuerdo con lo señalado en el artículo 21, o si esta fase ya hubiera tenido lugar, a su resolución conforme al artículo 22.

b) En el caso de que se trate de distintas obras o prestaciones, la apertura del nuevo procedimiento dará lugar a la fase de presentación de alegaciones y proposición de pruebas, de acuerdo con lo dispuesto en el artículo 19.*b)*.

2. Se entenderá por reanudación de la presunta actividad vulneradora el hecho de que el mismo prestador de servicios de la sociedad de la información contra el que se inició el procedimiento explote, presuntamente sin autorización, obras o prestaciones del mismo titular, o de su representante, aunque no se trate de las mismas que en la primera ocasión y aun cuando se utilice para ello un dominio distinto al anterior o se utilicen personas físicas o jurídicas interpuestas.

3. La tramitación del procedimiento por reanudación de la actividad vulneradora tendrá carácter preferente y urgente.

4. A efectos de determinar si existe reanudación de la actividad presuntamente vulneradora, la Sección Segunda de la Comisión de Propiedad Intelectual podrá centrar su actividad de comprobación, si esta fuese necesaria, en obras o prestaciones distintas a las que fueron objeto de comprobación en el inicio del procedimiento.

Art. 21. *Fase de prueba, propuesta de resolución y conclusiones en el trámite de audiencia.*—Transcurrido el plazo de 48 horas señalado en el artículo 19 sin que se haya producido voluntariamente la interrupción del servicio o la retirada de los contenidos se procederá de la siguiente forma:

1. En caso de haberse recibido alegaciones o haberse propuesto pruebas, se abrirá la fase de prueba.

a) La práctica de las pruebas propuestas deberá realizarse en el plazo de dos días. Para ello, el instructor realizará de oficio cuantas actuaciones resulten necesarias para la comprobación de los hechos. En caso de que el prestador del servicio de la sociedad de la información hubiera formulado alegaciones, estas se tendrán en cuenta para la práctica y valoración de la prueba.

b) La práctica de las pruebas será documentada en el correspondiente informe, que será incorporado al expediente con efectos probatorios y será notificado a los interesados, junto a la propuesta de resolución, para que presenten sus conclusiones en el trámite de audiencia en el plazo máximo de cinco días.

2. En el caso de que no se reciban alegaciones ni propuestas de prueba, el acuerdo de inicio podrá ser considerado propuesta de resolución, siempre y cuando contenga un pronunciamiento preciso acerca de la conducta infractora y el apercibimiento relativo a la futura adopción de la medida de interrupción del servicio.

Art. 22. *Resolución del procedimiento.*—1. Transcurrido el plazo de cinco días para presentar conclusiones en el trámite de audiencia, el Instructor elevará la propuesta de resolución a la Sección Segunda de la Comisión de Propiedad Intelectual, que dictará la resolución final del procedimiento en el plazo máximo de tres días desde la recepción del expediente y la notificará, según lo previsto en los artículos 43 y 44 de la Ley 39/2015, de 1 de octubre, a los interesados y, en particular, al prestador de servicios de la sociedad de la información, y la comunicará, en su caso, a los prestadores de servicios de intermediación que corresponda.

2. La resolución final del procedimiento declarará, a los solos efectos del artículo 195.4 del texto refundido de la Ley de Propiedad Intelectual, si ha quedado o no acreditada la existencia de una vulneración de derechos de propiedad intelectual por el prestador del servicio de la sociedad de la información en el caso objeto del procedimiento.

3. En caso de que la Sección Segunda de la Comisión de Propiedad Intelectual considere que no ha quedado acreditada la existencia de una vulneración de los derechos de propiedad intelectual, se dictará la resolución final indicando este hecho y ordenando el archivo del procedimiento.

4. En caso de que la Sección Segunda de la Comisión de Propiedad Intelectual considere que

ha quedado acreditada la existencia de una vulneración de derechos de propiedad intelectual por el prestador del servicio de la sociedad de la información, la resolución final del procedimiento contendrá, al menos:

a) Las medidas de ejecución obligatoria por el infractor, que incluirán la retirada de los contenidos que vulneren derechos de propiedad intelectual o, en caso de que en el procedimiento haya quedado acreditado que el servicio de la sociedad de la información tiene como objeto principal o relevante la actividad infractora, la interrupción de la prestación del servicio.

b) El alcance de las medidas de interrupción del servicio o retirada de los contenidos que vulneren derechos de propiedad intelectual, que podrán extenderse a otras obras o prestaciones protegidas suficientemente identificadas cuyos derechos representen las personas que participen como interesados en el procedimiento y que correspondan a un mismo titular de derechos o que formen parte de un mismo tipo de obras o prestaciones, siempre que concurran hechos o circunstancias que revelen que las citadas obras o prestaciones son igualmente ofrecidas ilícitamente.

c) La justificación del carácter objetivo, proporcional y no discriminatorio de las medidas anteriores.

d) El apercibimiento al infractor indicando que, de no proceder a la ejecución de la resolución en el plazo de veinticuatro horas desde su notificación, se procederá a su ejecución subsidiaria, previa autorización judicial.

e) El requerimiento al prestador de servicios de intermediación para la ejecución subsidiaria de las medidas acordadas, en los términos precisos que sean aplicables de acuerdo con lo dispuesto en los artículos 8 y 11 de la Ley 34/2022, de 11 de julio y 195.6 del texto refundido de la Ley de Propiedad Intelectual.

f) La extensión de las medidas, en su caso, a las réplicas o reproducciones de la URL o de aquellos números, códigos numéricos o cadenas de caracteres que se encuentren vinculados con el titular de los contenidos y que permitan su identificación, así como cualquier dominio, o subdominio específico web que el responsable pudiera utilizar en iguales términos, o que redirija a dicho dominio, así como a todas aquellas direcciones IP, URL, proxy o cualquier otra forma técnica de migrado que, actualmente o en el futuro, permita o facilite el acceso a las mencionadas páginas web infractoras o a su contenido.

g) En el caso de que el servicio se prestara utilizando un nombre de dominio bajo el código de país correspondiente a España (.es) u otro dominio de primer nivel cuyo registro esté establecido en España, la obligación de la Sección Segunda de notificar los hechos a la autoridad de registro a efectos de que cancele el nombre de dominio, que no podrá ser asignado nuevamente en un periodo de, al menos, seis meses.

5. Las resoluciones dictadas por la Sección Segunda de la Comisión de Propiedad Intelectual en este procedimiento ponen fin a la vía administrativa. Contra las mismas se podrá interponer recurso potestativo de reposición en el plazo de un mes o impugnarlas directamente ante el orden jurisdiccional contencioso-administrativo, en el plazo de dos meses, ante la Sala de lo Contencioso-Administrativo de la Audiencia Nacional, de conformidad con lo dispuesto en los artículos 123 y 124 de la Ley 39/2015, de 1 de octubre, y en el apartado 5 de la disposición adicional cuarta de la Ley 29/1998, de 13 de julio.

Art. 23. *Solicitud de autorización judicial para la ejecución subsidiaria de la resolución.*—1. Si la resolución final del procedimiento no hubiera sido cumplida voluntariamente por el interesado en el plazo de veinticuatro horas desde su notificación y en la misma se hubieran acordado medidas de interrupción del servicio o retirada de los contenidos que vulneren los derechos de propiedad intelectual, la Sección Segunda de la Comisión de Propiedad Intelectual solicitará al Juzgado Central de lo Conten-

cioso-Administrativo competente, según lo establecido en el artículo 122 bis. 2, de la Ley 29/1998, de 13 de julio, autorización para la ejecución subsidiaria de la resolución acordada.

2. La solicitud de autorización irá acompañada del expediente administrativo, y de un anexo en el que se identificará a los interesados en el procedimiento, así como a los prestadores de los servicios de intermediación de la sociedad de la información cuya colaboración sea necesaria para la ejecución subsidiaria de las medidas acordadas en la resolución.

Art. 24. *Ejecución subsidiaria de la resolución.*—1. Recibido el auto del Juzgado Central de lo Contencioso-Administrativo competente que autorice o deniegue la ejecución de la resolución, este se notificará de forma inmediata a los interesados y se comunicará a los prestadores de los servicios de intermediación de la sociedad de la información cuya colaboración sea necesaria, que deberán dar cumplimiento a las medidas que hayan sido autorizadas judicialmente en el plazo de setenta y dos horas, a contar desde la notificación.

2. La notificación o comunicación del auto judicial autorizando la ejecución subsidiaria a los prestadores de los servicios de intermediación de la sociedad de la información cuya colaboración sea precisa implicará el conocimiento

efectivo de la actividad vulneradora por parte de dichos servicios de intermediación, en el sentido establecido en la Ley 34/2002, de 11 de julio, sin perjuicio de que dicho conocimiento se pudiera haber producido por otros medios.

3. La Sección Segunda de la Comisión de Propiedad Intelectual podrá controlar el cumplimiento efectivo de las medidas autorizadas judicialmente, para lo cual podrá requerir de los prestadores de servicios cuanta información estime necesaria.

4. En relación con la ejecución subsidiaria de la resolución administrativa autorizada judicialmente, será aplicable la previsión de los artículos 38.2.*b*) y 39.1.*a*) de la Ley 34/2002, de 11 de julio, sobre las infracciones y sanciones relativas al incumplimiento por los prestadores de servicios de la sociedad de la información de la obligación de suspender la transmisión, el alojamiento de datos, el acceso a la red o la prestación de cualquier otro servicio equivalente de intermediación, cuando un órgano administrativo competente lo ordene.

5. Sin perjuicio de lo anterior, para ejecutar la resolución, la Sección Segunda de la Comisión de Propiedad Intelectual podrá acudir a los medios de ejecución forzosa previstos en los artículos 100 y siguientes de la Ley 39/2015, de 1 de octubre.

6. La Sección Segunda de la Comisión de Propiedad Intelectual extenderá las medidas de ejecución a aquellas actuaciones del infractor que tengan como finalidad evitar la eficacia de la resolución adoptada en el procedimiento; en particular, podrá aplicar las medidas a otros dominios, subdominios y direcciones IP cuyo exclusivo o principal propósito sea facilitar acceso al servicio declarado infractor en la resolución del procedimiento, incluyendo páginas web que sirvan para eludir o evitar las medidas de bloqueo y permitir el acceso a los usuarios desde el territorio español.

7. Las medidas de ejecución subsidiaria se aplicarán hasta que el infractor cese en su conducta vulneradora y solicite el alzamiento de las medidas ante la Sección Segunda de la Comisión de Propiedad Intelectual, debiendo acreditar para ello que se ha producido el cese de la vulneración de derechos y, en todo caso, durante el plazo máximo de un año desde la ejecución de la medida.

8. La interrupción del servicio por parte del prestador de servicios de intermediación será subsidiaria respecto del cumplimiento voluntario de las medidas contenidas en la resolución y cesará cuando se acredite ante la Sección Segunda de la Comisión de Propiedad Intelectual el restablecimiento de la legalidad por parte del servicio de la sociedad de la información o, en todo caso, una vez transcurrido un año desde la ejecución de la medida.

SECCIÓN 3.ª

Procedimiento especial en el caso de servicios anónimos

Art. 25. *Especialidades en el caso de servicios anónimos.—* 1. En caso de que el responsable del servicio de la sociedad de la información contra quien se dirija el procedimiento de restablecimiento de la legalidad para la salvaguarda de derechos de propiedad intelectual no cumpla con la obligación de informar sobre su nombre o denominación social establecida en el artículo 10.1.*a*) de la Ley 34/2002, de 11 julio, se seguirán los trámites previstos en la Sección anterior con las siguientes especialidades:

a) La denuncia, que deberá poner de manifiesto el incumplimiento de la mencionada obligación de identificación, no necesitará incluir datos relativos a la identificación del responsable del servicio de la sociedad de la información presuntamente infractor.

b) El requerimiento previo previsto en el artículo 14 solo será exigible cuando el prestador del servicio de la sociedad de la información facilite una dirección electrónica válida para la comunicación.

c) Las actuaciones previas de comprobación previstas en el artículo 16 incluirán la verificación del incumplimiento de la obligación de informar sobre el nombre o denominación social establecida en el artículo 10.1.*a*) de la Ley 34/2002, de 11 de julio.

d) El acuerdo de inicio dejará constancia del desconocimiento de los datos de identificación del responsable de los servicios de la sociedad de la información contra el que se dirige el procedimiento, de la comprobación realizada sobre dicha circunstancia y del incumplimiento constatado de la obligación de información sobre el nombre o denominación social establecida en el artículo 10.1.*a*) de la Ley 34/2002, de 11 julio.

Además, incluirá el apercibimiento al prestador del servicio de la futura interrupción de este en caso de que no proceda a dar cumplimiento a la obligación de información sobre su nombre o denominación social en el plazo de 48 horas.

e) El acuerdo de inicio será notificado conforme a lo previsto en el artículo 44 de la Ley 39/2015, de 1 de octubre.

f) En caso de que el presunto infractor no proceda voluntariamente a la interrupción del servicio o a la retirada de los contenidos indicados en el acuerdo de inicio y de que no efectúe alegaciones sobre el contenido de este ni proponga pruebas en el plazo previsto, el acuerdo de inicio podrá ser considerado propuesta de resolución, siempre y cuando contenga un pronunciamiento preciso acerca de la conducta infractora y el apercibimiento relativo a la futura adopción de la medida de interrupción del servicio.

g)   En caso de que el prestador del servicio proceda a cumplir con la obligación de información consignada en los apartados anteriores, el procedimiento continuará su tramitación por el cauce previsto en la sección 2.ª del presente capítulo.

2.   Una vez que el acuerdo de inicio considerado propuesta de resolución haya adquirido carácter de resolución final y hayan sido autorizadas por el Juzgado Central de lo Contencioso-administrativo pertinente las medidas previstas en el apartado anterior, su ejecución se realizará conforme a lo dispuesto en el artículo 24.

DISPOSICIONES ADICIONALES

1.ª *Procedimiento para la imposición de las sanciones reguladas en el artículo 195.7 del texto refundido de la Ley de Propiedad Intelectual, aprobado por Real Decreto Legislativo 1/1996, de 12 de abril.—* La imposición de las sanciones reguladas en el artículo 195.7 del texto refundido de la Ley de Propiedad Intelectual se regirá por la Ley 39/2015, de 1 de octubre.

2.ª *Protección de datos de carácter personal.—*1. Los tratamientos de datos personales regulados en el presente real decreto se llevarán a cabo conforme a lo dispuesto en el Reglamento (UE) 2016/679 del Parlamento Europeo y del Consejo, de 27 de abril de 2016, relativo a la protección de las personas físicas en lo que respecta al tratamiento de datos personales y a la libre circulación de estos datos y por el que se deroga la Directiva 95/46/CE, y en la Ley Orgánica 3/2018, de 5 de diciembre, de Protección de Datos Personales y garantía de los derechos digitales.

Los derechos de acceso, rectificación y supresión se ejercitarán conforme a la normativa referida en el párrafo anterior, sin perjuicio de las especificidades que se recojan en su caso en los apartados siguientes.

2. El tratamiento de los datos personales relativos tanto al solicitante como al servicio de la sociedad de la información contra el que se solicita el inicio del procedimiento y al prestador de servicios de intermediación de la sociedad de la información al que se refiere el artículo 15 del real decreto en relación con el anexo del mismo tendrá por finalidad determinar si procede iniciar el correspondiente procedimiento de salvaguarda de los derechos de propiedad intelectual que se hayan denunciado como vulnerados y, en su caso, iniciarlo y resolverlo, de acuerdo con los artículos 17 a 24 y 25.

3. Responsable y base jurídica del tratamiento: Sección Segunda de la Comisión de Propiedad Intelectual.

La base jurídica del tratamiento es el artículo 6.1 c) y 6.1.e) del Reglamento (UE) 2016/679 del Parlamento Europeo y del Consejo, de 27 de abril de 2016.

4. Minimización de datos: los datos recogidos se limitarán, en el caso del solicitante, al nombre, apellidos, nacionalidad, número de identificación (DNI, NIE o N.º de Pasaporte), nombre o denominación social del representante, en su caso, así como el título con base en el que se ostenta esa representación y el documento identificativo de aquel, y el domicilio a efectos de notificaciones. La aportación de los datos correspondientes al teléfono y a la dirección de correo electrónico solo será obligatoria cuando se trate de denunciantes obligados a relacionarse electrónicamente con la Sección Segunda de la Comisión de Propiedad Intelectual. En el caso del servicio de la sociedad de la información contra el que se solicita el inicio del procedimiento, así como en el del prestador de servicios de intermediación de la sociedad de la información, cuando se trate de datos de una persona física, los datos recogidos se limitarán al nombre del responsable el servicio, domicilio social, teléfono, correo electrónico y datos de la inscripción en el Registro Mercantil.

5. Fuentes y exactitud de los datos: los datos personales serán recabados de los denunciantes a través de la sede electrónica asociada del Ministerio de Cultura o, en caso de tratarse de personas físicas titulares de derechos de propiedad intelectual, o las que tengan encomendada la representación de estas, que no tengan garantizado el acceso y disponibilidad de los medios tecnológicos por razón de su capacidad económica o técnica, dedicación profesional u otros motivos acreditados, mediante la denuncia en papel, presentada en cualquiera de los lugares a que se refiere el artículo 16.4 de la Ley 39/2015, de 1 de octubre, con el modelo de denuncia que figura en el Anexo del real decreto.

6. Transparencia: en virtud de la referida procedencia de los datos obtenidos, las obligaciones de información a los interesados a efectos de lo dispuesto en el artículo 13 del Reglamento (UE) 2016/679 del Parlamento Europeo y del Consejo, de 27 de abril de 2016, se ajustarán al hecho de que la misma sea conocida por el interesado cuando hubiera sido facilitada por el mismo.

Cuando la información no se hubiera obtenido de los interesados se informará en los términos del artículo 14 del Reglamento (UE) 2016/679, salvo que la comunicación de esta información resulte imposible o suponga un esfuerzo desproporcionado, por referirse a tratamientos con fines de investigación histórica o estadísticos, en cuyo caso se adoptarán las medidas adecuadas para hacerla pública, y específicamente en el portal de internet del Ministerio competente se realizará la publicación o las formas de acceder a esa información.

7.   Conservación y seguridad de los datos: en virtud de la finalidad del tratamiento, la conservación de los datos será indefinida, en los términos previstos en la normativa archivística y sobre Patrimonio Histórico Español.

El responsable del tratamiento garantizará la aplicación de las medidas de seguridad correspondientes en cumplimiento del Real Decreto 311/2022, de 3 de mayo, por el que se regula el Esquema Nacional de Seguridad y la Orden CUD/1313/2019, de 27 de diciembre, por la que se aprueba la Política de Seguridad de la Información en el ámbito de la administración electrónica del Ministerio de Cultura y Deporte.

Estos datos sólo serán comunicados a los órganos judiciales competentes en el ejercicio de sus competencias, cuando sea necesario para la tramitación y resolución de sus procedimientos, de acuerdo con la previsión de ejecución subsidiaria de la resolución prevista en los artículos 23 y 24, y se limitarán a los datos ya incluidos en el expediente administrativo y a los datos de identificación de los interesados en el procedimiento, así como de los prestadores de los servicios de intermediación de la sociedad de la información cuya colaboración sea necesaria para la ejecución subsidiaria de las medidas acordadas en la resolución.

DISPOSICIÓN TRANSITORIA

Única.   *Tramitación de los procedimientos en curso de la Sección Segunda de la Comisión de Propiedad Intelectual.*—Los procedimientos ya iniciados y no finalizados antes de la entrada en vigor del presente real decreto se regirán, además de por lo dispuesto en el texto refundido de la Ley de Propiedad Intelectual, por lo dispuesto en el Real Decreto 1.889/2011, de 30 de diciembre.

DISPOSICIÓN DEROGATORIA

Única.   *Derogación normativa.*—Quedan derogadas las disposiciones de igual o inferior rango que se opongan a lo establecido en este real decreto y, en particular, el Real Decreto 1.889/2011, de 30 de diciembre, por el que se regula el funcionamiento de la Comisión de Propiedad Intelectual.

DISPOSICIONES FINALES

1.ª   *Modificación del Real Decreto 1.023/2015, de 13 de noviem-*

Disp. Final 1.ª: Se omiten los cambios, dado que todos ellos figuran ya transcritos en el Real Decreto Legislativo 1/1996, de 12 de abril, por el que se aprueba el Real Decreto 1.023/2015, de 13 de noviembre, por el que se desarrolla reglamentariamente la composición, organización y ejercicio de funciones de la Sección Primera de la Comisión de Propiedad Intelectual (§ 2).

bre, por el que se desarrolla reglamentariamente la composición, organización y ejercicio de funciones de la Sección Primera de la Comisión de Propiedad Intelectual.—[...]

2.ª. *Título competencial.*—Este real decreto se dicta al amparo de lo dispuesto en el artículo 149.1.9.ª de la Constitución Española, que atribuye al Estado la competencia exclusiva sobre legislación sobre propiedad intelectual, a excepción de la disposición final primera que se dicta al amparo de la competencia exclusiva sobre legislación procesal que la Constitución Española otorga al Estado en su artículo 149.1.6.ª

3.ª *Facultad de desarrollo.*—La persona titular del Ministerio de Cultura podrá dictar cuantas disposiciones de desarrollo sean precisas para el cumplimiento y aplicación del presente real decreto.

4.ª *Entrada en vigor.*—El presente real decreto entrará en vigor el día siguiente al de su publicación en el *Boletín Oficial del Estado.*

ANEXO

**Denuncia para el inicio del Procedimiento de Salvaguarda
de Derechos de Propiedad Intelectual en el Entorno Digital**

MINISTERIO DE CULTURA	**SOLICITUD n°:** **Fecha, hora y minuto de su presentación** (A rellenar por la Administración)

SOLICITANTE (1):

NOMBRE Y APELLIDOS DEL TITULAR DEL DERECHO:

NACIONALIDAD

DNI, NIE o N.° PASAPORTE

EN SU CASO, NOMBRE O DENOMINACIÓN SOCIAL DEL REPRESENTANTE

TÍTULO EN BASE AL CUAL SE OSTENTA ESA REPRESENTACIÓN

DNI, NIE o NIF

DOMICILIO A EFECTOS DE NOTIFICACIONES
DIRECCIÓN
ESTADO   PROVINCIA   LOCALIDAD
C.P.   TEL.   CORREO-E   CORREO-E
                                                            (confirmación)

SELECCIONE LA FORMA EN QUE DESEA RECIBIR LAS NOTIFICACIONES DE
ESTE PROCEDIMIENTO
ELECTRÓNICA ☐   POSTAL ☐

TÍTULO DE LA OBRA O PRESTACIÓN (2)

URL EN LA/S QUE SE PRODUCE LA VULNERACIÓN

**SERVICIO DE LA SOCIEDAD DE LA INFORMACIÓN CONTRA EL QUE SE
SOLICITA EL INICIO DEL PROCEDIMIENTO**

NOMBRE DE DOMINIO, SERVICIO, ETC. UTILIZADO
NOMBRE O DENOMINACIÓN SOCIAL DEL RESPONSABLE DEL SERVICIO

DOMICILIO SOCIAL. DIRECCIÓN
ESTADO   PROVINCIA   LOCALIDAD
C.P.   TEL.   CORREO-E
DATOS DE LA INSCRIPCIÓN DEL SERVICIO EN EL REGISTRO MERCANTIL

OTROS DATOS

PRESTADOR DE SERVICIOS DE INTERMEDIACIÓN DE LA SOCIEDAD DE LA INFORMACIÓN
NOMBRE O DENOMINACIÓN SOCIAL DEL RESPONSABLE DEL SERVICIO

DOMICILIO SOCIAL. DIRECCIÓN
ESTADO   PROVINCIA   LOCALIDAD
C.P.   TEL.   CORREO-E
DATOS DE LA INSCRIPCIÓN DEL SERVICIO EN EL REGISTRO MERCANTIL

OTROS DATOS

El solicitante declara ser ciertos todos los datos consignados y que no ha sido concedida autorización para la explotación realizada en el servicio de la sociedad de la información mencionado.

_____, __ de _____ de 20___

Firma del solicitante,

A/A. SR./SRA. SECRETARIO/A DE LA SECCIÓN SEGUNDA DE LA COMISIÓN DE PROPIEDAD INTELECTUAL. MINISTERIO DE CULTURA.

INSTRUCCIONES PARA CUMPLIMENTAR EL MODELO OFICIAL «DENUNCIA PARA EL INICIO DE PROCEDIMIENTO DE SALVAGUARDA DE DERECHOS DE PROPIEDAD INTELECTUAL EN EL ENTORNO DIGITAL».

(Arts. 195.3 del texto refundido de la Ley de Propiedad Intelectual, aprobado por el Real Decreto Legislativo 1/1996, de 12 de abril, y 15.3 del Real Decreto 1.130/2023, de 19 de diciembre, por el que se desarrollan la composición y el funcionamiento de la Sección Segunda de la Comisión de Propiedad Intelectual y por el que se modifica el Real Decreto 1.023/2015, de 13 de noviembre, por el que se desarrolla reglamentariamente la composición, organización y ejercicio de funciones de la Sección Primera de la Comisión de Propiedad Intelectual.)

(1)   SOLICITANTE:

Se acompañará acreditación, en su caso, de la encomienda de gestión o de la representación del titular. En el caso de que el titular de los derechos de propiedad intelectual haya encomendado su gestión a una entidad de gestión de las reconocidas en el texto refundido de la Ley de Propiedad Intelectual, aprobado por el Real Decreto Legislativo 1/1996, de 12 de abril, será de aplicación lo dispuesto en el artículo 150 de dicho cuerpo legal.

De acuerdo con lo dispuesto en el artículo 14.1 de la Ley 39/2015, de I de octubre:

— Solo se admitirá la presentación en papel de la solicitud en el caso de que el solicitante sea una persona física titular de derechos de propiedad intelectual, u otra persona física que tenga encomendado el ejercicio de tales derechos o que inicie el procedimiento en representación de aquélla.

— Las notificaciones relacionadas con este procedimiento se realizarán por medios electrónicos en caso de que el solicitante sea o actúe en representación de una persona jurídica, o bien sea una persona física y haya seleccionado este tipo de notificación. A tal efecto, se creará al solicitante un buzón electrónico al que podrá acceder con su certificado electrónico en https://notificaciones.060.es. De cada notificación realizada recibirá un aviso en la dirección de correo electrónico indicada en la solicitud.

(2)   OBRA O PRESTACIÓN:

La solicitud se acompañará de:

a)   Identificación de las obras o prestaciones objeto de la solicitud, así como una indicación clara de su localización electrónica exacta.

b)   Acreditación, por cualquier medio de prueba admisible en derecho, de la titularidad del derecho de propiedad intelectual alegado y, en su caso, de la encomienda de su gestión o de la representación del titular. En caso de derechos con más de un titular, se incluirán, en caso de conocerse, los datos de identificación de los otros titulares.

c)   Acreditación, por cualquier medio de prueba admisible en derecho, de que la obra o prestación alegada está siendo objeto de explotación, lucrativa o no, a través del servicio de la sociedad de la información objeto de la solicitud, identificando y describiendo dicha actividad. A efectos de facilitar la identificación de la obra o prestación se ofrecerán las características identificativas de la misma.

d)   Declaración de que no ha sido concedida autorización para la explotación realizada en el servicio de la sociedad de la información objeto de la solicitud.

e)   Acreditación de haber realizado el requerimiento previo al prestador de servicios de la sociedad de la información contra el que se vaya a dirigir la denuncia ante la Sección Segunda de la Comisión de Propiedad Intelectual para que retire los contenidos específicos ofrecidos sin autorización o, en su caso, inhabilite el acceso a los mismos. Dicho requerimiento podrá incluir también la retirada de cualesquiera otras obras o prestaciones indiciariamente ofrecidas de forma ilícita, cuyos derechos ostenten o representen los requirentes, pertenezcan al mismo titular, ello con independencia de la ubicación en la que se encuentren dentro del servicio al que se refiere el requerimiento. Alternativamente, deberá justificarse que este requerimiento previo no resulta necesario de acuerdo con lo previsto en el artículo 14.4.

(3)   SERVICIO. SOC. INF. CONTRA EL QUE SE SOLICITA EL INICIO
       DEL PROCEDIMIENTO:

Se indicarán todos los datos de los que disponga el solicitante que permitan o coadyuven a identificar al responsable mediante la localización del o de los servicios de la sociedad de la información contra los que se dirige el procedimiento, y que permitan establecer comunicación con la o las páginas web que prestan el o los servicios, incluyendo los datos del correspondiente prestador de servicios de intermediación de la sociedad de la información. Se acompañará:

a)   Justificación de la concurrencia, en cada uno de los servicios a los que se refiera la solicitud, de un daño causado o que podría causarse a los titulares y que no tengan la obligación legal de soportar.

b)   En su caso, los datos sobre los servicios de los que disponga el denunciante que permitan o coadyuven a identificar al prestador de los servicios de la sociedad de la información contra el que se dirige el procedimiento, y que faculten para establecer comunicación con las páginas web que prestan los servicios, incluyendo, en su caso, los datos del correspondiente prestador de servicios de intermediación.

Asimismo, en caso de disponer de ellos, deberá incluirse la mención de la URL o de aquellos números, códigos numéricos o cadenas de caracteres que se encuentren vinculados con el titular de los contenidos y que permitan su identificación.

(4) OTROS:

a) Declaración responsable confirmando que la información y las alegaciones contenidas en la denuncia son precisas y completas.

b) Cualquier otra circunstancia relevante en el procedimiento cuyo inicio se solicita, incluida la proposición de aquellas pruebas o comprobaciones que el denunciante estime oportunas en defensa de su derecho, sin perjuicio de su derecho a proponerlas en cualquier momento del procedimiento anterior al trámite de audiencia previsto en el artículo 21 del Real Decreto 1.130/2023, de 19 de diciembre, por el que se desarrollan la composición y el funcionamiento de la Sección Segunda de la Comisión de Propiedad Intelectual y por el que se modifica el Real Decreto 1.023/2015, de 13 de noviembre, por el que se desarrolla reglamentariamente la composición, organización y ejercicio de funciones de la Sección Primera de la Comisión de Propiedad Intelectual.

PROTECCIÓN DE DATOS DE CARÁCTER PERSONAL: En cumplimiento del Reglamento (UE) 2016/679 del Parlamento Europeo y del Consejo, de 27 de abril de 2016, relativo a la protección de las personas físicas en lo que respecta al tratamiento de datos personales y a la libre circulación de estos datos y por el que se deroga la Directiva 95/46/CE (Reglamento general de protección de datos), se le informa que los datos facilitados por Vd. van a ser objeto de tratamiento en la actividad Gestión procedimientos salvaguarda derechos propiedad intelectual de la que es responsable la Subdirección General de Propiedad Intelectual del Ministerio de Cultura (Plaza del Rey, 1, Madrid), donde Vd. podrá dirigirse a ejercitar sus derechos de acceso, rectificación, cancelación y oposición con arreglo a lo previsto en dicha Ley. Asimismo se le informa que los datos facilitados por Vd. a través del presente formulario no van a ser cedidos a ningún otro organismo, sin perjuicio de los trámites previstos legal y reglamentariamente en el procedimiento que Vd. inicia, y del derecho de los ciudadanos y ciudadanas a conocer en cualquier momento, el estado de la tramitación de los procedimientos en los que tengan la condición de interesados, y a obtener copias de documentos contenidos en ellos, establecido en el artículo 53.1.*a)* de la Ley 39/2015, de 1 de octubre, del Procedimiento Administrativo Común de las Administraciones Públicas.

Puede obtener información detallada sobre esta actividad en la sección de Transparencia e Información del menú Protección de Datos de la web del Ministerio.

ÍNDICE ANALÍTICO

A

B

C

F

J

L

R